农业经济管理前沿问题研究

郭翔宇 刘 辉 周 密 曹建民 乔光华 **主编**

中国农业出版社
北 京

编 委 会

主　编　郭翔宇　东北农业大学
　　　　刘　辉　湖南农业大学
　　　　周　密　沈阳农业大学
　　　　曹建民　吉林农业大学
　　　　乔光华　内蒙古农牧大学

副主编　邓灿辉　中共河南省委党校
　　　　潘　鸿　吉林大学
　　　　宗义湘　河北农业大学
　　　　张改清　河南财经政法大学
　　　　杜国明　东北农业大学

参　编　刘永悦　黑龙江八一农垦大学
　　　　张启文　东北农业大学
　　　　颜　华　东北农业大学
　　　　周慧秋　东北农业大学
　　　　张　梅　东北农业大学
　　　　崔宁波　东北农业大学
　　　　王　洋　东北农业大学
　　　　刘家富　东北农业大学
　　　　黄善林　东北农业大学
　　　　刘兆军　东北农业大学
　　　　王　丹　东北农业大学

前言

FOREWORD

中国特色社会主义进入新时代以来，以习近平同志为核心的党中央坚持把解决好“三农”问题作为全党工作的重中之重，打赢脱贫攻坚战，历史性地解决了绝对贫困问题，实施乡村振兴战略，推动农业农村取得历史性成就、发生历史性变革。党的十八大提出，解决好农业农村农民问题是全党工作重中之重，作出了推动城乡发展一体化的战略部署。党的十九大提出，农业农村农民问题是关系国计民生的根本性问题，必须始终把解决好“三农”问题作为全党工作重中之重，作出了实施乡村振兴战略的战略部署。党的二十大提出，全面建设社会主义现代化国家，最艰巨最繁重的任务仍然在农村，作出了全面推进乡村振兴的战略部署，确定了加快建设农业强国的战略目标。

党的十八大以来，习近平总书记坚持用大历史观来看待农业农村农民问题，对做好新时代“三农”工作发表了一系列重要论述，科学回答了“三农”工作的一系列重大理论和实践问题，这是习近平新时代中国特色社会主义思想的重要组成部分，对于推动全党充分认识新发展阶段做好“三农”工作的重要性和紧迫性，举全党全社会之力全面推进乡村振兴，加快农业农村现代化，全面建成社会主义现代化强国、实现中华民族伟大复兴的中国梦，具有十分重要的指导意义。

在实施乡村振兴战略、推进农业农村现代化、加快建设农业强国的过程中，广大“三农”领域的专家学者，坚持以习近平新时代中国特色社会主义思想为指导，以推进理论创新、服务党和政府决策为宗旨，坚持时代性、人民性和现实性要求，围绕农业经济管理学科前沿和我国农业与农村经济发展中的诸多重点、热点和难点问题，积极开展创新性理论研究和针对性政策研究。

在这种背景下，东北农业大学、湖南农业大学、沈阳农业大学、吉林农业大学、内蒙古农牧大学、吉林大学、河北农业大学、河南财经政法大学、黑龙江八一农垦大学等高等院校与中共河南省委党校从事农业经济管理学科教学和研究的理论工作者，合作研究并编著了这部《农业经济管理前沿问题研究》。本书可作为高等院校农业经济管理学科研究生专业课程的教科书，也可供农业经济研究人员和实际工作者参考。

本书由郭翔宇、刘辉、周密、曹建民、乔光华任主编，由邓灿辉、潘鸿、宗义湘、张改清、杜国明任副主编。由主编拟定本书的写作大纲和具体要求，并负责总纂和对初稿进行修改工作，最后定稿。本书共分20个专题，各专题撰写人为：第一章，张梅；第二章，郭翔宇、王丹；第三章，周慧秋；第四章，刘辉；第五章，乔光华；第六章，周密；第七章，周密；第八章，潘鸿；第九章，宗义湘；第十章，王洋；第十一章，刘家富、张启文；第十二章，邓灿辉；第十三章，刘永悦；第十四章，曹建民；第十五章，杜国明、黄善林、刘兆军；第十六章，崔宁波；第十七章，刘辉；第十八章，颜华、郭翔宇；第十九章，杜国明；第二十章，颜华、张改清。

受编著者学术水平及所掌握资料的限制，书中难免存在缺点与不足，恳请读者及同行批评指正。

编著者

2023年9月

目录

CONTENTS

第一章

中国农村改革问题研究

四十多年来的农村改革伟大实践，推动我国农业生产、农民生活、农村发生巨大变化，为我国改革开放和社会主义现代化建设作出了重大贡献。习近平总书记强调，要加大推进新形势下农村改革力度。深化农村改革，一要“扩面”，二要“提速”，三要“集成”；要依靠改革驱动加快建设农业强国，让广大农民在改革中分享更多成果。

一、农村改革历程回顾

中国的农村改革历经摸索和经验，经过四十多年的发展，逐步走向成熟。中国是一个农业大国，40 多年来，中国农村改革包括四个阶段。第一阶段是 1978 年开始的以家庭承包经营为核心的农村经营体制改革；第二阶段是 1985 年起步的农产品流通体制改革，拉开了农业市场化的序幕；第三阶段以 1998 年党的十五届三中全会召开为标志，会上明确了农村改革的目标和方针，并在党的十七大引领下开始统筹城乡发展新格局；第四阶段是以党的十八大提出全面建成小康社会为引领，农业改革向着实现农业农村现代化目标不断深化。

（一）1978—1984 年：农村改革起步与局部推进阶段

这一阶段改革的主要内容是开始着手现代化经济建设，发展农业和农村经济，调整农业生产关系和政治制度，以适应农业经济发展的要求。它首先从改变农村的基本经营制度入手，在推行“包产到户”和“包干到户”等责任制形式的基础上，逐步形成了家庭承包经营制度，这是农村改革初期的核心内容。在农村经济体制改革变迁的同时，政治体制改革随后逐步展开。农村改革前十年的发展阶段始终坚持着政治体制改革与经济体制改革同步进行。

1. 家庭联产承包责任制的确立

家庭联产承包制的前身是“包产到户”。包产到户这种经营形式，实际并不是在党的十一届三中全会之后才被农民创造的。在20世纪五六十年代，我国历史上出现了三次“包产到户”的浪潮，但遭到了严厉的批判。1978年后，“包产到户”和“包干到户”这种农业经营形式首先在安徽起步，随后在四川、贵州等地得到推广。1983年中央发布《当前农村经济政策的若干问题》明确提出：联产承包责任制，是在党的领导下我国农民的伟大创造，是马克思主义农业合作化理论在我国实践中的新发展，从而得到了政治上的肯定。1984年中央1号文件《中共中央关于一九八四年农村工作的通知》明确规定：“土地承包制一般应在15年以上。在延长承包期以前，群众有调整土地要求的，可以本着‘大稳定、小调整’的原则，经过充分商量，由集体统一调整。”这样，家庭承包经营制度就被确立为中国农村一项最基本的生产经营制度。

2. 农村管理体制改革

改革的重点是实行政社分开，建立乡政府。1982年12月，第五届全国人大通过了修改后的《中华人民共和国宪法》，其中规定：“乡、民族乡、镇是我国最基层的行政区域，设立人民代表大会和人民政府”；“农村按居住地设立的村民委员会是基层群众性自治组织”，由此确立了“乡政村治”二元治理体制新模式。1983年10月，中共中央、国务院正式发出了《关于实行政社分开建立乡政府的通知》，要求各地废除“政社合一”的人民公社体制，建立乡党委、乡政府和乡经济合作组织，“尽快改变党不管党、政不管政和政企不分的状况”。截至1984年底，全国共建立起了79 306个乡，3 144个民族乡，9 140个镇和948 628个村民委员会、588多万个村民小组。

（二）1985—1997年：农村改革重点突破与全面推进阶段

这一阶段是中国农村改革开放和现代化建设的一个关键时刻，也是农村改革由局部推进转变到全面推进、重点突破的重要时期。这一阶段农村改革的重点主要是深化农产品流通体制和土地制度改革，加快推进农业产业化经营。随着1992年市场经济体制的确立，农村改革也进行了全面探索市场化的阶段。

1. 粮食流通体制改革

早在1985年的时候，国家对农产品的统派购制度进行全面改革，实现“双轨制”，取消了粮食、棉花的统购，将其改为合同定购。1990年，正式改“合同定购”为“国家定购”。为了解决粮食购销价格倒挂问题，减轻政府财政补贴的负担，政府决定从1992年4月1日起，在全国范围内，实行粮食“购销同价”，到1993年10月中旬，已有98%的县市宣布放开粮食经营和价格。面对这种形势，国务院在当年10月18日至21日召开全国农村工作会议之后，下发了《关于加快粮食流通体制改革的通知》，决定从1994年起，政府的粮食收购全部实行“保量放价”，即保留定购数量、收购价格随行就市的制度。1993年召开的中共十四届三中全会也明确提出了“逐步全面放开粮食经营”的思路。出于对稳定市场和粮食安全的担忧，1994年国家连续出台了“米袋子”省长负责制和“菜篮子”市长负责制，通过提高粮食价格、恢复定购、建立专项储备制度和风险基金制度，以及实行农产品收购保护价政策，加强对粮食市场的宏观调控。

2. 农业产业化的兴起

农业产业化经营是在农村改革不断深化背景下孕育和发展起来的。进入20世纪90年代后，以山东为代表的一些地区开始以农业产业化经营作为解决农业深层次矛盾的现实突破口，加快了农业产业探索的步伐。山东的实践得到了中央的肯定和重视，1993年11月，中共中央出台了《关于建立社会主义市场经济体制若干问题的决定》，明确提倡和鼓励发展农业产业化经营。1995年3月，《中共中央、国务院关于做好1995年农业和农村工作的意见》，充分肯定农业产业化发展的重要作用，并对农业产业化经营提出了一些具体的要求。1996年出台的《中共中央、国务院关于“九五”时期和今年农村工作的主要任务和政策措施》，则明确将农业产业化纳入了“九五”期间农业和农村经济工作的基本要求。在此阶段，农业产业化经营一直都是中央政策的关键词，中国的农业产业化经营也完成了从地方探索性试验到中央决策全面推广的过渡。

3. 土地制度改革进一步深入

通过立法手段稳定农村基本经营制度，在土地承包期15年到期后，继续延长30年保持不变。1993年11月《中共中央、国务院关于当前农业和农村经济发展的若干政策措施》提出：为了稳定土地承包关系，鼓励农民增加投入，提高土地的生产率，在原定的承包期到期后，再延长30年不变；开垦荒地、营造林地、治沙改土等从事开发性生产的，承包期可以更长；为避免承包耕地的频繁变动，提倡在承包期内实行“增人不增地，减人不减地”的办法；在坚持土地集体所有和不改变土地用途的前提下，经发包方同意，允许土地使用权依法有偿转让；少数二、三产业比较发达，大部分劳动力转向非农产业并有稳定收入的地方，可以从实际出发，尊重农民的意愿，对承包土地作必要的调整，实行适度的规模经营。在经过一系列土地制度改革尝试，如“两田制”“集体经营”“反租倒包”等，最终将“增人不增地、减人不减地”确立为农村土地制度改革的主要模式，从而保持了农村土地制度的基本稳定。

4. 乡镇企业发展和民工潮兴起

乡镇企业通过加快产权改革、调整产业结构和产品结构、加快技术进步、改善内部管理等，获得了空前发展。我国乡镇企业的发展经历过两个黄金阶段，第一个阶段是20世纪的80年代中期，另一个阶段是1992—1996年。然而，1997年的东南亚金融危机对乡镇企业出口的冲击和国内市场竞争加剧，使乡镇企业增长速度出现回落，而且要素配置上也出现了资金增密现象，吸纳农村劳动力就业能力不断下降。在经济高速增长、乡镇企业高速增长和城乡差距扩大的背景下，农村劳动力第一次出现了大规模向城市流动和跨区域流动，形成了“民工潮”。为了有序引导农村劳动力流动，国家通过采取就业证和改革中小城镇户籍管理制度等措施，加强对农村劳动力流动的管理。然而，受乡镇企业吸纳就业能力减弱、20世纪90年代中后期城镇就业形势严峻的影响，农村劳动力转移数量在90年代中后期保持上升的同时，转移速度有所下降。

（三）1998—2011年：农村改革快速推进与城乡统筹发展阶段

1998年10月，中国共产党十五届三中全会通过了《中共中央关于农业和农村工作若干重大问题的决定》，在改革开放20年之际深刻总结了我国农村改革的基本经验，提出了跨世纪发展的目标和方针。在这次会议上首次提出了“三农”问题是关系我国改革开放和现代化建设全局的重大问题，标志着农村改革进入了快速推进的发展阶段。党的十五届五中全会召开开创了农业、农村改革和发展的新篇章，也为21世纪以来的改革提供了理论和实践基础。党的十七届三中全会指出：“我国总体上已进入以工促农、以城带乡的发展阶段，进入加快改造传统农业、走中国特色农业现代化道路的关键时刻，进入着力破除城乡二元结构、形成城乡经济社会发展一体化新格局的重要时期。”标志着我国农业农村进入围绕现代农业建设和城乡、工农统筹发展的深化改革与全面发展阶段。

1. 农村税费改革

这一阶段农业和农村政策的最大变化，就是实施“多予、少取、放活”的减负增收方略。自新世纪以来减免甚至取消农业税，并逐步加大对农民的各种补贴。农业税的改革先从安徽省试点，2004 年，全国取消农业特产税，2005 年 12 月 29 日，十届全国人大常委会第十九次会议通过决议，《中华人民共和国农业税条例》自 2006 年 1 月 1 日起废止，2006 年 2 月 27 日，国务院发布第 459 号国务院令，宣布自 2006 年 2 月 17 日起废止农业特产税。2006 年，在全国范围内全面取消农业税，终结了中国持续 2 600 多年，在新中国成立之后（1958 年开始）50 多年种地交“皇粮国税”的历史。由此，我国正式进入“以工补农，以城带乡”的发展阶段。

2. 以明晰产权和法制化建设开启农村土地制度改革

2008 年中共十七届三中全会通过了《中共中央关于推进农村改革发展若干重大问题的决定》，明确赋予农民更加充分而有保障的土地承包经营权，现有土地承包关系要保持稳定并长久不变，由此拉开了新一轮农村土地制度改革的序幕。2013 年中央 1 号文件要求 5 年内完成全国农村土地确权登记颁证工作，这一阶段农村土地制度改革的重点均放在土地确权上。土地确权进一步明确了国家、集体与农户之间的土地权利边界，同时一定程度上为 2013 年之后的农地“三权”分置改革等奠定了基础。同时，通过加强土地法制化建设稳定承包关系。2003 年，《中华人民共和国农村土地承包法》开始实施，明确实施的目的是保持农村土地承包关系稳定并长久不变，维护农村土地承包经营当事人的合法权益，促进农业、农村经济发展和农村社会和谐稳定，从而为家庭承包和土地管理提供确切的法律依据。在此基础上，2007 年 10 月开始实施的《中华人民共和国物权法》把土地承包经营权界定为“用益物权”，指出土地承包经营权享有的权利和义务，从财产权角度保障了农村基本经营制度的稳定。

3. 农业支持保护制度的建立

中国农业支持保护制度建立的直接原因在于 1998—2003 年的粮食减产、由于种粮收益下降以及城镇化扩张等因素导致的 2004 年国内粮食价格暴涨。在此背景下，2004 年 1 月，中央下发《中共中央国务院关于促进农民增加收入若干政策的意见》成为改革开放以来中央的第六个 1 号文件，开启了中国农业支持保护政策的序幕。农业支持保护政策从实施粮食直接补贴开始，从 2000 年提出粮食直补的政策构想，到 2004 年全国实施，用了五个年头，先后经历了改革方案酝酿（2000—2001 年）、试点（2002—2003 年）和全面推广三个发展阶段。2004 年中央 1 号文件中提出对粮食主产区的种粮农民实行直接补贴，并首次将农机购置补贴列入中央财政支持政策范畴。2002—2005 年，中央陆续对农作物和畜产品分类别进行良种补贴。为弥补农资价格上涨对农户种粮的影响，降低农户生产成本，2006 年起中国开始实行农资综合补贴政策。农业支持补贴初步建立了以直接补贴、良种补贴、机械补贴和综合补贴的补贴政策、价格托市、政策保险以及金融服务的政策体系，进一步保障和提高了粮食综合生产能力，调动了农民种粮积极性，增加了农民收入。

4. 粮食流通体制改革取得突破性进展

1998 年 5 月 10 日，国务院发布了《关于进一步深化粮食流通体制改革的决定》，主要内容是按保护价敞开收购农民余粮、粮食收储企业实行顺价销售、粮食收购资金封闭运行和加快国有粮食企业自身改革，即“三项政策、一项改革”。由于各方面的原因，这次改革一度出现反复。2001—2004 年是中国粮食流通体制改革的重要年份。2001 年，中央决定放开浙江、上海、福建、广东、海南、江苏、北京和天津等 8 个粮食主销区的收购市场，价格由市场调节。从 2004 年开始，国家全面放开粮食收购和销售市场，实行购销多渠道经营，标志着中国农业市场化改革迈入新的阶段。一般情况下，粮食收购价格由市场供求形成，当粮食供求发生重大变化时，可由国务院决定对短缺的重点粮食品种在粮食主产区实行最低收购价格改革。

5. 农产品对外贸易制度改革

2001 年 11 月 10 日，我国正式加入世贸组织，这就意味着我国农业发展进入了全新的时期。按照加入世贸组织协议的要求，我国对有关农产品贸易的国内市场准入、国内支持和出口补贴等进行了大幅度改革，降低了农产品进口关税，取消了出口补贴，对大宗农产品采取配额制度，并逐步向关税化过渡。通过这些改革措施，我国农业对外开放程度大幅度上升，农业利用外资水平也有了显著提高，农业和农村发展也进入了后 WTO 的全球化时代。

6. 改革城乡发展不平衡体制

2003 年 10 月，党的十六届三中全会明确提出统筹城乡发展位于 5 个统筹的首位，核心是要解决城乡收入差距加大、城乡之间发展不平衡、城乡居民享受公共服务不均等的问题。党的十七大提出建立以工促农、以城带乡长效机制，形成城乡经济社会发展一体化新格局，并提出了促进城乡一体化发展的措施。在推进城市化发展过程中，着力解决进城农民工的就业、社会保障、住房、子女教育、医疗服务等问题，力争为农民工进城就业创造良好的环境。中央自 2003 年 7 月—2004 年 10 月底在全国 31 个省份共 333 个县市开展了新型农村合作医疗试点工作。此外，还把农村义务教育全面纳入财政保障范围，实行“两免一补”，2006 年建立农村义务教育经费保障机制。同年国务院专门下发《关于解决农民工问题的若干意见》，要求从各个方面做好农民工工作。这个时期党中央出台的中央1号文件均聚焦“三农”问题，一整套强农惠农富农的政策体系初步形成，包括取消农业税在内的一系列事关农业发展的重大措施密集出台，统筹城乡发展、促进城乡经济社会发展一体化始终是贯穿其中的主线。

7. 深化农村金融制度改革

农村金融制度改革是这一阶段农村改革的核心内容。党的十七大提出要加快农村金融体制改革和创新；党的十七届三中全会提出要建立现代农村金融制度，并指出农村金融是现代农村经济的核心。创新农村金融体制，放宽农村金融准入政策，加快建立商业性金融、合作性金融、政策性金融相结合，资本充足、功能健全、服务完善、运行安全的农村金融体系。首先，加大对农村金融政策支持力度，拓宽融资渠道，综合运用财税杠杆和货币政策工具，定向实行税收减免和费用补贴，引导更多信贷资金和社会资金投向农村。其次要规范发展多种形式的新型农村金融机构和以服务农村为主的地区性中小银行。加强监管，大力发展小额信贷，鼓励发展适合农村特点和需要的各种微型金融服务。允许农村小型金融组织从金融机构融入资金。允许有条件的农民专业合作社开展信用合作。完善农村信贷担保机制和农村保险制度建设，建立政府扶持、多方参与、市场运作的农村信贷担保机制，扩大农村有效担保物范围。

（四）2012 年至今：全面深化农村改革和推进农业农村现代化阶段

这个阶段初期以全面建成小康社会为目标，围绕抓关键补短板，全面推进农村综合改革和其他领域各项改革，注重改革的全局性、系统性、协同性，着力深化农村体制机制创新。党的十八大以来，以习近平同志为核心的党中央始终把解决好“三农”问题作为全党工作重中之重，连年出台中央 1 号文件，重点聚焦发展现代农业和深化农村改革，出台一系列重大举措。习近平同志发表关于“三农”问题的一系列重要讲话，就全面深化农村改革、实施精准扶贫方略、实施乡村振兴战略、实施农业强国战略加快农业农村现代化建设等重大问题提出一系列新思想新观点新论断，在实践中彰显巨大思想威力。

1. 稳步推进土地制度改革

深化农村土地制度改革方面，主要是统筹推进农村承包地、宅基地、集体经营性建设用地“三块地”的改革。2014 年中央 1 号文件《关于全面深化农村改革加快推进农业现代化的若干意见》专门以“深化农村土地制度改革”为题阐述了土地制度改革的具体内容。同年 11 月，中共中央办公厅、国务院办公厅印发《关于引导农村土地经营权有序流转发展农业适度规模经营的意见》提出将实施农村集体土地所有权、承包权、经营权的“三权”分置。2015 年，中央进一步提出开展农村土地征收、集体经营性建设用地入市、宅基地制度改革，即农村土地制度“三块地”改革。2018 年中央 1 号文件又专门对宅基地制度改革做出了新的部署，开始探索宅基地所有权、资格权、使用权“三权”分置，由此实现土地制度由“二权”到“三权”的演变。2023 年中央 1 号文件指出要深化农村土地制度改革，扎实搞好确权，稳步推进赋权，有序实现活权，让农民更多分享改革红利。承包地方面，稳步推进第二轮土地承包到期后再延长 30 年试点，逐步扩大试点范围，坚持大稳定小调整，确保大多数农户原有承包权稳定、顺利延包。宅基地方面，重点推进农村宅基地制度改革试点，切实摸清底数，加快房地一体宅基地确权登记颁证，加强规范管理，妥善化解历史遗留问题，探索完善集体所有权、农户资格权、宅基地使用权等权利内容及其配置的实现形式。在集体用地方面，重点是深化农村集体经营性建设用地入市试点，要探索建立兼顾国家、农村集体经济组织和农民利益的土地增值收益有效调节机制。以农地“三权”分置、农村土地制度“三项改革”、宅基地“三权”分置等为核心内容的新一轮农村土地制度改革的序幕已经悄然拉开，标志着中国农村土地制度改革进入了一个“全方位、多层次、宽领域”的崭新时期。

2. 深化农村集体产权制度改革

农村集体产权制度改革，是涉及农村基本经营制度和我国基本经济制度的一件大事，是新形势下完善农村生产关系的重大举措，是全面深化农村改革的重大任务。改革前，我国集体组织力量薄弱，2015 年全国 58.4 万个村中全年没有任何集体收益的村占比高达 55.3%，集体经济组织无法充分发挥统一经营作用。2014 年中央 1 号文件指出：“推动农村集体产权股份合作制改革，保障农民集体经济组织成员权利，赋予农民对落实到户的集体资产股份占有、收益、有偿退出及抵押、担保、继承权。”2016年中共中央1号文件首次提出了农村集体产权改革的目标，同年12月，中共中央、国务院印发《关于稳步推进农村集体产权制度改革的意见》，对村集体产权制度改革作了总体部署，指出这是农村管长远、管根本、深刻的制度创新，是今后一个时期指导农村集体产权制度改革的总纲领。改革的总目标是建立归属清晰、权能完整、流转顺畅、保护严格的中国特色社会主义农村集体产权制度，并明确了开展集体资产清产核资、发展多种形式集体经济等七项具体任务。2021年6月国务院办公厅印发《关于加强扶贫项目资产后续管理的指导意见》，明确扶贫项目资产的后续管理要在巩固拓展脱贫攻坚成果同乡村振兴有效衔接框架下，按照现有国有资产、集体资产管理制度及相关行业管理等有关规定，根据不同类别扶贫项目资产属性，纳入相应行业管理体系。由此，农村集体产权改革的政策框架基本建立。

3. 推进新型城镇化和城乡融合发展

党的十八大以来，以习近平同志为核心的党中央提出了走中国特色新型城镇化道路、实施乡村振兴战略、建立健全城乡融合发展体制机制和政策体系，逐渐开启了以城乡融合发展助力新型城镇化高质量发展的新征程。2012年中央经济工作会议明确提出要“积极稳妥推进城镇化”，强调“着力提高城镇化质量”和“有序推进农业转移人口市民化”。2013党的十八届三中全会将“健全城乡发展一体化体制机制”列为全面深化改革的重大战略任务之一，强调要坚持走中国特色新型城镇化道路。2017年10月党的十九大提出实施乡村振兴战略，将“城乡一体化”深化为“城乡融合发展”，并明确要“建立健全城乡融合发展的体制机制和政策体系”。2019年4月《中共中央国务院关于建立健全城乡融合发展体制机制和政策体系的意见》强调，以新型城镇化为趋势，把握城乡融合发展正确方向。和传统城镇化相比，新型城镇化坚持以人为本、四化同步、优化布局、生态文明、文化传承的中国特色，并以人为核心，是中国共产党“以人为本”的发展理念的现实体现。城乡融合发展是针对中国特色现代化道路的顶层设计，也是传统城镇化的制度创新。目前已初步形成农业转移人口市民化、城镇化空间布局和形态优化、新型城市建设、城市治理水平提升，以及以县域为基本单元城乡融合发展的体制机制和政策体系。

4. 农业支持保护制度改革

中国农业支持保护制度的改革发展路径遵从了渐进式改革，以稳定发展为目标的路径。具体形式表现为“分品种施策、渐进式推进”，价格支持政策是中国农业支持保护制度的核心。以稻谷、小麦最低收购价和大豆、玉米等农产品临时收储为代表的托市收购政策经历数十年的运行，特别是在2012年之后，面对农产品价格持续下跌，政策的不适应表现得较为突出。2013年我国粮食安全战略调整为“谷物基本自给、口粮绝对安全”，我国的农产品价格支持政策也随之进行改革。主要改革措施包括：①2014年，中国政府启动了东北大豆与新疆棉花目标价格改革试点，希望通过目标价格理顺农产品价格形成机制，并实现稳定生产的目标。②2016年“按照市场定价、价补分离的原则”，取消玉米的临时收储政策，出台生产者补贴政策。③2017年大豆目标价格政策，实行市场化收购加补贴的新机制，国家对大豆生产给予补贴。中央财政对东北三省和内蒙古自治区给予一定补贴，由地方政府将补贴资金兑付到大豆生产者。④小麦和水稻仍实施最低收购价政策，但依据市场情况分品种进行价格调整。此外，适应农业供给侧改革和农业高质量发展的需要，2016年财政部、农业部联合印发了《建立以绿色生态为导向的农业补贴制度改革方案》，指出建立以绿色生态为导向的农业补贴制度要坚持绿色引领、统筹兼顾，政府支持、市场导向，存量优化、增量倾斜，系统设计、稳妥推进的基本原则，由此形成了化肥减施、黑土地保护、保护性耕作等绿色生态支持保护政策。

二、农村改革40多年的成就、贡献与基本经验

（一）农村改革40多年取得的主要成就

1978年，党的十一届三中全会作出把党和国家工作中心转移到经济建设上来、实行改革开放的历史性决策。我们党全面把握国内外发展大局，尊重农民首创精神，率先在农村发起改革，并以磅礴之势推向全国，领导人民谱写了改革发展的壮丽史诗。在波澜壮阔的改革开放进程中，我们党坚持以马克思列宁主义、毛泽东思想、邓小平理论、“三个代表”重要思想和习近平新时代中国特色社会主义思想为指导，深入贯彻落实科学发展观，解放思想、实事求是、与时俱进，不断推进农村改革发展，使我国农村发生了翻天覆地的巨大变化。

1. 废除人民公社，确立以家庭承包经营为基础、统分结合的双层经营体制，改革和发展集体经济。全面放开农产品市场，取消农业税，对农民实行直接补贴，初步形成了适合我国国情和社会生产力发展要求的农村经济体制

1999年3月九届全国人大二次会议修订的《中华人民共和国宪法》规定："以家庭承包经营为基础、统分结合双层经营体制"是我国农村集体经济组织的基本经营体制，农村基本经营制度被写入了我国的根本大法。双层经营体制符合农业生产的要求，极大地释放了农业生产力。1978—1984年，中国农业产出平均每年保持7.7%的增长速度。1984年与1978年相比，农业总产值以不变价计算增加了42.23%，若以生产反应函数估计，农村经济体制改革对农业增长的贡献为42.2%①。农村集体资产产权改革取得较大成效。2020年农村集体资产清产核资基本完成，清查核实集体土地资源65.5亿亩②、农村集体资产7.7万亿元，其中经营性资产3.5万亿元，三级集体经济组织净资产（所有者权益）4.6万亿元。从2012年到2020年，村均净资产由222万元增至686万元，"空壳村"（指村集体经济组织没有经营收益或经营收益在5万元以下的村）从46.2万个降至24.6万个，占比由78.4%降至45.6%③。确权工作稳步推进。截至2021年底，全国已完成确权项目资产2.7万亿元，近一半确权到村集体。经营性资产股份合作制改革有序推进，确认集体成员6亿多人，43.8万个村完成改革，全国乡镇、村、组三级共建立集体经济组织约96万个，全部在农业农村部门注册登记，领到《农村集体经济组织登记证书》，为集体经济组织参与市场经营活动提供了保障。随着中国农业结构的调整、农村基本经营制度的变革、农业劳动力的转移和工业化城镇化的加快，中国的农业经营主体正由相对同质性的家庭经营农户占主导的格局，向现阶段的多类型经营主体并存的格局转变。其中，专业大户、家庭农场、农业企业、农民专业合作组织以及社区性农业社会化服务组织、农业产业联合体等新型农业经营主体纷纷出现并发展迅速，农业社会化服务成为实现小农户和现代农业发展有机衔接的基本途径和主要形式。以农户家庭经营为基础、合作与联合为纽带、社会化服务为支撑的立体式复合

① 林毅夫．制度、技术与中国农业发展［M］．上海：上海三联书店、上海人民出版社，1994.

② 亩为非法定计量单位，1亩=1/15公顷≈667平方米，下同。

③ 张清勇：新型农村集体经济发展的现状、问题与对策［OL］．腾讯网．https://new.qq.com/rain/a/20230625A03ZVO00.

型现代农业经营体系初步构建，各类主体质量、效益进一步提升，竞争能力进一步增强。据农业农村部统计，截至 2021 年 9 月底，全国家庭农场超过 380 万个，平均经营规模 134.3 亩。全国依法登记的农民合作社 223 万家，带动全国近一半农户。其中，在脱贫地区培育农民合作社72 万家，吸纳带动脱贫户 630 万。全国县级以上龙头企业 9 万家、联合体 7 000多个，辐射带动农户 1 700 万户。农业专业服务公司等各类农业社会化服务组织已超过 95 万个，服务小农户 7 800 万①。

2. 粮食生产不断跃上新台阶，农产品供应日益丰富，农民收入大幅增加，扶贫开发成效显著，依靠自己力量稳定解决了 14 亿人口吃饭问题

1978 年以来我国的粮食总产量一直是呈上升趋势。从 1978 年的 30 476.5万吨增长到 2022 年的 68 653 万吨，年均增长 1.86%。2000 年之前超过 5 万吨的有 1996 年、1998 年、1999 年，2007 年之后持续在 5 万吨以上，2013 年后更是突破了 6 万吨并保持持续增长（除了 2018 年）（图 1－1）。2020 年 5 月，原农业部部长韩长赋在十三届全国人大三次会议中指出，我国人均产量高于国际上认可的人均粮食400 千克的警戒线，口粮（小麦和稻谷）的自给率可以达到 100%，现有库存超过 1 年的产量，或可供全国人民吃 1 年。

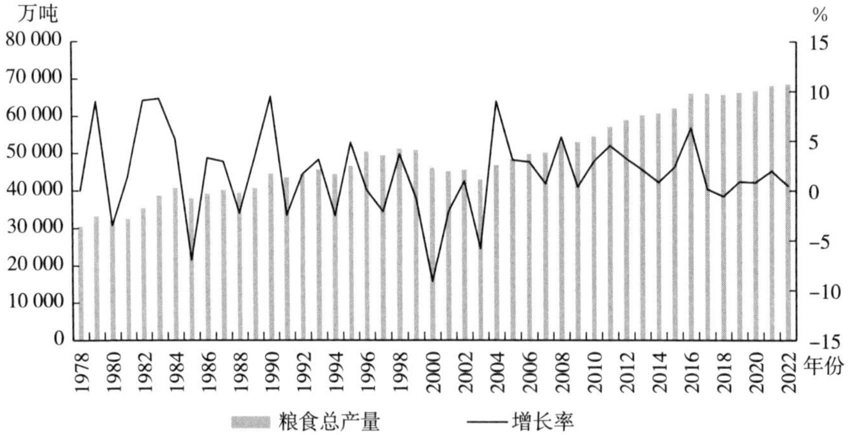

图 1－1　1978—2022 年粮食总产量及粮食产量增长率

改革开放以来，农村居民的生活质量得到极大改善。1978 年以来，

① 数据来自 2021 年 12 月 21 日在第十三届全国人民代表大会常务委员会第三十二次会议上《国务院关于加快构建新型农业经营体系推动小农户和现代农业发展有机衔接情况的报告》。

我国农村居民家庭人均纯收入一直是呈上升趋势的，从 1978 年的 133.6 元增加到 2022 年的 20 133 元，是 1978 年的 150.69 倍，年均增长 12%。从增长率来看，尽管各个时期人均收入增长水平不同，但总体上增加率一直是正数。城乡收入差距从 2009 年的峰值 3.33 下降到 2022 年的 2.5，且 12 年来一直呈现下降趋势，城乡收入不平等状况得到改善（图 1-2）。党的十八大以来，我国农村贫困人口全部脱贫，为全球减贫做出了卓越贡献。贫困地区农村居民收入持续较快增长，生活水平不断提高，生活质量继续提升。2013—2020 年，全国农村贫困人口累计减少 9 899 万人，年均减贫 1 237 万人，贫困发生率年均下降 1.3 个百分点。贫困地区农村居民收入持续较快增长。2013—2020 年，贫困地区农村居民人均可支配收入年均增长 11.6%，比全国农村年均增速快 2.3 个百分点[①]。

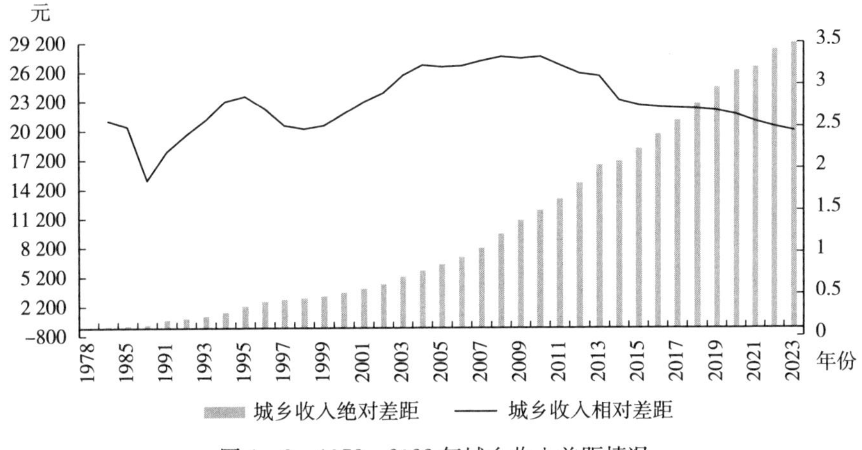

图 1-2　1978—2022 年城乡收入差距情况

3. 乡镇企业异军突起，小城镇蓬勃发展，农村市场兴旺繁荣，农村劳动力大规模转移就业，亿万农民工成为产业工人重要组成部分，中国特色工业化、新型城镇化、农业现代化加快推进，切实巩固了新时期工农联盟

党的十一届三中全会以来，我国乡镇企业异军突起，迅猛发展，成为农村经济和县域经济的重要支撑力量。1978 年社队企业总产值只相当于当年农业总产值的 37%左右。到 2008 年，乡镇企业增加值已占农村社会增加值的 71.21%，成为支撑农村经济最坚实的支柱。乡镇企业的发展大

① 数据来自国家统计局．http：//www.stats.gov.cn/sj/ndsj/2022/indexch.htm.

大提高了我国经济的总体实力。乡镇企业成为特定时期城乡经济市场化改革和以工哺农的先导力量，为解决农业、农村、农民问题，推进中国特色农村工业化、城镇化、现代化探索出一条成功之路。进入新世纪以来，我国城镇化呈加快发展态势。2022 年我国的城镇化率达到 65.22%，1978—2022 年城市化平均增长速度为 2.9%。2011 年我国的城镇人口首次超过农村人口，标志我国城乡格局已经发生了根本性改变，乡村中国正在向城市中国演进。改革开放以来，我国农业现代化建设取得了长足进展。1978—2022 年，农业科技贡献率由 27%提高到 62.4%，农产品商品率由 40.5%提高到 84.3%，农业机械化水平稳步提高，农业综合机械化率由不足 20%提高到 73%，其中小麦耕种收综合机械化率达到 97%以上，基本实现全程机械化。种业振兴深入推进，供种保障率提高到 75%。

4. 农村社会主义民主政治建设和精神文明建设不断加强，社会事业加速发展，显著提高了广大农民思想道德素质、科学文化素质和身体健康素质

党的十八大以来，习近平总书记高度重视农村精神文明建设，把“乡风文明”作为乡村振兴的紧迫任务，指出乡村振兴不仅要塑形，更要铸魂[①]。强调农村精神文明建设是滋润人心、德化人心、凝聚人心的工作，要绵绵用力，下足工夫[②]。各地各部门认真贯彻中央要求，坚持围绕中心、服务大局、面向基层、服务群众，从加强农村思想道德建设、开展形式多样的群众文化活动、推动形成文明乡风、注重农村青少年教育问题和精神文化生活四个方面开展农村精神文明建设。修订完善乡规民约，依托农村道德评议会、红白喜事理事会等，组织开展道德实践活动。“县乡长说唱移风易俗”征集展示、全国村级“文明乡风建设”案例推介等活动产生广泛社会影响。各地积极开展以城带乡、城乡共建活动，组织城市文明单位和农村基层单位结对子，帮助农村改善文化设施、美化村容村貌、提高农民素质。文明户、文明村镇、志愿服务、城乡共建等各类群众性创建活动蓬勃开展；“三下乡”“院士专家西部行”“科技列车老区行”“婚育新风进万家”等，都在社会上产生很好的影响，深受农民群众欢迎；农村精神文明建设为改善农村面貌、提高农民素质、促进农村改革发展、维护农

---

① 习近平同志 2018 年 8 月 21 日在全国宣传思想工作会议上的讲话。

② 习近平．坚持把解决好“三农”问题作为全党工作重中之重 举全党全社会之力推动乡村振兴[J]．求是，2022 (4).

村和谐稳定发挥了重要保障作用。

5. 农村党的建设不断加强，以村党组织为核心的村级组织配套建设全面推进，有效夯实了党在农村的执政基础

党的十八大以来，习近平总书记的一系列重要指示为新时代党的农村基层组织建设提供了根本遵循和强大思想武器。各级党委认真落实从严管党治党主体责任，坚持抓基层、强基础、固基本，农村基层党组织建设得到长足进步和明显跃升，为农业农村取得历史性成就、发生历史性变革提供了坚强组织保证。特别是经过脱贫攻坚和新冠疫情防控、抢险救灾等大战大考，农村基层党组织领导地位进一步立了起来，农村基层党员干部形象进一步树了起来，农村基层党组织功能进一步强了起来①。以党内集中教育为契机深化学习，有力推动党的创新理论对农村党员、干部的思想洗礼。河北、浙江、云南等地开展了“万名支部书记大培训”“百万党员进党校”“万场党课进基层”等活动。以行政村为基本单元规范设置党组织，普遍形成行政村党支部（党委、总支）—村民小组（网格）党小组（支部）—党员联系户的组织体系，不断织密党组织这张网，并适应新的形势完善和创新组织设置。选优配强村党组织带头人，推动优化提升。从严教育管理监督党员，推动激发活力。严格党的组织生活，村党组织普遍落实“三会一课”、民主评议党员、主题党日等制度，注重把组织生活与村级中心工作、解决民生问题结合起来，不断增强组织生活的生命力、感召力。发展壮大村级集体经济，推动强村富民。深化党建引领乡村治理，推动乡村善治。持续开展述职评议考核，把农村基层党建作为重要内容，考评结果与领导班子综合考核评价、领导干部提拔使用挂钩。经过多年不懈努力，农村基层党建工作不断加强，整体水平不断提升，有力地推动了农村经济发展和社会进步。2022 年，29 649 个乡镇、491 129 个行政村已建立党组织，覆盖率均超过 99.9%。

（二）农村改革对我国经济社会发展的贡献

农村改革发展的伟大实践，极大调动了亿万农民积极性，极大解放和发展了农村社会生产力，极大改善了广大农民物质文化生活。更为重要的

---

① 新华社．推动农村基层党建全面进步整体提升 为农村改革发展稳定提供坚强组织保证——党的十八大以来农村基层党建工作综述［OL］. https://www.gov.cn/xinwen/2021-06/07/content_5615968.htm.

是，农村改革发展的伟大实践，对整个国民经济和社会发展作出了重大贡献。

1. 农村改革为建立和完善我国社会主义初级阶段基本经济制度和社会主义市场经济体制进行了创造性探索

在我国改革开放的历史进程中，突破单一公有制经济，探索公有制多种有效实现形式，确立公有制为主体、多种所有制经济共同发展的社会主义初级阶段基本经济制度，始于农村个体、私营经济的蓬勃兴起和乡镇企业的异军突起，为农村富余劳动力从土地上转移出来，为农村致富和逐步实现现代化，为促进工业和整个经济的改革和发展，开辟了一条新路；初步建立社会主义市场经济体制，培育微观市场主体，始于农村的“包产到户”和“包干到户”，我国农村建立了以家庭联产承包为主的责任制，建立统分结合的双层经营体制，释放了巨大的生产力，相关改革成果和经验得以在城市推广展开，并取得了较为丰硕的成果；培育市场机制，始于取消农产品统购派购、放开搞活农产品流通。在家庭承包经营的基础上，农村围绕市场进行了一系列改革，包括推进农产品流通体制改革；逐步理顺农产品价格，实行多渠道流通；积极发展农业社会化服务体系；培育农产品市场、放开农业生产资料市场等重要内容，从而使农业生产摆脱长期停滞的困境，农村经济向着专业化、商品化、社会化迅速发展，广大城乡居民得到显著实惠。

2. 农村改革为实现人民生活从温饱不足到全面建成小康的历史性跨越、推进社会主义现代化作出了巨大贡献

党的十一届三中全会以来，农村改革极大解放和发展了农村社会生产力，为我国经济社会持续快速发展、胜利实现现代化建设前两步战略目标创造了重要条件，农业、农村的发展为我国工业现代化和城镇化做出了巨大贡献。家庭联产承包制度兴起、社会主义市场经济体制的建立、农产品流通体系改革和农业支持保护制度的确立，以及城乡融合发展思想的提出，引领了农村经济改革的走向，对中国共产党实现百年小康梦想做出了巨大贡献。到 1991 年，城乡居民家庭恩格尔系数已小于 60%，城乡居民生活基本上摆脱了贫困，解决了温饱。1992 年，党的十四大提出到 20 世纪末人民生活由温饱进入小康。经过长期不懈努力，根据《全国人民小康生活水平的基本标准》测算，到 2000 年全国小康生活水平实现程度达 95.6%，城乡居民生活基本实现了总体小康。2002 年，党的十六大提出小康社会建设由“总体小康”向“全面小康”迈进。2012 年，党的十八大提出在中国共产党成立 100 年全面建成小康社会的目标。2021 年 7 月 1 日，习近平总书记在庆祝中国共产党成立 100 周年大会上庄严宣告：经过全党全国各族人民持续奋斗，我们实现了第一个百年奋斗目标，在中华大地上全面建成了小康社会，历史性地解决了绝对贫困问题，正在意气风发向着全面建成社会主义现代化强国的第二个百年奋斗目标迈进。全面小康建成过程，不但实现了人的全面发展，也实现了物质文明、政治文明、精神文明、社会文明、生态文明协调发展。农村人均可支配收入由 1978 年的 134 元上升到 2020 年的 17 131 元，增加了 126 倍。农村居民恩格尔系数分别从 1978 年的 67.7%下降到 2020 年的 32.7%，生活质量得以提高。2020 年底，中国如期完成新时代脱贫攻坚目标任务，现行标准下 9 899 万农村贫困人口全部脱贫，创造了中国奇迹，为世界减贫做出了杰出贡献。

3. 农村改革为战胜各种困难和风险、保持社会大局稳定奠定了坚实基础

改革开放以来，面对复杂多变的国际环境和艰巨繁重的改革发展任务，党领导全国人民经受住了国内外政治风波的严峻考验，克服了国内外经济领域的风险挑战，战胜了各种严重自然灾害和重大疫情，取得了中国特色社会主义事业的伟大胜利，保持了国家的长治久安，很大程度上得益于农村改革发展促进了农业发展、农民增收、农村繁荣，得益于农业基础的有力支撑、广阔农村的繁荣稳定和广大农民的安居乐业。

4. 农村改革为成功开辟中国特色社会主义道路、形成中国特色社会主义理论体系积累了宝贵经验

经过 40 多年农村改革发展，我们成功开辟了中国特色农业现代化道路，党的十七大报告明确提出：在推进社会主义新农村建设的进程中，要“走中国特色农业现代化道路”。继 2012 年提出四化同步之后，2014 年中央 1 号文件进一步明确，“要努力走出一条生产技术先进、经营规模适度、市场竞争力强、生态环境可持续的中国特色新型农业现代化道路”。2017 年 10 月，党的十九大首次提出实施乡村振兴战略，并首次提出“加快推进农业农村现代化”。这标志着农业现代化的内涵进一步拓展为农业农村现代化，表明中国特色现代化应实现乡村振兴和农业发展双轮驱动。在中国特色农业现代化道路的建设中，我们党创立了把解决好“三农”问题作为全党工作重中之重、强化农业基础地位、坚持社会主义市场经济改革方向、城乡融合发展、保障农民物质利益和民主权利等重大“三农”工作战略思想和理论体系，为形成中国特色社会主义理论体系积累了宝贵经验。

正如2008年党的十七届三中全会通过的《关于推进农村改革发展若干重大问题的决定》所指出的那样：农村改革发展的伟大实践，极大调动了亿万农民的积极性，极大解放和发展了农村社会生产力，极大改善了广大农民物质文化生活。更为重要的是，农村改革发展的伟大实践，为建立和完善我国社会主义初级阶段基本经济制度和社会主义市场经济体制进行了创造性探索，为实现人民生活从温饱不足到总体小康的历史性跨越、推进社会主义现代化作出了巨大贡献，为战胜各种困难和风险、保持社会大局稳定奠定了坚实基础，为成功开辟中国特色社会主义道路、形成中国特色社会主义理论体系积累了宝贵经验。

（三）农村改革发展40多年的基本经验

农村改革40多年实践充分证明，只有坚持把解决好农业、农村、农民问题作为全党工作重中之重，坚持农业基础地位，坚持社会主义市场经济改革方向，坚持走中国特色农业农村现代化道路，坚持保障农民物质利益和民主权利，才能不断解放和发展农村社会生产力，推动农村经济社会全面发展。

1. 坚持把解决好农业、农村、农民问题作为全党工作重中之重

党中央一直高度重视“三农”工作，党的十七大指出：“解决好农业、农村、农民问题，事关全面建设小康社会大局，必须始终作为全党工作的重中之重。”党的十九大报告提出坚持农业农村优先发展，历史性地把农业农村工作摆在党和国家工作全局的优先位置。2020年习近平总书记在中央农村工作会议上又提出“坚持把解决好‘三农’问题作为全党工作重中之重，举全党全社会之力推动乡村振兴。”这是我们党治国理政的战略思想，是对全党明确提出的长期要求，也是做好新时期“三农”工作的重要法宝。在新形势下，中央从全局、战略的高度如此强调“三农”问题的重要地位，主要有以下几个方面的原因：①解决好“三农”问题，是确保国家粮食安全的需要。②解决好“三农”问题，是确保社会稳定和谐、实现国家长治久安的需要。③解决好“三农”问题，是贯彻落实科学发展观的内在要求，是实现农业强国和农业农村现代化目标的需要。从总体来看，目前我国农业现代化举步维艰、农民收入增长困难重重、农村社会事业发展任务艰巨，制约农业和农村发展的深层次矛盾尚未消除，促进农民持续稳定增收的长效机制尚未形成，农村经济社会发展滞后的局面还没有根本改变。如果这些问题和矛盾不根治、不解决，经济社会的全面发展就很难赢得主动、就容易出现波折。

2. 坚持农业基础地位

经过 40 多年的改革开放，虽然农业在国内生产总值中所占的比重越来越低，但农业的基础作用非但没有减弱，反而更加突出。农业仍然是国民经济最重要的基础产业，这不仅是由于农业活动提供了剩余农产品，为其他经济活动提供了劳动力，而且由于第二、三产业中有相当部分的行业必须由农业提供原料，农业以及以农产品生产为直接基础的各行业产值在国内生产总值中仍然占有相当大的份额。所以，农业是国民经济中最为基础的母体产业，是其他产业发展的基础。如果农业基础脆弱，就无法支撑经济的持续发展。农业的基础地位，还体现在它的不可替代性。今后，即便会有更多的非农原料替代农产品原料，但经济发展对农业原料需求的绝对量不可能减少，食品以及大部分轻工业原料仍然只能由农业来提供，农业的基本功能始终是不可或缺的。坚持农业基础地位，也是稳定物价水平的需要。考察 20 世纪 90 年代以来 CPI 的运行轨迹可以看出，食品价格是历次通胀的主要策源地。我国近期以至未来 CPI 的发展变化趋势，也在很大程度上受制于食品价格的变动。此外，这也是维护国家粮食安全，进而维护国家经济安全的需要。农业关系到 14 亿人的吃饭问题，是治国安邦、实现社会和谐稳定必须依托的战略产业。粮食安全是国家经济安全的基础，没有建立在农业生产稳定健康发展基础上的粮食安全，就不可能有国家的经济安全。

3. 坚持社会主义市场经济改革方向

建立社会主义市场经济的目标一直是贯穿中国农村改革的一条主线。在这个过程中，农村基本经营制度改革、农产品市场流通体制改革、农村金融和财税等体制改革、国家宏观调控体制改革等，都是紧紧围绕建设社会主义市场经济的目标来进行设计和实施的。通过农村土地制度改革，实行土地集体所有、家庭承包经营，使用权与所有权分离，基本上建立统分结合的双层经营体制，理顺了农村最基本的生产关系，确立了农户自主经营的市场主体地位。通过改革农产品流通体制，形成了在国家宏观调控下，市场机制对资源配置发挥着基础性作用。农村改革的一系列措施，把农业和农村发展转入社会主义市场经济的轨道，为农村经济发展注入了新的动力和活力。

4. 坚持走中国特色农业现代化道路

“走中国特色农业现代化道路”是坚持中国特色社会主义的本质要求，

是我们党在探索解决“三农”问题基本经验基础上的又一理论创新和政策创新，是全面贯彻落实科学发展观的客观要求，它决定着我国未来农村改革的方向。党的二十大指出中国特色农业现代化，既有国外一般现代化农业强国的共同特征，更有基于自己国情的中国特色。所谓共同特征，就是要遵循农业现代化一般规律，建设供给保障强、科技装备强、经营体系强、产业韧性强、竞争能力强的农业强国。所谓中国特色，就是立足我国国情，立足人多地少的资源禀赋、农耕文明的历史底蕴、人与自然和谐共生的时代要求，走自己的路，不简单照搬国外现代化农业强国模式①。“走中国特色农业现代化道路”从本质上来说，就是要立足于新时期我国农业农村发展滞后这一基本国情，以中国特色社会主义理论为指导，走依靠农业科技进步，积极利用现代装备、现代管理、现代农民等重要因素和条件，不断提高耕地产出率、资源利用率和农业生产率的农业现代化发展道路。就是坚持实施工业反哺农业，城市支持农村的方针；就是要着力于增强农业综合生产能力，切实加强农村基础设施、农村市场和农村服务体系建设，切实注重提高农产品的质量安全和确保国家粮食安全，切实注重增加农业设施装备的投入和对新型农民的培养，坚持农村基本经营制度基础上创新农业经营形式；就是要深入农村综合改革，积极稳妥地推进乡镇机构改革，不断加大公共财政对现代农业建设的投入力度，加快推进农村金融体制改革和创新；就是要扎实推进城镇化建设，形成城乡经济融合发展新格局。

5. 坚持保障农民物质利益和民主权利

调动农民的积极性，核心是保障农民的物质利益，尊重农民的民主权利。十一届三中全会明确指出：“确定农业政策和农村经济政策的首要出发点，是发挥我国八亿农民的社会主义积极性。我们一定要在思想上加强对农民的社会主义教育的同时，在经济上充分关心他们的物质利益。”此后，党中央就一直把“保障农民经济利益，尊重农民民主权利”作为对待农民的基本准则，以此作为制定党的农业农村政策的出发点和落脚点。土地是所有生产要素中最重要的要素，合理处理“谁来种地、怎么种地”，从而实现土地要素和劳动力要素的优化配置是农村改革需要解决的关键问题。处理好农民与土地的关系，始终是农村改革的主线。2016 年习近平总书记在安徽凤阳县小岗村召开的农村改革座谈会上指出：“新形势下深

① 习近平．加快建设农业强国　推进农业农村现代化［J］．求是，2023（3）．

化农村改革，主线仍然是处理好农民和土地的关系。最大的政策，就是必须坚持和完善农村基本经营制度，坚持农村土地集体所有，坚持家庭经营基础性地位，坚持稳定土地承包关系。”随后又指出，“实现承包权和经营权分置并行。这是农村改革又一次重大制度创新。”农地产权制度的持续创新显著地提高了农业生产效率，是中国农业取得世人瞩目成就的重要原因。近年来，农村教育、卫生事业和村民自治等改革，也激发了农民从事新农村建设的热情。因此，经济上保证农民的物质利益，政治上保障农民的民主权利，是农村改革在任何时候都必须始终遵循的一条基本原则。

6. 尊重农民的意愿和首创精神

农村改革事先并没有现成的经验和成功的案例。农民是农业和农村发展的主体，也是最富于创造性的力量。改革开放以来，包产到户和乡镇企业，这两个新事物都是农民的伟大创造，对我国农业和农村的发展起到了关键性的作用。农民所具有的首创精神还表现在借助于市场的劳动力流动，不仅打破了城乡的藩篱，而且为城市经济和国民经济发展做出了重要贡献。在建设社会主义新农村过程中，要继续尊重农民的首创精神，发挥农民群众的主动性、积极性和创造性，这是新农村建设能否取得进展的决定性因素。要坚持从群众中来、到群众中去的根本工作路线，以“三个有利于”为标准，鼓励试、允许看、不争论，及时总结经验，加强指导，对的就坚持，不对的就改正，把农村改革不断引向深入。

7. 始终坚持农村土地集体所有制基础性制度

围绕农村改革这样一场涉及亿万农民切身利益的深刻变革，虽然产生过争论，但并没有引发社会的不安和动荡。其根本原因，就是在整个改革过程中，党领导农民群众始终坚持了农村土地集体所有制这个我国农村的基础性制度①。农村土地的集体所有制，是新中国农村的基础性制度。农村集体经济的组织制度、农村的基本经营制度、农村基层社会的村民自治制度等我国农村经济、社会的重要制度，都是从农村土地集体所有制这个基础性制度之上发展起来的。农村改革后实行的农业家庭经营，其创新之处就在于它是在集体所有的土地上实行的家庭经营。通过“二权分置”、“三权分置”、法制建设等一系列改革，既维护了社会主义本质、又激发了农户生产积极性，从而能够在不断深化的改革中始终保持着农村乃至整个社会大局的稳定。

① 陈锡文．农村改革四十年的突破、成就和启示［J］．中国农业文摘，2019（2）．

三、当前推进农村改革面临的困难和挑战

我国农村正在发生新的变革，我国农业参与国际合作和竞争正面临新的局面。推进农村改革发展具备许多有利条件，也面对不少困难和挑战，特别是城乡二元结构造成的深层次矛盾突出。

（一）农村经济体制尚不完善，农业生产经营组织化程度低，农产品市场体系、农业社会化服务体系、国家农业支持保护体系不健全，构建城乡融合的体制机制要求紧迫

农村经济体制尚不完善，农民进入市场组织化程度低。家庭农场、农民合作社和农业企业已经成为农业现代经营体系的主体。但是迄今为止，真正代表农民利益的新型经济组织发挥的作用还不够，普遍存在规模不大、管理制度不健全、运营机制不规范、改组解体过于频繁以及带动能力不强等问题。农业社会化服务体系建设存在着服务水平地域差异大、部门分割管理严重、农业技术推广体系不健全、产业化龙头企业的实力弱、农业信贷、保险、期货市场等金融服务水平低等问题。在农业市场体系建设方面，从整体来看，农业市场体系建设仍处于发展的初期阶段，农产品流通主要还是依靠城乡集贸市场，农产品被市场“边缘化”。我国农村要素配置效率改善的程度依然有限，要素的配置存在不同程度的扭曲。一个比较完备的农村要素市场体系应该包括土地市场、劳动力市场、资本市场、技术市场和数据市场等，但现实中我国农村各类要素市场发育普遍滞后，特别是劳动力、金融、土地等市场发育不充分，导致要素价格难以真实灵活地反映市场供求关系、资源稀缺程度。发育最低的是农业技术市场。农业支持和保护水平低，与财力增长状况不相匹配。从最近几年财政支农资金的支出结构来看，对农田水利的投入总体呈下滑趋势，农田水利设施建设严重滞后；对农业科研和科技推广服务的投入很低，农业科技支撑不足，农业科技成果到户困难；动植物防疫体系不健全，基层防疫力量薄弱；政策性农业保险制度还处于探索阶段，缺乏现代农业发展需要的保险手段；对市场流通基础设施、食品安全等方面的投入偏低；农业生产成本大幅上升，农产品价格保护政策不健全，价格总体水平偏低，有些农产品价格大起大落，农业生产比较收益总体上处于弱势；农业支持和保护政策运作方式不规范，影响了整体效能的发挥。改革开放40多年来，我国改

革开放不断深入，中国特色工业化、城镇化、现代化及新农村建设加快推进，但由于历史条件的制约，特别是长期形成的城乡二元体制没有根本消除，二元分割局面没有打破，工农关系不协调，城乡关系失衡的状况没有根本改变。这已经严重制约了我国经济社会的发展，直接影响到我国全面小康社会建设目标的实现。现阶段我国面临着城乡发展不平衡、农村发展不充分问题，构建城乡融合发展体制机制建设要求紧迫。

（二）农业基础设施和技术装备落后，耕地大量减少，人口资源环境约束增强，气候变化影响加剧，自然灾害频发，国际粮食供求矛盾突出，保障国家粮食安全和主要农产品供求平衡压力增大

改革开放以来，我国不断加大农业基础投入，农业综合生产能力逐步提高。然而，在城市化、工业化、国际化和市场化快速推进过程中，随着耕地和水资源短缺矛盾加剧，农业基础设施不断老化，当前我国中低产田占 2/3，耕地灌溉率高达 51%，是世界平均水平的 2.68 倍，中国已成为世界第一灌溉大国，但是 2020 年我国农田灌溉水有效利用系数为 0.565，与以色列（0.87）、澳大利亚和俄罗斯（0.8）等国家相比还有差距。农业科技支撑能力不足。我国农业科技进步贡献率仅为 62.4%，但世界农业强国的该指标基本都在 70%～80%。发达国家农产品的商品率基本已达 95%以上，而我国 2020 年谷物、小麦、玉米三大粮食的商品率为 92.9%，其中谷物商品率仅为 85.9%。我国农业科技成果转化率仅为 30%～40%，远低于发达国家 80%以上的水平。灌溉水有效利用系数只有 0.559，只相当于国际先进水平的 73%。财政支农投入增长有限以及农业科技成果转化较慢等问题日益突出，我国农业综合生产能力的上升速度赶不上社会对农产品数量和质量需求的增长速度。

农业发展方式依然粗放，保障国家粮食安全和主要农产品供求平衡压力增大。一是农业资源与环境约束增强。世界银行数据显示，2020 年我国人均耕地面积仅 1.27 亩，而世界平均水平为 2.79 亩。人均淡水资源仅为世界平均水平的 1/4，耕地减少、水资源匮乏的趋势难以逆转。二是农业基础设施薄弱，农业物质技术装备相对落后。三是农业物质投入成本和劳动力成本不断提高，农民种粮比较收益明显下降，远低于种植经济作物和外出打工的收益。四是农业生态环境脆弱，农产品质量安全问题突出。五是农产品国际贸易环境动荡，我国农产品外贸依存度增加。一些农产品对国际市场的依赖不断提高。自 2004 年出现 46.4 亿美元的农产品贸易逆

差后，贸易逆差不断扩大，2022 年已达 1 377 亿美元。资源性农产品除稻米、小麦外，包括大豆、棉花、牛羊肉等大宗产品在全球贸易中缺乏竞争力，净进口状态持续。具有出口竞争力的农产品品种和数量越来越少，而进口农产品品种数量则越来越多。除蔬菜、茶叶保持净出口外，其他农产品基本均为净进口。进口来源地集中，贸易依存度高，按全口径农产品进口数量观察，农产品进口对外依存度达 30%以上。

（三）农村社会事业和公共服务水平较低，区域发展和城乡居民收入差距扩大，改变农村落后面貌任务艰巨

长期以来，由于对农村社会事业不够重视，重经济发展、轻社会发展，经费投入不足，财政支出中社会事业资金所占比重仍偏小，民间资本、民间力量参与不足等导致农村社会事业发展受到制约。总体上看，农村社会事业基础条件还比较薄弱，农村教育中的问题还很多，群众看病难看病贵的问题十分突出，基层文化设施落后，社会救助及保障能力依然脆弱。城乡长期分割、城乡分治的体制导致农村基础设施建设和公益事业发展中的矛盾和问题相当复杂。由于当前许多配套改革不到位，在一定程度上加剧了建设、发展与管理的难度，更加凸显了社会事业发展的体制和机制创新的滞后。以公益性社会事业为主体的农村公共服务远未形成稳定的、系统的、制度化的体系，抑制了农村社会事业的发展活力。

我国农村地区之间差距的变化具有非常明显的特点，从总体上看：第一，农村地区之间差距的幅度大；第二，农村地区之间差距不断扩大持续的时间长，积累的矛盾多；第三，农村地区之间差距扩大的速度快。从经济层面来看，差距主要表现在以下三个方面：一是区域农业总产值差距变化；二是区域农村非农产业产值差距变化；三是区域农民人均收入差距变化。除了经济方面差距以外，在城镇化水平上东中西部也存在明显的差距。从改革开放四十多年的情况看，我国城乡居民收入差距有两个时期出现过相对缩小的局面。第一个时期是 1978—1985 年，由于改革首先在农村启动，这一时期农村居民的收入增长速度超过了城市居民；第二个时期是 1994—1996 年，国家大幅度提高农产品收购价格，农村居民的收入增长一度超过城市。自 1997 年来，中国城乡居民收入差距一直在不断扩大。2010 年是一个重要的转折，到 2022 年全国城乡居民收入差距已连续13 年开始出现下降态势，但是城乡收入差距的绝对数仍然很大。需要指出的是，越是经济落后的地区，城乡居民收入差距越大，空间二元结构特征越明显。2021

年西部地区城乡居民人均可支配收入之比为2.6∶1，高于全国2.5∶1的平均水平，其中贵州为3.05∶1、甘肃为3.22∶1，远远高于东部地区（2.39∶1）、东北地区（2.09∶1）和中部地区（2.28∶1）的平均水平。

（四）农村社会利益格局深刻变化，一些地方农村基层组织软弱涣散，加强农村民主法制建设、基层组织建设、社会管理任务繁重

当前，农村基层党组织建设存在软弱涣散问题。首先，领导班子凝聚力、战斗力、创造力不强，思想观念的更新程度滞后，工作缺乏积极性和主动性；其次，受传统思想、宗族观念和既得利益思想的影响，有些村干部难选难配问题比较突出；再次，个别干部法制意识淡薄，在任期内滥用权力，为政不廉，降低了基层党组织在群众中的威信。这使得农村的民主法制建设、基层组织建设和社会管理深受影响。当下加强和创新社会管理是我国社会建设的重要主题。构建和谐社会的难点在农村，重点是农民，法治是短板。虽然改革开放以来农村的法治建设有了长足的进步与发展，但对照和谐社会建设、新农村建设和乡村振兴发展的要求，还存在许多不容乐观的现实问题。一是“重人治、轻法治”的观念没有彻底改观。由于受传统思想意识的影响，人们更多地依赖文件、政策及不同级别的指示，以言代法、以权压法在有的地方根深蒂固。少数领导干部法律知识缺乏，依法建设经济和处理社会事务的能力和水平不高。二是执法随意性问题依然存在。在农村，一些执法人员自以为是地认为农民法律素质低下，执法不文明、不规范、不严格、不公正的情况时有发生。三是农村的矛盾纠纷和社会治安形势趋于复杂，不稳定因素增多。当前，农村矛盾纠纷的主体、案件的形式、潜在的问题越来越趋于多样化、复杂化。因土地承包、征地拆迁等引发的纠纷有增无减，上访行为和群体性事件不断增多，在社会上造成了恶劣影响。法治建设在农村建设中起着重要保障作用，可以说，加快农村法治建设刻不容缓。

总之，我国农业基础仍然薄弱，最需要加强；农村发展仍然滞后，最需要扶持；农民增收仍然困难，最需要加快。我们必须居安思危、加倍努力，不断巩固和发展农村好形势。

四、全面深化农村改革的指导思想、基本原则与目标任务

党的十八大以来，党和国家将脱贫攻坚作为全面建成小康社会的标志

性工程，组织推进人类历史上规模空前、力度最大、惠及人口最多的脱贫攻坚战，启动实施乡村振兴战略，推动农业农村取得历史性成就、发生历史性变革。当前我国正开启全面建设社会主义现代化国家新征程，但必须看到，全面建设社会主义现代化国家，实现中华民族伟大复兴，最艰巨最繁重的任务依然在农村，最广泛最深厚的基础依然在农村。农业基础还不稳固，城乡区域发展和居民收入差距仍然较大，城乡发展不平衡、农村发展不充分仍是社会主要矛盾的集中体现。解决农业农村发展面临的各种矛盾和问题，根本上要靠深化改革。

（一）全面深化农村改革的指导思想

以习近平新时代中国特色社会主义思想为指导，全面贯彻党的二十大对农村改革的要求，统筹推进“五位一体”总体布局，协调推进“四个全面”战略布局，坚定不移贯彻新发展理念，坚持稳中求进工作总基调，深入贯彻落实习近平总书记关于“三农”工作重要论述，坚持加强党对“三农”工作的全面领导，坚持把解决好“三农”问题作为全党工作重中之重。锚定建设农业强国目标，坚持农业农村优先发展，坚持农业现代化与农村现代化一体设计、一并推进，坚持创新驱动发展，以推动高质量发展为主题，统筹发展和安全，落实加快构建新发展格局要求，深入推进农业供给侧结构性改革，把乡村振兴摆在社会主义现代化建设的重要位置。着力巩固和完善农村基本经营制度，健全粮食安全保障制度，完善全面推进乡村振兴体制机制，健全城乡融合发展政策体系，加快推动重要领域和关键环节改革攻坚突破、落地见效，让广大农民在改革中有更多获得感，为全面推进乡村振兴、加快农业农村现代化和加快建设农业强国提供坚实的制度保障。

（二）全面深化农村改革的基本原则

全面深化农村改革，要遵循以下基本原则：

（1）必须巩固和加强农业基础地位，牢端中国饭碗保障粮食安全。坚持立足国内实现口粮基本自给方针，全面夯实粮食安全基础。加大国家对农业支持保护力度，深入实施科教兴农战略，加快现代农业建设，实现农业全面稳定发展，为推动经济发展、促进社会和谐、维护国家安全奠定坚实基础。

（2）必须切实保障农民权益，始终把实现好、维护好、发展好广大农民根本利益作为农村一切工作的出发点和落脚点。坚持以人为本，尊重农民意愿，着力解决农民最关心最直接最现实的利益问题，保障农民政治、经济、文化、社会权益，提高农民综合素质，促进农民全面发展，充分发挥农民主体作用和首创精神，紧紧依靠亿万农民建设社会主义新农村。

（3）必须不断解放和发展农村社会生产力，始终把改革创新作为农村发展的根本动力。坚持不懈推进农村改革和制度创新，以土地改革为主线，切实处理好人地关系。提高改革决策的科学性，增强改革措施的协调性，充分发挥市场在资源配置中的基础性作用，加强和改善国家对农业农村发展的调控和引导，健全符合社会主义市场经济要求的农村经济体制，调整不适应农村社会生产力发展要求的生产关系和上层建筑，使农村经济社会发展充满活力。

（4）必须城乡融合发展，始终把着力构建新型工农、城乡关系作为加快推进现代化的重大战略。不能就农村论农村，而要重塑城乡关系，统筹工业化、城镇化、农业现代化建设，加快建立健全以工促农、以城带乡长效机制，调整国民收入分配格局，巩固和完善强农惠农政策，把国家基础设施建设和社会事业发展重点放在农村，推进城乡基本公共服务均等化，实现城乡、区域协调发展，使广大农民平等参与现代化进程、共享改革发展成果。

（5）坚持党对“三农”工作的指导，把解决好“三农”问题作为全党工作重中之重。全党务必充分认识新发展阶段做好“三农”工作的重要性和紧迫性，坚持把解决好“三农”问题作为全党工作重中之重，举全党全社会之力推动乡村振兴，促进农业高质高效、乡村宜居宜业、农民富裕富足。坚持一切从实际出发，坚持党在农村的基本政策，加强农村基层组织和基层政权建设，完善党管农村工作体制机制和方式方法，巩固党在农村的执政基础，形成推进农村改革发展强大合力。

（三）全面深化农村改革的目标任务

农村改革为新时期内乡村振兴、农业强国及农业现代化战略提供体制和机制保障，其目标是农村基本经营制度较为巩固和完善，粮食安全保障制度健全，乡村振兴体制机制完善，城乡融合发展政策体系健全，重要领域和关键环节改革取得攻坚突破。

习近平总书记在2017年中央农村工作会议上提出，深化农村改革，一要“扩面”，加快构建城乡融合发展体制机制，深入推进农村重点领域如集体产权制度、土地制度、供销合作社改革等；二要“提速”，鼓励地方创新，尊重基层创造，复制推广典型案例、模式；三要“集成”，综合实施各项改革措施，提升改革整体性效果。具体来说，农村改革需要从以下几个方面着手：

1. 深化农村土地制度改革

深化农村土地制度改革是农村改革的核心问题，它关系到土地承包关系和农村基本经营制度的稳定，是保障农户物质利益、提高农户生产积极性的重要改革途径。

（1）完善农村土地承包制度。扎实做好第二轮承包期到期后再延长30年的各项工作，确保大多数农户原有承包权保持稳定、顺利延包。有条件的地方可在农民自愿前提下，探索开展农田集中连片整理，解决细碎化问题。探索农村土地所有权、承包权、经营权分置并行的有效实现形式，落实所有权、稳定承包权、放活经营权。赋予农民对承包地占有、使用、收益、流转及承包经营权抵押、担保的权能。加紧探索农村土地承包经营权有偿退出机制，推动修订相关法律法规①。

（2）改革农村宅基地管理制度。保障农户宅基地用益物权，研究探索赋予农户宅基地收益权和转让权的实施办法；完善农村宅基地分配政策，研究探索宅基地有偿获得与使用的途径；加快包括农村宅基地在内的农村地籍调查，开展农村集体建设用地使用权确权登记颁证工作。慎重稳妥地推进农民住房财产权抵押、担保、转让试点，聚焦保障居住、管住乱建、盘活闲置，在试点中不断探索完善集体所有权、农户资格权、宅基地使用权等权利内容及其分置的实现形式。探索农民增加财产性收入的渠道。

（3）探索农村集体经营性建设用地入市。在符合规划和用途管制的条件下，允许农村集体经营性建设用地出让、租赁、入股，实行与国有土地同等入市、同权同价。建立农村集体经营性建设用地产权流转市场，完善土地二级市场。深化农村集体经营性建设用地入市试点，完善土地增值收益分配机制，增强改革系统性。

（4）加快推进征地制度改革。缩小征地范围，规范征地程序，完善对被征地农民合理、规范、多元保障机制。修订有关法律法规，保障农民公平分享土地增值收益。改革对被征地农民的补偿办法，积极探索创新，采

---

① 宋洪远．着力推进重点领域和关键环节的农村改革——中国农村改革40年回顾与思考（中）[J]．农村工作通讯，2018（12）．

取留地安置、补偿等多种方式，确保被征地农民长期受益。健全征地争议调处裁决机制，保障被征地农民的知情权、参与权、申诉权、监督权。

2. 积极推进农村集体产权制度改革

科学确认农村集体经济组织成员身份，明晰集体所有产权关系，发展新型集体经济；管好用好集体资产，建立符合市场经济要求的集体经济运行新机制，促进集体资产保值增值；落实农民的土地承包权、宅基地使用权、集体收益分配权和对集体经济活动的民主管理权利，形成有效维护农村集体经济组织成员权利的治理体系。农村集体产权制度改革重点是适应社会主义市场经济要求，构建产权关系明晰、治理架构科学、经营方式稳健、收益分配合理的运行机制，充分利用农村集体自身资源条件、经营能力，探索以资源发包、物业出租、居间服务、资产参股等多样化途径发展新型农村集体经济。发展集体经济必须尊重群众意愿、遵循市场规律。要健全农村集体资产监管体系，严格控制集体经营风险，坚决遏止新增债务，充分保障集体成员的知情权、参与权、监督权。

3. 加快建立城乡融合发展的体制机制

要顺应城乡融合发展大趋势，破除妨碍城乡要素平等交换、双向流动的制度壁垒，促进发展要素、各类服务更多下乡，率先在县域内破除城乡二元结构。推进城乡要素平等交换，切实维护农民生产要素权益。推进城乡资源均衡配置。要从基础设施建设、教育事业发展、就业创业服务、社会保障一体化等方面，推进城乡基本公共服务均等化。推进农村转移人口市民化。要从创新人口管理、扩大基本公共服务覆盖面、健全市民化推进机制等方面，推进农业转移人口市民化，逐步把符合条件的农业转移人口转为城镇居民。同时，要保障进城落户农民土地等合法权益，鼓励依法自愿有偿退出。

4. 健全种粮农民收益保障和粮食主产区利益补偿机制

全方位夯实粮食安全根基，强化藏粮于地、藏粮于技的物质基础，健全农民种粮挣钱得利、地方抓粮担责尽义的机制保障。种粮农民收益保障机制和主产区利益补偿机制应该瞄准粮食增产、粮农增收及粮食主产区区域发展三大目标。构筑农民资金保障和种粮农民政策保障防线，确保种粮农民收益持续稳定增长。深入开展新型农业经营主体提升行动，带动小农户合作经营、共同增收。实施农业社会化服务促进行动，促进农业节本增效、提质增效、营销增效。健全主产区利益补偿机制，按照谁受益谁补偿和近邻原则，产销区互相配对，建立风险共担和利益共享的长效合作机制。加大向粮食主产区转移支付力度，农业补贴、中央和地方财政资金以及开发性金融重点向粮食主产区倾斜。各种奖补政策与粮食产量挂钩，增加产粮大县奖励资金规模。

5. 加快构建现代新型农业经营体系

培育专业大户、家庭农场、农民合作社、农业企业等新型经营主体，推动经营、集体经营、合作经营、企业经营共同发展。完善县乡村“三级”服务和管理网络，加快健全土地经营权流转市场。探索建立工商企业流转农业用地风险保障金制度，降低和减少农户流转承包地的风险。探索土地集中型、服务带动型、空间集聚型多种适度规模经营发展路径。健全农业社会化服务体系。坚持主体多元化、服务专业化、运行市场化的方向，积极推进构建经营性服务和公益性服务相结合、综合服务和专项服务相协调的新型农业社会化服务体系。

6. 创新农村金融保险制度

强化金融机构支持“三农”义务和责任，创新农村金融服务方式，加快发展新型农村金融组织，依托农民合作社和供销合作社，培育发展农村合作金融，不断丰富农村金融机构类型[①]。大力发展农业和农村保险。强化金融机构服务“三农”职责。强化商业金融对“三农”和县域小微企业的服务能力，扩大县域分支机构业务授权，不断提高存贷比和涉农贷款比例，将涉农信贷投放情况纳入信贷政策导向效果评估和综合考评体系。创新农村信贷担保抵押方式。建立政府扶持、多方参与、市场运作的农村信贷担保机制，扩大农村有效担保物范围。

---

① 韩长赋．四十年农业农村改革发展的成就经验［J］．农村科学实验，2019（1）．

第二章

实施乡村振兴战略问题研究

实施乡村振兴战略，是党的十九大从党和国家事业全局出发、着眼于实现“两个一百年”奋斗目标、顺应亿万农民对美好生活的向往作出的重大决策，是新时代“三农”工作的总统领和主要抓手。进入“十四五”时期，“三农”工作重心历史性转向全面推进乡村振兴。2022 年，党的二十大对全面推进乡村振兴做出战略部署。

一、实施乡村振兴战略的重大意义

乡村是具有自然、社会、经济特征和生产、生活、生态、文化等多重功能的地域综合体，与城镇互促互进、共生共存，共同构成人类活动的主要空间。乡村兴则国家兴，乡村衰则国家衰。我国人民日益增长的美好生活需要和不平衡不充分的发展之间的矛盾在乡村最为突出，我国仍处于并将长期处于社会主义初级阶段的特征很大程度上表现在乡村。全面建设社会主义现代化强国，最艰巨最繁重的任务在农村，最广泛最深厚的基础在农村，最大的潜力和后劲也在农村。实施乡村振兴战略，是解决新时代我国社会主要矛盾、实现“两个一百年”奋斗目标和中华民族伟大复兴中国梦的必然要求，具有重大现实意义和深远历史意义。

（一）实施乡村振兴战略，是从根本上解决好新时代“三农”问题的创新性部署

习近平总书记在党的十九大报告中指出，农业农村农民问题是关系国计民生的根本性问题，必须始终把解决好“三农”问题作为全党工作重中之重。党的十九大报告提出实施乡村振兴战略，继承了党对“三农”问题的一贯重视，并进行了创新发展，对我国“三农”事业的发展具有重大而

深远的意义。实施乡村振兴战略，可以有力促进现代农业建设，加快实现农业现代化；可以进一步促进农民增收，实现农民生活富裕；可以更好地促进农村经济社会发展，实现农村和谐美丽。可以说，实施乡村振兴战略，是新时代“三农”工作的总统领和主要抓手，是促进农业发展、农村繁荣、农民增收的治本之策，有助于从根本上解决我国的“三农”问题。

（二）实施乡村振兴战略，是习近平新时代中国特色社会主义思想在“三农”领域的集中体现

习近平新时代中国特色社会主义思想，是内容丰富、系统完整的理论体系，实施乡村振兴战略所集中体现的党的新时代“三农”思想是其中的重要组成部分。习近平总书记高度重视“三农”问题，自党的十八大以来，对“三农”工作提出了一系列新思想、新理念、新论断，科学回答了新时代“三农”发展的许多重大理论与现实问题，体现了总书记对“三农”问题的深入研究和深厚感情，形成了新时代解决我国“三农”问题的理论探索与顶层设计。

在习近平总书记有关“三农”工作重要论述中，“三个必须”“三个不能”“三个坚定不移”最为系统和鲜明，居于总括性、总要求的地位。在2013年中央农村工作会议上，习近平总书记提出：中国要强，农业必须强；中国要美，农村必须美；中国要富，农民必须富。“三个必须”强调的是“三农”工作的基础性地位和对中国特色社会主义事业发展的根本性、全局性影响。2015年7月，习近平总书记在吉林调研时指出：任何时候都不能忽视农业、不能忘记农民、不能淡漠农村。“三个不能”从历史维度审视“三农”发展规律，表明了在任何时期、任何情况下都不能轻视“三农”工作的决心和态度。2016年4月，习近平总书记在安徽凤阳小岗村召开的农村改革座谈会上强调：要坚定不移深化农村改革，坚定不移加快农村发展，坚定不移维护农村和谐稳定。“三个坚定不移”从全局角度明确了“三农”工作重点和政策目标，表明了推进“三农”发展的必由路径。除了这些总括性、生动化的思想之外，习近平总书记更丰富、更具体的“三农”思想，则集中体现在实施乡村振兴战略的设计之中。

（三）实施乡村振兴战略，是“五位一体”总布局在农村的具体落实

“产业兴旺、生态宜居、乡风文明、治理有效、生活富裕”乡村振兴

五句话的总要求，涉及产业发展、生态环境、精神文明、社会治理、农民生活等“三农”问题的方方面面，体现了经济建设、社会建设、文化建设、政治建设、生态文明建设全面提升的内在要求，是“五位一体”总体布局在农村的具体落实。从相互关系来看，这些要求之间是相互联系、相互促进的，统一构成了一个有机整体和振兴系统，是多元一体化的综合建设和全面发展过程。

（四）实施乡村振兴战略，是新时代解决我国社会主要矛盾的迫切要求

中国特色社会主义进入新时代，我国社会主要矛盾已经转化为人民日益增长的美好生活需要和不平衡不充分的发展之间的矛盾。目前，最大的发展不平衡是城乡之间发展的不平衡，最大的发展不充分是农业农村发展的不充分。可以说，“三农”问题是我国经济社会发展不平衡和不充分的主要表现，是新时代中国特色社会主义主要矛盾的主要方面。因此，不管是在全面建成小康社会时期，还是在基本实现社会主义现代化的时间里，甚至在建成社会主义现代化强国的过程中，解决这一新的社会主要矛盾，迫切需要实施乡村振兴战略，坚持农业农村优先发展，加快推进农业农村现代化，缩小城乡差距，实现城乡融合。只有这样，才能促进发展更平衡、更充分，更好地满足人民日益增长的美好生活需要。

（五）实施乡村振兴战略，是全面建设社会主义现代化国家的必然要求

实施乡村振兴战略，是党中央着眼“两个一百年”奋斗目标导向和农业农村短腿短板的问题导向作出的重大战略安排。在实现第一个百年奋斗目标、全面建成小康社会的过程中，短板在农村，难点是农村贫困人口脱贫。因此，习近平总书记多次讲，“小康不小康，关键看老乡”。实现第二个百年奋斗目标，全面建设社会主义现代化国家，短板也在农村，难点是实现农业现代化，在此基础上实现农村现代化，特别是农业现代化仍是我国“四化同步”发展的短腿。习近平总书记强调，没有农业现代化，没有农村繁荣富强，没有农民安居乐业，国家现代化是不完整、不全面、不牢固的。因此，实施乡村振兴战略，就是要加快补齐农业农村发展的短板，实现农业农村现代化，使农民生活更加富裕，显著缩小城乡差距，让农业成为有奔头的产业，让农民成为有吸引力的职业，让农村成为安居乐业的

家园。可以说，实施乡村振兴战略，既是过去全面建成小康社会的“最后一公里”，又是开启全面建设社会主义现代化国家新征程的必经之路。

（六）实施乡村振兴战略，是建设现代化经济体系的重要基础

农业是国民经济的基础，农村经济是现代化经济体系的重要组成部分。乡村振兴，产业兴旺是重点。实施乡村振兴战略，深化农业供给侧结构性改革，构建现代农业产业体系、生产体系、经营体系，实现农村一二三产业深度融合发展，有利于推动农业从增产导向转向提质导向，增强我国农业创新力和竞争力，为建设现代化经济体系奠定坚实基础。

（七）实施乡村振兴战略，是建设美丽中国的关键举措

农业是生态产品的重要供给者，乡村是生态涵养的主体区，生态是乡村最大的发展优势。乡村振兴，生态宜居是关键。实施乡村振兴战略，统筹山水林田湖草沙系统治理，加快推行乡村绿色发展方式，加强农村人居环境整治，有利于构建人与自然和谐共生的乡村发展新格局，实现百姓富与生态美的统一。

（八）实施乡村振兴战略，是传承中华优秀传统文化的有效途径

中华文明根植于农耕文化，乡村是中华文明的基本载体。乡村振兴，乡风文明是保障。实施乡村振兴战略，深入挖掘农耕文化蕴含的优秀思想观念、人文精神、道德规范，结合时代要求在保护传承的基础上创造性转化、创新性发展，有利于在新时代焕发出乡风文明的新气象，进一步丰富和传承中华优秀传统文化。

（九）实施乡村振兴战略，是健全现代社会治理格局的固本之策

社会治理的基础在基层，薄弱环节在乡村。乡村振兴，治理有效是基础。实施乡村振兴战略，加强农村基层基础工作，健全乡村治理体系，确保广大农民安居乐业、农村社会安定有序，有利于打造共建共治共享的现代社会治理格局，推进国家治理体系和治理能力现代化。

（十）实施乡村振兴战略，是实现全体人民共同富裕的必然选择

农业强不强、农村美不美、农民富不富，关乎亿万农民的获得感、幸福感、安全感，关乎全面建成小康社会全局。乡村振兴，生活富裕是根

本。实施乡村振兴战略，不断拓宽农民增收渠道，全面改善农村生产生活条件，促进社会公平正义，有利于增进农民福祉，让亿万农民走上共同富裕的道路，汇聚起建设社会主义现代化强国的磅礴力量。

二、实施乡村振兴战略的创新思想

党的十九大报告鲜明的创新色彩，在“实施乡村振兴战略”这部分中体现得特别充分。可以说，实施乡村振兴战略本身及其所包含的一系列具体的新思想、新思路，基本代表了新时代党的“三农”思想的最新发展。这些创新思想对于从根本上解决“三农”问题具有重要的现实意义和应用价值，需要深刻领会、深入研究和科学阐释，以便更好地指导各地的实践，避免出现偏差和误区。

（一）创新性地提出了乡村振兴的总要求，确立了“三农”工作新的发展目标和评价标准

党的十九大报告提出，乡村振兴的总要求是产业兴旺、生态宜居、乡风文明、治理有效、生活富裕。这五句话、20 个字的总要求既是今后农业农村发展的方向与目标，又是乡村振兴的具体标准。与 2005 年党的十六届五中全会提出的社会主义新农村的总要求（生产发展、生活宽裕、乡风文明、村容整洁、管理民主）相比，有 4 句话发生了新的变化。

（1）从生产发展到产业兴旺。一是把生产改为了产业，范围扩大了，生产主要是指农业，而产业则既包括农业，又包括农村二三产业；二是把发展改为兴旺，目标要求更高了，发展强调过程，而兴旺则更强调结果。实现农村产业兴旺、农村经济繁荣，是乡村振兴的重点和物质基础。

（2）从村容整洁到生态宜居。村容整洁，强调村容村貌要卫生、整洁，不能脏乱差；生态宜居，强调乡村的生态环境建设内容更丰富了，目标要求更高了，不仅要美丽，还要适宜居住。习近平总书记在 2013 年讲城镇建设时指出：让城市融入大自然，让居民望得见山看得见水记得住乡愁。实际上，农村更是能够让人记得住乡愁的地方。让乡村变得美丽宜居，是乡村振兴的关键和最直观的外在表现。

（3）从管理民主到治理有效。管理农村，侧重的是政府作为主体的行政管理，注重管理过程，强调的是管理行为的民主性；治理乡村，则是由政府、社会组织、村民个人等多元主体进行共同治理，更注重结果导向，

强调的是治理行为的合理性和有效性。这一条总要求的变化，也是要求标准更高了，效果也会更好。让包括农民在内的多元主体有效治理农村，是乡村振兴的基础和制度保障。

（4）从生活宽裕到生活富裕。由生活宽裕到生活富裕，很明显，就是要使农民收入增长得更快，在此基础上，显著提高农民的消费水平，让农民的生活更加富裕，这是乡村振兴的根本，是实现农业和农村现代化的出发点和落脚点。

（5）保留没变的一个总要求是乡风文明。这表明加强农村文化和精神文明建设仍是新时代乡村振兴的重要内容，让乡村风气优良、文明程度提高，是乡村振兴的保障。

从以上五句话的总要求及其变化来看，乡村振兴是新农村建设的升级版，是对新农村建设在内容上的丰富和充实，在标准上的进一步深化和提高。

（二）首次提出了坚持农业农村优先发展的新思想，确立了把农业与农村发展摆在更加重要位置的新定位

坚持农业农村优先发展，是实施乡村振兴战略的基本方针，这一思想的创新性体现在，第一次把农业和农村摆在了优先发展的位置，是党的十九大报告提出的三个优先发展领域之一。为什么要坚持农业农村优先发展呢？一方面，这是由农业和农村工作的基础地位及其重要性决定的，体现了我们党对“三农”工作的重视程度进一步提高；另一方面，这是由农业与农村发展不充分的薄弱性决定的，是由从根本上解决“三农”问题的复杂性和困难性决定的。农业现代化滞后是“四化同步”发展的短腿，农村发展落后是过去全面建成小康社会和今后实现共同富裕的短板。因此，必须把农业农村发展摆在优先位置，实现“四优先”：在干部配备上优先考虑，在要素配置上优先满足，在资源条件上优先保障，在公共服务上优先安排。

（三）首次提出了城乡融合发展的新思想，确立了破除城乡二元结构、建立新型工农城乡关系的新思路

新中国成立后，我国实行的是重工轻农、重城轻乡的倾斜式发展战略和政策，通过工农产品价格剪刀差和农业税净流出等手段为工业化提供原始资本积累。这种长期的城市偏向性发展形成了我国典型的城乡二元结

构，具体表现是相对现代、发达的工业和城市与相对传统、落后的农业和农村并存。为了改变城乡二元结构状态，党的十六大提出，要统筹城乡经济社会发展。党的十八届三中全会进一步提出，要实现城乡发展一体化。在此基础上，党的十九大明确提出，要建立健全城乡融合发展的体制机制和政策体系。提出城乡融合发展的新思想，就是要彻底破除城乡二元结构，改变重工轻农、重城轻乡的不平等关系，建立平等的新型工农城乡关系。从经济学和社会学的角度来看，城乡融合发展意味着，城乡之间实现生产要素的合理流动和优化组合，生产力在城乡之间合理布局，城乡经济和社会生活紧密结合，逐步缩小直至消灭城乡之间的基本差别，从而使城市和乡村融为一体。

（四）首次提出了加快推进农业农村现代化的新思想，确立了把农村现代化纳入社会主义现代化国家建设体系的新安排

加快推进农业农村现代化，是实施乡村振兴战略的基本目标。这一思想的创新性在于，在强调农业现代化的基础上，第一次明确提出农村现代化的建设内容和发展目标要求。

新中国成立初期，中央就提出了农业现代化的国家战略目标。最早是在 1956 年，第一届全国人民代表大会第一次提出，要实现工业、农业、交通运输业和国防四个现代化的任务。1964 年，在第三届全国人民代表大会第一次会议上，周恩来总理在政府工作报告中提出，实现工业、农业、科学技术和国防四个现代化的目标。在这四个现代化中，农业现代化是其中之一。党的十八大提出，要“促进工业化、信息化、城镇化、农业现代化同步发展”。在同步发展的“四化”中，农业现代化也是其中之一。

农业现代化，是产业现代化的概念，属于经济现代化的范畴。党的十九大创新性地提出了农村现代化，这是一个区域现代化的概念，包含经济建设、社会建设、文化建设、政治建设和生态文明建设等多方面内容，具有综合现代化的特征。

党的十九大对新时代中国特色社会主义发展的战略安排是，在 2020 年全面建成小康社会的基础上到 2035 年基本实现现代化，在基本实现现代化的基础上到 2050 年全面建成社会主义现代化强国。在这种战略安排框架下，提出农村现代化这一创新思想的重大意义在于，把农村现代化纳入到社会主义现代化国家建设体系当中，使得现代化建设的内涵更全面了，也更科学了。不管是基本实现现代化，还是全面建成社会主义现代化

强国，都既要实现农业、工业等产业现代化，还要实现城市和农村的区域现代化；不仅要实现现代化，还要不断提高现代化的水平与质量。可以说，加快推进农业农村现代化，是国家现代化的基础，是建成现代化强国的题中应有之义。

（五）首次提出了实现小农户和现代农业发展有机衔接的新思想，确立了破解农业现代化瓶颈制约因素的新途径

当前，加快推进农业农村现代化，最大的瓶颈性制约因素是传统农户的小规模分散经营。这种小农经济，严重阻碍着现代化的先进农业技术和大型农机装备的广泛使用，影响小农户与国内外开放的大市场的有效对接。因此，要将小农户与现代农业发展有机衔接起来，主要途径有三条：一是发展多种形式适度规模经营。经营规模的扩大，有助于大型农机装备的使用，提高农业机械化水平；有助于先进农业技术的采用，提高农业科技化水平。二是培育新型农业经营主体。培育种养大户、家庭农场、农民合作社、农业企业等新型农业经营主体，有助于提高农业生产经营管理水平，提高农业的市场竞争能力。三是健全农业社会化服务体系。现代农业发展要以完善的社会化服务为保障。健全农业社会化服务体系，要在服务主体上，实现多元化；在服务内容上，实现全面化；在服务环节上，实现全过程化。

（六）首次提出了自治、法治、德治相结合的乡村治理新思想，实现了从民主管理农村到有效治理乡村的思维新跨越

党的十八届三中全会提出的全面深化改革的两大目标之一，是推进国家治理体系和治理能力现代化，反映了党和政府从管理国家到治理国家思维上的跨越。党的十九大把乡村治理作为国家治理体系的有机组成部分，提出了“三治结合”的乡村治理新思想。这一新思想的创新性在于，实现了从民主管理农村到有效治理乡村的思维跨越。

农村管理和乡村治理这两个不同概念除了在行为主体、特征、效果等方面的区别之外，在运作模式上，农村管理往往是由上到下的纵向管理，具有单向性和较大的强制性；治理乡村，则是上下结合的共同治理，具有复合性和明显的包容性。从管理农村到治理乡村，这是国家在农村政治建设思维上的新跨越。健全自治、法治、德治相结合的乡村治理体系，一要加强基层党组织建设，发挥其领导核心作用；二要健全完善村民自治制

度，发挥社会各类人才在乡村治理中的积极作用；三要加强农村法治建设，引导广大农民群众自觉守法用法，用法律维护自身权益；四要大力推进农村精神文明建设，弘扬优秀传统文化和文明风尚。

（七）首次提出了培养造就一支懂农业、爱农村、爱农民的“三农”工作队伍的新思想，确立了乡村振兴推进主体的新要求和基本条件

实施乡村振兴战略，关键要素是人。一方面，要有一支高素质的农民队伍，农民是乡村振兴的建设主体，也是乡村振兴的受益者，高素质农民要有知识、懂技术、会经营；另一方面，要有一支强有力的“三农”工作队伍，这是实施乡村振兴战略的推进主体。

党的十九大第一次提出了“一懂两爱”的“三农”工作队伍，这是很有针对性的一个新思想和新要求。这支队伍一要懂农业，要了解熟悉现代农业的特点和发展规律，能够内行地科学指导“三农”工作，而不是外行地瞎指挥；二要爱农村，要真心热爱农村事业，把努力改变农村面貌作为自己的事业追求，作为自我价值的实现形式；三要爱农民，要在工作中对农民充满深厚感情，真心实意地帮助农民解决其所需要解决的困难和问题。

培养造就“三农”工作队伍，首先，要努力培养造就一支优秀的农业和农村干部队伍，他们能够有力地组织和带领广大农民发展农业和农村经济，增加农民收入；其次，要努力培养造就一支高水平的农业科技和理论专家队伍，研发更多的先进实用农业技术，指导农户和新型农业经营主体不断提高农业经营管理水平；第三，要努力培养造就一支经验丰富的企业经营管理和服务队伍，能够依托并通过农业企业、农民合作社和市场中介组织将分散经营的小农户联合起来，有效组织他们进行适度规模经营和市场营销。

三、实施乡村振兴战略的总体部署

党的十九大以来，习近平总书记和党中央从顶层设计上对实施乡村振兴战略进行了一系列总体部署，概括起来，主要包括以下八个方面：

（一）贯彻好实施乡村振兴战略的总要求

产业兴旺、生态宜居、乡风文明、治理有效、生活富裕，“二十个字”

的总要求，反映了乡村振兴战略的丰富内涵。21 世纪初，我国刚刚实现总体小康，面临着全面建设小康社会的任务，我们党就提出了“生产发展、生活宽裕、乡风文明、村容整洁、管理民主”的社会主义新农村建设总要求，这在当时是符合实际的。现在，中国特色社会主义进入了新时代，社会主要矛盾、农业主要矛盾发生了很大变化，广大农民群众有了更高的期待，需要对农业农村发展提出更高要求。

产业兴旺，是解决农村一切问题的前提，从“生产发展”到“产业兴旺”，反映了农业农村经济适应市场需求变化、加快优化升级、促进产业融合的新要求；生态宜居，是乡村振兴的内在要求，从“村容整洁”到“生态宜居”反映了农村生态文明建设质的提升，体现了广大农民群众对建设美丽家园的追求；乡风文明，是乡村振兴的紧迫任务，重点是弘扬社会主义核心价值观，保护和传承农村优秀传统文化，加强农村公共文化建设，开展移风易俗，改善农民精神风貌，提高乡村社会文明程度；治理有效，是乡村振兴的重要保障，从“管理民主”到“治理有效”，是要推进乡村治理能力和治理水平现代化，让农村既充满活力又和谐有序；生活富裕，是乡村振兴的主要目的，从“生活宽裕”到“生活富裕”，反映了广大农民群众日益增长的美好生活需要。

（二）加快实现农业农村现代化的总目标

实施乡村振兴战略的总目标，是农业农村现代化。实现农业现代化，是新中国成立之后不久就确定的国家战略目标。长期以来，我们花了很大精力推进农业现代化，取得了长足进步。2021 年，全国主要农作物耕种收综合机械化水平达到 72％，农业科技进步贡献率达到 60％，人均粮食占有量达到 483.4 千克。但是，比较而言，农村现代化相对滞后，特别是在基础设施、公共服务、社会治理等方面差距还相当大。

在时间步骤上，到 2025 年，全国农业农村现代化要取得重要进展，梯次推进有条件的地区率先基本实现农业农村现代化。到 2035 年，乡村振兴取得决定性进展，农业农村现代化基本实现。农业结构得到根本性改善，农民就业质量显著提高，相对贫困进一步缓解，共同富裕迈出坚实步伐；城乡基本公共服务均等化基本实现，城乡融合发展体制机制更加完善；乡风文明达到新高度，乡村治理体系更加完善；农村生态环境根本好转，生态宜居的美丽乡村基本实现。到 2050 年，乡村全面振兴，农业强、农村美、农民富全面实现。习近平总书记强调，农业现代化和农村现代化要一体设计、一并推进，要实现农业大国向农业强国跨越。

（三）坚持农业农村优先发展的总方针

实施乡村振兴战略，在总的方针上，要坚持农业农村优先发展。这里的关键，是要将始终把解决好“三农”问题作为全党工作重中之重真正落实到位。从2002年开始，党中央就反复强调，对“三农”要坚持多予少取放活的方针。但是，在实际工作中，“三农”工作“说起来重要、干起来次要、忙起来不要”的问题还比较突出。我们要扭转这种倾向，坚持农业农村优先发展的总方针，重点是要在资金投入、要素配置、公共服务、干部配备等方面采取有力举措，加快补齐农业农村发展短板，不断缩小城乡差距，让农业成为有奔头的产业，让农民成为有吸引力的职业，让农村成为安居乐业的家园。今后的重点，是如何有效落实“四个优先”，即在干部配备上优先考虑，在要素配置上优先满足，在资源条件上优先保障，在公共服务上优先安排。

（四）遵循实施乡村振兴战略的基本原则

全面实施乡村振兴战略，应当坚持中国共产党的领导，贯彻创新、协调、绿色、开放、共享的新发展理念，走中国特色社会主义乡村振兴道路，促进共同富裕，遵循以下原则：

（1）坚持农业农村优先发展。把实现乡村振兴作为全党的共同意志、共同行动，做到认识统一、步调一致，在干部配备上优先考虑，在要素配置上优先满足，在资金投入上优先保障，在公共服务上优先安排，加快补齐农业农村短板。

（2）坚持农民主体地位。要充分尊重农民意愿，保障农民民主权利和其他合法权益，切实发挥农民在乡村振兴中的主体作用，调动亿万农民的积极性、主动性、创造性，把维护农民群众根本利益、促进农民共同富裕作为出发点和落脚点，促进农民持续增收，不断提升农民的获得感、幸福感、安全感。

（3）坚持人与自然和谐共生。要牢固树立和践行“绿水青山就是金山银山”的理念，落实节约优先、保护优先、自然恢复为主的方针，统筹山水林田湖草沙系统治理，严守生态保护红线，以绿色发展引领乡村振兴。

（4）坚持改革创新。要充分发挥市场在资源配置中的决定性作用，更好发挥政府作用，推进农业供给侧结构性改革和高质量发展，不断解放和发展乡村社会生产力，激发农村发展活力。要不断深化农村改革，扩大农业对外开放，激活主体、激活要素、激活市场，调动各方力量投身乡村振兴。

（5）坚持因地制宜、循序渐进。要顺应村庄发展规律，科学把握乡村的差异性和发展走势分化特征，做好顶层设计，注重规划先行、突出重点，根据乡村的历史文化、发展现状、区位条件、资源禀赋、产业基础分类推进。既尽力而为，又量力而行，不搞层层加码，不搞一刀切，不搞形式主义，久久为功，扎实推进。

（五）走中国特色社会主义乡村振兴道路

实施乡村振兴战略，关键就是走中国特色社会主义乡村振兴道路。2017 年 12 月 28 日，习近平总书记在中央农村工作会议上提出了“七个必须”“七个之路”的中国特色社会主义乡村振兴道路的内涵和要求。

（1）必须重塑城乡关系，走城乡融合发展之路。城镇和乡村是互促互进、共生共存的，要重塑城乡关系，要坚持以工补农、以城带乡，使工农互促、城乡互补、全面融合、共同繁荣的新型工农城乡关系加快形成。

（2）必须巩固和完善农村基本经营制度，走共同富裕之路。共同富裕是中国特色社会主义的根本原则，要巩固和完善农村基本经营制度，实现小农户和现代农业发展有机衔接。

（3）必须深化农业供给侧结构性改革，走质量兴农之路。要提高我国农业综合效益和竞争力，必须坚持质量兴农，要深化农业供给侧结构性改革，实现由农业大国向农业强国的转变。

（4）必须坚持人与自然和谐共生，走乡村绿色发展之路。良好生态环境是农村最大优势和宝贵财富，必须要坚持人与自然和谐共生，让良好生态成为乡村振兴的支撑点。

（5）必须传承发展提升农耕文明，走乡村文化兴盛之路。优秀乡村文化能够提振农村精气神、增强农民凝聚力、孕育社会好风尚，必须要传承发展提升农耕文明，形成文明乡风、良好家风、淳朴民风，焕发文明新气象。

（6）必须创新乡村治理体系，走乡村善治之路。实现乡村善治才能让农村社会既充满活力又和谐有序，为此就要创新乡村治理体系，建立健全党委领导、政府负责、社会协同、公众参与、法治保障的现代乡村社会治理体制，健全自治、法治、德治相结合的乡村治理体系。

（7）必须做好脱贫攻坚战与乡村振兴有效衔接，走中国特色减贫之路。中国特色减贫道路是改革开放 40 多年来走出的成功道路。在我们全面打赢了精准脱贫攻坚战、解决了绝对贫困问题之后，还要建立治理相对贫困的长效机制，把激发贫困人口内生动力、增强发展能力作为根本举措。

这“七条道路”，明确了实施乡村振兴战略的目标路径，构成了中国特色社会主义乡村振兴道路的具体内涵。我们把握了这些精神实质和丰富内涵，就能增强走中国特色社会主义乡村振兴道路的自觉性和坚定性。

（六）全面推进实施乡村振兴战略的重点任务

在 2018 年 3 月 8 日全国人大十三届一次会议上，习近平总书记参加山东代表团审议时强调，实施乡村振兴战略是一篇大文章，要推进“五个振兴”。

1. 推动乡村产业振兴

乡村振兴，产业兴旺是重点。必须紧紧围绕发展现代农业，围绕农村一二三产业融合发展，坚持质量兴农、绿色兴农，以农业供给侧结构性改革为主线，构建乡村产业体系，实现产业兴旺，并且把产业发展落到促进农民增收上来，推动乡村生活富裕。一要夯实农业生产能力基础，深入实施藏粮于地、藏粮于技战略，严守耕地红线，确保国家粮食安全，把中国人的饭碗牢牢端在自己手中；二要实施质量兴农战略，建立健全质量兴农评价体系、政策体系、工作体系和考核体系，深入推进农业绿色化、优质化、特色化、品牌化，调整优化农业生产力布局，推动农业由增产导向转向提质导向；三要构建农村一二三产业融合发展体系，大力开发农业多种功能，延长产业链、提升价值链、完善利益链，通过保底分红、股份合作、利润返还等多种形式，让农民合理分享全产业链增值收益；四要构建农业对外开放新格局，优化资源配置，着力节本增效，提高我国农产品国际竞争力；五要促进小农户和现代农业发展有机衔接，统筹兼顾培育新型农业经营主体和扶持小农户，采取有针对性的措施，把小农生产引入现代农业发展轨道。

2. 推动乡村人才振兴

实施乡村振兴战略，必须破解人才瓶颈制约。要把人力资本开发放在首要位置，强化乡村振兴人才支撑，加快培育新型农业经营主体，打造一支强大的乡村振兴人才队伍，在乡村形成人才、土地、资金、产业汇聚的良性循环。一要大力培育高素质农民，全面建立高素质农民培训制度，完善配套政策体系；二要加强农村专业人才队伍建设，建立县域专业人才统筹使用制度，提高农村专业人才服务保障能力；三要发挥科技人才支撑作用，全面建立高等院校、科研院所等事业单位专业技术人员到乡村和企业挂职、兼职和离岗创新创业制度，保障其在职称评定、工资福利、社会保障等方面的权益；四要鼓励社会各界投身乡村建设，建立有效激励机制，以乡情乡愁为纽带，吸引支持企业家、党政干部、专家学者、医生教师、规划师、建筑师、律师、技能人才等，通过下乡担任志愿者、投资兴业、包村包项目、行医办学、捐资捐物、法律服务等方式服务乡村振兴事业；五要创新乡村人才培育引进使用机制，建立自主培养与人才引进相结合，学历教育、技能培训、实践锻炼等多种方式并举的人力资源开发机制，建立城乡、区域、校地之间人才培养合作与交流机制。

3. 推动乡村文化振兴

乡村振兴，乡风文明是保障。必须坚持物质文明和精神文明一起抓，提升农民精神风貌，培育文明乡风、良好家风、淳朴民风，不断提高乡村社会文明程度。一要加强农村思想道德建设，以社会主义核心价值观为引领，坚持教育引导、实践养成、制度保障三管齐下，采取符合农村特点的有效方式，深化中国特色社会主义和中国梦宣传教育，大力弘扬民族精神和时代精神；二要传承发展提升农村优秀传统文化，立足乡村文明，吸取城市文明及外来文化优秀成果，在保护传承的基础上，创造性转化、创新性发展，不断赋予时代内涵、丰富表现形式；三要加强农村公共文化建设，按照有标准、有网络、有内容、有人才的要求，健全乡村公共文化服务体系；四要开展移风易俗行动，广泛开展文明村镇、星级文明户、文明家庭等群众性精神文明创建活动。

4. 推动乡村生态振兴

乡村振兴，生态宜居是关键。良好生态环境是农村最大优势和宝贵财富，必须尊重自然、顺应自然、保护自然，推动乡村自然资本加快增值，实现百姓富、生态美的统一，打造农民安居乐业的美丽家园，让良好生态成为乡村振兴支撑点。一要统筹山水林田湖草沙系统治理，把山水林田湖草作为一个生命共同体，进行统一保护、统一修复；二要加强农村突出环境问题综合治理，加强农业面源污染防治，开展农业绿色发展行动，实现投入品减量化、生产清洁化、废弃物资源化、产业模式生态化；三要建立市场化多元化生态补偿机制，落实农业功能区制度，加大重点生态功能区转移支付力度，完善生态保护成效与资金分配挂钩的激励约束机制；四要增加农业生态产品和服务供给，正确处理开发与保护的关系，运用现代科技和管理手段，将乡村生态优势转化为发展生态经济的优势，提供更多更好的绿色生态产品和服务，促进生态和经济良性循环。

5. 推动乡村组织振兴

乡村振兴，治理有效是基础。必须把夯实基层基础作为固本之策，建立健全党委领导、政府负责、社会协同、公众参与、法治保障的现代乡村社会治理体制，坚持自治、法治、德治相结合，确保乡村社会充满活力、和谐有序。一要加强农村基层党组织建设，扎实推进抓党建促乡村振兴，突出政治功能，提升组织力，抓乡促村，把农村基层党组织建成坚强战斗堡垒；二要深化村民自治实践，坚持自治为基，加强农村群众性自治组织建设，健全和创新村党组织领导的充满活力的村民自治机制；三要建设法治乡村，坚持法治为本，树立依法治理理念，强化法律在维护农民权益、规范市场运行、农业支持保护、生态环境治理、化解农村社会矛盾等方面的权威地位；四要提升乡村德治水平，深入挖掘乡村熟人社会蕴含的道德规范，结合时代要求进行创新，强化道德教化作用，引导农民向上向善、孝老爱亲、重义守信、勤俭持家；五要建设平安乡村，健全落实社会治安综合治理领导责任制，大力推进农村社会治安防控体系建设，推动社会治安防控力量下沉。

（七）处理好实施乡村振兴战略的重要关系

在实施乡村振兴战略中，要注意处理好四个重要关系。

（1）长期目标和短期目标的关系。实施乡村振兴战略是一项长期而艰巨的任务，要遵循乡村建设规律，着眼长远谋定而后动，坚持科学规划、注重质量、从容建设，聚焦阶段任务，找准突破口，排出优先序，一件事情接着一件事情办，一年接着一年干，久久为功，积小胜为大成。要有足够的历史耐心，把可能出现的各种问题想在前面，切忌贪大求快、刮风搞运动，防止走弯路、翻烧饼。

（2）顶层设计和基层探索的关系。党中央已经明确了乡村振兴的顶层设计，各地要解决好落地问题，制定出符合自身实际的实施方案。尤其是编制村庄规划，不能简单照搬城镇规划，更不能搞一个模子套到底。要科学把握乡村的差异性，因村制宜，精准施策，打造各具特色的现代版“富春山居图”。要发挥亿万农民的主体作用和首创精神，调动他们的积极性、主动性、创造性，并善于总结基层的实践创造，不断完善顶层设计。

（3）充分发挥市场决定性作用和更好发挥政府作用的关系。充分发挥市场决定性作用，重点是要进一步解放思想，推进新一轮农村改革，从农业农村发展深层次矛盾出发，聚焦农民和土地的关系、农民和集体的关系、农民和市民的关系，推进农村产权明晰化、农村要素市场化、农业支持高效化、乡村治理现代化，提高组织化程度，激活乡村振兴内生动力。特别是要以市场需求为导向，深化农业供给侧结构性改革，不断提高农业综合效益和竞争力。要优化农村创新创业环境，放开搞活农村经济，培育乡村发展新动能。更好发挥政府作用，重点是要发挥政府在规划引导、政策支持、市场监管、法治保障等方面的积极作用。

（4）增强群众获得感和适应发展阶段的关系。一方面，要围绕农民群众最关心、最直接、最现实的利益问题，加快补齐农村发展和民生短板，让亿万农民有更多实实在在的获得感、幸福感、安全感；另一方面，要科学评估财政收支状况、集体经济实力和群众承受能力，合理设定阶段性目标任务和工作重点，既要坚持尽力而为，又要量力而行，不能超越发展阶段，不能提脱离实际的目标，更不能搞形式主义和“形象工程”。

（八）深入领会实施乡村振兴战略的行动指南

实施乡村振兴战略，在总的指导思想上，必须深入学习贯彻习近平新时代中国特色社会主义思想中关于“三农”工作的新理念新思想新战略。党的十八大以来，习近平总书记对做好“三农”工作作出了的一系列重要论述，提出了一系列新理念新思想新战略。

党的十八大以来，习近平总书记坚持用大历史观来看待农业农村农民问题，站在统筹中华民族伟大复兴战略全局和世界百年未有之大变局的高度，就做好“三农”工作发表一系列重要论述，科学回答了农村改革发展的一系列重大理论和实践问题，指引农业农村发展取得历史性成就、发生历史性变革。特别是党的十九大以来，习近平总书记在中央会议上、在调研考察中、在讨论学习时，对实施乡村振兴战略发表了一系列重要讲话，多次专门作出指示批示，系统阐释了实施乡村振兴战略的重大意义、总体要求、指导思想、方针原则、目标任务、道路选择、政策举措以及要注意处理好的重大关系，深刻回答了为什么要振兴乡村、怎样振兴乡村、由谁来振兴乡村、为谁振兴乡村等一系列重大理论和实践问题，形成了习近平乡村振兴战略新理念新思想。这些新理念新思想，作为习近平新时代中国特色社会主义思想的重要组成部分，是我们党“三农”理论创新的最新成果，是实施乡村振兴战略的行动指南。

习近平总书记关于“三农”工作的重要论述，涵盖农村经济、政治、文化、社会、生态文明和党的建设方方面面，既有世界观也有方法论，既有理论总结也有工作指导，既有战略部署也有战术安排，是一个全面系统、逻辑严密、博大精深、动态发展的思想宝库和理论体系。

（1）坚持“三农”重中之重战略定位，全面实施乡村振兴战略，加快农业农村现代化。习近平总书记立足全局、着眼大局，深刻阐明了新时代“三农”工作的历史方位和战略定位，强调“从中华民族伟大复兴战略全局看，民族要复兴，乡村必振兴”，“从世界百年未有之大变局看，稳住农业基本盘、守好‘三农’基础是应变局、开新局的‘压舱石’”。习近平总书记的重要论述，指明了全面推进乡村振兴的极端重要性和历史必然性，凝聚了全党全社会合力推动乡村振兴的共同意志、共同行动。要坚持把解决好“三农”问题作为全党工作重中之重，把农业农村优先发展作为现代化建设的一项重大原则，把振兴乡村作为实现中华民族伟大复兴的一项重大任务，牢牢把握农业农村现代化这个总目标，走中国特色社会主义乡村振兴道路，促进农业高质高效、乡村宜居宜业、农民富裕富足，使农业农村与国家同步实现现代化。

（2）坚持立足国内保障国家粮食安全，确保中国人的饭碗牢牢端在自己手中、饭碗主要装中国粮。习近平总书记始终把解决好吃饭问题作为治国理政的头等大事，从政治和战略的高度看待粮食安全，未雨绸缪、警钟常敲，强调“粮食安全是‘国之大者’”，“始终坚持以我为主、立足国内、确保产能、适度进口、科技支撑”。习近平总书记的重要论述，鲜明提出了保障我国粮食安全的基本方略、战略重点、实现路径和目标任务，充分体现了登高望远的战略思维和居安思危的底线思维。要落实粮食安全党政同责，把确保粮食和重要农产品供给作为首要任务，把提高农业综合生产能力放在更加突出的位置，把“藏粮于地、藏粮于技”真正落实到位，集中力量解决种子和耕地两个要害问题，保障种粮农民合理收益，立足自身抓好粮食和重要农产品生产，以国内稳产保供的确定性应对外部环境的不确定性。树立大食物观，全方位、多途径开发食物资源，更好地满足人民群众日益多元化的食物消费需求。

（3）坚持精准扶贫方略，巩固拓展脱贫攻坚成果，让脱贫群众生活更上一层楼。党的十八大以来，习近平总书记把脱贫攻坚作为全面建成小康社会底线任务，亲自挂帅、亲自出征、亲自督战，指出“小康不小康，关键看老乡，关键在贫困的老乡能不能脱贫”，强调“脱贫攻坚，贵在精准，重在精准”，承诺“决不能落下一个贫困地区、一个贫困群众”。习近平总书记的重要论述，体现了社会主义本质要求和我们党全心全意为人民服务的根本宗旨，为打赢脱贫攻坚战、历史性消除绝对贫困提供了科学理论和实践指导，为人类减贫事业贡献了中国智慧和中国方案。脱贫摘帽不是终点，而是新生活、新奋斗的起点。要做好巩固拓展脱贫攻坚成果同乡村振兴的有效衔接，把增加脱贫群众收入作为根本措施，把促进脱贫县加快发展作为主攻方向，不断缩小收入差距、发展差距，确保兜底保障水平稳步提高，确保“三保障”和饮水安全保障水平持续巩固提升，坚决守住不发生规模性返贫的底线，推动脱贫人口和脱贫地区加快转到发展的轨道上来。

（4）坚持走共同富裕道路，聚焦产业促进乡村发展，让农民在乡村振兴中有更多获得感、幸福感、安全感。习近平总书记当过农民，有着深厚的农民情结，始终把农民群众安危冷暖记挂在心，强调“检验农村工作实效的一个重要尺度，就是看农民的钱袋子鼓起来没有”，“产业兴旺是解决农村一切问题的前提”，“支持和鼓励农民就业创业，拓宽增收渠道”。习近平总书记的重要论述，鲜明回答了发展为了谁、依靠谁、发展成果由谁共享的根本问题，集中体现了我们党以人民为中心、人民至上的执政理念。要把增加农民收入作为“三农”工作的中心任务，拓展农业多种功能，挖掘乡村多元价值，推进农村一二三产业融合发展，加快发展壮大县域经济，多渠道促进农民就地就近就业增收，把产业链延伸环节更多留在乡村，把产业发展的增值收益更多留给农民，着力缩小城乡差距、区域差距、收入差距。要践行“绿水青山就是金山银山”理念，推动农业农村绿色发展，促进产业生态化、生态产业化。

（5）坚持乡村建设为农民而建，把乡村建设摆在现代化建设的重要位置，逐步让农村基本具备现代生活条件。习近平总书记始终从现代化建设全局出发，从正确处理工农城乡关系的角度，谋划和部署乡村建设，坚持按规律办事，强调“要以实施乡村建设行动为抓手，改善农村人居环境，建设宜居宜业美丽乡村”，“坚持数量服从质量、进度服从实效，求好不求快”。习近平总书记的重要论述，深刻揭示了乡村建设的基本规律和内在逻辑，明确提出了乡村建设的原则要求、工作导向和目标任务。要紧紧围绕让农村基本具备现代生活条件，扎实稳妥实施好乡村建设行动，继续把公共基础设施建设的重点放在农村，在推进城乡基本公共服务均等化上持续发力，注重加强普惠性、基础性、兜底性民生建设，建立自下而上、村民自治、农民参与的实施机制。充分体现农村特点，保留乡村风貌，慎砍树、不填湖、少拆房，尽可能在原有村庄形态上改善居民生活条件。决不能头脑发热，不顾农民意愿搞大拆大建，强行撤并村庄，赶农民上楼。

（6）坚持健全党组织领导的乡村治理体系，让农民得到更好的组织引领、社会服务、民主参与。习近平总书记始终从夯实党的执政基础的高度，重视加强和改进乡村治理，强调乡村是我们党执政大厦的地基，治理有效是乡村振兴的重要保障，健全自治、法治、德治相结合的乡村治理体系，推动礼仪之邦、优秀传统文化和法治社会建设相辅相成。习近平总书记的重要论述，指明了乡村治理和农村精神文明建设的主攻方向，体现了鲜明的问题导向和目标导向。要以保障和改善农村民生为优先方向，树立系统治理、依法治理、综合治理、源头治理的理念，加强农村基层党组织建设及其对各类组织的领导，健全县乡村三级治理体系功能，推动把矛盾纠纷解决在基层、化解在源头，确保农民安居乐业、农村安定有序。创新开展农村精神文明建设，深入推进农村移风易俗，培育文明乡风、良好家风、淳朴民风。

（7）坚持深化农村改革，巩固完善农村基本经营制度，促进城乡融合发展。党的十八大以来，习近平总书记亲力亲为抓改革，部署推动了承包地“三权”分置改革、农村集体产权制度改革等一系列重大改革任务，强调“全面推进乡村振兴，必须用好改革这一法宝”，“新形势下深化农村改革，主线仍然是处理好农民和土地的关系”。习近平总书记的重要论述，明确了农村改革的价值取向和根本方向，指明了乡村振兴的动力源泉，为新时代农村改革勾勒出清晰的顶层设计。要加快推进农村重点领域和关键环节改革，加强改革系统集成，推动各项制度相互衔接、形成合力，激发农村资源要素活力。毫不动摇坚持和完善农村基本经营制度，适应形势变化不断完善“三权”分置制度，使农村基本经营制度更加充满持久活力。要把县域作为城乡融合发展的重要切入点，促进县乡村资源统筹配置、功能衔接互补。要牢牢守住改革的底线，决不能把农村土地集体所有制改垮了，不能把耕地改少了，不能把粮食生产能力改弱了，不能把农民利益损害了。

（8）坚持党对农村工作的全面领导，充分发挥中国特色社会主义制度的显著优势，为“三农”发展提供坚强政治保障。党管农村工作是我们的传统，习近平总书记始终高度重视并切实加强党对农村工作的领导，强调“办好农村的事情，实现乡村振兴，关键在党”，“全面推进乡村振兴，必须健全党领导农村工作的组织体系、制度体系、工作机制”。习近平总书记的重要论述，继承和发扬党管农村工作的优良传统，深刻阐述了党在农业农村发展中的领导地位，为加强党对农村工作的领导指明了前进方向、提出了明确要求。要健全党委全面统一领导、政府负责、党委农村工作部门统筹协调的农村工作领导体制，落实五级书记抓乡村振兴要求，进一步健全党领导农村工作的组织体系、制度体系、工作机制。要发挥好各级党委农村工作领导小组牵头抓总、统筹协调作用，把涉及多个部门、多个领域、多个环节的农村工作统筹起来，形成齐抓共管的工作合力。

四、实施乡村振兴战略的重点工作

进入“十四五”时期，我国“三农”工作重心，历史性转向全面推进乡村振兴的新阶段。为全面推进乡村振兴，党的二十大报告提出，要坚持农业农村优先发展，坚持城乡融合发展，畅通城乡要素流动；要加快建设农业强国，扎实推动乡村产业、人才、文化、生态、组织振兴；要全方位夯实粮食安全根基，全面落实粮食安全党政同责，牢牢守住十八亿亩耕地红线，逐步把永久基本农田全部建成高标准农田，深入实施种业振兴行动，强化农业科技和装备支撑，健全种粮农民收益保障机制和主产区利益补偿机制，确保中国人的饭碗牢牢端在自己手中；要树立大食物观，发展设施农业，构建多元化食物供给体系；要发展乡村特色产业，拓宽农民增收致富渠道；要巩固拓展脱贫攻坚成果，增强脱贫地区和脱贫群众内生发展动力；要统筹乡村基础设施和公共服务布局，建设宜居宜业和美乡村；要巩固和完善农村基本经营制度，发展新型农村集体经济，发展新型农业经营主体和社会化服务，发展农业适度规模经营；要深化农村土地制度改革，赋予农民更加充分的财产权益；要保障进城落户农民合法土地权益，鼓励依法自愿有偿转让；要完善农业支持保护制度，健全农村金融服务体系。

为全面贯彻落实党的二十大精神，2023 年 1 月 2 日，中共中央和国务院发布 2023 年中央 1 号文件，具体部署了做好 2023 年和今后一个时期全面推进乡村振兴的重点工作：

（一）抓紧抓好粮食和重要农产品稳产保供

一要全力抓好粮食生产，确保全国粮食产量保持在 1.3 万亿斤①以

① 斤为非法定计量单位，1 斤＝500 克，下同。

上，各省（自治区、直辖市）都要稳住面积、主攻单产、力争多增产，要全方位夯实粮食安全根基，强化藏粮于地、藏粮于技的物质基础，健全农民种粮挣钱得利、地方抓粮担责尽义的机制保障；二要加力扩种大豆油料，深入推进大豆和油料产能提升工程；三要发展现代设施农业，实施设施农业现代化提升行动；四要树立大食物观，加快构建粮经饲统筹、农林牧渔结合、植物动物微生物并举的多元化食物供给体系；五要统筹做好粮食和重要农产品调控，加强粮食应急保障能力建设。

（二）加强农业基础设施建设

一要加强耕地保护和用途管控，严格耕地占补平衡管理，确保补充的耕地数量相等、质量相当、产能不降，严格控制耕地转为其他农用地，探索建立耕地种植用途管控机制，明确利用优先序，加强动态监测。二要加强高标准农田建设，健全长效管护机制，逐步把永久基本农田全部建成高标准农田。三要加强水利基础设施建设，扎实推进重大水利工程建设，加快大中型灌区建设和现代化改造。实施一批中小型水库及引调水、抗旱备用水源等工程建设。四要强化农业防灾减灾能力建设，优化完善农业气象观测设施站网布局，分区域、分灾种发布农业气象灾害信息。

（三）强化农业科技和装备支撑

一要推动农业关键核心技术攻关，坚持产业需求导向，构建梯次分明、分工协作、适度竞争的农业科技创新体系，加快前沿技术突破。二要深入实施种业振兴行动，加快玉米大豆生物育种产业化步伐。三要加快先进农机研发推广，加紧研发大型智能农机装备、丘陵山区适用小型机械和园艺机械。四要推进农业绿色发展，加快农业投入品减量增效技术推广应用，推进水肥一体化，建立健全秸秆、农膜、农药包装废弃物、畜禽粪污等农业废弃物收集利用处理体系。

（四）巩固拓展脱贫攻坚成果

一要坚决守住不发生规模性返贫底线，压紧压实各级巩固拓展脱贫攻坚成果责任，确保不松劲、不跑偏，强化防止返贫动态监测。二要增强脱贫地区和脱贫群众内生发展动力，把增加脱贫群众收入作为根本要求，把促进脱贫县加快发展作为主攻方向，更加注重扶志扶智，聚焦产业就业，不断缩小收入差距、发展差距。三要稳定完善帮扶政策，落实巩固拓展脱贫攻坚成果同乡村振兴有效衔接政策，开展国家乡村振兴重点帮扶县发展成效监测评价。

（五）推动乡村产业高质量发展

一要做大做强农产品加工流通业，实施农产品加工业提升行动，支持家庭农场、农民合作社和中小微企业等发展农产品产地初加工，引导大型农业企业发展农产品精深加工。二要加快发展现代乡村服务业，全面推进县域商业体系建设。三要培育乡村新产业新业态，继续支持创建农业产业强镇、现代农业产业园、优势特色产业集群，支持国家农村产业融合发展示范园建设，深入推进农业现代化示范区建设，实施文化产业赋能乡村振兴计划，实施乡村休闲旅游精品工程，推动乡村民宿提质升级。四要培育壮大县域富民产业，完善县乡村产业空间布局，提升县城产业承载和配套服务功能，增强重点镇集聚功能。

（六）拓宽农民增收致富渠道

一要促进农民就业增收，强化各项稳岗纾困政策落实，加大对中小微企业稳岗倾斜力度，稳定农民工就业。二要促进农业经营增效，深入开展新型农业经营主体提升行动，支持家庭农场组建农民合作社、合作社根据发展需要办企业，带动小农户合作经营、共同增收。三要赋予农民更加充分的财产权益，深化农村土地制度改革，扎实搞好确权，稳步推进赋权，有序实现活权，让农民更多分享改革红利。

（七）扎实推进宜居宜业和美乡村建设

一要加强村庄规划建设，坚持县域统筹，支持有条件有需求的村庄分区分类编制村庄规划，合理确定村庄布局和建设边界，制定农村基本具备现代生活条件建设指引。二要扎实推进农村人居环境整治提升，加大村庄公共空间整治力度，持续开展村庄清洁行动。三要持续加强乡村基础设施建设，加强农村公路养护和安全管理，推进农村规模化供水工程建设和农村电网巩固提升，深入实施数字乡村发展行动。四要提升基本公共服务能力，推动基本公共服务资源下沉，着力加强薄弱环节，推进县域内义务教育优质均衡发展和医疗卫生资源县域统筹，深化农村社会工作服务。

（八）健全党组织领导的乡村治理体系

一要强化农村基层党组织政治功能和组织功能，突出大抓基层的鲜明导向，强化县级党委抓乡促村责任，深入推进抓党建促乡村振兴。二要提升乡村治理效能，坚持以党建引领乡村治理，强化县乡村三级治理体系功能，压实县级责任，推动乡镇扩权赋能，夯实村级基础。三要加强农村精神文明建设，深入开展社会主义核心价值观宣传教育，深化农村群众性精神文明创建，注重家庭家教家风建设。

（九）强化政策保障和体制机制创新

一要健全乡村振兴多元投入机制，坚持把农业农村作为一般公共预算优先保障领域，压实地方政府投入责任，稳步提高土地出让收益用于农业农村比例，支持以市场化方式设立乡村振兴基金，健全政府投资与金融、社会投入联动机制。二要加强乡村人才队伍建设，实施乡村振兴人才支持计划，组织引导教育、卫生、科技、文化、社会工作、精神文明建设等领域人才到基层一线服务，支持培养本土急需紧缺人才。三要推进县域城乡融合发展，健全城乡融合发展体制机制和政策体系，畅通城乡要素流动。

第三章

农业农村现代化问题研究

习近平总书记在党的十九大报告中首次提出了农业农村现代化的概念，这是党和政府首次将农业现代化与农村现代化融合规划。农业农村现代化在中国现代化进程中居于举足轻重的地位，农业农村现代化的中国道路是中国式现代化新道路的重要组成部分。习近平总书记强调，我们要坚持农业现代化和农村现代化一体设计、一并推进，实现农业大国向农业强国跨越。

一、农业农村现代化的内涵与特征

（一）农业现代化的内涵

1. 国外学者对农业现代化的阐释

最具代表性的是美国经济学家西奥多·舒尔茨的理论，以及美国经济学家弗农·拉坦和日本经济学家速水佑次郎的理论。舒尔茨认为，农业现代化就是用现代生产要素改造传统农业，提高农业劳动生产率。农业可以分为传统型、过渡型和现代型三类，农业现代化是从传统型农业向现代农业的转变，过渡型农业则是这种转变的中间类型；传统农业的特点包括生存型农业、劳动密集、依靠人力和畜力、劳动生产率低等。弗农·拉坦和速水佑次郎基于美国和日本不同的农业现代化模式，提出“诱发性技术创新”理论，即资源禀赋的相对稀缺性会诱导农民做出不同的技术选择，技术创新是现代农业发展的核心，农民是农业现代化的基础性条件。他们认为美国和日本两个国家分别依据自己的资源禀赋选择了完全相反的农业现代化道路，而且都是成功的模式。

联合国粮农组织（FAO）认为：农业现代化是一个渐进过程，它是工业化、育种技术、运输和通信技术的进步的结果，并伴随着农场规模的扩大，以及国际农业系统的两极分化等。现代农业革命包括机械化、生物技术、化学农业、灌溉、种质保护和专业化等。

2. 国内学者对农业现代化的阐释

农业现代化研究一直是中国学者比较关注的一个研究课题，早在20世纪30年代中国学者就开始讨论农业现代化。20世纪50—60年代，农业现代化的内涵被理解为农业的机械化、化学化、水利化和电气化。20世纪80年代以后，随着市场机制的逐渐引入，农业现代化内涵增加了现代经营管理的内容。20世纪90年代，由于人们意识到生存环境恶化的威胁，更注重生物技术在农业中的应用，对农业现代化内涵的理解增加了可持续发展的内容。进入21世纪以后，在社会主义市场经济体制逐步完善的过程中，基于中国国情和农业现代化国家的经验，我国提出“走中国特色农业现代化道路”，农业现代化内容拓展为现代农业要素的强化、农业产业体系的构建、农业生产组织形式的完善和农业发展模式的转变，在科学发展框架下对农业现代化进行全面探讨。

农业现代化内涵不断拓展、延伸与丰富，理论界相关研究兼顾了农业现代化发展的普遍规律与最新趋势。根据农业现代化在不同时期、不同语境下的具体内容，农业现代化的概念可以划分为狭义与广义两种。狭义的农业现代化是指农业产业的现代化，传统农业通过不断应用现代化先进科学技术，提高生产过程的物质技术装备水平，不断调整农业结构和农业的专业化、社会化分工，以实现农业总要素生产率水平的不断提高①。广义的农业现代化是指“三农”的现代化，其内容不仅包括农村物质生产水平的提高，还包括农村非农产业发展水平、农村城镇化水平等与农业部门发展密切相关的社会经济内容②。总的来看，广义和狭义农业现代化内涵的认识通常为两种观念，即内容论和过程论，前者体现为不同历史时期对农业现代化的静态认识，后者强调农业部门由落后迈向先进的动态转变；尽管以往对农业现代化内容的认识有所不同，但是，农业现代化主要关注的还是农业作为特定产业的现代化，其核心在于农村生产方式的转变③。

综上认为：①农业现代化是传统农业向现代农业转化的过程；②农业

① 顾焕章，王培志．论农业现代化的涵义及其发展［J］．江苏社会科学，1997（1）．

② 赵景阳，郭艳红，米庆华．广义农业现代化的内涵与评价研究——以山东省为例［J］．农业现代化研究，2007（1）．

③ 杜志雄．农业农村现代化：内涵辨析、问题挑战与实现路径［J］．南京农业大学学报（社会科学版），2021（5）．

现代化的内容具有动态性，其内容随着时代的变迁而不断丰富；③农业现代化是一个具有全方位特性的系统，包括生产方式、经营管理、农民素质及制度等的现代化。据此，农业现代化的内涵可以概括为：农业现代化是用现代生产方式对中国传统农业进行全方位改造的过程，是农业生产技术、生产手段、经营管理、产权制度等诸方面发生深刻变革的过程，最终改善农村的物质生产条件并提高农村综合生产力水平，形成独具特色并富有竞争力的现代乡村产业体系，从而适应现代经济环境和社会发展需要。

（二）农村现代化的内涵

目前，针对农村现代化的研究相对薄弱，国外研究中也没有与农村现代化完全匹配的概念。我国早期农村现代化的阐释也比较少，一般包含于现代化概念或者农业现代化广义概念之中。袁金辉认为，农村现代化是社会现代化的一个非常重要的组成部分，农村现代化的内容主要包括农村经济现代化、农村政治现代化、农村教育文化现代化以及农民的现代化①。朱道华认为，农业现代化过程中，由传统农村演变为现代农村的过程称之为农村现代化；农村现代化包含农村工业化、城镇化、环境优化、经济体制优化、政治民主化和农村富裕化等②。赵景阳等认为，在广义农业现代化概念下，农村现代化的内涵主要包括农村治理科学化、农村工业化、乡村城镇化、基础设施完善化、农民居住条件和生态环境优良化、教育文化活动丰富化、社会福利事业全面化等③。总的来看，早期关于农村现代化内涵的理解中存在两种观念，即新农村建设和农村城镇化，这两种认识都存在一定偏颇；农村现代化不是仅依靠外力建设和改造使农村呈现新面貌，也不是将所有农村完全改造为城镇，而是根据社会经济发展的新形势、新环境，不断调整和改变农业生产与农村生活方式，以达到与现代社会发展相协调的和谐状态④。

习近平总书记在党的十九大报告中首次提出了农业农村现代化的概念，并在党的二十大后多次强调农村现代化是建设农业强国的内在要求和

---

① 袁金辉．农村现代化的理论与实践探析［J］．贵州财经学院学报，2004（2）．

② 朱道华．略论农业现代化、农村现代化和农民现代化［J］．沈阳农业大学学报（社会科学版），2002（3）．

③ 赵景阳，郭艳红，米庆华．广义农业现代化的内涵与评价研究——以山东省为例［J］．农业现代化研究，2007（1）．

④ 陆益龙．乡村振兴中的农业农村现代化问题［J］．中国农业大学学报（社会科学版），2018（3）．

必要条件，建设宜居宜业和美乡村是农业强国的应有之义。近年，学术界加强了农村现代化的理论研究和实践探索，对农村现代化内涵有了更深一层的理解。陆益龙认为，农村现代化是指在社会现代化的大背景下，通过合理有效的方式维持农村社会的延续，并通过不断的变迁与发展与现代社会总体发展相协调、相融合①。叶兴庆提出，农村现代化既包括“物”即产业和基础设施等的现代化，又包括“人”即农民的现代化②。孔祥智和赵昶进一步提出，从广义来看，农村现代化包含农业现代化在内，农村现代化还包括人的现代化、物的现代化以及治理现代化。其中，人的现代化指农民要成为现代农民，表现为农民职业化、观念现代化和思想科学化；物的现代化指农业机械化装备化智能化、农村产业链条化以及农民居住环境现代化；治理现代化指乡村公共服务、公共管理、公共安全保障水平显著提高③。钱佰慧和郭翔宇提出，广义的农村现代化包含农业现代化和农民现代化，狭义的农村现代化是指把农业现代化和农民现代化相关内容剔除后的农村经济、文化、生态、社会、政治等方面的现代化④。

综上认为：①农村现代化要坚持乡村主体性与价值性，农村作为社会结构的主体构成之一，与城市一样具有其存在的价值和独有的特征；②农村现代化既是一个目标，又是一个过程，是相对传统落后的农村追赶城市发展水平或国际先进水平、逐步实现现代化目标的转变过程；③农村现代化还是一个状态，是已经实现了现代化的农村保持城市发展水平或国际先进水平并进一步提高的持续状态。据此，可以对农村现代化内涵概括为：农村现代化是指城乡逐步融合发展过程中，通过不断调整农业生产和农村生活方式，农村地区经济社会等各方面达到或接近城市发展水平，或者达到并保持农村世界先进水平的历史过程及其深刻变化，最终彻底消除城乡差别，实现城乡协调发展。

（三）农业农村现代化的内涵

党的十九大提出“加快推进农业农村现代化”，这是党和国家首次将

---

① 陆益龙．乡村振兴中的农业农村现代化问题［J］．中国农业大学学报（社会科学版），2018（3）．

② 叶兴庆．新时代中国乡村振兴战略论纲［J］．改革，2018（1）．

③ 孔祥智，赵昶．农村现代化的内涵及实现路径［J］．中国国情国力，2021（4）．

④ 钱佰慧，郭翔宇，张翔玮，等．省域农村现代化水平评价与区域差异分析［J］．农业现代化研究，2022（5）．

农业现代化与农村现代化融合规划①，意味着农业农村现代化将成为新时代农业和农村发展的方向。党的二十大提出“全面建设社会主义现代化国家，最艰巨最繁重的任务仍然在农村”，党和国家再次强调“三农”发展的战略地位，意味着农业农村现代化是建设社会主义现代化强国的关键基础。关于农业农村现代化内涵，理论界结合农村现实情况，展开了深入的理论辨析，代表性观点有：

陆益龙认为，农业现代化的本质是农业变革，通过不断变革农业生产方式，实现农业生产效率和农民经济收益的同步提升；农村现代化的真实内涵是乡村主体性的维护和乡村新的发展，保持和维护乡村的主体性，推动乡村社会不断调整和改变生产生活方式，实现传统乡村和现代社会协同发展②。

魏后凯认为，农业农村现代化这一概念，虽然只是在过去农业现代化的基础上加了“农村”二字，但它既不是农业现代化的简单延伸，也不是农业现代化和农村现代化的简单相加，而是包括农村产业现代化、农村生态现代化、农村文化现代化、乡村治理现代化和农民生活现代化“五位一体”的有机整体③。

杜志雄认为，农业现代化是实现农村现代化的物质基础，只有农业实现生产经营管理现代化，才能为农村现代化提供丰富的物质资料；农村现代化是农业现代化的保障，为农业现代化发展所必需的人口、土地等资源要素提供空间载体；中国特色的农业农村现代化要按照乡村振兴战略的“五大要求”统筹推进④。

高杰等认为，中国式农业农村现代化是中国共产党领导全国人民在遵循生产力发展规律和中国国情的基础上，以传统农耕社会为起点、以农民利益为中心、以共同富裕为指向的农业生产方式、农村发展方式和农民生活方式全面现代化的历史过程，是一系列基于中国实际、符合历史规律、蕴含党和人民百年经验智慧的思想体系和实践道路⑤。

---

① 杜志雄．农业农村现代化：内涵辨析、问题挑战与实现路径［J］．南京农业大学学报（社会科学版），2021（5）．

② 陆益龙．乡村振兴中的农业农村现代化问题［J］．中国农业大学学报（社会科学版），2018（3）．

③ 魏后凯．深刻把握农业农村现代化的科学内涵［J］．农村工作通讯，2019（2）．

④ 杜志雄．农业农村现代化：内涵辨析、问题挑战与实现路径［J］．南京农业大学学报（社会科学版），2021（5）．

⑤ 高杰，苏艺，付娆．中国式农业农村现代化：科学解析、生成逻辑与推进战略［J］．农村经济，2023（3）．

综上认为：①农业农村现代化是社会主义现代化国家建设体系的重要组成部分，农业现代化属于产业现代化，农村现代化属于地域现代化；②农业农村现代化是由农业现代化和农村现代化交互耦合而成的有机整体，二者双向互动且互为依存，农业现代化是农村现代化的基础，农村现代化则是农业现代化的支撑；③农业农村现代化是农业农村政治、经济、文化、社会和生态文明的全面提升，具体包含农村产业现代化、农村生态现代化、农村文化现代化、乡村治理现代化和农民生活现代化。据此，可以对农业农村现代化内涵概括为：农业农村现代化是指中国式现代化发展过程中，通过农业现代化和农村现代化的相互交融和彼此促进，逐步实现农村产业、农村文化、生态环境、居民生活和乡村治理的现代化，最终将我国传统落后的农业农村改造为世界先进水平的现代农业农村。

（四）农业农村现代化的基本特征

1. 农业农村现代化在地位和影响上具有全局性和根本性

农业农村现代化具有全局性特征。“实施乡村振兴战略，加快推进农业农村现代化”是党在十九大报告中对“三农”工作的重大部署，标志着我国“三农”工作进入新的阶段。这是党和政府立足现阶段的基本国情和具体农情，指明了中国式现代化建设中农业和农村发展的方向。实现农业农村现代化不仅解决“三农”问题，而且对缓解我国社会主要矛盾、促进国民经济社会发展和国家现代化建设都具有全局性的影响和意义。

农业农村现代化具有根本性特征。首先，农业农村发展在国家现代化中的地位和价值得到了提升和肯定，农业农村将长期处于优先发展的战略地位，更多资源政策向农业农村倾斜，将从根本上解决农业农村发展基础薄弱，自身发展内生动力不足的问题。其次，与之前重视农业现代化而忽视农村现代化相比，强调农业现代化与农村现代化彼此促进，逐步推进政治、经济、文化、社会和生态文明的现代化，引导农业农村全面发展，从根本上解决“三农”问题。

2. 农业农村现代化在实现过程上具有长远性与阶段性

农业农村现代化的实现是一个长期的过程，具有长远性特征。党的十九大把农业农村现代化上升为国家战略目标，《关于实施乡村振兴战略的意见》中明确提出“在2035年基本实现农业农村现代化，2050年全面实现农业农村现代化”长远战略性规划。党的二十大明确提出“全面建设社会主义现代化国家，最艰巨最繁重的任务仍然在农村”。虽然农业农村现代化居于举足轻重的战略地位，但是，在我国社会主义现代化进程中，农业农村现代化始终是一条短腿，是需要全局统筹、长期规划的系统工程。

农业农村现代化的实现是一个艰巨的任务，具有阶段性特征。实现农业农村现代化不仅需要一个稳定具有导向性的长期目标，需要分阶段扎实稳步推进。要在深刻把握农业农村现代化科学内涵的基础上，制定符合不同阶段具体农情特点的短期目标，并随时根据发展情况对农业农村现代化建设时间表和路线图进行适当调整，不同阶段的工作重点、发展目标、模式和政策举措都需要进行科学规划。

3. 农业农村现代化在政策理念上具有创新性与系统性

农业农村现代化是与既有农业发展模式不同的中国独特路径，具有创新性特征。习近平总书记在党的十九大报告中首次提出了农业农村现代化的概念，这一创新性提法不仅传承发展了我国推进现代化的总体布局思路，而且丰富和扩展了“五个现代化”的科学内涵，更加符合新时代的特点和建设社会主义现代化强国的要求。第一次把农村现代化作为国家现代化的重要任务提出是党的“三农”理论的重大创新，是“三农”思想的最新突破。这一转变是党根据国内和国际发展形势做出的伟大战略调整，是一次突破和创新。

农业农村现代化是包括农村产业现代化、农村生态现代化、农村文化现代化、乡村治理现代化和农民生活现代化“五位一体”的有机整体，具有系统性特征。习近平总书记在十九届五中全会提到，“十四五”时期我国要遵循“系统观念”的原则。农业农村现代化是一个复杂的系统工程，是由多方面内容构成的有机整体，不同方面的内容之间又互相影响，具有内在的逻辑关系和一定的协同性、关联性，整体呈现出系统性。在整体推进农业农村现代化过程中应注重各方面各自的特点和相互的关联，整体部署、统筹规划、协调推进、缺一不可。

4. 农业农村现代化在内容上具有区域性与综合性

农业农村现代化具有区域性。农村是指城市建成区以外具有自然、社会、经济特征和生产、生活、生态、文化等多重功能的地域综合体。农业农村现代化本质上是指在农村区域范围内，经济、社会、文化、政治和生态文明都要达到现代化的标准和要求。尽管农业生产活动所涉及的农业产业链、供应链、价值链以及农业教育、研发、服务等活动并非局限于农村，但是，农业生产活动仍然以农村为平台。此外，区域性特征还体现在我国不同区域之间的差异性，即区域间具有不同的资源禀赋、经济发展水平以及地理位置等特征。

农业农村现代化具有综合性。农业农村现代化通过促进农业现代化建设、农业供给侧结构性改革和一二三产业融合发展，推动生产力的提高；通过巩固和完善农村基本经营制度，推动生产关系的发展。新时代背景下的农业农村现代化既包括物的现代化又包括人的现代化，其内容涉及农业农村发展诸多方面，包括：经济方面的制度、结构、效率和产业，社会方面的公共社会服务水平和基础设施建设水平，生态方面的农业生产和农村生活，文化方面的文化设施、文化消费和文化素质，政治方面的农村治理体系和治理能力等。

二、农业农村现代化水平评价

（一）农业农村现代化的评价依据

1. 习近平关于农业农村现代化的重要论述

习近平总书记提出，从全面建设社会主义现代化强国的高度明确推进农业农村现代化的思路、方向和着力点，肯定了农业农村现代化对于国家现代化的重要性；要坚持农业现代化和农村现代化一体设计、一并推进，实现农业大国向农业强国跨越；农业现代化滞后表现在农业生产效率相对较低、农业比较效益低下、农产品国际竞争力明显不足、国内粮食等农产品价格普遍超过国际市场、农村基础设施和公共服务落后于城市，城乡居民收入和消费支出的悬殊差距等；农村现代化要瞄准“农村基本具备现代生活条件”的目标，组织实施好乡村建设行动，特别是要加快防疫、养老、教育、医疗等方面的公共服务设施建设，提高乡村基础设施完备度、公共服务便利度、人居环境舒适度，让农民就地过上现代文明生活。

2. 党的相关方针政策

一是“五位一体”总体布局。党的十八大站在历史和全局的战略高度提出，新时代应从经济、政治、文化、社会、生态文明五个方面统筹推进“五位一体”总体布局的战略目标。农业农村现代化是“五位一体”总体布局在农村的具体落实，所以，农业农村现代化水平评价指标体系也应该包括农村经济现代化建设、农村政治现代化建设、农村文化现代化建设、农村社会现代化建设和农村生态文明现代化建设五个方面。

二是“两个一百年”奋斗目标。党的十九大将农业农村现代化作为国家战略目标提出，将农业农村现代化纳入社会主义现代化国家建设体系的范畴。党的二十大提出，“全面建设社会主义现代化国家，最艰巨最繁重的任务仍然在农村”，再次强调农业农村现代化在建设社会主义现代化强国中的基础地位。这意味着，推进农业农村现代化的目标应与第二个百年奋斗目标中建设富强民主文明和谐美丽的社会主义现代化强国目标充分契合，相应地，构建评价指标体系应充分考虑社会主义现代化强国总目标。

三是2021年中央1号文件确定的农业农村现代化的目标任务。农业现代化方面，突出部署解决种子和耕地两个要害问题，强化现代农业科技和物质装备支撑，着力构建现代乡村产业体系、现代农业经营体系，推进农业绿色发展。农村现代化方面，以实施乡村建设行动为抓手，部署一批农村人居环境、基础设施和公共服务、农村消费、县域内城乡融合发展等方面的重点工程和行动。以上取得重要进展的具体标准和奋斗目标，成为构建评价指标体系时参考的依据。

3. 国务院及有关部门的相关文件

一是“十四五”规划。2021年3月十三届全国人大四次会议表决通过的《中华人民共和国国民经济和社会发展第十四个五年规划和2035年远景目标纲要》中，从经济发展、创新驱动、民生福祉、绿色生态、安全保障等五个方面提出“十四五”时期经济社会发展主要指标及2035年远景目标值。

二是《全国农业现代化规划（2016—2020年）》。于2016年10月国务院编制印发，从粮食供给保障、农业产业结构、质量效益、可持续发展、技术装备、规模经营、支持保护等方面提出7类31个“十三五”农业现代化主要指标，确定到2020年各项指标的目标值。

三是《“十四五”推进农业农村现代化规划》。于2021年11月国务院印发，确定粮食综合生产能力、农业科技进步贡献率、高标准农田面积、农产品加工业与农业总产值比、农村居民人均可支配收入增速和县级及以上文明村占比等为“十四五”推进农业农村现代化主要指标，并设定了2025年各项指标的目标值。

（二）农业农村现代化的评价方法

科学地选择和应用评价方法是开展农业农村现代化水平研究的重要前提和基础。一般来说，对农业农村现代化水平评价的基本思路是：从某地区自然资源和社会经济发展现状出发，遵循数据可获得性和代表性原则，选取评价指标并构建评价指标体系，通过选取评价方法和模型进行定量分析。目前，农业农村现代化水平评价的主要方法有四种。

1. 多指标综合测度法

该方法来源于层次分析法，是目前学界应用最为广泛、评价结果最为认可的一种农业农村现代化发展水平的评价方法。该方法依据系统性、代表性和可比性等原则构建指标体系，再根据各个指标之间的关系确定层次指标内容并对各个指标进行加权平均处理，得到一个地区农业农村现代化水平的综合指数。由于研究者对概念的理解、研究侧重点不同，多指标综合测度法的层次指标内容和权重也不同。测评结论不仅取决于层次指标设计，同时与各指标所赋权重紧密相关。测评层次指标设计和各指标权重确定方法不同，综合水平也会有差异。

2. 模型法

主要有 TOPSIS 评价模型和 DEA 评价模型。TOPSIS 评价模型的基本思路是通过对正向化、标准化的指标数据进行观察，找出相对的最优与最劣值，并计算各个样本之间的欧式距离。各个样本的相对接近程度越高，其最终值就越接近于 1，表示农业农村现代化水平越高。DEA 模型评价方法使用数学规划模型比较决策单元之间的相对效率，对决策单元做出评价，其原理是将所有决策单位的投入和产出项投影到几何空间中，以寻找最低投入或最高产出作为边界。通过模型可以得出每个决策单元的综合水平，据此进行定级排队。

3. 重点参数比较法

研究者利用经济理论和以往的研究积累，选取农业农村现代化发展中的重点参数和可比性指标进行区域之间、不同历史阶段、国内外农业农村现代化水平比较。也就是说，该方法通过选取自然资源禀赋、政策、区位、文化和市场等农业农村现代化发展过程中的重点参数进行各地区之间的横向比较，或是与农业农村现代化水平较高的国家同期水平进行比较，找出目前发展存在的差距。

4. 其他方法

除以上方法，还有神经网络等方法。BP 神经网络评价法同样需要建立农业农村现代化水平评价指标体系，利用 BP 人工神经网络模拟神经网络的映射关系，进而寻找最优的权值适量，通过这样的方式对原有数据集合进行分类。BP 神经网络评价法同时具备了专家打分法的准确性和客观评价的可靠性，被广泛应用于各种评价过程中。还有学者尝试用系统聚类分析、耦合协调度模型、障碍度模型、空间计量模型、障碍因素诊断模型等对评价结果进行比较分析。

（三）农业农村现代化的评价实践

1. 设定农业农村现代化水平的目标值

魏后凯等从农村产业现代化、农民生活现代化、农村生态现代化、农村文化现代化和乡村治理现代化五个方面建立评价指标体系，并设定2035年基本实现农业农村现代化的目标值。研究表明，按照2035年目标值测算，2018年全国基本实现农业农村现代化的程度为66.1%，按年均复合增长率计算，自2010年起年均提高约3.5%。以2011—2018年的年均增速递推，到2035年中国总体上可以达到基本实现农业农村现代化目标值。预计到2025年前后，即“十四五”期末或“十五五”初期，部分沿海发达地区有条件率先基本实现农业农村现代化①。

叶兴庆等从农业产业体系现代化、农业生产体系现代化、农业经营体系现代化、农村基础设施和公共服务现代化、农村居民思想观念和生活质量现代化、农村治理体系和治理能力现代化六个方面构建农村现代化评价体系，然后，根据各指标当前发展水平、未来增长变化趋势和制约条件，以及发达国家和国内发达地区发展水平，设定各指标2050年全面建成现代化时的目标值，最后，根据各指标在未来实现现代化过程中可能具有的速率分布特征，相应选取完成现代化目标值的60%、50%或40%的任务进度，推算2035年基本实现现代化时各指标的目标值②。

2. 测评全国和省域的农业农村现代化水平

张应武、欧阳子怡从产业兴旺、生态宜居、乡风文明、治理有效和生活富裕乡村振兴总要求方面构建评价指标体系，对2013—2016年30个区域农业农村现代化进行测度和排名，并据此划分为优秀、良好、一般和较差四类，其中优秀的区域为综合排名前4位的东部沿海地区北京、上海、浙江以及西北门户新疆；划分为良好层级的区域为综合排名5～14位的7个东部沿海沿边地区和中部三省以及西部重心青海；划分为一般层级的区域为综合排名15～23位的河北、广东和中部四省湖南、山西、吉林、江西以及西部的四川、重庆、宁夏；划分为较差层级的区域为综合排名23

---

① 魏后凯，郜亮亮，崔凯，等．“十四五”时期促进乡村振兴的思路与政策［J］．农村经济，2020（8）．

② 叶兴庆．新时代中国乡村振兴战略论纲［J］．改革，2018（1）．

以后的区域，除中部的河南和安徽以外均为西部地区的省份[1]。

覃诚等从农业生产现代化、农业经营现代化和农业绿色现代化等方面构建农业现代化指标评价体系，从农村基础设施现代化、农村社会发展现代化和农村生态现代化等方面构建农村现代化指标评价体系，并设定各指标实现农业农村现代化的目标值，对 2015—2019 年全国及各地区农业农村现代化发展进行分析。结果表明，全国层面农业农村现代化由发展阶段提高到了提升阶段，但目前存在农业现代化发展增速较慢和农村现代化发展水平较低的问题；从地区差异来看，各地区农业农村现代化水平都有了显著提升，华东沿海地区、中部地区与长江流域、西部地区与东北地区农业农村现代化水平依次降低[2]。

辛岭等从农业结构、农业生产、农业经营、农村文化、乡村治理、农村生态和农民生活多层面构建评价指标体系，测算出 2005—2019 年我国省域农业农村现代化平均水平年均递增 3.74%，农业农村发展成效显著。然后，对 31 个省份农业农村现代化水平进行阶段划分，研究显示低水平长期锁定在西南地区，包括贵州、广西和云南等地；中低水平主要集聚在长江中游地区且在环京津冀地区凸显，包括湖南、江西和山西等地；中水平主要集聚在西北和东南沿海连接带，主要包括新疆、甘肃、安徽和湖北等地；中高水平散布在宁夏、吉林、北京和天津等地；高水平锁定在黑龙江、内蒙古、江苏和上海等地[3]。

钱佰慧和郭翔宇从农业现代化、狭义农村现代化、农民现代化和城乡融合发展 4 个方面构建指标体系，对 2010—2019 年省域农村现代化水平进行测度。结果表明：2019 年江苏、上海、北京等 10 个省份农村现代化水平指数高于 50，处于农村现代化起步阶段中期，湖北、海南、江西、安徽等 21 个省份，农村现代化水平指数介于 40～50，处于起步阶段前期；省域农村现代化水平呈现“由东向西递减”分布格局，空间分布特征表现出与经济区域、粮食功能区域分布特征的高度关联性；2010—2019 年各省农村现代化水平均有不同程度提升，大部分省份排名稳定；

① 张应武，欧阳子怡．我国农业农村现代化发展水平动态演进及比较［J］．统计与决策，2019（20）．

② 覃诚，等．中国分地区农业农村现代化发展水平评价［J］．中国农业资源与区划，2022（4）．

③ 辛岭，刘衡，胡志全．我国农业农村现代化的区域差异及影响因素分析［J］．经济纵横，2021（12）．

省域农村现代化水平的差异逐渐缩小①。

3. 测评某一个省份的农业农村现代化水平

赵颖文、吕火明以四川为研究地域，从农业要素投入、发展支撑、产出效益、多功能拓展四个维度构建评价指标体系，测评分析 2006—2016 年四川省农业农村现代化发展水平与障碍度。结果表明：四川省农业农村现代化发展水平呈显著上升态势，投入、支撑、产出与多功能拓展 4 个评价维度总体呈上升态势；四川省农业农村现代化发展障碍因素主要涉及农业人口人均耕地面积、农林牧渔服务业增加值比重、农民人力资本支出比重、农民可支配收入、农民恩格尔系数及乡村旅游业收入②。

李刚、李双元以青海省为研究地域，从农业现代化和农村现代化 2 个层面构建评价指标体系，对 2006—2016 年农业农村现代化发展水平进行测评。结果表明：青海省农业农村现代化发展指数从 2006 年的 0.264 提升到 2016 年的 0.401，年均增长 0.014，总体发展水平越来越好；农业农村现代化达标率从 2006 年的 31%提升到 2016 年的 44%，达标程度为中等。从农业现代化和农村现代化 2 个层面来看，农业现代化发展水平及达标率要高于农村现代化，但农村现代化发展水平及达标率的增速要高于农业现代化③。

巴·哥尔拉等以新疆为研究地域，基于经济、社会和生态 3 个维度构建农业农村现代化指标体系，对 2008—2017 农业农村现代化水平进行测度和制约因子诊断。研究表明，新疆农业农村现代化发展水平整体呈现上升趋势，2017 年农业农村综合发展水平达到 0.746 7；通过障碍度模型发现，一级指标障碍度从高到低依次为经济＞社会＞生态④。

章磷、姜楠以黑龙江为研究地域，从农业现代化、农村现代化和农民现代化 3 个方面构建指标体系，对 2006—2018 年黑龙江省农业农村现代化水平进行测度和制约性影响因素研究。结果表明，黑龙江省农业农村现代化评价值整体波动上升，目前处于转型跨越发展阶段。区域内各系统层耦合协调度不断提升，逐渐从高度失调演变为良好协调。2006—2012 年 3

---

① 钱佰慧，郭翔宇，张翔玮，等．省域农村现代化水平评价与区域差异分析［J］．农业现代化研究，2022 (5).

② 赵颖文，吕火明．四川省农业农村现代化发展水平评价及障碍因素研究［J］．农业经济与管理，2018 (4).

③ 李刚，李双元．青海省农业农村现代化发展水平研究［J］．农业现代化研究，2020 (1).

④ 巴·哥尔拉，刘国勇，王钿．乡村振兴战略背景下新疆农业农村现代化发展水平测度［J］．北方园艺，2020 (17).

项系统层指标障碍度小幅波动，2013 年以后农业现代化系统障碍度的变动趋势为先升后降再上升，农村现代化系统显著提升，农民现代化系统则逐年稳步下降①。

三、世界农业农村现代化的进程

农业农村现代化是根植于中国本土的发展理念，国外研究主要聚焦在农业现代化，将农村现代化归属于广义的农业现代化或者现代化范畴。世界范围内来看，美国不存在同我国类似的传统的农村，日本和西欧传统农村的基础设施和基本公共服务等方面与城市差距较小，农业农村现代化的进程更多体现了传统农业向现代化农业动态演进的历史进程，农村现代化基本是在农业现代化框架之中得到发展，但是，其发展经验仍有可借鉴之处。

（一）世界农业现代化的发展阶段

参照世界现代化和经济现代化的标准，世界农业现代化的演进过程大致包括两大阶段和六次浪潮（表 3－1）。

表 3－1 世界农业现代化的两大阶段和六次浪潮

浪潮	大致时间	六次浪潮的内容	两大阶段
第一次	1763—1870 年	商品化、市场化、机械化、科学化、组织化	第一次农业现代化、市场化、机械化、化学化、工业化、农业比例下降
第二次	1870—1945 年	化学化、水利化、电气化、专业化、工业化	
第三次	1945—1970 年	集约化、体系化、良种化、标准化、自动化	
第四次	1970—2020 年	生态化、信息化、知识化、国际化、多样化	第二次农业现代化、知识化、信息化、生态化、多样化、工厂化、国际化
第五次	2020—2050 年	精准化、智能化、优质化、工程化、多样化	
第六次	2050—2100 年	工厂化、订单化、自然化、多样化	

资料来源：何佳启．中国现代化报告 2012［M］．北京：北京大学出版社，2012.

1. 世界第一次农业现代化的三次浪潮

农业现代化的第一次浪潮（1763—1870 年）。主要指第一次工业革命时期欧洲发生的农业革命，内容包括农业生产科学化、农业产品商品化、

① 章磷，姜楠．黑龙江省农业农村现代化发展水平综合评价［J］．北方园艺，2021（16）．

农业经济市场化、农业技术机械化、农业用地集中化、农业劳动专业化、农业合作社和公司型农场等现代农业组织形式兴起、农民识字率提高、农业劳动力和增加值比例下降等。

农业现代化的第二次浪潮（1870—1945 年）。主要指第二次工业革命和两次世界大战期间世界农业的前沿变化，内容包括农业技术机械化和电气化、农业经济商品化和市场化、农业生产专业化和规模化、农业经营制度化和企业化、化学肥料和农药的使用、农业水利的发展、优良品种和农业科技的发展、农民素质提高、农业劳动力和增加值比例继续下降。

农业现代化的第三次浪潮（1945—1970 年）。它包括第三次产业革命对世界农业的影响和农业的绿色革命等。世界农业的前沿变化包括农业技术的机械化、电气化和自动化，农业生产的专业化、标准化和规模化，农业服务的市场化和专业化，农业的集约化、良种化，国家农业政策和农业经济系统化，现代农业科技继续发展，农民素质大幅度提高等。

2. 世界第二次农业现代化的三次浪潮

农业现代化的第四次浪潮（1970—2020 年）。世界农业前沿发生深刻变化：首先，信息革命引发农业的信息化浪潮；其次，生态革命引发生态农业、持续农业、有机农业和绿色农业等的兴起；再次，高技术的发展，丰富了农业的技术选择，扩展了农业的发展前景；最后，知识经济和知识社会的兴起，带动农业经济的知识和生态转型，知识型农业快速发展。

农业现代化的第五次浪潮预计发生在 2020—2050 年期间。它以新生物学革命为基础，包括太空技术、纳米工程、信息工程和新能源技术等在农业部门的应用和变化等。农业产值比例下降的趋势可能逆转，知识型农业劳动力和增加值比例有可能上升。

农业现代化的第六次浪潮预计发生在 2050—2100 年期间。它以新物理学革命为基础，包括太空技术、生物工程、新型能源、超级制造和超级运输在农业部门的应用和变化等。知识型农业高度发达，工厂化、自然化和订单化农业等成为基本特征。

（二）世界农业农村现代化的发展特点

农业现代化一般出现在一个国家工业化、城市化中后期，农业现代化基本实现之后会向农村现代化拓展。从世界经验看，农业农村现代化的门阶条件包含 5 个指标（表 3 - 2），越过门阶水平之后，通常会呈现出以下特征。

表 3-2　农业农村现代化的门阶条件

序号	指标	门阶水平
1	人均 GDP（美元）	≥12 500
2	乡村人口比重（%）	≤30
3	农业增加值占 GDP 比重（%）	≤5
4	农业就业份额（%）	≤10
5	恩格尔系数（%）	≤30

资料来源：陈明．农业农村现代化的世界进程与国际比较［J］．经济体制改革，2022（4）．

第一，农业农村现代化的同步性。在现代化进程中，一国的 GDP 总量和人均 GDP 水平同步上升，农业增加值绝对水平上升而农业增加值占 GDP 的比重下降，农业增加值占 GDP 比重与乡村人口比重同步下降。

第二，农业农村现代化的异步性。在现代化早期，农业增加值占 GDP 的比重通常比农业就业份额下降得快，现代化进程中后者下降速度加快，两个指标逐步趋近。美国、英国、荷兰、日本等都表现出类似特征，目前这两个指标的差值一般都在 1 个百分点以内。

第三，农业农村现代化的专业化。农业农村现代化首先是一个农业专业化水平不断提升的过程，既包括了产业链分工的细化，也包括了区域专业化水平的提升。作为经济分工的扩散效应，社会治理、公共政策的专业化水平也会不断提升，最终表现为乡村经济活动与政治活动、生产空间与生活空间、产业政策与社会政策的相对分离。

第四，农业农村现代化的可达性。现代化起步阶段，主要是提升基础设施和基本公共服务均等化水平；现代化中后期，衡量农业农村现代化水平的主要指标是乡村公共服务的可达性。高等级设施和服务或许布局在城市，但乡村居民可以通过便捷的交通和通信设施分享，城乡居民享受的服务无显著差异。

（三）世界农业农村现代化的发展经验

1. 世界农业农村现代化模式

（1）美国模式。美国依靠得天独厚的自然条件、现代化的装备与发达的科学技术，以及高效率的管理，创造了世界上最发达的农业。美国农业现代化模式具有以下显著特征：一是技术创新在农业现代化过程中扮演了重要角色；二是土地大规模经营是美国农业现代化模式最显著的特征；三是政府的农业政策起了重要推动作用；四是充分发挥农业服务体系的作用。在美国现代化历程中，真正用于农村现代化的公共投资是十分有限的，美国农村现代化主要得益于工业化、城市化的溢出效应。美国从建国开始就不曾面临激烈的人地冲突，又没有遭受过战火荼毒，这意味着美国“集中连片”的“深度贫困”地区很少。美国在战略减贫过程中尽管也存在对特定区域的开发和特定人群的补贴措施，但占据主导地位的是发展性减贫，即随着国家或区域的整体性发展，将贫困人口导入社会化分工体系，从而实现减贫目标。

（2）日本模式。日本由于地少人多、资源贫乏，其选择的是一条依靠技术创新、资本大量投入来加快实现农业现代化的道路。战后日本农业现代化发展模式有如下显著特点：一是政府对农业发展的强力主导和干预；二是重视农业科技的应用；三是充分利用财政、金融等手段，对农业实行高资本投入。战后，日本在产业振兴过程中不断推进农业现代化水平，但紧随其后的是农村地区的过疏化和老龄化不断加重。日本的农业现代化是一种“小农现代化”，这种发展模式到一定水平后就会陷入“高水平均衡陷阱”而难以继续迭代更新，无法为农村现代化提供充分的支撑。在产业振兴之后，日本投入了大量精力搞乡村活化，多次振兴乡村运动形成了一个共同观念，即通过农民的勤劳和节俭建设一个具有特殊品质的现代化新农村。在基本公共服务方面，日本乡村的医疗卫生教育不是在当地，而是在周边的县镇，通过上门的校车、医疗提供服务。但是到了现代化后期，日本难以有效平衡和兼顾越来越多元化的农政目标，由此陷入了“泛农本主义”的泥潭。

（3）西欧模式。西欧一些国家既不像美国那样劳动力短缺，也不像日本那样耕地短缺，因此在农业现代化的过程中既重视用现代工业装备农业，又重视现代科学技术的普及与推广，机械技术与生物技术并进，以提高劳动生产率和土地生产率为主要目标。把农业生产技术现代化和农业生产手段现代化放在同等重要的地位，实现了农业机械化、电气化、水利化、园林化，同时在土地产出率和劳动生产率两方面得到提高，典型的国家有英国、法国、德国等。欧洲现代化起步早，英国 1930 年时的城市化率已经接近 80%，第二次世界大战后主要是调整恢复，与美国相比在农村反贫困和基础设施建设等方面面临的压力要小得多。现代化过程中面临的主要问题是非城市地区如何满足城市人口在户外休闲、自然景观方面日益增长的需求，其空间规划和农村发展政策主要与此有关。

2. 经验借鉴

(1) 鼓励土地适当集中。从世界各国农业现代化的实践来看，农业经营规模扩大是现代农业发展的客观要求。美国和西欧政府都采取了多种形式促进推动土地集中和农业经营规模的扩大。这说明，改变经营方式与扩大经营规模在农业现代化过程中具有同等重要的作用。现阶段，促进土地集中的最佳选择是积极发展农业产业化经营，将政策引导和优化市场相结合，促进土地向合作社和种植大户集中，创新现代经营方式，推动土地规模经营，提高农业生产效率。农业基础设施建设也是实现农业机械化的重要条件，乡村道路、农田排灌和农业市场等设施的建设直接影响农业发展，政府应加大对农业基础设施建设方面的投入。

(2) 农业的专业化、组织化和产业化。发达国家成立了许多农民社会组织和农业协会，代表农民的利益不断开拓农产品市场，或者参与国际、国内市场谈判和规则制定。农业龙头企业和大型专业化公司提高了农产品的市场竞争力和农业的经济效益。因此，要加快发展农村专业合作组织、农业行业协会、农民技术协会等，提高农民的组织化程度，实现农业生产、经营和服务的社会化。同时，引导龙头企业以资产重组、兼并、租赁和推行股份合作制等多种形式扩大规模，推动农业的标准化、规模化、专业化生产经营，形成公司与农户利益联结的机制，从而提高农业产业化水平。

(3) 科学技术是实现农业现代化的关键。以生物技术为代表的农业高新技术广泛应用于育种、培苗等农业发展的各个环节，生物肥料、生物农药、基因工程疫苗等技术逐渐在农业中应用，推动了现代农业的持续快速发展。同时，一些发达国家对农业进行现代化管理，运用计算机、信息网络等现代科技手段对农业实行监控、管理和病虫害防治，大大减小了农业经营的风险。我国人多地少、农业资源短缺和生态环境压力大，因此既能提高土地生产率又可持续发展的农业技术应成为我国农业技术创新的重点。此外，农产品加工、保鲜、贮藏、包装等先进技术也是提升我国农产品竞争力的重点。

(4) 注重农业人力资源的培养和开发。美国诺贝尔奖得主舒尔茨认为：在解释农业生产的增长量和增长率的差别时，农民能力的差别是最重要的。因此，全面提高我国农业从业人员综合素质、实现农民职业化尤为重要。农业现代化的顺利实现必须依靠大量的高素质并掌握了先进科技知识的农业从业人员。首先，应建立包括高等、中等农业教育和农民职业培训为主的完善的农业教育体系。注重对现有农业从业人员的职业培训，通过法律等手段确保农民职业培训有稳定的经费来源。其次，对从事农业的经营者提出一定的资格要求。借鉴法国经验，建立农业职业资格认证体系，对农民从事农业生产和经营管理水平进行鉴定。

（5）注重生态环境建设。实现人与自然、经济与环境的协调发展，是现代农业发展追求的根本目标。石油农业在大幅度提高单位面积产量和农业经济效益的同时，也在大量地消耗着不可再生资源，同时又带来日趋严重的环境、生态等公害问题，降低了农业的生态环境效益和社会效益。生态环境问题也是我国农业现代化进程中所面临的严峻问题之一，我国发展现代农业必须建立和完善农业生态环境保护机制，确立农业发展与生态环境保护相结合，以及高产、优质、高效、无毒、无公害相统一的农业发展模式，努力改善我国农业生产条件与环境，促进农业的可持续发展。

（6）乡村治理现代化。乡村治理现代化是农业农村现代化成果的一个集成反映，也可以说是农业农村现代化的“最后一步”。从发达国家的经验看，现代化的乡村治理通常会呈现出以下特征性趋势。首先，消除绝对贫困是乡村治理现代化的前置程序。2021 年中国 9 899 万农村贫困人口全部脱贫，区域性整体贫困得到解决，消除了绝对贫困。这一举措将乡村中最贫困的人口纳入了现代化的轨道，促成了乡村现代化水平的普遍提升，这为乡村治理现代化开辟了新空间。其次，农业农村现代化会带来城乡社会治理一体化。农业农村现代化基本实现后，城乡基层社会治理趋于同构，因此，对乡村治理结构的调整需要做出前瞻性的考虑。

四、中国农业农村现代化进程

（一）中国农业农村现代化的发展阶段

1. 计划时期的农业现代化与农村现代化

在 20 世纪 50 年代我国政府提出“现代化农业”的发展目标；60 年代提出“农业现代化、工业现代化、国防现代化和科学技术现代化”的奋斗目标，并计划用 20 多年时间实现“四个现代化”，随后提出在 20 世纪末实现“四个现代化”。当时中国农业现代化的发展思路，可以简称为“以粮为纲，四化一社”，“以粮为纲”是中国农业发展的主线，确保全国的粮食供给，“四化”分别是机械化、电气化、水利化和化学化，“一社”先后是专业合作社和人民公社。

农村建设也是新中国成立之初党和国家关注的重点。在《一九五六年到一九六七年全国农业发展纲要（修正草案）》中，中央明确提出“建设社会主义农村”，要求发展并改善农村生产关系。这一时期，农村现代化一直进行着相关实践，但始终没有被确立为战略目标，相关文件并没有将农业现代化与农村现代化作为一个整体进行表述。在此时期，通过持续开展扫盲运动、爱国卫生运动、改善医疗条件、建立基本社会保障等改善了农民生活。

此阶段发展重点是：提高粮食单产、农业生产现代化、发展农业集体经济等。

2. 改革开放至新时期的农业现代化与农村现代化

20 世纪 70 年代末以来，中国实行改革开放政策，农业改革实行“联产承包责任制”，农业现代化的观念和重点也发生了改变，其主要包括农业生产现代化、农业经济现代化和农业观念现代化。党的十七大报告指出“要加强农业基础地位，走中国特色农业现代化道路”，党的十八大报告中提出“促进工业化、信息化、城镇化、农业现代化同步发展”，中国农业现代化内涵进一步发展，主要内容包括农业生产现代化、农业经济现代化和农业要素现代化。

改革开放极大解放了农村生产力，农村面貌在一定程度上得到改善。十五届三中全会将农村发生历史性巨变的标志总结为“开创了一条有中国特色的农村现代化道路”。2005 年，十六届五中全会提出“建设社会主义新农村”，在“生产发展、生活宽裕、乡风文明、村容整洁、管理民主”5 项要求中，后 3 项均与推进农村现代化相关。但是，这一阶段，农村现代化并没有作为目标进入战略设计，更多关注仍是农业的产业发展。在此期间，义务教育的全面实施、新型农村社会保障的建立和农村基础设施的改善，促进了农村的现代化进程。

此阶段发展重点：提高土地生产率、农业生产现代化、农业经济现代化、农村改革、农民增收等。

3. 新时期的农业农村现代化

进入中国特色社会主义新时代，党对“三农”工作的认识实现了从“同步发展”到“优先发展”的跃升。2017 年，十九大明确提出“坚持农业农村优先发展”“加快推进农业农村现代化”，这是农村现代化与农业现代化首次共同进入战略规划。2018 年出台的《国家乡村振兴战略规划（2018—2022 年）》标志着党对农业农村现代化的认知实现了从“为何发展”上升到“如何发展”的跨越。2021 年中央 1 号文件进一步强调，要全力加快农业农村现代化，到 2025 年农业农村现代化取得重要进展。

从新中国成立初期要求实现农业现代化且注重社会主义农村建设，到改革开放后走中国特色农业现代化道路并强调社会主义“新”农村建设，再到新时代坚持农业农村优先发展，党和国家始终重视“三农”工作在实现国家现代化中的基础地位。新发展阶段，面对发展不平衡不充分的突出问题，探索农业农村优先发展、加快农业农村现代化的具体实施路径将对全面推进乡村振兴发挥更大效用。

此时期发展重点是：脱贫攻坚、乡村治理、乡村振兴、产业体系、经营体系、城乡融合、全产业链、农民农村共同富裕等。

（二）中国农业农村现代化的主要特点

1. 中国农业农村现代化是一种后发追赶型农业农村现代化

我国经济现代化起步大约是 19 世纪 40 年代，而农业现代化起步大约是 19 世纪末。中国农业现代化比世界农业现代化起步晚 100 多年。与现代化先发型国家相比，现代化后发型的发展中国家，特别是当前正处于农业农村现代化推进过程中的国家，农业农村现代化的发展呈现出不同模式往往有其必然性。对于现代化后发型国家，农业农村现代化难以像现代化先发型国家那样呈现“自然演化”和阶段渐进特征，往往呈现多阶段并进“叠加”特点。因此，现代化后发型的发展中国家，推进农业农村现代化过程往往更多地带有产业融合，经济、社会、文化、生态融合，或工业化、信息化、城镇化、农业现代化融合发展的特征，更多地需要农业现代化与农村现代化耦合共生、融合互补、协调互动，坚持农业现代化和农村现代化一体设计、一并推进至关重要。

2. 中国农业农村现代化施策理念从静态培育转向动态交互

总体上，中国特色农业农村现代化的历史进程一直都是动态的，但阶段上，仍然体现相对静态特征。从新中国成立初期到 20 世纪末的一系列承袭性农业政策呈现静态特征，这一阶段的农业现代化在目标指向和路径依托方面都是相对一致的，将农业现代化定位为农业机械化。20 世纪末到党的十八大前后的一系列跃变式农业政策呈现一定动态特征，最突出的表现是在农业产业政策体系中穿插式地提及农村及民生，其农业现代化的目标指向和路径依托呈现外向延伸，将农业现代化定义为囊括现代农业要素强化、农业产业体系构建、农业生产组织形式完善和农业发展模式转变的综合体。党的十八大以来一系列创新性农业政策呈现完全动态特征，“新农村”“乡村振兴”“全面小康”“城乡融合”等理念迭代，一直到当前农业农村现代化战略的提出，农业现代化的目标指向和路径依托呈现多元放射性，将农业现代化定义为拓展并发挥农业多功能性。

3. 中国农业农村现代化道路具有中国特色

中国共产党一直强调要把马克思主义农业现代化思想同我国的农业和农村实践结合起来，坚持探索“中国特色”。已经实现农业农村现代化的国家，由于地理区位、资源禀赋等国情农情的不同，农业农村现代化的发展虽然遵循共同的规律和发展趋势，但也有其自身特色和发展要求。中国共产党把现代化条件下特定的时代内容和特定的民族传统相结合，在自己特殊的历史文化传统基础上实现现代化。中国的农业农村现代化是在农业基础薄弱、农村发展滞后的局面尚未改变的情况下，基于土地承包和统分结合的双层经营制度基础上发展起来的。我国农业农村现代化是结合时代要求，推进农业农村现代化本质特征、共同趋势同国情农情、资源禀赋有机结合的过程。当前在我国开启全面建设社会主义现代化国家新征程的背景下推进农业农村现代化，应该是具有鲜明中国特色和时代特征的农业农村现代化。

五、中国农业农村现代化发展的问题与对策

（一）中国农业农村现代化发展的问题

1. 粮食安全形势依然严峻

粮食安全涉及三个层面：一是口粮安全，二是粮食安全，三是食物安全。其中，口粮安全是底线，粮食安全是基础，食物安全是高线。“十三五”以来，我国粮食年产量连续突破 1.3 万亿斤，从短期看粮食安全无忧。但从长期看，我国粮食安全面临的形势依然严峻。一方面，2019 年我国人均粮食占有量为 470 千克，虽然高于 390 千克的全球平均水平，但远低于发达国家的 600 千克的标准。因此，我国被联合国粮农组织列为“粮食保障不稳定国家”。另一方面，新发展格局下，我国粮食领域进入高安全水平与高开放水平并存阶段。世界粮食资源利用风险与不确定性逐渐增加，我国在全球粮食安全治理体系中依然处于弱势地位，国内粮食支持政策越来越受到国际规则制约。高成本低关税、国内政策与国际规则冲突等问题带来的挑战逐渐显化，粮食等重要农产品供给保障能力仍需进一步

巩固。

2. 农业产业体系亟待优化

在农业产业体系方面，产业规模粗放、组织化程度低、精深加工不足、配套设施不完善等问题突出，与农业农村现代化的产业要求相比还存在不小差距。一方面，农业产业链、价值链和供应链有待优化。产前、产后阶段投入不足，贮藏、保鲜、烘干设备简陋，流通环节多、渠道长、成本高。另一方面，农业产业协同性还有待加强。农业产业结构与市场需求、资源配置等方面的耦合性不足，各环节集约化程度比较低，存在农产品品种供需失衡、品质结构不优、标准化程度不高等问题。此外，农业生产性服务体系有待完善，无法满足现代农业产业发展的需要。在推进农村产业优化升级过程中，如何守住发展和生态两条底线，也成为农业农村产业发展面临的重要挑战。

3. 农业基础竞争力不足

与世界主要农产品出口国相比，中国单位生产成本较高。随着我国工业化、城镇化进程不断推进，农业生产所需的各类资源要素价格上升，劳动力成本不断增加，削弱了我国农业的比较优势，导致农产品竞争力严重下降。土地流转加速、新型农业经营主体增加，越来越多的规模农业经营主体要雇工和租入土地。以往被单家独户小农户生产所“隐藏”的劳动力和土地成本开始显露，农业规模经营主体更是要把这些成本计入财务成本。更为重要的是，这种“隐性成本显性化”造成的成本上升，只会越来越明显，降成本难度较大。此外，我国人多地少的农情，制约了土地密集型农业产业发展壮大。农业科技创新能力不足、成果转化率低，进一步限制了农业比较优势的提升。“十四五”时期，我国农业生产成本将进一步增加，农产品成本和价格倒挂幅度可能继续扩大，这将对我国农业竞争力的提升带来巨大挑战。

4. 农村基础设施建设短板突出

近年来，我国农村基础设施投入较大、成效明显，但与农业农村现代化的要求相比，还有不小的差距。比如，农村交通基础设施建设资金不足、投入标准低、配套设施不完善。近年来农村路网结构趋于合理，但工程建设质量监管力度不够，交通设施质量和水平普遍较低，特别是村内道路建设依然滞后。根据第三次全国农业普查，截至2016年底，全国拥有电子商务配送站点的村占比为25.1%；通天然气的村占比仅为11.9%；饮用水方面，全国接通自来水的农户不到一半，占比为47.7%；卫生设施方面，全国拥有卫生厕所的农户占比也不到50%，凸显了加快推进农村厕所革命建设的重要性和紧迫性。农村人居环境不佳以及基础设施建设落后的情况也还没有得到根本扭转。同时，农村基础设施重建设、轻管护的现象突出，管护技术标准缺乏，管护队伍素质不高，补短板任务仍十分艰巨。

5. 农村基本公共服务发展滞后

农村基本公共服务历史欠账仍然较多，城乡之间在教育、养老、医疗、社会保障等方面的差距已经成为社会民生最大的痛点之一。农村教育质量存在较大提升空间，区域之间教育发展水平不平衡，农村学前教育仍是突出短板；农村医疗卫生体系尚不完善，保障水平不高、服务效率低下，医疗资源难以广泛惠及农民群体；农村社会保障体系还很不完善，存在养老服务供需失衡、农民工参保率低、城乡低保仍未接轨等一系列亟待解决的问题；农村文化体育服务有待优化，仍存在村级文化体育设施管理和运行经费短缺、农村文化资源保护不力等问题。根据第三次全国农业普查数据显示，2016 年全国仍有 3.5%的乡镇没有幼儿园、托儿所，近41%的村没有体育健身场所，33.2%的乡镇没有社会福利收养性单位，58.7%的村没有农民业余文化组织，45.1%的村没有执业医师。

6. 资源环境承载力已达到或接近上限

我国农业绿色化发展水平不高和人均耕地资源不足形成的双重压力依然是农业农村现代化发展所面临的重要约束。一方面，农业绿色化发展水平与现代农业要求仍然存在一定差距。2019 年我国三大粮食作物的农药和化肥利用率分别达到 39.8%和 37.8%，生态环境突出问题得到初步遏制。但是，由于我国农业生产经营过程中长期使用化肥、农药等化学投入品，导致生态环境存量欠债较多，农业面源污染形势依然严峻。另一方面，我国农业生产经营过程中分散小农户依然占据较大比例，人均耕地资源不足对农业适度规模经营发展形成了现实制约。从耕地资源来看，我国人均耕地面积不足 1.5 亩①，不到世界平均水平的 1/2；一至三等耕地面积占耕地总面积比重更是不足 1/3。现代农业的发展有赖于土地集中连片和适度规模经营，但人均耕地资源不足的“大国小农”现实国情无疑阻碍了农业农村现代化发展进程。

7. 城乡居民收入仍然存在较大差距

不断缩小城乡居民收入差距是实现共同富裕的必然要求，更是加快农

① 亩为非法定计量单位，1 亩≈667 平方米，下同。

业农村现代化发展的重要表现。2011—2020年，尽管农村居民人均可支配收入实现了快速增长，但与城镇居民相比依然存在较大差距。一方面，在推进城镇化发展过程中，能力强的农民转移到城市就业定居，而能力弱、收入低、缺少进城机会的农民只能留守农村，进而导致城乡居民收入差距拉大。另一方面，农村缺乏新产业、新业态，农民收入结构单一化，也是拉大城乡居民收入差距的关键因素。此外，相对于城镇居民而言，由于农业所具有的天然弱质性，农民收入增长的持续性和稳定性面临着更大挑战，尤其是在重大外生冲击的影响下，农民增收更显乏力。如突发的新冠疫情对农民收入稳定性增长产生了重大负面影响，在一定程度上延缓了农民脱贫致富进程，增大了城乡居民收入差距进一步扩大的可能性。

8. 新型农业经营主体发展质量有待提高

新型农业经营主体是确保我国粮食安全和重要农产品有效供给的主要载体，但目前我国新型农业经营主体培育发展仍然存在诸多短板和现实制约。家庭农场、合作社和龙头企业作为我国新型农业经营主体的重要组成部分，其自身发展所面临的规范性欠缺、可持续性较弱和稳定性不足等问题制约了高质量发展进程。就家庭农场而言，表现为土地难以集中连片经营、盲目追求经营规模、劳动力短缺、贷款融资约束以及缺乏完善的农业保险体系等。就合作社发展方面，表现为空壳合作社较多，真正意义上的合作社所占比例低。此外，在推进农业产业化发展过程中，龙头企业与合作社缺乏稳定的合作机制。对于普通农户而言，龙头企业在农业产业化发展合作过程中占据绝对优势，农业价值链收益分配格局尚不合理，小农户在现代农业协调发展中存在被边缘化的隐忧。

（二）中国农业农村现代化发展的目标和对策建议

1. 推进农业农村现代化的主要目标

在中国式现代化发展过程中，农业农村现代化的主要目标为：将先进技术和现代装备等引入农业，将基础设施和公共服务向农村延伸，通过农业现代化和农村现代化的相互交融和彼此促进，逐步实现农村产业、农村文化、生态环境、居民生活和乡村治理的现代化，最终将我国传统落后的农业农村改造为世界先进水平的现代农业农村，加快建设农业强国，到2035年基本实现农业农村现代化。

（1）农业综合生产能力明显增强，粮食等重要农产品供给稳定。

（2）农业高质量发展水平明显提高，现代乡村产业体系基本建成。

（3）农业绿色发展水平持续提升，农村生活方式绿色转型取得进展。

（4）农村基础设施供给全面完善，城乡基本公共服务更加均等化。

（5）农村居民收入水平大幅提高，农民精神文化生活不断丰富。

（6）农村基层治理能力显著增强，乡风文明程度持续提高。

2. 推进农业农村现代化的对策建议

（1）夯实农业农村现代化的基础条件。首先，注重新型工业化的带动作用，进一步增强农业现代化的拉力，为农业产业体系建设提供重要支撑。美国、日本、西欧等国家在农业现代化过程中注重以工业带动农业，注重科学技术在农业现代发展中的推广与普及。通过以现代机械工业和现代生物化学工业的产品运用于农业，实现了以机械技术提高劳动生产率，以生物技术提高土地生产率的目标。可以从三个方面着手：一是引入现代工业理念，主要包括工业生产经营方式、工业加工制造技术、工业营销手段等；二是以"粮头食尾""农头工尾"为抓手发展现代农产品加工业；三是借鉴成熟工业企业间合作经验，加快推广多种利益联结方式，发展龙头企业、农民合作社、家庭农场和小农户等多主体参与的农业产业化联合体。

其次，加快推进城镇化，进一步促进农村土地流转与规模经营，为高效、集约的农业农村现代化发展创造条件。在城镇化率稳步提升的同时，提高城镇化的质量。建议再实施一亿农村转移人口市民化，而且让进城的农民真正融入城市生活。这 1 亿农民实现市民化后，他们能够放心地把农村的承包地流转给农业新型经营主体，实现农业适度规模经营，以及规模化基础上的专业化和市场化。可以从两个方面着手：一是建城市群和都市圈，在区域空间上构建一批城市群，并在其内部以超特大城市为中心，在轨道交通、社会保障和教育医疗等方面构建生活便利的一体化都市圈；二是把邻近城市群和都市圈的行政村按城市标准规划建设为小城镇，在基础设施和基本公共服务方面实现同城化发展。

最后，强化科技创新的引领作用，进一步提升农业科技化发展水平，为农业高质量发展奠定基础。我国农业的根本出路在于加快农业科技进步。农业科技发展水平是衡量一个国家农业综合竞争力的重要指标，现阶段重点是推动农业精准化、自动化和智能化。可以从四个方面着手：一是加强建设国家现代农业产业技术体系，推动重点领域项目、基地、人才、资金一体化配置；二是实施一批农业基础研究和关键技术研究工程，启动一批农业科技入户工程项目，加快研发、创新一批关键核心技术及产品；

三是加快农业数字化转型，把农业生产经营与大数据和人工智能等新一代信息技术深度融合；四是推动农业生产加工和农村基础设施数字化、智能化升级，不断扩大遥感卫星数据在农业农村领域中的应用。

（2）抓好农业农村现代化的重点任务。首先，坚持农业的市场化发展，发挥新型农业经营主体在农业生产经营中的引领作用，提高农产品在市场中的核心竞争力，培育农业农村内生自我发展能力。农业的市场化是农业现代化的关键内容，它包括农产品的商品化、生产经营者的商业化、专业化。可以从四个方面着手：一是强化农业资源要素配置由市场起决定性作用，加快形成农产品市场价格形成机制；二是按照规模化、专业化、标准化、高附加价值化发展要求，引导农户采用先进适用技术和现代生产要素，培育农业农村市场主体；三是完善社会化服务，支持农户集约化经营，减少其生产交易成本，增强农业效益；四是大力培育新型农民和实用人才，加强农业职业教育和培训，加大对职业农民的培训力度，提高其生产技能和经营管理水平。

其次，坚持科技进步和自主创新的引领，不断增强农机装备研发和应用能力，持续提升农作物耕种收综合机械化率，全面提高农业生产全过程的机械化程度。由于不同的国家资源禀赋特征的差异性，必然导致农业现代化技术结构差异性。但是，随着生产力水平的提高，以机械技术为主的农业现代化技术选择已逐渐趋同。可以从三个方面着手：一是推进粮食作物和战略性经济作物育、耕、种、管、收、运、贮等薄弱环节先进农机装备研制；二是推进机械装备与养殖工艺融合，提升畜牧水产养殖主要品种、重点环节、规模养殖场以及设施农业的机械化水平；三是积极运用5G和大数据等技术，推进农业物联网管理平台建设，提升农业机械化动态监测和农机作业指挥远程调度水平。

最后，坚持立足县域载体，形成以县带乡、以乡带村的发展格局，依托地区资源禀赋优势发展特色农业，集聚发展现代农业产业。大力发展县域经济，推动小城镇建设，助推县域内产业深度融合发展，助力乡村振兴与农业农村现代化。可以从三个方面着手：一是挖掘区域特色、资源潜力和发展需求，培育一批特色专业村和专业乡镇，逐步形成合理的区域分工和专业化生产格局；二是规划特色农产品优势产区进行重点扶持，支持龙头企业在特色农产品优势区建立农产品加工基地，选择特色农产品进行重点培育；三是大力发展农村新产业、新业态、新模式，积极推进休闲农业、景观农业、体验农业、数字农业等发展，充分发挥新产业新业态带动农业农村发展的作用。

（3）加快农业农村现代化的关键政策。首先，加强党对农业农村工作的全面领导，在党的领导下不断创新乡村治理体系。农业农村的现代化绝不能离开治理能力的现代化，有效的乡村治理更是国家长治久安、兴旺发达的关键。全面提升乡村治理能力不仅是实现乡村全面振兴的内在要求，更是中国特色农业农村现代化的优势所在。可以从三个方面着手：一是完善村级党组织参与乡村治理的体制机制，积极动员群众参与乡村治理，着力推进基层直接民主程序化、制度化、规范化；二是创新集体经济组织的运行机制，完善多功能的农村集体经济组织内部治理结构；三是拓展科学技术在乡村治理中的应用领域，对与农民生产生活密切相关的事项办理进行智能化改造，提高农民办事便捷程度，全面构建5G时代中国乡村治理新格局。

其次，建立农业强国建设投入优先机制，支持农业农村优先发展。加快农业农村现代化，必须优化农业农村投入支持，把更多资源配置到农业农村发展的重点领域和薄弱环节，健全适合农业农村特点的新型支持保护体系。可以从三个方面着手：一是建立“三农”财政投入稳定增长机制，把农业作为一般公共预算优先保障领域，适当发行农业农村现代化建设债券；二是调整优化农业补贴方向和重点，推动补贴从“黄箱”或“偏黄箱”向“绿箱”发展，提高补贴政策精准性、稳定性和时效性，向规模经营、土壤改良、生态保护、农业高新技术等倾斜；三是引导信贷资金更多投向农业农村，鼓励银行业金融机构建立服务乡村振兴的内设机构，扩大农村低息贴息贷款范围和规模，提高农业信贷担保规模。

再次，建立农村基础设施建设优先配置机制，加大力度补农业农村现代化短板。支持农村重要基础设施领域优先发展，解决农村“最后一公里”问题。可以从四个方面着手：一是新建一批高水平的高标准农田，实施东北黑土地保护性耕作行动计划，推进农村公路建设向进村入户倾斜；二是加强农村人口富集地区地下排污工程建设，加强乡村清洁能源建设，推进农村生物质能源多元化利用；三是完善县乡村三级物流配送体系，构建农村物流骨干网络，补齐物流基地、分拨中心、配送站点和冷链仓储等基础设施短板，加大对公用型、共配型场站设施的政策支持力度；四是改造提升农村寄递物流基础设施，推进乡镇运输服务站建设，改造提升农贸市场等传统流通网点。

然后，建立农村公共服务优先供给机制，支持农村公共服务优先发展。可以从四个方面着手：一是开展农村教育质量提升行动，多渠道增加农村普惠性学前教育资源供给，改善乡镇寄宿制学校办学条件，推进县域内义务教育学校教师交流轮岗，支持建设城乡学校共同体；二是开展乡村健康服务提升行动，加强乡村医疗卫生体系建设，提升村卫生室标准化建设和健康管理水平，加大农村基层本地全科人才培养力度；三是强化基本医保、大病保险、医疗救助三重制度保障功能；四是开展农村养老服务体系建设行动，健全县乡村衔接的三级养老服务网络，推进村级幸福院、日间照料中心等建设，推动乡镇敬老院升级改造。

最后，建立社会保障资源城乡均衡配置机制，支持农村社保从有到好转变。可以从三个方面着手：一是重点解决农民仅仅享用极少公共社保资源问题，以农村基本医疗和基本养老保险制度为重点，在体制和资金上提高统筹层次，不断提高农民社保水平、缩小城乡社保差距；二是公共社保资源，向农村持续倾斜，持续增加国家社保对农村的投入；三是要落实城乡居民基本养老保险待遇确定和正常调整机制，较大幅度提高农村基础养老金标准，不断提高农村新农合基本医疗保险报销范围、比例和限额上限，同时提高大病保险比例和限额上限，增加 60 岁及以上农民养老津贴。

第四章

保障国家粮食安全问题研究

民为国基，谷为民命。粮食安全是事关人类生存的根本性问题。党的十八大以来，以习近平同志为核心的党中央把粮食安全作为治国理政的头等大事，提出了“确保谷物基本自给、口粮绝对安全”的新粮食安全观。对一个有着14亿人口的大国来说，我们必须确保粮食面积、产量不掉下来，供给、市场不出问题，真正做到中国人的饭碗任何时候都要牢牢端在自己手中。

一、粮食安全的内涵及其发展

（一）粮食安全问题的提出

粮食安全问题是在1972—1974年世界上发生了战后最严重的粮食危机的情况下提出并日益受到重视的。联合国粮农组织最早对粮食安全的定义是：“为每个人在任何时候都能得到安全的和富有营养的食物，以维持一种健康、活跃的生活。”国际上习惯以粮食储备数量来衡量世界粮食安全的程度，把粮农组织的世界粮食库存结转量占下一年度粮食消费量的百分率作为“世界粮食安全系数”，以便与下一年度的生产供应相衔接。同时粮农组织认为要保障粮食安全必须解决四个方向的问题，即总量问题、质量与营养问题、购买力问题以及粮食生产能力问题。我国于1996年发布《中国的粮食安全问题》白皮书，对粮食安全问题进行了明确的阐述，为保障我国粮食安全提供了思路。但从我国实际情况看，保障粮食安全尤为重要，尤其是保障粮食综合生产能力问题绝不能放松。根据第三次全国国土调查数据显示，相比“二调”，10年间我国的耕地面积减少了1.13亿亩，耕地质量下降的趋势较为明显。同时，粗放经营现象仍然普遍，对改善农田环境和提高粮食生产效率方面投入不足。诸如此类问题如果得不到解决，我国的粮食安全问题将在长期内存在。

（二）粮食安全内涵的演变

“粮食安全”是一个不断丰富、充实和深化的概念。早在 1974 年 11 月，联合国根据不结盟首脑会议的倡议在罗马召开了著名的联合国世界粮食会议，将粮食安全定义为“保证任何人在任何时候都能得到为了生存和健康所需要的足够食品”，形成了最初的粮食安全概念。由于这一概念比较抽象和笼统，联合国粮农组织在此基础上又提出了一个保障粮食安全的指标，即粮食库存量至少应占当年粮食消费量的 17%～18%。强调各国政府要确保本国粮食供应，提高国内粮食储备水平。

到 20 世纪末，世界粮食安全委员会考虑到粮食期末库存与价格的关系，特别是国际粮食市场变化中政策和市场信号透明度提高等情况，制定了对国际粮食市场变化反应更敏感的指标，即从全球粮食消费、健康和营养状况等领域出发制定的关于衡量世界粮食安全的 7 个监测指标：营养不足人口的发生率、人均膳食热能供应量、谷物和根基类食物的热能占人均膳食热能供应的比例、出生时预期寿命、5 岁以下儿童死亡率、5 岁以下体重不足儿童所占比例以及体重指数小于 18.5%的成人所占比例。

1983 年，联合国粮农组织对粮食安全的最终目标有一个全新的解释：确保所有人在任何时期，既买得到又买得起他们所需要的基本食品。1996 年，联合国粮农组织在“世界粮食首脑会议”上庄严重申“人人都有权获得安全而富有营养的粮食”，并提出“到 2015 年，全世界饥饿和营养不足的发生率减少一半”的目标。至此，消费者购买力和粮食品质被纳入粮食安全的考量范围。

2001 年，粮农组织再次修改了粮食安全的定义，随着生态环境的恶化，粮食安全增加了很大的隐患，因此，粮农组织提出粮食安全即“所有粮食需求者在任何时间都能在物质层面、经济层面和社会层面上获取数量充足、安全并富含营养的食物，从而进一步满足人们对健康的饮食需求以及对食物不同偏好的需求”。这个定义强调了“任何时间”，较为全面地概括了粮食安全对环境保护的新要求，满足了可持续的观点，提出了实现粮食安全就要避免竭泽而渔，即兼顾数量的安全、质量的安全以及生态的安全。

对于我国而言，粮食安全的内涵也得到了延伸。2013 年，中央经济工作会议确立了“确保谷物基本自给、口粮绝对安全”的新粮食安全观，确立了以我为主、立足国内、确保产能、适度进口、科技支撑的国家粮食安全战略，走出了一条中国特色粮食安全之路。随着城乡居民收入、生活水平不断提高，人民膳食消费结构更加多元化，人民对粮食的需求已经从“吃得饱”，转变为既要“吃得饱”，更要“吃得好”，还要“吃得放心”；从关注粮食数量，逐渐转变为关注质量、营养、健康等。粮食安全问题已经从狭义范畴的粮食自身安全，拓展为品种更丰富、种类更健全的广义的大食物安全[①]。当前和今后一个时期，中国将继续深入实施国家粮食安全战略，加强粮食生产能力、储备能力、流通能力建设，推动粮食产业高质量发展，切实保障粮食安全。

（三）我国粮食安全观的新定位

20 世纪 70 年代中期，联合国粮农组织提出“粮食安全”问题，并把世界谷物库存量至少占当年需求 17%～18%视为全球粮食安全的最低限量，其中周转库存量占 12%，后备储存量占 5%～6%。21 世纪初，联合国粮农组织又进一步提出包括营养与健康、可利用性和经济获得性等 7 项衡量世界粮食安全的监测指标。同时，国内外专家不断丰富粮食安全的内涵，使得粮食安全的内涵得到延伸。

我国粮食安全既要充分利用国际粮食资源，分享国际分工和贸易的福利，又要充分估计可能的民族、宗教和意识形态冲突，确保极端情况下国家民族自立、生存的最低粮食供应量。因此，国家粮食安全的监测指标要突出考虑满足人民群众最基本的粮食需要。“十四五”规划明确提出，坚守 18 亿亩耕地红线，确保全国粮食产量保持在 1.3 万亿斤以上。自 2015 年以来，我国粮食产量已经连续 8 年保持在 1.3 万亿斤以上，粮食连年丰收、供给充裕。但这就是一个紧平衡，而且紧平衡很可能是我国粮食安全的长期态势。随着人口增加、城镇化推进、人民生活水平提高，粮食需求量将呈刚性增长趋势。今后一个时期粮食需求还会持续增加，供求紧平衡将越来越紧，再加上国际形势复杂严峻，“端牢饭碗”压力越来越大。因此，有必要对新时代粮食安全进行重新界定。

第一，国家粮食安全的定位要提高到政治层面。保障国家粮食安全是实现经济发展、社会稳定、国家安全的重要基础。无农不稳，无粮则乱。一个国家只有立足粮食基本自给，才能掌握粮食安全主动权，进而才能掌控经济社会发展大局。当前，全球粮食产业链供应链外部不确定性加剧，

① 韩杨．加快建设农业强国［J］．红旗文稿，2023（4）．

风险防控要求提高，我国粮食供求紧平衡的格局长期不会改变。要始终坚持以我为主、立足国内、确保产能、适度进口、科技支撑的国家粮食安全战略。

第二，国家粮食安全要与制度安排相联系。制度安排对于保障国家粮食安全的影响是长期、持续的。党的十八大以来，党中央高度重视国家粮食安全保障的制度创新。响应“五位一体”总体布局，贯彻五大发展新理念，农业绿色发展被摆在更加突出的位置，国家陆续出台一系列文件推动绿色生态导向的政策制度体系建设，着重在制度层面筑牢国家粮食安全保障的资源环境基础。

第三，国家粮食安全要拓展到更大口径的供给端。树立大食物观，构建多元化食物供给体系，多途径开发食物来源。在确保粮食供给的同时，保障肉类、蔬菜、水果、水产品等各类食物有效供给。构建多元化食物供给体系，在保护好生态环境前提下，从耕地资源向整个国土资源拓展，从传统农作物和畜禽资源向更丰富的生物资源拓展，向森林、草原、江河湖海要食物，向植物动物微生物要热量、要蛋白。同时，要充分利用“生物科技”开发新型食物，全方位、多途径开发食物来源，拓宽食物品种，实现各类食物供求平衡。

第四，对国家粮食安全的稳固，要与粮食消费观紧密联结。从粮食的消费方面来看，国民经济的不同发展阶段，有不同的粮食安全需要。在温饱阶段，粮食安全主要是为了满足生存需要，粮食需求以追求数量满足为特征。在小康阶段，粮食安全注重营养需要，粮食需求以满足优质化、多样化为特点。在富裕阶段，粮食安全追求可持续发展，粮食需求以满足可持续发展需要、实现科学食物结构为特征。目前，我国粮食安全已步入保障居民基本营养与健康需要的新阶段。树立“大食物观”，要求从聚焦单一的“保数量”向突出多元的“保数量”“保多样”“保质量”“保热量”“保蛋白”等拓展，从满足基本温饱的“吃得饱”向强化全面多元的“吃饱吃好”“营养健康”“丰富多样”“均衡搭配”拓展，从传统粮食观下的保障“米袋子”向大食物观下的保障“菜篮子”“油瓶子”“肉盘子”“奶箱子”“果盒子”“糖罐子”等拓展[①]。

第五，保障粮食安全不能忽视质量安全。质量安全侧重关注粮食品种品质及生产过程兼顾生态效益。在确保粮食可获得的基础上，质量安全成

① 杜志雄，肖卫东．全方位夯实粮食安全根基：意义、内涵及重点任务［J］．中州学刊，2022(12).

为民众追求的美好向往。消费能力的提升使得人民群众越发注重粮食生产过程的生态环保，在生产端实现绿色清洁，逐步消除农业面源污染，从源头调控保障粮食质量安全。要坚持最严谨的标准、最严格的监管、最严厉的处罚、最严肃的问责，增强食品安全监管统一性和专业性，切实提高食品安全监管水平和能力。面对生产经营主体量大面广、各类风险交织的形势，必须完善监管制度，强化监管手段，形成从田间到餐桌全过程覆盖的监管制度。粮食质量安全与农业可持续发展息息相关，可持续发展是确保中国粮食产业长久稳定的重要手段，要实施科学种田，绿色生产，建设高标准农田，修复农业生态环境，从生产源头上确保粮食质量安全。

二、中国粮食安全的中长期分析

（一）需求趋势分析

1. 人口增长及粮食需求

人口增长是制约粮食需求量的首要因素。虽然 2013 年开始实施“单独二孩”政策、2015 年实施“全面二孩”政策，但人口自然增长率仍然有逐步下降的趋势，低生育率道路还将继续延伸，人口负增长将会成为常态。根据 2020 年第七次人口普查结果，中国总人口为 14.1 亿人，人口自然增长率为 5.3‰。然而，2022 年出现了 61 年来的首次人口负增长，2022 年全年出生人口 956 万人，死亡人口 1 041 万人，总人口相比上年减少 85 万，人口自然增长率为－0.60‰。考虑到中国人口基数大，长寿化进程逐渐加快，中国依然是全球第一人口大国。联合国《世界人口展望 2022》的中方案人口预测结果显示，中国人口总量负增长将于 2023 年左右开启，人口总量进入缓慢缩减阶段，2035 年以前依然保持在 14 亿人以上，2050 年将降至 13.17 亿人，仍然是全球仅有的两个规模超过 10 亿人的人口超级大国之一。我国人均粮食消费水平每年增加 0.5%以上，加上人口总量增长因素，我国粮食消费总量每年增长的幅度在 1%以上[①]。近年来，我国人均稻谷生产数量保持为 150 千克左右，并没有明显增加。但是，目前稻谷的过剩库存却是较多的。过剩库存量如果大于进口数量，那就意味着人均消费量下降了。如果这个判断成立，那么，未来，我国大米（稻谷）的总需求量增加速度，最大不会超过人口增长幅度，即小于

① 柯炳生．我国粮食需求增长趋势持续增加［J］．农村工作通讯，2018（17）．

0.5%。短期内中国粮食安全不会出现大的问题，但中长期存在较大的不确定性，未来较长一段时间内中国粮食供需“紧平衡”的趋势不会发生实质性改变，要在增加粮食供应的同时向需求侧管理转型。

2. 城市化及粮食需求变动

中国城市发展进程加快，从 2007 年到 2022 年的 15 年间，城镇与乡村人口比例变化较快，城镇人口所占比例由 2007 年的 44.9%上升到2022 年的 65.2%，乡村人口所占比例由 2007 年的 55.1%下降到2022 年的 34.8%。考虑到随着农村经济的发展，特别是乡镇企业发展与新型城镇化建设的结合，将加快农村城市化步伐，会有一大批农民离土离乡而进入城镇，使得城乡居民分布将有更大的变化。根据联合国的估测，我国的城市化率在 2050 年将达到 71.2%。按每上升一个百分点增加间接粮食消费量 1 054 万吨计算，同期全社会对粮食的间接需求量将增加 6 324 万吨。

3. 收入增长及粮食需求变动

随着收入的增长及人们生活水平的提高，食物消费呈现规律性变化：在收入较低的情况下，人们可能会选择更便宜、更容易获取的食品以满足基本的生存需要，这通常意味着更多的碳水化合物和脂肪，而较少的蛋白质和其他营养素。因此，在这种情况下，粮食消费量可能会占相对较高的比例。当收入逐渐增加时，人们有能力购买更加丰富、多样化的食品，这些食品可能包括肉类、果蔬以及其他富含营养的食品。这些更丰富的食品来源可能并不完全来自粮食，且随着人们对多样化饮食的追求，粮食消费也可能减少，转而向其他更多样化的食品方向发展。尽管消费量在个人层面上可能有所降低，但由于全球人口总数的增加以及饮食结构的改善产生的对更多肉类和其他食品的需求增加，总体上，粮食的需求量仍在不断增加。根据联合国粮农组织数据，到 2050 年，全球粮食需求量可能将增加 50%，这将为全球种植业提出挑战，如何更高效地生产和分配粮食，更好地改善食物质量将是一个较长期的缓慢发展过程。

（二）供给趋势分析

根据国务院新闻办公室举行的“权威部门话开局”系列主题新闻发布会，我国粮食生产实现了“十九连丰”，总产量连续 8 年保持在 1.3 万亿斤以上；口粮自给率在 100%以上，谷物自给率在 95%以上，人均粮食占有量大约 480 千克，远高于国际公认的 400 千克粮食安全线，做到了谷物基本自给、口粮绝对安全。从粮食总产、单产、进口量和粮食库存四方面看：

（1）粮食总产量稳定增长。我国具有丰富的农业资源，历年来粮食总产量呈现稳步上升趋势。从国内粮食生产来看，1949—2020 年，中国粮食产量由 11 318.4 万吨增长到 66 949.0 万吨，年均增长 2.6%，粮食综合生产能力较新中国成立初期增加近 5 倍①。截至 2022 年，我国全年粮食产量为 6.87 亿吨，比 2021 年增加约 0.54%。

（2）粮食单产持续提高。随着农业技术进步和管理水平的不断提高，我国粮食单产从 2003 年的 4.3 吨/公顷提高到了 2021 年的 5.8 吨/公顷。但从增速的角度看，粮食单产增速呈下降趋势。

（3）粮食进口量增长。虽然我国粮食总产量较大，但随着人口数量的增加，粮食需求也逐渐增加。根据相关研究的结果表明，要保证我国农产品的供需平衡，农作物种植面积至少达到 35 亿亩，然而目前国内能提供的农作物种植面积仅有 25 亿亩，剩余约 10 亿亩种植面积的农产品产出缺口依赖于进口②。因此，我国近年来还需要从国外进口一定量的粮食来满足市场需求。据海关总署公布的数据，2020 年我国粮食累计进口额达 14 262.1万吨，同比增加 3 117.5 万吨，增幅达到 27.97%，不论是进口量还是增幅都创最近几年新高。

（4）粮食库存逐年增加。政府每年采取各种措施来保证粮食安全，并且鼓励生产者将生产粮食储备起来。目前，我国的粮食储备可支持国民在自然灾害或其他不可预见事件发生时保持供应稳定。

总体来说，随着我国农业生产水平和技术不断提高，可以满足国内粮食需求。

三、威胁中国粮食安全的主要因素

（一）资源约束持续加大，粮食增长空间日趋变小

在快速城镇化、工业化的进程中，我国水土资源有限，耕地资源匮乏，对粮食生产的制约日益明显。从耕地数量上来看，近年来每年减少的耕地面积均高于增加的耕地面积，导致我国耕地面积呈刚性递减趋势③。

---

① 朱晶，臧星月，李天祥．新发展格局下中国粮食安全风险及其防范［J］．中国农村经济，2021（9）．

② 杜鹰．中国的粮食安全战略（下）［J］．农村工作通讯，2020（22）．

③ 于法稳，代明慧，林珊．基于粮食安全底线思维的耕地保护：现状、困境及对策［J］．经济纵横，2022（12）．

截至 2021 年底，全国耕地面积为 19.18 亿亩。从第三次全国国土调查数据看，第二次全国土地调查简称（“二调”）以来的 10 年间，全国耕地减少了 1.13 亿亩。从耕地质量方面来看，我国 68.8%的耕地为中低等耕地，加之农业生产过程中，部分耕地过度使用农药化肥导致土地板结、土壤养分流失，对土地和水资源造成了一定程度的污染。与此同时，粮食生产越来越向主产区和少数省份集中，粮食主产区的资源环境约束也日益突出。2003—2020 年数据显示，13 个主产省（区）的粮食产量占全国粮食总产量的比重已由 71.0%增长到 78.6%，尤其是黑龙江、吉林、辽宁、内蒙古、河北、河南、山东北方 7 省（区）的比重明显提升，由 39.5%增长到 49.9%。同期，北方 7 省（区）粮食播种面积从 60 309 万亩增长到 83 835 万亩，增幅近 40%。粮食生产高度向少数省份集中不仅极大增加了主产区的资源环境压力，不利于全国各区域间协调发展，而且在发生重大疫情或自然灾害时还有可能影响全国粮食安全形势，增加我国未来粮食安全保障的风险隐患。

（二）种粮比较收益偏低，直接威胁着粮食生产的发展

我国人多地少，要在有限的土地空间上生产出越来越多和越来越好的农产品，需要不断增加资本和物质技术的投入，这样一来农业生产成本会直线上升。2001—2019 年我国稻谷、小麦、玉米三种粮食的平均总生产成本从 350.6 元/亩增加到 1 108.9 元/亩，年均增长 6.6%。其中，土地成本年均增长 9.9%，人工成本年均增长 6.7%，物质与服务费用年均增长 5.4%。同一时期三种粮食作物的亩均生产净利润却呈现出先增长后下降的趋势，2001 年达到峰值后直线下降，从 2016 年起转为负值，2019 年的每亩净利润进一步下降到－30.5 元。目前，中国农产品受到成本“地板价”和国际市场“天花板”价的双重挤压。在逐步开放国内市场并以国际粮食价格作为参照系的条件下，由于我国粮食临储政策的实施，政府对粮食以保护价托市收购，粮食价格总体较为稳定，短时间内粮食价格很难有大幅度的上涨，而农业生产成本却在迅速增加，最终将导致粮食的收益率急剧下降，大大打击农民生产积极性，进一步导致土地“非农化”“非粮化”。

（三）农业投入不足，严重制约着粮食产量的增长

从近几年的实践分析来看，我国农业生产已经发生了转折性变化：粮

食生产对劳动投入的需求在不断减少，粮食产量的增长越来越多地依赖资本和物质技术的投入。可以预料，今后这种增长方式的转变将更加迅速，对现代物质技术投入的需求也更加强烈。例如，改革水利灌溉方式、扩大灌溉面积、改造中低产田、开垦荒地、复垦废弃地和推进科技进步等都需要大量的投入。据初步测算，从 1995 年到 2030 年，如果我国要改造 9 亿亩中低产田、开垦 2.2 亿亩荒地、扩大 2.6 亿亩耕地灌溉面积就需要投资 7 400 多亿元，要增加如此之多的投入对国民经济来说难度是相当大的。在中央财政预算内的农业基本设施建设投资中，水利最多，但是随着国民经济迅速发展和人民生活水平的不断提高，农业水利设施相对滞后，且具有很大的脆弱性，不利于粮食生产。同时，由于我国自然灾害频发，改善粮食生产环境、建设农业水利设施对于保障粮食安全具有重要意义。此外，中国当前粮食生产中的关键核心技术与农业发达国家相比仍然存在差距。以种业资源创新为例，尽管农作物自主选育品种播种面积占比超过 95％，稻谷、小麦等粮食作物种子做到 100％自给，但在种业核心技术创新和优良品种培育等方面仍存在短板。主要表现在：部分粮食品种单产水平有待提升；玉米等部分农作物种子高度依赖国外进口；种业科技创新能力相比发达国家明显偏低。尽管大数据、云计算、无人驾驶等先进科技逐步应用于农业生产，但我国农业科技投入还不多，农业科研成果转化慢，粮食安全仍面临较大的压力。

（四）粮食供需“紧平衡”，粮食浪费问题突出

粮食安全的首要问题是供给问题。由于人们收入的提高和消费观念的改变，对粮食单一数量需求向多层次需求转变，保障粮食安全的实质就是使消费者对粮食的多样化需求得到满足。随着我国农村人口向城市转移，每年有 2 000 多万的新增城镇人口对粮食需求由原来的“自产自消”转变为“商品消费”，导致近年来我国粮食商品消费率不断提升，粮食消费需求增长。从中长期看，随着我国工业化、城市化进程的快速推进，人口增长和消费升级，粮食需求刚性不断增长，全球粮食产业供应链不确定风险不断增加，我国粮食供求紧平衡的格局长期不会改变。居民消费结构从以谷物口粮为主迅速转变为多元化食物消费结构，对高质量优质食物需求增加。在粮食需求量增大的背后，凸显了粮食浪费严峻的问题。据中国科学报统计，我国每年浪费的粮食高达 3 500 万吨，约占粮食总产量的 6％。粮食的浪费现象体现在粮食生产消费的整个流程中，生产、运输、加工等

环节均存在不同程度的损耗，三大主粮的损失率达 20.2%。从统计数据看，我国粮食产后环节损失量每年在 700 亿斤以上，接近粮食大省吉林全年粮食产量；在消费环节，餐饮业食物浪费量高达 1 700 万～1 800 万吨，相当于 3 000 万～5 000 万人一年的食物量。粮食浪费主要发生在商业餐饮、公共食堂和家庭饮食等方面。

（五）全球粮食市场动荡，外部粮食资源利用风险加大

随着中国农产品贸易规模的持续扩大，国际市场日益成为满足国内持续增长的食物消费需求、维持国内食物供给稳定的重要组成部分。然而，中国进口食物种类和进口来源地相对集中的结构特征，使其在当前复杂的国际形势和外部环境下，利用外部粮源的风险增大①。一方面，部分粮食品种进口高度依赖于特定国家（地区），一旦与主要贸易伙伴发生不确定性事件，进口粮源的稳定性就会受到影响。以大豆为例，我国进口的大豆主要来自美国和巴西。2018 年中美发生经贸摩擦，中国自美国进口的大豆从 2017 年的 3 285.4 万吨迅速下降到 1 664.0 万吨，而在中美签署第一阶段经贸协议后，中国从美国进口的大豆增加到 2 587.4 万吨，2021 年进一步增长到 3 229.6 万吨，基本恢复至 2017 年前的水平。另一方面，突发疫情、地区紧张局势等突发事件导致了国际粮食供给体系不确定性和不稳定性增加，尤其是出口限制措施，给中国粮食进口带来了安全隐患。2020/2021 年度，世界粮食供求安全系数达到 30%，是自 2001/2002 年度以来的新高水平，远高于 17%～18%的安全警戒线。

四、解决中国粮食安全的战略选择

从以上的预测和分析可以看出，我国实现中长期粮食安全既有可能，也有矛盾。如何消除矛盾并将可能变为现实，关键在于今后我们采取什么样的粮食安全战略思路和对策措施。

（一）实现粮食安全的战略思路

党的十八大以来，党中央确立了“以我为主、立足国内、确保产能、

① 朱晶，王容博，徐亮，等．大食物观下的农产品贸易与中国粮食安全［J］．农业经济问题，2023（5）．

适度进口、科技支撑”的国家粮食安全战略。这就是说，今后中国解决粮食问题所采取的基本方针政策首先是全面的而不是单方面的，既要考虑供给和需求两方面的政策，又要考虑国内和国际两个市场。此外，我国要把供求平衡的立足点放在国内市场而不是国际市场，政策的侧重点应从增加供应的同时向需求侧管理转型，以此来平衡粮食供求关系。

解决中国粮食供求平衡，仅有一般的战略思路是远远不够的，还必须考虑到国内外形势的变化。为确保国家粮食安全，党中央高度重视科技兴农、种业发展和耕地保护。科技创新是过去更是未来农业生产力增长的主要驱动力，“藏粮于技”战略的实施更为未来农业技术进步和农业生产力提升提供了政策保障①。同时，要发展代耕代种、代管代收、全程托管等农业社会化服务，推进农业产业化和规模化经营，促进农村土地流转和资源整合，优化种植结构和区域布局，稳定粮食生产面积和产量水平。根据国内市场变化和国际粮食市场需求，制定进出口政策，并建立粮食安全保障机制和协调机制，以保障国家粮食安全。例如，在遇到紧急情况时，我国可适当减少一些中低产棉田，增加化纤制品的生产量，同时也可以压缩一部分油料、糖料、烟叶等经济作物面积，用来发展粮食生产。另外还可以通过让果树“上山”，鱼池“下滩、入河、进湖”，调整出一部分耕地用于粮食生产。当国际环境比较宽松时，则可以根据比较优势原则，合理配置农业生产资源，多发展一些比较效益较高的农产品，同时从国际上适当增加些粮食进口数量。

（二）实现粮食安全的主要对策措施

1. 扶持粮食生产，增加国内供给总量

今后我国粮食生产的总体政策要着眼耕地数量保护和质量提升，坚守18亿亩耕地红线，坚决遏制耕地“非农化”、严格管控“非粮化”。推进高标准农田建设，让好地多产粮、产好粮。为保障国家粮食安全，还要树立大食物观，构建多元化食物供给体系。推进经营创新和农机具创制创新“两个创新”，发展壮大农业社会化服务组织，通过提高服务质量和水平促进小农户种粮节本增效。推进粮食作物育耕种、管收贮等环节先进农机装备研制，促进良种良法配套、农机农艺融合，实现农机减损增粮。对主产区来说，国家要加大对粮食生产支持保障力度，健全种粮农民收益保障机

① 黄季焜，解伟．中国未来食物供需展望与政策取向［J］．工程管理科技前沿，2022（1）．

制和主产区利益补偿机制，加大对粮食主产区的转移支付，保护粮农的利益，调动农民的生产积极性。同时为帮助主产区彻底改变“粮食大县、工业小县、财政穷县”的面貌，中央和地方政府都要在财政、信贷、税收以及人才、技术等方面，鼓励和支持主产区稳住面积、主攻单产、力争多增产，对粮食生产实行产业化经营。从全国来讲具体政策措施如下：

第一，依法保护耕地，稳定粮食播种面积。耕地是粮食生产的最基本空间，无论是粮食主产区还是经济发达地区，都必须珍惜和合理利用土地。在发展经济和推动城市化过程中，各级政府要十分注意保护有限耕地资源，严格落实《土地管理法》和《基本农田保护条例》，以法律手段划定和建立以生产粮食为主的永久性基本农田保护区，优先在永久基本农田上开展高标准农田建设，逐步把永久基本农田全部建成高标准农田。同时，要完善农业基础设施，加强水利设施建设，改善粮食生产条件，提高永久基本农田质量。还要制定相应的法规政策，完善“田长制”责任体系，禁止抛荒、撂荒等现象发生，保障耕地数量，科学合理布局永久基本农田，提高耕地有效利用水平。在调整农业生产结构过程中，要处理好粮食、经济作物及养殖业的关系，利用各种手段避免其他作物生产挤占粮食作物生产。今后各级政府还要制定规划，安排出足够的人、财、物，搞好宜农荒地资源的开发和废弃地复垦，并争取耕地总量能够增加。

第二，制定优惠政策，保障粮农的生产积极性。增加粮食生产，关键是要调动农民的积极性，让他们能在粮食生产中有利可图。今后支持农民发展粮食生产要把重点逐步转移到降低生产成本、增加产出和提高质量上。一是要继续保留近几年制定的鼓励农民增加粮食生产的税收优惠、专项补贴和贷款贴息等诸多优惠政策，并使这些政策进一步落到实处；二是加大力度扶持以土地托管为主的农业社会化服务，降低农业生产成本，实现规模经营，提高农民种粮的积极性；三是创造条件鼓励和引导农民采用先进的技术手段，减少农业生产对环境的负面影响，提高农产品品质。

第三，多渠道增加资金投入，确保发展粮食生产的需要。今后，开发和保护耕地资源、改造中低产田、扩大灌溉面积、推动农业技术进步等都需要大量的资金投入。政府在农业发展中扮演着重要的角色。首先，国家应从宏观上优先考虑和安排粮食生产所需资金，增加投入，用于改善基础设施、优化农业生产技术和推广农业科技等方面。建立粮食产销区的利益联结机制，推动农业企业与农民合作，提高农产品的附加值和市场竞争力。其次，政府还可以通过引导金融机构创新农业金融产品，通过农业保险等方式来促进农业的可持续发展。农业金融产品的设计应该充分考虑到农民的特殊需求，要设计灵活的贷款方式和合理的利率政策，以帮助农民解决资金短缺问题，推进规模经营。政府可以制定贴息政策，降低农业贷款的利率，减轻农民的还款压力；设立农业发展基金，为金融机构提供风险补偿，鼓励其向农民提供贷款；鼓励金融机构开展农业信用保证业务，为农民提供担保服务，提高其融资能力。鼓励农业保险公司开展风险评估和风险管理服务，帮助农民识别和应对风险，提高农业生产的抗风险能力。通过设立农业保险基金，为农民提供保费补贴，降低其购买保险的成本。加强对农业保险公司的监管，确保其合规经营，提高农民的保险赔付率。

2. 坚持新发展理念，培育粮食市场

一是强化粮食生产安全。确保粮食产量继续稳定在6.5亿吨以上。二是强化储备安全。发挥“压舱石”的作用，建立全国范围的储备体系，根据粮食生产、消费、进出口等情况，制定储备计划和调配方案，并严格落实相关的管理制度。三是强化流通安全。通过深化流通体制改革，打破垄断，加快建立统一、开放、竞争的市场体系，促进粮食在生产、缺口、消费环节的自由流通，保证粮食市场价格的形成机制和市场的基础性作用。四是推动科技创新。加大对粮食生产科技创新的投入，注重品种优化、良种繁育，提升粮食产业的质量效益和竞争力，为国家粮食安全提供强有力的支撑。

3. 提倡节约，引导适度消费

实现粮食安全是一个复杂的系统工程，需要全社会的共同努力。节约是实现粮食供求平衡的重要方面，也是保障粮食安全的关键措施之一。今后在推动和加快城镇居民社会福利制度改革的前提下，需要确定一套适合现阶段我国国情的粮食消费制度和政策，坚持全链条管控，统筹推动节粮减损和健康消费，扩大粮食供给，增加粮食储备，以保障粮食安全。一是坚持全链条管控，从生产到消费的整个过程都要加强管理和监督。在生产环节，要加强农业生产管理，提高农业生产效率，减少粮食损失。在加工和储存环节，要加强食品安全监管，防止粮食变质。在销售和消费环节，要加强市场监管，防止过度消费和浪费。二是树立节约粮食的意识，扩大宣传，改变人们的消费观念。统筹推动节粮减损和健康消费，鼓励人们养成节约粮食的习惯，减少浪费。要加强食品安全监管，确保人们食用的粮食安全健康。三是推进粮食安全治理体系和治理能力现代化。加大农业投入，提高农业生产效率，增加粮食产量。建立健全粮食安全监测预警机制，加强粮食质量安全监管，推动农业科技创新，提高粮食生产效率和质量。加强粮食储备，建立健全粮食储备体系，以应对突发情况和市场波动。

五、粮食主产区在粮食安全中的地位和责任

（一）粮食主产区在保障粮食安全中的地位

粮食主产区在我国农业、农村经济发展全局中具有举足轻重的作用。当前，我国粮食生产重心主要集中在13个粮食主产区（省），明确粮食主产区的地位和责任，提高粮食综合生产能力和可持续发展能力，是确保我国粮食安全的必然要求。

1. 粮食生产重点在粮食主产区

粮食安全的核心是供给问题。从历史看，粮食主产区是我国粮食生产的主要基地，对稳定全国粮食供给起着决定性的作用。13个粮食主产区的粮食播种面积、有效灌溉面积、粮食总产量分别占全国的75.3%、69.8%、78.5%，粮食主产区承担着国家粮食安全的重任。而粮食主销区、平衡区自给率不断下降。以当年全国人均粮食产量为自给标准计算，7个主销区2004年粮食自给率为44.2%，2021年下降为19.9%，11个产销平衡区2004年粮食自给率为88.5%，2021年下降为78.4%。2021年主销区粮食总缺口为1.18亿吨，产销平衡区粮食总缺口为0.32亿吨。

2. 抓住了粮食主产区就能够发挥比较优势

农业是地域性很强的产业，需要因地制宜。粮食产销平衡区借助农田改造和现代农业科学技术，改善农业生产条件，确保粮食基本自给；粮食主销区充分发挥资本优势和技术优势，发展高经济价值的优质农业，切实稳定和提高粮食自给率；而粮食主产区，粮食生产的比较优势更大。粮食主产区要重视生产潜能的挖掘，提高粮食产量，进一步巩固主产区地位。粮食主产区继续保持粮食生产优势，能够为非主产区发挥比较优势、调整种植结构提供强有力的支撑。因此，保证全国各区域发挥各自比较优势的前提条件是粮食主产区发挥粮食生产的比较优势。

3. 解决粮食主产区的问题是解决全国粮食问题的重中之重

中国的粮食供给主要来源于粮食主产区，现在的矛盾和问题也集中在粮食主产区。长期的奉献使得粮食主产区成为“粮食大省、经济弱省、财

政穷省”，矛盾盘根错节，很难依靠主产区自身来解决，需要借助外力。我国目前已经建立由保障主产区农民种粮收益、提高主产区综合经济实力、提升主产区粮食综合生产能力构成的利益补偿机制。但是现有补偿机制在提高主产区农民种粮积极性和提高主产区政府抓粮积极性上发挥的作用有限，且对主产区补偿主体单一。当前，我国粮食主产区的利益补偿更多是中央政府主导下的单一的反哺型补偿，作为受益者的主销区并未承担利益补偿供给主体的责任。中央政府作为唯一补偿主体，承受了巨大的财政压力，但补偿效果仍然不尽如人意。中央也曾多次出台督促主销区对主产区补偿的意见，但由于这些《意见》多是鼓励性质的，而非强制性要求实施的政策，因而实施效果并不明显。

（二）粮食主产区保障粮食安全的困境

1. 粮食主产区财政收入水平较低

根据李嘉图的相对比较优势理论，每个地区都应该集中生产具有“比较优势”的产品，并在市场中进行交换。粮食主产区具备农业要素禀赋比较优势，理论上来说，通过与主销区进行商品交换后能够获利。然而，近年来粮食主产区与主销区的经济差距持续扩大。究其原因：一是发展劳动密集型或者初级商品易陷入“比较优势陷阱”。国际经验表明，如果完全按照比较优势的理论生产和交换商品，长期来看对经济未必是最好的。例如，以出口农产品为主的国家都面临产业链很短、产品附加值低、利润微薄的问题，无法有效带动相关产业和经济的发展，从而陷入“比较优势陷阱”。二是主产区种植粮食作物占用土地和资金的机会成本大。对每一个地区而言，土地资源总量是固定不变的，当社会发展水平较低时，对土地的需求总量不高，此时土地的供给具有弹性。随着工业化、城镇化的不断推进，土地需求量逐渐增加，粮食主产区大量土地被划为基本农田，无法提供更多发展第二、三产业所需的建设用地，限制了当地经济发展。

2. 粮食生产促进农民增收功能弱化

农民增收逻辑主要体现为促进生产、增加经营收入的发展性逻辑和增加补贴、减少成本的保护性逻辑两个方面[①]。改革开放后，粮食产业在农民收入增长方面发挥了重要促进作用。但近年来，受国内外粮价倒挂冲

① 左停．发展与保护：促进农民增收的行动逻辑和政策取向［J］．人民论坛，2022（24）．

击，种植水稻、小麦和玉米等主要粮食作物的利润过低，种粮农民收入增长缓慢。由于现有政策要求防止耕地“非粮化”，主产区农民无法种植效益更高的经济作物。一方面种粮收益低，另一方面又必须种粮，这导致主产区农民收入与全国平均水平的差距不断扩大。政府不能要求农民主动承担起粮食生产的责任，而应更多地依靠政策，做好扩大赋权、公平制度建设和兜底救助，完善主要粮食价格保护政策，完善主要农作物的保险支持政策。

3. 粮食主产区利益补偿机制待健全

现有补偿机制对种粮农民补偿力度不足，不能有效提高主产区农民种粮积极性。一是粮食直接补贴额度较低。从美国、澳大利亚等发达国家情况来看，农民人均补贴应当占到农民纯收入40%～60%的水平。然而，2022年我国农民收到的一次性种粮补贴仅为622元/公顷①，即使加上耕地地力补贴等其他补贴，我国种粮农民收到的补贴仍然远低于发达国家水平。二是部分补贴无法获取。对于农机购置补贴、良种补贴和农业保险保费补贴等政策，种粮农民在获得相应补贴的同时需要自己额外付出更多的资金。比如良种补贴，农户购买优质粮种虽然可以获得一定补贴，但良种的价格是一般种子价格的数倍，农民通常对高昂的良种价格望而却步。三是机会成本问题突出。现有粮食补贴、税收等政策多是从农民种粮的角度考虑的，忽视了农民种植经济作物、非农就业等机会成本，致使农民种粮比较收益偏低，种粮积极性不高。

现有补偿机制对主产区政府激励作用有限，不能有效提高主产区政府抓粮积极性。一是主产区综合经济实力未能得到有效提升。农业比较收益低，税收贡献作用小，地方政府发展粮食产业没有税源，利益补偿是补齐财力短板的重要来源。但从现有的奖励资金来看，奖励的资金规模难以达到有效提升财力的效果，难以补足其人均财力水平与全国平均水平的差距。二是缺乏省级层面的利益补偿。目前国家对主产区的利益补偿，无论是专项贷款、奖励资金还是产业支持，都是直接向县级政府倾斜，然而，这些支持政策并未完全覆盖到主产区内所有发展粮食产业的县。受粮食安全党政同责、“米袋子”省长负责制等行政手段的压力，主产区省级政府需要对未达到国家产粮大县标准的县进行奖励，以免挫伤其产粮积极性。

① 顾仲阳，常钦，王浩，等．全方位夯实粮食安全根基［N］．人民日报，2022-11-09.

（三）粮食主产区保障粮食安全的责任

1. 粮食主产区是维护国家粮食安全的中坚力量

粮食生产安全是粮食主产区粮食安全责任的基本内容，是实现国家粮食安全的重要保障。粮食生产安全责任要求粮食主产区促进粮食产出稳定增长和粮食质量不断改善。保障粮食主产区粮食产出稳定增长的责任大致包括保障粮食生产面积、粮食生产资料投入、粮食生产劳力投入、粮食生产资金投入、粮食生产技术投入、高素质农民培养、耕地质量保障等。粮食生产安全责任还包括粮食产出质量的改善①。粮食主产区政府要大力推进粮食生产与经营方式的组织变革和组织创新，并充分利用市场力量通过规模生产及变革组织方式提高粮食生产的标准化和精细化水平，从而从整体上和根本上提升粮食产出质量，增强粮食主产区粮食产业的市场竞争力。

2. 促进粮农增收是粮食主产区的又一个责任

粮食主产区承载着确保粮食安全和保障种粮农民收益的双重使命，是解决“三农”问题的重点区域。当前由于种粮成本增加，加之自然灾害频发，导致我国种粮农民的收入保障面临着严峻挑战。种粮效益低、种粮不增收，农民就没有种粮积极性。所以，实现粮食安全与农民增收“双赢”是粮食主产区义不容辞的责任。为推进农民增收，要进一步稳固农业在国民生产中的基础性地位，提升粮食产业的竞争力和附加值，充分挖掘粮食产业内部的增收潜力；要强化农业生产科技支撑，依靠科技创新、调整结构、优粮优价和发展农产品初加工和精深加工，带动农民增收；要健全种粮农民收益保障机制的法律和法规，完善价格、补贴、保险“三位一体”的政策体系，完善农资保供稳价应对机制，稳定农民预期、降低生产风险；要创新粮食生产经营方式，延伸粮食产业链条，实现节本增效。

3. 地方政府也应承担粮食安全的成本

粮食作为公共产品，政府要加大对粮农的转移支付力度。粮食主产区向外省提供的商品粮食是全国性的公共产品，其补贴由中央政府承担；粮食主产区内部需要的商品粮食是区域性的公共产品，应由中央政府和粮食主产区地方政府共同承担。当前，地方政府要聚焦全面实施种业振兴行动、高标准农田建设攻坚行动、撂荒耕地复耕复种和防范应对农业重大灾

---

① 周立，罗建章，方平.21世纪中国的食物安全与食物主权［J］.中国农村经济，2022（10）.

害等工作。在撬动金融社会资本方面，地方政府可发挥农业供给侧结构性改革基金引导作用、政府性融资担保机构支农支小作用，推动农业保险高质量发展，积极探索通过贴息、政策性农业保险、信贷担保、风险补偿资金池等方式支持粮食生产。

4. 粮食主产区面临的风险高于非主产区

现阶段我国粮食安全面临着各种挑战与风险，这些风险在粮食主产区表现得尤为突出。种植业生产经营的普遍现状是种粮的收入远远低于非农经营和务工的收入，种植粮食作物的收益明显低于种植经济作物的收益，从而影响主产区抓粮的积极性。加之农资、人工及管种收等环节的粮食生产成本不断提升，极大地压缩了种植利润空间，从而影响农民的种粮积极性。因此，充分调动农民种粮和主产区抓粮“两个积极性”是紧迫的。全方位、全覆盖地健全种粮农民收益保障机制和主产区利益补偿机制对保证粮食主产区的粮食生产稳定，以维持我国长期粮食安全显得非常重要。

（四）粮食主产区粮食安全责任的实现途径

1. 国家粮食安全政策的重点应突出主产区

粮食主产区高效生产是保障我国粮食安全的压舱石，党的二十大报告和近年的中央农村工作会议明确指出要健全粮食主产区利益补偿机制，以此来解决当前粮食主产省（区）粮食生产普遍面临资源环境约束、粮食补贴标准较低、耕地“非粮化”、抗虫抗灾能力较弱等问题。

（1）要瞄准粮食增产、粮农增收及主产区区域发展三大目标。发展规划向粮食核心产区倾斜的同时，在国家主体功能区划的基础上，进一步精准界定粮食主产区的核心产区范围，以便各类资源真正向核心产区集中。实现农业补贴向粮食主产区倾斜、向优势产区集中，中央和地方财政资金开放性金融支持政策向粮食主产区的核心区倾斜，扶持投入向主产区种粮大户倾斜，尊重粮食大省利益，保护粮食大省的粮食生产积极性。加快主产区农业生产方式变革和组织形式创新，培育壮大家庭农场、农民合作社等新型农业经营主体，开展多种形式托管服务，发展适度规模经营，积极探索科学种植模式，加强田间科学管理，推进生产经营由粗放式向精细化、由分散式向集约化转变，切实提高粮食单产水平。严格实施省级党委和政府耕地保护和粮食安全责任制考核，使“省长负责制”变成各省按照各自的比较优势安排产业结构。

（2）给予粮食主产省（区）政策倾斜，加大对农业生产的投入力度。

健全农民种粮挣钱得利、地方抓粮担责尽义的机制保障，稳固粮食播种面积，提高农户种粮收益。加大对农业资金的投入，解决农业生产资金严重不足的问题。中央财政应加大对产粮大省、产粮大县的转移支付力度，通过税收优惠、专项补助和贷款贴息等方式，为稳定种粮农民的收益提供坚实保障。同时加大对产粮大县、产粮大乡（镇）奖励力度和频度，在以播种面积为标准的基础上，增加按农民售粮数量进行补贴的方式，改善“种粮者担风险、承包者得补偿”的现象；提高资金使用效率，严格界定资金使用范围，增强奖励政策实施效果，变普惠型补偿为特惠型补偿。资金投入和项目安排上以粮食主产区为重点，改良农业生产条件、提高农机装备水平、推动农业科技研发和推广，以此来提升主产区粮食综合生产能力①。

（3）打稳国家粮食安全责任，紧抓粮食产业工程建设。国家一定要承担起粮食大省大型农田水利建设的责任，要设立小型农田水利设施建设补助专项资金；预算内资金和国债投资对粮食大省的农田水利建设，包括农业科技、技术推广、农业组织方面的建设，都要加大投入力度；加强对耕地资源的保护和合理开发，实行最严格的耕地保护制度，切实推进落实“藏粮于地”战略部署，遏制耕地“非农化”，坚决守住18亿亩耕地红线；重点建设高标准农田，打造吨粮田。发展生态高值高效粮食产业，重点发展富硒、富锌、降血糖、降血压、降血脂的功能小麦、功能水稻、优质强筋小麦、机收粮饲玉米、优质耐盐水稻、高油高蛋白大豆等高值高效功能粮食产业，带动种粮农民拓展粮食新产业和新业态，增加种粮农民的收入。支持主产区进行粮食转化和加工。国家重点支持主产区发展以粮食为主要原料的大型农产品精深加工、种子营销和科技型农业。采取小额贷款、贴息补助、提供保险等服务形式，支持农民和企业购买优良畜禽、繁育良种，通过发展农区养殖业带动粮食转化增值。推动粮食产业化经营，引导扶持龙头企业做大做强。引导粮食加工企业向产地下沉、向园区集中，在粮食主产区统筹布局建设加工产业园。

（4）建立农产品流通长效机制，提高粮食产销衔接效率。加快建设现代粮食市场体系，充分发挥市场配置粮食资源的决定性作用，更好发挥政府作用，使粮价更好地反映市场供求，激发市场活力，促进供需平衡，加

---

① 郑兆峰，宋洪远．健全粮食主产区利益补偿机制：现实基础、困难挑战与政策优化［J］．农业现代化研究，2023（2）．

快形成统一开放、竞争有序的现代粮食市场体系。切实加强粮食仓储物流建设，支持粮食企业进行商业性收购、储备，优化大型粮食物流园区布局，提升粮食物流重点线路流通效率，对粮食大省的粮食及农产品出口提供政策支持。加强粮食公共信息网络建设，及时向粮食大省的农户提供全国乃至全球粮食市场的供求信息，引导粮食大省的粮食流通。打造全产业链粮食产业体系，建立以批发市场为主的粮食市场体系，促进粮食在全国范围内自由流动。优先在主产区推广粮食循环经济模式，发展粮食精深加工与转化，大力推进主食产业化，不断增加绿色优质和特色粮油产品供给。

（5）加大金融保险支持力度，建立风险分散机制。进一步加强主产区数字化基础建设，培育良好的数字普惠金融环境，以金融科技赋能传统普惠金融。加强农村地区网络基础建设和升级，推动数字普惠金融向发展基础较差或传统金融难以覆盖的偏远、落后区域提供金融服务，逐步消除“数字鸿沟”。加大对粮食主产区新型农业经营主体的金融扶持。要加快化解制约主产区新型农业经营主体的融资压力，构建市场化的融资框架。加快推进土地等农业生产资料产权改革与法制建设，鼓励地方政府出资或参股成立担保公司，并由中央政府给予适当政策和资金扶持；着力推广运用政府与社会资本合作（PPP）模式，鼓励社会资本积极参与粮食生产基础设施等项目建设，缓解规模经营主体的资金压力；创新粮食产业链融资模式，发展大型农机具质押、粮食订单质押及仓储质押等金融工具；提升粮食种植保险保障水平，探索政策险与商业险的结合模式，尽快建立巨灾风险分散机制①。在保持主产区各项补偿金额不变或增长的基础上，考虑建立农业生产发展基金，增加主产区地方政府财力性运行风险补偿，帮助粮食主产区缓解财政运行风险。

（6）增强科技创新能力，提高粮食产量与品质。要加大对农业科技的投入，逐步形成投入稳定增加的新机制。探索逐步建立科技推广新机制的好办法，进一步提高农民运用先进生产技术的积极性。加大科技推广和改良的力度。加强农业科研和技术推广，尤其是重大农业科技储备，培育新的农业科技创新主体。严格实施“藏粮于技”战略，优先在主产区推行粮食生产数字化技术，推进农业现代化，实现农业新发展。节本增

---

① 蒋和平．健全种粮农民收益保障机制和主产区利益补偿机制，调动维护粮食安全的“两个积极性”[J]．农业经济与管理，2022（6）．

效促进农民增收的同时实现产业赋能，助力农业生产方式转型和农民生产经营规模升级。政府进一步通过监测服务实现粮食生产组织集约化、监控数据实时化以及农政管理数据化。重点推进良种、良技、良法、良机等“四良”配套，积极选育推广“高产、优质、高抗、高效”的优质品种，提高主导品种覆盖率，大规模开展粮食高产高效创建和绿色增产模式攻关，集成推广高产、高效、绿色可持续发展的技术模式，提高粮食产品的产量和品质。

（7）增强主产区粮食生产的风险防控和应对能力，减少潜在粮食损失。第一，应结合主产区区域特征和风险规律优化粮食生产风险预案，依托大数据平台强化主产区粮食生产全过程风险评估、监测和预警，力求把各种不确定性风险消除在源头、防控在前端，健全主产区粮食生产综合风险管理系统，同时落实主产区政府粮食生产安全风险治理责任。第二，应建立中央财政与地方财政联动的主产区粮食生产风险尤其巨灾风险转移分散机制，发挥政策性农业保险在防灾减损和抗灾稳产中的“保护伞”作用，推动主要粮食作物政策性保险优先在主产区试点示范，进一步加大各地粮食生产政策性保险险种、覆盖范围和保费补贴比例。第三，应突出重点补齐短板，加强主产区粮食生产配套基础设施统筹规划，注重合理空间布局，做好农田水利设施建设与维护，加快中低产田改造和集中连片、旱涝保收的高标准农田建设，不断提高主产区水土资源配置能力和保护能力，降低粮食生产风险脆弱性和风险损失程度。同时，应创新主产区粮食生产风险应急处置机制，开通应急运输“绿色通道”，确保农用生产物资及时到位，尽早实现灾后恢复粮食生产①。

2. 粮食主产区和主销区要建立长期稳定的关系

粮食产销区应共同担责，合力保障粮食安全。保障国家粮食安全是全国各省（自治区、直辖市）的共同责任，不同地区由于资源禀赋、种植习惯不同，加上国家宏观政策的引导，形成了目前的粮食生产和产业发展格局。虽然分工不同，但在保障国家粮食安全这个大目标上，都有着同样的责任。粮食行业利润微薄，单位面积土地种粮收益远低于工业收益，若没有责任约束，容易造成经济发达省份种粮积极性不高的局面。而当前粮食安全面临着严峻的挑战：一方面，粮食主产区由于种植面积大、产量高，

① 崔宁波，董晋．主产区粮食生产安全：地位、挑战与保障路径［J］．农业经济问题，2021（7）.

建设任务往往较主销区更重，粮食的比较收益又不高，粮食主产区政府和种粮农民抓粮食生产的积极性普遍不高；另一方面，粮食主销区忙于发展工业，在粮食安全问题上过度依赖主产区。粮食归根到底是种出来的，只有千方百计保护好粮食主产区的积极性，让他们愿意种粮，粮食安全的基础才能真正稳固。

（1）加深对粮食的特性和粮食供求形势的了解，树立全国“一盘棋”思想。一方面，在粮食生产、流通等方面对粮食主销区、平衡区作出明确要求，根据当地实际情况提出粮食播种面积、自给率等指标。在经济高速发展的同时始终把粮食安全摆在重要位置，保障粮食自给率；另一方面，加大对粮食主产区财政一般性转移支付力度，调动政府保护耕地、抓好粮食生产的积极性。中央政府作为全国粮食安全的总负责人、总代理人，可以通过向享受粮食安全的地区和居民征税来补贴粮食生产者。合理调整中央储备粮食的布局，适当向粮食主销区、战略要地调拨一部分储备粮；在中央较多承担粮食风险基金投入的情况下，适当削减地方的配套比例，并通过必要的技术途径，把主销区纳入粮食风险基金成员，填补粮食主产省（区）政府因部分退出粮食风险基金配套出现的缺口。通过政府策动、市场拉动、企业运作的形式建立主产区和主销区的协调关系。

（2）完善产销合作激励机制，积极构建新型粮食购销关系。鼓励主销区企业到主产区开展优质粮食订单生产、收购、储存和加工等业务，带动主产区粮食产业发展；鼓励主产区企业到主销区建立加工、销售网络，丰富主销区市场供应，改变农村卖原料、城市搞加工的格局；鼓励主销区在主产区进行粮食生产技术和基础设施建设投资，带动技术交流与经济发展。除此之外，在粮食主产区的粮食企业到销区建立仓储、加工等设施，建立粮食营销网络、开拓粮食市场时，主销区政府应予以支持并实行必要的优惠政策。粮食主产区的政府和粮食企业也可以代理主销区进行储备粮收购、储备。粮食所有权归主销区政府，收购资金由主销区政府提供，并提供经营费用。

（3）明确粮食主产区和主销区的责任和分工，做到“饭碗一起端，责任一起扛”。各区域实现自身经济发展的同时，在保障国家粮食安全方面也应该作出更多努力、承担更多义务。长期以来，粮食主产区为粮食安全做出了巨大贡献，导致耕地生态状况不容乐观，尽管区域内各省的状况存在差异，但都在一定程度上牺牲了其经济发展的机会。因此缓解主产区耕地压力、逐渐恢复其耕地生态是当务之急。应高度重视主产区耕地轮作休耕的落实工作，同时加快转变农业发展方式，引导农业生产方式向绿色生态可持续方向发展转化，在稳定当前粮食产能的基础上，释放部分增产压力，注重耕地地力的修复和提高，实现藏粮于地。粮食主销区是国家粮食政策最直接的受益者，其粮食种植责任的减少大大增加了该地区第二、三产业的发展机会，应该建立粮食主销区对主产区的发展补偿机制，按照谁受益谁补偿和近邻原则，产销区互相配对，建立风险共担和利益共享的长效合作机制，助力粮食主产区经济发展，让粮食主产区一心一意抓粮增粮，做到产粮越多、贡献越多、实惠越多。

（4）粮食主产区和主销区“各司其职”的同时，产销平衡区也不能“袖手旁观”。从现阶段调查研究来看，我国粮食产销平衡区耕地生态状况良好，优于粮食主产区和主销区，粮食生产有着得天独厚的耕地资源优势，因此，在新时期，产销平衡区更要积极承担起维护国家粮食安全的责任。首先，应及时、合理调整区域种植结构，保障粮食生产面积；其次，以科技为依托，通过改良粮食作物品种、提高粮食机械化水平、开展高素质农民培训等途径，挖掘粮食生产潜力，以提高农户种粮效率和科学性，全面有效提高产销平衡区粮食单产水平，为主产区缓解种粮压力。

3. 粮食主产区要将产业优势转变为经济优势

粮食是粮食主产区的主导产品，粮食生产是粮食主产区的优势产业。粮食及粮食产业本身，蕴藏着巨大的增收潜力。要开发粮食的多样性功能，延长粮食的产业链，培育粮食经济新的增长点，将产业优势转化为经济优势。具体表现为：

（1）优化粮食生产区域布局，推动优势粮食品种向优势产区集中，形成优势粮食产业带。不同地区的土壤、气候、水资源等地理条件存在差异，各地区适宜种植的粮食品种不尽相同。政府可以通过补贴和奖励等政策，鼓励农民在优势产区种植优势粮食品种，引导粮食生产向优势产区集中。通过合理的区域布局，形成粮食生产带，提高粮食的产量和质量。要同时考虑粮食产业链的配套情况，包括农业机械、农药、肥料、种子等农业生产要素的供应，以及粮食加工、储存、运输等环节的配套设施。一是要加大科技投入力度，提高粮食生产与加工的技术水平。建设完善的农产品流通体系，提高粮食的市场竞争力。二是通过建设农产品批发市场、农产品电商平台等，提高粮食的销售渠道和市场覆盖面，加快农产品产业链建设。只有形成完整的产业链，才能提高粮食生产的效益和竞争力，提高农民种粮的比较收益，促进农业的可持续发展。因此，优化粮食主产区域布局与提高粮食主产区的粮食综合生产能力和种粮农民收益是相辅相成的。

（2）大力推进粮食产业化经营，强化产业竞争力，加快农业现代化进程。一方面，扶持一批有基础、有优势、有特色、有前景的龙头企业，构建“龙头企业＋合作社＋农户”的利益联结机制，使粮食产前、产中、产后各环节联结为一个完整体系，形成风险共担、利益共享的经济共同体，让农民能更多地分享粮食全产业链增值收益。粮食主产区通过构建现代粮食产业体系、生产体系和经营体系，建立全产业链经营模式，推动产业向价值链中高端迈进，提升粮食全产业链创新力、竞争力，提高粮食质量、种粮效益，真正实现区域经济发展、企业增效和农民增收的“三赢”局面。另一方面，大力发展高品质的粮食生产，不仅是增加粮食主产区农民收入的一条重要途径，而且是提高我国粮食产品市场竞争力的重要措施。要引导农民增加市场适销的优质粮食生产，压缩与市场不相适应和品质差的粮食品种。充分发挥我国生态农业的传统优势和潜在优势，发展高品质的绿色粮食，冲破国际贸易壁垒，增强我国粮食在国际市场上的竞争力。

（3）加快粮食品牌建设步伐，推进粮食产业高质量发展，增加优质粮食供给。粮食主产区根据自然资源禀赋和产业发展实际，多措并举打造粮食区域公用品牌，充分发挥粮食产业龙头企业和种粮大户的带动作用，引导农户多种粮种好粮。通过打造粮食区域公用品牌，把粮食主产区的粮食资源优势转化为产业优势和经济优势，不仅能推动主产区走出“产粮越多财政越穷”的发展困境，也能助推种粮农民走出“谷贱伤农”的窘境。

第五章

农业强国建设问题研究

党的二十大报告提出，要全面推进乡村振兴，加快建设农业强国。这是着眼全面建设社会主义现代化强国大局做出的重大决策部署，表明建设农业强国是中国特色社会主义现代化强国战略体系中的重要基点，也是新阶段新征程中“三农”工作的重点任务。习近平总书记多次强调，中国要强，农业必须强。因此，加快中国农业强国建设，既是具有重大实践意义的命题，也是具有重大理论意义的时代命题。

一、农业强国的内涵与特征

（一）农业强国的内涵与类型

1. 农业强国的内涵

强国是一个动态性、历史性的概念，其内涵会随着时代变迁而发生改变。因此，具有动态可比性的因素往往会被用于界定强国的概念。已有关于农业强国的研究基本范式是：通过竞争力导向的指标比较来界定农业强国的内涵，进而谋划农业强国的发展策略。叶贞琴（2016）在比较中国与美国等发达国家在农业总量、规模、竞争力、效率等方面的指标后，认为中国农业“大而不强”，要从供给保障、产业体系、可持续、科技实力、主体活力等五个方面提升竞争力，实现农业强国建设目标①。胡鞍钢和鄢一龙（2017）结合中国人多地少、劳动生产率低、环境及资源退化的农业现状，提出增强农业现代化竞争力是实现农业强国的关键②。魏后凯和崔凯（2022）则从供给保障能力、农业科技创新能力、农业可持续发展能

① 叶贞琴．加快转型升级 建设农业强国［J］．农村工作通讯，2017（14）．

② 胡鞍钢，鄢一龙．迈向现代农业强国［J］．当代贵州，2017（48）．

力、农业竞争力等四个方面选择关键指标分析强国的共性特征，将中国农业强国的目标归纳为“四强一高”，即供给保障能力强、农业科技创新能力强、农业可持续发展能力强、农业竞争力强和农业发展水平高；进而指出，要分地区、分产业、分主体推进农业强国建设，通过优化补贴、提升农业科技水平、培育专业人才、促进产业融合和增强韧性等途径实现农业强国目标①。姜长云（2022）将中国的粮食供给、劳动生产率、产品质量品牌、农业专业化等方面的指标与美国、德国、日本等 11 个国家进行对比分析，指出要转换发展思维，通过增强国际竞争力、创新驱动能力、可持续发展能力和保障能力，实现农业强国的建设目标②。

强、弱本是比较概念，农业强国作为现代农业强国、“世界现代农业强国”的简称，必须基于世界范围或国际比较，才能做出是不是农业强国的判断。通俗地说，农业强国就是全球农业比较强的国家。我国在人口大国的基础上建成农业强国，不仅要具有较强的粮食和重要农产品供给保障能力，还要确保农业及其关联产业具有较强的创新驱动能力、国际竞争力和可持续发展能力。从国际经验看，达到较高的农业现代化水平，应该是建成现代农业强国的底线要求。农业强国的农业整体或农业优势部门的现代化水平位居全球前列，并具有引领全球农业发展的能力。

2. 农业强国的类型

农业强国可分为综合型与特色型两类。美国等土地资源丰富的国家因粮食等主要农产品产出水平高和品类丰富，属于综合型农业强国；而一些土地资源相对稀缺的国家，如德国、荷兰、意大利等则立足于奶类及制品、花卉、果蔬等特定部门的竞争优势，成为特色型农业强国。

综合农业强国除美国外，还包括加拿大、法国、澳大利亚、意大利等国家。加拿大农业资源丰富，农产品生产种类齐全，油菜籽、豌豆产量全球第一，蓝莓产量全球第二，盛产葡萄酒、白酒和啤酒，是世界上最大的酒生产国；加拿大畜牧业和渔业生产在全球占据重要地位，拥有发达的畜禽产品加工业，出口畜产品优质高效，是世界知名的鱼类和海鲜原料供应国；加拿大还拥有绝对优势的森林资源，是全球认可度较高的有机食品生产国。该国农产品长期处于净出口状态，且净出口规模不断扩大，2000 年

---

① 魏后凯，崔凯．建设农业强国的中国道路：基本逻辑、进程研判与战略支撑［J］．中国农村经济，2022（1）．

② 姜长云．我国推进农业强国建设的战略思路和现实举措［J］．社会科学辑刊，2022（6）．

农产品净出口 40.25 亿美元，2020 年增加到 149.06 亿美元，增加了 2.70 倍。法国以平原为主的地形条件、以棕色森林土和褐土为主的土壤条件、优越的气候条件、丰富的水资源状况等，为农业的多样化发展和建设综合农业强国提供了便利，其农产品长期保持净出口状态，主要出口产品为谷物、糖、葡萄酒、牛肉、禽肉、牛奶和奶酪等。澳大利亚之前属于特色农业强国，但近年来已经较为成功地实现了由特色农业强国向综合农业强国的跨越。澳大利亚农业结构日益多元化，由之前的小麦种植和牧羊业占据绝对优势转变为渔业、林业、种植业、畜牧业并举的格局；澳大利亚农业出口导向型特征显著，农业生产高度依赖国际市场，农产品出口结构由之前的羊毛为主逐步转为畜产品、谷物和经济作物等多种产品并重。2019 年澳大利亚劳均农产品净出口额达 58 884.81 美元，仅低于荷兰、新西兰和丹麦，明显高于其他农业强国。意大利虽然人均名义 GDP 跟韩国大致相当，2021 年为 35 657.50 美元，但 2016 年以来已由农产品长期净进口转为净出口，且在农业科技和优质农产品生产中具有全球领先优势，因此我们也可将其纳入综合农业强国之列。

特色农业强国是指那些由于资源禀赋等原因导致农业发展多样化程度低，或农业在总体上并无显著的国际竞争优势，但农业及其关联产业特定部门或特色产业链具有较强国际竞争力的国家。如欧洲荷兰，其花卉产业和设施农业闻名于世，农业附加值之高全球领先，2020 年农产品净出口额 309.65 亿美元，居各农业强国之首。2021 年仅有 585.67 万人口的丹麦，有机农业誉满全球，有“欧洲食厨”之称。同年仅有 936.40 万人口的以色列，沙漠多、耕地少、水资源缺乏，但在发展特色精准农业方面却取得了骄人成绩，农业劳动生产率在全球农业强国中位居第一，享有欧洲“冬季厨房”美誉，滴灌设备、新品种开发、低压滴灌技术、海水淡化技术享誉全球，推动荒芜沙漠变成农业绿洲，每年有大量优质水果、蔬菜、花卉等出口。考虑人口、农业增加值等因素，日本、德国属于农业体量大的特色农业强国，荷兰、丹麦、以色列、新西兰属于农业体量小的特色农业强国。

需要注意的是，综合型农业强国本身具备农业大国的良好基础，特色型农业强国在初级农产品生产方面能力有限，粮食等重要农产品供给靠一定规模的进口来满足，但往往在高附加值农业及关联产业中有较强竞争优势，如有机农业、智慧农业、食品加工业等，通过优势领域塑造农业国际影响力。这说明农业强国并没有固定模式。作为农业大国之一，中国在建设农业强国过程中既要借鉴资源禀赋特征类似国家的经验模式，又要充分结合自身作为农业大国的优势，积极探索具有中国特色的农业强国道路。

（二）农业强国的特征

综合来看，目前世界农业强国主要有美国、加拿大、德国、意大利、澳大利亚、丹麦、以色列和日本等。研究发现，这些农业强国具有以下共同特征①。

1. 与经济发展阶段和水平契合

全球200多个国家和地区，真正称得上农业强国，全部产生于发达国家。这类国家现代化发展历史悠久，农业现代化进步程度全球公认，而且经济总量在全球排位前列，人均GDP远超世界平均水平，农业表现强弱与国家经济实力高度相关。美国经济总量位居全球首位，2021年人均GDP为6.92万美元，加拿大、澳大利亚、荷兰、丹麦、以色列和日本的人均GDP分别为5.21万美元、6.35万美元、5.83万美元、6.78万美元、5.14万美元和3.93万美元，均超过发达国家平均水平。从农业资源禀赋看，美国、加拿大、澳大利亚人均耕地面积分别为10.50亩、18.18亩和28.56亩，大大超过全球人均耕地4.80亩的水平。

2. 能满足国民所需重要农产品

人们越来越意识到农业具有多重功能，但生产农产品，有充分生产能力、供给能力和保障能力，产业韧性强，能满足国民对农产品所需是其最核心和最本质的功能。习近平总书记明确指出，世界上真正强大、没有软肋的国家，都有能力解决自己的吃饭问题，美国是世界第一粮食出口国、农业最强国，俄罗斯、加拿大和欧盟等国也是粮食强国。这些国家之所以强，是同粮食生产能力强联系在一起的。事实上，阿兰·温特斯在提供的工业化国家农业政策框架中列举了欧共体、美国、日本、加拿大、澳大利亚、挪威、芬兰等13个国家（地区）公布的农业政策目标，以确定某一政策目标的国家（地区）排序，其中有11个国家（地区）明确地表明，安全、可靠、稳定、充足的食品供给是其农业政策基本目标。因此，所谓农业强国，特别是规模化农业强国，农产品产出能力和控制保障能力是最重要特征，农产品不仅能满足国民所需，还有强大的出口能力。而精细化农业强国，尽管农产品生产总量有限，甚至有的是农产品净进口国，但在特

① 魏后凯，崔凯．农业强国的内涵特征、建设基础与推进策略［J］．改革，2022（12）．

定农产品生产或农业科技进步方面引领全球方向，表现出强大的竞争力。

3. 农业与非农产业协调发展

纵观全球农业强国，无论是规模化农业强国，抑或是精细化农业强国，均依靠丰裕的农业资源或强大的农业支持保护政策，都能够运用先进农业科技和先进农业生产方式。在工业化、城市化过程中，尽管农村人口和农村劳动力大量迁移进城或从事非农产业，留在农村的人口和农业内部的农村劳动力大量减少，从业比例大幅度降低，但通过规模化农业生产产生规模效益，或通过精细化农业生产产生集约效益，使农业从业人员获取了与从事非农产业大体均等收益和社会平均利润，实现农业与非农产业协调发展。美国家庭农场在 1935 年有 681 万家，到 1990 年减少到 215 万家，到 2016 年再减少到 206 万家，农场平均面积由 1950 年的 86 公顷扩大到 2016 年的 171 公顷。瑞典 1900 年家庭农场有 51 万家，到 1983 年减少到 11.4 万家，到 2015 年再减少到 6.7 万家，平均规模由 1980 年的 39 公顷扩大到 2015 年的 76 公顷。丹麦 1903 年家庭农场有 26 万家，到 1964 年减少到 17 万家，到 2015 年再减少到 3.8 万家，平均规模由 1970 年的 21 公顷扩大到 2015 年的 70 公顷。经营规模扩张大幅提升了农业劳动生产效率，并使农业从业者收入大幅提高。

4. 可持续发展成为共识

尽管随着经济社会持续发展，全球各国农业在国民经济中的份额都表现出下降的趋势。但从总体上看，农业在国民经济中的作用地位非但没有削弱，反而被赋予了更多的功能。全球各国特别是发达国家纷纷通过提高农业产出实现保障食品安全、增加从业者收入以及确保国民经济其他产业协调发展等多重目标，强化了对农业的支持和保护，其理由就是这些国家认为农业具有多功能。这种多功能是指农业除了具有生产食物等农产品这一重要经济功能外，还具有其他经济社会和环境方面的非经济功能，创造良好的生态环境、维护生物多样性以及保持农村社会活力等，构成了农业非经济功能最重要的表现。事实上，农业现代化在全球上百年的实践使世界各国充分意识到，实现可持续发展是农业永恒的主题。全球各国倡导注重生物多样性，重视全球气候变化，倡导绿色有机生产生活方式，关注农业节能减排和环境友好，维护生态环境和实现可持续发展，农业强国引领世界潮流。

5. 在全球农业竞争中有话语权

美国是全球最大的农产品贸易国，也是最大农产品出口国和农业最强国。美国生产的大豆、玉米、棉花在全球有很强竞争力，全球市场大约1/3的大豆、1/3的玉米、1/3的棉花由美国供给，2021年美国出口农产品1 700亿美元。荷兰农产品出口创汇常年保持在全球领先地位，特别是花卉等设施园艺产品以及乳制品在全球享有盛誉，2021年荷兰农产品出口创汇1 047亿欧元。丹麦虽然人口总量不足600万人，但年出栏生猪3 300万头左右，猪肉出口全球第一，是全球名副其实的生猪生产强国。以色列的农业节水技术，德国的农机装备制造能力，日本的高端农产品生产供给在全球都具有竞争力。此外，农业强国研发的尖端农业科技、农机装备及数字农业引领全球农业科技发展方向，成长于发达国家的跨国农业企业和跨国农产品贸易商极大影响全球农产品贸易格局。农业强国在全球农业竞争中有充分的话语权。

（三）农业强国与农业现代化

1. 农业现代化是加快建设农业强国的基础条件

从本质上讲，农业现代化可以理解为农业产业分工不断深化，现代要素不断更新迭代，资本形成对土地和劳动力的大规模替代，从而带来农业生产可能性边界和效率包络面向外拓展的过程，实质是农业发展方式的现代化。农业强国则是以国际比较为参照，能够体现“农业强”的国家，其主要农业发展水平指标应该达到世界先进水平。在着眼点上，农业现代化是从现代化角度提出来的，而农业强国则是从强国建设角度提出来的。农业现代化是国家现代化的基石，而建设农业强国则是全面建设社会主义现代化强国不可或缺的重要组成部分，不能以农业现代化取代农业强国建设。

2014年12月习近平总书记在江苏省考察时强调，“没有农业现代化，没有农村繁荣富强，没有农民安居乐业，国家现代化是不完整、不全面、不牢固的”。农业现代化是中国式现代化的基础，农业不强，强国目标就无法实现。在实现农业现代化的大多数发达国家中，只有少数可称之为农业强国。农业强国在实现农业现代化的国家中，应该属于发展现代农业的佼佼者，农业或其优势部门的现代化水平位居世界前列，具有引领世界农业发展潮流的能力。总体上看，世界农业强国相继建成于20世纪80年代至90年代中期，彼时大多数发达国家人均GDP已经超过1万美元（当年价），基本实现了农业现代化，但其中部分国家因人口过少、国土面积过小或农业生产规模有限，而不具备建成农业强国的条件。同样，在我国国内，无论是发达地区还是欠发达地区，都需要推进农业农村现代化，但也只有那些具备条件和能力的地区才有可能建成农业强省强市强县。

2. 高质量推进中国式农业现代化是建设农业强国的题中之意

较之于农业现代化，农业强国的内涵更深、质量更高、标准更严。农业强国指向农业整体或者某些领域的国际领先地位和跨境交易话语权。有别于西方农业强国，中国式农业现代化的最大优势就是坚持以人民为中心的发展思想，维护人民根本利益、增进民生福祉，在现代化进程中不断缩小城乡差距和贫富分化，向全体城乡居民提供更为公平、更加健康、更有尊严、更可持续的生产生活方式。当前，农业农村仍然是我国现代化建设的短板，从农业大国走向农业强国，需要遵循农业现代化一般规律，同时立足我国国情，把握中国农业现代化的独特性，统筹协调人多地少的资源禀赋、农耕文明的历史底蕴、人与自然和谐共生的时代要求，走好中国自己的农业强国之路。建成农业强中国强的农业现代化，既是农业发展过程的提速提质，又是农业发展方式的转型增效，要实现农业从数量到质量、从规模到效益、从结构到韧性全方位竞争力的整体跨越。加快完善高质高效导向的农业支持政策体系，以更高质量健全现代农业产业体系、生产体系和经营体系，增强农业全产业链的国际竞争力，全面推进中国式农业现代化，才能早日实现农业大国向农业强国的伟大飞跃。

3. 农业现代化的若干不确定因素会对农业强国建设造成影响

我国人口规模巨大，特别是农村人口众多，在推进农业现代化的过程中，农业现代化出现的若干不确定因素会对农业强国建设造成阻碍。一是农村富余劳动力转移的复杂性、艰巨性与长期性，小农户数量仍然庞大，农业转移人口的非农就业尚不稳定。二是受制于土地制度和小农户数量两方面的约束，农业产业分工效率提升缓慢，特别是地头生产环节之外的产业链优化长期难以突破。三是农业科技进步慢，科技对产业的贡献度和技术向农户的扩散度都不能尽如人意。

虽然存在上述不利因素，但是这些皆非刚性约束，都具有较大的政策调整和干预空间。如果换个角度看，这些方面边际红利的缓慢释放，恰恰意味着中国农业现代化还具有较大的“结构性潜能”。例如，在坚持家庭经营基础性地位的同时，结合培育新型农业经营主体、新型农业服务主体和加强农业区域性综合服务平台建设，鼓励平台型企业对新型农业经营主体、新型农业服务主体发挥赋能作用等，发展多种形式农业适度规模经营，将增强农业创新力、竞争力、可持续发展能力和提升农业现代化水平、培育现代农业产业链供应链，同促进小农户与现代农业发展有机衔接起来，鼓励新型农业经营主体、新型农业服务主体更好地服务小农户、带动小农户转型提升，融入现代农业发展大潮。

二、农业强国建设的国际经验与借鉴

农业强国指一个国家在农业发展过程中，经过时间积累，对农业发展战略、发展路径、发展举措进行不断探索和调整的产物。它还是一个国家推进农业现代化与国民经济现代化耦合共生的结果。农业强国所具有的强大的农业劳动生产效率、土地产出效率、资源配置效率、全球农业竞争力以及优异的农业表现，无一不与其经济社会发展阶段、技术进步程度和制度设计安排能力密切相关，并呈现出共同特征。本节通过对农业强国建设历史经验和普遍规律进行分析、总结，更多注意立足当前、着眼长远、为我所用，努力汲取各个农业强国发展过程中值得中国借鉴汲取的营养，努力为夯实中国建设农业强国的底蕴服务。

（一）综合性农业强国

以美国、加拿大和法国等劳动密集型、规模较大的农业大国为代表的综合性农业强国，这些国家拥有丰富的农业资源，人少地多，他们以机器设备代替人工，着重于持续提高农业劳动力的生产率。

1. 美国

美国是典型的“地多人少”国家，较大规模的家庭农场成为美国农业最基本的组织形式且成为全球农业规模经营的典型代表[①]。美国拥有世界上最大的耕地面积，平原占比过半，耕地面积占比接近 1/5，且 70%以上的耕地以大面积连片分布的方式集中在大平原和内陆低地。在执行休耕限产政策的情况下，美国年均粮食产量约占世界粮食总产量的 1/5，是全球第一大农产品出口国。美国之所以能成为农业强国，除了拥有丰富的农业资源外，还在于其先进的农业生产技术、高素质的农业从业者队伍以及系统完备的农业信息化建设体系[②]。

① 耿鹏鹏，罗必良．在中国式现代化新征程中建设农业强国——从产品生产到社会福利的发展模式转换［J］．南方经济，2023（1）．

② 罗明忠．人力资本视角下中国农业强国建设的基本路径［J］．求索，2023（1）．

在农业技术上，美国已经建立一套完善的农业机械化体系，几乎各项农业生产作业都是由农机具来完成的，农机具数量庞大、种类繁多，并且拥有强大的生产能力、良好的机械性能以及较高的自动化程度。美国在农业科技创新方面，主要采取了“农科教结合”的“三位一体”模式。为了解决粮食和环境问题，美国政府每年在农业科学上的投资大约是13亿美元，以促进农业科学研究，并进行一些新的探索，以维持世界的领先地位。政府与农业院校有着明确的分工，农业院校主要负责农业教育、农业科研及推广工作，实行农业链条化管理，流程更为程序化，这有助于将研究成果转化为实践成果。与此同时，私营企业在农业科学研究中也起到了很大的作用，它们的责任主要是新产品的开发和食品的生产。在对农业研究的激励上，美国农业研究人员的薪水在农业研究经费中占比约为69%，丰厚的报酬使得农业研究人员的工作热情得到了很大的提升，同时也为农业研究奠定了良好的基础，农业研究的创新效率比较高，其研究成果的转化率约为80%。

在农业教育方面，美国拥有完善的农业教育和农民教育法律。从1862年最早出台的有关职业农民培训的法案《莫雷尔法案》开始，美国不断通过更新法律的形式持续提高用于农业教育培训、农业技术推广和农业技术援助的财政预算。这些法案的出台，对于农业人才培养、推进美国农业现代化起到了重要的支撑作用。美国致力于培育新型职业农民。早在20世纪初，不论是政府机构还是民间团体组织，均在鼓励培养新型职业农民，并通过各类措施支持农业院校在农村和城市进行“4H”教育［4H即Head（头脑）、Heart（心智）、Health（健康）、Hand（实践）］，着重采取农业技术、管理、经济和科技等多学科融合培训方式，为农业基础人才培养奠定了坚实基础。与此同时，一些官方农业研究机构开始着力搭建新型职业农民培训平台，通过国家层面和地区层面的双向联合培养，建立起较为系统的新型职业农民培育体系。规定职业农民需完成规定课程学习并通过考试，才能获得相应的从业资格证书，为从事农业生产设立了较高的准入门槛。

在农业信息化建设中，美国从20世纪60年代发展了自动灌溉技术，进入21世纪后开始发展大数据农业，已经实现了从生产、流通、管理到社会化服务的全方位发展①。在生产方面，通过物联网与大数据，实现了

① 钱静斐，陈秧分．典型发达国家农业信息化建设对我国农业“新基建”的启示［J］．科技管理研究，2021（23）．

农业数据的共享与智能生产决策。美国中西部广泛应用物联网技术，实现了从播种、灌溉、施肥、病虫害防治到收获等整个农业生产过程的智能监控与管理，从而达到降低生产成本和人工成本的目的。农户可以利用诸如大数据分析的精确服务，对天气进行监测，制订生产计划，对生产过程进行跟踪，对农产品价格进行预测等。在运营端，农场经营者利用手机、电脑等智能终端设备，可以对农场的生产经营情况进行实时掌控，从而对收成进行预测，对利润进行估算，对存货进行管理。在流通方面，利用电子商务技术也可推动农产品流通环节的改造升级。亚马逊等电商通过 B2C 模式把农产品和消费者联系起来，随着互联网技术的发展，消费者也逐渐形成了以社区为单位向其提供本地食材的“菜篮子”模式。在社会服务支持方面，美国已从单一的生产性服务向连接农户和消费者、农户和农资企业以及国际和国内市场的综合性农业服务体系发展。美国是世界上第一个对农业资料进行公开与共享的国家，农民们可以借助多种网络技术的平台与装置，方便地获得农业资料。自 2005 年开始美国联邦政府每年投资 15 亿美元用于农业信息网络建设。在涉农信息服务系统中，美国已经构建起了从联邦到大区和州的农业信息系统，包括农业信息、数据收集与发布系统，以及联邦、区、州三级垂直的农业信息系统。同时，在政府扶持下，农业科学研究、教育和推广机制也在逐步健全。

2. 加拿大

加拿大拥有广袤的土地和丰富的农业资源，其农产品出口在世界上位居前三，在世界上也是农业高度发达的国家。加拿大在 20 世纪 40 年代的农业机械化进程中取得很大进展。加拿大在 20 世纪 50 年代由食品进口国向食品出口国过渡，在此过程中逐渐形成了自己的优势产业。加拿大在 20 世纪 60 年代的农业建设中取得了显著进展。现代农业也成为加拿大极具竞争力的一大产业。

加拿大农业现代化是由政府大力推动的，从法律、法规、政策扶持、资金投入，再到与其他相关产业的密切联系，都是推动加拿大实现农业现代化的重要因素①。加拿大根据当地情况实行统一计划，培养具有一定规模的农民实行集中栽培。正因为这种集中和专业化的生产，使得病虫害控制、良种选择、检疫、检验、销售、管理具有更强的针对性，从而使加拿

① 廖菁，邹宝玲．国外乡村产业发展经验及对中国乡村产业振兴的启示［J］．世界农业，2022（5）．

大各个地区的农业生产具有规模效应。

加拿大还出台了一系列的风险管理措施，建立了一套健全的农业扶持政策制度。加拿大是一个发展比较早、制度比较健全的国家，其农业保险制度在全球范围内都比较成熟①。它在运行机制上采用联邦政府与省级政府的双重补助模式，特点独特，功能多样。加拿大实行联邦制，联邦政府与各省份之间并没有直接的经济利益联系，省级政府与省级以下政府之间存在着相对的独立性。为此，加拿大的农险体系是由联邦政府和各省政府共同制订的。在推广和扶持过程中，以协定的形式明确各方的职责和义务，具体表现为管理、职责分工、组织管理以及保费补助。

加拿大把农产品加工、贸易和农产品生产紧密结合起来，从而产生了产业链延伸的乘数效应，带动了农业产业发展。在具体的产业化发展方面，加拿大采用了“合作社＋农户”等方式，建立了一条由生产、加工、管理和销售联结起来的产业链。利用订单农业，可以将企业与农业生产者之间的联系搭建起来，定制符合市场需求的农产品，也可以让农业生产拥有一定的针对性，从而推动农产品的商品化，提升农业的经济效益。

加拿大联合法律、教育、医疗等相关部门以及农业组织构建起强大的农村人力资本体系，通过对农民身体素质、教育水平、技术能力和年龄结构等方面的培育和调整，提高农民生产能力、增加农民收入、优化农业产业结构、促进农业政策及制度良性变迁，推动农业、农村和农民现代化。一方面，建立健全完善的农民教育培训体系。农民教育培训体系涉及农业科研、推广、教育等不同领域，加拿大构建了农业科教一体化的体制机制，具有法制规范化、投入细致化、机制科学化、形式多样化的特点。农民需要完成教育培训、通过测试并获得证书后方可持证上岗。另一方面，持续通过移民为农业注入先进生产力。劳动力缺口是加拿大农业发展一直面临的问题。加拿大城市人口在 1921 年时就开始超过乡村人口，至今仅有约 18%的人口生活在农村地区。为弥补农业劳动力缺口，加拿大积极制定移民政策，从其他城市甚至其他国家的农村地区吸引劳动力，同时根据各行业领域的劳动力缺口制定相应政策，以保障本地农村劳动力的充足供应。

3. 法国

法国地势平坦，土壤呈褐色，气候宜人，水资源丰富，有利于农业的

① 魏腾达，王克，张峭．加拿大农业再保险制度的经验及对中国的启示［J］．世界农业，2022（7）．

多元化发展，也有利于建立综合性的农业强国。法国粮食产量在欧洲粮食产量中约占1/3，农业具有强大的国际竞争力。农产品贸易长期处于顺差状态。与此同时，法国还是世界上最大的农副产品出口国，出口产品主要有谷物、糖、葡萄酒、牛肉、禽肉、牛奶和奶酪等。法国的农业是靠改革与政府的扶持而发展起来的。法国大力推动农业生态化，提升农业装备和生产资料，发展有机农业，取得了显著成效。早在20世纪80年代，法国就开始倡导“理性农业”，从理念到制度到行动都强调绿色、环境、可持续，法国政府也通过“绿色未来”计划，以鼓励农业转变为“绿色农业”。法国农业补贴政策的变革也与其强调“质量兴农”和“绿色兴农”相一致。例如，为促进生态农业的发展，法国提出了“农业振兴”计划，通过实行“生态农业补贴”，对农民进行税费减免，促进农林产业对气候变化的响应。并以绿色消费为导向，以提升农业的市场竞争力和可持续性为目标，实现了集约化农业与生态、有机农业的有机结合。支持优质绿色农产品生产，扩大市场需求，也是很多农业强国支持质量兴农、绿色兴农的一项重要措施。

在经历了长时间积累和市场竞争后，法国开始改变传统的混合种植模式，促进区域、农场和生产的专业化，为各种作物的生产提供专业化区域①。巴黎盆地及法国中北部的大耕作区主要种植谷物、甜菜及富含蛋白质或油脂的作物；法国西部的畜牧业区主要发展奶牛、肉牛、肉羊、猪禽等；法国南部的园艺区主要生产花卉、蔬菜等；山地及部分农产品加工区域则是农业产业混营区。谷类农场、葡萄类农场和蔬菜类农场等多数是以种植单一作物为主。如耕种、收获、运输、仓储、营销甚至田间管理等作业环节大部分都是通过外包或市场购买的方式，交给农场之外的服务企业来完成。

法国大力推进农业产业化、产业融合、产业链一体化，是目前世界上农业最具竞争力的国家之一。农产品加工是法国对外贸易中最重要的一项。法国有着悠久的葡萄种植与酿造历史，其独特的酒园文化与品酒艺术，不同的原产地特色，以及以核心企业、上下游关联企业、服务型企业等构成的葡萄酒产业生态，共同推动着法国葡萄酒产业走向世界，并为其提高国际竞争力提供良好基础。

在推动农业创新进程中，法国将重点放在了通过数字化技术实现对气

---

① 姜长云，李俊茹，巩慧臻．全球农业强国的共同特征和经验启示［J］．学术界，2022（8）．

候变化的预报与适应、加强水资源管理、建立农业服务平台、为农户提供新的知识与建议、推动资源保护、改善农产品品质与可溯源等方面。通过推动快速、精准、安全的农业机器人的研发，将其在农业生产过程中推广应用，使农户和农业供应链上下游企业的经验更好地融入农业开放式创新系统和培训项目中，从而提升农业产业链供应链的运营效率。法国大力发展生态农业，发展生物经济，强化生物控制。各类数字农业服务平台的出现，给精准农业、智慧农业和生态农业带来了新的生机。

（二）特色性农业强国

特色农业强国是则以日本、德国、以色列等节约型精细化农业强国为典型。这些国家拥有相对稀少的农业资源禀赋，人多地少。因此这些国家更重视土地，用技术、资本来替代土地，不断提高资源配置效率。

1. 日本

日本的农业走上了“节地”的道路。日本拥有的土地只有 6 000 万公顷，平均每人拥有的土地只有 45 公顷。人地关系紧张，农业资源极度缺乏，农业生产面临着严重的“人地矛盾”。日本奉行“经济发展”的经济理念，通过把无机能源的经济理念移植到农业上，把农业生产力与粮食增产作为主要目的，大力推动农业灌溉、机械化、肥料与良种的配置，加强农业生产的装备，并以先进农业科技与巨额资金投资，提升有限的资源利用效率，从而实现农业与农村的现代化。从 20 世纪 70 年代开始，日本在农业生产中逐渐实现了由以灌溉、排水为主要手段的综合改善，到土地平整、土壤改良，再到农业机械化的迅速发展。包括水稻在内的农机化率超过 90%，水利、良种、种植等以机械化为主的科技含量达到相当高的水平。水稻的生产效率几乎翻一番，农民家庭收入与城镇职工家庭收入基本持平。日本农业为增加其产品附加价值，开始走一条特色的“精益农业”之路。在某些特色领域，具有国际竞争力的规模优势，例如“差异化的品种选育、农艺技术、流通技术与农业科技推广体系的有机衔接”。神户牛肉和“阳光玫瑰”品质较佳，价格也明显高于普通产品。

日本政府对粮食安全给予高度关注，在政策上以粮食安全为重点，并维持了较高的国民粮食储备率。日本制定出一套非常有效的粮价体系，将粮价上涨的幅度控制在相对较低的水平上。《粮食法》对此进行了保障，使粮食流通实现了从直接向间接过渡，并逐步建立起了较为健全的宏观调控制度。为保障农民收入，推动粮食流通的市场化，日本还推出了“新型农业生产者收入稳定系统”，以弥补粮食价格下降给农民造成的经济损失。比如自然灾害补贴，目的是对受到自然灾害损害的公共基础设施、农业设施及农地进行补贴，以此来提高农民对灾害的承受能力，减少自然灾害对粮食生产、农业发展和农民收入造成的负面影响。日本在水土保持、病虫害控制、生态平衡、机械设备、文化遗产等方面已提供了超过 400 项补助。

日本建立了较为完备的职业农民培养制度，为农业科技创新提供必要的人才支持。农民职业教育是一种贯穿于全国所有教育层面的、持续的职业教育。在学历教育上，日本建立了包括初、中、高三个层次的农科专业教育体系，其中初级农科专业教育为大众教育体系；中级农科教育由高级中学和一般高级中学两个层次组成，具有较强的专门性；高级农科教育包括专科、本科、硕士生和博士生四个层次。在培训上，有短期培训，如讲座、交流、研究学习；有长期培训，如农业改良推广中心、务农预备学校、农工青年团等。同时，日本也大力扶持农民的职业教育。一是在法律层面对农民的职业教育进行了保护，相继出台和修改《农业教育通则》《农学校通则》《农业改良助长法》《职业教育法》《农业基本法》等一系列的法律；二是在财政、金融和农业保险等领域，采取一系列扶持措施，确保农民职业教育和职业农民的权益。例如，在农业学校资助计划中，对“有农业资质的人”提供低息贷款，对有务农经历的年轻人提供金融优惠和一次性务农补贴等。

在农业信息资源整合上，日本在 20 世纪 90 年代就已经建成全国性的农业信息服务网，平均每个县都有一个信息服务网站，利用大型计算机对全国范围内的农业信息进行收集、处理、存储和交换。为提高农业生产者的生产效率和经营效率，日本政府于 2017 年启动“跨部门战略性创新促进计划”，构建了一个农业数据协同平台，促进了农业信息技术服务的组织化。通过农业数据协作平台，提供气候、农田、地理信息等有关数据，协助企业开发业务，以支援农民选择、使用先进科技服务。在农业数据协作平台上，企业、科研机构、政府作为数据提供者，发布农业生产的各种信息与数据，机械制造商和农业信息技术供应商在获得相关数据之后，对农业服务进行开发，农业生产者可以按照自己的经营状况来选择技术服务。从 2018 年开始，农业数据协作平台的功能从生产（上游）扩展到了销售和流通（下游），它可以帮助技术信息的供给方和需求方实现精确对接。未来的发展趋势是以加工、流通和消费为核心，建立一个智慧的食品链，从而达到节省人力、降低食物浪费的目的。

2. 德国

德国的农业产出仅约占国内生产总值的1%。但德国的农业发展非常发达，农业用地面积占比约为50%，且以极高的效率成为欧盟中除法国、意大利外农产品生产最多的国家。一方面，这是由于德国农业机械化程度很高；另一方面则是因为德国政府对农民进行了长期的教育培训，靠政策进行支持，对耕地进行规划，对农业生产链条进行改造。

德国是世界上最先进的农业机械化国家。德国农业生产以高精密的网络化控制为主，配合农具的机械化作业，达到了很高的自动化程度。农户利用智能监控软件，可以对作物的生长情况进行全方位的扫描和掌控，从而能够及时对作物的水分、肥料等进行监测。在农机具的协助下，农民能够及时地获得作物生长所需的养分，极大地提高农产品产量和生产效率。

德国是一个高度发达的工业国，科技水平高，人力物力雄厚。在工业的反哺下，农业生产力得到了很大的提升。德国已经步入了“农业4.0”时代，以“数字农业”为主要的科技创新模式，利用大数据技术，将需要耕地的相关数据进行集成，并将数据上传到“云”中进行处理，再通过编程来指导农机的操作，从而达到高精度、高效率和高质量的目的。

德国大型企业在农业方面也表现出极大活力。他们与政府密切配合，在关键技术的研究和开发上给予投资，同时也对数字农业的发展给予支持。比如，德国拜耳公司建立了一套土地识别体系，让农民对土地进行全面的管理；巴斯夫公司则为农民搭建了一个农业信息化平台，为农民提供相应的农业服务，扩大农民对农业的了解。大型企业在互联网技术方面的支持，不仅在农业统筹管理和信息监控方面为农民提供了很大的帮助，还为农业信息化增添更多的实用技术手段，使农业网络变得更加完善。

德国能够获得较高的农业生产效率，还得益于政府对农业的财政补贴和对农业的税收政策。德国以政府的调控与介入为手段，在多个层面上为农业与农村发展提供资金与保障，并每年向农民发放补助。根据经济合作与发展组织统计，现在德国的农民平均每年可以挣到36 000～50 000欧元，而这些钱中有大约50%来自欧盟，以及德国联邦以及各州的补助，主要有地区平衡补贴、农业环境保护补贴、农业用油补贴等。此外，德国联邦还颁发诸如“农业生产者奖”等一系列的激励措施。德国农业部表示，德国农业财政补贴平均每年是25亿欧元。此外，也可以向欧盟农业基金、联邦和州政府提出申请。这些奖励补助可占农民人均年收入的

80%以上。这使得德国农民在经济上具有很强的生产积极性和抗风险能力，从而有力地推动了农业与乡村经济发展。

德国政府十分注重保持耕地的生态多样性。第二次世界大战结束后，德国为应对饥荒，曾大量使用化肥、杀虫剂等化工产品，虽然收获颇丰，却也为此付出了惨重的代价。生态环境的破坏和土壤性质的变化，打破了正常的食物链，引起了病虫害的发生，对农业的发展造成不利影响。从20世纪下半叶开始，德国就对农业和生态的关系进行了改革，并试图在此基础上维持两者之间的平衡。在农业生产中，应采取以下几点对策：严禁使用杀虫剂，采取与自然控制相配合的病虫害防治措施；禁用化肥、施用农家肥，种植豆类作物，实行多种轮作、套种，每年约7%的耕地休耕，以提高土壤质量、提高地力。

在对农业用地进行规划时，德国基本思想是因地制宜，同时兼顾环境保护。德国的主要农业区以山地为主，这样的地形条件明显不利于发展农业。不过，山地雨量大，草木丰茂，适宜牧草生长，而肉类、蛋类和乳制品又是德国人的主食，因此，德国南部地区主要发展畜牧业，而不是种植农作物。由于畜牧业的发展，德国生产大量的乳制品以及猪肉、牛肉、家禽等肉类，而且品种繁多，价格低廉。

3. 以色列

以色列地域狭小，土地资源贫瘠，属地中海气候，降雨季节多，地区分布不均匀，造成了严重的淡水资源短缺。但是，水资源短缺迫使以色列想方设法采用新的技术来使用非传统的水源。卓有成效的有污水循环利用技术、海水淡化技术以及农业滴灌技术。而由饮用水向替代水的转变离不开政府的主导作用。政府通过价格激励、配额激励和补助激励等手段来引导市场。

以色列农学家利用植物工程、遗传工程、杂交和基因工程等技术，不断提高植物的抗病性和适应性，提高水果和花卉的品质，从而生产出具有高附加值和高营养价值的绿色农产品。以色列的生物科技发达，其商业领域的研发水平在全球位居领先地位。例如，Evogene是以色列一家生物农业公司，主要从事食品、饲料、生物能源等方面的研究，并为改善农产品的产量和品质而努力。该公司拥有全球最大的微生物基因组数据库，其中包含了上百万个微生物基因，可以帮助人们识别出对有害生物和真菌有特异性作用的基因，从而有效地防治农作物病虫害。

自2000年以来，以色列对农业生产要素（包括化学制品和肥料）的出口额始终保持在对农产品出口额的两倍以上。以色列根据自己的实际情况，对很多农业生产设备进行了开发和设计，并进行了大范围的推广。这些设备包括：重型土壤整理机械，先进的土壤耕作机械，适合于集约化农业的种植和插栽设备，以及多样化灌溉设备；自动挤奶和牧草管理设备，家禽饲养中的蛋类自动采集装置，可自动记录投喂和计算产能的电子设备，以及在冷链运输过程中自动分拣、包装、控制的机械。同时，以色列根据当地的实际情况，结合高科技的农业生产装备，开发出了计算机化滴灌技术，还有一种可以为家禽、花卉、时令蔬菜提供健康生长环境的先进的温湿度控制方法。

（三）国外农业强国对中国的借鉴

除禀赋资源差异之外，国外农业强国拥有强大的农业劳动生产效率、土地产出效率、资源配置效率、全球农业竞争力，这些都与它们的经济社会发展阶段、技术进步程度和制度设计安排能力有着密切的关系，并呈现出相似的基本特征。这些国家农业强国的建设，是在推动农业现代化进程中，对农业发展战略、发展路径、发展举措进行持续探索和调整的结果，同时也是它们推动农业现代化与国民经济现代化相结合的结果。通过对世界各国在推动“农业强国”过程中所取得的成功与共性的分析，可以为中国农业强国建设提供以下五方面经验借鉴。

1. 坚持走品牌富农之路

推进农业品牌化，可以推动农业生产标准化、经营产业化、产品市场化、服务社会化，加速农业发展方式从数量型、粗放型向质量型、效益型的转变。要加快中国农业现代化进程，就必须以有机农业和绿色农业为先导，通过对农业进行产业结构调整来增强中国农业的核心竞争能力。要大力推行有机、绿色农业的品牌策略，支持并培育优质的有机、绿色农产品，制定并健全产品质量认证标准、评估标准，对品牌进行进一步的培育和整合，创造一批具有良好品质、规模大、效益好的有机、绿色农产品品牌，为中国的绿色、有机农产品品牌在国际上的推广而努力。以国际视野来审视中国农产品生产的原材料、市场资源，实施“走出去”战略，建立国内农产品出口、国外农产品发展基地，提高国际农业合作的水平，提高中国农业在大市场、大流通中的开放程度与竞争力。引导优势和特色农产品向优势主产区集聚，加强农产品的生产，提高产品质量，扩大生产规模，提高生产效率。与此同时，对农业标准体系、农业监测体系和农产品质量评价体系进行完善，建立起农业生产资料、农副产品和农业生态环境的监测网络，将农产品生产的产前、产中、产后都纳入到标准化管理的轨道中，逐渐形成一个可以与国际接轨的现代化农业标准化体系。

2. 坚持走科技强农之路

技术进步和创新是从根本上解决农业产业弱势的一大途径。中国应该结合自身资源禀赋，制定出一条符合国情的技术发展路径，从而为实现现代化农业发展提供强有力的技术支持。加强农业科技创新能力建设，建立健全国家级农产品创新中心和畜禽品种资源保护基地。在此基础上，深入挖掘我国特色基因资源，重点培育具有中国优势的原创性品种，开展立体栽培和设施栽培等方面的研究，通过对一批高产、优质、抗逆性强、适于机械化生产的新品种的研究和应用，构建“育繁推”一体化的中国种源高地。将国外成熟的物联网、信息技术、遥感技术、控制技术应用到农业生产经营中，全面提高农业基础技术、农业应用技术和农业高新技术创新水平。除此之外，要强化基层农业技术服务推广体系建设，培育农村科技服务、咨询、转让等中介机构，支持农技人员通过技术入股、技术承包、开展统一服务等方式推广技术，鼓励引导企业、社会和农民积极投入到农业技术研究与推广事业中，为科技成果转化推广创造良好的条件。将重点放在提高农民的综合素质上，强化以农业科普为主要内容的农民教育，并将网络等现代媒体以及远程教育手段充分利用起来，扩大农民科技培训的覆盖面，提高农民应用科技成果的能力和种养技术水平。

3. 坚持走产业兴农之路

中国建设农业强国要走以市场为主导、立足于资源优势和行业特点的道路。要运用农产品供应链的概念和模式来建立一套新型的现代农业产业体系。在时间上，对农产品及其相关企业的供应流程进行重新规划；在空间上，对农产品生产、加工和营销的分布进行重新规划；在经营上，将技术、服务、生产、加工、销售等资源整合在一起，形成一个相对完整的农产品产业链，从而达到“从田间到餐桌”的产业一体化经营，扩大经营空间，增加利润增长点，减少经营风险，最大限度地发挥经济乘数效应，在多层次、大范围上实现农业经营效益的提升。一是创新农业产业化经营机制，把龙头企业做大做强。深化“公司＋基地＋农户”的生产方式，鼓励和指导龙头企业广泛吸纳农民以资金、土地、劳动力等形式入股，并与农民建立新的利益分配机制，由合同、服务的联结逐步过渡到资产、资本的联结，形成更加密切的利益联结。将重点放在对其他农业企业的整合上，通过联合、兼并、收购等方式，组建一个资产结构多元化的农业企业集团。二是要大力培育和发展新型农业经营主体。指导农民成立各种合作经济组织，发展家庭农场、农业合作社、股份合作社，建设完善的土地经营权流转市场，实现土地、资金、技术、劳动力等要素的有机结合。三是推动农业行业协会的发展。以优势产业和特色产品为基础，成立区域间农产品行业协会，发挥市场营销、信息和技术服务的作用，建立农业信息网络系统和信息传递渠道，将农业技术和经验、农产品流通和消费信息及时传递出去，将小农户和大市场有机结合起来。

4. 坚持走生态护农之路

中国要发展现代化农业，就必须以高产量、高效率、高效益为目标，合理利用、保护农业资源和生态环境。一是加强对耕地、水源、野生动植物等的保护，强化对农产品的安全监管，完善对外来物种的风险评价、监控与预警系统。二是大力发展循环农业，促进农业农村节能减排，严控和防治化肥、农药、农膜、废水等点源、面源污染，推进农林废弃物循环利用。三是筑牢农业生态屏障，加快农田防护林和平原绿化工程建设，加强江河水源和重要湿地保护，大力发展集休闲、娱乐、观光于一体的生态友好型农业，维护生态平衡，保证农业的可持续发展。四是发展循环农业，推动农业农村的节能减排，严格控制、防治点源和面源污染，推动农林废弃物的资源化。五是要巩固农业生态，加快耕地防护林、平原绿化工程建设，加大对河流水源地、重点湿地的保护力度，发展以休闲、娱乐、观光为主的生态农业，维持生态平衡，确保农业可持续发展。

5. 坚持走机制扶农之路

中国要发展现代化农业，就必须在农业经营、土地利用、投资与融资、城乡一体化等方面，建立起“以工带农”“以城带乡”“工农互惠”“城乡一体”的新型工农关系。构建出良好的农业财富积累和投资稳定增长机制，鼓励实行土地、资本、技术、劳动联合，构建出一种新型的现代化农业产业运行机制，对参与现代化农业产业的各个利益主体的法律地位和财产权利进行明确，加速形成市场带动型、加工推动型以及服务引导型等多种形式的农产品产销体系。积极探索以市场为导向多元化的投资方式，将工商企业和外资引入到农业建设中，走出一条大农场和大企业的经营模式。逐渐建立起一套集约化、专业化、组织化、社会化相结合的新型农业经营体系，加速形成社会化服务体系和农产品市场体系，为农民提供全方位、低成本、便捷的生产和经营服务。要增强市场资源配置的深度和广度，健全农产品市场供需、价格预警等机制，使市场在更大范围内、更大程度上发挥出市场对各种资源的配置功能。要加大对“三农”的支持力度，加强对农业、农村的金融保障，构建财政收入增长与“三农”领域资金投入的联动机制。

三、建设农业强国的重点任务

（一）保障粮食安全

粮食是人类赖以生存的、战略性的物资。党的二十大报告指出，要全方位夯实粮食安全基础。在这个有着 14 亿人口的国家里，粮食问题无疑是至关重要的。中国要把稳定的粮食及重要农产品供应当作建立农业强国的首要任务。建设农业强国，绝不能忽略保证粮食安全和防止规模性返贫这两个基本前提。我国耕地保护状况并不乐观，尤其是东北黑土退化、南方土壤酸化、北方土壤盐碱化的问题尤其严重，而不断增长的城市人口又会进一步加剧建设用地的供求矛盾①。建设农业强国，要牢牢把握好耕地和种子这两个关键环节，要在增产和减损两方面同时发力，充分调动种粮主体和粮食主产区的积极性，构建出多层次、分品种、精准化的粮食安全保障体系，全方位夯实粮食安全根基②。

（二）创新农业科技

要实现农业强国，必须依靠科技创新的驱动。改革开放后，我国对传统农业进行了全方位的机械、生物、信息等技术革新，极大提高了农业总产量和农业劳动生产率。然而，相对于世界农业强国，虽然农作物种子资源已基本自给，但仍缺乏对优质种源的充分挖掘和利用，核心技术的自主创新能力仍存在差距。要实现农业强国目标，就必须充分挖掘科技创新的潜能与活力，针对科技创新中的“卡点”“堵点”，加大对农业基础技术的研究与开发，加大对农业科技与设备的支持力度，不断提升农业生物、机械、物资等方面的技术含量。对科技创新管理制度进行完善，对农业科技创新的激励机制进行健全，从而创造出一个农业发展的新优势，走出一条

---

① 魏后凯，崔凯．农业强国的内涵特征、建设基础与推进策略［J］．改革，2022（12）．

② 胡新艳，陈卓，罗必良．建设农业强国：战略导向、目标定位与路径选择［J］．广东社会科学，2023（2）．

在科技进步支持下实现农业强国的道路。

（三）强化农业装备

保障粮食安全不但要依靠提高农业生产力，而且也要藏粮于技，而农业机械化、智能化则是技术进步和农业生产方式转变的核心内容。农业机械化在提高农业劳动生产率的同时改变了农业生产方式和要素（包括土地、劳动和资本等）的配置方式。新技术的推广也显著降低了化肥农药等的过度施用，促进了绿色农业的发展。近年来，全球装备技术和信息技术创新方兴未艾。这些技术与农业技术深度融合，突破资源禀赋和市场需求等技术推广约束条件被引入农业产业链，正在深刻改变农业生产方式与市场结构①。通过开展农机装备市场的供给侧改革，深入了解适宜中国各地特色农业的小型农机需求，鼓励农机装备的研发，制造符合中国不同区域、不同产业，不同农艺性状、不同环节的高端智慧农机、精准化小型农机装备。加强落实“以机适地”的措施，根据各地区的地形与农业产业情况，精准帮扶有较好推广性的小型农机装备生产，规范本地小型农机装备的补贴制度，增加适宜该地区的小型农业机械供给。强化农业机械化宣传，提高农民对农机应用的认识，增加农民购买小型农机装备的补贴力度，鼓励农民采用适宜的农业机械耕作。

（四）打造农业全产业链

实施乡村振兴，建设农业强国是一个以农业产业发展为主，并涵盖农民增收、乡村建设等多领域的综合性战略。这就需要我们在推动乡村振兴的具体工作中突出重点，同时要统筹考虑，紧紧抓住两大战略主线，以更快的速度推动乡村全面振兴。第一条主线是正确处理农业发展与农民增收的关系。产业发展是解决农村一切问题的前提，更是农民持续增收的基础。农业强不仅意味着农产品供给保障能力强和国际竞争力强，还意味着农业价值创造和分享获益能力强，具备带动农民增收致富的能力。在产业发展过程中，利用挖掘农业内部增收潜力，拓展外部增收渠道等方式，推动农业及其关联产业、从业人员的收入增长。第二条主线是把握好农业现代化与农村现代化的关系。要加速推进县域城乡融合发展，将乡村建设放

① 王晓兵．推动农业机械化智能化，强化粮食安全装备支撑［J］．农业经济与管理，2023（1）.

在社会主义现代化建设的核心地位，将农业现代化、农村现代化两者结合起来，使乡村得到全面的提高和平衡发展。要通过农业强国建设，科学布局乡村生产、生活、生态空间，把产业、村庄、基础设施与公共服务有机结合起来，发挥农业多种功能和乡村多元价值的综合效应，让农村逐步具备现代生活条件。

（五）保护好生态资源

随着全面小康社会的实现，人们不再停留于衣食住行等最低层次的生理需求，而是关注生态环境等安全需求，以及生态资源、生态产品等情感与归属需求。开发和利用贫穷地区的优质生态资源，将其培育为贫困地区新的经济增长点，增加农户财产性收入，促进乡村共富。相较而言，乡村的生态环境质量较好，有着不可替代的土地资源以及丰富多样的生态资源，但收入水平不如城市。而城市居民虽收入水平较高，却缺乏优质的生态环境资源[①]。因此，乡村生态农产品由乡村向城市流动，并通过市场交易使社会财富由城市居民向农村居民的转移，最终推进乡村共同富裕。通过构建生态资源监管、开发利用及交易平台，加强对生态资源的调查监测和确权登记，建立清晰完善的产权制度。健全绿色金融的基础性标准、配套措施，深化绿色发展理念，调动金融机构的积极性和公众参与度，推进农村生态资源集约开发利用和保护修复。要将生态资源所具有的生态涵养、休闲观光、文化体验、健康养老等生态功能充分发挥出来，促进生态资源与旅游、文化、康养等第三产业相结合，让农民能够走上产业兴村、生态宜居、生活富裕之路。以乡村特有的生态环境、农业环境、人文环境为依托，打造高品质的生态环境，实现生态资源的价值。

（六）持续深化农村改革

建设农业强国的内源性动力在于城乡融合发展，并依靠改革激活农村一切资源要素。当前我国城乡融合发展的历史趋势不可逆转，乡村振兴战略在全国层面已经全面实施，而建设农业强国又为中国式农业农村现代化确立了新的战略目标。立足中国的国情农情，建设农业强国要把县域作为

① 王宾．共同富裕视角下乡村生态产品价值实现：基本逻辑与路径选择［J］．中国农村经济，2022（6）．

城乡融合发展的重要切入点，着眼于全域统筹城镇和乡村、工业和农业，通过城乡要素自由流动，产业交叉融合，公共资源均衡配置，促进城乡一体化发展①。通过深化改革，构建并完善城乡要素平等交换、结构一体、双向融通的政策体系，重塑城乡协同的结构优势和发展空间，推动要素向乡村流动，向农业聚集，充分发挥乡村资源要素的潜在价值，强化农业农村发展的要素保障。顺应经济社会发展规律，以产业为抓手，打破行政区划边界，加大政府部门“放管服”力度，实施一批跨区域、流域性的综合性改革。坚持以人民为中心的改革思路，尊重基层创造和农民意愿，适应农民群体分化、农民工市民化和人才返乡的历史趋势，依靠改革回应城乡居民对农业强国建设的新期待。适应城乡人口流动与结构变迁，以“人”为纽带，协调推进农民职业化与退休金、乡村治理、农民“三权”保障、农民工市民化、新型城镇化等相关领域的改革，维护农民的合法权益②。

四、加快建设农业强国的策略选择

加快建设农业强国是一项长期的艰巨任务，必须加强战略谋划，强化顶层设计，做好打持久战的准备，分阶段、分产业、分地区、分主体扎实推进。在时序安排上，“十四五”时期着重奠定农业强国建设的制度框架和政策体系，力争到2035年农业强国建设取得明显的实质性进展，到21世纪中叶前把我国建成现代化的农业强国。在产业安排上，要针对农林牧渔等不同行业，以提高全产业链竞争力和控制力为着力点，实行差别化的推进策略，探索各具特色的强国之路。在地区安排上，要支持有条件的地区开展农业强省强市强县建设，发挥强省强市强县的示范引领作用，并将其作为加快建设农业强国的主抓手，谨防各地不顾条件一哄而上。在主体安排上，需要大力发展面向农村地区的职业教育，让高素质农民群体成为中国农业参与国际竞争的主力，激活各类新型经营主体的能动性，以农业专业化、主体多元化和经营多样化来应对农业土地分散、劳动力兼业化等带来的挑战。

---

① 高强，薛洲．以县域城乡融合发展引领乡村振兴：战略举措和路径选择［J］．经济纵横，2022（12）．

② 姜长云．新发展阶段全面深化农业农村改革需要把握的方向［J］．陕西师范大学学报（哲学社会科学版），2022（5）．

（一）分阶段稳步推进农业强国建设

要将建设农业强国置于全面实施乡村振兴战略之中，尽快做好建设农业强国的顶层设计，明确其远景目标、实施步骤和各阶段任务，补齐短板，强化弱项。现有强国战略可作为建设农业强国的重要依据，在关键指标和目标设定上要保持一致。

第一，完善组织保障。建议成立国家农业强国建设领导小组，负责农业强国建设的组织协调、规划和政策制定，加强对农业强国建设有关工作的组织领导、统筹规划和政策协调。

第二，做好统筹谋划。将未来 4～5 个五年规划周期作为加快农业强国建设的重要历史阶段，分三个阶段加快建设农业强国：第一阶段，到 2025 年，着力做好农业强国建设的规划和组织制度设计，奠定农业强国的制度框架和政策体系；第二阶段，到 2035 年，基本实现农业农村现代化，农村基本具备现代生活条件，农业强国建设取得实质性进展；第三阶段，到 2050 年，全面建成综合型现代化农业强国。

第三，强化支持政策。将加快建设农业强国纳入全面推进乡村振兴的目标和任务，以及中长期战略规划和专项规划中，统筹农业强国建设与科技强国、制造强国、教育强国、人才强国等强国战略，破除体制机制障碍，实现不同时期发展目标和战略的接续，充分体现社会主义现代化强国的全面包容性。在此基础上，还应按照加快建设农业强国的要求，对现有农业支持保护制度和政策体系进行相应调整和完善。

（二）分产业探索差别化强国之路

农业强国建设也需要分产业有序推进。中国是一个人口众多、消费市场巨大的大国，国内市场对各种农产品的需求量很大。因此，中国需要建成的农业强国将是农林牧渔业及相关产业高质量全面协调发展的综合型农业强国。2020 年，我国农业及相关产业增加值已占国内生产总值的 16.47%，是农林牧渔业增加值的 2.05 倍。在农林牧渔业总产值中，近年来林牧渔业一直接近半壁江山，其比重由 1978 年的 20.0%提高到 2008 年的 48.1%，2020 年为 42.8%。从发展趋势看，随着城乡居民生活水平提高和消费结构升级，林牧渔业将愈益重要，且有可能比种植业更容易实现由大变强。为此，要改变传统的“重种植业、轻林牧渔业”的倾向，针对农林牧渔等不同行业，明确其标准、目标、任务和路径，实行差别化的推进策略，探索各具特色的强国之路。

1. 根据不同产业现有基础，探索各具特色农业强国之路

对种业强国、畜牧强国、渔业强国、林草业强国、农产品加工强国等实现的可能性进行研判，明确目标、任务和路径，实行差别化的推进策略。可以考虑在2035年左右将我国建成林草产业强国，在2040年左右将我国建成现代渔业强国，在2045年左右将我国建成畜牧业强国和种植业强国。种植业由于土地经营规模过小，实现由大变强难度更大，任务更为艰巨。

2. 遵循不同阶段产业比较优势，重点突破关键核心技术

第一，较强的生产保供能力是目前中国农业的比较优势所在，良种对中国粮食增产、畜牧业发展的贡献率分别达到45%、40%。立足农业资源和国内市场需求等方面的优势，在围绕种植业、畜牧业、林业、渔业等开展的农业强国建设中，建设种业强国的任务最重、难度最大，也最为迫切。畜禽和蔬菜的优良品种选育是未来种业发展的重点。

第二，农业机械化是农业现代化的重要体现，农机产品的国内需求处于快速增长期，要以制造强国建设为契机，提高国产农机装备性能，突破重点作物的全过程机械化技术，加快智能农机装备开发。

第三，智慧农业是当今全球农业发展的前沿和趋势，涉及的关键核心技术包括遥感与传感器技术、农业大数据与云计算服务技术、人工智能等。美国、日本、加拿大等发达国家和地区相继推出智慧农业相关的发展计划。

中国农业数字经济占行业增加值的比例为8.9%，略高于部分发达国家。要瞄准国际前沿和农业发展现实需求，加快现代信息技术研发和应用布局。预计到2035年，农业产业链主要环节基本实现数字化。

（三）分地区开展农业强省强市强县示范工作

中国需要建成的农业强国将是农林牧渔业及相关产业全面高质量协调发展的综合型农业强国，不同于一些小国和特色型农业强国，中国在确保粮食安全和农民增收的前提下建设综合型农业强国难度更大，任务更为艰巨。中国在加快建设农业强国规划中，应充分体现分区分类的思想，根据各地区的具体条件明确其功能定位，优化农业强国建设的空间布局。

1. 各地须因地制宜探索特色强农发展道路

农业强省、农业强市、农业强县作为示范引领，是建设农业强国的重要载体，应该能够体现农业生产功能，代表农业科技进步前沿，在农业发展质量效益上有明显竞争优势。立足农业强国建设，要把农业强省、农业强市和农业强县建设作为主抓手，在国家层面分期分批推进农业强省、农业强市、农业强县建设，发挥区域示范引领作用，就农村集体产权制度改革、农业经营体制改革、农村土地制度改革等领域率先探索，发挥示范引领效应，破除制约资源双向流动、要素平等交换和成果公平共享的制度壁垒。

2. 深入推进农业改革，试点示范激发基层活力

系统谋划农业发展战略和做好政策衔接，以农业改革实现增长动能转换。在不断巩固和完善农村基本经营制度的基础上，坚守改革底线，稳定土地承包关系，坚持市场化改革方向，结合长期与短期目标分阶段制定改革方案，防止短期化、急功近利倾向。同时，通过试点先行扎实推进农业改革工作，充分调动基层政府和相关部门的积极性。不同行政层级的试点，既涉及农村土地制度、农村集体产权制度、农村金融制度等综合性改革，又包括粮食作物保险、乡村治理体系建设、农民工返乡创业等各类基层实践。在多轮、广覆盖的试点探索中，改革的思路和方案越来越明确，农业发展的创新能力和内生动力得以激活，因而更具可持续性。

3. 国家保障农业强国建设项目的落实与跟进

国家应给予必要资金支持，保障农业强省、强市、强县建设项目的落实与后续跟进。应建立科学的考核与评价体系，及时跟进建设进度并进行效果评估。考虑到当前发展阶段和各地基础，可率先鼓励和支持有条件地区实现由农业大省向农业强省转变，循序渐进带动其他地区发展。农业发达省份（例如山东、江苏、浙江等）、辖垦区典型省份（例如黑龙江、新疆等）以及一些有条件的大中城市、农业特色市等可作为农业强省和农业强市的发展重点。争取到 2030 年率先建成 2～3 个农业强省，2035 年建成一批特色农业强省，为实现农业强国奠定区域发展基础。

4. 分主体激活能动性推进农业强国建设

深入实施新型农业经营主体提升行动，全方位打造现代农业发展的主力军。世界农业强国的发展经验表明，专门从事农业生产的人员在现代化进程中会逐步减少至较低水平并保持稳定。结合中国实际，随着农村劳动力非农化转移和农地规模化、集约化的推进，农业生产进一步向专业化经营主体和职业农民集中，经营主体的分工与专业化趋势将越来越明显。以各类新型农业经营主体带头人和骨干、农业经理人、创业青年等为代表的高素质农民群体，将逐步成为主要的农业从业主体，他们在经营规模化、现代技术应用、投入产出效率等方面都比普通农民有明显优势。例如，高素质农民中的种养大户在粮食作物、经济作物、畜牧业和水产养殖方面的利润依次是普通农户的 1.81 倍、3.89 倍、8.88 倍和 22.6 倍（农业农村部科技教育司、中央农业广播电视学校，2019）。根据《国家质量兴农战略规划（2018—2022 年）》在年均培育高素质农民人次方面的近期目标设定，即使按照“十三五”时期的年均绝对增量进行保守估计，到 2035 年高素质农民仍将超过 3 000 万人，占第一产业从业人员的比例超过 30%，专业化农业劳动力群体将成为中国农业参与国际竞争的主力军。面向未来的农业强国建设，需要大力发展面向农村地区的职业教育，让高素质农民群体成为中国农业参与国际竞争的经营主力，激活各类新型经营主体的能动性，以农业专业化、主体多元化和经营多样化来应对农业土地分散、劳动力兼业化等带来的挑战。

（1）促进新型农业经营主体融合协同发展。各地区可鼓励和引导小农户、家庭农场、农业合作社、农业企业等各类经营主体加强合作，组建农业联合经营合作社或联盟，增强新型农业经营主体抗风险能力和市场竞争力。政府部门可牵头搭建联系紧密的组织机制与利益联结机制，发挥农业合作社组织平台功能以及家庭农场、农业企业、小农户生产主体作用，形成功能互补、运行高效、主体多元的现代农业产业组织体系，为中国农业强国建设赋能。

（2）扩大农业经营主体与非农主体合作范围。鼓励中小金融机构等市场主体拓展业务，加大对农业信贷的投放，强化对新型农业经营主体的金融扶持，为经营者提供多种类型的信贷、担保等服务。明确农业保险发展目标，开展农业大灾保险试点、粮食作物成本保险和收入保险试点等。地方政府可引导农产品加工、农业科技、物流、网络零售优质企业下沉农村，为农业经营主体提供品控溯源、产销渠道支持、烘干仓储等全产业链产品与服务，实现各主体优势互补、合作共赢。政府积极鼓励多元主体和社会资本进入农业农村，探索各级财政部门、金融机构、社会组织、企业、新型农业经营主体等多方合作的投资模式，实现政府与市场投资互动。

（3）培育新型农业经营主体带头人。各地区应积极对接乡村产业振兴带头人培育“头雁”项目、“耕耘者”振兴计划等国家级农业人才培养战略，面向农民合作社带头人、家庭农场主等各类主体开展新农人培训，夯实中国式农业现代化发展的人才基础。各地区可分级建立带头人人才库，引导和鼓励区域内具有一定规划的农业合作社引入职业经理人，探索经营权与决策权分离的农业经营模式，提升经营管理水平，为中国建设农业强国提供有力支撑。

第六章

农民收入差距与共同富裕问题研究

共同富裕是中国特色社会主义的本质要求，中国式现代化是全体人民共同富裕的现代化。党的二十大报告强调，要坚持把实现人民对美好生活的向往作为现代化建设的出发点和落脚点，着力促进全体人民共同富裕，坚决防止两极分化。其中，促进农民增收，不断缩小城乡居民收入差距，是实现全体人民共同富裕的重点和难点。

一、农民收入及其差距的历史演变

（一）农民收入水平变化

自 1978 年以来，我国农村居民人均可支配收入由 134 元增长到 2022 年的 20 133 元，首次突破 2 万元，在名义价格上增长了 148.2 倍，农民收入持续较快增长，在 2019 年提前一年实现了收入较 2010 年翻一番的目标，以居民消费价格指数进行平减后，农村居民可支配收入在 1978—2020 年间增长了 17.6 倍；同期，我国城乡居民收入比值 1978 年为 2.56，至 1985 年上升为 3.86，到 2022 年又波动回到 2.5，城乡居民收入相对比值似乎变动不大，但城乡居民收入绝对差距按名义价格由 1978 年的 209 元扩大为 2020 年的 29 150 元，扩大 138.4 倍。由此可见，大力提高农村居民收入，缩小城乡居民收入差距势在必行。

农村居民收入总量逐年上升，但收入结构变化趋势显著。随着农民收入统计口径由纯收入向可支配收入的调整，工资性收入、经营净收入在农民收入中的比重都出现了下降，但工资性收入降幅更为明显[①]。直至 2015 年，农村居民工资性收入占比达到 40.27%，首次超越家庭经营收入占

① 姜长云．当前农民收入增长趋势的变化及启示［J］．人民论坛，2016（14）．

比，并持续占据农村居民可支配收入的主导地位。而家庭经营收入与转移性收入呈现出此消彼长的趋势。财产性收入占比则在较长一段时期内处于低位，2022 年财产性收入仅占农民可支配收入的 2.53%，还有很大潜力和空间可以挖掘，要在扎实搞好确权，稳步推进赋权，有序实现活权上下工夫，赋予农民更加充分的财产权益，创造条件增加农民财产性收入，让农民更多分享改革红利。

（二）农村内部收入差距变化

在收入差距问题上，现阶段宏观数据尚难以全面反映的农村内部收入差距可能更重要。在总结其历史发展沿革的基础上，有必要结合当前经济社会发展新形势，尽早发现农村内部收入差距问题的新成因、新内涵与新特征。在开启全面建设社会主义现代化国家新征程的过程中，农村人口流动日益活跃，农民分工分业不断深化，地区间阶段性改革目标存在差异，叠加国际政治经济形式动荡、新冠疫情反复、极端天气、地质灾害和重大病虫害等外部冲击频发，农村内部收入差距的比较范围、形成动因出现新变化，产生新的收入差距新问题的同时，既有问题也呈现出新形式①。

收入分配影响生产效率、民众的切身利益和社会的稳定。从 1949 年新中国成立到 1978 年实行改革开放政策以前，我国收入分配均等化程度较高，在城乡之间以及城市和农村内部并不存在所谓的居民收入差距问题。改革开放以来，我国经济社会飞速发展，城乡居民收入水平大幅提高，生活质量明显改善，但居民收入差距呈现不断扩大趋势。在共同富裕背景下，农村内部收入差距总体上并未出现趋势性缩小，收入差距的持续高位尚未得到根本性扭转。具体来看，可以划分成几个不同的阶段。

1. 第一阶段（1978—2002 年）：**农村内部收入差距逐渐扩大**

衡量居民收入差距的重要指标之一是基尼系数。按照国际通行标准，基尼系数处于 0.2 以下为收入分配高度均等；0.2～0.3 为收入相对均等；0.3～0.4 属于合理区间。同时，国际上通常把 0.4 作为收入分配贫富差距的“警戒线”，认为 0.4～0.6 为“差距偏大”，0.6 以上为“高度不平均”。根据国家统计局的估计结果，1978 年我国城镇基尼系数为 0.16，说明城镇内部居民收入差距非常小，处于收入分配高度均等区间，而农村基

① 谢玲红，魏国学．共同富裕视野下缩小农村内部收入差距的现实挑战与路径选择［J］．经济学家，2022.9

尼系数处在 0.2 左右，比城镇基尼系数高 4 个百分点，这一系数表明农村内部收入差距比城镇高，但仍处于相对平等的状态。此时，我国居民收入虽然比较均等，但在计划经济条件下，绝对收入普遍较低，实际上是共同贫穷，普遍贫穷。

居民收入差距扩大是提高经济效益的必然体现，也是发展与改革阶段不可避免的，可以称之为效率导向时期。前期主要围绕克服平均主义展开，后期转向效率优先。其中，1978—1983 年以克服平均主义，恢复按劳分配原则为主；1984—1992 年提出在坚持按劳分配原则的基础上，“允许和鼓励一部分地区、一部分企业和一部分人依靠勤奋劳动先富起来……并带动越来越多的人一浪接一浪走向富裕”，中央文件中出现了“拉开收入差距”的表述；1992—2002 年“效率优先、兼顾公平”成为指导收入分配的主要原则，不同的生产要素如资本、技术以及管理相继参与到收入分配中来。综合来看，改革开放之初的克服平均主义是对应计划经济时期的分配制度，后来的按劳分配则是逐渐匹配所有制结构的调整和市场经济的内在要求①，但总的来看，都是通过调整激励机制来实现效率改善，因此，可以说这一阶段是效率导向的。

从提高农民收入和生活水平的决定机制来看，主要受政府支持机制和社会主义市场化形成机制调整的双重影响，二者彼此作用，相互交织，形成了复杂的关系结构。

政府支持机制的系统性建构，以及开创性的农村重大改革，推动国家与农民关系的根本性转变，为农民增收致富提供了有效制度供给。改革开放伊始，以家庭联产承包责任制为核心的农村生产经营制度变革以家庭为基本单元，将土地、劳动力、技术和资本结合起来，将农民从传统的集体经济体制中解放出来，实现农民家庭农业生产的自主经营、自主劳动、自负盈亏，重新将土地的使用权和剩余索取权下放到农民群体，重新梳理了国家与农民群体间的分配关系。在生产方面，使改革开放之前长期被束缚的农村生产力得到解放，以家庭为单位的农业生产使得农民生产积极性更高，劳动生产率出现质的飞跃。此外，在价格方面，国家提高部分农副产品收购价格，大幅提高了农民向国家交售农副产品的积极性，使得在农业产出增长的同时，农民收入也随之增长。1978—1984 年，我国农村居民人均可支配收入由 134 元增加到 355 元，这一时期，农村居民人均可支配

① 赵人伟，李实．中国居民收入差距的扩大及其原因 [J]. 经济研究，1997 (9).

收入的增速实现对城镇居民的反超。

随着农村改革的不断深入，大量农村劳动力开始转移到非农产业中。但由于城市经济体制改革尚未展开，城市中非农产业对于农村富余劳动力的吸纳能力十分有限，因此政府仍然严格控制农村富余劳动力进城，直到20世纪80年代中期，当农村改革取得了巨大成功、城市就业压力得到了缓解，这些促使政府开始放松对农民工进城的控制。1983年1月，中央指出在农村允许资金、技术、劳动力一定程度的流动和多种方式的结合。1984年农村劳动者被允许迁往城市寻找工作或经营小企业。因此，农村劳动力向城市转移的积极性空前高涨，1988年迁移到城市的农村劳动力上升到2 600万人。原农业部统计数据显示，1984—1988年非农转移的农村劳动力数量由2 161.4万上升到8 611万。如图6-1所示，1979—1990年，第一产业就业比重从69.8%下降到60.1%，第二、三产业就业比重分别从17.6%、12.6%上升到21.4%、18.5%。1988年下半年出现了日益严重的通货膨胀，国家开始了宏观调控治理整顿，经济增长速度放慢。在这种情况下，1989年政府重新限制了农村劳动力外出打工行为。因此1989—1991年农村劳动力非农转移数量略有回落。1992年，邓小平视察南方讲话引发投资浪潮，尤其是在南部沿海地区，产生大量的就业机会，带来了农村劳动力迁移的大幅度增加。1992—1994年非农转移的农村劳动力数量从9 764.6万上升到11 963.8万。在城乡收入差距拉力的作用之下，大量农村劳动力涌向城市，1999年农村非农转移劳动力的数量上升到1.6亿，1992—1999年第二产业就业比重从21.7%上升至23%，第三产业就业比重从19.8%上升至26.9%，1978—1999年城镇化水平由17.92%提高至30.89%。面对20世纪90年代后期“民工潮”带来的压力，国家相继发布了关于有序引导农民工流动的通知。农村富余劳动力快速向非农产业部门转移，非农就业和农业就业收入差距不断扩大，到2002年，农村基尼系数上升到0.34的高位。

渐进式的社会主义市场化转型，促进农村内部的商品、要素在城乡间的更大范围内参与交换和收益分配。如图6-2所示，城乡关系调整主要由政策导向决定，与经济发展格局关系密切，分别经历了从“重物轻人”到“以人为本”的转变，从“计划经济管制思维”到“市场经济治理思维”的转变。城乡劳动力的流动从最初的“自然状态下的自由流动”向“农村内部流动”“农村到城市单向流动”和“城乡双向流动”演变，要素在城乡间的市场化流动为农村居民带来市场化收入的增长。处理好政府和

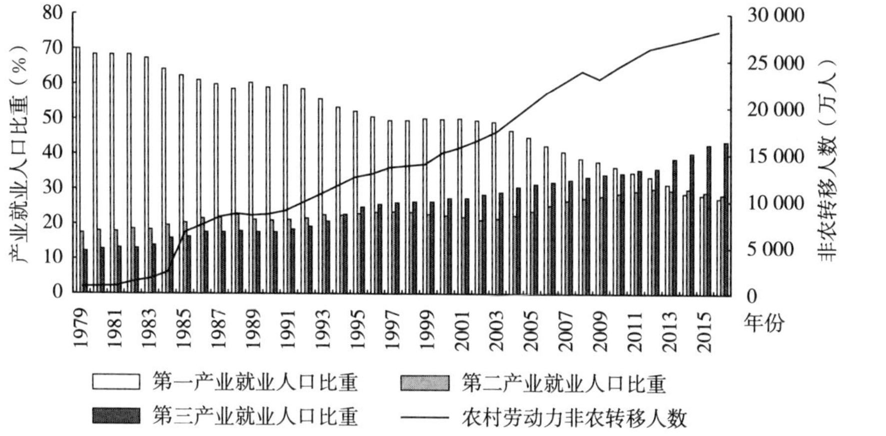

图 6-1　1979—2016 年农村劳动力流动数量与三次产业就业人口比重

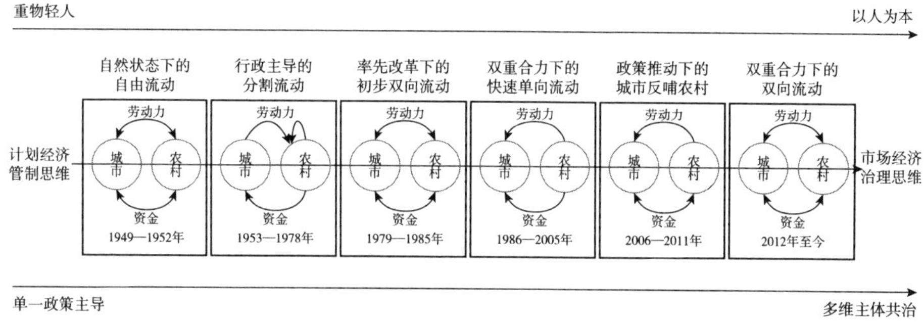

图 6-2　城乡关系发展背景下城乡资源要素流动的改革逻辑

市场的关系是我国经济体制改革的重点。改革开放以来我国实现农民收入大幅增长的一个宝贵经验就是打破计划经济体制，坚持市场导向，不断完善收入市场化形成机制。具体来看，过去 40 多年来，我国农村市场化改革是一个不断摸索尝试的渐进式过程，从城乡商品流通一体化到资金、劳动力等要素市场的发育，我国城乡市场体系不论是完备程度还是系统性上都实现了关键性突破，成为促进农民收入增长的重要因素。20 世纪 90 年代以来，随着市场经营和农产品价格逐步放开，农产品由最初的国家统购统销、统购包销进一步转为进入市场，农产品批发市场逐步建立起来并从弱到强，市场主体也从单一到多元，农产品流通体制、农产品市场调控机制不断健全，市场运行效率不断提高，实现了城市资金向农村的流动，带动了农民家庭经营性收入的增长。同时，国家对农民进城的政策性限制逐步放宽，大量农村劳动力得以从农业生产中分离出来，尝试走出农村、进城谋生。最先呈现出“离土不离乡”“进厂不进城”的短距离流动模式，后来逐步被大规模、跨区域流动的“民工潮”所取代，农村富余劳动力的转移促进了农业规模化发展，提高农民收入类型多样性，优化收入结构，进而促进农民增收。

2. 第二阶段（2003—2011 年）：**效率与公平关系权衡的转型期**

在这一阶段，为实现对经济发展和将收入差距控制在国际警戒线以下的双重目标，党中央在坚持效率优先原则的同时，逐渐把兼顾公平摆在越来越重要的位置。具体来看，2022 年党的十六大对分配环节中的效率和公平进行了明确界定，即“初次分配注重效率，再分配注重公平”，在发挥市场作用提高效率的基础上，进一步发挥政府对收入分配的调节职能，促进公平。2007 年党的十七大报告，更加强调公平的重要性，其不仅限于再分配领域，初次分配也要注重公平，具体表述是“初次分配和再分配都要处理好效率和公平的关系，再分配更加注重公平”。显然，经济社会发展到这一阶段，公平已经被摆在比效率更加重要的位置。所以说，这一阶段是在发展过程中寻求效率与公平的平衡中逐渐转向公平的转型时期。

进入 21 世纪后，农村税费改革和相关配套制度改革的推进，以及一系列强农富农政策的实施，使国家与农民之间的利益分配关系发生了由“取”向“予”的历史性转折①。同时，支持政策覆盖的范围和深度不断提高，推动农民家庭经营性收入和转移性收入的较快增长。但从实际执行效果来看，虽然城乡收入差距有所降低，农村内部收入差距仍在缓慢扩大，缺乏具有针对性的帮扶政策和措施②，农村基尼系数在 2011 年达到 0.37。

3. 第三阶段（2012 年至今）：**公平导向时期，农村内部收入差距呈波动变化**

进入新时代，效率与公平的权衡关系中，公平的主导地位越发凸显，共同富裕也逐渐从一种理想化的概念到进入中央决策和政策实施阶段。2012 年，在党的十八大报告“八个必须坚持”的基本要求中，有三个即从中国特色社会主义的内在要求、根本原则和本质属性的高度点明公平正义、共同富裕、民生保障的重要性。2017 年，党的十九大对实现第二个

---

① 涂圣伟．面向共同富裕的农民增收长效机制构建［J］．改革，2023（4）．

② 徐志刚，宁可，朱哲毅，等．市场化改革、要素流动与我国农村内部收入差距变化［J］．中国软科学，2017（9）．

百年奋斗目标作出分两个阶段推进的战略安排，即到2035年基本实现社会主义现代化，到本世纪中叶把我国建成富强民主文明和谐美丽的社会主义现代化强国。共同富裕目标与两个阶段同步实现，具体来看，第一个阶段“全体人民共同富裕迈出坚实步伐”；第二个阶段“全体人民共同富裕基本实现”。到党的十九届五中全会，将共同富裕相关内容表述为“人均国内生产总值达到中等发达国家水平，中等收入群体显著扩大，基本公共服务实现均等化，城乡区域发展差距和居民生活水平差距显著缩小……人民生活更加美好，人的全面发展、全体人民共同富裕取得更为明显的实质性进展。”教育、就业、社会保障、脱贫以及再分配成为促进共同富裕的主要抓手，提低、扩中、调高都有了更具操作性的政策工具。党的二十大进一步给出了共同富裕和现代化的关系，即“中国式现代化是全体人民共同富裕的现代化。共同富裕是中国特色社会主义的本质要求，也是一个长期的历史过程。”把共同富裕作为中国式现代化的本质要求和特征，为分阶段推进共同富裕奠定了理论基础。不仅如此，党的二十大还为扎实推进共同富裕给出了基本的路径，即构建初次分配、再分配、第三次分配协调配套的制度体系。一方面，通过实施就业优先战略和按要素分配制度，提高居民收入在国民收入分配中的比重，提高劳动报酬在初次分配中的比重，从而增加低收入者收入，扩大中等收入群体。同时，探索多种渠道增加中低收入群体要素收入，多渠道增加城乡居民财产性收入。另一方面，通过加大税收、社会保障、转移支付等的调节力度，从而规范收入分配秩序，规范财富积累机制，保护合法收入，调节过高收入，取缔非法收入。此外，还要引导、支持有意愿有能力的企业、社会组织和个人积极参与公益慈善事业。

尤其值得关注的是，2013年11月，习近平到湖南湘西考察时首次作出了“实事求是、因地制宜、分类指导、精准扶贫”的重要指示，这是我国为实现共同富裕所迈出的重要战略步伐。精准扶贫方略有效延缓了农村内部收入差距扩大，取得了历史性的成就，也为世界其他国家解决贫困问题提供了经验借鉴。具体表现为：一是历史性地整体消除绝对贫困。经过8年艰苦奋斗，现行标准下9 899万农村贫困人口全部脱贫，832个贫困县全部摘帽，12.8万个贫困村全部出列，14个集中连片特困地区区域性贫困问题得到解决。二是脱贫群众生活水平显著提升。脱贫地区农村居民人均可支配收入，从2013年的6 079元增长到2020年的12 588元。“两不愁三保障”全面实现。三是脱贫地区落后面貌根本改变。生活生产设施明显改善，多年遇到的像行路难、吃水难、用电难、通信难等问题得到历史性解决。四是脱贫群众精神风貌焕然一新。2013—2019 年 832 个国定贫困县农村居民收入年均增长 9.6%，比同期全国农村居民收入平均增速高出 2.1 个百分点，2015—2019 年（脱贫攻坚期），建档立卡户收入年均增长 30.2%，2019 年农村基尼系数比 2018 年下降了 0.017，为近年来首次下降，在实现共同富裕的道路上迈出了坚实的步伐。但是，农村基尼系数仍处于 0.36 的高位，接近 0.4 的国际警戒线水平，农村内部收入差距趋势性缩小的拐点尚未出现。

（三）城乡收入差距演化历程

收入分配影响生产效率、民众的切身利益和社会的稳定。从 1949 年新中国成立到 1978 年实行改革开放政策以前，我国收入分配均等化程度较高，城乡居民不存在所谓的收入差距问题。改革开放的 30 多年来，城乡居民的收入差距总体呈现先缩小再扩大的现象，可以划分成几个不同的阶段。

1. 第一阶段（1978—1997 年）：**居民收入差距扩大**

在党的十一届三中全会以前，我国处于计划经济条件下，平均主义的原则主导着收入分配。这种平均主义的收入分配格局不存在现在所讲的收入差距问题，实行平均主义的分配方式，社会既没有效率，又制约了收入提高的可能性。此阶段加大居民收入差距既是提高经济效益所必需的和必要的，也是发展与改革阶段不可避免的。

1978 年召开的党的十一届三中全会吹响了收入分配制度改革的号角——改革开放的大潮正式启动。1982 年农村实行了以“家庭联产承包责任制”为核心的体制改革，有效地将农民的收入同他们的劳动成果挂起钩来。这种经营方式极大地提高了农民生产的积极性和劳动生产率，农作物产量增长迅速。为了保障农民的利益，政府也采取相应措施：粮食等农副产品的收购价不断提高，农业生产相关的生产资料诸如化肥、农药等价格下调，这些措施大幅度地提高了农业劳动生产力发展水平，提高了农民从事农业生产的收入。与此同时，随着乡镇企业的蓬勃兴起，农民的收入来源渠道进一步拓宽。农村的改革与发展增大了对生产资料与生活资料的需求，促使城镇居民收入来源扩大，收入有所增长，但增长幅度不大，城镇居民的收入主要还是劳动收入。

从 1984 年开始，国家经济体制改革的重心从农村转移到城市，对国有企业先后实行了利改税、企业承包制等改革措施，在推进国有企业改革的进程中，所有制结构发生多元化变革，个体经济、私营经济、“三资”企业等非国有经济迅速发展起来。在城镇，人均收入不断攀升，平均主义这个最大的分配不公问题得以解决，新的收入分配格局开始形成，发挥了收入分配的激励作用①。1987 年党的十三大报告提出坚持“以按劳分配为主体，其他分配方式为补充”的分配原则。十三大再次重申：当前深化改革的任务主要是围绕转变企业经营机制这个中心环节。国有企业职工的工资和奖金同企业经济效益相挂钩，职工工资总额和企业经济效益按比例浮动。加之非国有经济得到大力发展，城镇人均收入不断攀升。

1992 年，邓小平视察南方讲话以后中国经济又进入新一轮改革开放的高潮期。国家加大了以市场化为导向的改革力度。1996 年，市场经济体制已经基本确立，生产要素市场逐渐发育，尤其是资本市场和证券市场的发展为资本投资开辟了新的渠道，多种经济成分获得了充分的发展。与此相适应，收入分配体制也有了更大突破。1997 年党的十五大明确了按生产要素分配的地位，多种分配方式并存的制度得以具体化。“坚持按劳分配为主体，多种分配方式并存的制度，把按劳分配和按生产要素分配结合起来”，明确“坚持效率优先、兼顾公平”，以及按劳分配和按生产要素分配相结合的分配制度，发挥了收入分配的激励作用。由于劳动者个体之间的差异和占有要素的不平衡，收入差距自然被拉大，尤其是非劳动收入明显拉大了收入差距，城镇居民收入差距不断扩大。

2. 第二阶段（1998—2003 年）：**收入差距继续扩大**

此阶段收入的差距虽然还在扩大，但还算正常，是合理的和可以接受的。经济发展是居民收入差距扩大的直接原因，全国居民收入普遍有所提高，而且人们对未来充满希望和期待。1998 年以后我国经济持续高速增长，带来了居民收入的大幅度提高，而城镇居民人均可支配收入的增长速度一直明显快于农村居民人均纯收入增长速度，致使 1998 年之后城乡收入差距呈逐年扩大态势，城乡收入比由 1998 年的 2.51∶1 增大到 2003 年的 3.23∶1。1998—2003 年，我国的基尼系数在 0.30～0.37，属于收入分配合理区间。

3. 第三阶段（2004—2008 年）：**相对差距和绝对差距同时扩大**

2004 年以后，城乡居民收入的相对差距和绝对差距均在扩大。2004 年

① 温铁军．八次危机［M］．北京：东方出版社，2013.

城乡居民收入比为 3.21∶1，收入差距 6 485.2 元，2008 年城乡居民收入比扩大到 3.31∶1，收入差距达到 11 020 元。实际收入差距还远大于二者直接对比的结果，因为国家统计局计算城镇居民收入时采用的可支配收入这一统计口径，忽视了城镇职工所享有的公费医疗、教育补贴、养老待遇等项收入，由此带来城乡收入差距的低估。2004 年，世界银行公布的我国基尼系数为 0.465，大大超过了警戒线。据联合国开发计划署《2005 年人类发展报告》提供的资料，中国财产最多的 20％的人口拥有 59％的财产，而财产最少的 20％的人口只拥有不足 3％的财产。

由国家发展改革委、国家统计局和中国社科院等单位的专家共同编写的《中国居民收入分配年度报告（2004）》指出："最高收入 10％的富裕家庭其财产总额占全部居民财产的 45％，而最低收入 10％的家庭相应比例仅为 1.4％。"根据国家统计局发表的《农村居民贫困状况》，2006 年农村按贫困标准每人每年 693 元，全国共有 2 148 万人，贫困发生率 2.3％。联合国 2006 年按当时贫困线标准计算（每人每天生活费不足 1 美元计算，这个标准适用于世界各国，包括非洲国家），中国的贫困人口为 23 500 万人，占全国总人口的 18％，在城市的每个角落里都可以发现穷人。世界银行 2006 年年底发布的《贫困评估报告》指出，中国穷人不但相对贫穷，而且绝对贫穷。中国社会科学院社会学所 2008 年 6—7 月进行了第二次全国综合抽样调查（GSS2008，CASS），调查数据的初步分析表明，在非农从业人员中，被调查者个人月收入（工薪收入与经营收入之和）差距有所扩大：收入水平最高的 20％被调查者的收入份额，是最低的 20％被调查者的收入份额的 18.7 倍。中国基尼系数超过国际警戒线，贫富差距日益拉大，劳动者之间分配不公，农民工收入过低，农村存在大量的贫困人口，广大的农民面临着庞大的生产、生活支出压力。另外，农民承担的高昂教育、医疗费用随时都可能成为农村家庭返贫的不安定因素，国家政策没有将他们纳入社会保障体系，而城镇社会保障体系相对完善。这些无形中拉大了城乡居民收入差距。全体公民未能公平分享经济改革与发展成果，差距过大，尤其是其中有很大一部分是属非规范收入造成的收入差距，这会严重影响人们工作和生产的效率，使得社会矛盾比较突出，社会不满情绪增加，为经济的进一步发展埋下隐患，成为影响社会阶层关系的重大问题，甚至成为社会不安定的根源，易引发社会动荡和混乱，而且影响中国下一步发展战略的顺利实施。因此，在分配过程中要逐步提高居民收入在国民收入分配中的比重，提高劳动报酬在初次分配中的比重，加大再分配环节对收入分配的调节力度，注重解决分配中的公平问题。在经济的持续增长中逐渐缩小城乡居民的收入差距，让广大的人民群众共同分享到经济发展好处。

4. 第四阶段（2009年至今）：**城乡收入相对差距持续下降**

国家统计局公布的2012年统计公报显示，2012年城乡居民收入实际增长快于GDP增长，且农村居民收入实际增速比城镇居民快1.1个百分点，实现连续三年农民收入增幅超过城镇居民。2012年农村居民人均纯收入7 917元，比上年增长13.5%，扣除价格因素，实际增长10.7%；城镇居民人均可支配收入24 565元，比上年增长12.6%，扣除价格因素，实际增长9.6%。2010—2012年农民收入实际增幅分别为10.9%、11.4%、10.7%，分别较同期城镇居民收入增幅高出3.1、3.0和1.1个百分点。与此同时，我国城乡收入差距在2009年达到3.33∶1的最高点之后，在农民收入快速增长的基础上，从2010年开始，农民收入增幅连续三年超过城镇，使得城乡收入差距在2012年缩小到十年来最低的3.10∶1。在此之后，我国城乡收入比持续稳定呈现下降趋势，国家统计局公布的2021年统计公报显示，城镇居民人均可支配收入47 412元，增长8.2%，扣除价格因素，实际增长7.1%；农村居民人均可支配收入18 931元，增长10.5%，扣除价格因素，实际增长9.7%，城乡收入比已经下降到2.5∶1。由图6-3可以得出，自2009年以来我国的整体城乡收入差距在波动中有所下降，但仍然处在较高水平。

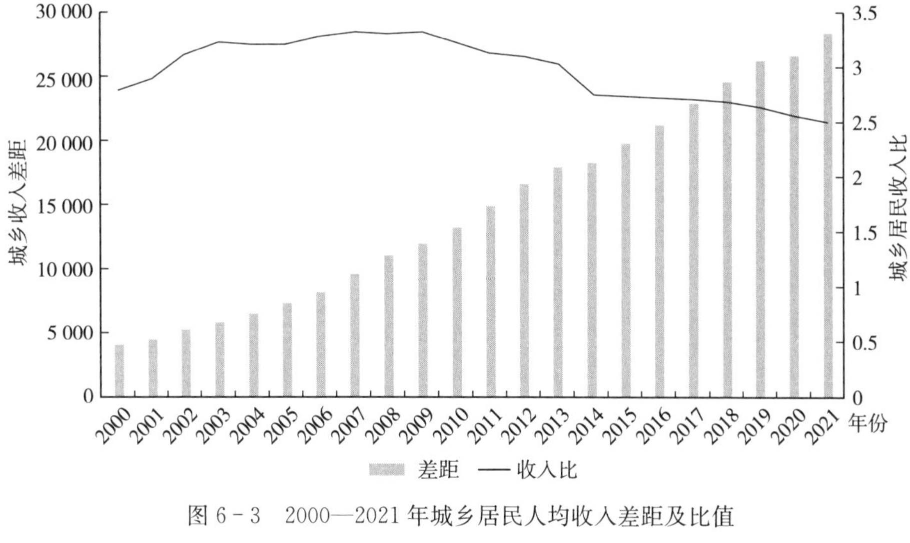

图6-3　2000—2021年城乡居民人均收入差距及比值

二、农民收入差距与共同富裕水平测度

随着经济发展，居民收入差距的扩大引发了一系列经济和社会问题。因此，缩小居民收入差距、实现共同富裕成为社会关注的焦点。

城乡居民收入差距总的来说可以分为绝对收入差距和相对收入差距，因而测度指标也可以分为绝对收入差距测度指标和相对收入差距测度指标①。

（一）单指标测算

1. 绝对收入差距测度指标

绝对收入差距是以货币单位或实物单位表示的差距，反映居民绝对收入的不同。我国公布的统计资料中，反映城镇居民收入状况的指标主要有：城镇居民家庭全部年收入、城镇居民家庭可支配收入和城镇居民家庭生活费收入。反映农村居民收入状况的指标主要有：农村居民家庭总收入、农村居民家庭现金收入和农村居民家庭纯收入。

2. 相对收入差距测度指标

相对收入差距是以收入比重（百分比）或相对份额表示的收入差距，反映居民收入相对比重的差距，是测度收入分配公平与否的重要标识。目前，测度居民相对收入差距的常用指标有以下几种。

（1）基尼系数。基尼系数是意大利经济学家克拉多·基尼于 1912 年从洛伦兹曲线推导出来的反映收入分配差距程度的一个综合性指标，它是最常用的衡量收入分配差距程度的指标。基尼系数的常用计算方法主要有图形法、等分法、差值法、自由分组法、两阶层分组法、回归方法、分层加权分解法等方法。

计算我国农村居民基尼系数的总体数值。假定将样本人口分为 n 组，令 y_i 代表第 i 组的人均收入，其数值可以通过计算分省数据得到，具体分成 3 步：第一步，由分省数据中的人均纯收入数值与总人数相乘折合成该省的农村居民总收入；第二步再将不同组别中各省的总收入相加得到该组别的总收入数值；第三步，将总收入数值除以农村人口总数得到该组别的人均纯收入。m 是全国农村居民的家庭人均纯收入的平均值，对总体中所

---

① 万广华．不平等的度量与分解［J］．经济学，2009（1）．

有的样本依据人均收入数值 y_i 由小到大进行排序，i 代表第 i 组的序号，则基尼系数的计算公式可表示为：

$$G=\frac{2}{n^2\times m}\times\sum_{i=1}^{n}(i\times y_i)-\frac{n+1}{n}$$

该方法存在与绝对收入差距测度指标一样的问题，即准确程度仍然取决于城市、农村居民收入的统计口径是否合理，而且不能反映社会不同收入阶层的收入分布以及变动情况。

（2）泰尔指数。泰尔指数是荷兰经济学家 Theil 于 1967 年运用信息理论提出的一个测定收入不平等或差异程度的指数，最早用于研究国家之间收入差距。以泰尔指数表示的国家之间的收入差距总水平等于各个国家收入份额与人口份额之比的对数的加权总和。泰尔指数公式为：

$$T=\sum_{i=1}^{n}\frac{Y_i}{Y}\log\frac{Y_i/Y}{P_i/P}$$

式中，T 为泰尔指数，n 为国家数，Y_i 和 P_i 分别表示 i 国家的收入和人口，Y 和 P 分别是总体收入和总人口。当用泰尔指数衡量农村内部收入差距时，Y_i 表示 i 组区域农村居民的收入，P_i 表示 i 组区域农村的人口数，Y 和 P 分别表示全国农村总收入和总人口数。泰尔指数的大小与收入差距成正相关关系，值越大表示收入差距越大，收入分配越不均衡；值越小表示收入差距越小，收入分配越均衡。

泰尔指数的优点在于其具有可分解性，可以分解测定收入差距程度，不仅可以测度总体收入差距，还可以显示出各组内部以及各组间的收入差距，可对它们对总体差距的影响分别作出判断与评价，从而寻找出形成收入差距的主要原因。泰尔指数不足之处主要体现在：①它所表示的收入差距受样本（即 n）大小的影响很大，n 越大泰尔指数会越大；②泰尔指数在进行分解时，计算很繁琐，容易出现误差。所以，在运用泰尔指数测算收入差距时，通常与基尼系数、洛伦兹曲线结合起来进行考察。

（3）结构相对数。结构相对数是度量规模和比率的一种统计相对数，是在分组的基础上，以各组的单位数与总体单位数对比，从而反映各个组成部分在总体内部结构中所占比重的一种综合指标。以计算城乡居民收入差距为例，计算公式为：

$$\eta_u=\frac{I_u}{I_u+I_r}\times 100\%;\eta_r=\frac{I_r}{I_u+I_r}\times 100\%$$

式中，η_u 和 η_r 分别表示城镇居民收入的相对系数和农村居民收入的相对系数，I_u 和 I_r 分别表示城镇居民人均可支配收入和农村居民人均纯收入。当 $\eta_u=\eta_r=0.5$ 时，表示城乡之间不存在差距。当 η_u 和 η_r 偏离 0.5 时，表示城乡之间存在差距，偏离越多表明城乡居民收入差距越大，偏离越少表明差距越小。若需要计算农村内部居民收入差距，则可以对农村地区进行相同方式的分组。该方法的优点在于简单、直观，但该方法的准确性仍然取决于城乡居民收入统计口径是否合理。

（4）加权变异系数。加权变异系数是由标准差和相对变异系数演变而来，它根据分组后各组的重要性和规模大小进行加权处理，权数为各组人口占总人口的比重。其表达公式为：

$$V_w=\frac{1}{\bar{x}}\sqrt{\sum_{i=1}^{n}\left[(x_i-\bar{x})^2\frac{P_i}{P}\right]}$$

式中，V_w 为加权变异系数，是各组加权人均收入的标准差均值之比，反映收入偏离人均水平的相对差距；x_i 为第 i 组（人均）收入，x 为收入的均值，n 为分组的个数；P_i 为第 i 组人口数，P 为人口总数；P_i/P 为各组人口占总人口数的比重，它实际上是第 i 组的加权系数，反映该组人口规模的权重。加权变异系数越大，表明城乡居民收入分配差距越大。加权变异系数能灵敏地反映收入分配的两端，即能灵敏地反映贫困阶层和富裕阶层的收入状况。由于公式中出现了平方项和根式，计算过程稍显复杂。

（5）库兹涅茨比率。库兹涅茨在 1971 年关于发展中国家和发达国家收入分配的开创性研究中，引入了库兹涅茨比率概念。即将各收入组的收入份额占社会总收入比重与其人口比例占全部人口的比重的差额相加，用公式表示为：

$$K=\sum_{i=1}^{n}|Y_i-P_i|$$

式中，K 表示库兹涅茨比率，Y_i 和 P_i 分别表示各收入组的收入份额占全部收入的比重以及各组人口数占全部人口的比重，即 $Y_1+Y_2+\cdots+Y_n=1$，$P_1+P_2+\cdots+P_n=1$。库兹涅茨比率越大，说明收入分配的不均等程度越大。

该指数计算简单，适用范围非常广泛，它可通过样本分组数据甚至在部分数据已经残缺的情形下得出来，而无需详细的个人数据。但计算中由于给各个组所赋的权重不等，最富有组和最贫穷组的权重较大，中间组的权重较小，所以，当收入分配出现两极分化时，库兹涅茨比率的数值变化幅度要大一些。当分组越细，组数越多，计算得到的结果就越接近真实情况，但同时也增加了统计和计算的复杂程度。

（二）综合指标体系法

运用单指标测度共同富裕，涵盖内容尚不够全面。习近平总书记曾强调："我们说的共同富裕是全体人民共同富裕，是人民群众物质生活和精神生活都富裕，不是少数人的富裕，也不是整齐划一的平均主义。"[①] 具体而言，一方面，共同富裕不是同步富裕，不是低水平的均等富裕，也不是毫无差距的均等富裕，而是时间有先后、有底线、有层次、差距合理的普遍富裕；另一方面，共同富裕意味着多维综合的幸福生活和人的全面发展，不仅仅是指物质生活方面的富裕，同时也包括精神方面的富裕，还包括社会和谐、区域间协调发展、城乡融合发展、适度收入差距、环境宜居宜业、基本公共服务均等化等多个方面。共同富裕是发展与共享的有机统一，两者相辅相成，互惠互利，要在发展中实现共享，在共享中促进发展。

实现共同富裕既要做大"蛋糕"，也要分好"蛋糕"。做大"蛋糕"是分好"蛋糕"的前提，而做大"蛋糕"离不开一定的生产力基础，如果没有较高的生产效率做支撑，共享将成为无源之水。因此，有效地提高生产效率是实现共同富裕的必经之路，只有不断发掘经济发展的内生动力，创造和积累财富，把"蛋糕"做大，才能有更多的"蛋糕"可分。同时，要公平合理地分享"蛋糕"，既需要坚持保障社会的活跃性和创造性，但也不能任由收入差距无限扩大。只有防止两极分化，促进人的全面发展和社会的全面进步，才能实现共同富裕的最终目标。

在总体富裕方面，主要从物质富裕和精神富裕两个方面对共同富裕水平进行测度。具体来看，物质富裕包括人均 GDP、人均可支配收入、人均消费支出、全员劳动生产率、人均住房面积、人均医疗床位、普通高中生师比、人均公路里程、人均娱乐消费支出占比等；精神富裕方面，限于既有数据可得性，主要包括万人拥有图书馆个数、万人公共文化设施面积、互联网接入情况等。

在共享发展方面，主要包括人群共享、地区共享和城乡共享。其中，人群共享主要包括中等收入群体平均收入水平、中等收入与低收入群体收入比、行业收入离差等；地区共享主要包括地区人均可支配收入和财富差距、地区人均基本公共服务支出差距、地区最高与最低可支配收入比等；

① 习近平，扎实推动共同富裕［J］. 求是，2021（20）.

城乡共享主要包括城乡人均可支配收入泰尔指数、城乡人均消费支出比、城乡人均基本公共服务支出差距、城乡中等收入群体平均收入差距等①。

在测度共同富裕发展水平前，首先，需要建立科学、合理及具有说服力的指标体系；其次，考虑到指标体系中具有大量的指标，有必要科学地对指标进行赋权。具体来看，指标的赋权方法主要有主观赋权法和客观赋权法，但主观赋权法可能由于人为因素造成指数测度不准确，从而难以真实反映指数的最终结果，常见的主观赋权法包括德尔菲法，故采用客观赋权法中的主成分分析法、熵值法、BP 神经网络等方法赋权共同富裕的基础指标是更加合适的选择②。

三、促进农民共同富裕的基础条件与制约因素

（一）促进农民共同富裕的基础条件

1. 经济持续稳定增长的收入效应

发展生产力是实现农民农村共同富裕的前提和必要条件，推进农业现代化、实现物质财富极大丰富是其中关键所在。自党的十八大以来，国家出台了财政、金融、产业和收入分配等一系列支持“三农”发展的政策措施。十九大报告提出了实施乡村振兴战略，强调乡村经济建设，并将发展乡村产业，提升乡村生产力作为乡村振兴的关键领域，从宏观层面促进乡村经济发展。近年来，国家不断加大对农村产权制度、农业经营体制、农村要素市场和收入分配制度等改革力度，不断释放改革红利和制度红利，从而极大地推进了农村生产力的发展，显著提高了农民的收入水平。从农业总产值来看，2021 年第一产业增加值为 83 086 亿元，比上年增长 7.1%，达到了历史的新高。从农村居民的收入和支出情况来看，2021 年农村居民的人均可支配收入达到了 18 931 元，比上年增长 10.5%，人均消费支出为 15 916 元，增长 16.1%，保持了良好的增长势头。农民收入的增加和消费水平的提高，标志着农村居民生活水平与生活质量的提高。农村生产力的发展为创造更丰富的社会财富、提高农村居民收入水平和生活水平打下了雄厚的经济基础，有利于实现全体农民共同富裕。

① 王军，朱杰，罗茜．中国共同富裕发展水平测度及时空演变特征研究［J］．当代经济管理，2023（6）．

② 郭卫军，张衔春．中国共同富裕水平的测度与区域时空差异研究［J］．经济问题探索，2023（4）．

2. 分阶段推进扶贫的减贫效应

我国仍处于社会主义初级阶段的基本国情长期不会变，这也意味着共同富裕的实现不是一蹴而就的，而是长期的过程，需要分阶段、分层次逐步推进。农民农村共同富裕是共同富裕的重要组成部分，在不同的历史阶段，其实现过程也根据其时代背景的差异而呈现出阶段性的特征。新中国成立以来，我国不断探索推进实现农民农村共同富裕，在不同历史阶段呈现出不同的阶段性特征。1953 年 12 月，中共中央通过的《关于发展农业生产合作社的决议》确定了党在农村工作中的最根本的任务，即“使农民能够逐步完全摆脱贫困的状况而取得共同富裕和普遍繁荣的生活”。对于实现农民农村的共同富裕，以毛泽东同志为核心的党的第一代领导集体，明确提出要走社会主义道路，推动实现所有农民都要富裕，党把解决全体农民温饱问题作为最根本的任务，着重关注社会主义制度引领作用对于实现共同富裕的重要性。改革开放时期，邓小平同志强调要以先富带动后富，最终达到共同富裕，并指出“社会主义的目的就是要全国人民共同富裕，不是两极分化”。该阶段农村地区通过实施家庭联产承包责任制等制度性措施激发农业劳动者生产积极性和经济发展的方式，全体农民逐步迈入小康社会。进入新时代，以习近平同志为核心的党中央，坚持以人民为中心的发展思想，深入落实和贯彻新发展理念，扎实推进精准扶贫和精准脱贫工作，将开放式扶贫和救助式扶贫方式有效结合起来，落实“六个精准”和“五个一批”扶贫政策和实践路径，在贫困治理方面取得了举世瞩目的伟大成就。2020 年，现行标准下我国的相对贫困人口实现了全部脱贫。2012 年以来，我国每年减贫规模均在 1 000 万人以上，农村贫困人口减少了 9 000 多万，脱贫攻坚完成后有一亿左右人口脱贫、832 个贫困县全部摘帽，区域性整体贫困得到解决。打赢脱贫攻坚战也标志着我国全面建成了小康社会。全面建成小康社会不仅使得部分农民摆脱贫困，过上了小康生活，而且为进一步推动实现农民农村的共同富裕奠定了坚实基础。

现阶段，如何解决农村发展不充分、城乡发展不平衡问题是当前积极应对社会主要矛盾转变，促进农民农村共同富裕必须思考的问题。因此，立足新发展阶段的时代背景，历史性地解决这些问题，仍然需要按照建设现代化国家新征程既定的阶段性目标稳步推进，在 2035 年基本实现共同富裕，在 2050 年实现全体人民共同富裕。

3. 基本公共服务供给的减贫效应

农业生产是农村居民赖以生存的物质保障，提高基本公共服务供给水平对贫困地区农业生产的发展具有重要意义。主要表现为以下几个方面：第一，基本公共服务水平的提高能够增加农业生产效率，是促进经济增长、降低贫困的一种重要途径。政府通过对农村基础设施项目的合理规划，完善基础设施配备，提高公共服务的质量，以此来带动贫困地区的农业生产效率，帮助贫困地区经济发展，也能够减少贫困地区的脆弱性，防范和抵御自然危害与气候条件带来的各类风险。第二，基本公共服务能提高贫困地区农民的生产能力，是摆脱贫困的一个重要方式。增强贫困地区教育的覆盖面积及力度，提供基本医疗设施，能够有效降低农民的生计成本。第三是通过提供基本公共服务，增加贫困地区家庭的收入，改善生活状况。政府向贫困地区进行项目转移，提供基本公共服务，不仅能够增加贫困地区人口的收入，还能够在一定程度上提高贫困地区家庭的生活质量。通过提供基本公共服务，提高贫困群体福利水平，实质上是对经济欠发达地区与经济发达地区弱势群体进行的社会收入再分配①。

基本公共服务的减贫效应还体现在提高农民的个人发展能力上。第一，政府通过增加对贫穷地区基本公共服务的供给量，提高人力资本投入与农村基础设施建设，能够促进农民市场参与度，有效帮助贫困地区农民摆脱贫困现象。世界银行对中国农村与城市的研究表明，在一个家庭中，如果有一个家庭成员接受过高中或者高中以上的教育，这个家庭几乎就不会有陷入贫穷的可能。调查表明，接受过初中或者初中以上的教育的人口仅占社会总贫困人口的 2%，远低于 10%的社会平均人口贫困率。但是 2009 年对我国农村地区的调查表明，我国农村地区仅有 10%贫困人口所在的家庭接受过初中或者初中以上的教育。第二，政府增加对贫穷地区基本公共服务的供给量能够充分利用农村地区富余劳动力。贫困地区劳动力在市场中得到认可，充分发挥其劳动力优势，能够获得劳动报酬，增加收入。第三是政府增加对贫穷地区基本公共服务的供给量，可以提高贫困地区人口积累资本的能力。通过提高基本公共服务供给，能够有效增强贫困地区农民资本积累能力，改善贫穷落后的状况，增强就业竞争能力。

（二）制约农民共同富裕的因素分析

1. 农业农村现代化水平较低

农业农村现代化是实现农民农村共同富裕的物质保障与强力支撑。然

① 王昉，燕洪．财政转移支付政策与贫困治理：基本逻辑与思想转型［J］．财经研究，2022（8）．

而，当前我国的农业农村现代化水平不高，高质量发展程度较低，无法有效地推动农民共同富裕进程。从农业农村现代化的角度来看，首先，我国部分农村地区仍采用小规模、半机械化生产方式，而分散化、粗放型的生产难以形成规模效应，农业生产效率低、产出有限等劣势严重阻碍了农业现代化的发展。其次，农业产业结构不合理、产业体系不健全现象使得农业资源难以得到充分利用，农产品附加值低，难以创造足够的价值支撑实现农民农村共同富裕。最后，农业农村现代化缺乏足够的动力和支撑。农村要素市场面临着资源、资产难以盘活、涉农贷款抵押问题和社会资金的农村市场准入限制等问题。同时，城乡要素资源流动不足，并受到城市“虹吸”效应的影响，导致乡村资本与人才向城市集中，农业农村现代化的发展势头不足。

习近平总书记指出，农村现代化既包括“物”的现代化，也包括“人”的现代化，还包括乡村治理体系和治理能力的现代化。在农村，“人”的现代化是指农民的现代化。从农民现代化的角度来看，农民的现代化是推进农业农村现代化的重要依托，是实现农民农村共同富裕的关键目标。但是，我国当前的农民现代化水平低下，严重制约了农民农村共同富裕的进一步发展。为提升农民的现代化水平，需要提高农民的人口素质和劳动力素质。然而，由于城乡发展的差距，大量农村青壮年劳动力外流，而留守农村的老弱妇残群体，难以提高劳动力素质以适应发展需求。此外，提升农民现代化水平需要提高农村基础设施和公共服务供给能力，保障农村居民享有均等化公共服务，提高生活质量，但是当前我国农民所享受的公共服务资源不足，生活品质改善有限，多元化需求难以得到满足，而这也阻碍了农村居民共同富裕的实现。

2. 城乡之间不平衡发展矛盾突出

新中国成立以来，我国的城乡关系一直在“分离”与“融合”中徘徊。随着我国经济社会快速发展，城乡关系也进入了融合的新阶段，并逐渐形成了“工农互促”“城乡互补”“全面融合”的新型城乡关系。在肯定成绩的同时，必须意识到，相比于城市的高速发展，农村的发展相对滞后，城乡之间不平衡发展的矛盾仍然比较突出，是急需解决的重要问题。

首先，城乡之间产业发展存在较大差距。城乡关系在政策制度、地理区位、人口特征以及资源禀赋等多层次因素的影响下，形成了长期以来的城乡割据状况。城乡在产业方面的发展差距问题成为社会主要矛盾的重要表现形式之一，影响着农民农村共同富裕的实现。从产业来看，我国城乡之间要素资源配置不均衡，资本、劳动力、技术等都流向了利润率更高的二、三产业，以农业为主的农村产业体系较为落后，发展效率低下，发展质量不高，加之城乡产业结构趋同、发展脱节、互动不足等问题使得城乡之间难以实现产业与资源优势的互补，直接导致了农村产业发展相对滞后。

其次，城乡之间的收入差距持续高位。城乡居民收入差距过大仍是当前社会的重要矛盾。以人均可支配收入作为衡量标准，城乡居民之间的差距仍然较大。1978 年我国城乡居民收入比约为 2.0，而到 2021 年，我国城乡居民人均可支配收入分别 47 412 元和 18 931 元，两者的比值约为 2.5。城乡产业发展不平衡、资源要素分布不均以及城乡二元经济结构等都是导致城乡收入差距的直接原因。近年来，随着国家政策的干预和农村经济的发展，中国城乡居民人均可支配收入差距明显改善，但总体而言，城乡收入差距较大的问题仍是阻碍实现农民农村共同富裕的关键因素。

再次，城乡之间差异化的基础设施建设和基本公共服务的差距影响着农民幸福感的提升。近几年，在党和国家的不断推动下，我国农村在水、电、气、路、房等方面的基础设施建设得到极大发展，然而在信息化、数字化等新型基础设施建设方面还存在很大的不足，与城市地区建设水平差异显著。从基本公共服务来看，农村的教育、医疗、失业保障以及养老等民生福利建设显著弱于城市，城乡基础教育资源配置失衡，乡村教师、医生等人才缺口严重，农村农民养老保障水平还比较低，农民生活品质难以得到显著提升等，制约着农民农村共同富裕水平的提高。

3. 返贫问题与相对贫困亟待解决

2020 年我国全面建成小康社会，实现农村人口全面脱贫。这种脱贫是由政府政策主导拉动实现的，其具有效果显著、起效快的优势，但返贫风险仍然存在，一旦出现重大意外或是缺乏后续的政策保障，极有可能出现规模性返贫现象。主要有以下几个方面的原因：第一，部分地区脱贫人口收入水平不高，就业不稳定性较高，个人和家庭抵御风险能力较差，意外事故或是疾病等突发性风险事件都有可能打破收支平衡，使之快速返贫。第二，部分脱贫人口发展能力弱，尚未实现“扶贫”“扶志”“扶智”的同步，缺乏内生发展动力，对政策性帮扶依赖性过强，难以实现自身可持续发展。第三，脱贫攻坚的主要举措是发展扶贫产业，产业发展危机也会影响脱贫效果，增大返贫风险。如老少边穷等地区，限于地理区位因素，自身受到区域经济中心的辐射作用较小；同时，部分脱贫地区受到资源环境约束的影响，资源开发、经济、产业发展也受限。此外，部分地区扶贫产业可持续发展能力不强，项目同质化现象严重，导致产品生产过剩，市场接受程度不高，配套服务体系不完善，市场竞争力较差等一系列问题。其产业发展能力较弱，对就业的带动和促进农民收入增加的作用比较有限，难以实现农民农村共同富裕。

相比于绝对贫困，相对贫困问题的解决难度更高。世界银行在《1981年世界发展报告》中指出："相对贫困是指在一个社会中，个人或家庭可以依靠收入维持其基本食物需求，但无法满足其教育、医疗、住房、社会保障等其他基本需求，并且存在发展机会和能力缺失的情况。"相对贫困具有多维特征，包括收入低和支出不足，以及存在物质贫困和精神贫困的双重贫困状态，即其处于社会困境之下难以满足教育、卫生等基本能力需要的社会排斥状态。按照相对贫困的多维标准来衡量，在中国处于相对贫困的人口基数较大，解决相对贫困的任务仍然艰巨。导致相对贫困的原因比较复杂，包括制度、政策、产业、文化和社会方面等多种因素。因此，解决相对贫困涉及制度支持、经济发展、收入分配、公共服务和社会保障等多个领域，需要协同推进和打持久战。

4. 城乡二元结构有待破除

中国城乡二元体制是以户籍制度为基础形成的，在土地、资本、劳动力等要素市场、商品市场、基础设施和基本公共服务供给等方面城乡二元的体制机制。中国城乡二元体制的形成，既有历史原因，也有现实原因。历史原因包括，20世纪50年代后期起，由于计划经济体制确立，户籍分为城市户籍和农村户籍，城乡二元体制形成，城乡间劳动力等要素流动受到严格限制，形成了行政主导的分割流动①。改革开放以后坚持了城乡二元体制和继续实施了有差别的工农业和城乡发展政策。这些政策导致工业和农业之间、城市和农村之间、城市居民和农村居民之间出现了较大的发展差距。近些年来，党和国家为解决城乡发展不平衡问题采取了一系列措施，不断破除城乡二元户籍制度为核心的制度藩篱，引导社会发展资源流向农村，使得城乡融合发展取得了一定的成效，但是发展差距大的问题依旧显著，以户籍制度为核心的城乡二元分割体制影响深远，成为阻碍实现农民农村共同富裕的重要因素。

---

① 国务院发展研究中心农村部课题组．从城乡二元到城乡一体——中国城乡二元体制的突出矛盾与未来走向［J］．管理世界，2014（9）．

城乡二元体制根本来说是因为城乡要素双向流动不畅，城市主导、工业优先的价值取向与政策导向根深蒂固。产权、户籍、分配等体制机制创新的不确定性与阻力仍然存在，制度创设没有跟紧需求，各项政策改革亟待形成合力。目前，城乡融合发展主要依靠城市、城镇的辐射带动作用，没有充分挖掘农村的生产、生态、生活功能。农村地区产业发展缺乏资金支持，粗放管理，效率低下；生态方面，污染频发，生态基底腐蚀严重；生活空间内部“空心化”，公共基础设施严重不足。“三生”空间缺乏整体规划，导致城市要素下乡受阻，农村资本外流，农村消费市场潜力难以释放，影响着农民农村共同富裕的实现。

四、实现农民共同富裕的路径与对策

（一）推进户籍制度改革，缩小城乡机会性差异

户籍与居民享受的教育、医疗以及社会保障等公共服务高度相关，是造成个体陷入低收入状态的最主要制度性约束，也是最重要的机会因素。目前大多数低收入人口还在农村，部分农村居民虽然已经脱贫，但是面临较大的生计脆弱性和返贫风险，距离跨入中等收入群体还存在相当的距离，关注这部分人的收入提升问题应该是共同富裕推进的工作重点。中国的户籍制度虽然已经在不同城市有不同程度的改革，但从目前的效果来看，拥有农村户籍的人口依旧在劳动力市场上面临劣势，在医疗和教育等公共服务上和城市居民还有着较大差距。当前，户籍制度改革不断深化，《“十四五”新型城镇化实施方案》明确指出，放开放宽除个别超大城市外的落户限制，试行以经常居住地登记户口制度，全面取消城区常住人口300万以下的城市落户限制，确保外地与本地农业转移人口进城落户标准一视同仁。全面放宽城区常住人口300万～500万的Ⅰ型大城市落户条件。完善城区常住人口500万以上的超大特大城市积分落户政策，精简积分项目，确保社会保险缴纳年限和居住年限分数占主要比例，鼓励取消年度落户名额限制。应以此为契机，继续深化户籍制度改革，逐步建立城乡统一的户口管理制度，实现城乡基本公共服务均等化，不断缩小城乡差距。

（二）探索农村居民持续增收新机制，扩大中等收入群体

产业振兴促增收，农民收入增长根本上要靠产业支撑。在有效保障粮

食安全和重要农产品有效供给的基础上，应进一步优化乡村产业布局，加快现代农业产业园区、农业现代化示范区等载体建设，提升农村一二三产业融合发展水平，培育壮大现代种养业、乡村特色产业、农产品加工流通业、乡村休闲旅游业、乡村新型服务业等。同时，发展乡村产业，实现产业富民，遵循把产业链主体留在县域，把就业机会和产业链增值收益留给农民的基本导向，为此，需要加大对紧密型利益联结模式构建的有效激励和补偿。

壮大集体促增收，实现农民抱团增收。“统”与“分”都是发展农村生产力的重要途径。当前，不论是破解农业劳动生产率困境，还是促进农村经济高质量发展，都需要在稳定“分”的基础上更好地实现“统”的功能，通过更有效的“统”来促进统分结合迈向更高水平，农村集体经济在这方面具有不可替代的优势。只要农村集体产权明晰，集体经济运营机制对路，集体资源资产就能有效转化为农民增收致富的重要来源，农民增收的基础将更加稳固，防范减收风险的支撑也将更加稳固。

优化补贴促增收，强化农业农村再分配。农民持续增收离不开国家的支持保护。更好地补贴农民农村，需要推动现有支持政策转型。一是从政府直接干预转向市场主导，减少对市场运行的直接干预，让市场信号真正反映供求关系，引导资源配置。二是从生产支持拓展到产业链供应链提升，同时加大对乡村新产业、新业态、新模式的支持力度，实现农业功能从生产向生态、生活功能拓展。三是从增量支持转向提升政策效能，在提高政策协调性上要效率，统一直接补贴、价格支持、保险补贴等政策目标，提高政策合力；在保持政策延续性上要效率，对投入周期长、见效慢的领域，要稳定投入，久久为功。

（三）优化区域发展政策，同步缩小区域间和区域内差距

加大转移支付力度是缩小区域收入差距的重要举措。我国社会主要矛盾已经转化为人民日益增长的美好生活需要和不平衡不充分的发展之间的矛盾，区域发展不平衡不充分是其中一个主要方面，是扎实推动共同富裕的重要制约因素。地域因素是影响低收入群体收入的第二大机会因素，出生在中西部地区的人口相较于东部地区而言，面临更少的发展机会和平台，向上流动的机会与能力都存在先天性劣势①。党的二十大报告强调，

① 史新杰，李实，陈天之，等．机会公平视角的共同富裕——来自低收入群体的实证研究［J］．经济研究，2022（9）．

"深入实施区域协调发展战略、区域重大战略、主体功能区战略、新型城镇化战略，优化重大生产力布局，构建优势互补、高质量发展的区域经济布局和国土空间体系"，要求推动西部大开发形成新格局，推动东北全面振兴取得新突破，促进中部地区加快崛起，鼓励东部地区加快推进现代化。

在这方面，财政转移支付是缩小地区发展差距、推动区域间财力均等化、促进共同富裕的主要政策工具。更多的资金应该用于投资中西部以及东北地区的人力资本建设，同时合理引导人口在不同区域之间流动，为出生在相对欠发达地区的个体提供更多的选择空间。我们需要进一步发挥转移支付在推动区域经济发展上的杠杆作用，持续优化转移支付支出结构，将投资重心向困难地区和欠发达地区倾斜，加大对口支援和帮扶工作力度，提升整体发展能力和水平；要提高转移支付资金使用效益，健全转移支付监管体系，完善转移支付绩效评价体系，切实提高转移支付项目实施的精准性，提高资金使用效率；重点提升对农民农村的转移支付力度，既要加大财政对农村教育、医疗卫生、养老抚幼、社会救助等方面的支出力度，也要改进缴费、待遇领取等方面的制度设计，实现待遇均等化，逐步缩小城乡之间、农村不同群体之间和不同地区之间居民可支配收入中的转移性收入差距。

（四）关注农村弱势群体收入，打通共同富裕薄弱环节

完善农村再分配调节机制是调整农村收入分配格局的重要内容。中等收入群体通常是指一个经济体中收入达到中等水平、生活较为宽裕的群体，是推动经济高质量发展的人力资本基础，也是当前经济复苏阶段促进国内国际双循环、维护社会和谐稳定的中坚力量。要依靠政策力量和优惠制度等提供有利于提高低收入群体收入的环境条件，持续扩大农村内部中等收入群体。需要充分发挥社会政策作用，精准识别农村弱势群体，给予更多的政策支持和生活保障，让低收入群体真正受益，切实发挥农村社会政策在缩小收入差距和缓解相对贫困中的积极作用。农村老年群体是共同富裕推进容易忽略的目标人群，其养老金和医疗保险等公共服务相较于城市老年群体而言差距较大，更容易陷入低收入状态。对于这部分群体而言，应该采取兜底性的社会保障政策，基于最低富裕标准，在确保财政可负担的前提下，通过转移支付进一步提升其生活水平。

第七章

农业政策与法规问题研究

农业政策是党和政府根据整个国家和地区农业发展需要而制定的共同行动准则；农业法规是调整国家在干预、支持和保护农业生产经营活动及与其直接相关的其他活动过程中所发生的各种社会关系的法律、行政法规、地方性法规以及政府规章等规范性文件的统称。在市场经济条件下，党和国家通常需要制定相应的农业政策与农业法规对农业发展进行指导和规范，为制定农业发展规划和宏观调控农业经济提供依据。

一、农业政策与农业法规的基本理论

（一）农业政策的内涵与作用

1. 农业政策的基本内涵

政策是指国家和政党为实现一定目标而制定的行为准则。所谓农业政策，是指根据党的路线方针，为了实现一定的社会、经济及农业发展目标，在一定时期内针对农业发展过程中的重要方面及环节制定的具有激励或约束作用的一系列措施和行动准则的总称①。

农业政策是国家经济政策的重要组成部分。首先，农业政策是党和政府根据整个国家和地区农业发展需要而制定的共同行动准则，目的在于推动国家和地区农业技术革新和农业经济发展、调整农业生产过程中发生的经济活动及经济关系，根本任务是确保农民的根本利益，具有鲜明的纲领性和政治性。其次，农业政策必须有客观事实依据。虽然农业政策是主观制定的，但仍要符合特定时期国家的政治情况、客观情况以及经济发展规律，必须具备科学性。最后，在农村经济发展的不同阶段，农业发展的关

① 吴忠福，王晓艳．农业政策与法律法规［M］．北京：中国农业科学技术出版社，2015.

注点不尽相同，农业政策需根据农村经济发展的实际情况进行调整，因而农业政策具有阶段性与发展性。

农业政策在制定时通常从农业及农业相关部门的生产、经营、交易、管理活动等角度出发，对粮食安全与农产品有效供给、农业基础设施建设、农业科技创新等领域进行激励或约束。在不同的国家，农业政策的制定主体与政府在农业中起到的作用存在差异，农业政策会随农业经济的发展形势及环境变化发生调整。

2. 农业政策的作用

中国始终把推动农业发展放在首要位置，政府时刻关注“三农”问题并出台一系列惠农政策以促进农业发展。作为影响农业发展的重要因素，农业政策在农业发展过程中的作用主要表现在以下几方面①。

（1）指导作用。即通过确定农业发展的宏观方向，对从事农业生产经营的微观主体进行宏观指导。通过农业政策的指导作用，使微观主体行为与农业发展宏观方向保持高度一致，节约微观主体从事生产经营过程中盲目探索的时间成本，提升农业发展全过程效率。

（2）协调作用。即协调农业发展过程中出现的各种利益关系和矛盾。在农业发展过程中会出现各种各样的矛盾，如农产品供给不足与需求激增、需求趋向多样化之间的矛盾，有限的农业基础设施水平与农业农村高质量发展要求之间的矛盾，稀缺资源过度使用与可持续发展要求之间的矛盾等。农业政策作为解决农业发展过程中各类矛盾的重要手段，能够规定处理各类矛盾的基本原则，提供解决各类矛盾的基本规范，有效协调并解决农业发展过程中产生的各类矛盾。

（3）激励作用。即通过政策调动和保护农民的积极性。农民的积极性与农业发展存在密切联系，一个国家农业的发展速度在很大程度上取决于农民的积极性。政府通常会出台一系列农业政策措施为农民提供物质利益，进一步调动农民积极性，如支持发展乡村产业、完善农民工就业支持政策、深入实施新生代农民工职业技能提升计划等。通过实施这些政策措施可以使农民获得更多的物质利益，从而调动农民生产积极性、推动农业高质量发展。

（4）调控作用。即通过各种政策实现政府对农业发展的宏观调控。政策是实现政府对农业宏观调控的重要手段。一般情况下，政府通过制定和

① 何忠伟．中国农业政策与法规［M］．北京：中国农业出版社，2009.

实施相关农业政策，如产业政策、财政政策、信贷政策、价格政策、税收政策、收入政策等对农业发展进行宏观调控。

（5）约束作用。即政策对经营主体行为所形成的某种限制。政策的一个本质性内涵是对政策的接受者与执行者进行约束和限制。如农村土地政策对土地使用者的使用权和经营权进行约束；农业可持续发展政策对生产者在农业生产过程中污染排放进行约束等。农业政策的约束作用是推动农业发展的关键，如果没有约束作用，农业政策就会失去效力，无法发挥其作用。

（二）农业法规的基本概念、特征与作用

1. 农业法规的基本概念

为推进我国农业现代化进程，有关部门通常会采取多种手段对农业发展进行引导规制。除运用行政手段制定农业政策对农业发展过程进行激励或约束外，法律手段同样是国家进行农业发展过程管理、调控农业经济发展的一种有效手段。一般情况下，有关部门会采用颁布农业法规的法律手段对农业发展过程进行管理。

农业法规的概念存在狭义和广义之分。狭义的农业法规通常指对农业发展过程中出现的根本性、全局性问题进行规定的农业基本法，即 1993 年通过并于 2012 年进行第二次修正的《中华人民共和国农业法》。广义的农业法规是指由国家权力机关、国家行政机关以及地方机关制定并颁布的，调整国家在干预、支持和保护农业生产经营活动及与其直接相关的其他活动过程中所发生的各种社会关系的法律、行政法规、地方性法规以及政府规章等规范性文件的总称。

2. 农业法规的基本特征

农业法规作为调控我国农业发展过程的法律手段，与其他调控农业经济的手段相比，能建立并维护农业经济活动的正常秩序，保证其他手段维持正常运转、发挥自身作用。农业法规作为法律工具具有其独有的特征。首先，农业法规具有国家意志性和权威性。具体表现在农业法规是由国家制定或认可的，体现国家的意志。与政策等调控手段发生冲突时，具有更大的权威性。其次，农业法规具有国家强制性。具体表现为农业法规由国家强制力保证实施。再次，农业法规具有普遍约束性。具体表现为所有从事农业经济活动的组织或个体都必须遵守农业法规，人人平等。最后，农业法规具有规范性。具体表现为农业法规以明确的规范，规定了从事农业

经济活动者的组织或个体在农业经济活动过程中的权利与义务。

3. 农业法规的作用

农业法规在管理农业发展、调控农业经济发展过程中均起到了十分重要的作用。一方面，农业法规是调整农业市场经济的重要方式。我国农业市场存在严重的结构性和外部性问题，要解决目前面临的问题，离不开法律手段的干预。结合我国国情、经济发展情况以及现实情况，农业资源配置方式需要从以政府分配为主转向以市场配置为主，即农业市场化。但仅靠市场自身无法自发调节，需要借助法律手段加以辅助，共同推进农业市场化。另一方面，农业法规能充分保障从事农业生产经营活动主体的利益。从事农业生产经营活动的主体一般是农民或农业劳动者，农业法规的颁布能够有效保障其合法权益，进一步调动其生产积极性，促进农业经济发展。

（三）农业政策与农业法规的关系

作为农业发展过程管理及农业经济调控过程中十分重要的两种手段，农业政策与农业法规之间既存在密切联系，又存在明显区别，要辩证看待二者之间的关系。

1. 农业政策与农业法规的联系

（1）农业政策与农业法规属于同一阶级属性。农业政策与农业法规在本质目的和基本内容上是一致的，都是上层建筑的组成部分，是统治阶级意志和利益的表达，是党和国家指导、调控、保护农业发展的重要手段。同时，农业政策与农业法规都是以社会主义市场经济为基础，为我国农业持续、稳定发展提供服务的重要工具。

（2）农业政策指导农业法规制定。农业政策对农业法规的制定起方向性的指导作用。通常国家立法机关会在农业政策实践操作一段时间后，对农业政策的实施过程进行总结并将农业政策进行修正完善，将较为完善的农业政策上升为农业法律法规即农业政策法律化，使农业政策得到更好发展和贯彻。

（3）农业法规是农业政策的具体化、条文化和定型化。立法机关通常会将实践检验无误并且符合经济发展规律的农业政策加以具体化、条文化以及定型化，将其转化为具有普遍约束力的农业法规保存、固定下来。

2. 农业政策与农业法规的区别

（1）制定机关不同。农业政策通常是由党的领导机关及国家相关部门依据党的方针路线及国情制定。而农业法规只能由国家立法机关进行制定和实施，体现的是国家意志。

（2）实施方式不同。农业政策的实施方式主要是行政纪律、带头示范等。农业法规由国家强制力保证实施，具有普遍约束力，违反农业法规就要承担相应法律责任。一般来说，农业法规的约束力强于农业政策。

（3）表现形式及详略程度不同。农业政策通常以决议、决定、纲要、纪要等形式出现，通常是对农业及农业经济发展提供宏观指导，很少对具体的权利义务进行阐述。农业法规是以法律、法规、规章等文件形式出现的，内容一般是具体的并且对农业经营主体的权利和义务会进行明确界定。相比来说，农业法规比农业政策更具体。

（4）稳定性不同。农业政策是针对一定时期内农业及农业经济发展过程中发现的问题制定的，在农业政策实施后，往往要根据现实情况的变化不断进行修正、调整甚至是废除。农业法规作为我国法律体系重要的组成部分，其修正、调整都需要经过严格的程序，故而具有较高的稳定性。

要辩证看待农业政策与农业法规之间的关系，二者既相互联系又存在区别，应相互配合，发挥各自作用。且当农业政策与农业法规出现冲突时，应以农业法规为主，按照农业法规的规定对农业发展过程及农业市场经济进行管理、规制。

二、农业政策运行过程与历史沿革

（一）农业政策运行过程

作为推动我国农业持续高效发展的重要工具，农业政策运行过程完善程度直接关系到政策的实施效果及其在农业发展过程中起到的作用。按照政策运行的一般规律，一套完整的农业政策运行过程需要包括政策的制定、政策的实施、政策的评估及政策的调整四个环节。

1. 农业政策的制定

农业政策的制定是指党和国家根据一定时期内农业和国民经济发展的需要，对农业问题做出决策的过程。作为农业政策过程的起点，农业政策制定直接影响农业政策的科学性、有效性、合理性以及人民的根本利益，是农业政策过程中的核心环节。

为了保证农业政策的科学性、有效性及合理性，在农业政策制定时必须具备科学客观的依据。首先，农业政策的制定需要以经济理论为依据。作为农业政策制定过程中主要的经济理论依据，市场失灵为农业政策的科学性提供重要保障。所谓市场失灵，是指市场经济在运行时并非十全十美，仍存在一些缺陷或局限性使得市场在配置资源时不能实现最优，进一步导致经济发展缺乏经济效率或失去公平。市场失灵在农业领域表现得尤为明显，如财政公共资源在城乡之间分配失衡；农村公共基础设施、基础教育卫生医疗服务以及环境存在外部性导致私人无法或不愿提供；农村生产要素市场存在垄断现象；农产品市场普遍存在消费者与生产者之间信息不对称现象等。仅凭市场作用无法有效解决上述问题，必须制定相应的农业政策弥补市场失灵问题。其次，农业政策的制定需要以农业政策环境为依据，从国情和实际出发。一方面，制定农业政策需要综合考虑当前与农业发展相关的政治条件、经济条件、自然条件、文化条件与国际市场现状等；另一方面，我国幅员辽阔，各地区自然条件、经济发展状况存在较大差异，在农业政策制定时需要综合考虑当前时期国情变化以及各地区实际情况，进行深入调查研究，因地制宜制定农业政策。最后，农业政策的制定需要借鉴历史经验及国外成功经验。历史经验是农业政策制定过程中一个重要的依据，对过去农业政策的优势和劣势进行深入分析并将劣势进行调整修正是提升农业政策水平与科学性的重要手段。虽然各国的经济发展阶段、国际地位以及自然条件不同，在农业政策内容、形式等方面存在较大差异，但各国在农业发展过程中亟待解决的问题仍存在一定共性。可以在结合本国国情的基础上，吸收借鉴国外农业政策的优势长处，这对提升农业政策水平与科学性同样大有裨益。

在农业政策制定过程中，一般包括以下几个步骤①：

（1）确定农业政策问题。制定农业政策的首要环节是明确亟须解决的农业政策问题。农业政策问题是指由政府列入政策议程并采取相应措施行动予以解决的一些特定问题，是一些通过公共行为得到的需求、价值或改进的机会。只有具有广泛影响的农业发展问题才能成为农业政策问题。

（2）确定农业政策目标。确定政策目标同样是农业政策制定的关键步骤。农业政策目标是指农业政策所要实现的一种期望状态或理想结果。任何农业政策都必须存在明确的政策目标，如促进农民增收、提高农业综合

① 郭翔宇．农业经济管理学［M］．第二版．北京：中国农业出版社，2017．

生产能力、加快水利改革发展、深入推进农业供给侧结构性改革、农业可持续发展、农产品供给安全等，确定的农业政策目标要科学、切实可行。

（3）设计农业政策方案。设计农业政策方案的本质是以农业政策目标为基础，将政策相关要素通过排列组合得出若干方案。设计农业政策方案首先需要选择恰当的农业政策手段。一般来看，任何一个政策都不是只追求单一目标，而是多目标的综合反映。为了实现多重目标、提升政策效果，往往需要使用多种政策手段并对其进行适当组合形成备选方案。在拟定备选政策方案时，通常需要列出全部备选方案且每个备选方案在内容上存在明显差异，以保证备选方案的完整性与互斥性。

（4）论证农业政策方案。在农业政策制定过程中，农业政策方案论证是农业政策选择和实施的基础，主要采用科学方法对政策方案中包含的农业政策信息、农业政策主张、立论理由、理论依据、驳论以及可行性进行比较论证和评价。

（5）选择农业政策方案。农业政策方案选择是指在农业政策方案论证基础上，从多个角度对农业政策自身及实施后对政策接受者相关利益的提升程度及效果进行度量，最终从各种备选方案中选择一种最优或最满意的方案，或者通过组合多个备选方案获得新的方案。

（6）批准和公布政策。农业政策制定的最后环节是批准和公布政策。所选政策方案经最高决策者批准后会及时在相应范围内公布。政策一经批准，就会产生政策效力，对农业发展过程进行约束或激励。

2. 农业政策的实施

农业政策实施，又称农业政策执行，是指农业政策方案被批准并正式颁布之后，将农业政策所规定的观念形态的内容变为现实行动的过程。

农业政策实施就是将制定好的农业政策付诸实践以解决农业发展问题，是农业政策过程中极为重要的环节。农业政策的实施决定了农业政策目标是否能够实现以及实现的程度和范围。仅制定而不实施农业政策是纸上谈兵，只有真正运用农业政策解决实际问题，才可以从现实中提炼出农业政策目标的实现情况，使农业政策发挥实际价值。此外，农业政策实施还是检验农业政策是否正确、是否需要补充、修正、完善、废除以及新政策制定出台的重要依据。在农业政策实施过程中，我们可以根据政策实施效果检验政策的正确性，并与实施过程中得到的各种反馈信息相结合，对农业政策进行补充、修正及调整，使农业政策更加科学、完善。

农业政策实施的基本环节主要包括以下几个方面：

（1）制定政策实施细则。农业政策的作用是对从事农业生产经营微观主体进行宏观指导，仅为一般性规范，并不包括具体细节。为了更好地贯彻落实农业政策，在实施农业政策时通常要结合实际情况对农业政策的各项规定进行详细补充，制定政策实施细则。

（2）制定实施行动方案。政策实施行动方案能够确保农业政策实施过程有效、有序进行。一项政策实施方案具体内容主要包括实施过程中各阶段的主要工作及目标、各项活动的顺序、时间安排、财物资源分配使用、组织机构及人员分工等。

（3）进行政策宣传。政策宣传是政策执行过程中一项重要的活动。具体来说，政策宣传方式包括发放政策宣传资料、举行政策解读活动等。通过政策宣传可以让社会成员对政策的具体措施有一个全面的了解和认知，使其能够主动执行政策，确保政策有效实施。

（4）全面实施政策方案。全面实施政策方案是农业政策实施过程中的关键环节，即政策通过可行性检验后，根据政策实施细则与政策实施行动方案，全面开展农业政策实施工作。

作为一种公共政策，农业政策在实施过程中不可避免地存在从理论上对政策实施过程中相关因素之间的关系进行论述的政策执行模型。常见的农业政策执行模型主要包括史密斯政策执行过程模型、浴盆模型、互动模型、循环模型①。

• 史密斯政策执行过程模型。在众多政策执行过程模型中，美国学者托马斯·史密斯（T. B. Smith）的史密斯政策执行过程模型具有较大影响且被广泛使用。史密斯政策执行过程模型如图 7-1。

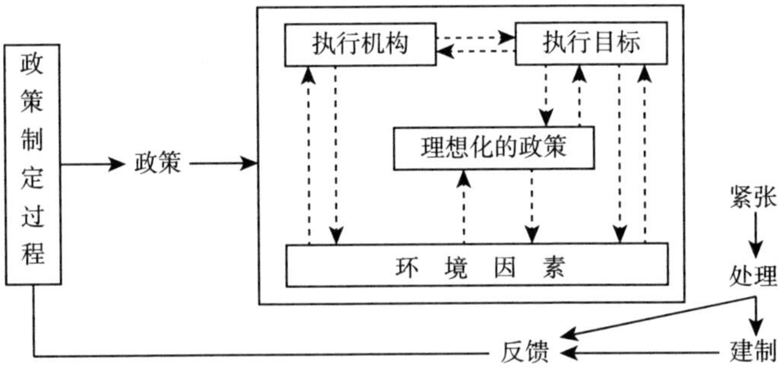

图 7-1　史密斯政策执行过程模型

① 张广胜，李忠旭，梁山．农业政策学［M］．北京：高等教育出版社，2016.

史密斯提出理想化政策、执行机构、目标群体（执行目标）以及政策环境是影响政策执行过程的重要因素，即“四因素理论”。理想化政策是指政策制定者试图导致的、理想化的相互作用形式，具体包括政策的形式、类型、范围及社会形象等。执行机构是指政府机构中负责政策执行的组织，通常是一个单位，具体包括组织结构与人员、领导者方式与技巧、执行者的能力与信心等。目标群体也称政策作用对象，是直接受政策影响、必须作出适当反应以符合政策要求的个体或群体。环境因素是指环境中影响政策实施或可能受政策实施影响的因素，具体包括政策执行的社会、政治、经济、文化因素及历史环境等。

• 浴盆模型。任何事物都存在自身发展规律，政策实施环境的不稳定性与政策自身的相对稳定性之间的矛盾意味着政策在执行过程中并非永远有效，每一项政策都会存在失效过程，要尽量对政策失效性进行控制以保证其有效性。在政策方案执行过程中，失效主要表现在三个阶段，因其失效规律曲线呈现浴盆形状，也把这种曲线称为“浴盆模型”。浴盆模型如图 7－2 所示。

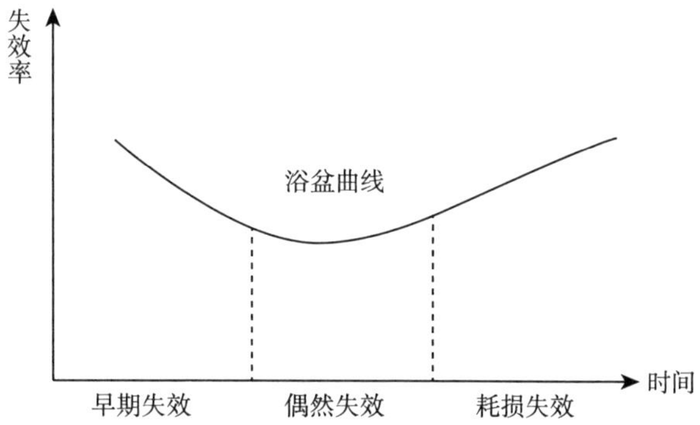

图 7－2 浴盆模型

在政策实施过程中，其失效过程大致可分为早期失效、偶然失效及损耗失效三个阶段。早期失效过程发生在政策实施初期，由于政策自身存在一定缺陷、社会成员对于新政策了解较少及传统习惯使得其不愿意改变自身行为等原因导致政策失效率居高不下。早期失效过程十分常见，几乎任何一个重大政策的出台都会经历早期失效过程，普遍做法是继续执行新政策、对新政策实施效果不断进行检查并根据得到的反馈信息不断对政策进行调整。待政策实施一定时期后，政策失效率会逐渐下降并趋于稳定，农业政策失效过程便进入了偶然失效阶段。若想在较长一段时期维持一项农业政策的效力，延长偶然失效阶段是重要手段。损耗失效阶段主要表现为政策的失效率随实施时间的不断延长而急速增加，这意味着政策已经无法适应当前的主客观条件，需要对政策及时进行调整、修改或重新制定政策。

• 互动模型。互动模型是美国学者麦克拉夫林（M. Mclaughlin）1976 年在其著作《互相调适的政策执行》中提出的。麦克拉夫林认为，政策执行过程本质上就是政策执行者与受政策影响者之间就目标或手段进行相互调适的互动过程，政策执行的有效性从根本上取决于政策执行者与受政策影响者之间行为相互调适的程度。互动模型如图 7－3 所示。

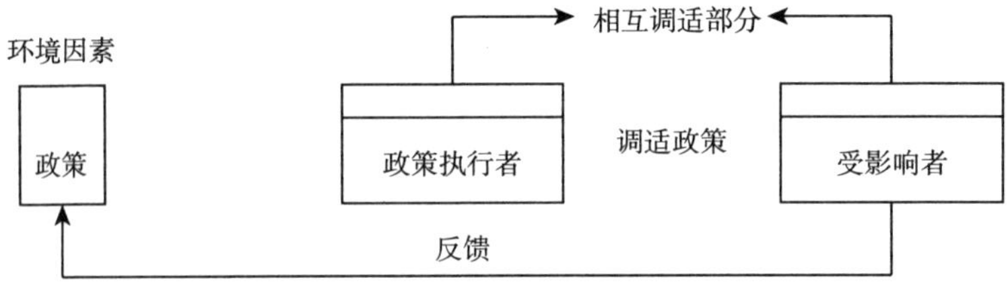

图 7－3　互动模型

互动模型的内容主要包括以下四方面。首先，政策执行者与受政策影响者的相互调适过程是一种基于平等基础上的双向交流过程，并非传统的“上行下令”单向信息流程。其次，政策执行者与受政策影响者在需求与观点方面存在不一致性，基于在政策上的利益，两方必须做出妥协与让步，寻求一个双方皆可接受的政策执行方式。再次，政策执行者的目标和手段均富有弹性，可依据环境因素和受政策影响者需求与观点的变化而变化。最后，受政策影响者的利益价值与观点将反馈到政策上，以左右政策执行者的利益、价值与观点。

• 循环模型。政策执行的循环模型是美国学者马丁·雷恩和弗朗西·F·拉宾挪维茨 1978 年在《执行的理论观》中提出的。他们认为政策执行过程中共包括纲领发展、资源分配以及监督三阶段，循环模型如图 7－4 所示。

纲领发展阶段是指将立法机关的意图转化为行政机关执行政策的规范和纲领；资源分配阶段是指将政策在执行过程中需要的资源平均分配给执行者；监督阶段是指对政策执行过程与成果加以评估，确认政策执行者应承担的行政责任。政策执行是三阶段不断双向循环且易受目标显著性、程序复杂性及可利用资源的性质与层次等环境冲击的动态过程。

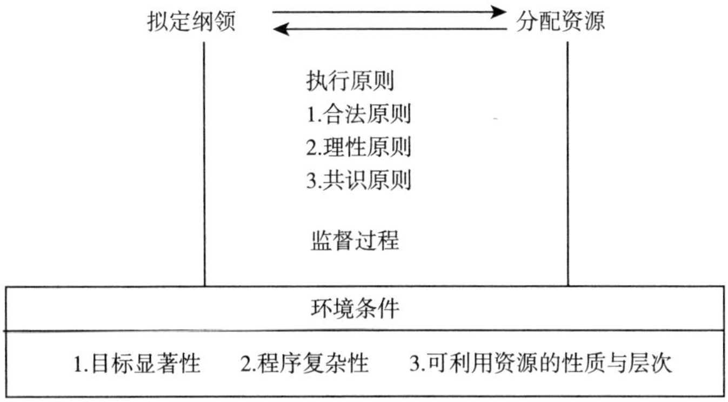

图 7-4　循环模型

此外，在农业政策执行过程中，农业政策方案的优劣、农业政策资源、农业政策执行环境、农业政策执行机构与人员、农业政策对象同样是影响农业政策执行的主要因素。

3. 农业政策的评估

农业政策在运行过程中，不仅需要科学合理地制定与实施农业政策，农业政策评估也同样是农业政策运行的一个关键环节。农业政策评估是指根据特定标准，运用恰当的方法，对农业政策的实施过程及效果进行检查、分析和评价，以对具体农业政策进行优劣判断。农业政策的评估同样可以为决定农业政策是否延续、调整或终结提供可靠依据。

农业政策评估的内容主要包括三方面，即农业政策方案评估、农业政策执行评估及农业政策效果评估。农业政策方案评估属于事前评估，主要指在农业政策实施之前对单个或多个备选农业政策方案实施后可能的作用效果进行预测、分析和评价。农业政策执行评估是指对农业政策执行过程进行检查、分析和评价，主要评估农业政策在实施过程中是否符合政策设计要求以及农业政策是否贯彻落实到实处。农业政策效果评估属于事后评估，是指对农业政策实施的效率及效果进行分析、评价，以判断农业政策的合理性及寻找最佳的政策措施①。

4. 农业政策的调整

在不同阶段，贯彻国家发展战略面临的核心问题难免发生变动，农业发展过程中面临的关键问题以及农业政策目标也必然会随之改变，不可避免地需要进行农业政策调整。

① 钟甫宁．农业政策学［M］．第二版．北京：中国农业出版社，2011.

农业政策调整是指根据农业政策评估的结论或新的认识，对现行政策中不能解决问题或不能适应当前发展情况的部分进行必要的补充、修正或终止的动态过程。在农业政策进行具体调整时一定要遵循大稳定、小调整原则，即保持农业政策大方向基本不变，对某些具体政策中的内容进行调整。对于全局性政策调整一定要谨慎小心，应深刻思考其与局部性农业政策之间的关系后再进行调整。

（二）我国农业政策的历史沿革

新中国成立后，我国农业政策发展历程主要包括以下几个阶段：

1. 1949—1977 年的农业合作化阶段

新中国成立之初，受苏联模式影响，我国的战略目标为加快发展工业，尤其是重工业。相较于工业，发展较为成熟的农业部门成为我国经济主要获取部门，承担着保障人民温饱、为工业等其他产业提供资金与资源的重要责任。为恢复农业生产并进一步发展农业经济，我国于 1950 年出台《中华人民共和国土地改革法》，废除地主阶级封建剥削的土地所有制，实行农民的土地所有制。这一措施有效提升了农民的积极性，在较大程度上恢复了农业生产并为农业经济发展提供一定基础。同时，为解决我国粮食供给短缺问题，我国实行了统购统销制度，即由国家集中管理统购统销商品。此外，为突破小农经营对农业现代化道路发展的限制、建立集体经济，我国于 1953—1956 年相继出台了《中共中央关于发展农业生产合作社的决议》《高级农业生产合作社示范章程》等文件，农业合作化运动在全国农村掀起浪潮。紧接着我国在 1958 年出台《关于建立农民人民公社问题的决议》，全国进入人民公社运动。人民公社化的典型特征为“一大二公”，“大”是指规模大，人民公社化将百余户农业合作社合并为上千户甚至上万户的人民公社，通常一乡一社或数乡一社；“公”指生产资料公有，即村民将财产上交公社，在全社范围内统一核算、平均分配。

在此阶段，我国农业政策主要集中在将小农经济转化为集体经济。虽然生产资料公有、实现农民整体富裕的目标并未实现，但我国农业基础设施建设水平在此阶段明显大幅提升，为后续农业经济发展提供了坚实基础。

2. 1978—2001 年的农村市场经济体制形成阶段[①]

1978 年党的十一届三中全会作出了改革开放的伟大抉择，我国将工

① 苟文峰，等．乡村振兴的理论、政策与实践研究——中国“三农”发展迈入新时代［M］．北京：中国经济出版社，2019.

作重心转移至现代化建设并全面开启农村改革新征程。首先，1978 年在安徽凤阳小岗村实施了包产到户措施，同年 12 月，在十一届三中全会通过的《中共中央关于加快农业发展若干问题的决定（草案）》提倡保障农民权利，肯定了包工到作业组，联系产量计算劳动报酬的责任制。1979 年，十一届四中全会通过的《中共中央关于加快农业发展若干问题的决定》，初步肯定了包产到户的办法。同时 1982 年和 1983 年的中央 1 号文件进一步强调了家庭联产承包责任制的重要作用。1983 年，中共中央、国务院《关于实行政社分开建立乡政府的通知》强调："当前的首要任务是把政社分开，建立乡政府，同时按乡建立乡党委，并根据生产需要和群众意愿逐步建立经济组织。"这标志着人民公社制度彻底结束，进一步促进了家庭联产承包责任制向深层次发展。家庭联产承包责任制使农业的经营模式进一步多元化，由单一的集体经营变成统分结合的双层经营，使得农民的积极性被大幅调动、粮食产量大幅提升，为农村经济向社会主义市场经济转型提供了一定基础。随着十一届三中全会提出恢复农产品集市贸易，各地区农产品集贸市场迅速恢复。此外，1983 年中央 1 号文件同样提出针对农村个体商业和各种服务业要经营灵活、方便群众，应当适当加以发展，并给予必要扶持。并在 1984 年和 1985 年的中央 1 号文件中进一步对农产品统派购制度进行改革，取消农副产品统购统销制度。在家庭联产承包责任制及取消统购统销制度的背景下，我国农业生产效率迅速提升、市场经济充分发展，乡镇企业应运而生。1984 年《关于开创社队企业新局面的报告》中明确指出，将社队企业改为乡镇企业，乡镇企业的蓬勃发展在当时为解决"三农"问题做出了重要贡献。随着改革开放的推进以及我国对社会主义理解的深入，1992 年受我国经济转型的影响，我国农业发展的外部环境发生较大改变，促进了农业市场经济体制进一步发展。我国自 1986 年发布《关于加强农村基层政权建设工作的通知》后，农村基层政权建设得到进一步改革，农村基层民主开始建立。

在此阶段，我国农业生产效率大幅提高、农业市场经济体制建设基本完成、农村基层政权得到进一步治理，农业综合生产水平及农民收入大幅提升。但随着经济体制市场化改革深入推进，我国发展重点逐步向城市转移，对农业投入较为有限，"三农"问题日益突出。

3. 2002—2016 年的统筹城乡发展阶段

党的十六大于 2002 年胜利召开，十六大报告明确指出"统筹城乡经济社会发展，建设现代农业，发展农村经济，增加农民收入，是全面建设小康社会的重大任务。”这标志着统筹城乡发展、建设现代农业工作正式拉开帷幕。2005 年党的十六届五中全会提出“生产发展、生活宽裕、乡风文明、村容整洁、管理民主”的二十字方针，为推进城乡统筹发展工作提供政策指导。2007 年党的十七大报告中指出“要统筹城乡发展，推进社会主义新农村建设。解决好‘三农’问题，事关全面建设小康社会大局，必须始终作为全党工作的重中之重”，将社会主义新农村建设纳入党的发展目标。2008 年党的十七届三中全会指出“‘三农’问题关系党和国家事业发展全局，建设社会主义新农村，形成城乡经济社会发展一体化新格局，必须扩大公共财政覆盖农村范围，发展农村公共事业”，为建设社会主义新农村工作指明方向。2012 年，党的十八大明确指出“要推进城乡发展一体化，加大统筹城乡发展力度，增强农村发展活力，逐步缩小城乡差距，促进城乡共同繁荣。”2013 年，党的十八届三中全会指出“必须健全体制机制，形成以工促农、以城带乡、工农互惠、城乡一体的新型工农城乡关系”，进一步推进了城乡一体化发展。

为减轻农民负担、增加农民收入，我国制定并出台了一系列强农惠农政策。农业税费制度改革便是最具代表性的一项强农惠农政策，2004 年我国试点免征农业税，2006 年在全国范围内取消农业税，实现了为农民减负，农民生产积极性大幅上升。此外，为加速城乡一体化发展，我国同样实施了对“三农”加大投资、加快农村公共服务建设、农村金融体系改革、对农民工进行培训等措施以缩小城乡基本公共服务差距。

在此阶段，我国农业政策实现了“工业反哺农业，城市支持农村”的转变，城乡差距逐渐缩小。

4. 2017 年以来推进农业农村现代化建设阶段

2017 年十九大报告明确指出“实施乡村振兴战略，坚持农业农村优先发展，按照产业兴旺、生态宜居、乡风文明、治理有效、生活富裕的总要求，建立健全城乡融合发展体制机制和政策体系，加快推进农业农村现代化。”党的十八大以来，我国进入全面建成小康社会的关键期，打赢脱贫攻坚战是实现全面建成小康社会目标的关键。2015 年《中共中央国务院关于打赢脱贫攻坚战的决定》中强调要坚持党的领导、政府主导、精准扶贫、保护生态、群众主体、因地制宜原则，全面推进脱贫攻坚工作。在党中央领导下，2020 年底已消除全国范围内农村地区绝对贫困现象，脱贫攻坚战取得胜利。此外，2017 年以来每年的中央 1 号文件也从多方面对建设农业农村现代化做出多方面指导。

在此阶段，我国大力推进农业现代化体系与农村基本设施建设，脱贫攻坚取得全面胜利，为实施乡村振兴战略提供了坚实基础。

从2004—2023年，我国中央1号文件连续20年聚焦“三农”，从促进农民增收、提升农业综合生产能力、建设社会主义新农村、统筹城乡发展、加快水利改革发展、推进农业现代化发展、推进农业供给侧结构性改革、全面推进乡村振兴战略等多角度，为推进“三农”高质量发展提供政策指导。

三、农业法规与立法现状

（一）农业法规的调整对象、主体及与法律责任

1. 农业法规的调整范围及调整对象

农业法规的调整范围，一是农业生产经营活动，主要包括种植业、林业、畜牧业和渔业等产业生产经营活动；二是与农业生产经营直接相关的活动，包括产前、产中、产后各种相关服务[①]。

农业法规的调整对象具体包括农业经济管理关系以及与农业经济管理关系密切相关的农业经济关系。其中，农业经济管理关系是农业法规的主要调整对象，与农业经济管理关系密切相关的农业经济关系主要指在农业经济活动中所发生的经济流转和经济协作关系。

2. 农业法规的主体

农业法规主体主要指在农业经济法律关系中依法享有权利并承担义务的个人或组织，具体包括以下几方面。

（1）国务院及行政主管部门。国务院是我国进行农业经济管理的主要机构。国务院农业行政主管部门负责全方位管理全国农业和农村经济发展工作，国务院林业行政主管部门和其他有关部门主要对国务院农业行政主管部门工作进行辅助，即在各自的职责范围内负责农业和农村经济发展工作。

（2）各级人民政府及行政主管部门。县级以上人民政府是管理负责区域内农业生产经营活动及农业、农村经济发展的重要主体。在各级人民政府中，负责农业经济发展管理的具体部门主要包括各县级以上人民政府的

---

① 任大鹏，李玉梅，李梅．农业法学［M］．北京：法律出版社，2018.

农业行政主管部门、林业行政主管部门及其他有关部门，如地方各级人民政府中的农业农村厅、农业农村局等。

（3）农业事业单位。农业事业单位通常指依靠国家财政拨款，由国家农业经济管理部门管理，从事教育、文化、科研等活动的社会服务组织。

（4）农业经营主体。农业经营主体主要包括从事生产、加工、销售、服务等农业经营活动的个体及组织。从事农业生产经营活动的个体主要指农民，农业生产经营组织是指从事农业生产活动的经济组织。根据《农业法》第一章第二条第二款，农业生产经营组织是指农村集体经济组织、农民专业合作经济组织、农业企业以及其他从事农业生产经营的组织。

3. 农业法律责任

农业法律法规作为我国法律体系的重要部分，违反农业法律法规必然要承担相应的农业法律责任。农业法律责任具体包括民事责任、行政责任、刑事责任。

（1）民事责任。农业法律民事责任主要指违反农业法规、侵害农业经营主体的财产权及其他合法权益，造成权益损失、损害并依法承担赔偿的法律责任。

（2）行政责任。农业法律行政责任主要指违反农业法规，由行政机关依法给予制裁且必须承担的法律责任，主要包括行政处分和行政处罚两种形式。行政处分是行政机关基于行政隶属关系依法对违法者给予的纪律处分，具体包括警告、记过、记大过、降级、撤职、开除。行政处罚是指行政机关对违反农业法规但尚未构成犯罪的农业经营主体给予行政制裁的行政行为，具体包括罚款、没收违法所得、责令停产停业、行政拘留等。

（3）刑事责任。农业法律刑事责任主要指违反农业法规，严重侵犯农业经营主体合法权益并构成犯罪，依据刑法规定应当承担的法律责任。

（二）我国农业立法现状

新中国成立初期，我国颁布了一系列农业法律法规以巩固农业产业的基础地位。但直到改革开放以后，我国的农业立法才具有现代意义。尤其是 1993 年《中华人民共和国农业法》通过后，我国农业立法范围日益扩大并逐渐形成了以《中华人民共和国农业法》为核心的农业法体系。我国农业法体系可以从两个方面进行分类。根据法律效力层次可将农业法体系内容分为农业基本法、农业农村领域法律、农业农村行政法规、地方性法规、部门规章和地方规章五类。根据农业基本法中有关农业的概念可将农业法体系内容分为农业基本法、农业法律、种植业法律、林业法律、畜牧业法律、渔业法律。当前我国农业法体系已较为完备，我国农业法律已出台 31 部，种植业法律已出台 28 部，林业法律已出台 12 部，畜牧业法律已出台 22 部，渔业法律已出台 7 部[①]。

四、完善中国农业政策与法规的对策

目前，我国农业政策与法规体系已经十分完备，对促进农业现代化、保障农民利益、推动农业可持续发展具有重要的推动作用。随着我国社会经济不断发展、市场需求不断变化，农业政策与法规体系也面临着一系列的挑战和问题。为进一步提升农业现代化、实现可持续发展以及保障农民合法权益，必须根据新情况对农业政策与法规不断完善和调整。

（一）建立、优化各类农业政策

建立新型农业补贴政策，提升农业补贴水平，从多渠道增加对农业投入；优化农业补贴结构，对重点支持产业加大补贴力度；创新农业补贴形式，提升补贴形式的便利性，同时加强监督以避免资金闲置、滥用，确保补贴政策落到实处。优化农业支持政策，调整优化“绿箱”“黄箱”“蓝箱”支持政策，提高农业补贴政策精准性、稳定性和时效性[②]。

（二）建立健全农业法调整机制

在农业技术高速发展、社会经济环境瞬息万变、国际形势动荡不安的背景下，为维持我国农业法体系的有效性和可持续性，必须建立健全农业法调整机制。加强农业法研究与评估，积极与相关方沟通交流，及时了解农业产业在法律层面的新需求和新趋势，并根据新需求与新趋势对农业法规及时调整，使其更好地支持我国农业的发展、促进农民增收。

---

① 法律出版社法规中心、中华人民共和国农业农村法律法规全书（2023 年版）[M]. 北京：中国法制出版社，2023.

② 引用自：《国务院关于印发“十四五”推进农业农村现代化规划的通知》。

（三）加强农业司法体系建设

加强农业司法体系建设是保障农业持续发展和农民权益的重要手段。完善农业案件审判机制，加强执法力度，在农业各基层部门建立起完备的法律部门，定期对农业司法人员进行培训与考核，提升农业司法人员的职业素养和业务能力，更好地为农民及相关人员提供普法教育、法律服务及援助。

第八章

农业科技创新问题研究

农业发展的理论与实践证明，农业科技创新对现代农业发展起到越来越重要的支撑作用。习近平总书记指出："农业现代化，关键是农业科技现代化。""要把发展农业科技放在更加突出的位置，给农业现代化插上科技的翅膀。"① 党的二十大报告强调，加快建设农业强国，要强化农业科技和装备支撑。

一、农业科技创新基本理论分析

（一）农业科技创新的内涵

有关"科技创新"的论述始于20世纪初，由著名的美籍奥地利经济学家熊彼特（J. A. Schunpeter）最早应用于经济学分析中，在其著名的《经济发展理论》一书中，熊彼特提出了"创新"的概念。之后，人们继续对"创新"做出种种不同解释。后来，人们把它归结为"科技创新"这一概念，许多学者曾经给科技创新下过定义。在经济学中，最具有影响力的是雅各布—施莫克勒（Jacob-Schmookler）和埃德温·曼斯费尔德（Edwin Mansfield）的定义：科技创新指给以同样的投入可以有更多的产出；或用较少的一种或多种投入量得到同样的产出；或者现有产品质量的改进；或者生产出全新的产品。本书认为，科技创新的内涵不仅应表达科学进步和技术创新，还应包括科学进步与技术创新的层次性、过程性、有机结合特性及产出特性。

本书认为农业科技创新是一个从农业科学技术及农业科技成果的供给到创新产品的生产、创新产品的推广、培训农民使用农业技术和农产品销

① 习近平．论"三农"工作［M］．北京：中央文献出版社，2022.

售的完整过程。具体而言，农业科技创新的内涵包括以下四个层次：

第一个层次是科学研究与技术开发的进步，这是科技创新的源泉。

第二个层次是指科技知识的普及、科技成果的推广、科技教育培训的开展与进步。农业科技推广过程包括两个基本的子系统，即推广服务子系统和农业技术应用子系统。前者是指推广人员、组织机构及其所处的生存空间与环境，后者是指农村居民、社会机构及其所处的生存空间与环境。整个农业科技推广服务效率的高低取决于以下几类因素：①推广服务子系统的扩散效率；②农业技术应用子系统的接受效率；③两个子系统之间的沟通与互动效果；④推广工作的外部环境。

第三个层次是指技术应用的进步，即技术需求者将先进技术运用于实践，生产出产品。影响技术需求者采用技术的因素包括：①技术本身；②技术应用者，包括技术应用者的收入、思想观念、文化素质、组织化程度、兼业现象、农村科技示范户的辐射作用、信息传输等；③技术应用环境，包括社区结构、文化传统、人际交流、政府政策、市场体系等。

第四个层次是指产品社会价值的实现，即通过流通消费环节，实现从产品到商品的转化，获得产品的附加值，提高产品的市场竞争力，进而提高经济效益或社会效益。影响农产品社会价值实现的因素有市场的完善程度和市场结构。

上述每一个层次的进步都是不能忽略的，它们相互作用形成一个联动的系统，都对加快科技创新速度，促进经济持续发展具有至关重要的作用。

（二）农业科技创新的特征

许多学者对农业技术科技的特征进行了研究与探讨，综合学者的观点，本书概括了农业科技创新最基本的四个特征。

1. 农业科技创新建立在利用生物资源的基础上

工业技术作用的对象，主要是非生物资源，而农业技术作用的对象，则以生物资源的利用、控制和改造为中心。马克思在《资本论》中，多次强调指出，农业生产的对象是有生命的植物和动物，农业再生产是经济再生产与自然再生产的统一，这就决定了农业科技创新的特殊性是建立在利用生物资源的基础上。农业科技创新与生物资源的内在联系，一方面，表现在先进的农业科学技术可以对种植业与饲养业的自然周期产生积极的影响，从而延伸决定了农业科技创新的季节性；另一方面，由于农业分布区域广泛，不同地区自然、生态条件是有区别的，从而决定了农业科技创新的地域性。受地域性的制约，农业科技创新一定要从实际出发，进行项目选择，开发和推广适合当地条件的先进有效的适用技术。

2. 农业科技创新具有公共性

农业科技创新是一项非排他性很强的公共事业，农业科技成果除了部分农机、农药、某些作物的种子和生物技术及农产品加工技术可以形成专利成果之外，其他农业科技成果多属于“公共物品”，具有消费上的非排他性和非竞争性，很容易被无偿采用或模仿，产生“搭便车”行为。这就决定了农业科技创新不可能完全市场化，必须依靠政府予以资助或补贴，才能达到资源的最优化配置。而且，科学技术研究的资本具有不可分性，也就是说，农业科学技术研究需要各类科学家和辅助人员以及各种用于实验工作的昂贵设备，以便接近于最优规模，这就需要巨额的投资，而目前我国的农业企业发展还不够壮大，还无法独自承担农业科研经费的投入，因此还必须坚持以政府的投入为主。

3. 农业科技创新周期长、不确定性明显

农业科技创新周期长，表现在四个方面：

（1）农业科技创新，不仅涉及无机世界，同时涉及有机世界；不仅要利用经济规律，而且要利用自然规律。因此，农业科技创新往往滞后于工业技术，只有当基础科学与技术科学取得发展以后，其部分成果推广应用于农业领域，才会促进农业科技创新。如果从技术应用理论产生开始计算，中间经过技术开发，再到技术成果转化应用，这一过程的周期则更长。

（2）农业政府部门是否接受新产品以及如何为新技术确立行业标准，引导新技术的广泛应用等都需要较长的时间。

（3）农业新技术的应用与对旧技术的改造相比，由于受农民自身文化素质较低因素的影响，使得农户的认识需要较长时间。

（4）由于农业生产对自然资源的长期依赖，也使得应用农业新技术的配套环境建设需要一个较长时间。

4. 农业科技创新不确定性明显

农业科技创新过程不确定性明显，风险较大。农业科技创新既是一个农业知识的转移过程，同时也是一个大学和农业科研机构、农户、推广服务机构与中介咨询机构、农产品销售机构、农产品深加工机构、金融机构和政府机构等多主体之间相互作用的过程。这就决定了农业科技创新过程的不确定性，包括农业科技成果筛选、农业科技成果实用化、市场化、技术创新收益分配、农业技术成果为农民所接受及制度环境等方面的不确定性，这么多的不确定性也决定了投资的风险性。

（三）农业科技创新的模式

农业科技创新的模式，主要有生产要素节约型科技创新模式、诱导性科技创新模式及人力资本投资模式。

1. 生产要素节约型科技创新模式

生产要素节约型科技创新模式由希克斯（J. Hicks）提出。按照上述定义，科技创新可以节约要素使用量，这种模式便是根据科技创新对生产要素的节约程度来分类。希克斯根据科技创新对资本和劳动的节约程度的差异把科技创新分为资本节约型、劳动节约型和中性型三类。

在 1932 年出版的《工资理论》一书中，希克斯提出，加入科技创新因素后，如果用较少的劳动就能搭配比原来更多的资本，这类科技创新就归为劳动节约型科技创新，反之则归为资本节约型科技创新。但如果投入的生产要素的替换比率不变，即劳动和资本的边际产量变化比率相同，那么这种技术进步就属于中性型科技创新，劳动节约型和资本节约型科技创新又称偏向型科技创新。

中性型科技创新在理论上被认为是比较适中的类型，但现实中不可能完全达到中性，总是有偏向的。发展中国家一般劳动力相对丰富，而发达国家资本相对富足，所以，发展中国家的科技创新模式以资本节约型为主，发达国家则以劳动节约型为主。

2. 诱导性科技创新模式

诱导性科技创新模式由速水佑次郎（Yujiro Hayami）和弗农·拉坦（Vernon W. Ruttan）提出。他们分析了 1880—1980 年美国和日本农业发展的历史经验，发现两国的发展模式截然不同。那么是什么决定了这两个国家采用两种截然不同的发展模式呢？速水和拉坦在假定市场价格能够正确有效地反映产品和要素的供需变化的前提下，根据自己的研究指出，是相对价格的转变，诱导了人们去寻求能够节约日益稀缺的生产要素的替代物。对于劳动较为稀缺的国家（比如美国），相对较高的劳动价格将会诱导农民选择农业机械性科技创新模式；对于土地较为稀缺的国家（比如日本），相对较高的土地价格将会诱导农民选择生物性科技创新模式。诱导性科技创新模式比希克斯的生产要素节约型科技创新模式更强调技术应用者的需求对科技创新的引导，因此，在这种模式下产生的技术成果，其推广与应用更容易得到社会的认可。但诱导性科技创新模式是在市场体系较为完善的条件下进行的。

3. 人力资本投资模式

人力资本投资模式由舒尔茨（T. W. Schltz）提出。舒尔茨认为，传统农业向现代农业转变需要投入新的技术。而新技术的最终需求者是农民，传统农业技术停滞的一个重要原因就在于农民的知识水平低下阻碍了新技术的推广。因此，要想保证技术成果转化的成功进行，必须提高农民接受新技术的能力，所以要向农民投资，提高农民的文化素质和工作能力，也即对农民的人力资本投资。这些投资活动包括：教育、健康、在职培训、流动等。舒尔茨的人力资本投资模式对科技创新的贡献在于，他从技术的需求与推广角度给了人们一定的启示，弥补了诱导性技术创新模式的不足。

一国资源禀赋、经济发展阶段并非亘古不变，科技创新模式应随其变化而做出相应调整。而且从横向上看，各国、各地区资源禀赋差异也很大，因此，因地制宜、因时制宜选择适合的科技创新模式是必要的。

（四）农业科技创新的功能

科技创新的功能可以表述为：改进并完善生产力的要素，提升生产力的水平，进而使生产劳动的效率大大提高，产生较高的经济效益，促进社会经济的发展。

其功能主要体现在对生产力诸要素的渗透和物化上。社会生产力主要由劳动力、劳动工具及劳动对象三要素构成。科学技术本质上是以知识形态存在的社会生产力，并不是生产力的独立要素，它融合、渗透在生产力的三要素之中，生产力三要素是科学技术的载体。科学技术必须经过物化，才能由知识生产力变成现实的物质生产力，它是通过对生产力三要素的倍加作用显现出来的，一般用以下公式表示：生产力＝科学技术×（劳动力＋劳动工具＋劳动对象），农业科技创新的功能可以用图 8－1 表示。

（五）农业科技创新的制约因素

农业科技创新是科学研究、技术发明、技术开发、技术推广扩散及技术应用、产品价值实现相互结合的结果，在这些基本的经济活动中，制约农业科技创新的因素包括以下几个方面：

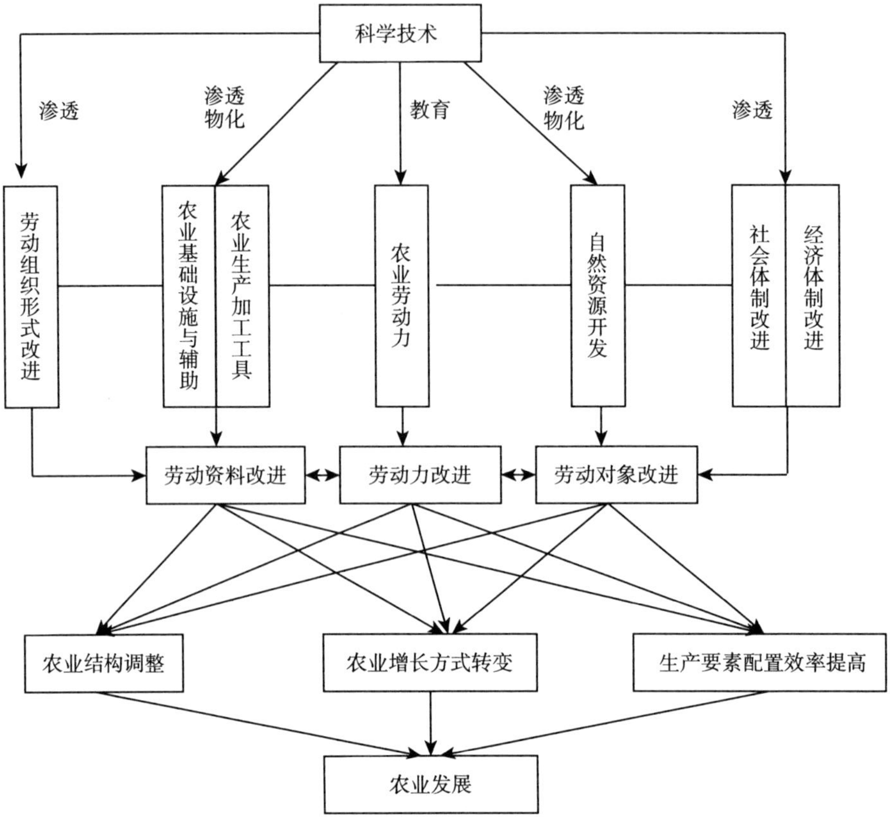

图 8-1　农业科技创新的功能

1. 研究与开发的动力机制

促成研发活动开展的动力是指那些“逼使”或“诱使”研发主体去开展研究开发、进行创新的因素。本书的观点是，促成研发活动开展的力量有来自科技供给方的主动投入推力，也有来自科技需求方的拉力，但这两种力量都是相对的，研发的根本动力是经济系统对科技的有效需求。

首先，本能（或兴趣）和职责促使农业科技的供给方主动投入研发。一方面，科研人员在科技推力的作用下产生研究的本能或兴趣，然后主动提出新的研究课题并投入研发。科技推力包括科学研究的内在推力和技术发展的内在推力；另一方面，政府为了履行职责，如发展经济、保障粮食安全、保障公共品供给、保护农业等弱质产业等，也会主动投入进行研发。

其次，社会需要、市场需求是研发的拉力。社会需要可分为社会物质需要和社会精神需要两个方面。马克思充分肯定了科学、技术的产生和发展由社会、经济发展所决定的这个历史规律，指出“社会上一旦有技术上的需要，则这种需要就会比十所大学更能把科学推向前进①。”这就是说社会生产和需求对研究与开发的拉动作用。

但科技推力或需求拉力都不是促成研发并创新的根本动力，而政府只是起到外力推动作用②。本书同意王耀德（2006）的观点，经济系统对科技的有效需求是研发的根本动力，其中，良好的市场机制是形成市场对科技需求的基础，如果它们不足以形成对科技的有效需求时，大量的科技供给将会游离于市场之外，如果仅以外力（如政府的力量）来促成科技与经济的结合，其效果是不理想的。所以，应着力调整市场结构、完善市场机制，以提高经济系统对科技的有效需求水平，“诱使”科技创新成果的产生。

2. 科学技术的输入或引进

科技创新的途径，大致可分为两种：一种是自主创新；另一种是建立在科技输入或引进基础上的科技创新。当今发展中国家很大程度上是通过技术引进来推动技术创新的。这主要是由于当今世界的研发力量主要集中在发达国家，科学技术成果也大多出现在发达国家，发展中国家研发力量薄弱，科技成果少。

因此，在一个开放的经济系统中，发展中国家除立足于科技自主创新外，从发达国家引进先进技术是推动科技进步的一条重要途径，但发达国家一般并不愿意将最先进的技术转移给别国，因此，加大科技自主创新力度，加快对引进技术的消化吸收是十分必要的。

3. 广泛的人力资本投资

所谓人力资本是体现在劳动者身上的、以劳动者的数量和质量来表示的非物质资本。人力资本理论创始人西奥多·舒尔茨认为，对于现代经济来说，人的知识、能力、健康状况等人力资本的提高，对于经济增长的贡献远比物质资本、劳动力数量的增加更为重要。人力资本投资在货币形态上可以表现为保健支出、教育培训支出、迁移费用支出等。

在农业科技创新过程中，科研人员、农业技术推广人员、技术应用者

---

① 马克思恩格斯全集（第4卷）[M]. 北京：人民出版社，1980.

② 王耀德，等. 论技术创新的起源和动力-技术创新的需求拉力与科技推力关系研究 [M]. 北京：北京理工大学出版社，2006.

是三类需要注重人力资本投资的劳动力。人力资本投资能够克服这些劳动力的许多不良特征，例如，健康不佳、知识欠缺、技能低下、不善于接受新知识、小富即安、害怕变化及风险、缺乏动机和保守等，所有这些都是阻碍生产率进一步提高的因素，广泛的人力资本投资，即对上述劳动力保健、流动、教育和技能方面的改善可以显著地提高劳动生产率，而且这种投资具有规模报酬递增的特点。

4. 技术扩散和传播速度

技术扩散和传播速度受到创新扩散效率和沟通效率的影响。

创新扩散是指创新技术通过一定的渠道向潜在采用者的传播转移过程。创新扩散理论是美国学者埃弗雷特・M. 罗杰斯提出的。罗杰斯把创新的采用者分为革新者、早期采用者、早期追随者、晚期追随者和落后者。创新扩散包括五个阶段：了解阶段、兴趣阶段、评估阶段、试验阶段和采纳阶段。创新扩散的传播过程可以用一条“S”形曲线来描述。在扩散的早期，采用者很少，进展速度也很慢；当采用者人数扩大到居民的10%～25%时，进展突然加快，曲线迅速上升并保持这一趋势，即所谓的“起飞期”；在接近饱和点时，进展又会减缓。整个过程类似于一条“S”形的曲线。

在创新扩散过程中，早期采用者为后来的起飞做了必要的准备。这个群体虽然势单力薄但能够在人际传播中发挥很大的作用，劝说他人接受创新。在罗杰斯看来，早期采用者就是愿意率先接受和使用创新事物并甘愿为之冒风险的那部分人。这些人不仅对创新初期的种种不足有着较强的忍耐力，还能够对自身所处各群体的意见领袖展开“游说”，使之接受以至采用创新产品，之后，创新又通过意见领袖们迅速向外扩散。这样，创新距其“起飞期”的来临就不远了。

创新扩散理论说明，在农业新技术向社会推广和扩散的过程中，大众传播能够有效地提供相关的知识和信息，而在说服人们接受和使用创新知识技术方面，人际传播则显得更为直接、有效。因此，罗杰斯认为，推广新技术的最佳途径是“双管齐下”，将大众传播和人际传播结合起来加以应用，这一观点已得到大部分人的认可。

5. 国家的宏观科技政策

科技创新是由不同层次科技进步相互联结成的一个统一整体，要保证每个层次进步的顺利进行和流畅衔接，必须借助于国家的宏观科技政策的调控。政策强有力地影响经济的增长，并因其取向不同而带来不同的经济绩效，国家宏观科技政策对一个国家以科技创新推动经济增长和发展是至关重要的。因此，所有国家都会根据各自资源禀赋在不同程度上调整本国的宏观科技政策，如日本、美国等国通过调整宏观科技政策使经济增长从劳动密集型或资本密集型向科技密集型转变，致使技术创新速度加快，商品科技含量提高，商品的市场占有率扩大，极大地促进了本国的经济增长和发展。

二、农业科技创新的测度

进行农业科技创新测度的研究，能够有效地分析当前农业科技创新活动中出现的主要因素和关键障碍，对早日实现农业现代化、提升农业科技创新水平具有重要的指导价值。

（一）农业科技创新效率评价

1. 农业科技创新效率内涵界定

农业科技创新效率是在衡量科技创新投入向有效产出的转化能力[①]，科技创新系统可以是国家、省、市等区域层面上的系统，也可以是企业、高等院校、科研机构等生产层面上的系统，揭示了当前创新资源配置的状态，有助于探索实现农业科技创新最优状态的途径。

2. 农业科技创新效率的影响因素

影响农业科技创新效率的主要因素有：政府支持力度、政府 R&D 投入、环境规制、技术市场发达程度、科技人员的人力投入、农业技术引进与消化吸收、企业技术创新和农业生产力发展水平等。

3. 农业科技创新效率评价指标[②]

农业科技创新效率评价指标主要体现在两个方面。首先是农业科技创新投入方面，包括财力资源与人力资源，可选取农业 R&D 经费内部支出与农业 R&D 人员全时当量；其次是农业科技创新产出方面，包括知识产出与经济产出，可选取国外主要检索工具收录我国科技论文和国内发明专利授权数作为知识产出，以农业总产值作为经济产出。

---

① 陈建伟．我国农业科技创新效率研究［D］．保定：河北农业大学，2010.

② 邓灿辉，马巧云，魏莉丽．我国农业科技创新效率的区域差异及其影响因素研究［J］．中国农业资源与区划，2020（5）.

4. 我国农业科技创新投入产出效率分析

采用 DEAP2.1 软件对我国农业科技创新投入产出效率进行分析，可得出相应的科技创新效率值，包括综合效率（TE）、纯技术效率（PTE）、规模效率（SE）、规模报酬状况（RTS）和冗余情况等，利用上述效率值，便可对当前我国农业科技创新投入产出效率的水平做出分析，为揭示我国各地区农业科技创新投入产出效率现状提供了科学的依据，针对各地区资源投入产出现状，也能够提出合理的改进方案，对我国推进农业科技进步、加快农业农村现代化具有重大意义。

（二）农业科技创新能力评价

1. 农业科技创新能力影响因素

影响农业科技创新能力的因素是多方面的，目前该研究主要是从农业科技创新持续能力、投入能力、产出能力等方面展开。持续能力强调农业活动的可持续性，包括环境可持续、财务可持续等；投入能力主要包括资金投入和人力投入，影响着农业科技创新活动的物质基础与源动力；产出能力主要从经济产出和技术产出进行评价，影响着科技创新成果从产出、转化到价值实现的全过程，是衡量科技创新要素利用率的关键标志。

2. 农业科技创新能力测度方法

根据研究的不同对象或角度，可以构建对应的评价指标体系进行分析。例如研究农业科技创新与经济可持续发展、农业产业化龙头企业科技创新影响因素、农业科技成果转化能力评价等，构建相应的评价指标体系，有针对性地剖析影响各项指标的因素，并根据相关数据提出改进方案。目前农业科技创新能力测度方法主要有因子分析法、灰色关联分析法、BP 神经网络法、层次分析法和熵值法等。

农业科技创新与经济可持续发展指标体系见表 8－1。

表 8－1　农业科技创新与经济可持续发展指标体系[①]

一级指标	二级指标	三级指标
科技价值指标 A	可持续农业科技创新投入 A1	农业 R&D 支出占区域 GDP 的比重 A11
		农业 R&D 支出占科技投入总额的比重 A12

① 该指标体系参考：毛健，潘鸿，刘国斌．科技创新与经济可持续发展［M］．北京：经济科学出版社，2012．

（续）

一级指标	二级指标	三级指标
科技价值指标 A	可持续农业科技创新投入 A1	每千名农业科学家、工程师的 R&D 经费支出 A13
		政府资金占农业科技经费筹集总额的比重 A14
		每万人农业科学家、工程师之比 A15
		农业产业化龙头企业设备购置费占科技活动经费支出的比重 A16
	可持续农业科技创新产出 A2	国家产业化计划农业项目数 A21
		国外主要检索工具收录农业科技论文数 A22
		每千名农业科学家、工程师论文数 A23
		每百万人口农业领域专利申请量 A24
		农业发明专利占总专利的比重 A25
	可持续农业科技创新对可持续发展的贡献 A3	技术市场成交合同金额 A31
		技术市场成交合同金额增长率 A32
		人均创造新产品的销售收入 A33
		新产品收入与农业企业 R&D 经费投入之比 A34
		新产品销售收入占主营业务收入的比重 A35
资源和生态环境价值指标 B	环境治理投入 B1	环境污染治理投资总额占 GDP 的比重 B11
	大气污染状况 B2	化学需氧量（COD）排放减少率 B21
		工业粉尘排放减少率 B22
		二氧化硫（SO_2）排放减少率 B23
	废物回收 B3	工业固体废物综合利用率 B31
		“三废”综合利用产品产值 B32
		城市生活垃圾无害化处理率 B33
	生态水平 B4	水土流失治理面积 B41
		森林覆盖率 B42
经济价值指标 C	经济发展规模与速度 C1	人均国民生产总值 C11
		GDP 增长率 C12
	工业生产状况 C2	工业产值增长率 C21
		工业总产值占 GDP 的比重 C22
		工业企业就业人数占全部就业人数的比重 C23
	交通发达程度 C3	道路及交通基础设施投资年增长率 C31
		人均城市道路面积 C32
		每万人拥有公共交通车辆 C33

（续）

一级指标	二级指标	三级指标
经济价值指标 C	交通发达程度 C3	客运周转量 C34 货运周转量 C35
	通信业发达程度 C4	通信基础设施投资年增长率 C41 万人国际互联网络用户数 C42 每百人固定电话和移动电话用户数 C43
	能源生产与消费状况 C5	单位地区生产总值能耗减少率 C51 单位地区生产总值电耗减少率 C52 人均能源消费量 C53
	高新技术产品总产值 C6	高新技术产业产值增长率 C61 高新技术产品出口销售收入总额 C62 高新技术产品出口创汇占全部出口创汇的比重 C63
	产业结构优化程度 C7	第三产业产值占 GDP 的比重 C71 第三产业就业人数占总就业人数的比重 C72 高新产业产值与区域 GDP 之比 C73 高新产业就业人数占总就业人数的比重 C74
	对农业与农村的影响 C8	单位面积产值 C81 单位面积产值增长率 C82 城乡收入差距 C83
社会价值指标 D	公众社会意识 D1	环保与节约意识 D11 对法律法规的了解程度 D12
	文化教育状况 D2	文化教育经费占 GDP 比重 D21 人均文化教育经费 D22 大学毕业生占总人口的比重 D23 万人拥有大学教师数 D24 万人拥有文化基础设施数量 D25 文化消费占消费总支出的比重 D26
	卫生与健康状况 D3	卫生经费投入占 GDP 的比重 D31 死亡率 D32 预期寿命 D33 每千人拥有医院床位 D34 每千人拥有医生、护士人数 D35

（续）

一级指标	二级指标	三级指标
社会价值指标 D	居住条件与环境 D4	城镇人均住房建筑面积 D41
		农村人均住房面积 D42
		城市人均公园绿地面积 D43
	社会就业 D5	社会就业年增长率 D51
		城镇登记失业人员再就业率 D52
	消费水平 D6	人均社会商品零售额 D61
		城镇人均生活消费支出 D62
		农村人均生活消费支出 D63

3. 区域农业科技创新能力评价指标体系及评价方法

区域农业科技创新能力具体体现在农业科技创新环境能力、农业科技创新投入能力、农业科技创新产出能力和农业科技创新贡献能力这四个方面，在此基础上便可构建区域农业科技创新能力评价指标体系。遵循科学性、系统性、可比性、可操作性原则确定了三级指标（4 项一级指标、9 项二级指标和 22 项三级指标），具体指标见表 8－2①。

表 8－2　区域农业科技创新能力评价指标体系

一级指标	二级指标	三级指标
农业科技创新环境能力	科技人力资源	从事科技活动人员数量
		从事科技活动人员占总从业人员的比例
		从事科技活动人员中硕士和博士人员的比例
		从事科技活动人员中高级职称人员的比例
	科研物质条件	农业科研机构数量
		农业科研机构年度总收入
		年末固定资产原值
农业科技创新投入能力	人力投入	R&D 人员数量
		R&D 人员折合全时工作量
	科技活动财力投入	科技活动内部投入占农业 GDP 的比例
		R&D 经费支出
		科研仪器设备投资

① 该指标体系引自：陈剑平，万忠，刘艳．农业科技创新驱动发展战略研究［M］．北京：科学出版社，2021.

（续）

一级指标	二级指标	三级指标
农业科技创新产出能力	科技活动产出水平	发表科技论文数量
		国外发表科技论文数量
		专利授权数量
	技术成果市场化	技术性收入
科技创新贡献能力	质量效益	劳动生产率
		土地产出率
	环境友好	农药施用强度
		化肥施用强度
	资源利用	万元农业 GDP 耗水
		万元农业 GDP 耗能

由于农业科技创新能力评价涉及多项指标，因此对农业科技创新能力进行评价时，需要确定指标权重，权重的确定方法主要有主观赋权法（如层次分析法、专家调查法等）和客观赋权法（如熵值法、主成分分析法、均方差法等）。

三、中国农业科技创新的现状与问题

（一）我国农业科技创新的现状

党的十八大以来，我国始终坚持把创新作为引领“三农”发展的第一动力，在支持农业农村发展方面，农业科技进步迅速，取得了历史性成就。

1. 建立了比较系统的公共农业科研与农业技术推广体系

农业科研需要稳定的投入和长期的支持，具有典型的生态区域性、品种生物性、长周期性、不可断续性和公益性等特点。我国不断深化农业科研体制改革，加快建设国家创新基地和区域性农业科研中心，建立了比较系统的公共农业科研体系，在机构设置、聘任人员、投资建设等方面实行了新的运行机制。

从 20 世纪开始，国家就启动了一系列农技推广体系改革，1993 年 7 月 2 日，为了加强农业技术推广工作，促使农业科研成果和实用技术尽快应用于农业生产，增强科技支撑保障能力，促进农业和农村经济可持续发展，实现农业现代化，第八届全国人民代表大会常务委员会第二次会议通过《中华人民共和国农业技术推广法》，并于2012年再次修正。中共中央、国务院印发《乡村振兴战略规划（2018—2022年）》，要求健全基层农业技术推广体系，创新公益性农技推广服务方式，支持各类社会力量参与农技推广。此外，根据《农业农村部、财政部关于做好2023年粮油生产保障等项目实施工作的通知》（农计财发〔2023〕4号）要求，2023年中央财政将通过农业经营主体能力提升资金对基层农技推广体系改革与建设给予支持，不断深化基层农技推广制度改革，至今，比较系统的农技推广制度在我国已初步形成。

2. 农业科技创新供给主体不断扩大，缓解了农业科技投入不足困境

农业科技创新服务活动的参与主体呈现多样化的局面，农业类的高校、科研院所已成为科技创新的主体，此外涉农企业科技创新具有市场导向、成果易转化与创新高效等特点，国家鼓励涉农企业成为农技创新的主体，强化企业科技创新的主体地位，培育和增强企业创新主体力量，目前农业科技创新供给主体正在不断扩大，缓解了农业科技投入不足的困境。

3. 政府加大投入为农业科技创新提供了必要前提

国家鼓励企业建立农业科技研发中心，并提供财税、金融和技术改造等方面的支持，致力于改善农业科技创新的投资环境，发展农业科技创新风险投资，将农业科研投入置于公共财政的优先位置，提高农业科技在国家科技投入中的比重，同时，安排资金用于农业科技成果转化和引进国外先进农业技术，为农业科技创新创造必要条件。

4. 自主研发突破不断，许多农业科技创新成果达到国际先进水平

我国农业“卡脖子”核心技术、农业科学关键基础理论和前沿技术不断取得突破，农业科技自主创新能力大幅增强。目前，我国种业已进入自主创新驱动的新发展阶段，水稻、小麦、大豆全部为自主品种，使我国粮食主要用中国种子。随着作物良种联合研究和畜禽遗传改良工作深入推进，一系列绿色优质、高产高效的新品种填补了国内市场空白。随着农业科技创新各领域自主研发不断取得突破，多项农业科技创新成果都达到了国际先进水平。

5. 农业技术创新推广模式和服务方式不断创新

为构建多元化的基层农业技术推广服务体系，不断探索政府扶持与市场化运作相融合的农技推广模式，以推进科技创新示范展示基地和网络推广平台建设为手段，通过横向对接国内外农业科教单位，纵向对接农业信息网、龙头企业、农民专业合作社，建立农业专家推广服务体系[①]。通过提供技术咨询服务，促进先进技术成果的应用和转化，引导社会科技力量积极参与农业技术咨询、技术中介和技术服务等。

6. 产业链与创新链不断融合发展

产业是发展的重要载体，创新是引领发展的第一动力。2020 年 4 月习近平总书记在陕西考察时指出，“要围绕产业链部署创新链、围绕创新链布局产业链，推动经济高质量发展迈出更大步伐”“提高产业链创新链协同水平”“促进产业链创新链深度融合”，科技创新具有十分重要的战略价值和现实意义，必须密切结合产业发展和经济发展，共同推进，相互促进。

7. 科技创新体制机制持续改善

围绕农业关键核心技术攻关、人才培养和成果转化等重点任务，不断完善农业科技创新体制机制，激发企业和人才的创新活力，促进产学研深度融合，加快农业科技现代化，为保障粮食安全、促进农村全面振兴做出新的更大贡献[②]。

（二）我国农业科技创新存在问题

1. 部分前沿和交叉领域基础研究和底盘技术原始创新能力不足

农业的未来在于技术。目前，我国农业科技进步贡献率已达 62.4%[③]，总体上形成了农业科技少量领先、大部分并跑和跟跑的基本格局，但与发达国家相比，依旧存在原始创新能力不足、产业支撑能力不强等问题，农业领域自主创新能力不强、创新基础薄弱，重大突破的基础和前沿研究储备不足，技术突破和产业变革难以实现，重要农业资源信息数据监测收集和挖掘利用不够，制约着科研原始创新。

2. 部分关键领域核心技术和产品自主可控能力不强

要实现高水平的农业科技自立自强、保障农业安全的现实需求，就必须加快推进农业关键核心技术攻关，提升农业科技供给水平。当前，农业领域仍面临许多“卡脖子”的技术难题，科技供给尚不能满足农业现代化发展的需求，重要种源、农机装备、智慧农业、绿色投入品等关键领域核

---

① 秦健．农业科技创新助推乡村振兴［N］．光明日报，2023-01-18.

② 来源于李克强对全国农业科技创新工作会议作出的重要批示［OL］．新华社，2022-08-25.

③ 据农业农村部统计，2022 年全国农业科技进步贡献率达到 62.4%。

心技术和产品自主可控能力不强，亟须大力提升农业科技创新的供给能力。

3. 科研活动与农业农村经济发展需求明显脱节

目前，我国的科研活动与农业农村经济发展需求仍明显脱节，为了促进产学研深度融合，破解长期以来我国农业科技领域存在的各自为战、低水平重复、转化率偏低等突出问题，2014 年 12 月，农业部主导、中国农业科学院牵头组织全国各级农业科研机构、涉农企业、涉农高校共同发起成立国家农业科技创新联盟。经过 8 年的发展，联盟积极开展规范化管理、实体化运营和一体化创新，在促进产学研融合发展方面取得了显著成效。

4. 创新链与产业链融合不够

当前，我国已连续多年成为世界第一制造业大国，但科技与经济融合度不够、产品附加值偏低、竞争力不强等问题依旧比较突出，迫切需要通过产业链创新链融合发展来提升产业附加值，推进产业链供应链现代化，提升产业综合竞争力，推动我国经济发展由要素驱动型向创新驱动型转变，加快中国制造由大到强的转变。

5. 创新主体创新能力不强

我国目前的农业科技创新主体呈现出多样化的形式，大专院校、科研机构和涉农企业共同支撑了农业科技创新，但创新能力不足的问题仍然存在。主要表现在创新主体不能适时满足企业的需求，特别是在企业迫切需要的实用型技术方面成果还相对缺乏，创新能力还有待提升。

6. 农业科研投入严重不足且投入方式不合理

农业科技投入结构不合理，资金总量不足，明显低于发达国家占 GDP 2%以上的水平，公益性保障不够。发达国家对国家级农业科研机构的稳定投入占比达 70%～80%，而我国目前的情况恰恰相反，公益性稳定支持经费占投入总量的 20%～30%，且以竞争性经费为主①。农业农村生态观测、资源评估和环境监测等基础性长期性科技工作缺乏长期持续的专项经费投入，需持续提高农业科技投入水平。农业科技创新周期较长，要舍得下力气、增投入，提供长期稳定的支持，特别是对基础性和公益性研究的支持，要完善农业科技领域基础研究稳定支持机制。

---

① 魏政，陈佳瑛，刘涛，等．加快农业科技创新步伐 实现高水平自立自强［J］．农业农村部管理干部学院学报，2022（1）．

7. 驱动创新的体制机制有待健全

科技创新和体制机制创新，如鸟之两翼、车之两轮，二者相辅相成、缺一不可，目前驱动创新的体制机制有待健全，“十四五”期间，要围绕产业链部署创新链，优化农业科技资源的组织和结构，激发创新、创业和创造活力。

8. 创新文化不适应创新实践需求

多年来，虽然一代代农业科研人员扎根乡村、科技攻关，服务“三农”、造福人民，形成了以“求真笃行、敬农致用”为核心内涵的新时代农科精神，但是当前我国在农业科技创新文化方面依然存在不适应创新实践需求的难题①，需要营造良好的创新生态，建立国家需求导向、任务目标驱动、平台资源共享、长期合作的创新机制，传承“北大荒精神”“祁阳站精神”等农业农村科技创新精神，营造鼓励探索、潜心研究、弘扬践行的新时代农科精神。

四、中国农业科技创新的方向与重点任务

（一）中国农业科技创新的方向

1. 粮食作物超高产、高品质育种

粮食是社稷之本，种业是粮食之基。党的二十大提出，加快建设农业强国，全方位夯实粮食安全根基，确保中国人的饭碗牢牢端在自己手中。2022 年中央农村工作会议进一步对加快建设农业强国作出了战略部署。种业是战略性、基础性核心产业，是保障国家粮食安全和重要农产品有效供给的基石②。深入落实种业振兴措施，把当家品种牢牢攥在自己手中，对于建设农业强国具有重要意义。

现代种业对粮食和农产品有效供给具有重要的基础支撑作用，世界上的农业强国都有强大的种业公司。2021 年 7 月，党中央审议通过了《种业振兴行动方案》，对种业发展再次作出重要部署。当前，我国种子市场规模占全球的 21.2%，位居世界第二，近年来种业集中度不断提升，涌现出隆平高科、先正达集团中国公司等龙头企业。随着我国种业逐步向产业化和现代化方向发展，农产品保障水平稳步提升。

---

① 吴孔明．以农业科技自立自强支撑引领农业强国建设［J］．红旗文稿，2023（6）．

② 李丽颖．科技自强是攥牢良种的根本路径［N］．农民日报，2023－01－31．

2. 农产品优质高效安全生产技术

近年来农业科技进步贡献率不断提高，反映出我国农业增长效率的不断提升。但是农业科技进步贡献率的提升，很难确定到底是因增质为导向的农业技术进步而引起的，还是因增质为导向的农业技术进步而引起的。长期以来，我国农业科学技术取向以增产导向为主，提质导向虽已被纳入未来的主攻方向，但以提质为导向，很可能会造成产量和生产效率降低。因此，如何在保证农产品产量的前提下提高农产品质量，关键在于优质高效农产品生产技术的突破。

3. 设施农业工程技术

设施农业是利用现代工程技术手段和工业化生产方式，为动植物生产提供可控制的、适宜的生长环境，充分利用土壤、气候和生物潜能，在有限的土地上使用较少的劳动力，以获得最高的产量、品质和经济效益的一种高效农业①。我国的设施农业在温室环境控制、栽培管理技术、生物技术、人工智能技术、网络信息技术等方面要赶上发达国家的先进水平，还有很长的一段路要走。

4. 农产品精深加工技术

农产品精深加工是在粗加工、初加工的基础上，将其营养成分、功能成分、活性物质和副产物等进行再次加工，实现精加工、深加工等多次增值的加工过程，是延长农业产业链、提升价值链、优化供应链、构建利益链的关键环节，是推进农业供给侧结构性改革、加快农业农村现代化的重要支撑力量②。促进农产品精深加工高质量发展，对于农业提质增效、农民就业增收和农村一二三产业融合发展，推动农产品加工技术装备水平提升，实施乡村振兴战略，保持国民经济平稳较快发展，都具有十分重要的意义。

近年来，我国农产品精深加工发展迅速，有效推动了农产品加工转化增值，但总体上由于发展时间短，创新发展能力不足，政策扶持不到位，工作机制不完善，产业链条短，上下游环节不匹配，增值空间有限，迫切需要提高政策的指向性、精准性和可操作性，促进农产品精深加工增品种、提质量、创品牌，加快转型升级发展，提高质量效益和竞争力。

---

① 古文海，陈建．设施农业的现状分析及展望［J］．农机化研究，2004（1）．

② 农业农村部等15部门关于促进农产品精深加工高质量发展若干政策措施的通知（农产发〔2018〕3号）．2018-12-29．

5. 节水农业技术[①]

近年来，农业农村部会同有关部门，牢固树立“节水增产、节水增效”的理念，综合运用农艺、工程、生物等节水措施，积极推动节水农业技术创新，一是集成推广节水农业技术，二是加大旱作农业支持力度，三是培育推广抗旱品种，四是加强节水灌溉试验示范。

同时，农业农村部还与其他部门合作，推动农业节水的发展，提供政策支持，建设农业节水技术体系，改进服务方式，加快研发和推广简便实用的新技术和新产品，为农业节水提供科技支持。

6. 农业生态环境保护和资源综合利用技术

我国以占世界9%的耕地、6%的淡水资源，生产出占世界25%的粮食，养活占世界近20%的人口，创造出人类奇迹，保障了国家粮食安全，也承受着生态保护的巨大压力。同时，“山水林田湖草沙是生命共同体”“人的命脉在田，田的命脉在水，水的命脉在山，山的命脉在土，土的命脉在林和草。”[②] 这个生命共同体是保障国家粮食安全、人类永续发展的物质基础，粮食安全与生态安全相辅相成，促进生产和保护环境相得益彰。

推进乡村振兴，生态宜居是关键；建设农业强国，生态低碳是方向。在2022年中央农村工作会议上，习近平总书记对发展生态低碳农业作出重要部署。通过大力发展生态低碳农业，能够破解农业资源长期透支、农业面源污染、种养循环不畅、农业生态系统退化、优质农产品供给不足等难题。发展生态低碳农业，需要深刻把握资源节约、环境友好、循环利用、低碳排放、标准生产等内涵要求[③]。

7. 农业高新技术和基础研究[④]

农业高新技术是高新技术应用于农业领域而衍生出的以技术、智力和研究与试验发展（R&D）资金密集等为条件的新兴技术群，具有技术、智力和资本高度密集的特征，涵盖农业生物技术、农业信息技术、现代农业资源与环境工程技术、农业智能机械制造技术等领域，引领实现生物育种、生物产品制造、精准农业等农业应用的产业化。大力发展农业高新技

---

① 农业部．对十二届全国人大五次会议第6 285号建议的答复（关于发展节水农业建议的答复）（农办议〔2017〕67号）．2017-7-12.

② 选自2013年11月习近平总书记在党的十八届三中全会上关于《中共中央关于全面深化改革若干重大问题的决定》的说明。

③ 刘趁．加快发展生态低碳农业 推进农业发展全面绿色转型——访农业农村部农业生态与资源保护总站站长严东权［N］．农民日报，2023-02-07.

④ 谭永强，田帅，刘蓉蓉．浅论农业高新技术发展趋势及应用前景［J］．农业科技管理，2020（4）.

术，对于我国深入实施创新驱动发展战略和乡村振兴战略，保障国家粮食安全、食品安全和生态安全，支撑农业供给侧结构性改革将起到重要作用。此外，我国目前农业的基础研究、底层技术、原创性成果依然不足，关键核心技术受制于人的状况还未得到根本转变，解决这些问题，必须大力促进农业科技创新，强化农业科技基础研究。加大基础研究投入及基础研究设施建设，引导高校、科研院所加强对农业基础研究领域的前瞻性和引领性研究，实现更多的原始创新。

（二）我国农业科技创新的重点任务

1. 补短板，强化重大科技问题协同攻关①

2022 年全国农业科技进步贡献率达 62.4%、自主选育作物品种面积占比超 95%、主要畜禽核心种源自给率达 75%、农作物耕种收综合机械化率达 72.03%、农业绿色发展指数达 76.91，为保障国家粮食安全、促进农民增收和农业绿色发展发挥了重要作用。但是，与加快建设农业强国的要求相比，我国农业科技仍然存在诸多短板，部分核心种源、高端装备依赖进口，创新链条中有卡点，企业技术创新能力不强，农业科技进步贡献率同世界先进水平相比还有较大的差距。当前，生物技术、信息技术、材料技术等领域发展日新月异，基因编辑、合成生物、数字智能等关键核心技术不断推动农业产业变革，科技竞争空前激烈。我国农业科技界必须肩负起推动高水平农业科技自立自强的责任使命，密切关注世界农业科技前沿，加强原创性、引领性科技攻关，加快取得一批突破性成果，抢占科技竞争制高点，赢得战略主动权。

深入实施科技创新工程“跃升计划”，聚焦种子、耕地、生物安全、农机装备、绿色低碳、乡村发展等“国之大者”，开展战略性、原创性、引领性科技攻关，力争突破一批具有世界一流水平的前瞻性基础研究、引领性原创前沿技术、底盘共性技术和核心关键技术，夯实建设农业强国的科技基础。聚焦急需的、实用的、符合现实生产需要的科技创新，加快产出一批高产稳产、优质专用、绿色生态、适宜机械化、轻简化的小麦、玉米、大豆等作物新品种和系列技术。

2. 拓品种，支撑优势特色产业做优做强

发展乡村产业，要立足特色资源、关注市场需求，培育优势特色产

① 吴孔明．以农业科技自立自强支撑引领农业强国建设［J］．红旗文稿，2023（6）．

业。2012年底，习近平总书记在河北省阜平县考察扶贫开发工作时指出："要做到宜农则农、宜林则林、宜牧则牧、宜开发生态旅游则搞生态旅游，真正把自身比较优势发挥好，使贫困地区发展扎实建立在自身有利条件的基础之上。"从实际出发，因地制宜、突出特色，是乡村产业发展的重要原则。近年来，新疆积极争取中央财政支持，先后开展新疆薄皮核桃、库尔勒香梨、新疆葡萄、伊犁马、新疆棉花、新疆褐牛六个农业优势特色产业集群建设。目前，这六个优势特色产业集群全产业链产值均突破100亿元，形成了具有核心竞争力的重点产业链。

3. 延链条，促进传统产业改造提升和新产业新业态发展

农业产业链条非常长，基本的农产品生产只是原料生产，通过标准化生产、产后加工、品牌建设会增值5～10倍。助推一二三产融合发展必须解决全产业链不同环节的系统性模式化的科技支撑问题，涉及生产、保鲜、加工、物流，还有特色农产品的文化赋能等①。要将粮棉油、肉蛋奶、果菜茶，从初级生产到走上餐桌，进行全链条统筹，从技术到装备、到文化，把产业的每一个环节技术整合起来，把每一条产业链都做长，都做成"金项链"，形成对整个农业生产全产业链的强大技术支撑。

4. 强主体，发挥企业在产业技术体系中的重要作用

党的二十大报告对"加快实现高水平科技自立自强""强化企业科技创新主体地位""加强企业主导的产学研深度融合"作出系统部署。2023年4月21日二十届中央全面深化改革委员会第一次会议审议通过了《关于强化企业科技创新主体地位的意见》，强调推动形成以企业为主体、产学研高效协同深度融合的创新体系。强化企业科技创新主体地位，是深化科技体制改革、推动实现高水平科技自立自强的关键举措。

五、中国农业科技创新的实现途径

（一）强化农业科技创新

把高水平农业科技自立自强作为农业农村发展的战略支撑，聚焦基础前沿热点、关键核心技术卡点、产业发展升级痛点及乡村建设发展重点，特别要突出品种、地力、农机、植保、防灾等关键环节和生物育种、基因编辑、黑土地、盐碱地、大豆、油菜、生物安全等重点领域，挖掘粮食作

① 吴孔明．以农业科技自立自强支撑引领农业强国建设［J］．红旗文稿，2023（6）．

物增产潜力，确保国家粮食安全，支撑引领农业高质量发展和乡村全面振兴。

1. 突破农业关键领域重大科技问题

（1）种源创新与生物种业。加强种质资源创新与利用，开展生物育种技术体系创新，培育突破性新品种，实现种源核心技术与战略品种国产化，推进种业振兴。种质资源创新针对农业生物品种精准设计的重大需求，开展种质资源形成和演化研究，挖掘控制高产优质、抗旱耐盐碱、资源节约、环境智能响应、生育期调控、品质健康以及病虫草害抗性等复杂性状的关键基因及调控元件，明确其功能及调控网络，揭示农业生物高产优质、绿色高效等复杂性状的分子机理，创制性能优质稳定的种源产品。现代生物育种攻克主要农业动植物高效遗传转化瓶颈，建立不依赖受体基因型和多基因叠加的高效遗传转化新技术。加快适宜机械化作业、资源高效利用的绿色新品种选育，培育高产、高效、优质等突破性农业新品种。

（2）耕地保护与质量提升。聚焦东北黑土地保护、土壤质量提升、耕地地力培育、农田固碳等领域关键技术研发与应用，加强土壤健康研究，加快补强耕地保护利用的短板和薄弱环节，确保耕地稳数量、提质量。

（3）高效种养与绿色生产。强化农作物高效种植和畜禽水产健康养殖关键技术创新，着力开展技术研发、产品创制和工程集成应用，提升农业绿色发展技术供给适配性，科学提高土地产出率、劳动生产率和资源利用率，有力支撑粮食安全、重要农产品有效供给和产业提质增效。高效种养与绿色生产主要涉及的方面有：农作物高效种植，畜禽高效健康养殖，渔业提质增效生产，水肥精准管控，绿色投入品创制，农业面源污染治理，农业废弃物综合利用，生态循环农业建设，渔业资源环境等。

（4）农业机械装备与智能化。立足农业机械化“全程全面、高质高效”目标要求，以感知、决策（控制）和执行三大功能为核心，开展主要农作物、特经作物、畜禽水产养殖装备及关键部件研发创制，支撑引领现代农业生产少人化和智能化。突破核心技术及零部件，创制薄弱环节农机装备，提升装备智能化水平，加快设施化工厂化农业关键技术应用。

（5）农产品加工技术与装备。聚力推进大宗农产品产后减损和加工技术装备创新，实现农产品多元化开发、多层次利用、多环节增值，研发农产品智能加工技术与装备。

（6）农产品质量安全与营养健康。大力推进农产品农兽药等污染物残留动态监测与质量安全风险评估，推进现代农业全产业链标准化，挖掘农产品营养品质特征指标，构建品质评价与分等分级标准体系，为科学指导生产、正确引导消费提供科学依据与数据支撑。涉及的方面有：农产品质量安全监测、农产品质量安全风险评估、现代农业全产业链标准化以及农产品营养品质评价与标准。

（7）重大风险与灾害防控。全链条抓好抓实农业领域生物安全重点工作。开展防范化解农业重大风险的前瞻性、储备性、应急性关键技术研发与产品创制，提升农业抗灾减灾能力和产业安全保障能力。主要包括：农作物重大病虫害防控、动物重大疫病防控、外来入侵物种防控、农药与生物技术风险防控、非生物逆境预警与抵御。

2. 优化农业科技发展布局

（1）基础和应用基础研究。重点支持“从 0 到 1”的农业原创性基础研究和应用基础研究，鼓励“无人区”领域的探索研究，掌握更多通用性、不可替代、自主可控核心专利，提供农业科技创新源头支持。

（2）前沿与交叉融合技术。瞄准世界科学前沿，聚焦对农业发展有带动作用、有一定研究基础、能较快转化为现实生产力的关键领域，强化科技攻关布局，加快形成新优势。主要有农业大数据技术、智慧农业技术与未来食品制造技术。

（3）农业科技基础性长期性工作。围绕农作物、畜禽、水产、农业微生物等种质资源收集、保存、评价、共享等建设一批基础资源收集保存库，围绕农业生产水、土、气、物候、投入品、生物灾害等数据信息动态监测等建设一批农业科学观测实验站和野外观测研究站，推进农业大数据中心和分中心建设，加快构建农业大数据系统，夯实农业产业科技创新基础。

（二）重塑中国特色农业科技创新体系

立足国家重大战略需求和经济社会发展迫切需要，遵循科技创新规律、产业发展规律，构建完善公益性研究机构与市场化研发主体优势互补、中央和地方各级农业科研机构分工协作、农技推广机构和专业化社会化服务组织衔接补充、各级各类科技创新平台支撑有力的农业农村科技创新格局。

1. 完善国家农业科研体系

立足高水平自立自强，优化科技资源配置，培育和增强农业农村科技力量、完善农业农村科技管理，构建主体明确、层次清晰、功能完善、运行顺畅的农业科研体系。

2. 加强农业技术推广体系

完善以农技推广机构为主体，市场化服务力量为重要补充，高等院校、科研机构等广泛参与、分工协作、充满活力的农技推广体系。全面实施农业重大技术协同推广计划，示范推广一批引领性技术、主推技术。加强农业技术推广体系的主要措施有：强化农技推广机构公益性职责履行、提升农技推广机构能力水平、引导农业科研院校开展科技服务、壮大社会化科技服务力量。

3. 健全高素质农民培育和农业科普体系

构建公益性机构和社会资源各展所长、优势互补的农民教育培训体系，培育壮大高素质农民队伍。建立健全农业农村科普制度体系与人才体系，强化知识产权保护，加大宣传普及力度，提高民众科学文化素质。具体措施有：构建农民教育培训和农业科普新格局、打造高素质农民队伍、建立农业科普常态化机制。

4. 打造农业科技人才队伍

人才是“第一资源”，农业农村科技人才是强农兴农的根本。分层、分类型不断加强农业农村科技人才队伍建设，着力打造一批优势领域的世界重要农业科技人才中心和创新高地。主要途径有：农业科研人才队伍建设、农业公共服务人才队伍建设、农业社会化服务组织带头人队伍建设以及农村创业带头人队伍建设。

5. 深化农业科技国际交流与合作

统筹利用国际国内两个市场、两种资源，坚持更大范围、更宽领域、更深层次的科技合作，深化“一带一路”科技合作，促进区域内农业科技创新要素跨境流动。深化农业科技国际交流与合作的主要方式为：积极主动融入全球创新网络、加强国际化农业科技人才队伍建设以及提升农业科技国际合作能力。

（三）推进体制机制改革创新

以推动产学研深度融合为目标，以激发农业科技人员积极性创造性为核心，围绕产业链部署创新链，优化农业科技资源组织方式和配置模式，全面激发创新创业活力。

1. 创新科研组织方式

统筹科技资源，改革完善农业科技计划管理方式，探索推进全国农业科技创新资源“一盘棋”布局。建立问题导向、需求导向和绩效导向的管理制度，构建绩效评价与项目、经费动态调整联动机制。联合各类创新主体，集聚各类创新要素，推进完善重大项目联合攻关、重大创新平台共建共享的新型组织模式。

2. 推动产学研深度融合

推动资金、技术、市场等要素对接，加强科技创新全链条布局，以县域为单位，聚焦主导产业发展需求，打通产学研创新链、产业链、价值链，解决基础研究“最先一公里”和成果转化、市场应用“最后一公里”有机衔接问题，用好用活科技成果转移转化和交易服务等平台。开展全国农业科技现代化先行县（农场）共建，深入推进农业科技助力重点地区产业发展，加强全国农业科技创新联盟建设，推动国家现代农业产业科技创新中心高质量发展。

3. 深化农业科研机构改革

创新科技治理机制，努力构建政府引导，科学家、企业家、社会公众多元主体共同参与，国家与企业、社会力量各司其职、密切配合的创新治理模式。强化农业科研机构主体定位与核心任务，建立健全现代院所制度，深化绩效评价改革和科技成果产权制度改革。

4. 营造良好创新生态

根据产业、创新和经济规律，充分发挥政府宏观调控功能和市场配置资源的决定性作用，营造有利于创新的文化氛围、市场导向和保障机制。建立科技创新要素流动共享机制，建立分类评价和绩效考核机制，完善农业知识产权保护机制，加强科研诚信和作风学风建设。

第九章 农业信息化问题研究

农业信息化是农业现代化发展的重要标志，是优化资源配置、改造传统产业、转变经济增长方式、提高劳动生产率的有效手段。党的十八大以来，党中央对推进农业农村信息化建设作出了一系列决策部署，党的二十大提出加快建设网络强国、数字中国等重大战略部署。

一、农业信息化概述

（一）农业信息化的内涵

关于信息化的表述，最早是由日本社会学家梅棹忠夫于1963年1月在其发表的《论信息产业》一文中提出的。我国对信息化概念的研究，始于20世纪70年代。由于信息化涉及多个领域，是一个外延很广的概念，因而学术界从各自的研究角度出发，对于信息化的表述也各有不同。直到我国1997年召开的第一次全国信息化工作会议，才对这一概念有了较为明确的表述："信息化就是培育、发展以智能化工具为代表的新的生产力并使之造福于社会的历史过程。国家信息化就是在国家统一规划和组织下，在农业、工业、科学技术、国防以及社会生活的各个方面应用现代信息技术，深入开发，广泛利用信息资源，加速实现国家现代化的进程。"2006年出台的《2006—2020年国家信息化发展战略》对于信息化的表述更为明确："信息化是充分利用信息技术，开发利用信息资源，促进信息交流和知识共享，提高经济增长质量，推动经济社会发展转型的历史进程。"这一概念是从社会进化的角度提出的，其实质是要在人类信息科学技术高度发展的基础上实现社会的信息化和信息的社会化。它以信息产业在国民经济中所占的比重、信息技术在传统产业中的应用程度和国家信息基础设施建设水平为主要标志。

随着现代信息技术不断向农业领域的渗透，在新的农业技术革命中，信息技术将上升到重要的地位，农业信息化也将成为国民经济信息化的重要组成部分，它是我们目前能够认识到的农业发展的最高阶段，是农业现代化的重要内容和标志。由于我国农业信息化理论和实践都还处于起步和探索阶段，人们关于农业信息化概念的认识还处在一个不断发展的过程中，学术界对“农业信息化”尚未给出一个权威性解释。目前，比较有代表性的观点有以下几种：

信息论创始人申农（1998）说：“信息是用来消除随机不确定性的东西”。农业信息就是用来消除农业活动中随机不确定性的东西。农业信息是农业生产、科研和教育等活动过程中形成的知识的反映和再现，是一种特殊的农业资源。由于农业活动所具有的特点，使得农业信息具有独特性。农业信息的独特性，影响农业信息化推进策略的规划和实施。

钱学军（2005）将农业信息化区分为广义和狭义两种。“广义的农业信息化是指以各种信息传播手段实现农业科技、生产、流通和消费信息在农业生产者、经营者和消费者之间有效传递的过程。狭义的农业信息化是指以计算机网络为基础，通过计算机网络把农业科研成果、农业生产技术、农产品供求信息、农业和农村发展政策、国内外农业发展形势以及经济政治形势等知识和信息传递给农业生产者、经营者和消费者以指导农业生产经营、农产品流通和消费的过程。”认为“二者的主要区别在于信息传递手段的不同，狭义的农业信息化主要以计算机网络传播为主，而广义的农业信息化则包括计算机、电视、广播、报纸、电话、现场宣传等手段。”

宗煜等（2006）认为，“农村信息化是农村经济、社会事业发展全面信息化，是以信息技术作为支撑提升现代农业，以数字农村作为核心和主要表现形式支持农村经营管理，以信息服务体系为依托，更加高效、合理地开发利用各种农业资源，提升农村的现代化水平，推动农村经济发展和社会进步。”农业产业作为国民经济的基础产业，这个大行业的信息化想要跨越发展，必须制订更高的目标。为此，要对新时期的农业经济信息化的现状有清醒的认识，拿出一套科学合理的方法，走出一条有利于农业经济发展的创新之路。

王育菁（2006）指出，“农业信息化是指将信息技术的方法、手段及成果广泛应用于农业生产、消费市场以及农村社会、经济等各个环节的整个过程，其实质是信息技术在农业领域的全面渗透，包括农业生产、农产品加工及销售、农业产业化经营等多个方面。”

卢丽娜（2007）认为，“信息化概念并不是一个相对的概念，它不具有在所有时代都能成立的性质。这一概念是从社会进化的角度提出的，目前，还更多地具有某种未来目标的含义，它是一个正在建构并不断发展的过程。它的实质是要在人类信息科学技术高度发展的基础上实现社会的信息化和信息的社会化。它以信息产业在国民经济中所占的比重、信息技术在传统产业中的应用程度和国家信息基础设施建设水平为主要标志。”

郭永田（2009）认为，“农村信息化是指在广大的农村地区，围绕着农村经济和社会生活的方方面面，开发和利用各种涉农信息资源，加快农村信息技术发展，将农村经济和社会各领域信息技术应用提高到一个新的水平，以此来推动农村的社会组织形式、经济运行体制和农民的生活生产方式的变革，使农村经济发展和社会事业全面进步的过程。”

李道亮（2018）认为，“农村信息化概念具有更广的内涵，是指采用先进信息技术，开发利用涉农信息资源，推动信息技术在农业生产经营和农村社会服务等方面的应用，从而实现农业经济发展、农民生活水平提高和农村社会进步的现代化过程。”农村信息化的概念基本形成共识，即涉及整个农业农村系统的信息技术应用和经济社会变迁过程。

杨艺等（2018）将农业信息化概括为：“在农业生产、流通、销售以及农村社会经济活动的各个领域里广泛应用现代信息技术，从而提升农产品质量，优化结构，提高农业劳动生产率，推进农业高效、精准和可持续发展，促进农村社会生活便捷、开放和全面进步。”

徐小琪等（2019）提出，农业信息化是指提供信息化服务的主体使用信息基础设施设备，进而完成信息资源服务。

沈剑波等（2019）认为，农业信息化是把信息技术运用在传统农业生产的各个环节，从而提高生产效率的现代农业生产方式。

崔凯等（2020）将农业农村信息化的概念界定为：“在信息设施可达性基础上，将信息技术应用于农业产业和农村系统的各个领域，通过有效获取、整合、利用和传播各类涉农信息资源，关联农村地区经济、社会、生态诸要素，推动信息技术在生产、经营、管理、服务的全产业链渗透，形成多主体互联互通、信息数据交互和共享的技术应用场景，从而借助信息化手段转变农业发展方式、改善农民生活水平、创新‘三农’服务手段，最终实现农业生产经营效率提升和农村社会全面进步的过程。”它既涵盖农业产业环节，如生产、加工、流通、管理等过程中的信息化，又涉及农村发展领域，如基础设施、社会服务、公共治理等方面现代信息技术的应用过程。

根据上述定义，我们可以发现，尽管对农业信息化理解的侧重点有所不同，但从总体上看，都体现了以下思想：首先，信息化的目标是为了加速改造传统农业，大幅度提高农业生产效率和生产力水平，促进农业可持续发展，加快推进农业现代化进程。其次，实现这一目标所采取的手段是运用现代信息技术。信息技术包括遥感、遥测技术，通信、广播、电视技术，计算机技术以及各种信息服务技术等。第三，农业信息化涉及农业生产、管理和农村社会、经济的各个领域。第四，农业信息化是一个不断发展的过程。

从字面上理解，我们可以把农业信息化分为三个关键词："农业""信息"和"化"。"农业"除了包含种植业、林业、畜牧业和渔业等产业本身以外，还包括与其直接相关的产前、产中、产后服务。"信息"在此应该包括信息技术和信息资源两层含义。而"化"通常是指在历史的某一特定的转变阶段，在人类的社会生活中，发生的全面的、根本性的变革过程，在此将"化"的概念通俗地理解为"变革"的意思。那么，"农业信息化"就是指通过信息技术的应用与渗透，信息资源的开发与利用，而带动农业生产的全过程不断变革的过程。

综合多位专家学者的不同观点，可以把农业信息化概括为：信息和知识日益成为推动农业农村发展的主要资源和动力，在农业生产、流通、销售以及农村社会经济活动的各个领域广泛应用现代信息技术，改变农业生产、管理和流通方式，充分有效开发利用农业信息资源，转变农业服务方式，从而推动农业现代化发展的过程。

农业信息化的内涵主要包括以下 4 方面：

1. 农业生产信息化

包含了生产要素、生产手段和生产过程的信息化。生产要素的信息化是指利用信息技术、生物技术和传感技术，对土地、资本、劳动力等生产要素进行整合，组成一个完整、高效和有序的生产要素系统。生产手段的信息化是指以物联网、遥感技术等新兴技术应用到农业生产技术领域，成为农业生产的重要手段。而生产过程的信息化是利用信息技术对农业生产全部过程，以及农业发展相关的资源要素、经营环境进行监测和预报的过程，使农业生产过程全面实现标准化、集成化和网络化。

2. 农业管理信息化

主要指农业经营管理信息化，是指与农业经营管理相关的各种信息，包含政策信息、经济形势、市场信息、融资信息等方方面面，全部以数据形式在网络上发布，同时利用互联网和信息技术手段对农业活动开展进行科学化管理，改善管理方式，提高管理水平。

3. 农产品流通信息化

主要指农产品流通方式的信息化，也就是电子商务及物流运输等相关配套领域的发展，即利用互联网信息技术对农产品流通具体环节进行技术创新和手段创新，使农产品流通方式得以改变，流通环节充分减少，流通效率显著提高。简单地说，农业信息化就是利用信息技术手段变革传统农产品流通过程和方式。

4. 农业服务信息化

主要指提供农业服务的信息化，即通过互联网和信息技术构建信息服务体系、搭建信息服务平台和创新信息服务模式，农户、大型农场、生产基地管理人员等农业参与者能够及时顺畅地获取与农业生产相关的农产品市场信息、政策信息和流通等公共服务信息，通过这些信息来指导农业生产。

（二）农业信息化的特征

虽然目前还不能就农业信息化的概念达成共识，但对其理解基本上都暗含了以下三点：一是信息及知识越来越成为农业生产活动的基本资源和发展动力；二是信息和智力活动对农业增长的贡献越来越大；三是信息和技术咨询服务业越来越成为整个农业系统的基础产业之一。农业信息化具有以下基本特征：

（1）以高科技为依托，具有高投入性。农业信息化需要以高新知识、高新技术、高新设备以及高智力密集为依托的高资金投入。

（2）相互渗透，具有开放性。农业信息化在农业内部，农、林、牧、渔各业间，农业、工业、第三产业之间，各区域间都有渗透，从而促进了广泛的合作和彼此之间的交流，使农业更具开放性。

（3）促进规模经营，具有高效性。农业信息化对农业结构优化、升级具有战略意义，它不仅引导农业向适度规模发展，还引导农业向集约型发展，从而降低成本，提高农业的综合效益。

（4）引进竞争机制，具有挑战性。农业信息化使农业生产、分配、交换、消费的各个环节都引进了竞争机制，如新产品的开发利用的先后，新技术引进的早晚，销售渠道多样性的选择等都充满了竞争，竞争促使优胜劣汰，推进农业发展。

（三）农业信息化的意义

近些年，信息网络技术、云计算技术、大数据技术及各种标准化、集约化的高端科技手段被广泛应用于农业领域，农业产业信息也从之前的简单数据转变为高价值资源，优质农产品对外推广、智能农业机械操作控制等从理想变为了现实。作为农业产业与现代市场经济体制之间形成有效协作的纽带，农业信息化对统筹农业产业资源统筹，解决农产品市场供给矛盾以及推动农业产业升级等方面具有重要作用。

1. 农业信息化与农业产业发展

（1）推进农业产业升级换代。农业信息化的发展使大量新技术应用于农业生产，改变了传统的生产方式，例如计算机技术、遥感技术和人工智能等技术应用到农业领域，使农业生产实现机械化、自动化和智能化，使大部分农民脱离原有的繁重的体力劳动，农业生产的效率将大幅提高。同时，随着信息技术的全面应用，农业原有的粗放式、分散化和高消耗的农业发展模式将逐渐被替代，劳动密集型、资源依赖型发展方式的比重将大幅下降，科学化、集团化和集约化的发展模式将成为主流模式。此外，信息化将推动农业产业化发展，使农业产业链向纵深发展，农业生产、加工和流通等领域的发展质量将大幅提高，拓展农业产业化水平和发展空间。

（2）促进农业资源的优化配置。农业信息化的发展，一方面，促进了农业生产要素的优化配置，农业信息通过生产决策实现了与土地、资本、劳动力等农业生产要素的最优结合，农业参与者通过对农业生产要素信息的综合分析处理，充分发挥信息的导向功能作用，实现农业资源的优化配置，促进农业生产正常、有序和高效运行；另一方面，促进了农业资源在更广阔的时间和空间流动，通过信息技术和网络技术充分推动农业资源在不同地区和不同行业之间进行分配和重组，充分发挥了农业资源的功能，有效解决了农业资源稀缺性和地域性的问题，使农产品过剩或农产品短缺问题得以缓解，有利于促进农业的可持续发展。

2. 农业信息化与乡村振兴

信息化技术与乡村振兴深度融合是一项系统工程，具有广阔的衔接空间。信息化技术就是遵循“数字革命”所蕴含的数字化、网络化、平台化、智能化演化规律，形成一个乡村“物理世界”和“数字世界”孪生的虚拟空间。在虚拟空间中，数据承载的信息成为重要的生产要素为助力乡村振兴发展赋能，从而有效促进乡村产业兴旺、生态宜居、乡风文明、治理有效、生活富裕。

（1）“产业兴旺”离不开农业信息化。信息化技术加速向农业农村渗透，与乡村产业深度融合，以解放和发展数字生产力为主攻方向，着力发展乡村数字经济，实现农业生产智能化和农产品流通高效化，促进产业兴旺，增强农业创新力和竞争力，为建设现代化经济体系奠定坚实基础。一是推动农业向精细化、智能化发展，提升农业生产效率。农业数字化转型是数字产业化与产业数字化的核心体现，破解从要素供给到农业生产再到市场销售全产业链的整体性、系统性的障碍，对农业再生产体系中生产、消费、分配、交换四个环节进行系统的数字化布局，促进农业生产由粗放式向科学化、数字化、精细化转变，提高农业生产智能化水平。二是构建现代农业经营体系，加快农业供给侧结构性改革。通过大数据、云计算、区块链、5G、物联网、人工智能等新兴技术，以消费者的需求为导向构建现代农业经营体系，实现农户与市场的有效衔接，可以减少中间流通环节的成本，使得消费端“最后一公里”与原产地“最后一公里”实现直连，惠及消费者的利益。三是健全第一二三产业融合发展利益联结机制，实现农业生产、经营、服务的数字化。信息化技术在农业生产、经营、服务的深度渗透，可以提高农业生产对信息的捕捉能力，得到准确的农业生产数据，推动农业“精确化”生产，保障农业生产高效。通过互联网平台的运用，破解农业技术的服务壁垒，传递农户的技术需求，实现农户“足不出户”就可以提高农业技术的应用技能和水平，实现农业技术成果的最大化应用。

（2）“生态宜居”需要农业信息化。信息化技术与乡村生态振兴的深度融合就是将互联网、大数据以及人工智能等新兴技术与乡村自然、人文、社会进行深度融合，推动生态资源数字化、生态环境数字化防治、绿色生产智能化等，加强农村人居环境数字化监管，提升乡村生态保护信息化水平，建设智慧绿色乡村、数字生态乡村。一是建设自然生态数字化，实现人与自然和谐共生。在乡村的资源开发利用、生产经营活动中引入数字技术，转变高耗能、低产出的生产生活方式，规避资源浪费和环境破坏，实现生产技术生态化、生产过程清洁化、生产产品无害化。二是建设人文生态数字化，重塑人与人之间的关系。信息化技术打造乡村各主体的沟通网络，密切组织与个人间的联系，有利于营造和谐有序的乡村人文环境。三是建设社会生态数字化，加强村民与社会环境之间的有序互动。随着数字技术的广泛运用，村民活动空间与社会制度规范发生较大的变动，建设与数字流动规律相吻合的乡村社会结构，有助于推动乡村治理现代化。

(3)“乡风文明”需要农业信息化。信息化技术与乡村传统文化振兴深度融合，推动乡村传统文化业态升级，着力繁荣乡村网络文化，筑牢乡村网络文化阵地，有利于在新时代焕发出乡风文明的新气象，进一步丰富和传承中华优秀传统文化。一是乡村文化资源数字化。信息化技术可拓展乡村文化建设的内涵与外延，将互联网、虚拟现实等新技术运用到文化生产的方方面面，从过去单一的乡村演出、节庆文化、乡村旅游等文化建设传统模式转到数字表演、数字内容、数字教育等新兴文化业态在乡村落地生根。二是乡村文化网格化。信息化技术的融合性为乡村文化建设带来了无限可能，摒弃过去乡村文化大多以静态形式展示的现象，以数字化形式展示乡村文化的特色，提升乡村文化的表现力和吸引力，使乡村文化得以传承，诠释好背后的文化故事，实现乡村文化振兴。三是乡村民众文化素养提升。村民文化素质是乡村文化振兴的重要组成部分。互联网等信息化技术在农村的运用能够提高农民对信息的获取能力，为农民培训提供了全新的模式和渠道，提高农民信息素养与技能，弥合农民的“能力鸿沟”，有助于培育一批高素质农民队伍，激发乡村文化振兴的内在动力与活力。

(4)“治理有效”需要农业信息化。乡村地域广、人口多，乡村治理涉及面广、事多、量大，管理压力大，并存在找人难、传递信息难、办事繁琐等问题，传统基层治理面临村民参与治理程度低、决策有失科学性、治理忽略时效性等挑战。同时，由于技术条件的限制，农村信息基础设施薄弱、村民数字素养不高、村民参与信息化建设意识不强，造成共建共治共享的数字化乡村治理格局难以形成。信息化技术与乡村治理体系的深度融合，可以推动乡村治理数字化转型，提高乡村数字化治理效能。一是基层政府治理数字化。传统的乡村治理受体制机制的影响，管理服务流程繁杂难以满足村民的个性化需求。信息化技术具备处理快速的优势，实时收集并分析数据，大大简化政府的服务流程，能够精准施策，畅通基层治理的“最后一公里”，实现对乡村全范围、全领域的治理，为村民提供全方位的便捷化服务，实现乡村治理精准化。二是村民自治管理数字化。信息化技术借助其数据共享共用的优势，变革、创新村民自治传统参与方式，要求村民自治塑造数据思维、拓展空间场域、嵌入智能方式，推动村民自治创新升级，提升村民自治主体的数字技能。

（5）“生活富裕”需要农业信息化。当前，城乡基本公共服务标准差距较大、农村公共服务不完善等问题，难以满足村民对美好生活的需要。因此，信息化技术与乡村振兴深度融合，通过重构乡村人、地、钱三要素，提振乡村数字生活，有助于实现农民生活智慧化，推动农民共同富裕取得更为明显的实质性进展。首先，信息化生活以完备的信息基础设施服务为基础。加强信息基础设施共建共享，加快农村宽带通信网、移动互联网、数字电视网和下一代互联网发展，积极打造智慧交通、智能物流、智慧监测等乡村数字生活应用场景。其次，信息化生活为农民提供个性化需求服务。借助数字化技术的手段和工具打造城乡互联共享的数字图书馆、数字电视、培训课程等发展型公共设施，精准实现农民对美好生活新期待的个性化需求。再次，信息化生活加强民生保障服务。信息化技术将“互联网＋便民服务”诸如远程教育、智慧医疗、线上应聘、数字文化娱乐、数字社会保障等智慧化生活服务推向农村，使得农村的民生需求与城市的服务供给市场无缝对接，解决农村社会资源短板问题，促进城乡基本公共服务均等化，不断优化农村民生服务体系。

3. 农业信息化与农业现代化

在人类文明进程中，农业经历了三个发展阶段，即古代农业、传统农业、现代农业。在这三个农业发展阶段中，每个阶段都不是截然分开的，而是随着科技的进步，彼此交替演进。农业现代化亦然。不同的历史发展阶段，农业现代化有着不同的目标和涵义。在20世纪七八十年代，农业现代化就是“农业四化”，即农业机械化、化学化、水利化和电气化。八九十年代，人们对农业现代化进一步理解为现代化的农业设施、现代化的农业科技、现代化的农业管理。当前，时代已经进入21世纪，农业现代化的内容更为丰富，包括农业生产水平、农村经济水平、农业物质投入、农民收入和消费水平、农业科技与教育、农村环境等。然而，不论农业现代化的内涵如何拓展，其本质内涵乃在于不断引入“现代”科学技术，形成新的生产力，把传统农业转变成现代农业。信息技术作为现代科学技术的核心技术，信息化作为新的生产力，对推进国民经济的高速发展和现代化建设具有举足轻重的地位和巨大推动作用。农业信息化已成为农业现代化的重要内容和标志。没有农业信息化，就没有农业现代化。信息网络时代的出现赋予了我们一种后发优势。我们必须充分利用这种后发优势，更有效地保证农业持续、健康、稳定、快速地发展。在我国农业由传统农业向现代农业的转变时期，农业信息化对农业现代化的带动作用主要表现在以下几个方面：

（1）促进农业产业结构调整和生产方式变革。农业产业结构的适时调整，是农业现代化建设的主要举措。建立科学准确、反应灵敏、运转高效的农业信息网络是推进农业产业结构调整的重要依据。信息技术在农业上的广泛应用，可以促进农业生产过程实现自动化、信息化、高效化。传统农业的粗放方式将为集约方式所代替，劳动密集型将为知识密集型所代替，农业生产率将大幅度提高，生产成本将下降，新兴农业信息技术将成为农业增长的重要技术基础。

（2）推动农业科技进步，提高农民整体素质。科技是第一生产力，农业现代化本质上是农业科技的现代化。农业现代化建设，农村经济的繁荣，农业综合生产力的提高，乃至整个农村社会的进步，都有赖于农村科技的进步，都离不开农村广大劳动者科技文化素质的提高。农业信息化将加快农业科技人才的培养及农业科技知识的传播。通过信息网络，可以广泛、快捷地传播农业技术、科普知识，更快、更好地培养农业科技人才，进一步推广、普及农业技术和科普知识，从而提高农民的整体素质和科技水平，为推进农业现代化的进程打下坚实的基础。

（3）加快农业产业化进程，保持农业可持续发展。农业现代化实现的前提是实现农业产业化经营。而农业产业化是一种知识密集程度高、系列生产经营配套、企业化集团优势突出的集约型农业，可谓是现代化农业的雏形。利用信息技术可以建立提供政策、市场、资源、技术、生活等信息的网络体系，指导帮助农民按照市场需求安排生产和经营，解决分散的小农生产和统一的大市场之间的矛盾；可以把农业企业联合起来，形成跨国竞争的巨大优势；可以开发网上贸易，直接建立农产品和农业服务贸易的快速交易通道。因此，可以说信息技术是推动农业产业化，进而推动农业现代化的关键之举。促进和保持农业的可持续发展，是农业现代化的一个应有特性，农业现代化如果缺乏持续性，就不是真正的现代化。走农业信息化发展道路，有利于促进农业资源的集约经营，保护、节约和合理利用资源，实现生产持续性、经济持续性和生态环境持续性的统一。

（4）迎接国际竞争挑战，加速农业经济国际化。随着市场机制的逐步确立和完善，农产品迎来了一个全面竞争的新时代，我国加入世界贸易组织，使农业将面临更加激烈的国际竞争。农业经济国际化是农业产业化优化升级的新阶段，是实现农业现代化的必由之路。而国际化经营中，对外贸易的运行规则、国外市场的开拓和壮大、出口产品的适销对路等，都需要准确有力的信息支持，以适应变幻莫测的国际市场。信息化的发展将会大大促进农产品流通，减少农业生产与产品销售的中间环节，使生产者得到更多实惠。

通过上述分析可见，传统农业的信息化改造是实现农业产业化，进而实现农业现代化的一个重要手段，农业要发展，要实现产业化、现代化，更需要信息的服务和支持。农业现代化是农业新技术革命发展潜能的有效载体，没有现代化，信息化蕴藏的巨大潜能就无法转变成现实的生产力，对农业新技术革命的巨大价值就无法体现。而没有信息化就不能带动农业现代化的进一步深入发展。所以，二者是相辅相成的两个方面。只有两者协调共进，才能真正实现信息化发展的最终目标，促进农业科技与经济的共同进步，实现我国农业的跨越式发展。

二、中国农业信息化发展历程与现状

（一）我国农业信息化发展历程

我国农业信息化建设起步较晚，但发展较快。1979 年从国外引进遥感技术并应用于农业，首开农业信息化先河。1981 年，我国建立第一个计算机农业应用研究机构，开始以科学计算、数学规划模型和统计方法应用为主的农业科研与应用研究。1986 年农业部提出《农牧渔业信息管理系统总体方案》，并组建了农业部信息中心。1992 年，农业部主动适应党的十四大确立的社会主义市场经济体制改革目标的要求，研究提出了《关于加强农村经济信息体系建设的总体构想》。1993 年农业部建成了农业部机关局域网。1994 年 12 月，在“国家经济信息化联席会议”第三次会议上，农业部针对未来，提出了跨世纪的农业信息化工程——金农工程，目的是加速和推进农业和农村信息化，建立“农业综合管理和服务信息系统”。

在农业部局域网的基础上，农业部 1995 年建立了“中国农业信息网”，并通过 DDN 方式接入国际互联网，建成了覆盖全国的农业信息网络，成为我国农业综合信息发布的权威网站。与此同时，国家采取与地方联建的方式，在全国 29 个省（自治区、直辖市）、二分之一的地（市）和五分之一的县建成了农业综合信息服务平台，并先后为 1 000 多个信息采集点、338个农产品批发市场配备了信息联网设备，同时与中国农业信息网联网，进行信息网上查询与发布，实现了国际、国内各级信息网络的网上信息交换。

20世纪90年代中期以后，农业部、科技部等部委负责启动了“乡乡上网工程”“星火农业信息化行动”“农村远程教育工程”“963智能化农业专家系统开发”“星火科技培训专项行动”等项目，在推动农业信息网络建设中取得了很好的效果。中国农业科学院建立的“中国农业科技信息网”于1997年10月开始运行。我国2001年开始实施《农村市场信息服务“十五”行动计划》。1996年、2004年两次召开全国农业信息工作会议加以推动。2005年，农业部又在全国选择了部分地级和县级农业部门开展“三电合一”农业信息服务试点项目建设。

2005年、2006年和2007年连续三年中央1号文件中都强调要加强农业信息化建设。2005年中央1号文件第五条“加强农村基础设施建设，改善农业发展环境”，第十四款“加快农产品流通和检验检测设施建设”中要求“加强农业信息化建设”。2006年中央1号文件第四条“加强农村基础设施建设，改善社会主义新农村建设的物质条件”，第十六款“加快乡村基础设施建设”中指出“要积极推进农业信息化建设，充分利用和整合涉农信息资源，强化面向农村的广播电视电信等信息服务，重点抓好‘金农’工程和农业综合信息服务平台建设工程”。2007年中央1号文件第三条“推进农业科技创新，强化建设现代农业的科技支撑”，第五款“加快农业信息化建设”一整款对农业信息化进行了强调：“用信息技术装备农业，对于加速改造传统农业具有重要意义。健全农业信息收集和发布制度，整合涉农信息资源，推动农业信息数据收集整理规范化、标准化。加强信息服务平台建设，深入实施‘金农’工程，建立国家、省、市、县四级农业信息网络互联中心。加快建设一批标准统一、实用性强的公用农业数据库。加强农村一体化的信息基础设施建设，创新服务模式，启动农业信息化示范工程。积极发挥气象为农业生产和农民生活服务的作用。鼓励有条件的地方在农业生产中积极采用全球卫星定位系统、地理信息系统、遥感和管理信息系统等技术”。我国《2006—2020年国家信息化发展战略》也强调要加强农业信息化，《农业部关于进一步加强农业信息化建设的意见》更是直接给出了实施农业信息化的具体步骤和方法。

国家有关部委围绕其主体业务大力推进农业农村信息化建设，原农业部出台了《全国农业农村信息化发展“十二五”规划》，是未来五年指导全国农业农村信息化发展的纲领性文件，是推进农业生产信息化、农业经营信息化、农业管理信息化和农业服务信息化的重要依据。2009 年的中央 1 号文件一共是 5 个方面 28 条，这 5 个方面 28 条，每一条都涉及信息化。2010 年中央 1 号文件再次强调要推进农业信息化建设，农业信息化是社会信息化的重要组成部分，是发展现代农业的重要突破口，是建设社会主义新农村的重要内容。2012 年 6 月，国务院印发《关于推进信息化发展和切实保障信息安全的若干意见》，提出要深入推进农业农村信息化，进一步提高农业生产经营信息化水平、完善农业农村信息服务体系。2012 年 11 月，党的十八大报告中提出“坚持走中国特色新型工业化、信息化、城镇化、农业现代化道路……促进工业化、信息化、城镇化、农业现代化同步发展”。

2013 年中央 1 号文件提出启动金农工程二期，推动国家农村信息化试点省建设。2014 年中央 1 号文件提出建设以农业物联网和精准装备为重点的农业全程信息化和机械化技术体系。2015 年中央 1 号文件提出推动新型工业化、信息化、城镇化和农业现代化同步发展。“互联网＋”现代农业的概念首次出现在 2016 年中央 1 号文件中，同年，原农业部印发《“十三五”全国农业农村信息化发展规划》，明确了 2020 年信息技术与农业生产、经营、管理、服务全面深度融合的总体目标和四项具体指标。2017 年中央 1 号文件指出要推进农村电商发展，促进新型农业经营主体、加工流通企业与电商企业全面对接融合，推动线上线下互动发展，推进“互联网＋”现代农业行动。2018 年中央 1 号文件提出“数字乡村战略”，进一步推动了我国农村信息化的发展。结合信息技术的发展方向和应用需求，2018 年发布的《乡村振兴战略规划（2018—2022 年）》指出，要深化大数据创新应用，推动政务、教育、医疗、金融等资源向农村地区覆盖。2019 年中央 1 号文件明确指出，“推进重要农产品全产业链大数据建设，加强国家数字农业农村系统建设”。2020 年中央 1 号文件指出，要开展国家数字乡村试点，依托现有资源建设农业农村大数据中心，加快物联网、大数据、区块链、人工智能、第五代移动通信网络、智慧气象等现代信息技术在农业领域的应用。2021 年中央 1 号文件指出，要实施数字乡村建设发展工程，推动农村千兆光网、第五代移动通信（5G）、移动物联网与城市同步规划建设。2022 年农业农村部印发《“十四五”全国农业农村信息化发展规划》，明确了“十四五”期间全国农业农村信息化发展的指导思想、工作原则和发展目标，并对主要任务作出具体部署。

2005 年以来，中央 1 号文件数次聚焦农业信息化建设，我国农业信息化建设取得了长足发展。农业信息化建设的思路已由单一的技术提升转变为以技术集合式发展为核心的全面信息化发展理念。当前我国农村网络信息基础设施不断完善、农业农村大数据建设初见成效、物联网技术逐步推广、乡村信息服务更加完善，信息化在促进农业农村经济和社会发展中发挥了越来越重要的作用。

（二）我国农业信息化的现状与发展成效

1. 农村网络基础设施建设不断夯实

农村地区的网络覆盖和普及应用快速发展，基本实现了“农村宽带进乡到村”。农村网络基础设施实现全覆盖，2021 年底，全国行政村通宽带比例达到 100%，通光纤、通 4G 比例均超过 99%，基本实现农村城市“同网同速”。5G 加速向农村延伸，截至 2022 年 8 月，全国已累计建成并开通 5G 基站 196.8 万个，5G 网络覆盖所有地级市城区、县城城区和 96%的乡镇镇区，实现“县县通 5G”。面向农村脱贫户持续给予 5 折及以下基础通信服务资费优惠，已惠及农村脱贫户超过 2 800 万户，累计让利超过 88 亿元。2021 年农村居民平均每百户接入互联网移动电话 229 部，比上年增长 4.4%①。截至 2022 年 12 月，我国农村网民规模为 3.08 亿，占网民整体的 28.9%。农村地区互联网普及率为 61.9%，是“十三五”初期的 2 倍，城乡地区互联网普及率差异较 2018 年缩小 15 个百分点②。截至 2022 年底，全国农村宽带用户总数达 1.76 亿户，全年净增 1 862 万户，比上年增长 11.8%，增速较城市宽带用户高 2.5 个百分点③。我国农村网络基础设施建设不断优化升级，网络信息服务不断扩大覆盖范围、提升速度、降低费用。

信息化创新能力持续提升。推进农业农村部重点实验室“农业信息技术学科群”和“农业遥感学科群”建设，建成 21 个重点实验室和科学观测实验站。建设 8 个国家数字农业农村创新中心、分中心，推动信息化技

① 《中国数字乡村发展报告（2022 年）》，中华人民共和国农业农村部网站，2023 年 2 月发布. http：//www.scs.moa.gov.cn/zcjd/202304/P020230410575631299102.pdf.

② 第 51 次《中国互联网络发展状况统计报告》。

③ 《2022 年通信业统计公报》，中华人民共和国工业和信息化部网站，2023 年 1 月 19 日发布. https：//www.miit.gov.cn/gxsj/tjfx/txy/art/2023/art_77b586a554e64763ab2c2888dcf0b9e3.html.

术装备研发创新。水产集约化养殖精准测控、家畜智能饲喂装备等一批关键技术装备取得重大突破。在 21 个现代农业产业技术体系中增设智慧农业岗位专家。成立农业信息化标准化技术委员会，加强标准制修订①。

2. 智慧农业建设取得初步成效

农业生产智能化趋势日益显现。随着大数据、物联网和遥感技术等农业信息技术的快速发展，农业生产日益向精细化、数字化和智能化方向迈进。农业物联网和农业大数据是实现农业信息化的两大关键系统。截至“十三五”末，累计投资建设 81 个数字农业试点项目，认定 210 个全国农业农村信息化示范基地，推广 426 项农业物联网应用成果和模式，带动物联网、大数据、人工智能等新一代信息技术在农业生产经营各领域各环节融合应用。2021 年农业生产信息化率为 25.4%，全国大田种植信息化率为 21.8%，其中，小麦、稻谷、棉花三个农作物的生产信息化率相对较高，分别为 39.6%、37.7%和 36.3%；全国设施栽培信息化率为 25.3%，比上年增长 1.8 个百分点；全国畜禽养殖信息化率达 34.0%，其中，生猪和家禽养殖信息化率分别为 36.9%和 36.4%。畜牧业综合信息平台、饲料和生鲜乳质量安全监管系统已实现对全国 18 万余个规模猪场、4 200 多个生鲜乳收购站、5 800 多辆运输车、300 余个牧场、1.3 万家左右持有饲料生产许可证企业的全面监管。2021 年全国水产养殖信息化率为 16.6%，其中，蟹类、虾类、鱼类和贝类的生产信息化率分别为 23.6%、21.6%、20.9%和 6.0%。升级改造海洋渔船通导与安全装备14 万余台(套)，建设数字渔业岸台基站 240 座。目前已有超过 60 万台拖拉机、联合收割机配置了基于北斗定位的作业监测和智能控制终端，其中安装有辅助自动驾驶系统的拖拉机超 10 万台。数据平台汇集了49 万台农机北斗终端的 200 亿条农机综合数据，实现了全国农机作业数据实时采集、动态展示。2021 年全国植保无人机保有量 12.1 万架、年作业 10.7 亿亩次。

数字技术和智能装备在农产品分级包装、贮藏加工、物流配送等环节得到推广应用。建成运行全球首个农作物品种 DNA 指纹库公共平台“全国种子检验与认证信息系统”，开发上线国家农作物种子追溯管理信息系统和全国种业投诉举报平台。建成国家农产品质量安全追溯管理信息平

① 《“十四五”全国农业农村信息化发展规划》，中华人民共和国农业农村部网站，2022 年 2 月 22 日发布 . http：//www. moa. gov. cn/govpublic/SCYJJXXS/202203/t20220309 _ 6391175. htm.

台，已实现与31个省级平台及农垦平台的对接互通，截至2022年6月，已有46.5万家生产经营主体完成注册，“阳光农安”在5个省份开展试点，农产品质量安全追溯体系日益完善。评价显示，2021年全国实现质量安全追溯管理的农产品产值占比达24.7%，较上年提升2.6个百分点①。

3. 农业农村大数据逐步应用

推进政务信息资源整合共享，建设一批数据综合平台和专题数据库，初步构建农业农村大数据体系。2019年中央1号文件明确指出，“推进重要农产品全产业链大数据建设，加强国家数字农业农村系统建设”。目前国家农业农村大数据采集、分析、应用体系建设不断完善，单品大数据全产业链建设开始起步，大数据系统应用领域不断增加。粮、棉、油、糖、畜禽产品、水产品、蔬菜、水果等8类15个品种的全产业链大数据试点取得初步成效，总结推广38项农业农村大数据实践案例。生猪产品信息数据平台上线运行，发布生猪全产业链数据。此外，农业信息网站在现代农业中发挥着重要的作用。目前，覆盖省（自治区、直辖市）和地级市以及县（区）的全方位、多层次网络站群基本建成，涉农网站发展迅速。在农业农村部网站开设数据频道，编制发布全国农产品批发价格200指数。连续举办中国农业展望大会，覆盖农产品主要品种的农业监测预警体系基本形成。农业遥感技术发展较快，已经在全国农村各地建立了100多个监测体系，在大面积的农业生产中，开始使用遥感监测、远程诊断病虫害、智能催芽水稻。数字化监管模式不断创新，探索利用数字技术支撑耕地用途管制、制种基地监管、宅基地改革试点等工作。

4. 农村电子商务快速发展

部署实施农业电子商务试点、农业电子商务发展行动计划。工业品下乡、农产品进城的农村电商双向流通格局得到巩固提升，直播电商、社区电商等新型电商模式不断创新发展。“互联网+”农产品出村进城工程、“数商兴农”工程深入实施，首届“大国农匠”全国农民技能大赛（农村电商人才类）顺利举办，中国农民丰收节金秋消费季、“数商兴农”专场促销活动等扎实推进，有力促进了产销对接和农村电商发展。实施农产品仓储保鲜冷链物流设施建设工程，新增产地冷藏保鲜设施仓容近500万

① 《中国数字乡村发展报告（2022年）》，中华人民共和国农业农村部网站，2023年2月发布. http://www.scs.moa.gov.cn/zcjd/202304/P020230410575631299102.pdf.

吨。创建国家级特色农产品优势区，建立中国农业品牌目录制度。2022 年全国农村网络零售额达 2.17 万亿元，比上年增长 3.6%；全国农产品网络零售额达 5 313.8 亿元，同比增长 9.2%，增速较 2021 年提升 6.4 个百分点[①]。农村电商公共服务基础设施建设不断加强，截至 2022 年 7 月，电子商务进农村综合示范项目累计支持 1 489 个县，支持建设县级电子商务公共服务中心和物流配送中心超 2 600 个。快递服务不断向乡村基层延伸，“快递进村”比例超过 80%，2021 年农村地区收投快递包裹总量达 370 亿件。截至 2021 年底，36.3%的市级以上重点农业龙头企业通过电商开展销售，利用电商销售的农产品加工企业营业收入比上年增长 10.8%。电子商务助力脱贫地区农产品销售，为防止规模性返贫发挥着重要作用。截至 2022 年底，“832 平台”入驻脱贫地区供应商超 2 万家，2022 年交易额超过 136.5 亿元，同比增长 20%。

5. 数字乡村建设起步良好

实施数字乡村发展战略，开展国家数字乡村试点，探索数字乡村发展模式。开展形式多样的数字乡村治理实践，“互联网＋政务服务”加快向乡村延伸覆盖。全国已建设 355 个县级政务服务平台，国家电子政务外网已实现县级行政区域 100%覆盖、乡镇覆盖率达 96.1%，政务服务“一网通办”加速推进，农民群众的满意度、获得感不断提升。2021 年全国县域社会保险、新型农村合作医疗、劳动就业、农村土地流转、宅基地管理和涉农补贴等六类涉农政务服务事项综合在线办事率达 68.2%。

农村党务村务财务网上公开基本实现。2021 年全国“三务”网上公开行政村覆盖率达 78.4%，较上年提升 6.3 个百分点，党务、村务、财务分别为 79.9%、79.0%、76.1%。全国党员干部现代远程教育网络完成升级改造，党员教育平台基本实现全媒体覆盖，“互联网＋党建”成为农村基层党员干部和群众指尖上的“充电站”。全国基层政权建设和社区治理信息系统已覆盖 48.9 万个村委会、11.7 万个居委会，实现行政村（社区）的基础信息和统计数据“一口报”。全国农村集体资产监督管理平台上线试运行，已汇聚全国农村承包地、集体土地、集体账面资产、集体经济组织等各类数据，集体资产实现在线管理、审核、监控。农村宅基地管理信息平台建设稳步推进，已有 105 个农村宅基地制度改革试点县

---

① 中华人民共和国商务部网站，http：//sg. mofcom. gov. cn/article/sxtz/zgyshj/202303/20230303398361. shtml.

（市、区）建设了宅基地数据库。全国农村房屋综合信息管理平台和农村房屋基础信息数据库启动建设。

6. 农业信息服务体系日臻完善

农业信息化组织体系不断健全。全国大多数省、市、县成立了农业信息管理和服务机构，乡镇建立了信息服务站，农村信息服务人员已发展到14万多人。截至2021年底，全国利用信息化手段开展或支撑开展党务服务、基本公共服务和公共事业服务的村级综合服务站点共48.3万个，行政村覆盖率达到86.0%。农技服务从田间地头走到云端线上，“12316”热线电话、全国农业科教云平台等为农服务方式不断创新，2006年，农业部在全国开通了“12316”农业系统公益服务统一专用号码；2014年，全国“12316”农业综合信息服务平台体系初步形成，“12316”服务基本覆盖全国农户。目前，“12316”综合信息服务平台已基本覆盖全国所有省份，全国“12316”语音平台日均接收咨询约2.4万个，服务用户1 000多万人，推动公共信息服务向农村覆盖，信息化成果向农民惠及。2017年“全国农业科教云平台”上线运行，截至2022年8月，全国农业科教云平台注册用户超过1 300万，累计访问超过35亿次，日均服务超过400万人次，在线提问解答率保持在92%以上，为各级农业科教管理部门、农业专家、农技推广人员和广大农民提供在线学习、互动交流、成果速递和服务对接，提升了农业科技供给效率与质量，推动了农业科教与农业产业的深度融合。

“三农”信息服务更加便捷深化。为加快完善农业信息服务体系，切实满足农民群众和新型农业经营主体的信息需求，2014年，农业部在10个省份22个县（市、区）开展信息进村入户试点工作。2017年3月，农业部在辽宁、吉林等10省份开展信息进村入户工程整省推进示范。截至2021年底，全国共建成运营益农信息社46.7万个，累计提供各类信息服务9.8亿人次，公益服务、便民服务、电子商务和培训体验服务已进到村、落到户。2021年全国接受信息化农技推广服务的新型农业经营主体（包括农民合作社和家庭农场）数量共计223.3万个。依托全国家庭农场名录系统开展家庭农场“一码通”管理服务，已为首批约3 000个家庭农场赋唯一标识数字码，为家庭农场产品销售、贷款保险等提供便利。国家科技特派员信息管理服务系统建设扎实开展，科技特派员的支撑保障和管理服务能力持续提升。信息进村入户通过益农信息社统筹农业公益服务和农村社会化服务，初步形成了从省到村的纵向联结体系和覆盖政府、农民、新型农业经营主体和各类企业的横向信息服务网络体系，促使现代信息技术与农村发展、农民生活相融合，满足农民多样化需求。

农民信息化能力不断增强。2015年，农业部在全国开展了农民手机应用技能培训，通过开展农民手机使用与上网基础知识普及培训、农民手机使用技能竞赛、实用技术培训，提升农民信息化能力。2018年，全国农民手机应用技能培训平台上线运行，农业农村部组织编写了《手机助农营销实用手册》，推出文化教育类、咨讯传播类、生活服务类等易于操作的惠农APP。2020年底，农民手机应用技能培训受众累计超过1亿人次。2021年持续完善“全国农民手机应用技能培训”网站专题和“农业学手机”APP等线上培训平台，不断丰富培训内容，新增农产品销售、农事作业等有关视频课程，有效提升农民数字技能，让农民分享互联网发展红利。

三、中国农业信息化发展中的主要问题

数字农业是农业信息化的重点领域，农业数字经济发展程度可以用于衡量一国农业信息化发展水平。根据中国信息通信研究院《全球数字经济新图景（2020）》报告，2019年全球47个国家的农业数字经济占行业增加值比重平均为7.5%，其中发达国家农业数字经济占比为13.3%，发展中国家仅为5.9%。从国家来看，英国、德国、美国农业数字经济占比位列全球前三位，其中，英国和德国农业数字经济占比超过20%，日本、韩国农业数字经济占比在亚洲名列前茅，中国农业数字经济占比为8.2%，高于世界和发展中国家平均水平，但与发达国家相比仍有较大差距。当前我国农业信息化处于起步阶段，与制造业、医学等领域相比，农业农村领域数字化研究应用明显滞后。乡村数字化治理水平偏低，与城市相比差距仍然较大。截至2022年12月，我国城镇地区互联网普及率为83.1%，农村地区互联网普及率为61.9%，城乡地区互联网普及率差异显著。数字产业化滞后，数据整合共享不充分、开发利用不足，数字经济在农业中的占比远低于工业和服务业，成为数字中国建设的突出短板。

（一）信息技术成果转换率不高

信息技术成果应用不广泛，信息技术作用未得到充分发挥。虽然近几年农业大数据、遥感技术、电子商务等技术发展迅速，但在农业生产、农

产品加工、市场销售等领域的开发与应用不够，通过物联网技术指导农业实现智能化生产、精准化管理方面处在起步阶段，存在创新能力不足、关键核心技术研发滞后、农业专用传感器缺乏、农业机器人与智能农机装备适应性较差等问题。专业的农业电商平台还不完善，农产品生产、存储、销售主要存在周期较长，受环境因素影响较大，不易储存，损耗较大等特征，急需建立大型农业电商平台，实现千家万户小生产与千变万化大市场有机衔接，促进农产品顺利销售，但目前我国农产品电商平台建设仍较薄弱，电商平台一方面与大型农产品电商企业、大型农产品采购商、大型连锁超市的链接不够，另一方面与合作社、家庭农场等生产基地的对接不到位，“电商＋合作社”“电商＋家庭农场”等新模式还处在起步阶段，直接用现有的电商平台进行农产品销售的农户并不多。

（二）农业信息资源管理不规范

一是农业信息资源数据库建设不完善。虽然我国农业信息资源数据库数量越来越多，但目前仍存在数据库规模偏小、资源分散、质量不高等问题，突出表现在：各个区域之间和各个行业之间的数据库各自为政，各行其是，缺乏分工和协作，造成信息分散、重复投入，资源浪费，共享度低，不能实现农业信息资源有效配置；信息内容雷同，缺乏特色鲜明的信息，缺乏有针对性、及时性、有价值的实用信息。二是农业信息资源缺乏统一的管理标准和有效整合。农业信息化建设涉及多个部门，如一个省的管理部门就包括省政府、农业、信息、科技、水利、气象、企业等多个部门，各部门都有独立的信息网络系统，而且已经积累了一定的农业信息资源，但并未对收集到的信息资源按照统一标准进行有效整合和管理，如针对信息分级、信息应用环境等方面没有制定统一具体标准；信息在收集、存储、传输以及共享等环节所涉及的各项指标术语也没有进行统一规范，造成农业信息资源流失、浪费，缺乏共享、利用率低，信息资源难以发挥出其自身应有作用。

（三）农业信息化基础设施建设不平衡不充分

尽管我国农业信息基础设施建设已经取得一定成就，农村互联网发展迅速，大部分省、市、县已建立农业信息网站。但农业信息化基础设施仍然比较薄弱，主要表现在：一是农业信息网络基础设施不完备。农业信息化网络基础设施的铺设工作在我国部分农村区域，特别是中西部偏远地区并未最终完成，互联网“最后一公里”问题仍未得到最终解决。许多县、乡、村的农业信息网络基础设施建设不完善，即使具备基础网络的一些地区，由于网络传输能力差，网速慢，一些偏僻农村地区时常出现没有信号或者信号不稳定的问题，很少用于传送农业信息，网络优势得不到充分发挥。二是农业信息化基础设施建设不均衡。东南沿海地区农村信息服务平台和农村信息资源大数据库建设已经初具规模，但西北等落后地区还没有开始建设。农业信息网站的建设比例城乡不平衡，我国主要的农业信息网站大部分集中在城市，位于农村基层的网站，尤其是乡村网站数量比较稀少，而且信息量小、时效性差、更新慢，最新农业科技成果、市场动态等农业最新信息很难在农村得到快速传播。中国互联网络信息中心（CNNIC）发布的第 51 次《中国互联网络发展状况统计报告》显示，截至2022 年12 月，我国农村地区互联网普及率为 61.9%，相较于城镇地区 83.1%的互联网普及率，仍存在 21.2 个百分点的差距。我国农村信息发展基础薄弱，数据资源分散，天空地一体化数据获取能力较弱、覆盖率低，重要农产品全产业链大数据、农业农村基础数据资源体系建设刚刚起步。

（四）农村互联网应用的范围和深度不够

近年来，虽然互联网在农村的发展取得了很大成就，但是会使用并愿意使用电脑及网络的农户数量占全部农户的比例还不高。截至 2022 年 12 月，我国非网民规模为 3.44 亿，其中农村地区非网民占比为 55.2%，我国非网民仍以农村地区为主；在我国网民群体中，农林牧渔劳动人员占比仅为 8%。此外，虽然不同地区农户对农业信息服务内容的需求存在较大差异，但总体来看，农户对互联网应用的深度不够，其对互联网的使用主要集中在即时通信和网络娱乐上，移动社交、数字娱乐在农村普及较快，截至 2022 年 12 月，农村网民群体短视频使用率已超过城镇网民 0.3 个百分点，即时通信使用率与城镇网民差距仅为 2.5 个百分点。但商务交易、公共服务以及网络学习应用较少，农村互联网应用的范围和深度还需拓展和深化。

（五）农业信息化人才匮乏

目前，我国各个层次从事农业信息化工作的人员都不充足。一是缺乏既了解国家农业农村发展的大政方针，又懂农业信息技术的管理人员。二是农业信息技术专门人才不足。我国各院校的人才培养结构不够合理，大部分院校只是分别设立信息管理、农业技术等专业，很少能培养出同时精通信息技术和农业技术的复合型人才。学生毕业后，一般都到学校、机关和研究部门工作，真正能够立足于农村，专门从事农业信息化管理和信息分析的人员很有限。三是基层信息服务人员能力有待提高。我国农村基层特别需要既能解决网络、手机多功能应用、网络维护和更新，又能及时搜集、分析、整理网络相关信息，为农民解答疑问，进行生产指导和帮助，提供农产品市场信息的基层服务人员。但我国基层信息服务人员绝大多数是农业技术推广人员兼职的，他们一身兼二职，其中很多人技能不高，观念陈旧，对农业信息最新知识了解不多，只能应付日常农业生产技术指导。尤其在一些偏远地区，环境恶劣，农业信息化人才更是稀缺，导致了我国信息资源利用效果不佳，影响了我国农业信息化进程。

四、中国农业信息化建设的制约因素

农业信息化已实施多年，其重要性已毋庸置疑，但从效果来看并不理想，那么是哪些因素制约了我国农业信息化的发展呢？下文通过对政府主导作用、农业信息资源利用、农业信息服务体系和农业信息主体应用等多方面的分析，探讨制约农业信息化发展的深层原因。

（一）政府主导作用不强，法律法规不健全

一是政府缺乏统筹规划。农业信息化建设涉及政府、农业、信息、商业、气象等多个部门，但各个地区缺乏统一的农业信息主管部门，也缺乏长远的发展规划和政策支撑体系，各个部门也缺乏具体实施规划，重空谈，轻实效，自行其是，联系较少，缺乏统筹，往往造成重复建设，资源浪费。二是由于信息化技术及产品更新迭代速度较快，在经济水平相对落后的农村地区，政府的主导性作用并未得到充分发挥。相关农业管理人员接触新知识、新技术的主动性不强，探索新发展路径的积极性不足，自然也无法深刻体会到信息技术给现代农业生产带来的质的变化；部分农业部门管理人员缺乏信息服务意识，基于“怕麻烦”“怕犯错”等心理而怠于搜集农业信息，或者不愿、不敢公开农业信息。总体上，他们对信息化建设的认识较为浅显，简单地将农业信息化等同于发展电子商务，这显然不利于农业信息化建设。三是立法工作滞后。农业信息市场管理缺少法律法规，信息的发布过于随意，网上信息鱼龙混杂，有些是过时信息，甚至是

虚假信息，很难辨认，一旦相信假信息，将对农民造成严重经济损失。

（二）信息系统建设速度缓慢，农村信息资源利用率不高

各地应用于农业管理和服务的信息系统如农业信息网站、视频会议培训、农产品质量追溯产地编码、远程教育培训、办公室自动化、农资信用管理、动物防疫检疫管理、农村财务监管等信息建设、应用、推广、完善的速度非常缓慢，仅在发达地区开始试点，主要由于信息系统建设缺乏长远规划，信息技术更新换代频繁，而系统的维护升级、更新换代和应用人员的适应都需要一个过程。当前，我国农业信息资源在数量上不断攀升，但是在质量上却参差不齐，导致农业信息资源利用效率始终较低。多数农业信息的服务对象仅限于本区域内，农业信息网站、农业信息专家系统、涉农网站、涉农数据库等之间难以兼容，无法实现资源共享，且受限于经费、人员等因素，各个网络平台及数据库的信息更新缓慢，导致信息资源过于分散、实用性不强，对农业生产实践的指导价值不大。信息技术在农业生产中有效应用不足。大数据、遥感技术、物联网等信息技术属于新生事物，人们对它缺乏信任；新技术的应用需要一定的费用和技能；任何一项最新技术，在早期生产其硬件和软件的成本需求都比较高，初期使用阶段，如果政府扶持不够，农民很少使用这项技术；基层信息服务人员技术水平有限，很多农民自身的知识水平和能力不强，这些都不利于新技术的使用。

（三）农业信息服务体系不完善，信息服务水平低

一是信息服务的针对性不强。对农民的信息需求缺乏深入、系统了解。广大农民迫切需要与农业生产相关的信息，如农产品市场供求信息、生产技术服务、未来价格预测、外出务工等方面的信息，但目前多数农业网站信息服务的范围有限，有效信息供给不足，信息质量不高，尤其缺乏能较好地分析农产品生产和市场状况的信息。二是信息服务能力有限。尽管多数地方领导已经开始重视农业信息化建设，但缺乏具体的规划和举措。乡镇基层电脑等硬件设施缺乏，农业信息产品软件产品稀少，信息管理人员较少、水平较低，在村委会或农村政府挂上了农协品牌，但农民很少获得有价值的信息服务，偏远地区农民更难得到有用的信息指导。三是农业信息供给质量不佳。高素质的农业信息服务人员除了要掌握农业生产理论知识、农业技术及现代科技信息技术之外，还要有较强的沟通能力、信息分析能力。受观念、机制、资金等多种因素限制，目前农村信息服务人员普

遍存在学历不高、年龄较大、技术水平差等问题，信息素养不高，缺乏较强的农业信息资源搜集能力、挖掘能力及分析能力，在获取信息资源方面过于保守，最终所提供的信息资源质量不佳，与农业生产实践存在严重脱节。四是信息服务主体动力不足。尽管政府、企业和农民合作组织等参加农业信息服务的主体日益多元，但由于效益普遍不高，影响了社会资本投资，不利于激发农业信息服务的内生动力，不利于农业信息服务向纵深发展。

（四）农业自身产业化程度低，影响了信息技术应用效果

农业产业化程度低以及分散经营的现状难以形成有效的信息需求。农业产业化是农业信息化的基础，两者是相互依赖的。农业的产业化意味着生产规模的扩大，农业生产以市场为导向，必然产生对信息的大量需求及提高效率的强烈愿望，但对于生产规模小、生产效益不高的“家庭式”农业生产来说，显然不可能在信息方面有大的投入，限制了信息技术发挥作用的范围和效果。信息技术未能全面渗透到农业生产作业、经营决策、市场服务和行业管理中，除大型农场、现代化养殖场、农业专业合作社、生产经营大户等组织化程度较高的农业企业或社会组织较多地使用信息技术外，广大分散、小规模的单一农户在农业生产经营中较少或基本没有使用现代信息技术。一是农民生产规模小，对信息技术依赖程度较低；二是信息技术应用范围需要一定的生产规模，例如，目前许多国家推崇的“精准农业”，根据北美的经验，农场规模在 250 公顷以上才能发挥其作用，许多其他现代农业高新技术的采用也存在同样的问题；三是信息技术的应用要在一定规模上才能获得经济效益。可见，我国农业产业化发展相对落后，造成农业信息化需求动力不足，不能为农业信息化的发展提供必需的环境，从而对信息技术开发提出了更高适用性要求。

（五）农民的信息素养不高，获取信息能力不强

在推进农村信息化建设过程中，不少地区以培育高素质农民为目标，积极开展信息知识培训、信息技术培训以及知识普及工作，一定程度上提升了农民的科技素质。但不少农民思想较为保守，对于信息化技术、信息平台发展等新事物的接受程度不高，即便信息化建设有助于自身生产与生活，但心理上的不信任感始终无法彻底消除，更愿意抱着观望态度看待信息化建设工作。与此同时，多数农民存在一定的惰性心理，怠于学习新知识、钻研新技术，未能充分认识到农业信息也能产生商品价值，在农业生

产过程中全凭自身经验，丝毫不具备信息技术应用能力，也不愿意尝试新发展模式。此外，农民获取信息资源的能力不强。一是使用网络的费用较高，缺乏低成本信息终端。农民的收入水平普遍较低，而安装宽带，使用网络、电脑费用却偏高，超出了大多数农民的经济承受能力。农村家庭宽带接入的比例比较低，电脑拥有量不高，农民很少通过互联网获取农业信息，大部分农村地区还主要通过电视等传统方式获取信息，使用智能手机获取农业信息的人员也在逐渐增多。二是农民获得的信息量较少。尽管农村信息服务站、基于“互联网＋”等传统和现代的农村信息服务模式不断增多，由于对普通农户的需求关注明显不够，农民获得的实用信息非常有限，信息内容不足，可以为农民同时提供农业科技、市场供求、便民生活等多种信息服务的共享平台，凤毛麟角。许多信息服务模式一般都是为完成某个项目而运行的，当项目完成，服务平台和资源就不存在了，使得农业信息服务缺少可持续性。

五、中国农业信息化发展途径与对策

由以上分析可见，农业信息化的发展在客观上主要是因为我国农业信息资源的建设尚属起步阶段，缺乏宏观的规划和布局，缺乏必要的资金支持，信息服务体系管理建设与人才建设薄弱，现代信息技术在农业方面还没有得到广泛的应用。只有进一步加强我国农业信息化发展战略研究，寻找一条适合中国国情的、效果最佳的农业信息化发展路径，才能加快农业信息化进程，促进我国农业和农村经济的快速、协调发展。

（一）加大政府支持力度，充分发挥政府的主导作用

我国农村地域辽阔，对信息产品的需求规模较大，且信息产品多数具有纯公共产品和准公共产品特性，只有政府在投资和发展上充分发挥主导作用，才能改变现阶段非均衡的城乡公共产品供给制度，统筹城乡经济社会发展；只有强化政府在农业信息化方面的公共管理和服务职能，加大政府对农业信息化建设等农村公共产品的政策支持力度，才能打破产前、产中、产后相互脱节的行政管理体制，把分割在不同部门的信息手段、信息资源和技术人员进行有效整合，加快农业信息化的步伐。

1. 制定农业信息化建设的优惠政策

政府部门设立扶持项目和专项资金，鼓励农业信息技术的开发与创

新；实行激励机制，对有突出贡献的个人或者单位给予奖励。银行在企业投资农业信息化建设项目时，给予优先立项、优先审批；农业新型经营主体和农民在购买先进的信息化设备时，给予税收优惠或补贴。加大资金投入，农业主管部门要通过多种方式鼓励并吸引个人、单位及社会团体等社会资金参与到农业信息化建设，设立农业信息化建设专项资金，建立并完善资金使用及管理制度，对每一笔资金的合理性、合法性进行监督，避免出现重复建设、资金浪费等现象。

2. 鼓励多利益相关主体参与

目前，5G、大数据、云计算、人工智能等为代表的新业态、新模式和新产业在工业、服务业等行业已取得一系列成就，在农业领域属于起步阶段。农业信息化建设投入成本高、建设周期长，具有社会公益性质，需要政府进行顶层设计，制定中长期发展规划和目标，对农业农村智能化、数字化、信息化建设进行资金、政策、人才等多方面支持和引导。同时，完善的市场机制和多市场主体参与是农业信息化可持续发展的根本保障，需要发挥市场配置资源的决定性作用，充分激发市场活力，通过制定优惠和扶持政策，鼓励社会资本、企业、金融机构、集体、个人等多方参与，形成多元化投资渠道，构建由政府引导、市场化运作、多方参与的合作共赢发展模式。鼓励私营部门、科研院所、高校等主体合作，有效连接技术供给端和需求端，避免相关技术开发应用“两张皮”，提高成果转化效率。

3. 健全农业信息化的法律法规体系

完善的农业信息立法和监管是农业信息化稳定发展的保障。政府应制定农业信息市场交易和价格管制、信息保密和共享、市场中介组织的权利和责任、信息传送和发布等方面的政策、法规，约束市场各方主体的行为，进一步规范信息市场，保证信息质量真实、有效，严防虚假、浮夸信息，防止信息误导、减少信息垄断，保护农业信息供给主体和信息用户双方的合法权益。此外，政府应根据相应的法律、法规和政策，加强对农业信息市场的检查和监督，促进农业信息服务体系的健康发展。加强知识产权保护，处理好信息保护、信息公开和共享之间的关系；建设公正公平的市场竞争环境，从而推动农业信息化健康有序发展。

4. 推进农业规模化和产业化经营

规模化和产业化的农业是推动农业信息化的基础。家庭承包经营制下的土地集体所有决定了农业只能沿用分散经营的小农生产模式。在这种超小规模经营状态下，农户受自身经济实力限制，农业投资能力低，新技术不能发挥应有的作用，严重限制了农业的规模化发展，同时也限制了我国农业产业化发展的水平和速度，并成为农业信息化的最大障碍。因此，在稳定家庭承包责任制的前提下，必须深化农村土地产权制度的改革，使土地适当集中到有产业化能力的农业专业户手中，以形成经营规模，造就一大批农业大户，为农业规模化和产业化经营创造条件。政府要对农业产业化经营进行引导和扶持，在税收和贷款方面给予优惠，促进农业生产规模化，刺激农业信息化需求的增长。

5. 强化政府的信息化建设意识

农业信息化建设的持续推进必须充分发挥政府的职能作用，政府有关部门应具备较强的信息化服务意识与信息化建设意识，积极制定有利于农业信息化建设的相关政策，从金融、财政、人才等多角度提供坚实后盾。此外，政府涉农部门应当成立专门的农业信息网站，鼓励并引导高等院校、科研院所等机构主动参与到农业信息化网络平台构建工作之中，并为农业资源数据库建设出谋划策，增强网络平台及数据库的信息检索、实时存储等功能。在实现信息共享的同时，还要做好信息资源的及时更新工作，增加信息资源的时效性，必要时可考虑将专业的农业信息网站打造成政府扶持、适度收费的信息检索平台，增强信息内容的实用性，让农民能够更加直观地体会到农业信息的价值所在。

（二）强化农村信息发展基础，铸就良好农业数字发展环境

一是继续加强农村信息化基础设施建设。进一步完善农村网络基础设施和通信设施，尽快解决网络基础设施“最后一公里”问题，让网络覆盖全体农村居民，实现让更多人用上互联网的目标。同时提升网速，提高网络传输能力，充分发挥网络优势。促进农业信息化基础设施建设平衡发展，“十四五”是农村信息化发展的重要战略期，加强中西部等偏远地区农村信息服务平台、农村信息资源大数据库建设和农村基层农业信息网站的建设，而且增加信息量、时效性和更新速度，提升中西部及农村落后地区的信息化发展水平，尽快建成相对完整的县、乡、村三级农业信息网络体系。二是营造良好的农业数字发展环境。构建基础数据资源体系，重点建设农业自然资源、重要农业种质资源、农村集体资产、农村宅基地、农户和新型农业经营主体等五类大数据，夯实数字农业农村发展基础。利用互联网和大数据技术，建立科研机构、农业高等院校、地方农技推广中

心、地方政府的信息共享机制。加快构建农产品出村进城网络体系，推进“互联网+”农产品出村进城工程落地实施。开展数字乡村试点建设，加强数字乡村整体规划设计，推进农村信息服务设施与资源整合利用，营造可持续发展环境，探索数字乡村建设发展模式。还要鼓励各地在保护基本农田和生态环境的前提下进行土地流转，促进土地规模化和集中成片，为智能技术设施的规模应用提供硬件基础。

（三）建立统一的信息标准体系，逐步完善信息共享机制

为了保障市场信息的准确性和标准化，使用统一的分类标准，对农业信息进行标准化管理。一是对信息资源从收集到运用的各个阶段，制定统一的管理标准。二是对信息分级、信息应用环境等方面应制定统一的具体标准，应充分考虑农户的需求，增加适用性，避免农业信息资源浪费，实现资源高效利用。三是在信息技术方面，实行标准化管理。在网络建设、数据传输和共享等环节所涉及的各项指标术语也应进行统一的规范，保证信息资源建设各个环节畅通，实现信息资源共享。四是在农业信息软件开发中，实现标准化管理，有利于节省资源和各个环节的衔接。五是在信息平台、数据库、应用系统等信息化建设的各个方面，都应制定科学的制度或标准。

（四）建立完备的农业信息化服务体系，提升信息服务水平

一是不断完善农业信息服务平台。构建国家信息公益平台，提供公益、便民、农产品供求信息发布等各项信息服务。建立远程视频科技服务平台，及时推广新型实用技术，传播现代农业科学技术，聘请专家解决基层群众的技术需求。建立农技手机服务 APP 平台，将种植、养殖、农产品加工等项技术纳入平台，对农民实施手机使用技能的培训，使农民通过手机可以随时了解生产和生活中的实际问题。二是增强农民利用和获取信息的能力。对农民加强使用手机、电脑或互联网的培训，提高接受各种信息的能力，掌握应用信息技术的技能，结合实际建立一套规范的培训制度体系，定期开办培训班，宣传和普及农业信息知识，培养农民现代市场信息意识，提高其运用计算机技术的水平，增强其技术素养。三是提高农业信息的供给质量。有关部门应进一步完善农产品信息结构，根据农户需要和本地条件，提供符合本地农产品特性的数据来源，为农民生产前期、生产中期以及生产后期提供合理建议，提高实践性和可操作性。数据采集期

间要健全收集指标体系，把与经济生产有关的数据列入收集范畴中，提高收集方法的科学性和高效性，减少人为干扰。技术人员要深入第一线开展调查分析工作，了解更多农产品信息，还需建设完备的农产品信息库，合理使用农产品数据，提供新品种、新产品和新型商品信息等。信息公布时要拓宽发行途径，建立有效的发行机制，由行政部门主导，建立权威性较强的公开发行途径，增强农村信息系统的可用性和有效性。

（五）注重关键核心技术开发应用，提升创新能力

要实现智能技术在农业发展中广泛应用，首当其冲要实现核心关键技术的突破，构建以物联网技术和智能化精准作业技术为核心的精准作业技术系统，着力提高水、土、肥等农业投入的利用率；构建以人工智能和机器人技术为核心的设施农业智能化生产技术系统，节约劳动力和提高劳动生产率；构建以大数据、云计算为核心的农产品全程质量安全控制技术体系，提升农产品流通效率和质量安全水平；发展远程控制、智能感知、跟踪监测等自动化控制技术，实现在生产过程中自动调节农作物所需的温湿度、光热等条件，提升劳动生产率。

（六）加强信息培训和队伍建设，提升农民信息化素质

一是注重培养农业信息化专业人才。我国各高校应不断调整人才培养结构，通过专业的设计和调整，培养出既精通信息技术，又懂农业知识的复合型人才。通过优惠政策，引导高校毕业生到农村工作，增加农业信息化专门人才。各个地方政府应重视农业信息化专业人才的培养和引进，通过提供优厚待遇和建立人才激励机制等各种手段，留住和吸引相关领域的优秀人才积极投身到农业信息化建设队伍中，激励农业信息化人才在农村广阔天地施展才华。二是有步骤、分阶段地开展培训，提高农民的信息化意识。组织各种类型的农民信息化知识培训班，采取请进来、送出去等多种形式，综合涉农部门、学校及科研机构、培训机构等不同主体的资源及力量，创新多种培训方式，举办以农业电子商务、农业信息技术为主题的培训活动，培训内容主要包括电子商务知识、现代农业技术、农业市场经济知识等，让农民掌握更多的农业电子商务理论知识及相关技能，学会在电子商务平台上完成农产品交易，帮助农民及时掌握农产品市场发展动态，提高应用计算机、收集、加工和处理信息技术等获取信息和应用信息的能力，提升农民的整体素质。

第十章

农业社会化服务问题研究

农业社会化服务体系是现代农业发展的重要支撑和保障，是国家服务体系中不可缺少的组成部分。根据第三次农业普查数据，我国小农户数量占到农业经营主体的98%以上，小农户从业人员占农业从业人员的90%，小农户经营耕地面积占总耕地面积的70%。这一“大国小农”的基本国情决定了我国农业现代化的实现以及乡村振兴的实现都离不开完备的农业社会化服务体系。

一、农业社会化服务体系的内涵、特征和作用

（一）农业社会化服务体系的内涵

1. 农业社会化服务

农业社会化服务在不同的国家有不一样的名称，有的称之为“农业服务”或“农村服务”，世界银行则称之为“支持服务”，而且不同的名称包含的内容也有所不同。例如，联合国粮食和农业组织以及世界银行的农业服务和支持服务包括了为农民提供的有关农业产前、产中和产后的劳务、技术和信息咨询等服务；美国的“农业服务”专指为农业生产阶段提供的诸如植保、兽医及农场管理等产中服务；而澳大利亚的“农村服务”除了为农业生产和流通提供的各种服务外，还包括农村旅游等更为广泛的内容[①]。在中国，农业社会化服务的概念也经历了一个演变过程。1983年，《人民日报》的一篇评论员文章首先使用了“农业专业化服务”的概念，1984年和1986年的中央1号文件提出“社会服务”“商品生产服务体系”“生产服务社会化”的概念，之后出现了“系列化服务”“一体化服务”等

① 宣杏云，徐更生．国外农业社会化服务［M］．中国人民大学出版社，1993（1）．

提法。孔祥智提出，农业社会化服务是指围绕农业生产、农民生活和农村建设所提供的各种服务[①]。它主要有两方面的含义：一是服务的社会化，是指提供农业服务的主体不是由单独的机构构成的，它需要多个部门的通力合作。二是组织的系统化，各个为农业提供服务的机构，要有自己的组织体系，只有每个机构体系健全，高效运行，才能为农业生产发展提供高效满意的社会化服务。钟真提出，农业社会化服务的内容已经从最初中央文件中强调的“产前、产后的社会化服务”，扩展到了产前、产中、产后各环节，且覆盖面更加广泛、内容丰富、形式多样的社会化服务[②]。这些服务一般而言可分为五个类别：农业生产资料和农产品流通服务、农业生产辅助服务、农业技术研发与推广服务、农业信息服务、农业金融服务。

可见，在更多情况下，农业社会化服务主要指农业生产社会化服务，即各类社会经济组织为农业生产经营主体提供满足其农业生产需要的各种涉农服务，也被称为农业生产性服务。由于“政府失灵”和“市场失灵”并存，因此，农业生产性服务可以分为两类，一类是农业经营性服务，一类是农业公益性服务。

农业经营性服务是指以营利为目的，社会经济组织在农业生产经营领域提供的服务，如农业生产资料供应、农产品加工、农机服务等。农业经营性服务主要是市场化行为，在市场机制作用下自发形成，相对比较成熟。而我国农业社会化服务比较薄弱的方面集中在农业公益性服务。学术界针对农业公益性服务本身的理解在不断深化。索国勇认为，农业公益性服务体系是指农业种植、畜牧业和渔业中有关养殖、林业、水利以及农业机械化等方面的技术推广与应用，由农村科技服务组织、机构或实体及其相关的基础设施、政策支撑环境等系统构成[③]。于凡、郭庆海提出，由政府主导的公益性农业服务体系，是根据国家制定发布的农业服务业发展规划目标，以及国家和地方政府出台的农业服务业发展方案，并由政府有关部门和机构提供人、财、物的支持，组织农业服务项目的运行和管理[④]。李俏、王建华认为，农业公益性服务是政府为增加农户经济效益，改善农

---

① 孔祥智．健全农业社会化服务体系实现小农户和现代农业发展有机衔接［J］．农村经营管理，2018（4）．

② 钟真．社会化服务：新时代中国特色农业现代化的关键——基于理论与政策的梳理［J］．政治经济学评论，2019（2）．

③ 索国勇．探索建设甘肃农业新型公益性服务体系［J］．发展，2010（12）．

④ 于凡，郭庆海．发挥农民合作组织的主体作用，促进农业服务业发展——以吉林省农民专业合作组织为例［J］．农业经济，2012（2）．

户生产生活从而提供与农户需求精准对接的农业社会化服务[①]。农业公益性服务通常具有公共品性质，只能由政府来提供，如农业基础设施建设、农产品销售市场建设等。

农业公益性服务与农业经营性服务是动态变化且密切相联系的。一方面，随着农业生产发展以及经营模式的演进，农业经营性服务会凸显一些薄弱环节，如农机服务不到位、农业生产资料供应能力不足、农业金融服务短缺等，同时也会出现新的需求，如土地托管、职业农民培训等，政府会给予这样的农业经营性服务以公益性的支持，因此一些农业经营性服务就具有了半经营半公益的性质；另一方面，政府供给农业公益性服务存在效率低下的弊端，因此，探索政府从经营性服务组织购买农业公益性服务是必由之路，即市场失灵的地方，用公益性服务来补充，政府失灵的地方，用经营性服务来补充。

2. 农业社会化服务体系

1990 年 12 月 1 日，中共中央、国务院在《关于 1991 年农业和农村工作的通知》中正式提出“建立健全农业社会化服务体系”，1991 年国务院专门发出《关于加强农业社会化服务体系建设的通知》。在农业的不同发展阶段，从不同的角度，对于农业社会化服务体系的概念会有不同的理解。黄青禾（1994）[②] 认为农业社会化服务体系是向农业经营主体（农户、合作社、农业企业）提供其经营需要的生产要素和各种投入品服务，信息、会计、法律等经营劳务服务，营销服务及安全保障服务的完整结构。郭翔宇等（2001）[③] 归纳农业社会化服务体系是指与农业相关的社会经济组织为满足农业生产的需要，给直接从事农业生产的经营主体提供各种服务所构成的一个网络体系。孔祥智（2009）等[④]认为农业社会化服务体系是指在家庭承包经营的基础上，为农业产前、产中、产后各个环节提供服务的各类机构和个人所形成的网络与组织系统，包括物资供应、生产服务、技术服务、信息服务、金融服务、保险服务，以及农产品的包装、运输、加工、贮藏、销售等内容。

---

① 李俏，王建华．农业社会化服务中的政府角色：转型与优化［J］．贵州社会科学，2013（1）．

② 黄青禾．农业社会化服务体系研究［M］．北京：北京农业大学出版社，1994．

③ 郭翔宇，郑秋鹏，李友华．农业社会化服务体系问题探索［M］．哈尔滨：哈尔滨出版社，2001．

④ 孔祥智，徐珍源，史冰清．当前我国农业社会化服务体系的现状、问题和对策研究［J］．江汉论坛，2009（5）．

改革开放40多年来，我国农业生产力水平得到了极大的提高，但是也面临着更加复杂的国内外经济形势。我国农业的发展还存在着许多弊端，如农户经营规模小且分散，难以抵御自然风险和市场风险，许多配套服务上不去，农民依靠自身力量无法完成与市场的接轨。面对新的发展形势，我国现代农业若要实现长久的发展，必须要有农业社会化服务体系来支撑。

党中央、国务院高度重视农业社会化服务体系建设工作，从2004年开始，连续出台10个中央1号文件对"健全农业社会化服务体系"提出要求。党的十九大报告提出要构建现代农业产业体系、生产体系、经营体系，完善农业支持保护制度，发展多种形式适度规模经营，培育新型农业经营主体，健全农业社会化服务体系，实现小农户和现代农业发展有机衔接。2018年，中央1号文件着重提出，统筹兼顾培育新型农业经营主体和扶持小农户，采取有针对性的措施，把小农生产引入现代农业发展轨道。培育各类专业化市场化服务组织，推进农业生产全程社会化服务，帮助小农户节本增效，实现小农户与现代农业发展有机衔接。《农业农村部关于做好2019年农业农村工作的实施意见》指出，大力培育新型服务主体，创新组织方式，提高农业生产薄弱环节和关键领域服务水平。通过政府购买服务、以奖代补、先服务后补助等方式，支持农业服务企业、农民合作社等开展农技推广、土地托管、代耕代种、烘干收储等面向小农户的生产性服务。加强规范管理，完善服务标准，总结推广典型服务模式。可见，实现小农户与现代农业发展衔接、实现乡村振兴的主要途径便是健全农业社会化服务体系。

（二）农业社会化服务体系的特征

我国农业社会化服务体系从形成到发展至今，形成了以下几个明显特征：

1. 服务性质社会化

农业作为社会经济再生产的一个基本环节，其再生产过程不仅仅依靠农业生产经营者本身，同时需要其他生产部门所提供的服务。农业社会化服务体系所提供的服务完全不同于自然经济条件下农民的自我服务，而是农业生产力和商品经济发展到一定阶段的必然产物，是以商品交换为基础的。因此，农业社会化服务具有社会化的性质。

2. 服务主体多元化

农业社会化服务体系是由各种社会经济组织及相关要素构成的一个庞

大系统，服务主体是多元化的，主要包括政府及涉农事业单位，村集体经济组织，农业院校、农业科研院所等教育及科研单位，金融、物资、外贸等部门，合作经济组织及涉农企业等。这些主体互相配合，共同完成农业社会化服务供给任务。随着农业生产经营形式的不断演化及农业生产发展需求的变化，新型农业社会化服务供给主体会不断涌现。

3. 服务内容系统化

随着农业分工的演进，农业生产已经被划分为许多细小的运行单元，各农业社会化服务主体在农业产前、产中及产后的服务上与农户经营有机结合，促进了农业生产效率的提高。农业社会化服务体系所包括的服务内容是系统的、全面的，覆盖了农业生产经营的全过程，包括种子、化肥、农机等生产物资的供应，良种推广、动植物疫病防疫等技术服务，农户资金借贷、农业生产保险等金融服务，农业气象、农产品价格、政策等方面的信息服务，农产品的包装、储运、加工及销售，道路、水利等基础设施建设，农产品质量安全监管等。

4. 服务手段现代化

建设现代农业的过程，就是改造传统农业、不断发展农村生产力的过程，就是转变农业增长方式，促进农业又好又快发展的过程。现在我国已经步入了全面发展现代农业的新时期。作为服务于现代农业的农业社会化服务体系应适应经济发展的趋势，转变传统的服务供给方式，采用现代科技手段提高服务效率，以跟上现代农业发展步伐，使二者相辅相成。农业社会化服务手段的现代化离不开先进科学技术的支撑，主要包括网络通信、电子商务、网络信息化、大众传媒等。农业社会化服务体系按照求实效、广覆盖、重服务的要求，不断整合资源，共建现代服务平台，为农户提供高水平、高质量的服务。

5. 运行机制市场化

机制是动力的源泉。就农业社会化服务体系而言，其运行机制是指不同的农业社会化服务组织为适应外部环境，求得生存与发展而具有的内在功能、运行方式及其与服务对象、其他构成要素之间的相互关系。农业社会化服务体系的服务动力，来自社会利益的驱动[①]。这主要包括由农业生产经营的需求决定其服务方向，由提供服务的质量、信誉、全面程度、及

---

① 郭翔宇，郑秋鹏，李友华．农业社会化服务体系问题探索［M］．哈尔滨：哈尔滨出版社，2001.

时程度决定其服务的业绩，由供需平衡决定经营性服务价格的高低等。因此，农业社会化服务体系的运行机制是市场化的。也唯有如此，农业社会化服务体系才能够拥有不竭动力，高效运转，才能为农户生产经营及农业生产发展提供最有效的服务。

6. 管理方式精细化

农业社会化服务体系的管理理念是“精”和“细”，真正落实责任，杜绝浪费，永远追求效率，不断提升体系内部的管理水平和核心能力，从而推动农业社会化服务快速向前发展。管理方式精细化是与现代农业发展相适应的，是农业社会化服务体系不断发展的必然要求。

（三）农业社会化服务体系的重要作用

农业社会化服务体系的建立与发展，是农业经济发展到一定阶段的必然产物，是实现农业现代化的必由之路。在自然经济条件下，农业生产所涉及的一切内容都由农民自己完成，结果是技术上不去，效率提不起，质量不过关。2007 年中央 1 号文件《关于积极发展现代农业扎实推进社会主义新农村建设的若干意见》指出：“积极发展现代农业，扎实推进社会主义新农村建设，是全面落实科学发展观、构建社会主义和谐社会的必然要求，是加快社会主义现代化建设的重大任务。”发展现代农业，需要用现代物质条件去装备，用现代科学技术去改造，用现代经营形式去推进，这一切都离不开农业社会化服务体系的支撑。农业社会化服务体系将为农业生产提供一流的技术服务、全方位的信息服务、便捷的资金借贷服务等综合性服务，以及生产资料供应、农产品储加销以及农业基础设施建设等专项服务。只有拥有配套的服务，农业现代化才有实现的可能性。

1. 有利于巩固农村以家庭承包经营为基础的统分结合的双层经营体制

20 世纪 80 年代，我国确立了以家庭承包经营为基础，统分结合的双层经营体制。在农业生产经营中，适合农民自己经营的项目由农民自己去干，即“分”；凡是农户干不了的、干不好的而适合集体做的事情就交由集体做，即“统”。一方面，“分”使农民获得了生产经营的自主权，极大地解放了生产力；而另一方面，“统”在农业生产经营中发挥的作用还不尽如人意，如新技术的推广、大型农业机械的运作、农产品的加工、储运、销售等农民迫切需要的服务落实得并不到位。以家庭承包经营为基础，统分结合的双层经营体制是适应我国农业生产力发展的，必须长期坚持。因此，作为“统”的主体，农业社会化服务体系“统”的功能将会有力地维护经营体制的稳定与繁荣。

2. 有利于推进农业产业化进程进而提高农业生产效益

相对于自给自足的小农经济来说，农业产业化即是农业的规模化、专业化、商品化和现代化。农业产业化是以市场需求为导向，以经济效益为中心，依托本地资源，对农产品实行产加销一条龙、贸工农一体化、经科教相结合的经营方式①。农业社会化服务体系的建立，将为农业带来科技、资金、信息、市场等，有利于农业的专业化和规模化生产；农业社会化服务体系的建立，将进一步完善农产品市场体系，有利于农业商品化和现代化的实现。目前我国农业发展面临人均耕地面积小、农业资金不足、比较效益低下等诸多问题，这些决定了农业是一个弱质产业。相比其他生产部门，农业风险大、成本高、利润小，经济效益低。农业社会化服务体系的出现则在很大程度上缓解了这样的矛盾，它使得分散经营的农户生活有保障、生产有保证，极大地调动了农民生产经营的积极性。

3. 有利于实现小农户和现代农业发展有机衔接

党的十九大报告提出，要构建现代农业产业体系、生产体系、经营体系，完善农业支持保护制度，发展多种形式适度规模经营，培育新型农业经营主体，健全农业社会化服务体系，实现小农户和现代农业发展有机衔接。人多地少是我国的基本国情，据第三次农业普查显示，我国现有农户2.07亿户，其中规模经营农户仅有398万户，71.4%的耕地由小农户经营，主要农产品由小农户来提供。这种状况与我国农业供给侧结构性改革、保障粮食安全、满足消费升级需要不相适应，亟待推进小农户的现代化改造，把小农经营引导到发展现代农业的轨道上来②。农业社会化服务可以帮助小农户节本增效，把小农户不想办、难办到、办不了的事情办好，解除小农户“后顾之忧”。农业社会化服务通过改变资本—劳动力的要素投入结构等抑制小农户抛荒，通过提供资金支持等促进小农户规模经营，通过增强小农户绿色生产意识等促进小农户绿色生产，必将有力地促进小农户与现代农业发展有机衔接③。

---

① 张振国，孟战表．农业社会化服务与财政支农［M］．北京：企业管理出版社，1997.

② 石霞，芦千文．如何理解“实现小农户和现代农业发展有机衔接”［N］，学习时报，2018-10-30.

③ 曾福生，史芳．农业社会化服务如何促进小农户与现代农业发展有机衔接——一个理论分析框架［J］．吉首大学学报（社会科学版），2021（5）.

二、农业社会化服务体系的基础理论

（一）制度变迁理论与农业社会化服务

如果说制度比较与选择理论是对制度的静态考察，那么制度变迁理论就是对制度的动态研究。制度同时具有稳定与变迁两种特性。制度的稳定是指制度存在的基础很牢固，没有其他不利因素威胁其存在的状态。制度变迁是否定、改变旧制度的过程，是对制度的创新与发展。通常情况下，如果一种制度的存在满足了各种需要，人们的利益矛盾处于温和状态，那么此时制度处于稳定状态；当制度结构、性质、地位等发生改变的时候，就产生了制度变迁。一般来讲，制度变迁可能是“设计糟糕”制度不稳定的一种结果，但是制度变迁也可能因经济繁荣或衰退而发生，或者因技术、知识或文化的变化而产生[①]。推动制度变迁发生的动力分为外动力和内动力。外动力主要是指变迁主体从事变迁的动力，即发动制度变迁的动因或动机。内动力是指经济制度与生产力发展的矛盾，即当经济制度不适应生产力发展要求的时候，会有这样一种力量推动制度变迁的发生。内外动力总是共同作用，一起推动制度变迁进程。从辩证唯物主义角度看，内动力是制度变迁的依据，外动力是制度变迁的条件。

从制度的不稳定所创造的获利机会看，制度变迁可能会带来更高的效率，但也有可能由于制度变迁的组织、协调工作不到位等原因，使制度创新所实现的效率不理想。因此，评价制度变迁效率高低要从实际出发。效率评价必然包含价值的判断，主要立足于单个制度变迁的成本收益分析，如果从更广泛的角度来讲，还要包括公平度的分析。在制度变迁的成本评价中，不仅要考虑制度变迁过程中的成本，还要考虑新制度运行所需的成本。有些制度在变迁过程中花费较少，但是新制度运行过程中交易成本很高，故不能认为这一制度变迁是高效的。

农业社会化服务及农业社会化服务组织的产生实际上是制度变迁的过程。随着农业不断发展，农业生产力进一步提高，在市场经济环境下，农业生产活动日益呈现出分工专业化、生产市场化的特点，表现为农户对于农业生产中的各类服务需求也越来越高。然而，农户在参与市场各类服务

---

① 埃里克・弗鲁博顿，鲁道夫・芮切特．新制度经济学——一个交易费用分析范式［M］．上海：上海人民出版社，2006.

交易时，往往存在较高的交易成本。完善的农业社会化服务体系覆盖农业生产的全过程，包括高品质的农业生产资料供给、科学的农产品价格机制、稳定的农业生产环境、有效的保险制度等，这些都能够降低农户的生产成本和交易成本。在这样的背景下，农户、农业社会化服务组织及政府三者的利益诉求催生了专业化服务组织的产生和进一步发展。当前政府向经营性服务组织购买农业公益性服务的推进更是制度变迁下农业社会化服务组织进一步发展的体现。对此，根据制度变迁理论，政府应积极营造宽松的环境，调动农业社会化服务组织的积极性，引导农业社会化服务组织提供多元高质的服务，满足农户日益增长的农业社会化服务需求。在鼓励经营性服务组织承接公益性农业社会化服务时，更应做好制度上的安排，降低交易费用，提高农业社会化服务的供给效率。

（二）交易费用理论与农业社会化服务

英国新制度经济学家罗纳德·科斯（Ronald Coase）1937年在他的著名论文《企业的性质》中首次提出了交易费用理论。交易费用理论的提出为经济学的研究开辟了新领域，使经济学更加完善。该理论认为，企业和市场是可以互相替代的两种资源配置机制。既然存在交易成本，根据经济人假设和资源稀缺性原理，人们要通过选择来谋求净收益最大化，即选择适当的制度安排和组织形式。以农户为例，农户为达成交易存在以下几种组织形式：一是与市场直接发生交易；二是通过政府、企业等组织与市场交易；三是通过农村经纪人、合作经济组织等中介组织与市场进行交易。根据孙天琦（2001）研究的结果，农户达成交易的这三种组织形式中，市场交易成本最大的是市场，其次是中介组织，再次是企业，最后是政府；而从制度运行成本来看，最小的是中介组织，其次是市场，再次是企业，最后是政府①。

随着社会劳动分工和协作的发展，越来越多的行业和部门从农业内部划分出来。现代经济学的鼻祖亚当·斯密在《国民财富的性质和原因的研究》中明确指出："分工起因于交换能力，因此，分工程度总要受交换能力大小的限制。换言之，要受到市场广狭的限制。"② 我们所阐述的农业社会化服务体系实际上就是这种生产社会化趋势在农业部门内部得到充分

① 孙天琦．产业组织结构研究——寡头主导大中小共生［M］．北京：经济科学出版社，2001.

② 亚当·斯密．国民财富的性质和原因的研究［M］．北京：商务印书馆，2015.

发展而形成的现代农业分工体系。分工实现经济效益的提高，这也使分工存在成为必然。从制度经济学的角度讲，农业社会化服务体系的形成是一种制度安排，由生产环节全部归农民自己操作到把一部分生产环节分离出去，交给越来越多的服务组织（或个人）去完成，这种生产方式的变化过程，是一种制度变迁[①]。为什么会产生这样的制度变迁？制度变迁背后的经济诱因是什么？随着农业生产力的不断提高和商品经济的发展，越来越多的关于农业产前、产中和产后的服务从农业生产中分离出来，形成独立的部门为农业服务。这种服务之所以被接受是因为依靠这样的服务同依靠自己力量相比可以获得更大的经济效益，这在制度经济学中被称为“交易”。美国著名的制度经济学家约翰·罗杰斯·康芒斯（John Rogers Commons）首先使用了“交易”这一概念，但他认为交易是零成本，在理论上存在着重大缺陷。这一缺陷由罗纳德·科斯提出的交易成本的概念所改进。随着交易成本概念的提出，交易与生产也被区分开来，人与自然打交道被称作生产，人与人打交道被称作交易。生产消耗生产资料因此有了生产成本，交易同样需要消耗一定的技术、信息等资源，因而产生了交易成本。交易与生产的相互替代是建立在生产成本与交易成本比较的基础上的。

从我国农业社会化服务供给方面来看，究竟应该选择哪种农业服务供给模式，还需要借助交易成本理论做具体分析。在市场经济时期，交易成本存在于我们所进行的任何一种管理活动中，企业是否能够存在取决于交易成本的高低，农户选择哪种服务供给主体也由交易成本的高低决定。根据交易费用理论，农户为达成交易存在不同的交易组织形式，于农户而言不同的组织形式伴随不同的交易成本。由于市场配置资源存在有限性、机会主义、不确定性等市场失灵的问题，使得市场在资源配置中存在交易费用过高的问题。而企业的出现可以降低单一农户为寻求满足自身服务需求的交易费用。为了追求效益最大化，农民就需要比较生产成本和交易成本，如果需要的交易成本低于生产成本，农民就会非常乐意购买服务。正是这种对于服务的购买意愿促使农业社会化服务组织的形成，直至不断完善和发展。

（三）资源配置理论与农业社会化服务

新福利经济学的创始人维尔弗雷多·帕累托提出福利经济学应以经济

---

① 龚道广．农业社会化服务的一般理论及其对农户选择的应用分析［J］．中国农村观察，2000(6).

效率为中心，在收入分配确定的情况下，研究如何合理有效地配置资源，使社会总产出最大化，以实现社会总福利的不断改善。帕累托首次提出了社会资源配置的价值判断标准，取得了许多重要的理论成果。帕累托原理包括两个部分，一是帕累托改进，二是帕累托最优。帕累托改进是指这样一种状态，即一项社会变革使得一部分人的社会福利增加的同时，并不减少其他社会成员的福利①。如果一项社会政策变革能够提高所有社会成员的福利水平，则该项改革是可取的。如果一项社会政策变动，在提高一部分社会成员福利水平的同时，却给另一部分社会成员的福利带来了不利的影响，那么该项变革是否可取就难以确定了。在社会经济变革中，有很多属于帕累托改进的范例。例如，2006 年我国全面取消农业税，这一政策提高了广大农民的收入而对城市社会成员的收入并没有产生影响，可见属于帕累托改进式的政策变革较受欢迎。帕累托最优是指资源配置达到这样一种社会经济状态，即不论实行何种社会经济政策变动，在使一部分人的福利水平上升的同时，必然使另一部分人的福利水平下降。换句话说，此时达到了最优状态，不需要作任何政策变动②。帕累托最优回答的是效率问题。一般来说，达到帕累托最优时，会同时满足以下三个条件：交换最优、生产最优和产品混合最优。

资源配置问题是经济学研究的核心内容之一。资源配置效率主要是指在一定的技术水平条件下，各投入要素在不同产出主体间进行分配，进而所产生的效益。宏观层次的资源配置效率是指通过全社会经济制度安排所实现的整体社会资源的配置效率；微观层次的资源配置效率指资源使用率，主要依靠生产单位内部的管理和技术来实现。资源配置效率问题之所以十分重要是因为社会经济发展到一定阶段时，资源量相对于人们的需求而言总是稀缺的。在这样的情况下，如何用最少的资源消耗生产出最适用的商品和劳务，便显得十分重要。一般来说，资源如果能够得到合理利用，经济效益就会显著提高；反之，经济发展就会受到阻碍。

经济活动中，人们从事生产活动离不开各种生产要素的投入，同样在农业生产活动中，农户为确保农业生产活动的正常开展也离不开对农业环节中各要素的投入。农业服务作为一种资源，同样具有稀缺性，其原因主要有两方面。一方面，农业社会化服务组织提供农业服务时付出投入开发

---

①② 王桂胜．福利经济学［M］．北京：中国劳动社会保障出版社，2007.

成本，农户作为农业生产活动主体，为满足农业服务需求时，也要付出相应的成本费用。因此，在既定的时间、空间及其他条件约束下，某一特定的经济活动行为者因其人力、物力、财力等方面的限制，市场上由农业社会化服务组织所供给的农业社会化服务总是有限的。另一方面，在既定的技术和资源条件下，任何供给的农业社会化服务都有固定不变的总效用（即使用价值），当它每次被投入经济活动中时，农户作为需求者总会获取一定的利益。由于供给的农业服务的资源量是稀缺的，如何配置市场上农业社会化服务与农户需求便显得尤为重要。经济学中资源配置最优为达到帕累托最优状态，农业社会化服务资源的配置就是其在时间、空间和数量上的流动重组，更广义的层面来看，是提供农业社会化服务的设备、人员、技术和资金等要素的流动配置，也即农业社会化服务组织的资源配置。农业社会化服务资源配置的最终目的就是要实现农业社会化服务资源的均衡合理配置，实现包括农户、农业社会化服务组织及政府在内的福利水平的最大化。均衡合理地配置这一市场资源，需要兼顾公平和效率，这便需要根据市场的状况，及时做出政策的调整，以更好地满足农户的需求，促进农业经济活动的开展。

（四）专业分工理论与农业社会化服务

1776 年，亚当·斯密在《国富论》中对劳动分工与劳动生产率之间的关系进行了系统分析，提出了具有里程碑意义的专业分工理论，为国民经济发展贡献巨大智慧。其实人类在原始社会和封建社会中社会分工就已经开始了，只不过那时的分工标准是粗略的，主要表现为三个阶段：第一阶段是将畜牧业从农业中分离出去；第二阶段是将手工业从农业中分离出去；第三阶段是将商业作为一个独立发展的部门。

专业分工理论认为，专业化分工的必要性在于可以有效节约劳动转化时间，促使工作更加简单化，工人可重复操作一件自己擅长的工作，提高了工人操作的熟练程度和操作技巧，因此也就提高了劳动生产效率。亚当·斯密认为，市场范围的大小也会决定专业分工的效率，市场范围越大，劳动分工带来的经济效益和社会效益就会越明显。但同时，劳动分工越明显，市场范围也会越大，二者之间是双向促进的作用，共同促进经济的增长。亚当·斯密还指出，经济增长和劳动分工之间是互为因果的，因此在研究经济增长问题时应该重点关注劳动分工问题。1835 年，巴比奇在亚当·斯密专业分工理论研究的基础上，进一步指出劳动分工还可以节省必要的学习时间和材料消耗，有利于对机器设备进一步改进。社会分工同样也是马克思主义哲学中的重要研究范畴，马克思在创造唯物史观的同时也提出了社会分工理论，马克思将社会分工和企业内部分工有机地结合起来，发现企业内部分工是社会分工达到一定程度的重要产物，深化企业内部分工有助于促进整体社会分工的发展。从农业生产的实际过程来看，农业社会化服务本质上是社会分工在农业领域内的重要实现。农业社会化服务的产生和发展来自技术的可分性，由于技术的进步，促使农业社会化服务细化了服务范围，对农业生产各领域、各环节均具有直接的指向性，同时农业社会化服务组织由于技术进步也在逐渐寻求适合自身的服务规模，确保服务更专业化、更节约化。因此，从本质上来考虑，农业社会化服务是农业生产经营领域内重要分工的体现，它将原来由单个农户自身完成并涉及技术支持的经营环节交给专业的服务组织或机构进行专业化生产或经营，实现以更低成本、更高效率和更高质量完成这些生产经营活动。

三、农业社会化服务体系的发展历程与现状

在1983年提出“农业社会化服务”概念以后，我国政府开始高度重视农业社会化服务体系的建设，将发展农业社会化服务作为稳定和完善农村基本经营制度、深化农村改革的一项重要任务。进入21世纪，自2004年起，国家连续出台多个文件对建立健全农业社会化服务体系提出新要求，并且结合农业农村工作的发展目标和阶段性特征，指出要创新农业社会化服务组织服务方式，特别是在党的十七届三中全会作出了“构建新型农业社会化服务体系”的重大部署，明确了新型农业社会化服务体系的发展方向、依靠力量与实现路径，同时也加快了我国农业社会化服务体系建设的步伐。由此可见，农业社会化服务体系的演进是一个不断摸索、逐步完善和创新发展的过程，对农业社会化服务体系发展历程进行系统梳理与阶段划分，对于新形势、新发展阶段更好地推进农业社会化服务具有重要意义。

（一）农业社会化服务体系的发展历程

1. 农业社会化服务体系发展起步阶段：1978—1989年

自改革开放以后，农村改革以“家庭联产承包责任制”的逐步推行

为主要基调，这是一种“统分结合”的双层经营制度。通过“包产到户”的制度设计，力图解决传统计划经济体制下“集体化”生产经营方式由于“统”的过死导致“激励不相容”，从而抑制农业生产积极性的问题。这一改革措施极大程度上释放了农业生产力，促进了农村商品经济以及多种经营的发展。然后随着在多种经营基础上的分工深化以及专业户的出现，生产经营过程中对合作的呼声也变得越来越高，此时作为完善合作制的有效手段，农业社会化服务被提出并在实践中不断摸索前进。

在此阶段，中共中央、国务院等多部委对支持发展农业社会化服务做出了重要指示，具体内容如表 10－1 所示。从服务的内容来看，《当前农村经济政策的若干问题》所指的是“诸如供销、加工、贮藏、运输、技术、信息、信贷等各方面的服务”，强调供销、加工、贮藏、运输、技术、信息、信贷等社会化服务，已成为农业生产者的迫切需要；适当发展并给予农村个体商业和各种服务业必要扶持；办好农业技术服务机构，为农民提供科技服务。《关于一九八四年农村工作的通知》界定为“信息、供销和技术进步等方面的服务”，强调要向农村专业户提供必要的社会服务，满足他们对信息、供销和技术进步等方面的需求；要加强社会服务，逐步建立商品生产服务体系，满足农民对技术、资金、供销、储藏、加工、运输和市场信息、经营辅导等方面的要求；商品生产服务体系“是一项刻不容缓的任务”。《关于进一步活跃农村经济的十项政策》则表述为“加工、供销、科技等方面的服务”，强调科研推广单位、大专院校及城市企业，可以接受农村委托的研究项目，转让科研成果，提供技术咨询服务，或者与生产者组成“科研—生产联合体”；地区性合作经济组织要积极办好机械、水利、植保、经营管理等服务项目；城市应继续办好各类农产品批发市场和贸易中心。《关于一九八六年农村工作的部署》认为，服务内容应该有地区和产业的差异，农民对服务的需求各式各样，应按照农民的要求提供良种、技术、加工、贮运、销售等系列化服务；对农民的技术服务应以无偿或低偿为主；以“星火计划”为农村提供科技服务；发展蔬菜和副食品批发市场，为大批量农产品进城创造条件。从服务的对象来看，先是提出针对“广大农业生产者”，之后认为“专业户”是农村新生事物，对他们最为有效的支持是提供必要的社会化服务。从服务的主体来看，经历了从“合作经济组织”到“国家、集体、个人一齐上”的范围拓展。

表 10-1　1978—1989 年我国农业社会化服务主要相关政策

时间	发布机构	文件名称	对农业社会化服务的提法	具体内容
1982 年	中共中央、国务院	《全国农村工作会议纪要》	立足于改善农村商品流通，未明确提出农业社会化服务	改善农村商业，疏通流通渠道；使供销社在组织农村经济生活中发挥更大的作用；开展农副产品的就地加工、产品精选和综合利用；农副产品可以走收购—加工—销售的路子
1983 年	中共中央、国务院	《当前农村经济政策的若干问题》	提出商品流通的“社会化服务”和农业生产的“科技服务”	供销、加工、贮藏、运输、技术、信息、信贷等社会化服务，已成为农业生产者的迫切需要；适当发展并给予农村个体商业和各种服务业必要扶持；办好农业技术服务机构，为农民提供科技服务
1984 年	中共中央、国务院	《关于一九八四年农村工作的通知》	提出以“社会服务”促进农业生产	向农村专业户提供必要的社会服务，满足他们对信息、供销和技术进步等方面的需求；要加强社会服务，逐步建立商品生产服务体系，满足农民对技术、资金、供销、储藏、加工、运输和市场信息、经营辅导等要求；商品生产服务体系“是一项刻不容缓的任务”
1985 年	中共中央、国务院	《关于进一步活跃农村经济的十项政策》	提出农业技术服务的“科研—生产联合体”	科研推广单位、大专院校及城市企业，可以接受农村委托的研究项目，转让科研成果，提供技术咨询服务，或者与生产者组成“科研—生产联合体”；地区性合作经济组织，要积极办好机械、水利、植保、经营管理等服务项目；城市应继续办好各类农产品批发市场和贸易中心
1986 年	中共中央、国务院	《关于一九八六年农村工作的部署》	发展农村商品生产，要求生产服务社会化	农民对服务的需求各式各样，应按照农民的要求，提供良种、技术、加工、贮运、销售等系列化服务；对农民的技术服务应以无偿或低偿为主；以“星火计划”为农村提供科技服务；发展蔬菜和副食品批发市场，为大批量农产品进城创造条件

从此阶段发布的政策文件可以发现，我国 20 世纪 80 年代的农业政策反映了当时农村经济主要沿着“发展商品经济→开展多种经营→专业分工→专业大户→多种方式的联合与合作”的总体脉络发展，农业社会化服务作为实现分工基础上合作的有效手段被提上日程，农业生产经营“分”的现实迫切需要发展“统”的职能，农业社会化服务正是在此背景下起步的。需要强调的是，各个文件对于“农业社会化服务”的表述存在差异，例如，在《当前农村经济政策的若干意见》中称为“社会化服务”，在《关于一九八四年农村工作的通知》中称为“社会服务”，在《关于一九八六年农村工作的部署》中仅称为“服务”，这些表述虽然所指对象基本相同，但是还并没有对农业社会化服务的内容作出科学的界定，农业社会化服务体系内涵、模式、主体还需在不断摸索中逐步厘清和发展。

2. 农业社会化服务体系快速演进阶段：1990—2007 年

经过前期的农村改革，家庭联产承包责任制作为我国农村的基本经营体制已经逐步建立，制度红利得以释放，全方位快速推动了我国农业经济的发展。为了进一步稳定以家庭联产承包为主的责任制，完善统分结合的双层经营体制，1990 年后，国家开始加快农业社会化服务体系建设，明确农业社会化服务内涵，并将其作为“建立适应社会主义市场经济要求的农村经济体制”的支撑体系之一，标志着我国农业社会化服务体系进入快速发展阶段。

1990 年中共中央、国务院在《关于一九九一年农业和农村工作的通知》中首次正式提出“农业社会化服务”概念，并将服务主体确定为“合作经济组织、国家经济技术部门和其他各种服务型经济实体”。1991 年，国务院就农业社会化服务体系建设发出专项通知，指出“加强农业社会化服务体系建设，是深化农村改革，推动农村有计划商品经济发展的一项伟大事业”，并对农业社会化服务的基本形式进行了科学的界定，进一步明确了未来一段时间内我国农业社会化服务发展的方向和原则。1993 年《关于建立社会主义市场经济体制若干问题的决定》提出要“形成乡村集体经济组织、国家经济技术部门和各种专业技术协会等农民联合组织相结合的服务网络”，突出强调服务主体之间的相互协同、作为一个有机整体发挥合力。1998 年《关于农业和农村工作若干重大问题的决定》首次谈到要培育能够“为农户提供服务、带动农户发展的龙头企业”，充分表明除了政府经济技术部门、乡村集体和合作经济组织之外，经营性服务组织在农业社会化服务供给中的作用逐步被认可和重视。2003 年《关于完善社会主义市场经济体制若干问题的决定》指出，“深化农业科技推广体制和供销社改革，形成社会力量广泛参与的农业社会化服务体系”，再次将农业社会化服务体系建设确定为深化农村改革、完善农村经济体制的重要内容之一。2004 年《关于进一步加强农村工作 提高农业综合生产能力若干政策的意见》明确提出要“强化公益性职能、放活经营性服务”，放活经营性服务意味着要逐步强化市场机制在社会化服务领域的作用，引入更多的市场化经营性服务组织。这些政策的出台进一步推动了服务主体的多元化以及服务体系内结构关系的调整。2005 年《关于推进社会主义新农村建设的若干意见》中强调，要“培育农村新型社会化服务组织”，在继续增强农村集体经济实力和服务功能、发挥国家基层经济技术服务部门作用的同时，要鼓励、引导和支持农村发展各种新型的社会化服务组织。2006 年《关于积极发展现代农业 扎实推进社会主义新农村建设的若干意见》中提出“培育和发展农机大户和农机专业服务组织”。1990—2007 年我国农业社会化服务主要相关政策如表 10－2 所示。

表 10－2 1990—2007 年我国农业社会化服务主要相关政策

时间	发布机构	文件名称	对农业社会化服务的提法	具体内容
1990 年	中共中央、国务院	《关于一九九一年农业和农村工作的通知》	提出要大力发展农业社会化服务体系	明确“合作经济组织内部的服务，国家经济技术部门和其他各种服务性经济实体为农业提供的服务”组成了农业社会化服务体系，并对各主体如何提供服务进行了具体说明
1991 年	国务院	《关于加强农业社会化服务体系建设的通知》	指出农业社会化服务体系建设是一项伟大事业，具有极其重要深远的意义	进一步明确“农业社会化服务，是包括专业经济技术部门、乡村合作经济组织和社会其他方面为农、林、牧、副、渔各业发展所提供的服务”；详细规定了农业社会化服务的形式、内容和原则；对农业社会化服务如何保障农业生产的产前、产中、产后进行了部署；以乡为重点，建立农业社会化服务四级政府协调制度

（续）

时间	发布机构	文件名称	对农业社会化服务的提法	具体内容
1999年	国务院	《关于稳定基层农业技术推广体系的意见》	明确农业技术推广体系是农业社会化服务体系的重要组成部分	技物结合是农业技术服务的有效形式，各级农业技术推广机构要围绕种子、化肥、农药、饲料、疫苗、农机具及配件等农业生产资料经营，开展与技术指导相结合的多种形式服务
2003年	中共十六届三中全会	《关于完善社会主义市场经济体制若干问题的决定》	要求健全农业社会化服务体系	农村集体经济组织、农民专业合作组织、工商企业、农技推广机构、供销社和社会力量等多方参与的农业社会化服务体系；工商企业投资发展农产品加工和营销，积极推进农业产业化经营，形成科研、生产、加工、销售一体化的产业链

这一时间段也是我国农业技术推广服务发展的关键时期，出台了一系列与农业技术推广服务相关的政策文件。1993年《中华人民共和国农业技术推广法》的颁布，以法律的形式明确了农业技术推广机构的地位和作用，为公益性推广体系建设开辟了新道路。1999年，首次对农业技术推广体系和农业社会化服务体系之间的关系进行了界定，提出“农业技术推广体系是农业社会化服务体系和国家对农业支持保护体系的重要组成部分，是实施科教兴农战略的重要载体。”2003年《关于完善社会主义市场经济体制若干问题的决定》再次重申农业科技推广体制改革。2004—2017年的中央1号文件也多次对深化农业科技、推广体系改革和建设作出明确部署，提出通过公益性服务和经营性服务相结合的方法，完善农技推广的社会化服务机制（孔祥智，2020）①。

党的十六大和十六届三中全会将“三农”问题提高到前所未有的战略高度，2007年中央1号文件又将“发展现代农业”作为社会主义新农村建设的首要任务，提出了现代农业的发展战略，为农业社会化服务体系建设指明了方向。在这一时期，农业社会化服务内涵得到科学界定，服务内容加以明确，具体涵盖了产前、产中、产后各生产环节，并对农业气象服

① 孔祥智，等．新型农业社会化服务体系建设：供给侧视角（第一卷）[M]. 北京：经济管理出版社，2020.

务、农产品质量安全监管和市场服务等服务领域提出了新的要求，特别是在这一时期农业技术推广服务等受到广泛关注。

3. 农业社会化服务体系创新发展阶段：2008—2016 年

2008 年，党的十七届三中全会首次提出“新型农业社会化服务体系”的概念，它是“农业社会化服务”创新发展到一定阶段的产物。这里的“新型”主要表现在三个方面：一是农业社会化服务组织的创新，服务主体在演进过程中呈现出主体多元化、服务专业化、运行市场化以及规模化的特点；二是农业社会化服务内容的创新，服务内容涉及产前、产中和产后各个环节，涵盖单项服务、综合服务，还可区分为公益性服务和经营性服务；三是农业社会化服务模式的创新，由以往较为单一的模式向“合作式、订单式、托管式”方向发展。

2008 年中共十七届三中全会通过的《中共中央关于推进农村改革发展若干重大问题的决定》提出“加快构建以公共服务机构为依托、合作经济组织为基础、龙头企业为骨干、其他社会力量为补充，公益性服务和经营性服务相结合、专项服务和综合服务相协调的新型农业社会化服务体系”，这是首次提出的较为全面的新型农业社会化服务体系概念，具有重要意义，随后的多项政策内容也是依此建立的。2009 年中央 1 号文件对“增强农村金融服务能力、加强农产品市场体系建设、推进基层农业公共服务机构建设”进行了部署。2010 年中央 1 号文件对“建立健全农业社会化服务的基层体系”进行部署，明确建设乡镇或区域性农技推广等公共服务机构，发展各种社会化服务组织。2011 年中央 1 号文件部署“建立健全职能明确、布局合理、队伍精干、服务到位的基层水利服务体系”。2012 年中央 1 号文件“聚焦农业科技创新，把培育和支持新型农业社会化服务组织作为重要内容”。

自 2013 年起，政府购买农业公益性服务登上历史舞台，成为支撑农业发展的又一项政策红利。2013 年 9 月，国务院出台的《关于政府向社会力量购买服务的指导意见》（国办发〔2013〕96 号），是我国第一次出台关于政府购买公共服务的指导性文件，明确要求在公共服务领域更多利用社会力量，加大政府购买服务力度。2013 年 11 月，中共十八届三中全会进一步强调，应推广政府购买公共服务，所有事务性的管理服务都可以尝试引入竞争机制，向社会力量购买服务。自 2014 年起连续几年的中央 1 号文件都要求进一步扩大政府购买农业公益性服务机制创新试点。推广政府购买服务是党的十八届三中全会通过的《中共中央关于全面深化改革若干重大问题的决定》确定的一项重要改革任务，2014 年 12 月财政部、民政部、原工商总局依据国务院办公厅印发《关于政府向社会力量购买服务的指导意见》文件精神，制定颁布了《政府购买服务管理办法（暂行）》，要求各级农业主管部门以发展农业生产性服务业为重点，通过政府购买服务等方式，支持具有资质的经营性服务组织、鼓励和引导社会力量参与从事农业公益性服务。2015 年 7 月，农业部开始启动在部分具备条件的地区组织开展政府向经营性服务组织购买农业公益性服务机制创新试点工作。2016 年中央 1 号文件首次明确提出"实施农业社会化服务支撑工程，扩大政府购买农业公益性服务机制创新试点"。2016 年 6 月，国务院成立了政府购买公共服务工作领导小组，用于指导和推进各级政府的公共服务购买工作。《农业部办公厅关于做好 2016 年政府购买农业公益性服务机制创新试点工作的通知》指出，各省、自治区、直辖市农业部门要深入贯彻落实党的十八大和十八届三中、四中、五中全会精神，按照国民经济和社会发展第十三个五年规划纲要和中央 1 号文件部署，以促进现代农业建设和农民增收为目标，以支持符合条件的经营性服务组织承担农业公益性服务为重点，探索创新农业公益性服务的供给机制和实现方式，改善服务的供给结构和质量，大力发展农业生产性服务业，助力农业供给侧结构性改革。2008—2017 年我国农业社会化服务主要相关政策如表 10－3 所示。

表 10－3　2008—2017 年我国农业社会化服务主要相关政策

时间	发布机构	文件名称	对农业社会化服务的提法	具体内容
2008 年	中共十七届三中全会	《中共中央关于推进农村改革发展若干重大问题的决定》	提出建立新型农业社会化服务体系	构建以公共服务机构为依托，合作经济组织为基础、龙头企业为骨干、其他社会力量为补充，公益性服务和经营性服务相结合、专项服务和综合服务相协调的新型农业社会化服务体系。支持供销社、农民合作社、专业技术协会、农民经纪人、龙头企业等提供多种形式的生产经营服务
2010 年	中共中央、国务院	《关于加大统筹城乡发展力度进一步夯实农业农村发展基础的若干意见》	要求建立健全农业社会化服务的基层体系	积极发展多元化、社会化农技推广服务组织，为农民提供便捷高效、质优价廉的各种专业服务；落实农产品批发市场用地等扶持政策，发展农产品大市场大流通

（续）

时间	发布机构	文件名称	对农业社会化服务的提法	具体内容
2012年	中共中央、国务院	《关于加快推进农业科技创新持续增强农产品供给保障能力的若干意见》	提升农业技术推广能力，大力发展农业社会化服务	强化基层公益性农技推广服务；引导科研教育机构积极开展农技服务；培育和支持新型农业社会化服务组织；增强集体组织对农户生产经营的服务能力；通过政府订购、定向委托、招投标等方式，扶持各种社会力量广泛参与农业产前、产中、产后服务
2013年	中共中央、国务院	《持续增强农产品供给保障能力的若干意见》	要求构建农业社会化服务新机制，明确农业服务分为“公益性”和“经营性”两类	要坚持主体多元化、服务专业化、运行市场化的方向，充分发挥公共服务机构作用，加快构建公益性服务与经营性服务相结合、专项服务与综合服务相协调的新型农业社会化服务体系；强化农业公益性服务体系；培育农业经营性服务组织；创新服务方式和手段
2014年	中共中央、国务院	《关于全面深化农村改革　加快推进农业现代化的若干意见》	要求健全农业社会化服务体系，提出农业生产全程社会化服务	稳定农业公共服务机构，健全经费保障、绩效考核激励机制；大力发展主体多元、形式多样、竞争充分的社会化服务，推行合作式、订单式、托管式等服务模式，扩大农业生产全程社会化服务试点范围；通过政府购买服务等方式，支持具有资质的经营性服务组织从事农业公益性服务
2015年	中共中央、国务院	《关于加大改革创新力度　加快农业现代化建设的若干意见》	提出强化农业社会化服务	抓好农业生产全程社会化服务机制创新试点，重点支持为农户提供代耕代收、统防统治、烘干储藏等服务；稳定和加强基层农技推广等公益性服务机构，健全经费保障和激励机制，改善基层农技推广人员工作和生活条件
2016年	中共中央、国务院	《关于落实发展新理念加快农业现代化　实现全面小康目标的若干意见》	首次提出实施农业社会化服务支撑工程	支持多种类型的新型农业服务主体开展代耕代种、联耕联种、土地托管等专业化规模化服务；加强气象为农服务体系建设；实施农业社会化服务支撑工程，扩大政府购买农业公益性服务机制创新试点；加快发展农业生产性服务业

党的十七大以后，工业化、信息化、城镇化、市场化深入发展，农业资源环境和市场约束增强，要求加速转变农业发展方式，加快提升农业竞争力，构建新型农业社会化服务体系。2008 年党的十七届三中全会对新型农业社会化服务体系的地位作用、发展方向、依靠力量等作出了全新部署，这一阶段的改革重点主要集中在拓展服务领域、完善服务机构、创新服务形式等方面。另外在这一发展阶段，主要强调机构建设，一方面开始抓紧建设乡镇或区域性公共服务机构，建立政府购买服务制度，提高农业社会化服务的公益性地位；另一方面要求积极培育农业经营性服务组织，扶持农民专业合作社、专业服务公司、专业技术协会、农民用水合作组织、农民经纪人、涉农企业等社会力量广泛参与社会服务体系建设，在创新服务体系方面，鼓励搭建区域性农业社会化服务综合平台，整合资源建设乡村综合服务社和服务中心，探索多种服务模式（孔祥智，2020）①。

4. 农业社会化服务体系发展转型阶段：2017 年至今

党的十九大首次提出实施乡村振兴战略，明确指出要实现小农户和现代农业发展有机衔接。2018 年 2 月，国务院办公厅印发《关于促进小农户和现代农业发展有机衔接的意见》（以下简称《意见》）强调，培育新型农业经营主体，发展多种形式适度规模经营，是增加农民收入、提高农业竞争力的有效途径，也是推进农业农村现代化、夯实乡村振兴基础的必由之路。但是，“大国小农”的基本国情是当前和今后很长一段时期中国农业发展面临的现实问题，也是实施乡村振兴战略亟待解决的问题。在《意见》中还指出，要统筹兼顾培育新型农业经营主体和扶持小农户，充分发挥新型农业经营主体对小农户的带动作用，通过建立健全新型农业经营主体与小农户的利益联结机制，实现以家庭经营为主的小农经营与合作经营、集体经营、企业经营相联结，最终以多元带动方式促进小农户和现代农业发展有机衔接。

党的十九大提出实现小农户和现代农业发展有机衔接，要求进一步提高统筹协调能力，正确处理好发展适度规模经营和扶持小农户的关系，既要把准发展适度规模经营作为农业现代化的前进方向，发挥其在现代农业发展进程中的引领作用，同时也要清楚地认识到，以小农户为主的家庭经营在未来很长一段时间内都将是我国农业基本经营形态，在鼓励发展多种

---

① 孔祥智，等．新型农业社会化服务体系建设：供给侧视角（第一卷）[M]．北京：经济管理出版社，2020.

形式适度规模经营的同时，要完善针对小农户的扶持政策，加强面向小农户的社会化服务，把小农户引入现代农业发展轨道。2018 年中央 1 号文件明确提出，要“培育各类专业化市场化服务组织，推进农业生产全程社会化服务，帮助小农户节本增效”。2019 年中央 1 号文件明确提出，要加快发展农业生产性服务业，大力培育新型服务主体，支持农业服务企业、农民合作社等面向小农户的生产性服务。2019 年 2 月，中共中央办公厅、国务院办公厅印发了《关于促进小农户和现代农业发展有机衔接的意见》，强调重点发展小农户急需的服务领域，搭建区域农业生产性服务综合平台，加快推进农业生产托管服务和推进面向小农户的产销服务。2019 年 6 月，国务院印发了《关于促进乡村产业振兴的指导意见》，明确提出“培育乡村新型服务业，支持供销、邮政、农业服务公司、农民合作社等开展农资供应、土地托管、代耕代种、统防统治、烘干收储等农业生产性服务业”。2019 年 8 月，农业农村部办公厅、财政部办公厅发布的《关于进一步做好农业生产社会化服务工作的通知》，要求“项目任务实施县安排服务小农户农业生产社会化服务的补助资金或面积，占比应高于 60%。”2020 年中央 1 号文件站在全面建成小康社会的背景下，明确提出健全面向小农户的农业社会化服务体系。2021 年、2022 年、2023 年分别强调以农业社会化服务遏制耕地撂荒、促进农业绿色生产以及推进全面乡村振兴。2017 年至今我国农业社会化服务主要相关政策如表 10 - 4 所示。

表 10 - 4　2017 年至今我国农业社会化服务主要相关政策

时间	发布机构	文件名称	对农业社会化服务的提法	具体内容
2017 年	中共中央、国务院	《关于深入推进农业供给侧结构性改革　加快培育农业农村发展新动能的若干意见》	提出引入项目管理机制，创新公益性农技推广服务方式	创新公益性农技推广服务方式，引入项目管理机制，推行政府购买服务，支持各类社会力量，广泛参与农业科技推广；鼓励地方建立农科教，产学研一体化农业技术推广联盟，支持农技推广人员与家庭农场、农民合作社、龙头企业开展技术合作
2018 年	中共中央、国务院	《关于实施乡村振兴战略的意见》	提出推进农业生产全程社会化服务	培育各类专业化市场化服务组织，推进农业生产全程社会化服务，帮助小农户节本增效

（续）

时间	发布机构	文件名称	对农业社会化服务的提法	具体内容
2019年	中共中央、国务院	《关于坚持农业农村优先发展做好“三农”工作的若干意见》	首次提出发展乡村新型服务业	支持供销、邮政、农业服务公司、农民合作社等开展农技推广、土地托管、代耕代种、统防统治、烘干收储等农业生产性服务
2020年	中共中央、国务院	《关于抓好“三农”领域重点工作确保如期实现全面小康的意见》	明确提出发展面向小农户的农业社会化服务体系	鼓励发展多种形式适度规模经营，健全面向小农户的农业社会化服务体系
2021年	农业农村部	《关于统筹利用撂荒地促进农业生产发展的指导意见》	提出以农业社会化服务遏制耕地撂荒	对撂荒地集中的区域，组织农技人员采取蹲点包村的方式，开展有针对性的技术指导服务；对一些农业生产技能弱的农户，开展“一对一”帮扶，让他们尽快熟悉技术、熟练运用技术，提高生产能力
2022年	农业农村部办公厅	《关于开展第三批国家农业绿色发展先行区创建工作的通知》	以农业社会化服务促进农业绿色生产	新型农业经营主体和农业社会化服务组织普遍采用绿色生产技术，科研团队支撑持续稳定，区域性农业绿色发展技术模式基本形成，绿色优质农产品供给能力强
2023年	中共中央、国务院	《关于做好2023年全面推进乡村振兴重点工作的意见》	实施农业社会化服务促进行动，以农业社会化服务推动乡村振兴	实施农业社会化服务促进行动，大力发展代耕代种、代管代收、全程托管等社会化服务，鼓励区域性综合服务平台建设，促进农业节本增效、提质增效、营销增效

在这一发展阶段，我国恰逢乡村振兴与脱贫攻坚有机衔接的历史交汇期和政策叠加期。伴随我国从农业大国向农业强国目标的迈进，农业社会化服务内容在不断转型和聚焦：一是体现在农业社会化服务发展更加聚焦于小农户，发展面向小农户的社会化服务体系更加符合新时代农业发展的要求；二是农业社会化服务内涵也在发生改变，由全域性服务逐渐聚焦于生产性服务，更加强调解决小农户生产上的难题，即小农户“不愿自己

干”“自己干不了”“自己干了不划算”的问题。

回顾改革开放以来我国农业社会化服务的政策变迁与发展，可以发现农业社会化服务体系经历了一个服务内涵不断拓展、服务体系不断健全、服务机制不断创新、战略地位不断提升的发展历程（孔祥智，2020）①。站在新时代，发展农业社会化服务有助于汇聚社会力量，激发乡村内生活力，畅通城乡要素流动，形成人才、土地、资金、产业汇聚的良性循环。展望未来，发展农业社会化服务是乡村振兴的源头活水，是农村新旧动能转换和乡村振兴的生力军，是乡村振兴落地生根的可靠支撑。公益性服务体系不断强化，基础地位稳步提升，经营性服务主体快速发展，多元化竞争格局基本确立，乡村振兴发展指日可待。

（二）农业社会化服务体系的发展现状

1. 农业社会化服务组织发展迅速

《中国农业服务业研究报告（2022）》显示，全国现有农业社会化服务组织104.1万个，服务覆盖面积18.7亿亩次，带动小农户8 900万户。农业社会化服务组织数量大、主体类型多，企业、农民合作社、农村集体经济组织、农业服务专业户等各类服务组织发展势头强劲。农业社会化服务组织的蓬勃发展是实现中国式农业现代化的基本路径，是推广先进品种、技术、装备的有效载体，也是实现农业节本增效的有效路径。

2. 农业社会化服务领域不断拓展

随着农业生产的商品化、专业化程度越来越高，社会化服务开始从生产服务领域向全要素领域延伸。一方面，传统型服务基本覆盖，服务内容不断丰富。我国通过改善工作条件、保障工作经费、创新运行机制，不断增强农业公共服务机构能力，切实承担起农民解决不了、市场和社会提供不了的服务供给需求，在公共服务方面发挥主导和引领作用。经过多年的努力，我国已经基本实现了在农业技术推广、生产信息化服务、动植物疫病防控、农产品质量安全监管等服务领域的全覆盖。同时，随着合作组织等服务主体的发展壮大，以统一生产资料供应、统一技术标准、统一生产服务、统一产品收购和销售为特征的农业合作型服务内容不断丰富。在市场力量的作用下，以机耕、机插、机收为重点的劳动力替代型服务和代育

---

① 孔祥智，等．新型农业社会化服务体系建设：供给侧视角（第一卷）[M]．北京：经济管理出版社，2020.

秧、植保统防统治、机烘、初加工及包装等为重点的技术替代型服务越来越普及。与此同时，为发展现代农业，一些传统服务内容不断革新。以动植物疫病和灾害防控为例，为确保食品安全和粮食有效供给，我国开始加强农业灾害监测预警和防控能力建设，大力推行专业化统防统治。在动物防疫方面，加强体系建设，完善国家动物疫病防控网络和应急处理机制，强化执法能力，以确保对重大动物疫情的有效控制。在农村气象服务方面，开始加强人工影响天气工作体系与能力建设，提高农业气象服务和农村气象灾害防御水平。另一方面，新型服务领域不断拓展，服务层次不断加深。这些新型服务领域主要包括：市场预测和信息传递、土地流转服务、产品开发与推介、人才培训与管理、管理咨询与发展规划、冷链运输及贮藏、金融与保险服务等内容。随着我国科技创新能力和信息化水平提高，我国社会化服务体系基本提供了覆盖全程的农业服务。从发展历程上看，从单项服务到综合服务，从产中到产前、产后，从种养业到观光、休闲等多功能农业，我国社会化服务领域不断拓展，多层次服务格局基本形成①。

3. 农业生产托管服务大势所趋

农业生产托管是当下国家农业社会化服务工作的主要抓手，“托管种”成为小农户耕地“自己种”和“流转种”以外的第三种耕种方式，不仅帮助小农户节本增收，还有效保障了国家粮食安全。一方面，农业生产托管帮助小农户节本增收效果显著。通过对 2019 年 19 个省份共 875 个托管案例的定量分析显示，农户采取全程托管，小麦每年每亩节本增收 356.05 元，其中亩均节本 270.43 元（产前节本 50.16 元、产中节本 44.89 元、全程人工费用节本 175.38 元），产出增收增效和其他环节增效 85.62 元；玉米每年每亩实现节本增收 388.84 元，其中亩均节本 296.98 元（产前节本 44.77 元、产中节本 35.45 元、全程人工费用节本 216.76 元），产出增收增效和其他环节增效 91.86 元。另一方面，农业生产托管服务保障粮食生产。北方粮食主产区托管服务发展较好，截至 2019 年底，全国农业生产托管服务总面积为 15.1 亿亩次，较上年增长 9.12%。其中，河北、山西、安徽、山东、河南 5 省的托管面积均超 1 亿亩次，总量达到 8.25 亿亩次，占全国的 54.6%。原因是北方粮食主产区

① 孔祥智，等．新型农业社会化服务体系建设：供给侧视角（第一卷）[M]．北京：经济管理出版社，2020.

土地集中连片，托管服务市场相对成熟，开展托管服务基础较好，一些大型农业服务企业也集中在这个地区开展服务。2019 年农业生产托管服务粮食作物面积 8.63 亿亩次，占托管服务总面积的 57.15%，在保障粮食安全和重要农产品有效供给方面发挥了重要作用。从实践看，大田作物接受的社会化服务主要为生产托管，既有单环节托管、多环节托管，也有全程托管，如河南省粮食托管面积约 1.3 亿亩次，占该省托管总面积的 80%。湖南隆平现代农业科技服务有限公司通过“小农户＋隆平粮社＋公司”托管服务模式，服务粮食面积 40 万亩，服务农户近 5 万户，年生产品质原粮近 20 万吨①。

四、完善农业社会化服务体系的机制设计与保障措施

（一）完善农业社会化服务体系的机制设计

1. “谁来供给”——服务供给主体遴选设计

在 2017 年发布的《关于加快发展农业生产性服务业的指导意见》指出，要培育多元化服务主体，支持农村集体经济组织、农民专业合作社、农业产业化龙头企业、专业服务公司等组织提供农业生产性服务，同时引导各类服务主体积极与高等学校、科研院所等机构开展合作，着力提升服务供给能力。政策指导文件已经充分明确服务供给主体。

在服务供给主体遴选的过程中，政府职能部门起到“掌舵”的作用。按照遴选程序的划分，可分为准备阶段、遴选阶段和公示阶段三个阶段（图 10－1）。在准备阶段，首先，确定职能部门，以农业农村部为主要指导部门，省农业农村厅为重点监管部门，各市（区）农业农村局为统筹部门，在县级农业技术推广中心下设专属办公室，负责农业生产性服务发展各项事宜。其次，要做好充分的市场调研，既要了解当前农户希望由哪些主体提供服务，也要了解当前哪些主体愿意提供服务。最后，制定遴选方案，做到有章可循、有章可依。在遴选阶段，分别从组织基础、内部治理、财务运作、外部营运四个维度综合考察服务供给主体能力，既确保服务供给主体真正符合市场需求，同时也要确保服务供给主体在面对风险时能够通过自身调节化解危机，使之受市场波动的影响最低。

① 曾福生，史芳．农业社会化服务如何促进小农户与现代农业发展有机衔接——一个理论分析框架［J］．吉首大学学报（社会科学版），2021（5）．

在公示阶段，结合各项服务所需，确定服务供给主体数量，向外界进行公示。一般来说，服务供给主体依旧遵循国家政策文件的指导，以县级农业技术推广中心为主要政府职能部门，辅以高等院线（科研院所）技术支撑，村集体承担承上启下的衔接功能，以农民专业合作社、专业服务公司、专业种植大户为主要服务供给主体，开展农业生产性服务的有效经营。

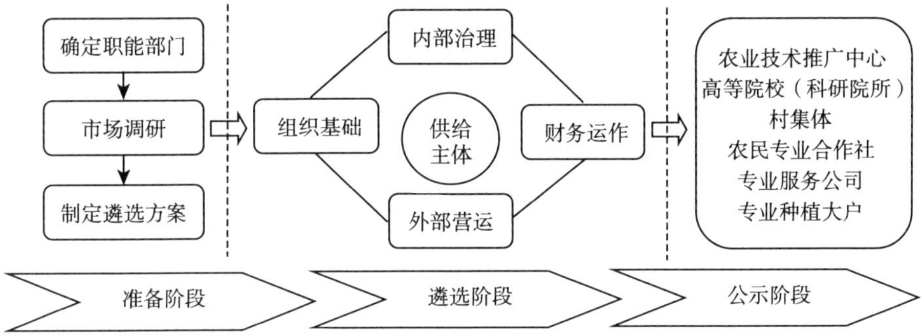

图 10－1　农业生产性服务供给主体遴选机制

2. “供给什么”——服务供给内容创新设计

在供给主体确定后需要考虑的问题是“供给什么”，即服务内容做到不断创新，这也是由服务供给端向服务需求端推进的重要环节。在上一环节中已经明确服务供给主体具体包含哪些，但这些服务供给主体兼具不同性质，如果以供给服务是否收费的方式进行划分，可将供给主体划分为经营性服务组织、公益性服务组织和半经营性半公益性服务组织，其中经营性服务组织主要包括农民专业合作社、专业服务公司、专业种植大户，公益性服务组织主要是农业技术推广中心，半经营性半公益性服务组织主要包括高等院校（科研院所）、村集体，在明晰各主体性质后对应地将服务内容划分为经营性服务、公益性服务和半经营性半公益性服务。经营性服务主要包括农资供应服务、农机作业服务，公益性服务主要包括农产品价格信息服务、农产品销售信息服务、农业气象信息服务，半经营性半公益性服务主要包括新品种技术服务、测土配方施肥技术服务、病虫害统防治技术服务以及秸秆还田技术服务。这些服务内容既要与农业生产息息相关，同时又要满足农户的需求。农业生产性服务在发展过程中要满足不同规模的农户，不同规模农户对农业生产性服务的需求必然有差异，服务供给内容也要随着生产过程的变化而做出适当调整，以保证农业生产性服务最大程度上发挥效用。农业生产性服务供给内容创新机制如图10-2所示。

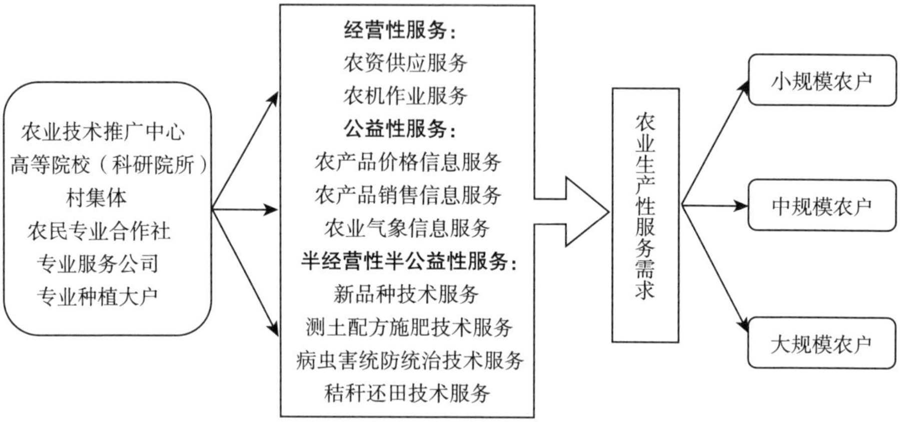

图10-2 农业生产性服务供给内容创新机制

3. “怎么供给”——服务供给模式推广设计

在农业生产性服务供给与需求相匹配方面，采用何种供给模式能够确保服务的供需均衡是在明确服务供给内容的基础上需要进一步考虑的问题。从上述分析可知，农业生产性服务供给主体按照服务是否收费分成了经营性服务组织、公益性服务组织和半经营性半公益性服务组织，因此也就决定了这些服务供给主体之间在提供服务期间存在合作机制、竞争机制和制衡机制。合作机制是指在农业生产性服务供给的过程中各主体之间应保持紧密的合作关系，采取有效沟通的方式不断提升服务供给水平，需要强调的是这种合作机制应存在于所有主体内部和主体之间，不需要区分是经营性服务组织还是公益性服务组织。竞争机制主要存在于经营性服务组织之间，这些服务供给主体在保证有效合作的前提基础上要勇于创新，在保证传统服务内容不变的同时采取多样化的供给策略满足农业生产的需要。制衡机制是一种权利的制约和平衡的制度，更加强调服务供给主体内部治理的协调和统一，有效的制衡机制能够确保组织的长久运行和效益最大化。

在各种机制的约束下，相应地衍生出不同服务供给模式，这些服务供给模式主要可以划分为三类，即政府主导、政府与市场结合、市场分散。政府主导模式主要包括“农业技术推广中心＋农户”“农业技术推广中心＋高等院校（科研院所）＋农户”“农业技术推广中心＋村集体＋农户”，在以政府为主导的模式下，更多强调政府“掌舵”的职能，以县级农业技术推广中心为依托，辅以高等院校（科研院所）、村集体等半经营性半公益性服务组织，主要向农户推广公益性或半经营性半公益性的服务，例如各项农业信息服务、新品种技术服务、测土配方施肥技术服务等。政府与市场结合模式主要包括“农业技术推广中心＋农民专业合作社＋农户”“农业技术推广中心＋专业服务公司＋农户”“农业技术推广中心＋专业种植大户＋农户”，在这种模式下，虽然是政府与市场相结合，但政府主要起到监督职能，真正发挥作用的是市场上各类服务主体，在这种模式下服务纠纷会大大降低，通常农资供应服务适合采取政府与市场结合的推广模式。市场分散模式主要包括“农民专业合作社＋农户”“专业服务公司＋农户”“专业种植大户＋农户”，目前以市场为依托的服务供给模式是最普遍的模式，这种模式的优点在于服务交易的便捷性较高，但缺点也非常明显，主要是由于缺少政府职能部门的监督导致服务纠纷时常发生，通常农机作业服务较适用于采取市场分散模式。农业生产性服务模式推广机制如图 10－3 所示。

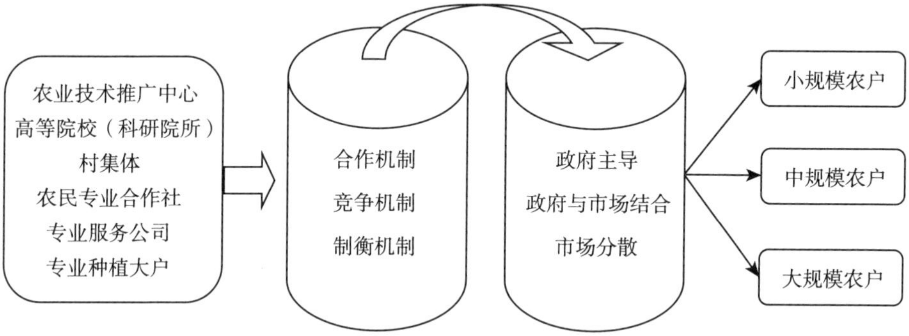

图 10－3　农业生产性服务模式推广机制

4.“效果如何”——服务采用效果反馈设计

健全农业生产性服务采用效果反馈机制是服务供给主体和农户之间畅通无阻的桥梁，也是农业生产性服务发展机制的最后环节、重要环节。通过良好的反馈机制，农户可以及时获取真正需要的农业生产性服务，服务供给主体可以及时调整、完善服务内容与方式，确保自身服务水平的提高以更好地满足农户需求。同时，良好的反馈机制还有助于保障农户基本服务消费权益，有助于改善政府与市场、政府与农户之间的关系。

农业生产性服务采用效果反馈机制包括反馈主体、反馈内容、反馈方式和反馈客体。反馈主体，即为农业生产性服务采用主体，这里包括小农户、中规模农户和大规模农户，由于农户是农业生产性服务的直接受用主体，农户能够最直观反映出农业生产性服务的采用效果，因此反馈机制对农户也提出了一系列考验，如农户必须具备良好的沟通意愿和表达能力、农户愿意并能够清晰完整地提供反馈信息以帮助服务供给主体持续改进服务态度、服务质量、服务效率等。这里就涉及了反馈机制中反馈内容的评价，农业生产性服务评价的目的不是单纯地评判出供给主体提供服务的优劣程度的简单排名，最关键的问题是要采取必要手段鼓励和引导被评价对象根据评价内容合理确定未来发展目标和发展方向。在反馈机制中还需注意的是反馈方式。通常来讲，农业生产性服务的反馈方式可划分为三大类型：被动反馈与主动反馈、事前反馈与事后反馈、单一反馈与系统反馈。其中被动反馈是服务供给主体主动向农户进行调查，主动反馈是指农户主动通过各种途径向服务供给主体提供自身的需求信息以及采用后的体验与感受；事前反馈是指在实际提供服务之前进行的反馈，事后反馈是指农业生产性服务供给主体已经完成预计服务内容后对其做出的反馈；单一反馈是指针对农业生产性服务供给主体提供服务内容的某一方面进行的反馈，系统反馈则是指对全部服务活动进行全方位的反馈。对于反馈客体，自然是服务的供给主体，即农业技术推广中心、高等院校（科研院所）、村集体、农民专业合作社、专业服务公司、专业种植大户。农业生产性服务采用效果反馈机制如图 10-4 所示。

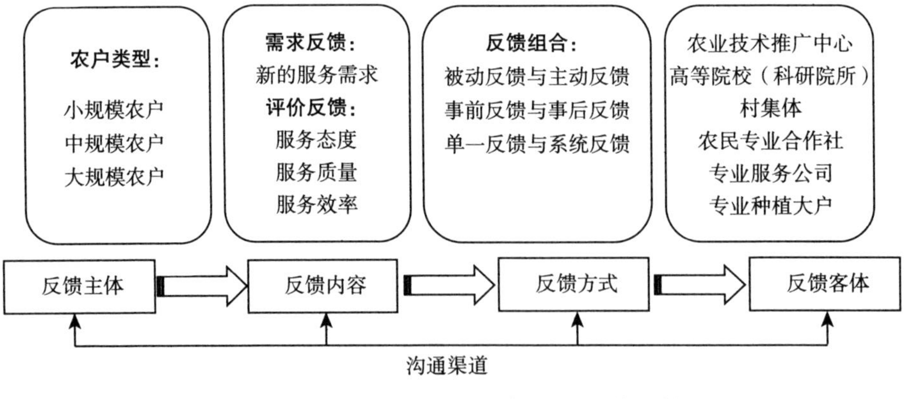

图 10-4　农业生产性服务采用效果反馈机制

5. 农业社会化服务促进农业发展系统运行的总体路径

综合上文对各阶段农业生产性服务发展机制的设计，本部分绘制出农

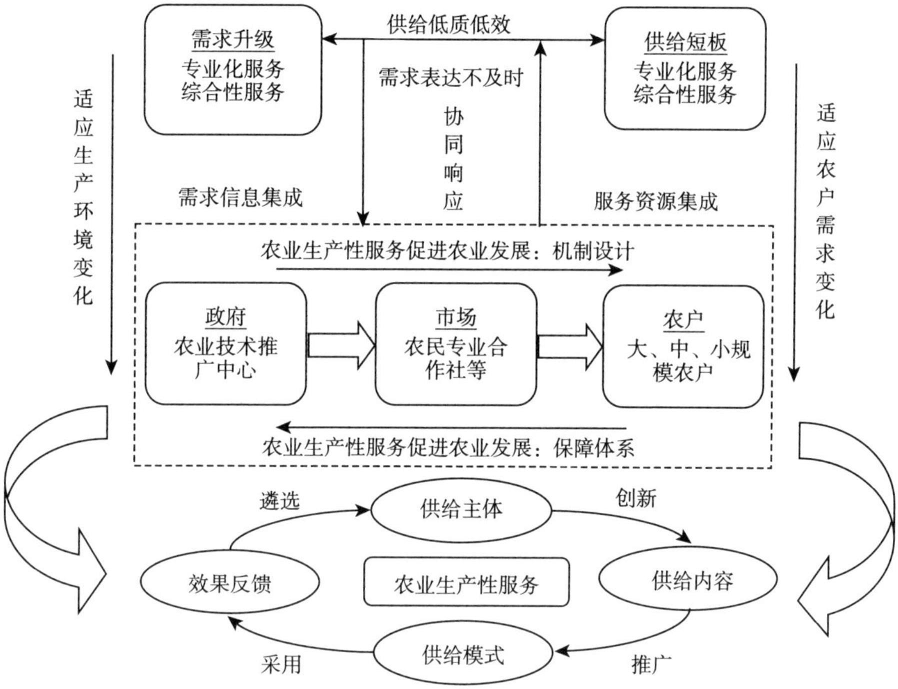

图 10－5　农业生产性服务促进农业发展的系统运行总体路径

业生产性服务促进农业发展系统运行的总体路径，如图 10－5 所示。从系统运行路径图可以进一步分析得到：第一，从“谁来供给”到“供给什么”是农业生产性服务供给主体对农业生产性服务内容的探索过程，在明确市场化运行过程中哪些主体适合于提供农业生产性服务后，这些服务主体最需要明确的就是农户真正需要哪些服务内容，因此需要做好充足的市场调研。农业生产本身是一个复杂的产业链条，在这个链条中农户又是最重要的微观经济主体，农户本身的异质性决定了农业生产性服务需求的差异性，只有充分了解农户的需求才能回答好“供给什么”。第二，从“供给什么”到“怎么供给”是服务供给主体对服务内容创新的过程。以农业信息服务为例，传统农业信息服务的供给方式主要是由村集体来承担，以广播通知、发放宣传单等形式为主，这种形式的弊端在于信息传递的及时性较差，而此时的服务供给主体就要从解决实际问题的角度出发，尝试是否可以通过建立数字化信息服务平台，以互联网设备为载体，高效及时地将农业信息传递至每家每户，助力农业生产。第三，从“怎么供给”到“效果如何”是农业生产性服务发展的关键环节，决定了农业生产性服务推广效果与农户采用效果。农业生产性服务供给主体能力再强、服务内容形式再多样，不能及时应用于农业生产、不能被广大农户采用都将是“纸上谈兵”，为此农业生产性服务供给主体在设计好服务供给模式后要根据农户偏好将服务有效推广，实现服务效用最大化，既能解决农业生产问题，又能为服务供给主体带来可观的经济效益。第四，从“效果如何”到“谁来供给”又使农业生产性服务发展机制运行系统回到了起始端，进一步决定由谁来供给的问题。在此阶段最关键的主体是农户，农户在采用相关服务后要根据服务态度、服务质量、服务效率等作出有效评价，并及时向相关政府部门或供给服务主体反馈这些信息，以促进农业生产性服务发展机制运行系统形成良性循环。

（二）完善农业社会化服务体系的保障措施

1. 提高服务供给能力

落实政策资金保障制度，通过财政补贴、信贷支持、税收减免等方式，大力支持农业生产性服务供给主体发展；强化市场引导推进作用，建立有序的农业生产性服务交易平台，强化对服务供给主体的监管体制，对服务供给能力弱、服务供给态度差、服务供给质量不佳的供给主体实行清退处理；推动服务主体联合融合发展，鼓励以地方农业技术推广中心为核心的各类公益性、经营性和半公益性半经营性服务供给主体加强联合合作。

2. 推动服务精准化发展

加大对农资供应服务的供给力度，鼓励服务供给主体充分发挥资源优势，支持服务供给主体与高等院校（科研院所）、种业企业、生物农业企业加强合作，在良种研发、展示示范、标准化供给等环节向农户提供全程服务；强化农业信息服务的支撑作用，紧紧围绕农户所需的一切生产信息为基础前提，健全农业生产信息的收集、分析、整理、发布等体系，通过有效的市场信息引导农户调整种植结构，优化农业生产布局；提高农户对农业技术服务的采纳意愿，加强对新品种技术服务、测土配方施肥技术服务、病虫害统防统治技术服务、秸秆还田技术服务等的宣传力度；全面提升农业机械化服务水平，加强对有能力或有潜力的农机服务公司、农机专业合作社等的培育力度，培育一批动力足、服务意愿高的农机服务供给主体。

3. 创新服务供给模式

推进专项服务与综合服务协同发展，充分发挥各类服务组织优势，结合自身发展实际创新服务供给模式，确保服务供需匹配；结合农户需求特征实行差异化供给，大规模、中规模农户与小规模农户分别采用不同的服务供给模式；提高农业生产托管服务的普及率，培育一批具有典型引领功能的农业生产托管服务组织，采取政策扶持、项目推动的手段，加大支持力度。

4. 构建服务有效反馈机制

构建完整高效的服务需求反馈体系，科学合理地做好顶层设计，对于农业生产性服务发展布局要合理规划，优化农业生产性服务资源配置，明晰政府、市场、农户的职能关系；采取激励措施以激发反馈机制活力，广泛宣传农户对服务供给主体评价的重要性，通过构建完善的评价指标体系，从服务态度、服务质量、服务效率等方面对服务供给主体进行评价，不断提高农户积极参与农业生产性服务反馈体系建设意愿；加强人才建设以提高反馈机制效能，建立专职专人负责制，使之在收集、分析、处理农户的反馈信息过程中，及时提出有效解决方案，最大程度上确保处理结果能让更多农户满意，有效提升农业生产性服务的供给效率。

第十一章

农村金融发展问题研究

金融是国民经济的血脉，乡村振兴，金融先行。随着中国金融体制改革的进一步深化，农村金融在组织结构、经营管理和运行机制等方面发生了一系列深刻的变化。建立多层次、广覆盖、可持续、适度竞争、有序创新、风险可控的现代农村金融体系，以满足乡村振兴对现代金融的强大需求，是当前和今后一段时期需要认真研究和解决的重大课题。

一、金融在农业和农村经济发展中的重要性

（一）关于农村金融重要性的三种代表性理论

长期以来，发展中国家农村金融领域的金融抑制特征使农村经济主体的借贷需求难以得到满足，为了建立一个能够适应农村经济主体借贷需求、促进农村经济发展的农村金融体系，农村金融研究领域学者不断探索，形成了三种不同的理论流派：农业信贷补贴论、农村金融市场论和不完全竞争市场论。

1. 农业信贷补贴论（Subsidized Credit Paradigm）

20 世纪 80 年代以前，农业信贷补贴论一直是农村金融理论界占主流地位的传统理论。该理论的前提是：农村居民特别是贫困阶层农户没有储蓄能力，农村面临严重的资金不足问题，而且由于农业的产业特性，如收入的不确定性，投资的长期性、低收益性等，使得农业不可能成为以利润为经营目标的商业银行的融资对象，因此得出结论：为增加农业生产和缓解农村贫困，有必要从农村外部注入政策性资金，建立非营利性的专门金融机构来分配资金。这就是农业信贷补贴论。根据该理论，为缩小农业与其他产业之间的收入差距，对农业的融资利率必须低于其他产业，而民间融资一般以高利率为特征，会加重农户贫困，从而阻碍农业生产发展，因

此必须通过政府政策促使民间金融消亡，而通过商业银行在农村的分支机构和农村信用合作组织，将大量低息政策性资金注入农村。

2. 农村金融市场理论（Rural Financial Market Theory）

20 世纪 80 年代以来，农村金融市场论或农村金融系统论逐渐占了上风，农村金融市场论是在对农业信贷补贴论批判的基础上产生的，强调市场机制的作用，其主要理论前提是：①农村居民以及贫困阶层是有储蓄能力的。通过对各类发展中国家农村地区的研究表明：只要提供存款的机会，即使是贫困地区的小农户也可以储蓄相当大数量的存款，没有必要由外部向农村注入资金。②低息政策妨碍人们向金融机构存款，抑制金融发展。③运用资金的外部依存度过高是导致贷款回收率降低的重要因素。④由于农村资金拥有较多的机会成本，非正规金融的高利率是理所当然的。

农村金融市场理论主张完全依赖市场机制，极力反对政策性金融对市场的扭曲，特别强调利率市场化。该理论认为，利息补贴应对补贴信贷活动的一系列缺陷负责，而利率自由化则可以使农村金融中介机构补偿其经营成本。利率自由化可以鼓励金融中介机构有效地动员农村储蓄，使它们不依赖于外部资金来源，也使得它们有责任去管理自己的资金。

3. 不完全竞争市场理论（Imperfectly Competitive Market）

20 世纪 90 年代后，东南亚等地区和国家发生了严重的金融危机，揭示了市场机制并不是万能的，政府干预对于稳定金融市场来说仍是相当重要的。受此影响，在农村金融理论方面，人们也认识到要培育稳定、有效率的金融市场仍需要一些社会性的、非市场因素的作用。

以 2000 年诺贝尔经济学奖获得者斯蒂格里茨为首的对不完全竞争市场和信息不对称问题的研究成果，构成了农村金融不完全竞争市场理论的基础。斯蒂格利茨认为发展中国家的金融市场不是一个完全竞争的市场，尤其是放款一方（金融机构）对于借款人的情况根本无法充分掌握（不完全信息），如果完全依靠市场机制就可能无法培育出一个社会所需要的金融市场。为了补救市场的失效部分，有必要采用诸如政府适当介入金融市场以及借款人的组织化等非市场要素。虽然政府在金融市场中的作用十分重要，但是政府不能取代市场，只能发挥监管和调控职能，有效补充市场。政府对金融市场监管应采取间接控制机制，并依据一定的原则确立监管的范围和标准，即市场上的不完全信息问题作为“市场缺陷”可以用政府干预来解决。斯蒂格利茨的结论是国家干预论，即可以通过引入金融组织或活动多样化来促进农村金融市场竞争，以建设具有竞争性的金融市场。在竞争性金融市场的边界之外，也就是在竞争性金融市场不能发挥作用之处，政策性融资工具如补贴、参与担保、促进小额信贷的商业化等可以发挥辅助性的作用。

（二）金融对农业和农村经济发展的作用

一般而言，金融对农业和农村经济发展的作用主要有以下方面：

1. 资本积累

随着农村经济的发展，农村金融组织会逐渐增加对资本市场的依赖，农村金融发展的市场化程度也会大大提高。农村金融组织能够提供农村生产的流动资本，相应提高农村企业和个人固定资本利用率。一般认为，农村固定资本与流动资本之间总是保持固定的比例关系，但由于固定资本投资在技术上具有不可分割性，因而在农村经济中一般总存在着未被使用的固定资本。当农村固定资本一定时，它的利用程度就决定于农村流动资本的供给。因此，农村生产企业能获得多少流动资本，是决定其产出水平的关键性因素。农村流动资本的重置部分可能通过农村企业内部筹集，也可能通过向农村金融机构借款筹集，而农村流动资本的净投资大部分通过向农村金融机构借款筹集。因此，农村金融组织成了农村企业和个人向外部筹集流动资本和积累资本的主要来源。

2. 储蓄向投资的转移

农村金融资源的有效配置和开发可以提高农民的储蓄率，由于存在谨慎性和投机性的货币需求，在既定的国民收入水平下，农村消费与储蓄之间存在着一个持币的弹性区间，弹性区间使真实的消费储蓄比例会因多种原因而改变。农村金融资源的存在和有效开发配置则可以使该弹性区间变小、农村储蓄份额增大，这就促进了农村社会储蓄率的上升，为农村投资的增长提供了来源。

农村金融组织将农村储蓄转化为农村投资。从根本上来说，农村资本来源于农村居民储蓄，但在动员众多分散的农村居民将储蓄转化为投资的过程中，农村金融体系需要吸收一部分资源，这包括从分散的个体农民那里集中储蓄时发生的交易成本和为克服信息不对称使储户放心地放弃对其储蓄的控制权而支付的信息成本。农村金融体系吸收了部分储蓄资源，一方面与农村金融体系提供了金融服务又收取了相应报酬有关；另一方面与农村金融体系的市场效率有关，一个有效率的农村金融体系能够大大减少在动员储蓄过程中的交易成本和信息成本。

3. 农村经济增长

农村经济增长与农村金融组织的活动直接相关，因为资本是经济增长的必要（或决定性）条件。由于资本在经济增长中发挥重要作用，以至于在发展经济学形成与发展的最初阶段，人们认为经济发展的过程就是一个“搬掉资本障碍的过程”。

发展中国家普遍具有“二元经济”结构的特点，城乡经济发展水平差距很大。比较而言，金融二元结构的特点更为突出，城乡金融发展极不协调且呈逐步加剧之势，农村金融抑制现象十分严重。20 世纪 70 年代初，以爱德华·肖（E. S. shaw）和罗纳德·麦金农（R. I. Mckinnon）为代表的经济学家以广大发展中国家为研究样本，在对金融与经济发展之间的关系进行潜心研究的基础上提出了“金融抑制与金融深化理论”。所谓金融抑制，是指一国的金融体系不完善、金融市场机制不健全、金融运行中存在过多的金融管制措施，导致金融与经济发展之间处于互相掣肘、双双落后的恶性循环状态。他们认为，造成金融抑制的最主要原因是经济、技术、土地、劳动力等生产要素分散于零散的经济单位之中，国内市场也处于割裂状态，无法发挥其合理配置要素的功能。这种分割性经济状态的存在客观上决定了金融体制的割裂与脆弱，这主要表现为：一是金融市场机制不健全。在政府规定的低利率水平下，资金很难通过统一的金融市场来流通，有限的金融机构不能充分发挥“资金导管”作用。在资金严重短缺的情况下，能够得到资金的往往是某些“特殊的部门和行业”，而急需资金的中小工商业者和农民的资金需求很难得到满足，造成资金的使用效率下降。二是金融工具单调。银行等储蓄机构仅仅开办存贷款业务，而且期限单一，利率僵硬，无法满足储蓄和借贷双方对金融资产流动性、安全性、效益性的需要。要解决发展的问题，必须依靠金融的强力支持，实施“金融深化”战略，这不仅是因为金融对经济具有反作用，更因为农村经济基础较为薄弱，对金融具有广泛的需求和较强的依赖性。

二、金融支持农业和农村经济发展的国际经验

国外农村金融已有近 200 年的发展历史，它在提高农民组织化程度、保护农民利益、增加农民收入、促进农业发展、加速农业现代化进程等方

面起着举足轻重的作用。

（一）发达国家农村金融发展与经验

1. 美国农村金融发展

美国农业人口仅占其国内人口的3%，但却是世界上农业最发达的国家之一，这与美国金融对农业的支持密不可分。美国农业金融机构是伴随着美国农业和农村经济的发展和变革逐步建立和完善起来的。20世纪之前，美国农业信贷资金几乎全部由商业机构和个人提供，然而随着农业发展对信贷的需求越来越强烈，商业金融机构及个人贷款已无法为农业提供充足的资金，在这种情况下，合作金融和政策性金融应运而生。经过几十年的发展，目前已形成了由政府农业信贷机构、农村合作金融的农业信贷系统、商业金融机构及私人信贷组成的农村金融体系。

（1）政策性金融支持农业发展。美国农村政策性金融机构是由政府设立的，贯彻实施政府农业政策，为农业生产和与农业有关的活动提供信贷资金和服务。通过信贷活动，调节农业生产规模和发展方向，弥补商业银行和其他金融机构对农业支持的不足。联邦政府农业部农业服务署、州政府融资局是政府信贷的承办机构，直接为政府鼓励、扶持的农业农村项目和商业银行不愿介入、或现阶段信用状况或其他条件达不到商业贷款条件要求的新农场、弱势农场等提供支持，其贷款和担保资金列入政府财政预算，出现损失由政府列入预算核销。农业部农业服务署在各州拥有2 500个办事机构，全职雇员11 000人，有时还有临时性雇员，他们面向全国农村农民提供农业信贷服务。其直接发放贷款或为项目提供担保的中长期贷款期限长达18～40年，流动资金贷款期限达7年，利率在2%以内。据2010财年统计，美国各项农业贷款达2 170亿美元，其中政府提供免税扶持的农村信贷系统贷款占32%，农业部和州政府机构贷款占4%，政府担保贷款占4%，商业银行、保险公司及私人机构贷款占60%。

（2）合作金融支持农业发展。美国农村合作金融体系由联邦中期信用银行、合作银行、联邦土地银行三大系统组成，由农业信用管理局领导。这三个机构最初是在政府领导和出资扶持下，采用自上而下的方式建立的。随着国家资金的逐步退出和股权的出让，三大系统成为完全归农业生产者所有并管理的金融组织。但是，政府仍然担任其最后贷款人和保证人。美国的农村合作金融属于上虚下实型多元复合式的合作金融体系，特点在于：一是若干独立的合作金融系统并存；二是基层合作金融组织为独立法人，但其主管机关属管理型、服务型机构。1987 年国会通过农业信贷法，要求合并 12 个信贷区的联邦土地银行和中间信贷银行，成立单一的农业信贷银行，综合经营农民的长期和短期贷款。要求地方土地银行协会和生产信贷协会清理业务，凡服务地区重合的都合并为农业信贷协会。11 个区合作社银行合并为单一的合作银行，以前的独立银行作为合并机构的分行（有 2 个区合作社银行投票决定保持独立，并被允许在全国任何地方提供贷款）。

（3）农村商业性金融支持农业发展。美国的农村商业性金融包括商业银行、人寿保险公司等私营金融机构的农贷以及个人和经销商的贷款。美国近 90%的商业银行经营农贷业务，尤其是设在小城镇的 4 000 多家商业银行，农业贷款一般占其贷款总额的 50%以上。各商业银行贷款规模、地理位置等不同，其作用也不一样。设在主要金融中心的大银行一般向从事畜禽生产企业和全国范围内的特种作物的企业提供资金。同时也允许设立在州的分支行对大农场乃至小的农业企业服务，特别是为农工联合企业和农产品出口贸易融通资金；参与地方银行的农贷以及大量购买农贷债券，间接为农业贷款提供资金。设在小城镇的商业银行则主要向农户或农场提供贷款，被称为乡村银行。人寿保险公司只提供农业长期贷款，在其资金运用中不是主要项目，但仍有一定比重，略高于商业银行长期农贷的比例。以中短期贷款为主的商业银行在美国农贷渠道中一直占极为重要的地位。这些商业银行之所以能够广泛开展农贷业务，主要是其机构网点多、设施便利、接近农户、熟悉农户的信用和经济情况，因而贷款迅速，手续简便。同时银行设有专职农贷人员为农场生产和资金运用方面提供咨询和服务，易于得到农户的信任。而随着农场规模的扩大，贷款数量相应增多，商业银行往往采取合并、改组及联营等方式调整机构，扩充实力以适应农业现代化对信贷资金的需求。

（4）农业保险支持农业发展。美国是开展农业保险较早的国家之一，自 1939 年建立农作物保险制度以来，美国农作物保险经历了试办（20 世纪 30—70 年代）、加速发展（20 世纪 80 年代—1994 年）、政府与私营公司混合经营（1994—1996 年）、政府出政策并完全由私营公司经营和代理（1996 年后）四个阶段。经营体制上则实现了从“单轨制”到“双轨制”、再到“单轨制”的演进，从引进商业保险公司共同经营，再到完全交由商业保险公司经营和代理的转变。商业保险公司经营时，得到政府提供的经营管理费和保险费补贴等有力支持。美国农作物保险的运行主要分三个层次：第一层为风险管理局，主要负责全国性险种条款的制定，风险的控制，向私营保险公司提供再保险支持等；第二层为有经营农险资格的私营保险公司，它们与风险管理局签订协议，并承诺执行风险管理局的各项规定；第三层为农作物保险的代理人和查勘核损人，负责具体农险业务实施。

2. 日本农村金融发展

在日本，既有政府办的政策性金融，又有强大的合作金融，还有一部分其他金融机构来支持农业的发展，这对第二次世界大战后日本农业的发展起到了极为重要的促进作用。也正因为如此，虽然日本人多地少，自然环境较差，但是它的农业生产和农业现代化却得到了很好的发展。

日本支持农业发展的政策性金融机构是农林渔业金融公库（简称农林公库）。它建立的目的是在农林渔业者向农林中央金库和其他金融机构筹资发生困难时，给它们提供利率较低、偿还期较长的资金。农林公库主要是把资金用于土地改良、造林、建设渔港等基础设施的融资，同时用于农业现代化、农业改良的融资，对国内大型农产品批发市场及交易市场提供市场设施贷款等。

日本支持农业发展的合作金融主要是农协系统。农协系统是按照农民自愿、自主的原则登记成立的。它主要由三级组成：最基层的是农业协同组合，为市町村一级。直接与农户发生信贷关系，不以营利为目的，它可以为农户办理吸收存款、贷款和结算性贷款，这也是基层农协的主要任务。除此之外，农协还兼营保险、供销等其他业务。中间层是信用农业协同组合联合会，简称信农联，为都道府县一级，帮助基层农协进行资金管理，并在全县范围内组织农业资金的结算、调剂和运用。信农联作为农协系统的中层机构，在基层农协和农林中央金库之间起桥梁和纽带作用。以它的会员即基层农协为服务对象，吸收基层农协的剩余资金，并在基层农协需要时提供融资服务。信农联的资金首先用于支持辖区内部基层农协的资金需求，其次才用于支持其他贷款、农业企业发展所需资金等。信农联不兼营保险、营销等业务。最高层是农林中央金库，为中央一级，是各级农协内部以及农协组织与其他金融机构融通资金的渠道。农林中央金库是农协系统的最高层机构，它在全国范围内对系统内资金进行融通、调剂、清算，并按国家法令营运资金。同时，它还指导信农联的工作，并为它提供咨询。农林中央金库可为会员办理存款、放款、汇兑业务，并且可代理农林渔业公库的委托放款和粮食收购款业务，之后又增加了外汇业务。它的资金主要用于信农联，同时也贷款给关联的大型企业。农林中央金库除了向基层和中间机构提供服务、发行农林债券外，还从事资金划拨周转、部分证券投资业务等。

日本于 1966 年建立了全国性的农业信用保险协会，各都道府县一级的农业信用基金协会是其会员，农业信用基金协会是都道府县一级债务保证的专门机构。

3. 美国、日本农村金融发展的经验

（1）构筑健全的金融组织体系是农村金融市场健康发展的组织基础。为了促进农村经济的发展，西方发达国家都在立足于农村金融需求多样化的基础上，建立起了一个由商业金融组织、合作金融组织、政策金融组织并存的农村金融组织体系，这些农村金融组织层次分明、分工合理、功能互补，适度竞争，它们从不同角度、不同层次去满足农村金融需求，促进了农村金融市场的可持续发展。

（2）维护合作制原则是农村合作金融组织改革和发展的精神支柱。合作金融组织的核心原则是由入股社员所拥有并进行民主管理，主要为入股社员服务。信用社不论规模有多大、业务范围有多宽、联合层次有多少，只要体现这一核心原则，仍是合作金融组织。在上述各国，合作金融组织作为农村金融市场的组织支柱，均采用自下而上的控股制度，形成一个独立的组织体系。各级机构互为独立的法人实体，相互之间的经济合作充分体现了合作的本质特性。各国经验表明，合作制作为一种企业组织形式，其原则与商业化经营并不对立，二者可以有机结合。合作金融组织必须在组织机构、管理方式和服务框架方面坚持合作制原则，不以营利为目的，但合作金融组织在业务上采取商业化方式，可以提高服务效率。随着农村经济发展，合作金融组织只有根据入股社员的金融服务需要，不断拓宽业务领域，增强服务功能，完善服务手段，才能为社会和客户提供综合性的金融服务。

（3）政府强力支持是农村金融市场健康发展的重要条件。发达国家政府支持农村金融市场主要有五种方式：一是政府直接出资。如美国联邦土地银行主要由政府出资发起成立，在经济危机中，政府曾出资认购其股票以进行救助。日本农林渔业所需的长期资金主要来源于日本政府的有偿拨付，农林渔业金融公库由财政投资创建而成。二是财政税收优惠政策。如美国对信用社不征收营业税和所得税。三是政府提供担保帮助募集资金。如美国农业信贷银行通过发行由政府和央行担保的债券筹集稳定的长期信贷资金。四是实行有差别的存款准备金制度。日本农村金融机构上交的存款准备金比例低于城市商业银行，美国信用社可免交存款准备金。五是政府对农业贷款普遍实行贴息制度。

（4）强有力的法律制度是农村金融市场发展的重要保障。美国、日本都无一例外地通过立法形式推动农村金融组织体系建设，保障农村金融市场健康运行。如美国依据 1916 年的《联邦农业贷款法》建立联邦土地银行系统，日本的农林渔业金融公库是根据 1945 年的《农林渔业金融公库法》设立的，日本还通过《农协法》规定农业合作金融的业务范围等。各国健全的法律体系，不仅规范了农村金融组织的业务行为，也维护了农村金融市场交易秩序，促进了农村金融市场规范化发展。

（二）发展中国家农村金融发展与经验

1. 印度农村金融发展

印度独立初期，高利贷占印度农村信贷总额的一半以上，其他信贷规模比较小。20 世纪 60 年代，印度开始实施“绿色革命”，以各种措施来支持农业的发展。其措施以推行现代农业技术为中心，辅之以农业信贷、财政补贴、价格支持等。1969 年，印度开始对商业银行实行国有化改造，并要求每家商业银行至少要在其所在地区的农村开设一家分支机构。这一政策的推行与实施，使得印度商业银行向农村提供金融服务的机构网点数量大大增加，银行贷款中农村地区的贷款份额大大提升，每家商业银行所担负金融服务的农村人口数量相应大大减少。1980 年，印度又对 8 家商业银行实施国有化改造，并要求其对农村地区提供信贷服务。根据印度储备银行的规定，商业银行资金的 40%应投放于农业、小型工业、小型商业、农村手工业和小型运输经营者，其中贷款的 18%必须投向农业及农业相关产业。如果达不到规定比例，差额部分的资金以低于市场利率的资金价格存放到国家农业农村发展银行，由国家农业农村发展银行对地区农村银行和农村合作银行进行再融资，也可以购买印度农业农村发展银行的债券，促进商业银行在农村信贷市场的快速发展。随着这些措施的实行，印度支持农业发展的金融体系得到逐步发展和完善，高利贷活动所占份额也大大减少。目前，印度既有合作性质的农业信贷机构，又有政策性金融机构以及商业银行等来支持农业的发展。印度合作性质的信贷机构分为两类：一类是提供短、中期贷款的合作机构，主要是信贷合作社；另一类是提供长期信贷的合作机构，主要是土地开发银行。

印度支持农业发展的政策性金融机构主要是地区农业银行及国家农业和农村开发银行。地区农业银行设立的目的是满足农村地区被忽视的农民、手工业者等的专门需要，发展农村经济，从而促进印度落后地区的经济发展，缩小与发达地区的差距。地区农业银行不以营利为目的，主要向生产急需的贫穷农民提供贷款，并且贷款利率不高于当地信用社的贷款利率。除了与农业直接有关的贷款外，还提供贫穷农民经常需要的消费贷款。目前，地区农业银行已成为不发达地区贫穷农民直接得到信贷资金的主要渠道。

国家农业和农村开发银行是印度当前最高一级的农业金融机构。它有权监督和检查农村信贷合作机构、地区农业银行的工作，并资助商业银行的农村信贷活动，它可以全面满足农村地区各种信贷需要，为农业发展提供短、中、长期贷款。

印度农业保险具有较强的互助合作性质，业务面窄，政府财力有限，补贴较少。从 1974 年开始，印度综合保险公司试办农作物保险，推出了农作物保险试行计划。印度的农作物保险是自愿的，但通常与其他险种一并承保，也可以单独承保。保险作物最初仅限于块茎作物，近年来试行计划已成为综合保险计划。一般情况下保险费用由农民自负，印度政府偶尔提供一些保险费用，基本不承担损失。

2. 孟加拉国农村金融发展

19 世纪末期，孟加拉国的农村金融机构主体是专门从事高利贷的放贷者，19 世纪末期到 20 世纪 30 年代，商人和地主是农村金融市场的主体，但两者地位不同。地主作为农村金融市场主体形成的原因是，1885 年孟加拉国通过了土地租赁法，从而对地主收取的租金做出了限制，因此地主为了获取更高的回报，开始从事放贷业务。商人作为农村金融市场放贷者，是因为随着黄麻等农作物种植规模的扩大，种植者的信贷需求不断增长，伴随着外来资金大量涌入，贸易商成为信贷市场上的中间商。在 1930—1945 年这段时间发生了全球性的经济大萧条，外来资金逐渐减少，因此商人逐步停止了对种植者的信贷支持；同时，农产品价格体系的崩溃导致了种植业收益的大幅下降，因而地主也停止了对种植者的信贷，富裕的农户成为农村金融市场的主体。1945—1960 年，由于法律约束，导致商人和地主在进行信贷业务时十分小心，此时职业放贷者的作用越来越重要。1971—1988 年，放贷者的数量和多样性大为增加，职业放贷者、商人、富有的种植者在农村借贷市场上发挥着重要作用。

穆罕默德·尤努斯于1976年成立了Grameen银行，主要服务对象是孟加拉国非常穷的客户。孟加拉国乡村银行创始人尤努斯发现，大多数村民无法在合理的利率上获得贷款，所以他用自有的资金进行放贷，从而保证村民可以用贷款购买需要的材料，如编织竹凳子和制陶的工具。随后，尤努斯开始创办银行。他通过借鉴原有非正规金融机构贷款的经验，专门贷款给贫困家庭。通常贷款服务方向主要包括大米加工、畜牧和传统工艺。孟加拉国乡村银行主要服务对象为贫困农民，尤其是妇女。金融业务范围包括提供存款产品、贷款产品、保险产品等综合产品。在贷款发放过程中，实行贷前、贷中、贷后全程管理，基本运行框架是采用无担保、无抵押、小组联保、分批发放、分期偿还的方式。贷款技术主要采用小组贷款模式。小组是在自愿的基础上组成的，当贷款发放给小组成员时，每个小组成员都有监督责任以保证其不会出现还款问题。每个小组包括五个人，按顺序进行放贷。这些五人小组与其他七个小组每周聚集一次，这样银行职员可以一次接触50个客户。根据规章，如果一个成员违约，该组成员都将被拒绝给予贷款。合同充分利用了当地信息和社会资产保证合约的实行。这种机制关键在于一种非正式的保险关系，即用社会关系约束没有抵押品的借款者。项目结合了非正规金融（如循环储蓄和信贷协会）小组贷款的优点和传统银行的优势，运用联合担保方式代替抵押担保，降低了贷款人的抵押品要求。同时，以小组为平台的相互监督和自我管理方式，为贷款人创造了互相学习的机会，有助于降低银行的管理运营成本。

从乡村银行的经验可以看出，小组贷款模式在乡村银行的运营中起着重要作用。小组贷款之所以可以成功，一方面在于该模式起到了较好的激励作用，促进了小组成员互相监督，从而保证还款；另一方面，孟加拉国小额金融机构较少，居民缺乏更多的选择，因此乡村银行成为他们获取资金的重要途径，小组成员重视还款，重视自身的信用，以保证自己能够及时从乡村银行获得贷款。乡村银行贷款的主要行业为农产品加工业与手工艺品行业，这些行业村民较为熟悉，所需要的技能培训成本较低，村民参与生产的成本较低，风险较小。合理的贷款方向的选择也是乡村银行成功的关键。但这种模式也有缺点：贷款人的贷款额度、信誉状况容易受小组其他成员的影响，个性化的需求难以得到满足。

3. 印度和孟加拉农村金融发展的经验

（1）承认并允许民间非正规金融的发展。在农业相对贫困的国家和地区，非正规的金融机构拥有着天然的适应性，这时用正规金融来取代非正规金融是不合理的，而应积极促成正规农村金融市场与非正规农村金融市场之间的互动。孟加拉国的小额信贷模式证明了其可行性。积极引导非正规金融的合理发展，给予其合法的地位，正是解决发展中国家现有的农村金融信用社等正规金融机构难以覆盖的地区（人群）的最佳方案。

（2）实施符合国情的金融服务创新。“小额信贷”就是与东南亚各国国情相适应的农村金融服务领域的金融创新。孟加拉国开创的新型小额信贷业务的服务对象是低收入阶层，覆盖了所有城市和农村的低收入者。它适应发展中国家国情，在发展中国家具有一定的优势。因此，要解决经济落后的农村地区金融问题需要进行金融服务创新，但是这种创新必须符合当地农村经济特点，这样才能更好地解决农村金融问题，使农村金融和农村经济走上可持续发展的道路。

三、中国农村金融改革发展的历程、现状与问题

（一）中国农村金融改革发展的历程

1. 农村金融创建兴起阶段（1949—1957 年）

在该阶段，我国农村信用社经历了试办、调整、稳固到迅速发展的过程，是广泛建立机构、数量上急剧增加的阶段。1949 年底，全国约有 800 多家农村信用合作组织。1951 年《农村信用合作社章程准则（草案）》《农村信用社互助小组公约（草案）》和《农村信用合作社业务规则范本（草案）》相继颁布，全国各地乡、村普遍建立信用合作社、信用社互助小组，供销社设立信用部。到 1957 年底，全国 80%的乡设立了农村信用社，共有农村信用社 88 368 个，吸收存款 20.6 亿元，社员股金 3.1 亿元，基本实现了农村信用合作化。

新中国成立初期，农村金融业务由中国人民银行各级分支机构管理。为了适应土地改革以后农村经济发展的新形势，1951 年 8 月 10 日成立了农业合作银行，负责办理农业、林业、水利等方面的投资、拨款业务，并领导农村信用社。但 1952 年农业合作银行被撤销，并入中国人民银行，由中国人民银行农村金融管理局负责领导和管理农村金融工作。后经国务院批准，于 1955 年 3 月 1 日正式成立中国农业银行，其总行受中国人民银行领导，并开始在全国各省、地区和大部分县设立分支机构，部分县以下设立办事机构，其主要任务为指导信用社发展、广泛动员农村结余资金、合理使用国家农业贷款、辅助农业生产发展、促进对小农经济的社会

主义改造。但由于县以下的基层农业银行与人民银行之间职责、业务划分不清及人员经费不足，1957 年 4 月国务院又决定撤销农业银行，并入中国人民银行，农村信贷工作由人民银行统一负责办理。

2. 农村金融发展动荡阶段（1958—1976 年）

在此阶段，农村金融发展经历了“大跃进”的震荡和“文化大革命”的冲击。全国实现农业合作化后，农村信用社的发展受到两种不同意见的困扰。一种意见认为：农村信用社是建立在私有制基础上的，其基本任务在于帮助农民解决生产和生活中的困难，打击高利贷剥削。在农业合作化实现以后，生产资料已实现集体所有，产生高利贷剥削的基础已不存在，社员生产和生活中的困难也可以由农业合作社解决，信用社已没有存在之必要，可由国家银行来替代。另一种意见认为：农业合作化之后，独立自主的信用社没有独立存在之必要，但可在农业合作社里附设信用部，办理信贷业务。两种意见都进行过不同规模的试验，但均因其各自不同的局限性而失败。

20 世纪 60 年代初，为了贯彻国民经济“调整、巩固、充实、提高”方针，支持农业生产发展，1963 年中央政府决定再次建立农业银行，直接受国务院领导，并在全国普遍设立分支机构，统一管理支农资金及农业贷款，并统一领导农村信用合作社的工作。但由于其基层行与人民银行的业务划分不清，矛盾较多，1965 年农业银行再次被撤销，并入人民银行。1966 年农村信用合作社再次下放给人民公社、生产大队管理。1969 年农村信用社又在生产大队设立或几个大队联合设立，到 1972 年全国农村信用社的数量有所回升。1973 年以后，人民银行进一步加强了对农村信用社的领导，并多次对农村信用社进行整顿，这一时期农村信用社的业务有所发展，但其机构数量一直在调整中持续下降。

3. 农村金融的恢复阶段（1977—1984 年）

在此阶段，农村金融工作适应农村改革和全国“对内改革、对外开放”的需要，迅速恢复加强，为加快农业农村发展提供金融服务和支持。1977 年 11 月，国务院发布了《关于整顿和加强银行工作的几项规定》，其中第七条明确规定农村信用社是集体金融组织，又是国家银行（农业银行）在农村的基层机构，规定农村信用社由人民银行进行管理。1979 年 2 月23 日，国务院发出《关于恢复中国农业银行的通知》（简称《通知》），指出农业银行的主要任务是统一管理支农资金，集中办理农村信贷，领导农村信用社，发展农村金融事业，确立了农业银行在农村金融中的“官办”性质及垄断地位。农业银行在国家规定的业务分工范围内，独立行使职责，自主经营业务，实行总、分、支行制，按行政区划，在省、自治区、直辖市设分行，在地区（市）设中心支行，在县（市）设支行，区（乡）设营业所。农业银行各级分支机构受其总行垂直领导，业务上接受同级人民银行的协调、指导、监督和检查。由于农业银行的所有存贷业务都根据国家的指令性计划安排，对农村信用社也采取计划经济的办法，按照办银行的思想来管理。尽管在该时期内农村信用社的业务得到了一些恢复和发展，但农村信用社也逐步失去了自主权，在名义上是农村集体性质的合作金融组织，实质上变成了国家银行的基层机构，具有了“双重性”，逐渐由“民办”转变为“官办”的性质。

4. 农村金融改革探索阶段（1985—1995 年）

在此阶段，适应中国经济体制改革发展需要，农村金融开展商业金融、合作金融、政策金融的多元化探索。

（1）商业银行进入农村。1984 年 10 月，中国共产党十二届三中全会做出了《中共中央关于经济体制改革的决定》。为了发展有计划的商品经济，我国商业金融体系迅速扩张，中国农业银行在农村金融中的垄断地位也逐渐削弱。1985 年中共中央在《关于进一步活跃农村经济的十项政策》中，明确了中国农业银行要实行企业化管理，提高资金的使用效率。此后，农业银行加快了企业化改革的步伐，进行了一系列改革探索。人民银行也出台了“专业银行业务可以适当交叉”及“银行可以选择企业、企业可以选择银行”等政策措施，将农副产品收购业务确定为中国农业银行的自营业务，同时鼓励四家专业银行之间开展适度竞争，从而打破了银行资金“统收统支”的“供给制”。根据这一政策措施，一些商业银行开始向农村拓展业务，为当时正在蓬勃发展的乡镇企业提供贷款。

（2）农村信用社继续改革。1984 年，国务院转发了中国农业银行《关于农村信用合作社管理体制改革的意见》（国发〔1984〕105 号），提出了把农村信用社办成“自主经营、自负盈亏”的群众性合作金融组织。此后，中国农业银行在农村信用社民主管理、业务管理、组织建设等方面进行了一系列改革，推动了农村信用社事业的大发展，但也没有彻底解决我国合作金融组织经营机制的完善问题。1995 年底，全国共有独立核算农村信用社 50 219 个，县级联社 2 409 个，所有者权益达 632 亿元，其中实收资本 378 亿元，总资产 9 857 亿元；各项存款余额达 7 173 亿元，其中储蓄存款 6 196 亿元，吸收了农村储蓄的 60％以上；各项贷款达到

5 176亿元，占整个农业生产贷款的60%以上、农户贷款的80%以上、乡镇企业贷款的70%以上。

（3）农村政策性金融开始起步。1994年6月，国务院决定组建政策性银行——中国农业发展银行，当年完成了省级分行的组建，其县级机构的具体业务由农业银行代理，是专门负责管理农副产品收购贷款等业务的政策性银行。其职能定位为：以国家信用为基础，筹集农业政策性信贷资金，承担国家规定的农业政策性金融业务，代理财政性支农资金的拨付，为农业和农村经济发展服务。中国农业发展银行的业务主要包括：粮、棉、油、肉、糖等主要农副产品国家专项储备贴息贷款；粮、棉、油等农副产品收购、调销、批发贷款；粮、棉、油等加工企业贷款；扶贫贷款、老少边穷地区发展经济贷款、贫困县县办工业贷款、农业综合开发贷款及其他财政贴息的农业方面的贷款；小型农、林、牧、水利基本建设和技术改造贷款等。

（4）非正规金融逐渐兴起。20世纪80年代初期，在清理农村基层财物的过程中，农村合作基金会于1984年开始兴起。它是由乡村集体经济组织和农户按照自愿互利、有偿使用的原则建立起来的社区互助组织。资金来源以集体资金为主，并吸收农户以资金入股，其存款时间长，利率比信用社低，贷款对象主要是村内或乡内的农户，额度较小。到1992年末，全国已建立的农村合作基金会在乡镇一级已达1.74万个，村一级达11.25万个，分别占乡镇总数的36.7%和村总数的15.4%，共筹集资金164.9亿元。1992年以后，合作基金会中的个人股金迅速增长，且个人股金分红比集体股金分红高。1994年开始吸收短期存款，且主要向乡镇企业提供大额贷款，其存款及贷款的利率均比农村信用合作社高。这不仅改变了合作基金会的性质，也增加了潜在的风险。

在此期间，邮政储蓄异军突起，与农业银行、农村信用合作社竞争储蓄业务。1986年1月，邮电部与中国人民银行分别以投资所有者和业务监管者的身份，联合发布了《关于开办邮政储蓄的协议》，决定在北京、天津等12个城市试办邮政储蓄业务。1986年底通过的《中华人民共和国邮政法》，将邮政储蓄业务法定为邮政企业的业务之一，从而使邮政储蓄遍布全国，成为农村储蓄业务中非常重要的力量。

5. 农村金融调整规范阶段（1996—2002年）

这一阶段的农村金融改革发展集中表现为规范、整顿、防范和化解金融风险。经过1985—1996年的改革探索，农村金融得到迅速发展，但也出现管理体制不顺、内部管理不规范、不良贷款率上升等问题。1996 年国务院出台了《关于农村金融体制改革的决定》，要求农村信用社首先要与中国农业银行脱离行政隶属关系，农村信用社按照合作制原则重新规范，把农村信用社办成农民入股、社员民主管理、为入股社员服务、真正的合作金融组织。1997 年 6 月，国务院决定在中国人民银行内设立农村合作金融监督管理局，负责国家关于农村信用社的改革工作，并承担对农村信用社的行业监督和管理工作，人民银行还颁布了《农村信用合作社管理规定》，按合作社体制改造农村信用社，即由社员入股组成、实行社员民主管理、主要为社员提供金融服务。

1998 年 3 月，为了让中国农业发展银行集中精力做好收购资金供应和管理工作，同时加强其他专项贷款的管理工作，国务院决定将中国农业发展银行承担的农业综合开发、扶贫以及粮棉加工企业和附营业务贷款等业务划转农业银行，同时设立县级机构，2002 年完成组建工作。1998 年 7 月国务院颁布实施《非法金融机构和非法金融业务活动取缔办法》，同年 8 月，国务院又颁布《转发中国人民银行整治乱集资乱批设金融机构和乱办金融业务实施方案的通知》。1999 年 1 月，国务院正式宣布在全国范围内统一取缔农村合作基金会。2000 年 8 月，中国人民银行开始在江苏省进行农村信用社改革试点，试点的主要内容包括：①在清产核资的基础上，将具有法人资格的农村信用社、县（市）联社机构合并为单一法人机构；②转换经营机制，提高农村信用社的金融服务水平和经营管理水平，增强农村信用社的自我约束；③明确产权关系，完善法人治理结构，实现农村信用社的自我发展；④通过信用社内部转换机制、增收节支、逐步消化等手段，同时配合政策扶持来消化农村信用社的历史包袱；⑤组建江苏省农村信用合作社联合社。

为推动此次改革试点工作，国家专门出台了财政金融配套政策：一是对农村信用社不良贷款中难以收回的呆滞贷款和全额的呆账贷款进行剥离，由人民银行按剥离数额的 50%安排无息专项再贷款，总量 50 亿元，期限 5 年；二是从 2000 年开始，根据每年邮政储蓄机构在江苏省、县及县以下吸收的储蓄数量，人民银行为江苏省的农村信用社提供等额的中央银行贷款；三是对信用社季节性闲置的资金，人民银行按保本原则开办特种存款；四是允许信用社实行灵活的利率浮动政策；五是呆账准备金提取的比例原则上由 1%提高到 2%，有的可以更高；六是对信用社接收抵贷资产的过户税费，按清理农村基金会的政策执行；七是从对农村信用社征税留成中，按一定的比例提取信用社的风险补偿专项资金，并纳入预算，用于资助严重资不抵债的农村信用社。

6. 农村金融体制重构改革阶段（2003—2018 年）

在此阶段，中国农村金融领域深化农村信用社和邮政储蓄体制改革，加快发展新型农村金融机构，建立健全适应“三农”特点的多层次、广覆盖、可持续的农村金融体系。

（1）深化农村信用社改革。2003 年 6 月，国务院批准发布《深化农村信用社改革试点方案》（国发〔2003〕15 号）。要求按照“明晰产权关系、强化约束机制、增强服务功能、国家适当支持、地方政府负责”的总体要求，加快信用社管理体制和产权制度改革，把信用社逐步办成由农民、农村工商户和各类经济组织入股，为农民、农业和农村经济发展服务的社区性地方金融机构，充分发挥信用社农村金融主力军和联系农民的金融纽带作用，更好地支持农村经济结构调整，帮助农民增加收入，促进城乡经济协调发展。改革试点的主要内容：一是以法人为单位，改革信用社产权制度，明晰产权关系，完善法人治理结构，区别各类情况确定不同的产权关系；二是改革信用社管理体制，将信用社的管理交由省级政府负责。

2003 年下半年，经国务院批准，将农村信用社改革的试点从原来的一个省（江苏省）扩大到八个省份（吉林、山东、江西、浙江、陕西、重庆、贵州和江苏）。2004 年试点范围从 8 个省份扩大到 29 个省份（除海南和台湾外）。改革使各种类型的农村信用社努力寻求适宜自身实际的发展空间和形式，初步形成了三种产权模式（股份制、股份制和合作制相结合、合作制）、四种组织形式（农村商业银行、农村合作银行、县农村信用社统一法人、县与乡镇农村信用社两级法人）并存，适应农村经济和县域经济发展的农村合作金融新的产权结构。银监会于 2010 年出台了《关于加快推进农村合作金融机构股权改造的指导意见》（银监发〔2010〕92 号），要求农村信用合作社和农村合作银行改制为农村商业银行。

（2）开展邮政储蓄体制改革。邮政储蓄银行也加快发展，完成了股改。2005 年以来，根据国务院关于邮政储蓄体制改革的要求，邮政部门加快了邮政储蓄银行机构体系建设。2007 年 3 月 20 日，邮政储蓄银行总行在北京挂牌成立，2012 年 1 月 21 日，中国邮政储蓄银行有限责任公司正式变更为中国邮政储蓄银行股份有限公司，2015 年邮政储蓄银行成功引入 10 家境内外战略投资者，优化股权结构。2016 年 9 月于香港联合交易所有限公司上市；2019 年 12 月，于上海证券交易所上市。邮政储蓄银行为县域地区提供的金融服务，从传统的储蓄、汇兑、代收付等负债和中间业务，延伸到存单质押贷款、小额贷款等零售信贷业务，在县城还开办了个人商务贷款、住房贷款等业务，直接满足了广大农户的融资需求，在农村形成了一个功能齐全、技术先进、方便快捷的金融服务体系。邮政储蓄银行还通过资金市场业务、银团贷款等批发性资金运用业务，为农村基础设施建设提供资金，在乡村振兴中发挥日益重要的作用。

（3）发展新型农村金融机构。2006 年 12 月，银监会发布《关于调整放宽农村地区银行业金融机构准入政策，更好支持社会主义新农村建设的若干意见》（以下简称《意见》），将村镇银行、小额贷款公司和农村资金互助社纳入试点范围。2008 年，《中国人民银行中国银行业监督管理委员会关于村镇银行、贷款公司、农村资金互助社、小额贷款公司有关政策的通知》（银发〔2008〕137 号）对村镇银行、小额贷款公司和农村资金互助社的存款准备金管理、存贷款利率管理、支付清算管理等八项业务做出明确政策规定，保证它们规范、健康、可持续发展。截至 2012 年 9 月末，全国已组建村镇银行、贷款公司和农村资金互助社等三类新型农村金融机构 858 家，其中村镇银行 799 家。三类新型农村金融机构的设立发展，进一步完善了农村金融机构体系，丰富了农村金融服务多元化供给渠道。

（4）普惠金融、数字金融和绿色金融创新。2006 年，“普惠金融”概念引入中国，并受到广泛关注。普惠金融是指立足机会平等要求和商业可持续原则，以可负担的成本为有金融服务需求的社会各阶层和群体提供适当、有效的金融服务。2016 年 1 月，国务院发布《推进普惠金融发展规划（2016—2020 年）》，力争到 2020 年建立与全面建成小康社会相适应的普惠金融体系。由于中国大部分贫困和低收入群体分布在农村，因此，农户及农村小微企业等弱势群体便成为普惠金融的主要服务对象，农村成为普惠金融的主战场，新型农村金融机构成为普惠金融体系的重要微观组成部分。农村“普惠金融”是指金融机构以可负担成本向传统农户、贫困农户、农村中小微企业、新型农业经营主体等农业农村领域的弱势群体提供便捷的金融服务。

数字金融是指通过互联网及信息技术手段与传统金融服务业态相结合的新一代金融服务。数字金融包括互联网支付、移动支付、网上银行、金融服务外包及网上贷款、网上保险、网上基金等金融服务。数字金融带来的“信息流”可以突破地区限制，有效地降低信息的收集和交易成本，并通过去中心化和多元化的服务方式进一步融通信息链，进而降低其所面临的成本和风险不确定性。中国在 2016 年 G20 峰会上提出的《G20 数字普惠金融高级原则》中，将“数字金融”定义为“传统金融机构与互联网公司相结合，运用大数据、人工智能、云计算等科技手段实现融资、支付、投资和其他金融服务的新型模式”。这标志着数字金融正式成为我国“普惠金融”服务的未来战略部署与发展方向，这对于积极引导金融资源向我国农村贫困地区转移，建立精准施策的普惠金融体系，打通普惠金融服务直达贫困农户“最后一公里”的通道，提供“惠及人人”的金融服务，具有重大的现实意义。

伴随金融体制改革、普惠金融与数字金融创新发展，农村金融机构创新涉农金融产品和服务，推进农村承包土地经营权和农民住房财产权抵押贷款试点，探索开展大型农机具抵押、农业生产设施抵押、供应链融资等业务，推动金融基础设施建设和数字普惠金融服务。信用信息体系建设日趋完备，为 261 万户小微企业、1.84 亿户农户建立信用档案。截至 2018 年末，全口径涉农贷款余额 32.68 万亿元（表 11－1），占各项贷款的比重提高至 24%。其中，农村商业银行、中国农业发展银行、中国农业银行位列涉农贷款金融机构三甲，占全部涉农贷款总额的 47.87%。村镇银行涉农贷款余额达到 6 956 亿元，成为农村金融的重要组成部分。

表 11－1　2018 年金融机构本外币涉农贷款余额

单位：亿元

项目 地区	农林牧渔业贷款余额	农村（县及县以下）贷款余额	农户贷款余额	涉农贷款余额
全部金融机构	39 424	266 368	92 322	326 806
中国农业银行	2 624	28 558	13 836	33 671
中国邮政储蓄银行	1 373	11 585	9 702	12 007
中国农业发展银行	749	24 275	0	48 346
农村商业银行	17 480	65 894	37 141	74 443
农村合作银行	523	963	604	1 182
村镇银行	2 124	6 245	4 601	6 956
农村信用合作社	8 029	18 474	11 697	20 597

数据来源：中国金融年鉴．2018。

7. 农村金融深化改革创新，服务乡村振兴阶段（2019 年至今）

在此阶段，中国农村金融加强顶层制度设计，完善基层服务体系，深化普惠金融、数字金融和绿色金融改革创新，支持农业农村高质量发展。2018年9月，中共中央、国务院印发《乡村振兴战略规划（2018—2022年)》，标志着乡村振兴战略进入全面实施阶段。2019年2月，中国人民银行等五部门联合印发《关于金融服务乡村振兴的指导意见》，这是金融服务乡村振兴战略的第一个全面系统的指导性文件。此后，国家多部门先后联合印发《关于进一步完善扶贫小额信贷有关政策的通知》《关于深入扎实做好过渡期脱贫人口小额信贷工作的通知》《关于金融支持新型农业经营主体发展的意见》《金融机构服务乡村振兴考核评估办法》《关于金融支持巩固拓展脱贫攻坚成果全面推进乡村振兴的意见》，这一系列法规文件构成了金融服务乡村振兴的总体制度框架和政策保障体系。

在政策引导下，农村金融进入快速发展轨道。首先，农村普惠金融发展迅速。截至2021年末，农村地区累计开立个人银行结算账户48.7亿户，占全国累计开立个人银行结算账户总量的35.86%。农村地区银行卡数量39.2亿张，其中借记卡、信用卡和借贷合一卡数量分别为36.4亿张、2.8亿张。其次，基础金融服务基本实现全覆盖。截至2021年底，中国农村中小金融机构已基本全面覆盖农村边远地区，全国乡镇银行业金融机构覆盖率达98.17%，基础金融服务行政村覆盖率达到99.99%。再次，农村金融信用信息体系建设取得积极进展，农户信用贷款占比达到21.4%。最后，农村金融服务能力有效提升。2019—2022年，全国涉农贷款增速加大。全国涉农贷款同比增长速度由2018年的5.58%提高到2022年的13.98%，增长8.40个百分点（图11-1)。其中，农林牧业贷款同比增长速度由2018年的1.84%提高到2022年的10.72%，增长8.88个百分点；农户贷款同比增长速度稍下降2.68个百分点。截至2022年末，全国涉农贷款余额49.25万亿元，其中农业贷款4.57万亿元，农户贷款14.98万亿元。

（二）中国农村金融体系发展现状及其存在的主要问题

1. 中国农村金融体系发展现状

当前，中国农村金融体系改革创新已经取得重要的发展成果，建成了多层次、广覆盖、可持续的农村金融体系。

首先，构建起多层次的农村金融机构组织体系。我国农村金融机构由农村政策性金融机构、农村商业性金融机构、农村合作金融机构和其他农村金融组织共同组成。农村政策性金融机构主要包括中国农业发展银行、

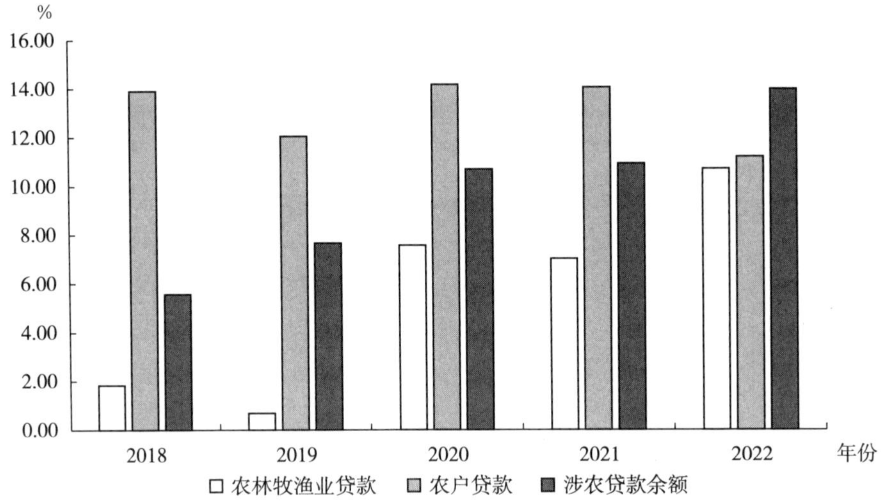

图 11－1　2018—2022 年涉农贷款同比增速

政策性农业保险公司。农村商业性金融机构主要包括中国农业银行、农村商业银行、村镇银行、邮政储蓄银行以及各类商业性保险公司。农村合作金融机构主要包括农村合作银行、农村信用合作社、农村资金互助组织等。其他金融组织包括小额信贷机构、民间融资等。

其次，基础金融服务基本实现全覆盖。解决金融服务的“最后一公里”问题是农村金融服务必须跨越的鸿沟。截至 2021 年底，中国农村中小金融机构已基本全面覆盖农村边远地区，成为农村金融资源配置的中坚力量，其总资产已达到 45.69 万亿元。全国乡镇已基本实现保险服务全覆盖，农业保险承保农作物品种也基本覆盖了农业各个领域。农担体系对 160 个国家乡村振兴重点帮扶县实现业务全覆盖，对全国县域业务覆盖率超过 97%。农村支付体系持续改善，全国助农取款服务点 81.10 万个，基本实现户户有银行结算账户、乡乡有 ATM、村村有 POS 机，以银行卡助农取款服务为主体的基础支付服务村级行政区覆盖率达 99.6%，“云闪付”“支付宝”“微信支付”等非银行手机支付在乡村快速发展。

再次，农村金融信用信息体系建设取得积极进展。多地建立区域性信用信息共享和综合金融服务平台，中国人民银行则持续推动农村信用信息服务平台建设，不断扩展农户信用信息采集覆盖面，逐步纳入新型农业经营主体相关信息，推动农村信用信息共享。截至 2021 年末，累计为全国 1.56 亿农户开展信用评定，收录新型农业经营主体 162.81 万个；大力推进“信用户”“信用村”“信用乡（镇）”的评定和创建，共计评定信用户1.07亿个、信用村24.50万个、信用乡（镇）1.29万个；农户信用贷款占比达到21.4%。农业农村部开发建设了新型农业经营主体信息直报系统，系统注册用户29.7万家，认证主体近13万家，国家级、省级、市县级示范类主体占比超过50%；入驻的银行、农担等信贷服务机构55家，上线287款金融产品；通过主体直连、信息直报、服务直通、共享共用，为新型农业经营主体全方位、点对点对接信贷、保险、培训、生产作业、产品营销五大服务；累计对接信贷需求179亿元，实现放款34亿元。此外，动产融资统一登记公示系统和应收账款融资服务平台在支持涉农融资方面也有效发挥了作用。

最后，农村金融服务能力有效提升。截至2022年末，全国涉农贷款余额达到49.25万亿元，是2007年的7.05倍（图11-2）；占全国全部金融机构贷款的比例也由2007年的23.99%提高到2022年的15.2%。截至2021年末，农业贷款余额4.57万亿元，同比增长7.1%；农户信用贷款比例为21.4%，比上年末高2.4个百分点。农担体系新增担保金额2 773亿元，同比增长44%。全国33家省级农担公司累计担保金额超6 800亿元；农户和新型农业经营主体融资担保直保余额达4 448亿元，同比增长39%。农产品期货和期权产品数量稳步增长，期货市场共上市37个农产品期货和期权产品，其中期货产品30个、期权产品7个。

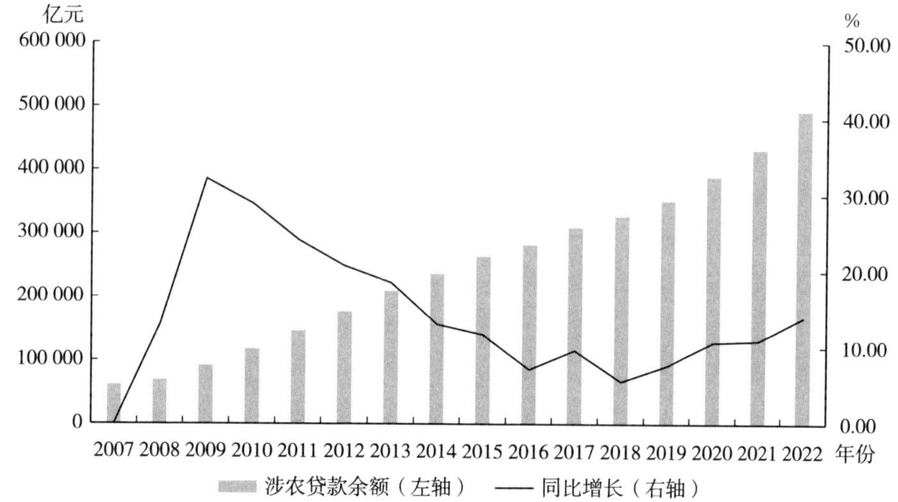

图11-2　2007—2019年全国金融机构涉农贷款金额

数据来源：中国金融年鉴．2008—2020年；金融机构贷款投向统计报告．2020—2022年．

首份全球农村金融创新报告《数字金融助力全球减贫 2021》指出，相比其他发展中国家，甚至是放眼全球，中国的农村金融发展已经处于遥遥领先的地位。中国的成功经验主要体现在以下几个方面：一是深入贯彻以人民为中心的发展思想，在金融支持脱贫攻坚和服务农业农村发展大局上持续发力；二是得益于政府在国家层面的顶层设计、一体化战略部署与有效的政策引导；三是得益于国家信息基础设施建设的数字红利，数字化为中国农村金融发展与创新提供了最坚实的基础；四是得益于金融机构与相关产业的积极探索，尤其是基层金融改革试点的不断推陈出新①。

2. 中国农村金融体系存在的主要问题

（1）农村金融环境有待改善。金融环境的优劣直接影响着农村金融发展的速度和质量，良好的金融环境对农村经济的发展有较大促进作用。近年来，我国农民素质整体上有了很大程度的提高，但是农村社会信用和法律意识仍然淡薄，缺乏基本的金融和法律知识，农村金融服务文化氛围不浓。加上缺乏相关制度保障，造成了农村信用环境整体的不完善，支农信贷风险较大，信贷资金的安全性和营利性无法保障。借款不还、赖账、逃债等现象时有发生，债务人之间经常出现“扯皮”情况，甚至有企业通过转移资产等方式逃废金融债务，导致整体农村金融信用的降低，农村商业银行的不良贷款率远高于同期的其他银行（图 11－3）。此外，农村金融基础设施建设在金融改革发展中具有十分重要的地位和作用，特别是金融信息化程度的高低直接制约着金融创新的手段。但当前的农村金融机构网点不足，信息化建设相对滞后，农户的金融信息化素养不足成为阻碍农村金融发展的障碍因素。

（2）金融有效供给不足。农业强国是社会主义现代化强国的根基，对金融服务乡村振兴提出了新的要求。乡村产业振兴、乡村建设、绿色发展等领域需要巨额金融投入，是潜力最大的金融市场。但受到逐利和防风险动机影响，面对农村信用体系不健全、农户缺少抵押质押物的实际情况，金融机构的涉农服务意愿受到抑制，“使命漂移”与“精英俘获”并存，金融服务能力滞后，金融产品和服务不能满足乡村振兴需要，农村金融有效供给不足的问题尤为突出。根据中国人民银行公布的统计数据显示，截至 2022 年末，我国涉农贷款余额、农林牧渔业贷款余额和农户贷款余额

① 温涛，何茜．全面推进乡村振兴与深化农村金融改革创新：逻辑转换、难点突破与路径选择［J］．中国农村经济，2023（1）．

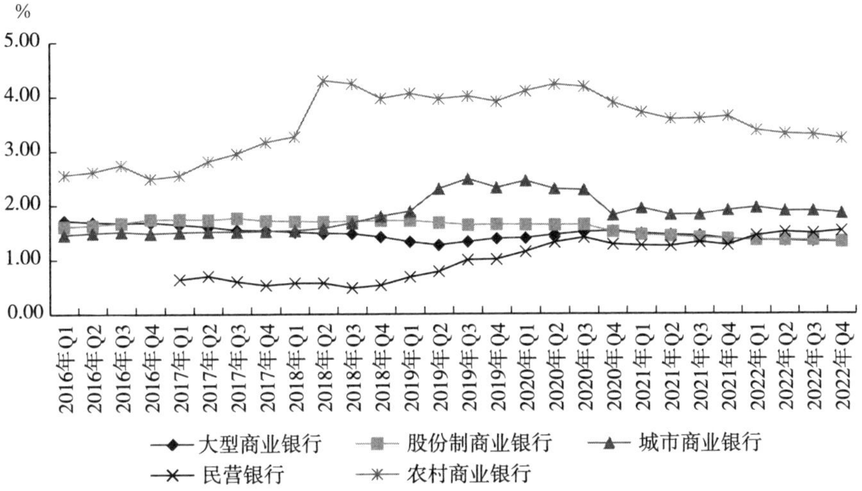

图 11-3　2016—2022 年商业银行不良贷款率比较
数据来源：国家金融监管总局网站。

分别为 49.25 万亿元、10.72 万亿元和 14.98 万亿元，仅占各项贷款余额的 23.10%、5%和 7%。同期，全国第一产业增加值占 GDP 的 7.3%，乡村人口占全国人口的 34.8%。农村金融支持力度与农业和乡村人口的比重不符，距离满足农村市场的金融需求相差甚远。

（3）农村金融抑制现象严重。随着农业规模化、产业化的发展，乡村振兴过程中二三产业日益快速壮大，三产融合趋势明显，广大农村对资金的需求量不断增大，亟须金融信贷支持。但是当前的金融机构更加倾向于大企业或享有政策支持的企业，导致农村融资主体无法获得足够的贷款，不得不转向民间借贷等非正规金融渠道融资。这既抑制了农村金融服务的发展，也阻碍了农村的发展，还加大了潜在的金融风险，限制了国家经济政策对经济的调控作用的发挥。

（4）农村金融风险管控能力有待提高。在实施乡村振兴战略背景下，农村对金融的需求增加，各类金融机构扩大对农村金融的布局，呈现“供需两旺”的态势，但也出现了金融机构“暴雷”等风险。一方面，农村金融面临信用风险。正规金融支持“三农”拓展农村金融业务存在效果差、坏账等风险，主要在于农业项目的失败和针对贷款抵押出现问题。一些从事网络金融和小额贷款业务的公司存在欺诈行为，实质是在农村从事高利贷业务。另一方面，农村金融面临技术风险。农村金融业务普遍较小，具体从业人员业务技能和责任心不足，导致农村金融业务出现技术问题。这样的风险时有发生，目前还没有形成一套完整可行的风险控制机制。例如，村镇银行在支持农户、小微企业、县域经济方面发挥了重要作用，也一定程度上解决了农村金融供给不足的问题。但村镇银行也出现了主业偏离、股权治理混乱、地域经济风险、新型互联网化带来的风险等诸多问题。2020 年底，重庆银保监局、宁波银保监局分别发布公告，同意重庆万州滨江中银富登村镇银行、宁波宁海西店中银富登村镇银行被吸收合并而解散。这是村镇银行自 2006 年 12 月开始试点以来首度获准解散。据不完全统计，自 2022 年 6 月以来，因合并、分立而解散的农村中小银行已有 18 家①。

四、金融服务乡村振兴的政策建议

金融是现代经济的核心，全面推进乡村振兴离不开金融的有效支持。金融服务乡村振兴是金融机构践行社会责任的重要使命。我国农村金融改革必须坚持市场化运作为导向、机构改革为动力、政策扶持为引导、防控风险为底线的改革发展原则，建立起多层次、广覆盖、可持续、适度竞争、有序创新、风险可控的现代农村金融体系。

（一）加强农村金融供给，为乡村振兴提供有力支持

强化金融机构组织功能。开发性政策性银行要立足职能定位，在业务范围内加大对粮食和重要农产品稳产保供、农业农村基础设施、农业科技创新等重点领域中长期信贷支持力度。国有商业银行、股份制商业银行要发挥资源、机制、科技等优势，加强线上线下协同，增加乡村振兴领域信贷投入。农村中小金融机构要立足本土、专注支农支小，强化“三农”领域信贷资源配置。加快农村信用社改革，推动省联社转换职能，规范履职行为，稳步推进村镇银行结构性重组，强化风险防范化解，增强“三农”金融服务能力。鼓励金融机构在园区和社区增设服务乡村振兴、新市民等群体特色网点，推动基础服务向县域乡村延伸。

拓展多元化金融服务。鼓励符合条件的企业发行公司债券、短期融资券、中期票据、资产支持证券、资产支持票据、乡村振兴票据等用于乡村振兴。积极支持符合条件的国家种业振兴企业、农业科技创新企业上市、

① 吴杨．推动风险化解　多家村镇银行被吸收合并［N］．中国证券报，2023－04－26．

挂牌融资和再融资。鼓励金融机构发行“三农”、小微、绿色金融债券，拓宽可贷资金渠道。推动“融资、融智、融商”有机结合，探索“党建共建+金融特派员下乡进村”模式，创新搭建招商引资、产销对接、融资支持等综合服务平台。持续推进储蓄国债下乡，丰富适合农村居民的理财产品。

（二）提升农村基础金融服务水平

发展农村数字普惠金融。依托金融科技赋能乡村振兴示范工程，金融机构要运用新一代信息技术因地制宜打造惠农利民金融产品与服务，提升农村数字普惠金融水平。金融机构要优化普惠金融服务网点布局，扩大对偏远农村、山区等金融服务半径，推动金融与快递物流、电商销售、公共服务平台等合作共建，形成资金流、物流、商流、信息流“四流合一”农村数字普惠金融服务体系。在依法合规、风险可控的前提下，推动移动支付向县域农村下沉。

推进农村信用体系建设。地方政府应与金融机构共建涉农公用信息数据平台，完善信用信息数据多方采集和分类分级保护机制，强化数据运用有效性和数据存储安全性。持续开展“信用户”“信用村”“信用乡（镇）”创建，鼓励金融机构与政府性融资担保机构合作，开展整村授信、整村担保。金融机构在运用征信服务的基础上，要发挥好农业经营主体信贷直通车数据共享作用，用好全国一体化融资信用服务平台等信用体系建设成果，构建信用评价与授信审批联动机制，更好满足各类经营主体合理融资需求。地方政府要建立恶意逃废金融债务“黑名单”，营造良好区域金融生态环境。

加强金融教育和金融消费权益保护。结合农村地区金融教育基地建设，持续推动金融素养教育、反诈拒赌宣传、金融知识等纳入农村义务教育课程，各单位应积极参与公益慈善事业，创新开展“金惠工程”“金育工程”等公益项目。畅通普惠金融重点人群权利救济渠道，推进金融纠纷多元化解机制建设，优化金融纠纷在线诉调对接工作，提升金融消费者对金融纠纷调解的认知度、参与度和认可度。加快推进消费者金融健康建设，促进金融健康建设与金融教育、金融消费权益保护有机结合。

（三）创新金融服务和产品体系

首先，持续完善传统金融服务和产品，借助专业合作社、产业化组织等形式将小额贷款的客户群体联结起来，提升微型金融的普惠效应；充分考虑各地区的经济发展状况、人均耕地面积以及农业产业结构差异，因地制宜地推广农地经营权抵押融资业务。除此之外，还应当根据不同规模、不同类型和不同特征的农业经营主体差异化的金融需求，优化现有的贷款合约要素，如期限、利率、流程等，降低融资的时间成本，优化金融资源配置。其次，鼓励农村金融机构在国家法律法规监管范围内结合农业强国建设和全面推进乡村振兴的重点领域，积极开发新型金融业务和产品；弥合数字金融鸿沟，通过灵活的信用评估方法将零散的口碑信息转换成规范的金融信息，扩大数字普惠金融产品的规模；将供应链融资模式有序推向更多农村产业，逐步形成规模化，依托农业供应链条来实现高质量金融服务的产业化发展。最后，推进“存贷汇”等一揽子综合金融服务产品开发，满足农业强国建设对高质量金融服务多层次与多元化的需求。

（四）加强农村金融监管，防范和化解农村金融风险

防范和化解风险是农村金融的底线。要尽快建立健全适应新形势的风险监测预警体系，加强和完善农村金融监管，强化农村金融稳定保障体系，依法将农村各类金融活动全部纳入监管，守住不发生系统性风险底线。一是形成政府与各类金融机构的工作合力，拓宽涉农信贷风险分担和缓释渠道。金融管理部门要指导传统农村金融机构强化内部控制机制建设，完善法人治理结构，健全重要信息披露制度，制定差异化的监管标准和监管方法，放宽“三农”专项金融债券的发行条件，提高涉农贷款不良容忍度。利用大数据手段建立风险预警机制。在风险隐患上升时，要充分明确银行、保险公司、担保机构和政府各自的责任，压实政府优化金融生态的责任，加强对金融机构涉农贷款的追踪调查和监管。二是通过完善农村金融科技监管机制，确保数据安全和风险防范。针对乡村数字金融服务机构行为的审慎性、穿透性设立监管指标，建立数据监管和算法规制的适当实施程序与责任机制，完善风险传导隔离机制和法律责任。三是确立包含合规目标治理、数字技术治理与金融市场监管“三位一体”工作框架，构建覆盖乡村实体经济、线上线下金融服务体系、数据网络空间的金融风险全面防控机制，确保金融服务乡村产业发展的积极性、稳定性和持续性。

（五）改善农村金融生态环境

建立良好的农村金融生态环境，要构建良好的金融法治环境，同时要

优化农村信用环境。按照政府主导、人民银行牵头、各方参与、服务社会的整体思路，开展信用乡镇、信用村、信用户创建活动，发挥信用信息服务农村经济主体融资功能。强化部门间信息互联互通，推行守信联合激励和失信联合惩戒机制，不断提高农村地区各类经济主体的信用意识，优化农村金融生态环境。稳步推进农户、家庭农场、农民合作社、农业社会化服务组织、农村企业等经济主体电子信用档案建设，多渠道整合社会信用信息，完善信用评价与共享机制，促进农村地区信息、信用、信贷联动。加强金融法制教育，增强司法公正性，提高司法效率。

第十二章

农业保险发展问题研究

农业是风险较高、受自然灾害影响较大的产业。农业保险作为制度保障中重要的强农惠农政策工具和风险管理手段，在防范农业生产风险、化解农业灾害损失、稳定农户种粮收益、保障粮食安全等方面发挥着重要作用。在加快建设农业强国、推进农业农村现代化以及全面推进乡村振兴过程中，高质量发展农业保险具有重要意义。

一、农业保险的内涵与特点

（一）农业保险的概念

农业保险有广义和狭义之分。狭义的农业保险仅指种植业保险和养殖业保险，广义的农业保险是指包括种植业保险、养殖业保险、农村财产保险和人身保险在内的所有面向农村开办的各类保险。就我国农业保险发展实践而言，2007 年中央财政首次实施农业保险保费补贴政策，同年财政部印发《中央财政农业保险保费补贴试点管理办法》，提出在 6 个省份开展政策性农业保险试点。2013 年 3 月 1 日，《农业保险条例》正式实施，《条例》对农业保险做出了明确定义，即农业保险是指保险机构根据农业保险合同，对被保险人在种植业、林业、畜牧业和渔业生产中因保险标的遭受约定的自然灾害、意外事故、疫病等保险事故所造成的财产损失，承担赔偿保险金责任的保险活动。同时，也界定了涉农保险的概念，即农业保险以外、为农民在农业生产生活中提供保险保障的保险，包括农房、农机具、渔船等财产保险，涉及农民的生命和身体等方面的短期意外伤害保险。以上可以看出，广义农业保险是狭义农业保险与涉农保险的总和。本章结合农业保险实际，按照《条例》规定，主要讨论狭义农业保险，即种植业保险和养殖业保险。

（二）农业保险的分类

按不同的划分标准，农业保险有不同的分类①。

（1）按农业生产的对象分类。按农业生产的对象不同可分为种植业保险和养殖业保险。种植业保险是以植物性生产对象为保险标的的保险，例如农作物保险、林木保险等；养殖业保险是以动物性生产对象为保险标的的保险，例如牲畜保险、家禽保险、水产养殖保险等。

（2）按保险责任范围分类。按保险责任范围不同可分为单一风险保险、多风险保险和一切险保险。单一风险保险是指只承保保险标的一种风险责任的保险，如小麦雹灾保险、林木火灾保险等；多风险保险是承保保险标的两种或两种以上可列明责任的保险，如水果保险可以承保风灾、冻害等；一切险保险是除了列明不保的风险以外，保险标的面临的其他风险都予以承保的保险。例如，美国、加拿大等国开办的农作物一切险保险，就承保了几乎农作物所有灾害事故损失责任。我国目前还没有开办这类险种。

（3）按保障程度分类。按保障程度不同可分为成本保险、产量保险或产值保险。成本保险是以生产成本确定保险金额的保险。产量保险或产值保险是以产品产出量确定保险金额的保险，以实物计量，称为产量保险，以价值计量，称为产值保险。

（4）按保单形式分类。按保单形式不同可分为单险种保险和组合式保险。单险种保险是一张保单只包含一个险种的内容；组合式保险是几个相关险种组合在一起形成一张保单，比如塑料大棚保险包括棚体保险和棚内作物保险，农村综合保险包括农作物保险、农业生产资料保险等。

（5）按交费方式分类。按交费方式不同可分为短期农业险和长效储金型农业险。短期农业险是保险期限一般不超过 1 年，投保人若连续投保，需在每次投保时按条款规定直接交费；长效储金型农业险是保险期限一般 3 年以上，投保人投保时交纳一定数额的储金，以储金的利息作为保费，在保险期限内不需要年年交费，如小麦储金保险、林木储金保险等。

（6）按是否享受扶持政策分类。按是否享受扶持政策可分为政策性农业保险和商业性农业保险。政策性农业保险是指政府给予财政补贴等政策扶持的农业保险，为世贸组织所允许的支持农业发展的“绿箱政策”。其

---

① 庹国柱，李军．农业保险［M］．北京：中国人民大学出版社，2005.

中，接受中央政府财政补贴等政策扶持的农业保险为中央政策性农业保险，仅接受地方政府补贴等政策性扶持的农业保险为地方性政策性农业保险；商业性农业保险是指保险公司与农业生产经营者直接签订商业保险合同，按照商业保险经营方式运作，以营利为目的，政府不提供任何补贴的农业保险。

（7）按保险标的所处生长阶段分类。这种划分主要适用于农作物保险，按农作物所处生长阶段不同可分为生长期农作物保险和收获期农作物保险。生长期农作物保险是针对农作物在生长过程中因保险灾害事故造成的减产损失的一种保险，如各种作物种植保险；收获期农作物保险是针对农作物成熟收割及其之后脱粒、碾打、晾晒、烘烤期间所受灾害损失的一种保险。收获期农作物保险不同于普通的财产保险，农产品在临时加工厂进行初步加工完毕入仓后属于财产保险范围。

（三）农业保险的要素

1. 保险人

保险人是指在保险市场上提供各类保险商品，承担、分散和转移他人风险的各类保险公司。它们以各类保险组织形式出现在保险市场上，如国有保险人、私营保险人、合营保险人等，通常须经过国家有关部门审查认可并获准专门经营保险业务。农业保险人则专指经营农业保险专门的农业保险机构或者是政府规定的代理机构。我国目前经营农业的保险机构主要有以下几类：一是专业经营农业保险的保险公司，如上海安信农业保险股份有限公司等；二是经营农业保险的其他商业保险公司，如中华联合财产保险公司和部分省、市、地区的中国人民财产保险公司等，以及合资农业保险公司，如中航安盟财产保险有限公司。

2. 投保人

农业保险的投保人是指与保险标的具有合法直接经济利益关系的农业生产人（自然人或法人），包括农户、农场主、专业户，如烤烟保险中的烟农、烟草公司。

3. 保险标的

农业保险的保险标的分为常规农副产品和特种农副产品。常规农副产品就是农林牧副业中的粮、棉、油、猪、牛、羊、鱼等普通的、价值低的传统农副产品，其价值低、技术比较成熟、产量大，有些属于国家战略储备部分。特种农副产品是指附加值高、价值高的特种养殖和种植业产品，其商业化程度高，市场运作成熟，如鲜花、名贵药材等。

4. 风险因素

农业风险因素是指人们在从事农业生产和经营过程中遭受到能够导致损失的原因或条件，主要包括自然因素和人为因素两个方面。一般来说，农业风险因素可以引起四类农业风险，即自然风险、市场风险、技术风险和社会风险。

5. 保险费率

农业保险的保险费率是指保险人为承担保险责任而向农业生产人按规定收取的费用比率。目前，我国绝大部分农业保险产品费率厘定采取“成本费率法”，即为保障农户的再生产能力，采取保成本的方式而制定保险费率的方法。个别地方正在试验一定比例产量的“产量费率法”，即按照不同产量保障水平计算相应保险费率的方法。国外主要采用易于控制道德风险和降低管理成本的“天气指数费率法”和“区域产量费率法”。天气指数费率法是指把一个或几个气候条件（如气温、降水、风速等）对农作物损害程度指数化，从而制定农业保险费率的方法。区域产量费率法是以区域（通常以县级为单元）平均产量作为承保产量，在区域产量风险分析的基础上厘定保险费率的方法。

（四）农业保险的特点

农业保险具有保险的一般性质，但又不完全等同于一般商业保险和财产保险，具有自身的特殊性。

1. 农业保险具有保险的一般特征

（1）互助性。保险是所有参加同险种个体风险单位之间在一定条件下对风险的相互分担，互助性是保险的基本特征。“一人为众，众为一人”的传统思想正是对保险互助性的高度概括。

（2）保障性。保险是一种经济保障活动，保险人为被保险人提供保险服务，即是为被保险人提供了一份风险保障。保险也正是具有保障性才成为风险处理的一项重要手段。

（3）经济性。保险是人在处理风险时所采用的最经济的一种手段，风险单位能够以最少的固定费用支出获得充足的保障，可将不确定的损失以固定费用支出的形式确定下来，这对于现代企业的经营尤为重要。

（4）科学性。保险经营是建立在一定的数理基础——概率论和大数法则基础之上的，保险费是保险公司依据概率论等数理基础科学计算得来，科学性是现代保险存在和发展的必要条件。

2. 农业保险不同于一般财产保险的特征

（1）标的的生命性。农业保险标的大多是具有生命特征的生物，由标的的生命性带来的标的价值不确定性、标的生命周期性、标的鲜活性、标的受损后自我恢复性、标的繁杂多样性和标的市场价格波动性决定了农业保险在保险金额确定、农业保险承保理赔、农业保险定损、费率标准制定以及合同条款设置过程中与其他财产保险存在显著差异。

（2）地域性。气候、土壤等自然条件和社会生产技术经济条件的地域性差别，决定了农业保险可以差异化地确定承保的条件和方式。

（3）季节性。农业生产的季节性和时效性，要求农业保险必须详细掌握各保险标的实际情况，以便在展业、承保、防灾和理赔的过程中及时准确地对有关问题进行处理。

（4）专业技术性。农业保险涉及植物学、畜牧学、气象学、经济学等多个学科，业务经营的专业技术性较强，要求设计者能够开发出适应农业风险管理需求的产品，经营者能够对拟承保标的进行深入的风险评估以科学确定承保条件，理赔人员能够科学鉴定损失原因以准确定损。

（5）高风险和高成本性。农业风险具有明显的巨灾特性，尤其是重大洪涝干旱灾害、大规模流行性疫病等农业风险事故给农业保险赔付带来较大压力。同时，由于农业生产点多面广、农业经营相对分散，加之农村交通不便，农业保险的业务经营成本明显高于一般财产保险。

（6）政策性。农业保险的政策性一方面体现在国家对参与农业保险的农户提供保费补贴，对经营农业保险的机构实行一定的优惠政策；另一方面体现在农业保险的实施必须依靠政府及有关部门强有力的推动和相互配合。

二、农业保险的职能与作用

（一）农业保险的职能

职能是指各种客观事物内在的固有功能，它是由客观事物的本质所决定的。农业保险作为保险中的一类，虽然如上文所述具有不同于一般商业保险的特殊之处，但它仍具有保险的四大职能。

分散农业经营风险和对农业风险损失实行经济补偿是农业保险的两项基本职能。但农业保险的这两项基本职能只是对社会已有的财富进行再分配，不能创造新的财富。遭受农业风险损害的被保险人只是在不同农户、不同保险年份间进行分散，而受损农户的经济补偿只是来源于未受损害的其他被保险人和政府对农业保险的补贴投入，也包括自己过去缴纳的保险费。

农业保险也同样具有两个派生职能，即防灾防损职能和融资职能。相对于商业保险，农业保险的防灾防损职能更为突出。一方面，农业保险对象面临的风险远比一般财产和人身风险复杂，且农业风险单位普遍巨大；另一方面，农业防灾防损的效果相对于一般农业保险效果更为显著，表现在风险单位越大规模效益越明显。但相对于商业保险而言，农业保险的融资职能就相对较弱。由于农业保险的赔付率高，在缺少政府补贴的情况下往往入不敷出，不能期望如商业保险一般积聚巨额的投资基金进入资本市场以获取高额投资回报。

基于不同的主体和视角，农业保险的职能可以从以下几方面理解：

首先，对于国家和政府而言，农业保险是保护农业的一种政策工具。其一，农业在国民经济中的基础地位及其“弱质性”产业特点，决定了国家必须采取政策措施对农业加以保护和扶持；其二，实践证明，农业保险制度有利于降低农业灾害带来的损害，是国家促进农业发展和减少农民收入波动的一种有效的政策工具。

其次，对于农业生产者而言，农业保险是转移农业风险的财务手段。一方面，无论农业生产者是否将农业保险视为管理农业风险的一种手段，只要参加了农业保险，就能以较少的保费支出转移不可预料的农业风险损失，形成现实的互助性风险保障；另一方面，保费支出属于农业经营中必要成本费用的一部分，通过农业保险保费计入生产成本并由社会分担，便能通过全社会的力量建立起一种可靠的农业风险保障和农业灾害补偿的经济制度，从而稳定农业生产经营者的生产生活，促进农业发展。

最后，对于农业保险经营者而言，农业保险是企业通过实现农业保险的社会利益进而实现自身经济利益的一个途径。事实上，国外的农业保险实践表明，只要政策扶持到位，经营机制设计合理，保险公司是能够在农业保险中有所作为的。

（二）农业保险的作用

农业保险的作用是指农业保险在具体实践中对其他事物产生的影响或效果。可以从宏观和微观两个方面加以概括。

1. 农业保险的宏观作用

（1）有利于减轻农业风险对农业的威胁，提高农业经济的稳定性。通过农业保险，可以聚集、建立起农业风险基金，及时、有效地补偿农业灾害损失，迅速恢复农业生产，最大限度地消除农业风险对农业生产的不良影响，稳定国内农产品供给和价格，保障农业持续、稳定、健康发展。

（2）有利于农业资源合理配置，促进农业产业结构调整，实现国家农业发展目标。农业保险作为国家一项农业保护政策，可以起到价格、信贷、税收等手段的杠杆作用，以调整农业资源配置，使农业经济按照国家预定的目标发展。

（3）有利于加强农业保护，提高农产品国际竞争力。按照 WTO 规则，价格补贴等农业补贴措施将受到限制，因此要改变我国农产品在国际市场上缺乏竞争力的现状，办法之一就是要学习 WTO 成员的做法，充分利用 WTO 规则（包括以农业保险的方式来支持和保护农业），以降低农业生产成本，提高农业生产力。

（4）有利于弥补财政救灾资金的不足，减轻政府灾后筹措救灾资金的负担。农业保险虽然是具有补贴性质的政策性保险，但农业保险的一部分还是由农民个人负担，因此在很大程度上仍体现着农民之间的互助合作关系，这样就能有效地聚集社会资金应对农业风险，从而能在一定程度上缓解特大自然灾害发生时财政救灾资金的压力。

（5）有利于农村社会的稳定和农民精神面貌的改善。农业保险使农民灾后能够得到必要的经济补偿，而收入能力的增强，会减少许多不安定因素，有利于促进农村社会稳定；同时，通过参加互助共济的农业保险，有利于唤起农民团结友爱的精神，激发彼此之间合作的热情，增强社会责任意识。

2. 农业保险的微观作用

（1）有利于减少农业灾害损失，降低农业风险。农业保险贯彻“防赔结合”的风险管理方针，通过保前检查、开展安全宣传、制定并落实防灾预案、进行安全检查、奖励防灾安全工作有成绩的被保险人、实施防灾技术等一系列措施来减少灾害的发生。当灾害发生后，又通过对保险标的的施救和救助，减少农业灾害带来的损失。

（2）有利于缓冲农民遭受灾害损失的打击，减少农民收入波动。由于有农业保险提供灾害损失补偿，农民可以尽快恢复生产和生活，消除灾害带来的不良影响。

（3）有利于保障农业投资安全，改善农民的信贷地位和经济地位，增加农民收入。有农业保险作为风险保障，农民可以放心地增加农业投入，扩大农业再生产，从而增加农民收入，提高农民经济地位和信贷地位，使农民能够更容易、更自由地获得贷款，推动农业的发展。

（4）有利于解除农民后顾之忧，促进农业新技术的应用。农业保险会大大降低农民对农业新技术应用风险的心理压力，增强农民采用新技术、引进新品种和新生产方式的信心，促进农业新技术的应用，发展现代农业。

（三）我国农业保险的功能定位

农业保险的功能定位直接影响着农业保险的发展方向和发展方式。关于农业保险的功能定位，目前国内主要由以下两种观点：

第一种观点认为，我国农业保险功能应定位于市场化的农业风险管理手段①。保险最本质的功能是分散风险，农业保险通过聚集众多面临相同风险的投保人，实现风险损失在投保人之间时空的组合分散。农业生产经营者事先以少量的、可以确定的保费的支付，换取未来不确定、巨大经济损失补偿的保证，从而稳定了生产预期，降低了农业灾害对农业生产和农民生活的损害程度。因此，我国农业保险的功能应定位于风险管理，坚持市场导向的发展原则。

第二种观点认为，农业保险功能应定位于国家支农惠农政策的组成部分②。国外经验和国内近年来实践证明，农业保险的发展离不开政府的扶持，农业保险作为国家农业政策的组成部分，政府通过对农业保险实施补贴和各种政策优惠，借助农业保险的“外壳”注入支持农业的“政策”内容，实现向农业部门的收入转移。因此，农业保险应坚持政府导向的发展原则。

笔者认为，如果农业保险仅作为财政向农业部门转移支付的工具，完全采取政府导向会引起效率低下和财政负担；如果农业保险仅作为农业风险的管理工具，完全采取市场导向又与农业保险的特殊性不符。因此，应坚持农业保险的“保险属性”，注重发挥其市场化的风险管理作用；同时，

① 谢家智，周振．发展我国农业保险应解决的相关重大问题及政策建议［J］．保险研究，2007（3）．

② 赵艳，付宗平．我国农业保险发展问题研究［J］．经济纵横，2015（12）．

必须正视市场机制不能解决的问题，通过政策扶持和政府引导，推动农业保险风险管理职能更好地发挥作用。简而言之，农业保险应坚持“政府引导、市场运作、自主自愿和协同推进”的原则。

三、国外农业保险发展模式及其启示

世界各国在举办农业保险时，均制定专门的农业保险法及其实施细则，确定其基本法律依据，规范其制度和行为，以保证农业保险体系顺利建立和业务的协调运作，保护农民的合法权益，保障政府宏观目标的实现。各国政府在其特定经济发展的背景下，推行农业保险，形成了各具特色的发展模式和相应的政策。了解和观察这些模式、背景和政策，对探讨我国农业保险未来的发展道路，具有重要的借鉴意义。

（一）国外农业保险发展模式简介

1. 政府主导模式①

以美国和加拿大等北美国家为代表，采用这种模式的还有瑞典、智利等国家。这种模式的特点是国家设立专门的保险机构经营政策性农业保险。各国关于农业保险的政策重点在农作物（种植业），对其有健全的、不断完善的农作物保险法律、法规，并依法向官方农作物保险公司提供农作物保险的直接保险和再保险。农民均可以自愿投保，农民对投保的农作物仅支付纯保费的一部分，其余部分由政府补贴。政府给农作物保险公司相当数额的资本股份，除政府的农作物保险公司外，其他私营、联合股份保险公司、保险互助也都可以在政府政策性农业保险的框架下经营农作物保险的再保险。

2. 政府支持下的共济互助经营模式②

以日本为代表，其特点是政策性强，是不以营利为目的的保险相互社——市、町、村农业共济组合与都、道、府、县农业共济组合联合会开展的农业保险，后者主要是接受前者的再保险业务。中央政府的主要责任是 3 个方面：对农业保险进行监督和指导；为农业共济组合联合会提供再保险；给农业保险保费补贴和管理费补贴。由于日本受特殊的地理位置和

---

① 饶祎平．中美农业保险的经营模式与财政补贴政策比较研究［J］．世界农业，2017（4）．

② 刘轶，董捷．国外农业保险组织运行体系的经验与启示［J］．世界农业，2017（1）．

气象条件的影响，其农业灾害发生频繁。通过40余年的实践，日本农业保险制度被世界认为是成功的，其成功之处在于农业保险制度有一个长期的、连续的、富有活力的运行体系。

3. 相互保险经营模式①

以西欧为代表，诸如法国、西班牙、荷兰、德国等，特点是公私合营，政府设立统一的农业保险管理机构，具体业务则主要由私营公司、部分保险相互社或保险合作社经营，但一般不经营雹灾、水灾和其他特定灾害保险。实行自愿投保，农民自己支付保费，部分国家也支持私营公司承办农作物保险，提供再保险支持；同时为了减轻参加农作物保险农民的保费负担，政府给予一定的保费补贴。

4. 政府垄断模式②

政府垄断模式主要以苏联为代表，尽管它是一种近乎消失的模式，却也具有一定的现实意义。这种模式的特点是以国家统一的农业保险机构对全国农业保险实行垄断经营，对国有、集体农业企业、个体农民的主要财产及农作物、饲养动物、原料等统统实行强制保险。俄罗斯的农业保险最有效的办法是实行法定保险与资源保险相结合的体制，这是由俄罗斯在向市场经济过渡时期农民对市场经济尚不熟悉、商业保险意识不强、经济负担能力较弱的现实条件决定的。

5. 国家重点选择性扶持模式③

国家重点选择性扶持模式主要以亚洲一些发展中国家，如泰国、印度、菲律宾、巴基斯坦、孟加拉国等国为代表。主要特点如下：一是农业保险主要由政府专门农业保险机构或国家保险公司提供；二是承保以本国主要农作物为主，目的是确保粮棉生产的稳定；三是农业保险具有强制性。政府负责保费补贴和保险公司的业务费用补贴，政府金融机构通过贷款资金进行支持，将保险与金融机构贷款相结合。

（二）国外农业保险的经验启示

经过半个多世纪的探索实践，美国、加拿大和日本等国家的农业保险都已较为成熟，农业保险的发展稳定了农民的收入，提高了农民农业生产

① 孙晓杨，郑军．农业相互保险制度环境的“三重维度”——中国与法国的比较及启示［J］．中国农村经济，2017（6）．

② 舒伟斌，陈运来．农业保险法定模式的选择［J］．江西社会科学，2010（6）．

③ 贾云赟．国外农业保险组织模式及其在我国的借鉴［J］．广东农业科学，2010（7）．

的积极性，促进了农业的发展。各国农业保险给我国农险发展的经验启示主要有以下几方面：

1. 完备的法律制度体系保障

作为一种农业发展和保护制度，农业保险对相关法律的依赖程度极高。因此，各国农业保险的发展通常是以法律法规的完善为基础。在开展农业保险时，各国均会首先制定农业保险法及其实施细则，规定农业保险的目的、性质、经办机构和开展办法等内容，并根据时势的变迁对法律法规进行修订完善，为政府全面实施农业保险业务和巨灾风险分散机制提供法律依据和保障。无论是美国的《联邦农作物保险法》、日本的《农业灾害补偿法》，还是法国的《农业保险法》，都为各自国家农业保险的稳定健康发展提供了坚强的后盾。

2. 政府的大力支持和深度参与

一般情况下，由于农业保险风险大、赔付率高，私营保险公司难以单独承担农业保险的巨大风险。因此，在国情不同的情况下各国政府也都通过制定业务规则、开展保费和业务费用补贴等财税政策支持、提供比例再保险和超额损失再保险保障、进行专项立法等方式，深度参与农业保险及巨灾风险体系建设，并在巨灾风险体系中充当最后再保人的角色。这同时也是农业保险取得成功的前提条件。

3. 专业协调管理机构

农业保险体系是一项系统工程，涉及多个领域、多个部门，加拿大和墨西哥政府特别重视加强对这项工作的领导，成立了专门机构（例如美国农作物保险公司、加拿大各省政府成立的农业保险金融服务公司、墨西哥农业保险公司等）对国家农业保险计划进行专业管理与运作，统筹规划与协调管理，确保农业保险保费补贴到位、产品设计科学合理、再保险和农业巨灾风险分散机制得以有效运行。虽然政府成立专业的协调管理机构，但并不干涉农业保险经营机构的直接操作，而主要是为农业保险经营机构提供财政补贴、技术支持和业务指导。

4. 强有力的再保险保障

再保险机制可以使农业风险在时间和空间上得到有效分散，是保险公司直接分散巨灾风险、稳定经营的重要手段。美国、日本、西班牙等国家都是通过政府相关的职能部门为农险经办机构提供充分的再保险支持。同时，考虑到保险公司各自积累的巨灾准备金比较分散，大多数发达国家都以再保险的方式建立集中统一的农业巨灾保险基金，实现巨灾基金在全国范围的统一协调使用。在此基础上，还能够以在国际再保险市场上安排再保险保障或者采取巨灾风险证券化等创新方式实现巨灾风险更大范围内的分散①。

5. 良好的农业保险发展基础和先进的技术支持

农业保险专业性强，风险评价和费率精算的科学性可有效防范逆选择风险，产品设计和理赔定损等关键环节的准确性也直接决定了保险公司经营的效益。如若缺乏科学性，农业保险在实施过程中很容易出现逆选择和道德风险问题。加拿大和墨西哥农业保险就非常重视农户产量等农险基础数据信息的统计和积累、多样化的产品开发、对灾害损失原因的分析以及农业保险精算方法的研究和改进等基础工作，如加拿大阿尔伯塔省划分为22个风险区域来开展农险业务，以确保保险风险责任和保险费率对等；墨西哥则结合其农业特点开发了基于遥感技术的牧场植被生物量减少等创新型指数保险产品。这些都需要在相关基础数据的基础上，通过统计分析、保险精算、灾害风险评估、遥感技术等先进方法和技术才能完成。

6. 农业保险计划与其他收入保障计划相结合

为增加农业保险的投保率，提高农户的投保意识，很多国家都将农业保险计划和政府其他灾难援助计划、农业贷款计划、收入保障计划等社会福利计划相结合，一方面形成了对农村金融、生产技术、保险的系列服务，另一方面又保证了农业保险的稳定发展，更好地发挥多方综合在农业风险管理中的互补作用，提高财政资金的利用效率。

7. 不断改进的农业保险政策和机制

各国的农业保险经营不是一成不变的，从相关立法到保险经营技术和其他农业保险政策，都是随着实际经营情况和市场需求而不断改进的，以此更好地解决参与率和逆选择的问题。同时，有关农业保险的各项政策均需充分论证、听证后，方可实施，各有关利益人的意志得到充分的表达，从而确保决策的公开、公平。

四、中国农业保险发展历程与现状

（一）中国农业保险发展试验历程

中国最早的有文字记载的农业保险试验是在1934年，金陵大学农学

---

① 马丽华．国外农业保险巨灾风险分散模式及其启示［J］．世界农业，2017（4）．

院、农业实验所与上海银行在安徽和县乌江镇开展了耕牛互助合作保险。1939 年，重庆北碚开办农民养猪保险。1944 年，国民政府通过中国农民银行在重庆创办了中国第一家官办的农业保险公司——农业特种保险股份有限公司（1947 年更名为“中国农业保险股份有限公司”），只试办过牲畜保险，没有涉足种植业保险，且承保标的很少，仅承保耕牛 2 000 余头，生猪 3 000 余只，但由于高赔付率并没有长期经营下去。

新中国成立后，农业保险大致经历了三轮试验[①]：

1. 1950—1958 年的第一轮试验

新中国成立之初，为促进农业生产的恢复和发展，成立中国人民保险公司（简称“人保公司”），于 1950 年首先在北京郊区、山东商河、重庆北碚试办牲畜保险。农民投保一头牛，一年只需 10～15 千克小米作为保费。1953 年公司承保的牲畜超过 1 440 万头。1951 年，人保公司在山东、江苏、河南、山西等产棉区开办棉田保险。1952 年底，承保的棉田有 30.67 万公顷。但这是有史以来规模最大的农业保险试验，由于存在强迫命令、经营混乱以及暂时不需要等原因，进行了不到 4 年就停止运营。1956 年，人保公司决定恢复农村保险试验。特别在 1956 年，为配合全国农业合作化运动的热潮，不少省份将农业保险纳入行政日程，督促各地办理农业保险。然而，1958 年末，中央政府在武汉举行的财政工作会议上正式要求立即取消国内保险业务。至此，不仅是农业保险，所有的国内保险业务都被完全终止，中国保险发展进入了 1959—1981 年的空白期。

2. 1982—2002 年的第二轮试验

1982 年，国务院在批转中国人民银行《关于国内保险业务恢复情况和今后发展意见的报告的通知》中指出：“从各地实际情况出发，积极创造条件，抓紧做好准备，逐步试办农村财产保险、牲畜保险等业务。”最初试验的保险公司仅限于人保公司一家，规模最大，而且一直持续到 1982 年。当时人保所属的 30 个省、自治区、直辖市分公司和 13 个计划单列市的分公司都加入了试验行列。农业保险发展很快，包括牛、马、猪、禽、鱼、虾等养殖业项目以及粮、棉、油、菜、烟等多种农作物。1982 年农业保险费为 23 万元，1987 年达到 1 亿元，1992 年进一步增长

① 庹国柱．让科学研究更好地服务于农业保险制度建设——中国农业保险 32 年研究历程简述[J]．保险研究，2013（9）.

到了 8.17 亿元，相当于 1982 年的 3 551 倍。1992 年是人保在这一阶段经营农业保险最好的年份，全国农业保险承保面积达到可保面积的 5%。

1986 年，财政部和农业部支持新疆生产建设兵团建立了“新疆生产建设兵团农牧业保险公司”，专门经营兵团范围内的农牧业保险。1989 年后，该公司将其业务扩大到一般财产保险和人身保险，并改名为“新疆兵团保险公司”，但农业保险一直做得比较好。

1987 年，民政部改变了以往救灾单纯依靠政府救济的机制，将保险引入政府救灾领域，选择一些县进行“农村救灾合作保险”试验。该保险实行统筹收费，统一保障项目和保障标准的办法，参加者仅限于农民，一户交保费 10～30 元，可得到 3 000 元以上保障。资金由国家、集体和个人共同承担，以个人为主。据最初五年的统计，102 个县开展救灾保险的乡镇有 1999 个，参加保险的农户有 582 万户，占试点地区农户总数的 53.78%，一共筹集了保险资金 2.65 亿元，相当于这些地区实行这项改革前 30 年救灾资金的 3.5 倍。后来，连续的高赔付率使大部分试点县出现经营亏损并停止试验。1999 年，民政部发文结束了这项使不少地方民政部门陷入困境的改革试验。

第二轮试验中只有中国人保和新疆生产建设兵团保险公司经营农业保险，亏损比较严重。1984—2002 年，农业保险的赔付率最高为 136%，最低为 64%，平均为 93.5%，再加上大约 20%左右的管理费用，两家公司的亏损较大，从而削减了农业保险业务。到 2001 年，农业保险保费收入只有 3.98 亿元，与 1992 年的 8.17 亿元相比下降了 51.3%。

3. 200 3 年至今的第三轮试验

2003 年 10 月，党的十六届三中全会通过的《中共中央关于完善社会主义市场经济体制若干问题的决定》明确提出“探索建立政策性农业保险制度”，开始了农业保险的第三轮试验。从顶层设计上看，自 2004 年以来，连续 20 年的中央 1 号文件都对农业保险工作作出部署，为我国农业保险的发展指明了方向。从发展实践上看，自 2007 年财政部开始实施农业保险保费补贴政策起，便拉开了政策性农业保险的序幕，推动了农业保险的持续发展。

（二）农业保险发展的新时期

依据我国农业保险顶层设计的政策逻辑和现实发展的实践逻辑两个层面，将 2004 年至今视为农业保险发展的新时期，并可划分为以下四个具体阶段[①]：

1. 第一阶段：2004—2006年，新时期我国农业保险道路探索阶段

在我国农业保险22年试验不成功的现实背景下，农业保险“要不要发展，能不能发展，向哪个方向发展”成为全社会关注的焦点问题。因此，2004—2006年连续三年的中央1号文件对农业保险的发展方向提出了具体指导意见。其中，2004年中央1号文件中明确指出“加快建立政策性农业保险制度，选择部分产品和部分地区率先试点，有条件的地方可对参加种、养保险的农户给予一定的保费补贴”。2005年，提出“扩大农业政策性保险的试点范围”，并鼓励商业性保险机构开展农业保险业务。2006年，提出“稳步推进农业政策性保险试点工作，加快发展多种形式、多种渠道的农业保险”。

从第一阶段中央1号文件有关农业保险的政策可以看出，从最初提出政策性农业保险制度并进行试点，到扩大政策性农业保险试点，再到鼓励龙头企业补贴农业保险，我国农业保险做出了积极有益的探索，但仍未明确政策性农业保险是主要的农业保险形式。这些政策的提出也是基于当时国内几家农业保险公司的实践提出来的，但除了安信、安华等几家专业农业保险公司之外，其他商业性质的保险公司对此都持谨慎态度。

2. 第二阶段：2007—2012年，政策性农业保险试验阶段

在前期探索的基础上，2007年中央1号文件指出要“积极发展农业保险”，“按照政府引导、政策支持、市场运作、农民自愿的原则，建立完善农业保险体系”，并要求“完善农业巨灾风险转移分摊机制，探索建立中央、地方财政支持的农业再保险体系”。2008年，中央提出要“逐步扩大政策性农业保险试点范围，科学确定补贴品种”，“支持发展主要粮食作物的政策性保险”，“建立健全生猪、奶牛等的政策性保险制度”，“积极推进政策性森林保险等配套改革，完善政策性农业保险经营机制和发展模式”，“建立健全农业再保险体系，逐步形成农业巨灾风险转移分担机制”。2009年，中央开始“鼓励在农村发展互助合作保险和商业保险业务”，“探索建立农村信贷与农业保险相结合的银保互动机制”，“扩大农产品出口信用保险承保范围，探索出口信用保险与农业保险、出口信贷相结合的风险防范机制”。2010年，中央提出“鼓励各地对特色农业、农房等保险

① 庹国柱．我国农业保险发展的政策脉络——基于20年来中央1号文件中有关指导意见的学习［J］．保险理论与实践，2023（3）．

进行保费补贴”，“发展农村小额保险”，“推动农产品出口信贷创新，探索建立出口信用保险与农业保险相结合的风险防范机制”。2011 年，中央未对农业保险提出明确指导，但提出“鼓励和支持发展洪水保险”。2012 年，中央提出“扩大农业保险险种和覆盖面，开展设施农业保费补贴试点，扩大森林保险保费补贴试点范围，扶持发展渔业互助保险，鼓励地方开展优势农产品生产保险”，“对符合条件的种子生产开展保险试点，加大种子储备财政补助力度”。

以上可以看出，2007 年中央 1 号文件是一个根本的变化和明确的政策导向，为该时期我国农业保险的发展提供了基本遵循。此阶段我国农业保险实践也呈现出以下特征：①农险保费收入呈快速增加状态。2007 年，国家财政拨出 10 亿元专项补贴资金，通过地方财政资金的配套，对六省区五大类粮食作物，试点多风险农业保险以及能繁母猪、能繁牛的养殖保险。此后，我国农险保费收入逐年增加。②政策性农业保险试点范围、政府补贴保费的保险标的和险种覆盖面不断扩大。种植业保险的补贴品种扩大到油料作物保险、糖料作物保险、天然橡胶生产保险和土豆保险等。截至 2012 年末，我国粮棉油保险和养殖业保险的补贴险种已经扩大到 16 类。③通过建立政府财政支持的大灾风险管理制度来保证政策性农业保险制度的可持续性。但是，国内各界关于“政策性农业保险”与“有补贴的商业性农业保险”的争论持续不断，对政策性农业保险制度的建立问题并未达成共识。

3. 第三阶段：2013—2019 年，政策性农业保险初步规范阶段

2013 年中央 1 号文件指出，要“加快发展现代农业，进一步增强农村发展活力”，并强调“加强涉农信贷与保险协作配合，创新符合农村特点的抵（质）押担保方式和融资工具，建立多层次、多形式的农业信用担保体系”，“创新适合合作社生产经营特点的保险产品和服务”。2014 年中央 1 号文件对农业保险的内容单独列出，明确提出“提高中央、省级财政对主要粮食作物保险的保费补贴比例”，并“继续坚持市场定价原则，探索推进农产品价格形成机制与政府补贴脱钩的改革”。2015 年中央 1 号文件提出“提升农险保障水平、扶持地方特色优势农产品保险发展”，尤其指出要“开展目标价格保险试点”。2016 年中央 1 号文件在提出“扩大农业保险覆盖面、增加保险品种、提高风险保障水平”的基础上，进一步指出“探索农业保险保单质押贷款”，“探索收入保险、天气指数保险试点”，“稳步扩大‘保险＋期货’试点”，“鼓励和支持保险资金开展支农融资业务创新试点”。2017 年中央 1 号文件指出要“开展农民合作社内部信用合作试点，鼓励发展农业互助保险”，“鼓励金融机构积极利用互联网技术，为农业经营主体提供小额存贷款、支付结算和保险等金融服务”，“采取以奖代补方式支持地方开展特色农产品保险”。2018 年中央 1 号文件提出开展“稻谷、小麦、玉米三大粮食作物完全成本保险和收入保险试点”，“深入推进农产品期货期权市场建设，稳步扩大‘保险＋期货’试点，探索‘订单农业＋保险＋期货（权）’试点”。2019 年中央 1 号文件定调“按照扩面增品提标的要求，完善农业保险政策，并扩大农业大灾保险试点和‘保险＋期货’试点”。

以上可以看出，自 2012 年国务院颁布《农业保险条例》之后，第三阶段的中央 1 号文件都是指导有关部门细化农业保险政策，特别是财政政策。其间国家实行了大宗作物的定价机制改革，并在原有“物化成本保险”的基础上开发出完全成本保险和收入保险等新型保险产品，加快建立多层次农业保险体系。值得注意的是，完全成本和收入保险试点是我国农业保险由“保成本”向“保收入”转型的关键一步。中央考虑到地方特色农业保险产品对地方政府财政的压力，在中央 1 号文件中四次提到中央财政对地方特色农业保险产品实行以奖代补试点，不断扩大中央财政补贴的标的范围。

4. 第四阶段：2020 年至今：农业保险高质量发展阶段

2019 年 9 月，财政部、农业农村部、银保监会和林草局四部门联合发布了《关于加快农业保险高质量发展的指导意见》，提出了 2022 年和 2030 年的发展目标和高质量发展农业保险的意见，即要适应农业农村现代化发展和乡村振兴的需要，适应农户需求，提高保障水平，实现可持续发展。2020—2023 年中央 1 号文件也均是围绕农业保险高质量发展的若干重要问题提出了指导意见。其中，2020 年提出“推进稻谷、小麦、玉米完全成本保险和收入保险试点”，“抓好农业保险保费补贴政策落实，督促保险机构及时足额理赔”，“优化‘保险＋期货’试点模式”。2021 年提出“扩大完全成本保险试点范围”，“支持有条件的省份降低产粮大县三大粮食作物农业保险费县级补贴比例”，“将地方优势特色农产品保险以奖代补做法逐步扩大到全国”。2022 年提出“探索开展糖料蔗完全成本保险和种植收入保险”，“实现三大粮食作物完全成本保险和种植收入保险主产省产粮大县全覆盖”。2023 年提出“逐步扩大稻谷小麦玉米完全成本保险和种植收入保险实施范围”，“完善玉米大豆生产者补贴，实施好大豆完全成本保险和种植收入保险试点”，“鼓励发展渔业保险”。

总体来看，2004 年以来的 20 年里，中国农业保险的实践是异常丰富的，政府、学术界和保险界沿着“实践—理论—政策制度—实践”的发展轨迹不断完善农业保险的制度架构和政策体系。我国农业保险的制度体系不断健全，发展脉络逐步理顺，补贴政策持续优化，市场体系健康发展，农民获得感显著提高。我国农业保险吸收了国外一些模式和一些经验，但没有照搬任何一个国家的做法，设计和构建的农业保险制度、农业保险政策是符合中国国情的，已初步走出一条具有中国特色的农业保险发展道路。

（三）新阶段我国农业保险高质量发展的现实困境

2020 年，中国第一次成为农业保险保费规模最大的国家，共提供风险保障 4.13 万亿元，对农业风险保障程度达到 31.7%，参保农户为 3.7 亿户次，农业保险承保农林牧渔品种近 300 种，现阶段农业发展的主要品种和面临的自然风险得到了基本保障。同时，农业保险保费规模也由 2007 年的 51.8 亿元增长到 2022 年的 1 192 亿元。但我们也要清醒地认识到，当前我国正处于全面实施乡村振兴战略的新阶段，推进现代农业发展、促进乡村产业振兴、稳定农民收入、提升农产品质量和食品安全、保护农业生态环境、改进农村社会治理、完善农村金融体系等各方面都对农业保险提出了更高的要求，我国农业保险高质量发展仍面临着一些现实困境①。

1. 农业保险管理体系还不健全

农业保险管理体系不健全主要表现在两个方面：其一，中央层面缺乏明确的牵头管理机构。我国的农业保险管理体系在横向上囊括了财政部、农业农村部以及国家发展改革委等十多个政府部门，在纵向上由中央、省、市、县、乡五级政府共同参与，缺少农业保险的“总负责人”。虽然各个部门都涉及农业保险，但各个部门又未形成合力，尚不能协同推进，使得我国的农业保险发展缺乏系统安排和持续性，降低了农业保险的顶层设计与乡村振兴战略需求的整体契合度。其二，地方政府层面的农业保险管理主体缺乏统一性，地方政府的农业保险管理机构建设保障不足。虽然

① 张峭，王克，李越，等．我国农业保险风险保障：现状、问题和建议［J］．保险研究，2019（10）．

在省级层面或成立了农业保险工作领导小组，或建立了农业保险联席会议制度，通常情况下也由主管农业的副省长任组长，但牵头的部门却是财政厅、农委、金融办和发展改革委等不同部门中的一个，这直接导致了沟通成本高且管理效率较低的问题。例如，在具体实践中，中央部门下达的农业保险文件本可以在某一个统一的办公系统内快速传达到基层，却由于分管部门不统一而必须先行下发到各省党委及政府，之后各省再下发给本省的农业保险主管部门，效率大大降低。

2. 农业保险保障水平低

我国农险补贴政策呈现出“低保障、广覆盖”的特点，风险保障水平总体不高。中国的农业发展将在很长时间内处于千家万户小农户经营与规模化新型经营主体并存的局面。由于农业经营规模的差异、农业经营收入在其收入结构中占比的差异，这两类生产经营主体对风险保障需求也存在很大差异。尤其是新型农业经营主体生产成本高、风险大，但支付能力高于普通农户，对于高保障水平的保险产品需求强烈。然而，目前保险市场上该类保险产品普遍缺乏。以种植业保险为例，2019 年，我国农户户均土地经营规模仅为 10 亩，且农村居民人均可支配收入中农业经营收入占比低于 18%。因此，小农户家庭收入受灾害的影响程度整体不大，农户对于农业保险保障变化的敏感度也较低。相反，对于土地流转成本很高的规模化新型农业经营主体而言，对于农业保险保障变化的敏感度是极高的，迫切希望能够得到更多的风险保障。与此同时，保险市场上保险公司赔付程序不规范，勘察、定损以及理赔程序繁杂，定损程度偏低等问题也是导致我国农业风险保障水平不高的重要原因。

3. 缺乏常态化、制度化和市场化的大灾风险管理手段

作为农业保险的“安全阀”和“稳定器”，农业保险大灾风险分散机制关系到多个市场主体的直接利益，也关系到我国农业保险制度的健康可持续发展，在农业保险高质量发展中发挥着重要的基础保障作用。全球的农业保险实践表明，各个国家的农业保险经营机构都面临着农业巨灾风险的威胁。以我国发生的特大农业灾害为例，黑龙江省分别在 2013 年和 2016 年发生了两次特大农业灾害，农业保险赔款总额达 79 亿元，简单赔付率超过 130%；2017 年，福建等省份农业保险简单赔付率超过 100%，内蒙古高达 141%；2018 年寿光洪灾事件中 14 万个农业大棚都遭到了洪水的破坏，假定所有大棚都投保农业保险，保险公司能否做到完全赔偿也是值得保险业思考的问题。但目前，我国的农业生产风险主要由农业经营主体和农业保险公司两个主体分担，风险分散机制单一。而且，保险公司仅是根据财政部要求在公司层面建立了大灾风险准备金，仍然缺乏财政支持的大灾风险基金等其他紧急融资机制。在农业保险赔付率普遍较高的情况下，农业保险公司面对巨灾年份时的风险分散能力严重不足，赔付压力巨大，就可能大范围内出现“惜赔”现象，这在很大程度上削弱了农业保险的风险保障功能①。

4. 财政补贴制度有待优化

我国的财政补贴制度仍存在以下几个方面的问题：其一，补贴规模较小。农业保险的财政补贴规模在一定程度上决定了农业保险的“总盘子”。以美国的农业保险补贴规模作为参照，美国联邦政府的农业保险补贴大概占到了美国农业 GDP 的 5%。如果按照这个比例计算，我国 2018 年的农业 GDP 为 64 734 亿元，农业保险补贴总额则大约应为 3 372 亿元。但实际上，当年中央财政拨付的农业保险保费补贴金额为 199.34 亿元，农业保险补贴总额占农业 GDP 的比重与美国相比仍有相当大的差距。其二，补贴品种较少。我国中央财政补贴的农业保险品种共 16 类，但我国的农作物品种数以百计，大部分地方高效经济作物和对国民生活影响较大的蔬菜、重要畜禽、水果等仍未被列入补贴范围，补贴品种整体较少。其三，补贴方式单一。目前，保费补贴和税收优惠是我国农业保险财政支持的主要方式，农业保险经营管理费用补贴、再保险保费补贴等补贴形式仅存在于少数省市。其四，补贴层级多。我国现行的农业保险保费补贴机制采取的是“四级财政补贴联动”，即在农民缴足保费、市县财政补贴到位在先，中央和省级的财政补贴配套在后。虽然这种制度设计的初衷在于鼓励地方政府投入资金发展农业保险，但也制约了部分财力不足的地区农业保险的发展。其五，补贴比例不合理。我国多数的农业大省同时也是财政弱省，按东部和中西部地区设置不同补贴比例的做法忽略了不同省份在农业生产上的个体差异。同时，该种补贴设置也会影响农业保险覆盖面的扩大和特色险种的开发。

五、推进农业保险高质量发展的对策建议

党的二十大报告提出，要“完善农业支持保护制度，健全农村金融服

① 刘从敏，张祖荣．保费补贴条件下农业保险中的双向道德风险及其治理对策［J］．金融理论与实践，2021（7）．

务体系”。这是党中央对农业农村工作作出的新部署，是全面推进乡村振兴、加快建设农业强国的重要保障。农业保险是乡村振兴战略中完善农业支持保护制度的重要组成部分，《关于加快农业保险高质量发展的指导意见》（以下简称《意见》）的出台，标志着我国农业保险进入高质量发展的转型阶段，同时也为今后一段时期我国农业保险工作的开展提供了根本遵循和行动指南。在我国农业保险发展的主要矛盾转变为农业保险供给与“三农”领域日益增长的风险保障需求不相适应的当下，着力解决制约农业保险发展的不利因素，加速农业保险转型升级，推动农业保险高质量发展具有十分重要的理论和现实意义。

（一）健全农业保险管理体系

首先，要不断完善农业保险法律。《农业保险条例》的发布施行，填补了我国《农业法》和《保险法》未涉及的农业保险领域的法律空白，《条例》明确了农业保险的法律定位，为农业保险的运营和监管提供了法律依据，也为我国农业保险的快速发展打下了坚实基础。但是，随着我国农业发展进程的推进，农业保险实践中出现了许多新的情况和问题，如何通过完善农业保险的法律法规来适应新阶段农业保险发展的现实需要已成为我国农业保险行业高质量发展所面临的重要课题。总体而言，完善农业保险法律可以通过修订《农业保险条例》和启动《农业保险法》立法两条大的路径进行①。无论哪条路径都必须强化农业保险的顶层设计，要求在总结我国近二十年农业保险发展经验的基础上，根据我国农业保险实践中产生的新问题以及未来农业保险发展的新目标、新任务、新要求，从法律层面对农业发展政策基本定位、经营模式、管理体制机制、保险市场秩序等多个方面进行明确规范。尤其要注重依靠政策的体系化、制度化理顺农业保险各环节间和各相关主体间的作用关系，合理发挥政府“有形之手”的积极作用。其次，要着力解决农业保险牵头管理部门不明确、不统一的问题。对于中央而言，要由涉及农业保险的财政部会同中央农办、农业农村部以及银保监会等部门共同成立工作小组，以统筹协同地开展农业保险工作；对于地方政府而言，省级党委和政府要负责工作方案制定，并建立以财政部门牵头、保险监管等相关部门参与的领导小组，就本地区的实际情况科学制定农业保险财政

① 袁纯清．农业保险高质量发展要坚持六个导向［J］．保险研究，2023（5）．

支持政策。最后，从全球农业保险管理的经验看，可以考虑成立明确的农业保险管理机构，比如美国的农业风险管理局，并在国内各省（自治区、直辖市）成立分支机构，自上而下统筹协同农业保险的相关事宜。

（二）提升农业保险保障水平

农业保险高质量发展的核心在于农业保险的风险保障水平，而有效的保障供给、广泛的保障对象和渐进的保障路径是提升农业保险保障水平的三个关键点①。首先，要依据农业经营规模的不同合理制定农业保险政策，保证有效供给。在开展完全成本保险与收入保险试点时，要充分考虑小农户与其他规模经营主体的实际需求差异，尽量做到分类保障，基于普惠兜底的原则开展小农户农业保险，对于规模经营主体则需要着重解决产品保障问题。探索国家级优势特色产业保险，优化区域特色农产品的奖补机制，鼓励有条件的集体或乡镇承担部分保费，扩大特色农产品保险覆盖范围，强化区域特色农产品的风险保障。其次，逐步提高农业保险对象的广泛性，持续向广义农业保险转变。可以预见，我国强农惠农的力度会不断提升，政府职能会进一步转变，这就要求农业保险的保障对象要随着现代农业发展与乡村振兴实施进程所产生的风险保障需求，不断向农业生产的产前与产后双向延伸，实现从第一产业向一二三产业融合转变，从农业生产拓展到生活生态，从单一的农业产业保障不断拓宽至农业农村领域，从而逐步增品扩面，建立起多领域、多类型和全方位的风险保障。最后，要注重把握农业保险保障水平提升的阶段性和渐进性。农业保险保障水平的提升不可能是一蹴而就的，推动农业保险提标、赠品、扩面都需要一段相当长的时间方能完成。不同的历史阶段，农业保险的使命也会随着农业发展使命的变化而变化。一方面，农业保险要跟紧政策导向，符合所处时代的不同政策要求，循序渐进地完成从基本物化成本保险到完全成本保险和收入保险等新类型保险的转变，从而稳步提升农业保险的风险保障水平。另一方面，也要对“三农”领域的农业保险需求分清轻重缓急，明确区域差异，坚持因地制宜，确保农业保险保障落到实处。

---

① 刘汉成，陶建平．中国政策性农业保险：发展趋势、国际比较与路径优化［J］．华中农业大学学报（社会科学版），2020（6）．

（三）健全农业保险大灾风险分散机制

建立农业保险大灾风险分散机制一直是中央关注的重点问题。我国于2020年成立了中国农业再保险股份有限公司（以下简称“中国农再”），从实践层面推进农业保险大灾风险分散机制的完善。下一步，我国应依托中国农再这一载体和平台，不断探索农业保险大灾风险分散的新方法、新路子。首先，要紧紧围绕政策定位，最大限度地发挥中国农再在降低长周期、全区域风险波动中的作用，不以年度盈亏为标准，切实为市场提供合理公允的再保险保障。其次，要以市场为导向，遵循市场规律和风险规律，发挥市场在资源配置中的决定性作用，依据国内外农业再保险市场的发展实际探索科学合理的价格区间，以动态优化农业标准再保险协议的定价体系。再次，引入多元主体，兼顾多方利益，完善巨灾风险分散机制。完善与再保险机制相匹配的政府大灾风险基金制度，优化巨灾风险保障层次关系。将政府、参保农户、直保和再保险公司纳入农业大灾风险分散体系中，并按照不同层级承担各主体相应的风险责任，创新产品设计，通过“（再）保险＋期货”“保险＋信贷”等产品设计，在银行、期货等资本市场上进一步分散风险，从而逐步形成“农户＋保险公司＋再保险＋政府＋资本市场”多元主体共担的制度化、常态化、市场化、多层次农业巨灾风险分散机制。最后，要关注中央层级大灾风险分散机制在地方实践中的落实，强化中央与地方之间、直保与再保市场之间的协同。

（四）优化农业保险补贴制度

优化农业保险补贴制度，要同时在补贴规模、补贴品种、补贴方式、补贴政策以及补贴程序等多个方面上下工夫。第一，要扩大农业保险补贴的规模。要立足《“十四五”推进农业农村现代化规划》（以下简称《规划》）中“提高农业风险保障能力”的要求，参考国外农业保险补贴在农业GDP中的占比，科学制定我国农业保险补贴的整体规模，以在全国层面达成“增品、扩面、提标”的目标。第二，要扩大农业保险补贴品种覆盖范围。中央应立足《规划》中“建立全方位的粮食安全保障机制”的要求，在已有的16类农业保险补贴品种的基础上，增加重要畜禽和水产养殖等事关国计民生、农户需求强烈的农业保险补贴种类。地方要根据《规划》中“壮大特色优势产业”“打造一乡一业、一村一品发展格局”的要求，将省级财政适当向对农业产值贡献度大的各类特色农产品补贴倾斜。

第三，要丰富农业保险补贴方式。立足《规划》中“完善农业支持保护制度”的要求，结合 WTO 规则中农业保险补贴方式的“归箱”属性，加大再保险补贴力度，推动农业支持保护相关措施由“黄箱”转化为“绿箱”。第四，要注重差异化农业保险补贴政策的实施。将各地区农业生产重要程度、地方财政实力与地方经济发展水平等因素统筹考虑，以优化目前实行的依据东部和中西部划分的农业保险差异化补贴做法。第五，要在现有政策的基础上，逐步简化农业保险补贴层级，减少或取消市县级财政补贴的比例。

第十三章 农产品物流与供应链管理问题研究

现代农业的发展，需要拥有一个通畅、高效的农产品物流体系。农产品供应链的目标，是实现农产品从生产者到消费者的高效、安全和可持续的流通。目前，中国农产品物流与供应链发展还不够充分，亟须构建和推进农产品物流与供应链管理的理论体系，对农产品物流体系进行商流、物流、信息流和资金流的一体化管理，提高农产品供应链的效率和效益。

一、农产品物流的内涵与特点

2023年中央1号文件指出，“加快粮食烘干、农产品产地冷藏、冷链物流设施建设。”“引导农产品加工企业向产地下沉、向园区集中，在粮食和重要农产品主产区统筹布局建设农产品加工产业园。完善农产品流通骨干网络，改造提升产地、集散地、销地批发市场，布局建设一批城郊大仓基地。支持建设产地冷链集配中心。统筹疫情防控和农产品市场供应，确保农产品物流畅通。”

（一）农产品物流的内涵

农产品物流是指为了满足用户需求，实现农产品价值而进行的农产品物质实体及相关信息从生产者到消费者之间的物理性经济活动。具体地说，它包括农产品生产、收购、运输、储存、装卸、搬运、包装、配送、流通、加工、信息活动等一系列环节，并且在这一过程中实现了农产品价值增值和组织目标。农产品物流是以农业产出物为对象，通过农产品产后加工、包装、储存、运输和配送等物流环节，做到农产品保值增值，最终送到消费者手中。它的发展目标是增加农产品附加值，节约流通费用，提高流通效率，降低物流损耗，从而规避市场风险①。

农产品物流的定义着重强调了两点：

（1）物流运作客体是指脱离生产领域的农产品，这是农产品物流与农业物流最重要的区别。

（2）农产品物流不仅服务于农产品消费者，而且还服务于农产品生产者，即不仅满足消费者需求，还要使生产者生产的农产品实现价值。

农产品物流不等同于农产品流通。首先，物流是一种服务产业的名称，而流通是农产品商品化过程中的一个重要环节；其次，从涵盖的范围上看，农产品物流通常包括生产、流通和消费活动，而农产品流通过程又包括物流和商流。现代农产品物流涵盖了与农产品相关的生产、流通和消费领域，连接了供给主体和需求主体。农产品物流的发展目标是增加农产品附加值，农产品物流的方向主要是从农村到城市。

农产品流通首先是从商流开始，通过生产者与消费者之间的农产品所有权的转移来实现价值效用。伴随着商流必然产生农产品实体的让渡，而这种让渡在市场极大发展的市场经济阶段往往遇到时间和空间的阻隔。农产品物流就是为了让消费者满意，以较低的成本和优良的服务完成农产品实体从供应地到消费地的运动，促进商流有效地开展。因此，农产品商流与农产品物流密不可分，相互联系，共同构成了农产品流通。实际上，农产品物流是一个系统工程，它将农产品生产、收购、储存、批发、零售到消费之前的各个环节集成一个系统，强调系统的协调性和环节间的配套服务，构成一个有机的整体。将农产品物流等同于农产品流通是错误的，两者的内涵和所涵盖的领域及范围有较大的区别。农产品流通是综合性概念，是商流、物流、资金流和信息流的集合，而农产品物流是农产品流通的一个重要组成部分，是农产品流通的重要物质支柱，没有物质实体流动的农产品流通没有意义。

农产品物流的内涵处于动态的发展之中，随着科学技术和网络信息技术的进一步发展，逐步形成了现代农产品物流，它是指建立在先进的计算机网络和信息技术基础上，整合利用现代交通和仓储设施，依靠大量的商务信息指令，将农产品运输、仓储、加工、装卸、包装以及流通加工、配送、信息处理等经济活动进行一体化经营和管理的综合性产业活动，最终达到优化农产品流通渠道，全方位降低涉农企业经营成本，实现最快最好

---

① 赵敏．农产品物流［M］．北京：中国物资出版社，2007.

地服务于农产品生产者和最终消费者的目的。

（二）农产品物流的特点

1. 农产品物流数量大，强调生产上的合理布局

广义上的农业指“大农业”，既包括耕作种植业，又包括林业、畜牧业、副业、渔业等。如今不管是粮食、经济作物还是畜牧产品和水产品，都大量转化为商品且商品率很高，它们不仅直接满足人民生活需要，而且还向食品工业、轻纺工业、化工业提供原料。因此农产品物流的需求量大、物流量大、范围广。农产品生产受自然条件制约性大。因此，在物流过程中要充分考虑生产的布局、季节性、分散性等因素的影响，物流要与当地的生产条件相结合。

2. 农产品物流点多面广，要求科学规划运输

农产品运输在农产品物流中具有重要地位，但是与一般产品的运输相比，它具有装卸的多次性、运输的不均衡性和对运输的技术性要求高的特点。农产品是具有生命的动物性和植物性产品，这样的鲜活农产品在物流过程中，对包装、装卸、运输、仓储和防疫等均有特殊的要求，同时，农产品因具有季节性生产的特性而要求物流的及时性。所以，农产品物流难度大、要求高。

3. 农产品物流的运作具有相对独立性

自然再生产和经济再生产相结合，使农业生产深受不稳定的自然环境与经济环境双重因素影响，这种不稳定带来物流需求的不确定性。农作物和畜禽需要一个生物生长期，且生产周期长。由于农产品大都为有生命的植物或动物体，对储运和加工都有特殊的要求。因此，农产品自身的生化特性和特殊重要性决定了它在基础设施、仓储条件、运输工具、技术手段等方面具有相对独立性。

4. 加工增值是农产品物流的重要内容

大多数农产品从生产领域进入消费领域需要经过加工处理这个中间环节。农产品加工增值和副产品的综合利用是减少农产品损失，延长其保存期限，提高农产品附加值，丰富人民生活，使农产品资源得以充分利用的重要途径。因此，农产品加工是农产品物流中的一个不可缺少的重要组成部分，比如粮食深加工和精加工、畜牧产品加工、水果加工和海洋水产品加工等。

5. 农产品物流过程对技术要求高、专业性强、难度大

农产品不同于工业品，前者大部分是有机物，物流过程中特别需要做到不污染、不变质，“新鲜”是鲜活农产品的生命和价值所在，大量鲜活农产品（如水果、蔬菜和动物性产品）的含水量高，保鲜期短，极易腐烂变质，大大提高了对仓储、包装、运输等环节的技术要求，增加了农产品物流的难度。

6. 农产品在物流过程增值幅度大

农产品不同于工业品的最大特点在于：农产品市场价值的很大部分是在离开生产领域后得到提升，具有更大的加工增值潜力。一般来说，农产品物流增值环节主要包括以下几个方面：①农产品分类与包装增值服务；②农产品适度加工后小包装增值服务；③农产品配送增值服务；④特种农产品运输增值服务；⑤特种农产品仓储与管理增值服务。

7. 农产品物流主要是从农村流向城市

农产品的生产基地在农村，而广大的农产品消费者却生活在远离乡村的城市，要实现农产品商品化，满足城市居民对农产品消费需求，就需要把农产品从农村转移到城市。因此，农产品物流必须将农产品准确、快捷地传达到消费者手中，才能实现农产品最终价值。

广大农业生产者生产的农产品，通过不同的物流手段流向城市，以便投入工业生产或供城市居民消费。这个物流过程呈现收敛性，运输程序是先支线运输，后干线运输，物流批量不断增大。

二、农产品物流的分类与模式

（一）农产品物流的分类

1. 按对象的分类

根据农产品物流的特点，将农产品物流按其具体对象可以分为粮食作物物流、轻工业原料和食品工业原料物流、鲜活农产品物流、经济作物物流、畜牧产品物流、水产品物流等。

（1）粮食作物物流。粮食是人类赖以生存的、最主要的物质资源，占农产品物流的一大部分。粮食作物物流可以分为口粮物流、饲料粮物流、其他工业用粮物流。对我国粮食物流影响最大的因素是粮食供需的区域性不平衡和品种不平衡。

（2）轻工业原料和食品工业原料物流。原材料型农产品的品种繁多，数量非常大，主要包括纺织原料（如棉麻、丝、毛等各种天然纤维）、轻工业原料（如糖、烟、茶、革等）、食品加工原科（如猪、牛、禽、蛋、水产品、加工用蔬菜、水果等)。这些农产品的特点是:①商品化程度高。生产者生产的目的主要是为了销售,极少以自给为目的;②极少可以直接消费。农产品多数需经过初级或深加工才能消费。

(3)鲜活农产品物流。鲜活农产品主要包括鲜食的猪、牛、羊、肉、禽、蛋、水产品、蔬菜和水果。蔬菜瓜果类的物流包括蔬菜物流和瓜果物流。有数据统计,我国水果、蔬菜等农产品在采摘、储运等流通环节的损失率高达25%～30%,即1/4强的鲜活农产品在物流环节中被消耗掉了,而发达国家果蔬损失率控制在5%以下。

(4)经济作物物流。经济作物除满足人们食用需求外,还是工业尤其是轻纺工业和食品工业的原料,其商品率大大高于粮食作物,对物流需求量大。经济作物物流依经济作物品种进行细分。

(5)畜牧产品物流。畜牧产品不但为人们生活提供肉、蛋、奶等食物,还向轻工、化工、制革、制药工业提供原料,对物流需求量大。畜牧产品物流可进一步分为肉类物流、蛋类物流、奶类物流。

(6)水产品物流。水产品需求大致来自三个方面:一是居民家庭消费;二是水产品加工食品、方便食品、旅游食品、餐饮等社会消费;三是出口。一般而言,淡水水产品比较分散,一般是灵活性较强的短程物流;海洋水产品常常需要加工,对物流的技术性要求较高。

2. 按过程的分类

根据农产品物流在农产品供应链中的作用不同,农产品物流的全过程可以分成三种不同类型的物流:农产品生产物流、农产品销售物流和农产品废弃物物流。

(1)农产品生产物流。农产品生产物流是指从农作物耕作、田间管理到农作物收获的整个过程中,由于配置、操作和回收各种劳动要素所形成的物流。生产物流是生产农产品的农户或农场所特有的,它需要与生产过程同步。与工业生产物流相比,一方面,农产品生产物流受自然条件制约性大,具有不稳定性,在物流过程中要充分考虑生产的布局、季节性、分散性等因素的影响,物流要与当地的生产条件相结合;另一方面,农产品生产物流内容较单纯,活动范围小,主要是农业生产要素从仓库到田地和田地之间的往复运动。

(2)农产品销售物流。农产品销售物流是指为了实现农产品保值和增值,在农产品流通过程中,伴随销售和加工活动将农产品所有权转移给客户而引发的一系列物流活动。它包括为了销售农产品而实行的收购、保鲜、运输、检验、储存、装卸，为了满足消费者需要而实施的包装、配送、初深精加工、分销等活动。

（3）农产品废弃物物流。在农产品生产、销售和消费过程中，必然导致大量废弃物、无用物的产生，对它们主要从两方面进行处理：一是将其中有价值的部分加以分拣、加工，使其成为有用的物资重新进入生产和消费领域，以实现资源的再利用。例如废纸和其他可回收包装物，这叫回收或者再生。二是对已丧失再利用价值的废弃物，从环境保护的目的出发，将其送到指定地点堆放焚烧、掩埋或采取特殊处理方法，这叫废弃。农产品物流中，必然要排放各种排放物，或称废料，现代科学技术和生产工艺可以从初始排放物中回收可再生利用的部分，称再生资源。

（二）农产品物流模式

1. 自营物流模式

自营物流是指农产品生产者或相关企业借助于自身的物质条件自行组织物流活动的一种物流模式，利用自有的物资设备运营物流业务。在自给自足的小农思想影响下，“大而全、小而全”成为主要物流运作模式。在这一模式中，部分农业大户或者农产品加工企业也会向运输公司购买运输服务或向仓储企业购买仓储服务，但这些服务只限于一次性或一系列分散的物流功能，而且是临时性市场交易的服务。

自营物流模式的优点包括：

（1）可以使农场主或农业公司对物流系统运作的全过程进行有效控制，对农产品的生产和销售的各个环节、市场对农产品的品种及质量要求、批发商以及零售商的经营能力等，都能掌握最详尽的资料，以便能够随时调整自己的生产经营战略。

（2）可以使企业在改造经营管理结构和机制的基础上充分利用原有物流资源，带动资金流转，为企业创造利润。

（3）可以使生产者或加工企业有效控制原材料的采购和产成品的销售，不必就相关的运输、仓储、配送和售后服务的佣金问题进行谈判，避免多次交易支出以及交易结果的不确定性，降低交易风险，减少交易费用。

（4）可以使企业根据消费者需求和市场动向及时调整物流系统，提高服务水平，从而提高企业的品牌价值和竞争能力，还可避免因物流外包造成的企业商业秘密的泄露。

自营物流模式的缺点包括：

（1）自营物流必须具备与生产能力相符的运输力量和仓储容量，不仅给企业带来资金方面的负担，而且由于市场的不确定性还给企业带来一系列风险，尤其是在销售淡季，因为大量的运输和仓储设施闲置会造成极大浪费。

（2）由于企业内部物流部门与其他许多相关部门存在一定联系，而各部门之间又有着相互独立的利益，导致管理难度加大。

（3）物流运作要求具备专业物流知识和实践能力，企业选择自营物流，往往会因为物流不是企业主营业务，不具备相应优势而导致物流成本高、服务水平低。

2. 第三方物流模式

第三方物流是指专业的物流企业受卖方或买方委托，从事物流业务的一种物流外包模式。借助这一模式，既可以在专业化服务的条件下节约物流成本，提高物流效率，又可以使卖方企业或买方企业集中人力和物力搞好本企业的业务，最终实现双赢目标。

第三方物流模式的优点：

（1）农产品生产者或加工企业不仅可以通过第三方物流获得自己本身没有能力提供的或自己运行不具备任何优势的物流服务，而且可以摆脱自建物流设施和信息网络等所需的资金负担。

（2）第三方物流服务业存在规模经济和范围经济，生产者或加工企业将物流外包给它们，比自身运营更有利于降低运作成本，同时还可以帮助企业避免盲目投资，将资金用于适当用途。

（3）由于第三方物流企业在信息网络和配送节点上具有资源优势，可以为消费者提供更满意的服务，增强企业的市场竞争力。

第三方物流模式的缺点：

（1）由于将物流环节交给第三方来完成，往往使得货主或者企业对物流的控制能力降低，甚至出现物流失控的风险。

（2）由于第三方物流通常并不只是面对一个客户，当信息在更多的企业间共享时，企业的商业秘密就可能被泄露。

（3）由于第三方物流商承担着执行某些战略的职能，通常对企业的战略具有很深的认识，能够得到与此有关的信息，致使企业核心战略被泄露的风险增加。

（三）农产品冷链物流

1. 农产品冷链物流的定义

2001 年国家标准《物流术语》（GB/T 18157－2001）对冷链的定义为：易腐食品从生产到消费的各个环节中，连续不断采用冷藏的方法来保存食品的一个系统。

2006 年国家标准《物流术语》（GB/T 18354－2006）对冷链的定义为：冷链是指根据物品特性，为保持其品质而采用的从生产到消费的过程始终处于低温状态的物流网络。

2010 年《农产品冷链物流发展规划》指出“农产品冷链物流是指使肉、禽、水果、蔬菜等在贮藏、运输、分销、销售等环节始终处于适宜的低温控制环境下，最大限度地保证产品品质和质量安全、减少损耗、防止污染的特殊供应链系统。”

欧盟对冷链的定义为：冷链是从原材料的供应，经过生产、加工或屠宰，直到最终消费为止的一系列有温度控制的过程。由于欧洲国家众多，更加注重冷链的操作，促进了冷链的运作在各国间的有效衔接，推动了欧洲冷链标准的进程和对接口的管理。

美国食品药物管理局对冷链的定义为：冷链是贯穿从农田到餐桌的连续过程中维持正确的温度，以阻止细菌的生长。

日本《明镜国语辞典》对冷链的定义是“通过采用冷冻、冷藏、低温贮藏等方法，使鲜活食品、原料保持新鲜状态由生产者流通至消费者的系统”。《日语大辞典》对冷链的定义是“低温流通体系”。强调冷链技术的发展，普遍采用包括采后预冷、整理、储藏、冷冻、运输、物流信息等规范配套的流通体系。

综上所述，冷链是指某些食品原料、经过加工的食品或半成品、特殊的生物制品和药品在经过收购、加工、灭菌、灭活后，在产品加工、贮藏、运输、分销和零售、使用过程中，其各个环节始终处于产品所必需的特定低温环境下，减少损耗防止污染和变质，以保证产品安全的特殊供应链系统。

尽管对冷链的定义有所差异，但可归纳出冷链的共同特征如下：

第一，时效性。由于冷链物流承载的产品一般为易腐或不易储藏，因此要求冷链物流必须迅速完成作业，保证时效性。

第二，复杂性。产品品质变化机理复杂，有的产品甚至涉及法律法规的约束，且每种产品均有其对应的温湿度和储藏时间要求，一旦断链将会造成前面的努力白费。

第三，高成本性。冷链物流的成本远比常温物流投入要高。首先是设备成本较高，冷链物流中心仓库和冷链车辆的成本一般是常温仓库和车辆的数倍，而且因涉及食品等需要特殊处理的设施设备，需要大量的资金投入；其次冷链物流运营成本较高，冷库需要不间断地制冷才能保证温度处于恒定状态，造成冷库的电力成本居高不下，冷藏车也需要不间断制冷才能保证产品的温度稳定，需要更多的油费[①]。

2. 农产品冷链物流的意义

我国是农业大国，果蔬产业在国内已成为仅次于粮食的农村经济支柱产业。但是，由于我国果蔬产业基础薄弱，农民组织化程度低，果蔬采收和流通设施落后，果蔬优质率低，因此造成果蔬采后腐损严重，物流成本高。因此，发展农产品冷链物流对于我国农业经济发展具有重大意义。

（1）降低农产品流通损耗。我国果蔬冷链流通率仅为10%左右，而果蔬损耗率高达30%，冷藏运输率仅为10%。若冷藏运输率提高10个百分点，则农产品流通损耗率将降低3个百分点。如果将果蔬损耗率从当前的30%降低到5%，则每年可节约1 000多亿元，几乎可以节省1亿亩耕地。

（2）减少农产品流通费用。据测算，我国果蔬流通费用占终端产品市场价格的60%以上，其中损耗成本占整个流通费用的70%左右，远高于国际标准50%的水平。水果蔬菜市场销售价格中损耗成本占42%。若流通损耗率降低5个百分点，果蔬流通费用中损耗成本占比将减少到56%，最终销售价格也将明显降低。

（3）提高农产品质量安全。我国大部分初级农产品都是以原始状态投放市场，冷链物流技术发展十分滞后，直接影响到最终消费品的质量安全。农产品冷链物流是一项系统工程，从生产到消费的各个环节均有一套严格的技术指标体系，对不同产品品种和不同品质均要求有相应的质量控制与储存时间，保证农产品流通过程的质量安全。

（4）促进农民增收。由于我国农产品冷链物流技术落后，流通损耗率高，每年有价值超过数千亿元的农产品在流通过程中损失掉，影响农民增收。发展农产品冷链物流一方面有利于降低农产品损耗，直接提高农民收

---

① 谢如鹤，刘广海．冷链物流［M］．武汉：华中科技大学出版社，2017.

入；另一方面有利于提高农产品流通的产业化、组织化、信息化和标准化程度等，有利于解决目前我国农产品“小生产与大市场”对接以及买卖双难等问题，引导农民科学生产、稳定供给，大大提高农民收入水平。

（5）提高人民生活质量。人民的生活水平不断提高，对生活质量要求提高，方便、卫生、快捷的冷冻、冷藏商品受到人们的青睐，人们对冷藏、冷冻食品等的需求不断增加，使得对冷链物流业的需求不断增加，冷链物流业升级有利于提高人民的生活水平。

三、农产品物流发展历程与趋势

（一）农产品物流发展历程与现状

1. 农产品物流发展历程

（1）计划经济阶段。新中国成立初期到1978年间我国在计划经济体制下的销售模式是统购统销。主要表现形式为国家有关部门（主要是商务部、各省及地方供销社等机构）负责全国范围内农产品的统购统销，即对全国范围内的农产品进行统一收购，集中以后再进行统一分配。农产品物流的最低层次是农户生产出的农产品供自己消费，以满足农户自身需求。

（2）批发市场阶段。改革开放以后，农产品流通不再由政府统一收购分配，农户在满足了自身需求后，将剩余的农产品运送到集贸市场去买卖，获得收益，农产品经过批发市场实现农产品产销对接。在此模式中由于批发市场占重要地位，因此被称为“批发市场”模式。该模式包括，农户将农产品收获以后在村镇级小市场收购点，卖给相应的收购商；收购商集中一定数量的农产品后在批发市场转手给批发商；批发商再通过各种途径卖给各地相应的零售商；零售商再卖给消费者。此种模式的优点是农民可以方便快速地出售农产品，而收购商、批发商会形成一定范围的固定交易对象，不用担心货源短缺和无销售渠道。但是也存在诸多问题：如面对的交易主体多、散、乱，单个农户生产的农产品数量少，需要多个农户或收购商才能达到数量要求，这必然导致农产品物流时间过长，质量参差不齐，交易环节众多，耗损增加等问题，最终推高了流通成本，导致销售价格居高不下，农产品质量无法保证。

（3）新型经济组织发展阶段。当一个地区农产品供大于求时，农产品卖不出去或卖出去的价格过低，一旦弥补不了成本损失或收益过低，就会出现一批人，他们以较低的价格收购农产品，并运送到更远的城市地区，销售给最终消费者或卖给更高一级的批发商。在这一阶段，出现了农业合作社，使得农户有了一定程度的组织性，实现了农产品集货和流通，物流得以进一步发展。

（4）农超对接阶段。大型的批发商负责集中运送个体农户的农产品，向全国各地大批发市场调运，实现农产品的大批量、远距离流通。“农超对接”是政府大力推进发展的模式，主要是指超市直接与农产品生产者接触而跳过收购、批发等市场环节，通过签订生产合同和协议进行生产与收购的流通模式，极大地减少物流环节和物流成本，降低农产品销售价格。

（5）电子商务物流阶段。依靠电子商务平台让农产品生产者和消费者直接“面对面”交易，这里的生产者包括单个农户、农民专业合作社、农产品生产企业等能够提供农产品商品的个人或组织，其运输方式主要依靠第三方物流及部分组织或个人自有配送体系，物流环节极少。淘宝、天猫、京东等电子商务平台拉动了农产品物流多样化发展，甚至向国际快速发展，但是存在严重的不平衡和不充分问题，西部地区等不发达地区急需农产品物流发展支持农产品线上销售。

2. 农产品物流发展现状

（1）农产品物流成本高、效率低。我国物流成本一般占总成本的30%～40%，鲜活农产品甚至占60%左右。世界发达国家物流成本一般在10%左右。造成农产品物流损失大、效率低的原因包括：农产品流通环节多，大部分农产品在进行物流活动时一般是保持其收获时的原有自然状态，多式联运的交通网络尚待完善，农产品物流的专用技术设备缺乏，运力不足等。

（2）农产品物流主体多元化。首先，农业生产资料供应物流的重要力量是农业系统和供销系统。其次，农产品销售物流的主体包括供销系统、粮食系统、农产品市场、农民个体、农民专业合作社和专业化物流企业等。其他物流主体包括农林产品生产和加工企业、外贸进出口企业、第三方物流企业等。

（3）农产品物流信息化服务薄弱。信息是农产品物流的神经系统，农产品生产到产后的储存、运输、加工及销售等物流链上每一个环节的物流信息都需要及时处理，快速准确地传递。目前，我国农产品物流信息网络还不健全，大部分农业生产地区的农产品信息网络系统尚需完善。如果信息系统不能有效地把政府、市场、客户和生产者连接起来，不利于农产品物流的发展。

（4）农产品物流标准化体系建设滞后。农产品从栽培到出售的过程是一个从产品到商品的连续转化过程，其中的每一个环节都应该有相应的标准，标准之间相互衔接呼应，形成从采前到市场的完整的标准体系。由于我国农产品品种繁多、品质各异，如果没有统一的标准，势必会给农产品物流各环节带来了困难。如果不考虑商流的情况下，农产品物流费用高和效率低的核心原因是农产品本身不是标准化产品，非标准化给物流管理带来了困难，例如，粮食装麻包运输，干线散粮火车运输，然后再装袋运到目的地，容器都不相同。另外，从运输的装卸和搬运来看，托盘等物流设施设备的各自为政，造成了过多的装卸和搬运成本的发生。例如，物流公司的托盘和超市的托盘不通用，司机到超市不能整托盘卸货到仓位，而需要拆托盘再搬运到超市的托盘上，用超市的托盘运到仓位。

（二）农产品物流发展趋势

1. 农产品电商物流

在新的历史机遇和市场环境下，数字经济对农产品电商物流行业提出了更高的要求。农产品电商想要取得全国范围内的行业竞争优势，必须依托物流企业在经营、管理、技术、人才引进等方面进行创新性的发展与改革，通过政府对市场宏观的调控以及政策的倾斜以求做大做好做强，要从加快基础设施建设、物流人才的培养、制定物流行业相关质量标准等方面促进农产品电商物流行业发展。

2. 农产品冷链物流

近年来，我国在农产品冷链物流发展方面出台了一系列支持政策。2021 年 11 月，国务院办公厅印发《“十四五”冷链物流发展规划》，对今后一个时期我国的冷链物流发展进行蓝图设计；2022 年 5 月，财政部、商务部印发《关于支持加快农产品供应链体系建设　进一步促进冷链物流发展的通知》，指出要进一步发展农产品冷链物流，完善农产品现代化供应链，实现智慧农业，助力乡村振兴。作为推动乡村振兴的重要抓手，国家高度重视发展农产品冷链物流，进行宏观布局，出台有力政策，但农产品冷链物流是我国流通领域的短板，发展不协调、不完善。农产品物流的高质量发展有利于促进农业实现规模化生产，推动农业现代化转型，增加农民收入，提高农民生活水平，巩固脱贫攻坚成果，最终实现乡村振兴。

3. 农产品绿色物流

随着现代化商业的不断发展，环保意识和绿色观念不断加强，越来越多的人开始重视绿色化。绿色生产、绿色销售、绿色运输等逐渐成为企业追求的目标。农产品绿色物流是指通过一系列技术和方式降低物流活动的污染程度，其目的是降低成本，获得最经济、最环保的效益，是经济效益、社会效益和生态效益的统一。

4. 农产品智慧物流

随着智慧物流的发展，农产品物流也初步实现了信息化、智慧化、自动化发展。但是，农产品智慧物流的发展仍面临信息化平台发展不均衡、农产品标准尚未统一、相关技术人才匮乏等问题，需要在未来的发展中逐步建立农产品智慧物流标准化体系，加强信息化建设，加强智慧物流专业人才培育。近年来，利用大数据分析、物联网、自动化、智能化手段实现农产品物流的提升改造已成趋势。互联网和现代农业电子商务结合产生的现代农产品智慧物流这一全新物流模式，在乡村振兴中获得巨大发展，发挥着突出作用①。

四、农产品供应链及其管理

2020 年 10 月 29 日，《中共中央关于制定国民经济和社会发展第十四个五年规划和二〇三五年远景目标的建议》提出，提升产业链供应链现代化水平。《规划》指出：供应链战略设计和精准施策，推动全产业链优化升级。锻造产业链供应链长板，补齐产业链供应链短板，推动产业链供应链多元化。优化产业链供应链发展环境，加强国际产业安全合作，形成具有更强创新力、更高附加值、更安全可靠的产业链供应链，构筑互利共赢的产业链供应链合作体系。

2022 年 10 月 16 日，党的二十大报告提出，加快构建新发展格局，着力推动高质量发展，加快建设现代化经济体系，着力提高全要素生产率，着力提升产业链供应链韧性和安全水平。推进国家安全体系和能力现代化，坚决维护国家安全和社会稳定，增强维护国家安全能力，加强重点领域安全能力建设，确保粮食、能源资源、重要产业链供应链安全。

加快供应链创新，建设现代供应链，已成为深化供给侧结构性改革、建设现代化经济体系的重要内容，将极大地推动我国现代供应链创新与实践进入一个新的发展阶段，同时也表明我国经济在转型升级发展过程中，

① 何黎明．中国智慧物流发展趋势［J]．中国流通经济，2017（6）．

进入到供应链创新时代。

2022年中央1号文件指出，“支持大型流通企业以县城和中心镇为重点下沉供应链。加快实施‘互联网＋’农产品出村进城工程，推动建立长期稳定的产销对接关系。”2023年中央1号文件指出，“健全主产区利益补偿机制，增加产粮大县奖励资金规模；鼓励发展粮食订单生产，实现优质优价；加大食品安全、农产品质量安全监管力度，健全追溯管理制度；支持创建农业产业强镇、现代农业产业园、优势特色产业集群；实施农业社会化服务促进行动，大力发展代耕代种、代管代收、全程托管等社会化服务。”这些任务都对农产品供应链理论与实践提出了新的需求。

（一）农产品供应链的内涵与分类

1. 农产品供应链的概念

农产品供应链是由农业生产资料供应商、农产品种植者、养殖者、加工者、物流服务经销商、消费者等各个环节构成的组织形式或网络结构。农产品供应链实质是一种具有生命周期的动态网络结构，是社会化大生产的产物，是先进的营销方式和农产品流通组织形式，具有国家安全特性，有政府参与，由市场自发形成，或者由核心企业或组织协调形成。而研究者、农业相关企业以及政府部门关注的是由核心企业或组织协调形成的农产品供应链，其显著特征在于通过供应链资源整合，降低供应链之间交易费用和运作成本，进而降低供应链整体成本，使成员享受由于供应链运作所带来的利益，这也是研究供应链管理的目的①。

2. 农产品供应链管理的概念

农产品供应链管理，指在食品和农业产业部门对整个农产品供应链中各参与者之间商流、物流、信息流、资金流等进行全面规划，并予以计划、组织、协调和控制，通过成员之间伙伴关系的密切合作，建立内在利益分配机制使供应链所有成员均提高绩效，提高整个供应链运作效率和效益，最终达到顾客满意度最大化与供应链成本最小化的一种平衡状态。

供应链上的节点企业都具有独立的法人地位，各企业之间没有行政上的隶属关系，它们各自都有不同的利益和观念，相互之间必然存在利益冲突。因此，供应链管理的关键是构建各种系统管理方法，来弥补节

① 冷志杰．农产品物流与供应链管理［M］．北京：高等教育出版社，2019.

点企业间的矛盾和利益冲突造成的损失，协调好参与者的局部利益与供应链的集体利益之间的关系；使链上的各个贸易伙伴从以前单纯的竞争关系发展到“竞争—合作—协调”关系，这种关系以协调为主，竞争为次，以谋求长期利益为原则，目的是实现利益共享、风险共担；实施协调供应链的主体是核心企业，核心企业协调供应链有一定的难度，需要成本，只有协调供应链的成本小于协调所带来的收益时，供应链管理才是可行的。

3. 农产品供应链的分类

（1）按农产品供应链生产组织规模分类。按农产品供应链生产组织规模分类，可分为小农户对应的农产品供应链和大农场主对应的农产品供应链。大农场主对应的农产品供应链研究在世界上比较有代表性的是美国、巴西、荷兰和加拿大等，小农户对应的农产品供应链研究比较有代表性的有韩国和日本等。在中国，小农户对应的农产品供应链研究相对比较多，主要源于中国以小农户为主。大农场主对应的农产品供应链研究在中国相对较少，但具有国家安全特性，主要集中在黑龙江农垦地区。

（2）按农产品供应链的核心企业分类。按农产品供应链的核心企业分类，可以分为零售商供应链（大型超市供应链）、农产品加工商供应链、农产品生产商供应链等，研究表明核心企业的位置具有向供应链终端转移的趋势。因为核心企业担负着构建和组织供应链的任务，因此，这种分类下的供应链研究对农业企业经营更具有指导意义。

（3）按产品的种类分类。农产品也可以划分为两大类型：功能型农产品和创新型农产品。比如粮食等需求弹性小的产品属功能型农产品，一些牛肉干等休闲食品属创新型农产品。按照供应链设计策略，功能型农产品应采用效率型供应链，创新型农产品要采用反应型供应链。这样，农产品供应链可分为效率型农产品供应链和反应型农产品供应链。

（4）按加工的深度分类。按最终消费农产品的加工深度将被加工农产品供应链分为初级农产品供应链、中级加工农产品供应链和深加工农产品供应链。

（5）按物流的形式分类。物流是农产品供应链的重要环节，它直接关系到供应链的效率和效益。按照物流的形式可以大致分为：第一方物流农产品供应链、第二方物流农产品供应链、第三方物流农产品供应链和第四方物流农产品供应链。

（二）农产品供应链协调管理

1. 农产品供应链协调的本质

供应链协调是指供应链中各部门、各企业或主体之间的协调，是使供应链中的每个成员都能够采用的最有效的目标优化的方法，是与其他成员一起为达到供应链整体共同目标而努力的活动。协调的目的是通过这些方法或活动使供应链中各节点主体减少冲突、内耗，分工协作，为供应链贡献自己的优势竞争力，形成供应链的优势，从而获得供应链最大效益和效率。

农产品供应链管理就是一种对农产品供应链涉及的节点企业关系进行协调管理，其目的是提高整个供应链系统的有序性，使其达到相关主体"双赢"或"多赢"的境界。因此，农产品供应链管理的本质就是协调供应链响应度和成本的集成管理，即需要把农产品供应链看成是由一系列节点活动形成的一个完整的运作流程，对流程进行协调响应度和成本管理，以避免或减少各环节之间的延误、浪费，更容易使新产品更快、更好地在流程中产生和销售，达到用更少的总成本实现更多的价值增值，供应链各主体（成员）实现利益共享、风险共担的局面①。

2. 农产品供应链协调激励策略

（1）价格激励。价格对供应链所有成员的激励是首要的，高的价格会增强成员的积极性。供应链的各个企业间的利益分配主要体现在价格上，价格包含供应链正常利润在所有企业间的分配，以及供应链优化而产生的额外收益或损失在所有企业间均衡。供应链的各个企业间的合理利益分配会激励供应链成员进行稳定的合作，顺畅运行优化供应链流程。价格激励的核心问题是供应链优化而产生的额外收益或损失在所有企业间的均衡问题，经常会产生额外收益或损失找不到相应企业承担。

（2）订单激励。一个供应链的上下游企业往往是多个上游企业和少数下游企业，如果能够早期得到规模订单，那么意味着实现低交易成本的规模收益。因此，多订单对上游企业是一种激励方式。下游企业为了节约交易成本，一般会降低供应商数目，与供应商之间保持规模交易。

（3）商誉激励。商誉是一个企业的无形资产，对于企业尤其重要，商誉来自供应链内其他成员的评价和在政府、公众的声誉，反映企业的社会

① 马士华，林勇，等．供应链管理（第5版）[M]．北京：机械工业出版社，2019.

地位（包括经济地位、政治地位和文化地位）。如果核心企业是非常有社会地位的企业，那么成员企业会把与之合作看成是一种激励，同时，一个想长期发展的企业，意味着长期重复交易的发生，信誉成为保持和发展交易量的必要条件。

（4）信息激励。信息激励在供应链协调中发挥着重要的作用，它既是一种直接激励模式，也是一种间接激励模式。一方面，供应链中的激励主体对与之交易的客体会给予不同的信息共享激励方式，合作联盟可以共享交易相关的所有信息，共享部分信息，可以看到市场交易所能得到的一般信息；另一方面，利用信息技术可以建立供应链企业群体中的信息共享机制，其主要目的之一，就是为企业获得信息提供便利。信息共享的激励使企业间关注合作双方的运行状况，不断探求新问题的有效解决途径，消除了由于信息不对称导致双方猜忌而带来的风险。

（5）淘汰激励。淘汰是一种负向激励。供应链建立淘汰机制，对于供应链和其中的业绩较强者，可以通过淘汰弱者获得更高的业绩。对于业绩较差者，为了避免淘汰的危险需要提高业绩。所以，淘汰可激励每个成员承担相应的责任和义务，防止短期行为的发生。

（6）新产品/新技术共同开发激励。新产品/新技术共同研发和共同投资也是一种激励机制，它可以让供应商全面掌握新产品的开发信息，有利于新技术在供应链企业中的推广和开拓供应链市场。在供应链中，如何延伸产业链条，产生绩效，促进终端产品实现高额价值是每个供应链成员所关注的，这就要求每个成员在产品开发中都要发挥自己擅长领域的优势，从而形成了一种激励机制。

（7）组织激励。组织激励解决的是供应链系统的学习能力问题。通过构建学习型供应链，建立成员间战略性合作伙伴关系，尤其是诚信关系。一个具有良好组织关系的供应链对每个成员都是一种激励，成员之间合作愉快，成员的运作流程衔接顺畅，供应链整体收益就会稳定增长。

3. 农产品供应链协调激励机制

（1）价格补贴协调激励机制。价格补贴其实质是一种价格保护策略，是指由于市场竞争或可替代新产品的推出致使原有的产品售价下降，供应商根据原有承诺对零售商未售出的商品实施一定数量的补偿。这是一种常见的渠道激励方法，是供应商通过保护渠道合作伙伴的利益，维系下游渠道商忠诚度的一种措施。理论上，价格补贴是一种供应商分担销售商过剩风险的方式，主要通过期末未售出商品的价格补差来实现，经常用于价格递减生命周期产品供应链的渠道协调。

价格补贴相当于批发价格，简单的批发价格契约无法实现供应链协调，造成这一现象的主要原因是供应商和零售商均以各自的边际效益为目标，而不考虑供应链的整体边际效益，从而产生双重边际效益，导致供应链协调失败。虽然批发价契约不能使得供应链完全协调，但是在很多情况下，它是一种最简单、最有效的契约方式。

在农产品供应链中，往往在绿色食品、有机食品的原产地认证的情况下，农产品一定是市场上优质的高端产品，具有较高的市场价格，应用上述价格补贴协调激励机制，可以稳固销售渠道，激发下游企业提供市场信息，保证营利性的生产。

（2）收入共享协调激励机制。收益共享契约规定，期初下游经销商以批发价（一般低于上游供应商生产成本）从上游供应商处订购产品，经销商销售后，将收入的一定比例在期末返还给供应商。在供应链买卖关系中，当供应链的收益函数来自有固定价格报童问题时，要协调这个供应链有 3 种契约：产品返销契约、数量柔性契约和销售回扣契约。可通过规定利润分配来协调供应链，只有当部分收益产生于租赁费而不是直接销售收入时，收益分享才可以应用。基本上利益共享契约都是传统的批发价契约加上数量折扣契约。

收入共享包含多个方面，相关的含义视具体情况而定。在供应链成员企业中，收入共享是指不同企业之间利润共享和亏损分担。一种形式分享是普通股份公司中一个普通合伙人和有限合伙人之间，另一种形式分享是在一个公司员工之间，或商业联盟中的公司之间。

收益分享契约有利于该行业的所有各方。收益分享契约可以优化供应链，实现行业中的成员企业达到共赢的局面。但是，如果零售商的行动影响需求，收益共享可能不具有吸引力，当需求完全受零售商努力的影响时，应当避免收益分享契约。

批量折扣实际上是价格激励方式的一种转化形式。给参与信息共享的企业一定的批量折扣也可以调整供应链中的利润分配，有效克服“双重边际”现象，激励供应链企业相互共享信息。

（3）回馈与惩罚协调激励机制。在农产品供应链上有关这方面的相关研究不是很充分，相关研究也大多都停留在简单的供应链阶段上，随着对农产品供应链协调研究的不断完善，回馈与惩罚协调机制已经开始用于以政府为主体对农产品生产、加工和销售企业和组织的循环经济约束，以及产业化发展约束。惩罚时以法律、行业规范和高税收为主，而回馈是以税收优惠和补贴为主，专项投资为辅，这将是今后研究的重点。

综上，农产品在生产环节上具有季节性、生产周期长，区域性、分散性、生产组织困难，生产具有随机性等；在销售流通环节上具有市场不确定性大等特点。这就导致了农产品供应链的协调方法与工业品供应链的协调方法有所不同。要实现农产品价值的同时满足广大消费者的需求，需要综合考虑，找出最能协调农产品供应链的有效机制，对供应链进行有效的协调管理。

（三）农产品供应链集成管理

1. 农产品供应链集成的概念

依据供应链集成的思想，集成化农产品供应链管理就是促进农产品供应链各节点企业专业化分工，促使供应链各节点企业通过信息共享、资金和物资等方面的协作进行协调，优化整体绩效，对供应链上所有的过程和物流功能进行无缝链接，集成供应链上各节点企业的核心竞争力，使供应链的竞争者不易复制、模仿，从而提高供应链的竞争优势，实现集成化供应链的整体目标。农产品供应链的特点使农产品供应链管理比工业品供应链管理更复杂，需要更有效的集成管理。集成化农产品供应链管理是农产品供应链管理的核心内容①。

2. 农产品供应链集成模式

（1）以物流中心为主导的农产品供应链集成。这种以物流中心主导的一体化农产品供应链系统，一般是以商业流通企业为主的一体化物流系统。物流中心可由原来的批发市场发展而来，通过对批发市场的改造，采用先进的电子信息技术辅助农产品交易，配备完善的物流体系和信息技术平台，使得物流中心成为联结生产、加工、零售的核心环节。另一种比较现实的解决方案之一就是连锁企业如大型超市的配送中心向上游延伸和发展，形成生鲜农产品加工配送中心。

（2）以加工企业为主导的农产品供应链集成。在农产品供应链系统中，生产者是最薄弱一环，由于农户分散经营，组织化程度低，在供应链中处于不对称的弱势地位，因而可以通过建立以加工企业为中心的一体化

---

① 冷志杰，刘永悦，等．粮食供应链利益补偿协调机制优化研究［M］．北京：科学出版社，2016.

供应链系统。在该模式下，加工企业具有较强的市场力量，以加工企业为中心能够保证生产活动的稳定性，在资金技术和生产资料等方面由公司为农户提供支持。同时企业在加工原料的供应上获得了保证。通过组织农户，实现规模经济，提高生产效率，降低生产成本。供应链整合的过程是通过加工企业内部整合和信息化水平的提高，带动上下游环节进行相应的协调与整合，最终形成统一的供应链管理平台。

（3）以批发市场为主导的农产品供应链集成。以批发市场为中心，运用现代的信息技术，促进供应链各个环节的沟通与交流。农产品市场的主体通过链条的形式组成了农产品供应链，在这个链条上所有企业可以通过电子商务平台发布或查找相关市场信息。农产品供应链的参与企业一般包括生产者、农产品加工商、批发商、运销配送商、分销商、零售商、消费者等。根据各参与企业在农产品供应链中的相互关系，构建以一级批发市场为核心的网络集成农产品供应链模式。通过电子商务平台集成了生产者（农户和生产企业）、农产品的供应加工商、批发商、分销商、消费者各个环节的信息；供应链每一环节的企业都可以通过电子商务平台进行产品交易，可以在平台上发布或搜索市场供求信息、价格信息、物流信息等。通过电子商务平台，企业之间可以形成战略联盟，促进整个农产品市场的发展，实现信息的双向传递，降低农产品流通成本。

（4）以第三方物流企业为主导的农产品供应链集成。农户、农产品基地、供销社把自己需要完成的配送业务依托专业的第三方物流公司来完成物流运作，农产品的配送渠道，环节较少。相对于其他的配送模式，第三方配送在配送损耗、食品质量、管理成本方等都有很大的优势；能灵活运用新技术，实现以信息交换库存，降低成本；能提供灵活多样的顾客服务，为顾客创造更多的价值。以第三方物流为核心来建立农产品物流的供应链也存在一些问题。如：农户与市场的脱节，如果信息在第三方物流企业与农户的传递过程中失真，就使得农户的生产不能适应市场需求，有时可能会出现连带经营风险。如果第三方物流企业是基于合同的比较长期的合作关系，自身经营不善，则可能会影响使用方的经营，要解除合同关系又会产生很高的成本。

（四）农产品供应链发展趋势

1. “一带一路”倡议下农产品供应链发展

2013 年 9 月和 10 月，中国国家主席习近平分别提出了建设“新丝绸之路经济带”和“21世纪海上丝绸之路”的合作倡议。农业是“一带一路”国家和地区经济社会发展的重要基础，面对粮食安全、生态环境变化等全球性挑战，开展农业合作，正成为“一带一路”国家的共同诉求。中国作为农业生产、消费和贸易大国，一直积极参与生态农业发展的国际交流与合作，向“一带一路”国家的农业投资规模不断扩大，农产品贸易持续发展，农业科技合作稳步推进，其中，农产品供应链的发展是重中之重，事关“一带一路”国家乃至全球农业产业链供应链安全稳定，事关国内国际双循环构建和“一带一路”国家的民生福祉，是推动“一带一路”国家高质量发展的重要内容。因此，以“一带一路”建设为契机，打造跨国跨区域农产品供应链体系，促进国际农产品供应链合作，为中国农产品供应链发展提供了巨大机遇①。

2. 乡村振兴战略背景下农产品供应链发展

乡村振兴战略促进农产品供应链补齐各环节产业配套，推动农产品流通体系降本增效，创造中低收入群体分享收益的机会，实现产销协同以及保障主要农产品安全供给。但以“城市消费端”为重心的农产品供应链组织体系下，“小农户”对接“大市场”依然不畅，供应链发展基础薄弱，数字化平台建设滞后，参与主体利益联结机制不健全，链主企业缺乏，农产品安全尚存隐忧等成为重要制约。亟须以农村产地为重心组织供应链体系，引入供应链链主企业，加快构建“政府建设、链主企业运营”的产销衔接数字化平台，补齐农村供应链基础短板，支持链主企业推动供应链组织中心前移和服务前置，全面打通农村供应链循环梗阻，为促进城乡区域循环增添内生动力②。

3. 农产品供应链数字化转型发展

供应链数字化转型是数字经济时代农产品供应链创新发展的重要方向。农产品供应链数字化转型是指农产品从“田头到餐桌”流通过程中，供应链核心企业以消费需求为中心，运用新一代信息技术赋能传统供应链，推动供应链流程可视、响应灵活、运作智能，实现供应链从弱集成、松散化向全链接、一体化转型，进而形成开源（全过程链接、全链条管理和全客群接触）、节流（降低运营成本、物流成本等）、强感（注重消费体

① 刘艳．“一带一路”倡议下中国绿色食品产业供应链发展路径研究［J］．云南社会科学，2022（4）．

② 刘振中．乡村振兴战略背景下优化农村现代供应链与扩大农村内需研究［J］．贵州社会科学，2022（6）．

验）、增效（提高供应链运作效率）的农产品供应链网络和生态系统的过程。当前，中国农产品供应链数字化转型面临着有利的外部环境，但由于中国农业数字化建设刚刚起步，农产品供应链数字化转型整体上处于探索阶段，在技术、运营、结构和治理等方面仍存在不少问题。因此，推进农产品供应链数字化转型，需要结合经济、社会、技术、政策环境变化并针对存在的问题，以打造供应链数字化生态系统为目标，从供应链技术应用、运营管理、组织结构和供应链治理等层面构建数字化转型框架，系统实施数字化变革[①]。

4. 农产品供应链管理的主要研究问题

农产品供应链管理覆盖了从农产品生产到农产品销售乃至消费的全过程，主要涉及农业生产资料供应、农产品生产、农产品物流和农产品销售等几个主要领域的流程综合管理。事实上，农产品供应链管理包容了农产品供应链上各个企业的经营管理活动，但它更突出整体性与系统性。

研究的主要问题包括：食品安全，供应链的伙伴关系，国际食品供应链及可持续发展；食品供应链的绩效指标建立及使用；研究分析农业及食品供应链的战略、结构、控制从而提高绩效的一般方法；农产品供应链模拟模型的建立及优化应用；农产品供应链的需求不确定性；集成化农产品供应链研究等。

① 赵晓飞，鲁楠，李明．农产品供应链数字化转型：理论框架与实现路径［J］．云南社会科学，2022（6）．

第十四章

农业资源、环境与可持续发展问题研究

农业是与自然资源、生态环境关系最为密切的产业，农业可持续发展是改善和优化人与自然的关系、建设生态环境友好的农业发展制度。农业可持续发展要求人们尊重自然、利用自然、保护自然，与自然和谐相处。加强农业生态环境保护、建设人与自然和谐共生的农业现代化是一个系统工程，要切实增强农业资源、环境和农业可持续发展的系统观念，扎实推进农业绿色低碳高质量发展。

一、农业资源、农业环境与农业可持续发展基本理论

习近平总书记非常重视农业生态文明建设，在地方工作时就提出了“绿水青山就是金山银山”的重要命题。党的十八大以来，他立足新时代中国特色社会主义伟大实践，就农业生态保护和环境治理发表了一系列重要论述，提出了一系列战略性举措，推动农业生态环境保护发生历史性、转折性和全局性变化，凝练形成了习近平生态文明思想。其中包含“两山”论、生态生产力论、“黑土地就是耕地中的‘大熊猫’”等。这些核心论点不仅为习近平生态文明思想奠定了坚实基础，也为实现人与自然和谐共生的现代化提供了根本遵循。农业可持续发展就是要使农业具有长期可持续发展的能力。而农业资源如土地、水资源等作为农业生产的物质基础和条件，直接影响着农业发展和社会发展，不仅应重视其边际效益和规模效益的问题，更应重视其保护和可持续利用的问题，这也是落实习近平新时代中国特色社会主义思想的应有之义。

(一) 农业资源与农业环境的涵义

1. 农业资源的涵义

农业资源是指人们从事农业生产或农业经济活动中可以利用的各种资源，包括农业自然资源和农业社会资源。农业自然资源主要指自然界存在的，可为农业生产服务的物质、能量和环境条件的总称。它包括水资源、土地资源、气候资源和生物资源等。农业社会资源指社会、经济和科学技术因素中可以用于农业生产的各种要素，主要包括人口、劳动力、科学、技术、资金、信息、经济体制、文化、政策及法律法规等。

农业自然资源包括水资源、土地资源、气候资源、生物资源和农业社会资源等。

(1) 水资源，通常指逐年可以得到更新的那部分淡水量。即可供农业生产和人类生活开发利用的含较低可溶性盐类而不含有毒物质的水分来源。包括地表水、土壤水和地下水，以大气降水为基本补给来源，是一种动态资源。地表水指河川、湖泊、塘库、沟渠中积聚或流动的水，一般以常年的径流量或径流深度表示；土壤水指耕层土壤土粒的吸湿水和土壤毛管水；地下水指以各种形式存在于地壳岩石或土壤空隙中可供开发利用的水。地下水资源又可分为天然资源和开采资源。自然降水和地表水、土壤水、地下水之间不断运动交替，互相转化，形成自然界的水循环。在人类活动中，一部分地下水又被提取成为地表水。河川中的枯季径流，有时也靠浅层地下水补给。深层地下水和矿藏相似，与地表水的循环更替期很长，有的达千年以上，一经开采，往往很难补给，常致水位下降，形成地下漏斗。因此，不能作为常用资源。水资源对农业生产具有两重性，它既是保证农业顺利生产的重要前提条件，又是洪、涝、盐、渍等农业灾害的根源。

(2) 土地资源，是农业生产的基本生产资料。一般指能供养生物的陆地表层，包括内陆水域，但不包括海域。土地除非农业用地外，还有一部分是难于利用或基本不能利用的沙质荒漠、戈壁、沙漠化土地、永久积雪和冰川、寒漠、石骨裸露山地、沼泽等。随着科学技术进步和经济的发展，有些难于利用的土地正在变得可以逐步用于农业生产。农业用地按其用途和利用状况，可以分为：①耕地，指耕种农作物的土地，包括水田、水浇地、旱地和菜地等；②园地，指连片种植、集约经营的多年生作物用地，包括果园、桑园、茶园、橡胶园等；③林地，指生长林木的土地，包括森林或有林地、灌木林地、疏林地和疏林草地等；④草地，指生长草类可供放牧或刈割饲养牲畜的土地，不包括草田轮作的耕地。中国通常称北部和西部10个省（自治区）大面积连片的草地为草原，称南部和中部各省（自治区）主要分布在山丘地区较为零星的草地为草山、草坡。凡加以利用的草地（也称草场），按其不同的经营利用方式，分别有天然草地、改良草地、人工草地等；⑤内陆水域，指可供水产养殖、捕捞的河流、湖泊、水库、坑塘等淡水水面以及苇地等；⑥沿海滩涂，又称海涂或滩涂，是海边潮涨潮落的地方，位于大潮高低潮位之间，又称为潮间带，是沿海可供水产养殖、围海造田、喜盐植物生长等的特殊自然资源。在草地和林地中，适宜于开垦种植农作物或牧草的天然草地、疏林地和其他荒地称为宜农荒地；适宜于营造森林的疏林草地和荒山荒地则称为宜林荒山荒地，均属于农业的后备土地资源。

（3）气候资源，即太阳辐射、热量、降水等气候因子的数量及其特定组合。太阳辐射是农业自然再生产的能源，植物体的干物质有90%～95%系利用太阳能通过光合作用合成的。水既是合成有机物的原料，也是一切生命活动所必需的条件；陆地上的水主要来自自然降水。温度也是动植物生长发育的重要条件，在水分、肥料和光照都满足的情况下，在一定温度范围内，许多植物的生长速率与环境温度成正比。因此，气候资源在相当大的程度上决定农业生产的布局、结构以及产量的高低和品质的优劣。农业气候资源通常是采用具有一定农业意义的气象（气候）要素值来表示。例如，生长期和总热量分别指植物生长起止温度之间所经历的天数和日平均气温的积累值；热量强度指最热月和最冷月的平均气温、平均极端最低气温或气温日较差等。热量条件能否满足作物生长需要，还与其季节性变化能否与作物生育动态相适应有关。降水同农作物生育和产量形成有密切关系的值是降水量、降水日数、降水变率、相对湿度等。有时还可以综合因子表示，如用干燥度，即最大可能蒸发量对同期降水量的比值来表示干湿程度等。用以表示光照条件的，有太阳辐射强度、光合有效辐射、日照时数、日照百分率等。各个气候因素之间相互联系、相互制约。因此，在评价气候资源时，还必须考虑它的组合特征。

（4）生物资源，即可作为农业生产经营对象的野生动物、植物和微生物的种类及群落类型。从广义上讲，人工培养的植物、动物和农业微生物品种、类型，也包括在生物资源的范畴之内。生物资源除用作育种原始材料的种质资源外，主要包括：①森林资源，指天然或人工营造的林木种类及蓄积量；②草地资源，指草地植被的群落类型及其生产力；③水产资源，指水域中蕴藏的各种经济动植物的种类及数量；④野生生物资源，指具有经济价值可供捕、捞或采、挖的兽类、鸟类、药用植物、食用菌类等；⑤珍稀生物资源，指具有科学、文化价值的珍稀动植物；⑥天敌资源，指有利于防治农业有害生物的益虫、益鸟、蛙、益兽和有益微生物等。

（5）农业社会资源，农业社会资源是为农业生产投入的劳动力、科学、技术、经济和智力等主要资源的总称。农业社会资源的投入遵循边际效益递减的规律，如施用农用化学药品和灌溉可使系统增加水与养分，增加抗逆力，在开始的时候增加产量，随着时间的推移，即使再投入这些生产要素，农业的产量也不会增加，这就出现了边际效益递减现象。科学技术的进步和创新是实现农业可持续发展的重要社会资源，主要通过提高劳动生产率，如以机械代替人、畜劳动，智能管理等，促使农业社会资源发挥更大效率。

2. 农业自然资源的基本特性

农业自然资源与社会经济资源相互作用，在自然界的基础上，经过人类的改造活动，形成了农业系统。农业自然资源具有以下特点：

（1）地域差异性。农业自然资源因所处的地理位置不同，其种类、性质、状态、数量、组合特征及生产力都有明显的差异。这种差异不但存在于大的区域之间，也存在于小的范围之内。这个特性决定了人类对其开发利用必须因地制宜。

（2）整体系统性。各种农业自然资源在自然环境中是相互联系、相互依存、相互制约的有机整体。农业自然资源的整体性，决定了其开发利用的综合性，只有全面认识农业自然资源，才能合理利用和保护农业自然资源可持续性。

（3）动态平衡性。可再生的农业自然资源在一定时间、空间内是相对稳定的，并能循环利用。农业自然资源的这一特性是有条件的，就是要以自然的承载力为基础，合理利用为前提，如果利用不当，某些资源就会衰退，甚至枯竭。

（4）数量有限性。农业自然资源的数量是有限的，如土地的面积、水的贮量、达到地面的太阳辐射能等，在一定区域、一定时间内的数量是基本恒定的。农业自然资源的有限性决定了我们必须充分合理利用农业自然资源，保障农业可持续发展。

（5）社会经济性。农业自然资源在没有被人类开发利用之前，是天然的，只有自然的属性，而一旦被人类开发利用，投入农业生产过程后，就具有了社会经济属性，成为社会经济财富的源泉。

（6）潜力无限性。农业自然资源具有可更新、再生性，加之随着科学技术的进步，人类可以寻找新的资源和扩大资源利用范围，不断提高农业资源利用率和生产能力。

3. 农业环境的涵义

农业环境是以农作物或农业生产为主体的周围环境各要素的总和，主要包括土地、水、大气和生物等自然要素和经济、社会、政策等经济要素，是人类赖以生存的自然环境中的一个重要组成部分。这些农业环境要素共同构成了一个农业环境综合体系，相互作用，相互影响，为人类创造出大量物质。农业经济环境是除了自然资源环境之外最重要的农业环境，农业经济环境包括土地要素、资金要素和农村劳动力要素三个方面。农业环境具有范围广阔，差异明显；不稳定性；环境质量恶化不易察觉的特点。也就是说，农业环境由气候、土壤、水、地形、生物要素及人为因子所组成。每种环境要素在不同时间、空间都有质量问题。当前中国农业环境质量的突出问题是环境污染和生态破坏。

（二）农业可持续发展的涵义与特征

1. 可持续发展的定义

随着气候变化，人们更多地关注可持续发展，20 世纪这一概念在全球范围内引起了不同领域学者的广泛探讨和解释。生态学家从自然资源及其开发利用程度间的平衡的角度提出可持续发展的概念，即所谓生态可持续性。对可持续发展定义为“保护和加强环境系统的生产和更新能力”，就是说可持续发展是不超越环境系统更新能力的发展，是寻求一种最佳的生态系统以支持生态的完整性和人类愿望的实现，使人类的生存环境得以可持续。

1991 年由世界自然保护同盟、联合国环境规划署和世界野生生物基金会共同发表了《保护地球——可持续生存战略》，从社会可持续发展观角度认识可持续发展，它是“在生存于不超出维持生态系统可承受能力之情况下，改善人类的生活品质”。并且提出人类可持续生存的 9 条基本原则。在这 9 条原则中，既强调了人类的生产与生活方式要与地球承载能力保持平衡，保护地球生命力和生物多样性，又提出了人类可持续发展的价值观和130个行动方案，着重论述了可持续发展的最终落脚点是人类社会，即改善人类的生活品质，创造美好的生活环境。

经济学家则认为，可持续发展的核心是经济发展。当然不是传统的以牺牲资源和环境为代价的经济发展，而是不降低环境质量和不破坏自然资源基础的经济发展，是在保持自然资源质量的前提下，使经济发展的净利益增加到最大限度，是现在的资源使用不应减少未来的实际收入的一种经济发展。从技术选择的角度给可持续发展下定义的学者，认为可持续发展就是转向更清洁更有效的技术，尽可能接近“零排放”或“密闭式”工艺方法，尽可能减少能源和其他自然资源的消耗。有的学者甚至提出，可持续发展就是建立极少产生废料和污染物的工艺或技术系统。联合国粮农组织（FAO）把农业可持续发展确定为“采取某种使用和维护自然资源的方式，实行技术变革和体制改革，以确保当代人类及其后代对农产品的需求得到满足，这种可持续的农业能永续利用土地、水和动植物的遗传资源，是一种环境永不退化、技术上应用恰当、经济上能维持下去、社会能够接受的农业。”

《中国21世纪议程》对中国农业可持续发展明确为：保持农业生产率稳定增长，提高食物生产和保障食物安全，发展农村经济，增加农民收入，改变农村贫困落后状况，保护和改善农业生态环境，合理、永续地利用自然资源，特别是生物资源和可再生资源，以满足逐年增长的国民经济发展和人民生活的需要。从农业资源角度来理解，农业可持续发展就是充分开发、合理利用一切农业资源（包括农业自然资源和农业社会资源），合理地协调农业资源承载力和经济发展的关系，提高资源转化率，使农业资源在时间和空间上优化配置，达到农业资源永续利用，使农产品能够不断满足当代人和后代人的需求。

2. 农业可持续发展的内涵

农业可持续发展是指农村经济和社会经济全方位的可持续发展。实现农业可持续发展不单纯追求数量上的增加，而是要实现农民日益富裕、农业社会全面进步，使农村的资源环境、人口、经济和社会相互协调，共同发展。中国农业可持续发展首先就意味着发展。中国作为发展中国家，只有发展才能满足人民日益增长的农产品需求，这种需求不仅指数量上增加的满足，更应指农产品质量提高上的满足。

3. 中国农业可持续发展的特征

（1）生态可持续性。保证农业生产的物质基础——农业资源环境的可持续利用，遵循自然生态规律，保持生态良好。

（2）经济可持续性。农业产量稳定持续增长，农产品质量不断改善，农业生产率稳定提高，农民收入和农业经济效益可持续增长。

（3）人口适度性。控制人口数量，提高人口素质，增加人力资源的资本存量。

（4）农业增长方式的集约性。从单纯依靠资源和环境转移到依靠科技进步和提高劳动者素质上来，提高农业增长的科技含量。

（5）目标的多元性。提高农业产品的产出率、产品质量和农业经济效益的同时，注重生态效益和社会效益，把社会进步和资源环境保护放在首位，追求经济效益、社会效益和生态效益三者的统一。

（三）农业可持续发展的目标与原则

1. 农业可持续发展的目标

（1）布氏可持续发展[①]实现的七大关键目标。包括：①恢复经济增长；②改变增长质量；③满足必需的工作、食物、能源、水和卫生的需要；④保持人口的可持续发展水平；⑤保持和巩固资源基础；⑥技术和管理风险的重新定向；⑦将环境与经济因素共同融入决策之中。

（2）中国农业可持续发展的目标。中国农业可持续发展目标的实现是以现代工业和科学技术为基础，利用我国传统农业的有效技术精华，实现持续增长的生产率、持续提高的土壤肥力、持续协调的农村生态环境、持续利用的农业自然资源，实现高产、优质、高效、低耗，逐步建立起一个采用现代工业装备、现代科学技术和现代经营管理方法的农业综合体系。具体内容包括：①积极增加粮食产量，确保粮食安全，消除饥荒；②促进农村综合发展，增加农民收入，消除贫困；③合理利用、保护和改善自然资源，创造良好环境，以利于子孙后代生存和发展；④发展多种经营方式、多种生产类型、多层次的农业经济结构和发展模式；⑤进一步依靠科技进步，实现我国传统农业技术的精华与现代高科技相结合。

农业的可持续发展是中国可持续发展的核心和关键，我们必须把农业可持续发展放在社会可持续发展的突出位置，从战略高度上来实施农业的可持续发展。党的十八大明确指出要加快发展现代农业，着力促进农民增收，坚持和完善农村基本经营制度，加快完善城乡发展一体化体制机制。

---

① 1987年，挪威首相布伦特兰夫人在联合国世界环境与发展委员会所作的报告《我们共同的未来》，对可持续发展作了定义。

2. 农业可持续发展的基本原则

（1）以科技为先导的原则。“科学技术是第一生产力”。21世纪是生物科学和农业工程技术的世纪。生物技术是综合应用生物化学、微生物、化学工程和基因工程开发天然物种和人工合成新物种并借以提高生物生产力。农业工程是研究农业生物体在生长、繁育、贮存和加工过程中与环境和各种技术手段之间关系的科学，也是人类运用各种科学知识改善自然条件和生态环境，增加农业产出量的综合性技术。但是，目前我国的农业技术水平还比较低，主要表现为：①科学技术成果转化率只有30%～40%；②科技普及率只有30%～40%；③化肥当季有效利用率也只有30%～40%；④农业科技进步贡献率不到60%。

因此，今后我国农村在实施可持续发展战略的时候，应遵循科技为先导的原则，把科教摆在第一生产力的位置上。提高科技进步对农业和农村经济增长的贡献率，节约各种资源提高资源利用率。今后农业和农村经济可持续发展，主要依靠科技进步来推动。要进行科技开发，加强农业科研基础研究，力争在生物遗传多样性、优良品种的培育等方面取得重大进展。紧密围绕农业和农村经济发展的科技“热点”、“难点”问题组织联合攻关。

（2）注重人力资本的原则。所谓的人力资本是体现在劳动者身上的，以劳动者的数量和质量表示的非物质资本。舒尔茨强调人力资本就是强调人口的素质或质量对于推动经济发展的重要作用，而人才领域是“马太效应”表现得最为明显的领域之一。舒尔茨指出，传统的经济理论认为经济增长必须依赖于物质资本和劳动力的增加已不再符合今天的事实，对现代经济来说，人的知识、能力、健康等人力资本的提高，对经济增长的贡献远比物质资本、劳动力数量的增加重要，因此，中国农业的可持续发展要注重长期的人力资本投资，注重人才培养，提高农民素质，壮大和提高农村科技队伍。在提高农民素质方面，除继续加强农村的基础教育，大幅度提高农民文化程度外，要开展多形式、多渠道、多层次的教育培养，大力推行“绿色证书工程”，逐步把农民培养成有较高科学文化素质和较强的接受反馈信息的能力，使他们成为掌握科学经营管理方法，又能熟练掌握现代工业技术操作的现代农民。

（3）注重多效益的原则。特殊的国情赋予了农业特殊的重要性，这就是，由于全国14亿人口中有9亿多农民生活于农村，直接靠农业及其相关产业获取收入。工业原料中的40%（其中轻工业原料的70%，纺织工业原料的90%）来自农业，全社会商品的43.2%销往农村，使得农业成为决定经济发展、社会安定、民族自立的基础产业。所谓多效益，就是既考虑在经济学上的扣除成本（包括机会成本）后的经营所得的经济效益，同时也考虑生态效益和社会效益。即重视速度，也强调效益和质量，更注重发展的环境代价和资源成本（包括机会成本）。要把各种有限的资源充分合理地配置，以达到最佳的组合，取得最好的效益，最小的损失（包括环境损失）。所以，实现农业的可持续发展需要坚持效益优先的原则（包括经济效益、社会效益和生态效益）。

（4）注重集约和节约的原则。基于我国农村目前的情况，要实现可持续发展，就必须对农村地区人与自然的关系作进一步的调整，其实质就是实现农村各产业部门资源的合理配置。现代经济发展表明，经济增长是技术进步与投放要素追加的函数。也就是说，经济增长可来源于投入要素追加的推动和技术进步推动的要素生产率的提高两种方式。从经济学理论上来说，若经济增长主要来源于投入要素的增加，则称为粗放经营增长方式；反之，经济增长主要来源于由技术进步所推动的要素生产率的提高，则称为集约经营增长方式。

鉴于我国现有农业资源的相对贫乏和长期不合理利用，人口对产品的需求和现代农村经济同国际接轨要求的实际，现代农村经济不能走主要依靠要素投入的粗放经营之路，而必须从粗放经营转向集约经营，体现集约的原则。同时要节约利用现有的农业资源，发展现代农业和社会主义新农村，实现农业可持续发展。

（5）注重法制的原则。着力促进农民增收，保持农民收入持续稳定较快增长。坚持和完善农村基本经营制度，依法维护农民土地承包经营权、宅基地使用权、集体收益分配权，壮大集体经济实力，发展多种形式规模经营，构建集约化、专业化、组织化、社会化相结合的新型农业经营体系。改革征地制度，提高农民在土地增值收益中的分配比例。在我国农业可持续发展中，一定要注重法制原则，要逐步建立和完善农村发展的法律体系，并提高执法人员的素质，做到“违法必究，执法必严”，以法治代替人治，树立法制权威，保持农村社会的稳定，实现农业可持续发展。

二、农业可持续发展的资源环境现状、模式与问题

（一）农业可持续发展的资源现状

资源与环境已成为评价和衡量农业可持续发展的重要指标，是农业可

持续发展的基础和约束条件。节约和合理开发利用环境资源，解决环境资源日益尖锐的供需矛盾，是实现农业资源的可持续利用和农业可持续发展的关键。

1. 耕地资源

新中国成立以来，党中央、国务院就非常重视耕地保护利用工作，并初步形成了兼顾数量、质量与生态的“三位一体”的耕地综合保护利用制度，并在 20 世纪 90 年代形成以数量为重点的耕地保护学说，推动“18 亿亩耕地红线”划定。之后有学者指出，质量也是耕地保护的关键，但与数量保护相比，尚未得到应有重视。党的十八大以后对耕地生态系统维护继续扩大延伸，实施了最严格的耕地保护制度，为贯彻“藏粮于地”战略、保障粮食安全、促进农业绿色高质量发展、加快推进农业现代化奠定了重要基础。耕地资源是不可代替的农业生产资料，目前我国人均耕地面积不足 1.35 亩，不足世界平均水平的 40%，保护形势严峻。我国耕地资源质量下降及退化问题也十分严重。水土流失面积占国土面积的 37%，荒漠化面积占国土面积的 27.5%，气候异常导致的极端干旱和涝灾，威胁耕地资源的可持续利用。随着我国工业化、城市化进程的加快，国家、集体和个人每年共计要占用 60 万公顷的土地（主要是耕地）。从现在起到 21 世纪 30 年代，将是我国工业化、城市化的高峰时期，大量的土地（主要是耕地）还将被占用。耕地总量多、但人均少、高质量耕地少、后备耕地少是我国耕地资源的现状。习近平总书记多次强调，粮食生产根本在耕地，必须牢牢守住耕地保护红线。各地要严格落实习近平总书记重要指示，科学用好土地资源，守住耕地红线，提升耕地质量，不断夯实粮食生产“根基”。

2. 水资源

联合国曾发表《全球水资源发展现状》报告明确指出：“在知识经济时代，影响全球经济发展的最关键因素之一是水资源污染问题。如果这个问题继续发展，将导致国家和民族之间的冲突和战争。”习近平总书记反复强调，要正确处理经济社会发展和生态环境保护的关系，坚持山水林田湖草沙一体化保护和系统治理，推进生态优先、绿色发展。全面贯彻落实党的二十大精神和中央经济工作会议部署，对标 2035 年美丽中国建设目标，践行“六个必须坚持”（必须坚持人民至上、必须坚持自信自立、必须坚持守正创新、必须坚持问题导向、必须坚持系统观念、必须坚持胸怀天下），做好“六个统筹”（统筹减污降碳协同增效，统筹 PM2.5 与臭氧协同治理，统筹水资源、水环境、水生态治理，统筹城市和农村，统筹陆域与海洋，统筹传统污染物与新污染物），着力推动经济社会发展绿色化低碳化，持续深入打好蓝天、碧水、净土保卫战，加强生态系统保护监管，严密防控生态环境风险，健全现代环境治理体系，积极参与全球环境治理，以“时时放心不下”的责任意识做好各项工作。目前我国人均水资源的拥有量不足世界人均水平的1/3，并且水资源的时空分布不均衡。习近平总书记反复强调要科学推进工程规划建设提高水资源集约节约利用水平，要求完整、准确、全面贯彻新发展理念，按照高质量发展要求，统筹发展和安全，坚持节水优先、空间均衡、系统治理、两手发力的治水思路，遵循确有需要、生态安全、可以持续的重大水利工程论证原则，立足流域整体和水资源空间均衡配置，科学推进工程规划建设，提高水资源集约节约利用水平。

3. 林地

习近平总书记反复强调，林业建设是事关经济社会可持续发展的根本性问题。习近平同志在《摆脱贫困》中指出：“森林是水库、钱库、粮库”，他还强调：“森林能够美化环境，涵养水源、保持水土，防风固沙、调节气候，实现生态环境良性循环。”2013年4月2日，习近平在参加首都义务植树活动时强调：“森林是陆地生态系统的主体和重要资源，是人类生存发展的重要生态保障。”我国的人均林地面积不足0.13公顷，仅相当于世界平均水平的13%。根据第九次全国森林资源清查结果，全国森林面积22 044.62万公顷，占世界森林面积的5.51%，其中内蒙古、云南、黑龙江、四川、西藏、广西森林面积较大，6省森林面积合计11 471.88万公顷，占全国森林面积的52.57%。各省森林覆盖率超过60%的有福建、江西、台湾、广西4省份，60%～50%的有浙江、海南、云南、广东4省份，50%～30%的有湖南等11个省份，30%～10%的有安徽等13个省份，不足10%的有青海、新疆2省份。全国林地按地类分，乔木林地17 988.85万公顷，占82.43%，竹林地641.16万公顷，占2.94%，灌木林地7 384.96万公顷，疏林地342.18万公顷，未成林造林地699.14万公顷，苗圃地71.98万公顷，迹地242.49万公顷，宜林地4 997.79万公顷。

4. 草地

中国草地面积广阔，自然资源丰富，准确评估草地资源既是合理开发和利用草地的基础，也对生态环境的保护具有重要意义。我国是世界草地资源大国，草地面积约 4 亿公顷，占国土面积的 40%以上，为耕地的 3.7 倍，林地的 3 倍。我国草地是最大的陆地生态系统，在保护生态环境、维护生态平衡中发挥着重大作用。目前全国草地退化面积占可利用草地面积的 1/3，草地资源利用不合理、草地资源建设投资不足和过度放牧超载等问题突出。

5. 生物多样性减少

从最早有记载的历史时期算起，人类已经利用了大约 5 000 种生物作为粮食作物，其中不到 20 种提供了世界绝大部分粮食。但是最近 400 年来，地球上的物种灭绝速度在加快，如兽类在 17 世纪平均 5 年灭绝 1 种，到 20 世纪每 2 年就灭绝 1 种。由于生物链的作用，地球上每消灭 1 种植物，往往有 10～30 种依附于这种植物的动物和微生物也随之消失。每一种植物的丧失都减少了自然和人类适应变化条件的选择余地。

（二）农业可持续发展的模式

1. 现代农业模式

党的十八大报告指出：坚持走中国特色新型工业化、信息化、城镇化、农业现代化道路，推动信息化和工业化深度融合、工业化和城镇化良性互动、城镇化和农业现代化相互协调，促进工业化、信息化、城镇化、农业现代化同步发展。2012 年中央 1 号文件题为《关于积极发展现代农业　扎实推进社会主义新农村建设的若干意见》，指出加强“三农”工作，积极发展现代农业，扎实推进社会主义新农村建设，是全面落实科学发展观、构建社会主义和谐社会的必然要求，是加快社会主义现代化建设的重大任务。文件指出了发展现代农业的重要作用，为未来现代农业的发展指明了方向。要用现代物质条件装备农业，用现代科学技术改造农业，用现代产业体系提升农业，用现代经营形式推进农业，用现代发展理念引领农业，用培养高素质农民发展农业，提高农业水利化、机械化和信息化水平，提高土地产出率、资源利用率和农业劳动生产率，提高农业素质、效益和竞争力。建设现代农业的过程，就是改造传统农业、不断发展农村生产力的过程，就是转变农业增长方式、促进农业又好又快发展的过程。

2. 有机农业模式

在西方发达的工业化国家里，农业高度集约经营，利用大量的化石能源和资本投入来获得高产。然而这种高投入高产出的农业生产模式极大地破坏了原有的生态系统，出现了令人担忧的环境问题。第一，高能源消耗的农业生态系统难以持续。化肥，农药、农用机械等农用生产资料和柴油、汽油等都需要消耗化石能源，而地球上现有的化石能源形成于数亿年之前，且总量有限，化石能源是不可更新资源，总有枯竭的一天。到那时，建立在高化石能源基础上的现代农业也就有可能崩溃。第二，存在严重的农业化学污染和土地资源的退化。现在农药、化肥污染已是欧美等发达国家污染治理的一大难题。农田流失的氮和磷等化学营养元素进入水体，使被污染的水富营养化，藻类、菌类大量繁殖，使水的含氧量降低，造成水体中其他生物大量死亡，破坏了水体的生态系统平衡。另外，由于大规模集约化经营，造成了地表植被的大量破坏、森林覆盖率下降，易造成水土流失，土壤沙化退化等现象。第三，农产品品质受到影响。使用化肥农药的农产品产量高，含有的各种所施用的化学元素也高，有些可能还有毒，威胁人类健康。现代常规农业所带来的这三个方面的问题，引起了人们的担忧。因此，人们便提出了一种完全或部分否定常规现代农业的农业发展模式——有机农业。较为严格的有机农业要求尽量减少农场范围以内各种外部物质的投入，完全停止各种化学物质的投入，使农场得以自给自立。它要求完全运用轮作、间作和各种生物防治方法来控制杂草和病虫害，养分主要来自轮作中的豆科植物、秸秆还田、粪肥、垃圾及其他有机物。在健康的环境成为稀缺资源的时候，有机农业越来越受到消费者的青睐。

3. 持久农业（permaculture）模式

持久农业是20世纪70年代由澳大利亚学者莫里森提出来的。它由英文永久（permanent）和农业（agriculture）两个英文单词组合而成。根据莫里森的定义，持久农业是对农业生产生态系统有意识地设计和维持，因而这一系统具有自然生态系统所具有的多样性、稳定性和恢复力等特征。莫利森从生态学、环境伦理学等角度认为，人们要想持续地发展农业，必须和自然合作，应该了解自然生态系统所具有各种功能，而并不是生产这一个功能。并提出了持久农业的伦理学基础：爱护地球，让持久农业成为一个使地球上所有生命都能继续和繁荣的系统；爱护人类，让持久农业提供人类生存所必需的资源；设立人口和消费的限额，通过控制人们的需求，留下一部分资源以满足前两项伦理需求。同时，这种思想还对农业生产提出了一些特殊的要求：土地利用规模应较小；集约而不是粗放经营；物种多样化，良好的微气候小环境；长期利用；野生动植物要纳入系统的有机组成成分；林牧综合经营；适应于荒坡、洼地、砾石地等边际土地；必须进行精细的农业生态设计。持续农业通过对当地物种、自然环境的考虑，提出了包括乔木、灌木、草场、农作物、散养家禽家畜等成分的一个完整的生态系统。这种农业发展模式可以有效地避免现代农业所带来的环境污染，高物质、高能源消耗以及自然力衰退等生态危机问题，利用资源采用“够用原则”，是小规模非营利性农业。

4. 生态农业模式

生态农业具有中国特色，它既不同于传统的有机农业，又有别于常规的现代农业。作为一种农业生产体系，既依照生态学原理和生态经济规律，把经济、社会和生态效益统一起来，代表中国农业发展的新途径，又将生态系统原理应用到农业中去，构成一种低投入、高产出的农业生产手段。按我国关于生态农业理论研究与实践，其内容、手段和结果具有以下显著特点：

第一，内容的广泛性。中国的生态农业，既要做到生态平衡与经济发展的统一，也要实现生态，经济，社会三方面发展的统一。它的内涵包括：①它是一种战略思想。它是把农业置身于整个国民经济的大环境中去考虑，既追求农业本身的发展，又兼顾其对人口、资源、环境、政治、社会等各个方面的影响及其受到的反作用。②它是一项系统工程。要按照生态经济学、现代管理学和农业经济学的有关原理，对农业的产前、产中、产后各个环节进行统筹安排，最优决策。在决策过程中既考虑到农业系统的发展目标，也考虑到资源的制约、技术的制约、人口的制约和整个社会经济政治因子的制约，最终实现社会、经济、生态三大循环系统向更高层次发展，尽快地促进农业系统生产力的提高。

第二，形式的多样性。由于我国幅员辽阔，各地资源、环境、气候等因素的差异，决定了我国生态农业具体形式的多样性。但从结构分析来看，这许许多多的具体形式又可归并为三大类：①空间立体层次型。这是一种模拟森林生态系统对光能的多层次利用，进行立体开发的生态农业模式，如山区立体农业，包括荒山绿化、水土保持、土特产开发等；平原立体农业，包括套种、间作，稻田养鱼、稻田养蛙等；水体立体农业，像池塘养鱼根据鱼类生活水层不同，可以把不同鱼种同池放养，节约空间能量。②时空多层次型。这是一种模拟生态系统的食物链结构，建立农业资源多级循环利用的农业生产模式，其中主要是农畜产品及其废弃物的多级利用。这种模式在南方较为典型，在南方水稻产区，初级生产者为水稻、饲料，供给人类家畜、家禽的消费。稻田肥水、藻类和水生昆虫又可用来养鱼，第二级生产者的排泄物通过微生物分解作为肥料返回农田，这样便形成一个完整的物质循环系统。③时间和空间交叉型。由于各地农业生产条件的复杂性，因此，现存的生态农业模式大都具有时间和空间双重特性，很难具体划清界限，因此，可以把它们归入时空交叉型。

第三，方法的兼容性。中国生态农业以社会主义生产关系为基础，能够发挥社会主义制度的优越性。同时，它又吸收世界上其他国家的科学经验，是一种兼容并蓄的综合运行方法。从方法论上而言，它能做到宏观与微观相结合，定性与定量相结合，静态与动态相结合，典型与一般相结合。从技术操作上而言，它能利用生物共生共存技术，时空互补营养生态技术，工程措施与生物措施相结合的综合治理技术，资源保护与自身增殖技术，物质和能量循环技术，资源多层次分级与立体种养技术，多能互补与综合开发利用技术等。

第四，发展结果的持续高效性。中国的生态农业，以发展大农业为出发点。在保护生态环境的前提下，尽可能实现农业经济的快速发展。农业可持续发展需要一定的保障措施，即：加强以水利为重点的基础设施建设，加强林业建设；保护耕地，保护森林植被，保护水源；防治水土流失，防治土地荒漠化，防治环境污染。《丹波斯宣言和行动纲领》中给可持续农业所下的定义是：采取某种使用和维护自然资源的基础方式，以及实行技术变革和机制性变革，以确保当代人类及其后代对农产品需求得到满足，这种可持续的发展（包括农业、林业和渔业）维护土地、水、动植物遗传资源，是一种环境不退化、技术上应用适当、经济上能生存下去以及社会能够接受的农业。因此，中国的生态农业也是农业可持续发展的一种模式。

5. 循环农业经济模式

循环农业经济是科学地安排不同生物质在农业系统内部的利用或再利用循环，最大限度地利用农业资源与环境条件，以尽可能少的投入得到更多更好的农产品供给。在农业生产中注重社会效益、经济效益和生态环境效益的统一。循环农业经济发展模式是自然生态环境友好，节省生存空间，经济良性循环。构建循环农业经济框架包括：以粮食及其他农副产品龙头加工企业为依托的加工企业循环经济链条；以畜牧、水产生产加工企业为依托的畜牧、水产加工循环经济链条；以林业及其加工业为依托的林业循环经济链条；以秸秆综合利用为重点的秸秆循环经济链条。要大力发展绿色、有机、无公害原料，加工企业要采取先进节能、无污染技术改造传统工艺，提高企业的比较效益。培植农业循环经济载体，以生产要素为纽带，将具有上下游共生关系的农副产品加工企业集中在一个相对封闭的园区内，实现有害污染物在园区内的闭路循环。大力推进出口农产品的清洁生产，使农副产品达到质量、环保等方面的国际标准。

6. 低碳农业模式

2020 年 9 月 22 日，习近平总书记在第七十五届联合国大会一般性辩论上的讲话指出，应对气候变化，《巴黎协定》代表了全球绿色低碳转型的大方向，是保护地球家园需要采取的最低限度行动，各国必须迈出决定性步伐。中国将提高国家自主贡献力度，采取更加有力的政策和措施，二氧化碳排放力争于 2030 年前达到峰值，努力争取 2060 年前实现碳中和。2021 年 12 月 8 日，习近平在中央经济工作会议上的讲话指出，推进碳达峰碳中和是党中央经过深思熟虑作出的重大战略决策，是我们对国际社会的庄严承诺，也是推动高质量发展的内在要求。我国到 2020 年单位国内生产总值二氧化碳排放比 2005 年下降 40％～45％，面对这样的碳减排目标，农业，作为我国三大产业之一的基础产业，在碳排放与碳循环中起着重要作用。尤其近二十年来，我国农业现代化发展加速，农业碳排放呈现不断增加的趋势。随着农业集约化程度的提高，农业电气化、化学化应用领域不断扩展，农业生产过程中的碳排放量日益增加，并逐渐受到关注。但是，农业还有一个重要任务，就是承担着确保国家粮食安全的使命。一方面要减少农业生产过程中的碳排放量，另一方面要保证农产品供应，解决 14 亿人口的吃饭问题。基于此，为解决我国农业发展面对的两难局面，响应国际低碳经济与低碳农业发展的浪潮，低碳农业的发展理念应运而生。农业向低碳化方向发展的趋势成为时代的必然选择。

低碳农业内涵丰富，强调低消耗、低排放、高产出的农业发展方式，强调贯穿原料最初开采、产品加工全过程、产品使用、产品消费各环节的低碳化。主要特点包括：①低碳性。它注重在农业生产过程中碳的减排、吸收、存储和高效使用，推动在农业生产中减少二氧化碳的排放，同时能够吸收、转化更多的二氧化碳，以达到净化环境、维持生态平衡的目的。②低耗性。通过科学地安排不同生物在系统内部的关系，最大限度地利用农业环境内部的资源，以尽量少的资源消耗及人财物投入获得更多产品。③可持续性。从资源节约、食品安全、新能源发展、农业增效等多个角度设计农业发展的全过程，确保在生产过程中实现资源节约，生产出的产品健康、安全，同时，充分利用新能源，使农业生产具有安全性和可持续性。④协调性。协调好资源与环境、农业发展与生态保护的关系，保障农业生产的自然基础。⑤系统性。统筹技术、制度与管理，统筹节约、环保与生态等各方面发展复合农业。⑥气候调节性。通过减少农业生产过程中化石燃料的使用数量，发展循环和立体农业，减轻农业生产对全球气候变暖的影响。⑦生态涵养性。发展配合农业生产的自然与生态湿地，利用湿地固碳、净化水源等功能，保护水资源，减少面源污染，改善农业生态环境，保护自然生态资源。⑧金融性。通过发展低碳农业所减少碳排放量的市场交易获得收益。⑨国际性。生产有机、清洁、绿色食品，满足国际市场安全食品需求，提高农产品国际竞争力。⑩环境清洁性。对农业废弃物低碳化处理，减少农业面源污染、农产品污染及农机废气、秸秆焚烧、畜禽粪便乱排等污染问题，清洁农村环境。低碳农业的实质是能源的低碳、高效利用与清洁能源开发。发展低碳农业需从能源使用的三个环节着手：一是在能源输入时，尽量使用太阳能、风能、水能、核能、生物质能等新能源，减少化石能源使用；二是对农业排碳源进行转化、利用，以减少排放；三是对已排放的二氧化碳进行捕捉、储存与利用。

7. 绿色农业模式

绿色农业是对具有中国特色的现代化农业的具体模式的有益探索，是现代农业发展的最高形式，是以农产品安全为目标的标准化农业。它是汲取了传统农业的精华，融无公害农业、有机农业、生态农业等现代农业于一体的新型农业发展模式，是循环经济和可持续农业模式的继续和发展。发展绿色农业，不仅符合“人与自然和谐、人与社会和谐”的发展目标，同时对于加快推进农业标准化生产，提升农产品质量安全水平，增强消费信心，扩大出口，确保农产品有效供给和质量安全具有重大意义。绿色农业是以生态农业为基础，以高新技术为先导，以利用“绿色技术”生产无毒、无害绿色农产品为特征，树立全民族绿色意识，开辟国内外绿色农产品市场，保障食品安全的一种体系，是对自然资源有效合理的利用，生产绿色农产品的过程要对自然资源不造成伤害。

21 世纪将是农业可持续发展的世纪，绿色消费将是本世纪主要消费趋势，绿色需求将逐渐成为主要需求，人类需要更多的卫生、营养、无污染的农产品。对未来农业的发展及农产品的需求不仅是数量上的安全性，而且是高品位、高质量、优品种的绿色产品，实现人与环境共处于良性循环之中。因此，实施绿色农业发展战略，是 21 世纪农业发展的理想模式和可行模式。

第一，基于国情，发展绿色农业刻不容缓。基于中国的国情，建设绿色食品基地，发展生态农业和绿色食品产业，不仅会产生难以估量的经济效益、生态效益和社会效益，也是冲破发达国家绿色壁垒的重要保障。第二，发展绿色农业是满足现代农业发展需要。发展绿色农业能更好地满足商品经济和市场经济对现代化农业发展的要求，更能够有效地促进绿色产品产业化和国际化的发展。第三，发展绿色农业是保障中国食品安全的有效手段。我国人民的生活水平正从温饱向小康迈进，居民的食物消费向着吃好、营养、保健的绿色食品方向转变。只有发展绿色农业才能够更好地满足人民对绿色食品的需求。第四，发展绿色农业是农业产业化经营的需要。通过农业产业化经营，可以优化生产要素组合，从而提高农产品的质量和档次，实现多层次增值，使农民收入获得大幅度提高。

目前我国绿色食品产量达到 1 亿吨，国内销售额 3 162 亿元，出口总额 21.6 亿美元，全国已建成绿色食品大型原料标准化生产基地 432 个，面积达到 687 万公顷。国内大中城市相继组建起了绿色食品专业营销网点和流通渠道，绿色食品以其鲜明的形象、过硬的质量、合理的价位赢得了广大消费者的好评，市场覆盖面日益扩大，市场占有率越来越高，相当一部分绿色食品已成功进入日本、美国等国家及欧洲、中东等地区的市场，并显示出在技术、质量、价格、品牌上的明显优势和绿色食品广阔的出口前景。

目前 26 个省、自治区、直辖市，所有 10 个一级农业区均建设了示范区，在各个绿色农业示范区，确立了绿色农业发展的基本思路，同时，采用政府引导、百姓参与的方式稳步推进，培育战略性绿色产业保障民生，为百姓提供安全、健康的绿色产品。

（三）农业可持续发展的资源与环境问题

1. 中国农业环境污染问题

中国农业环境质量的突出问题是环境污染和生态破坏。农业环境污染主要表现在：①工业、城市和乡镇企业污染。据调查，中国 5.5 万千米河段有 23.7％的河段水质不符合灌溉要求，4.3％的河段严重污染、鱼虾绝迹，受污染的农田面积达 1 亿亩。②农用化学物质污染。中国化肥流失量约占使用量的 40％左右，引起硝酸盐积累和水体富营养化，农药在大气中扩散和流失，部分农畜产品中残留也较严重，地膜年残留量近千吨。③畜禽粪便污染。畜禽粪便已成为城郊农业环境的主要有机污染物。

2. 生态破坏问题

生态破坏主要表现在：①水土流失、沙漠化、土壤次生盐渍化问题严重。全国水土流失面积 356 万平方千米，占国土面积的 37.1%；土地沙漠化继续加剧，全国荒漠化土地面积为 262.2 万平方千米，占国土面积的 27.3%；盐碱地 99.13 万平方千米，占国土面积的 10.3%。②耕地资源有所衰退。中国人均耕地为 1.35 亩，并逐年减少，现有耕地中有近一半的耕地条件较差或存在某些障碍因素。③农用水源短缺，特别是西南地区和西北地区农用水源严重短缺。④草原退化。我国有可利用草地面积 3.31 亿公顷，全国“三化”（指进化、沙化和盐碱化）草地面积已达 1.35 亿公顷，并且每年还以 200 万公顷的速度增加，草地生态环境问题十分严峻。

3. 农业生产所需的主要农业自然资源供给问题

据自然资源部公布的数据，我国 2011 年耕地保有量净减少 3.27 万公顷，再加上耕地质量下降和人口增加，造成人均耕地减少、土地负担指数上升和耕地失衡等耕地资源供给短缺。

农业用水危机正在加深，主要表现在：①农业和城市缺水严重。②水涝灾害严重。③乱开滥采地下水，造成地下水位持续下降，漏斗面积不断扩大。

三、大食物观下农业资源循环利用模式与可持续发展展望

（一）“三物循环”生态农业发展的战略意义

发展“三物循环”生态农业是新时代中国农业发展的重要战略创新。传统农业利用植物、动物资源不断创造人类需要的食物，但同时也带来了自然环境的日趋恶化问题。植物、动物、微生成物组成了人类生存的生物世界，农业的创新发展取决于对“三物”的科学利用。2015 年 12 月中央农村工作会议首次明确提出了“大农业、大食物”的新观念。2017 年 12 月习近平总书记在中央农村工作会议上指出：“现在讲粮食安全，实际上是食物安全。老百姓的食物需求更加多样化了，这就要求我们转变观念，树立大农业观、大食物观，向耕地草原森林海洋、向植物动物微生物要热量、要蛋白，全方位多途径开发食物资源。”大食物观就是要转变食物结构，不仅向主粮要食物，更要向“副食”要食物。

2022 年 3 月 6 日，习近平总书记在看望参加全国政协十三届五次会

议的农业界、社会福利和社会保障界委员并参加联组会时指出，要树立大食物观，从更好满足人民美好生活需要出发，掌握人民群众食物结构变化趋势，在确保粮食供给的同时，保障肉类、蔬菜、水果、水产品等各类食物有效供给，缺了哪样也不行。要在保护好生态环境的前提下，从耕地资源向整个国土资源拓展，宜粮则粮、宜经则经、宜牧则牧、宜渔则渔、宜林则林，形成同市场需求相适应、同资源环境承载力相匹配的现代农业生产结构和区域布局。要向森林要食物，向江河湖海要食物，向设施农业要食物，同时要从传统农作物和畜禽资源向更丰富的生物资源拓展，发展生物科技、生物产业，向植物动物微生物要热量、要蛋白。要积极推进农业供给侧结构性改革，全方位、多途径开发食物资源，开发丰富多样的食物品种，实现各类食物供求平衡，更好满足人民群众日益多元化的食物消费需求。

当前，从大食物观角度出发，发展微生物农业已经成为未来农业的突破口。改革开放以来我国食用菌产值一跃成为继蔬菜、谷物、水果、中药材之后的第五大农产品，联合国粮农组织已将菌菇作为广义的粮食。如何科学利用植物、动物和微生物发展现代农业，已经形成了一些理论层面的探索，中国工程院也正在开展“三物融合”生产模式战略研究，但紧密结合实践开展“三物循环”农业生态体系建设方面尚缺乏系统的研究。以吉林省为例，当前吉林省正在积极推进“千亿斤粮食”产能提升工程和“千万头肉牛”建设工程，而且秸秆加牛粪生产菌菇的技术已经成熟，具备了开展“三物循环”农业生态体系建设战略研究的理论氛围、实践支撑条件、技术和人才等条件。传统农业利用植物、动物资源不断创造人类需要的食物，但同时也带来了自然环境日趋恶化问题。充分发挥菌物的作用不仅可破解这一难题，而且还会为当地带来巨大的经济效益和社会效益。

习近平总书记反复强调“向植物动物微生物要热量、要蛋白”，彰显了大国领袖对国之大者的牵挂与深度思考。生物世界是由动物、植物、微生物组成的，从逻辑上看，植物是生产者，动物（包括人类）是消费者，微生物是分解还原者，三者相互联系，缺一不可。过去种植业只重视种粮食、养殖业只重视养牲畜，忽视了微生物的功能，截断了农业的生态链条，造成了一系列失衡的生态环境问题和资源浪费。因此，应重构传统农业植物、动物、微生物封闭的“三物”内循环系统，不但要开发动植物潜力，还要把种植业中的废弃物、养殖业中的废弃物，通过菌物这个突破口，形成一个“三物循环”发展模式，不仅要向植物要食物，向动物要食物，还要向微生物要食物。

自 1994 年布朗发表了著名的《谁来养活中国》后，中国的粮食安全问题就成了全球话题。经过多年努力，中国粮食持续丰收。到 2022 年底，中国粮食产量已经实现“十九连丰”，三种主粮自给率高达 95%以上，粮食储备水平远高于其他发展中国家。21 世纪已过去五分之一，“布朗命题”已演进为“如何养活 21 世纪中国”的新命题。中国已经由“吃不饱”到“吃得饱”“吃得好”“吃得健康”转变。原有的单从粮食或重要农产品供给保障的视角，或仅分析粮食等产品数量及市场供求联系，已不足以体现食物安全在国家现代化治理进程中的基础逻辑和特殊价值（周立等，2022）。国内的讨论也已经由基本粮食数量安全转向品类更丰富的食物安全（陈锡文，2021；朱晶，2022）。已有的理论研究和实践已经证明，在传统模式下农业利用植物、动物不断创造人类需要的食物的同时，也带来了自然环境的日趋恶化等问题。在不与人争粮、不与粮争地的前提下，探索植物、动物和菌物“三物循环”多元化食物供给体系，“点草成金、变废为宝”不仅有利于夯实粮食安全和保障重要农产品有效供给，而且能够实现农业资源的循环利用，有利于兴业富民和实现“双碳”目标。

（二）“三物循环”生态农业发展的作用机理

在“三物”构成的生物世界，植物和动物分别扮演生产者和消费者的角色，菌物则参与到动物、植物废弃物的自然循环中，构成“三物”平衡的世界。李玉表示，发展食用菌产业实现了农业废弃物资源化，推进了循环经济发展，保护生态多样性，也有利于实现“双碳”目标。谷物去秆和皮壳，直接利用不足 25%，其余 75%需要草食动物或微生物部分转化为动物产品或菌物产品等，才能充分发挥其经济效益（李玉，2023）。植物、动物、微生成物组成了人类生存的生物世界，农业创新发展取决于对“三物”的科学利用。“三物循环”原理其实质是动物、植物以及微生物三者之间的相互作用和循环利用，即生物学中所说的生物循环学说，这其中包含动物、植物、微生物三种物质主体，同时还蕴含着三者之间所存在的分解、合成以及过腹转化等作用，实现“三物循环”，产生大量粮食、肉类和菌物蛋白。其中，合成作用主要指的是植物通过一系列的光合作用、呼吸作用以及直接从自然界获取等方式将空气中所蕴含的氧气、二氧化碳，土壤中所蕴含的无机盐、矿物质等元素进行合成，并产生复杂的有机化合物的过程。分解作用是与合成作用同时进行的相反方向的分解过程，通常是动植物的自然代谢或者是通过微生物的作用将动物尸体或者枯萎的植物进行分解，将其还原为无机物或者是二氧化碳、水等元素回归于自然。而过腹转化及其废弃物还田就是将秸秆当作饲料喂养牛、羊等食草家畜，一部分秸秆、粪便养殖菌菇，动物粪便和菌菇残渣基质等处理成有机肥还田，不仅可以增加土壤中的有机质含量，被家畜吸收的部分还可转化为奶、肉等营养物质，提高禽畜产品产量，对改善生态环境、降低农作物成本、促进生态可持续发展都有重要意义（图 14－1）。秸秆是农作物收获后残留的秆、茎、叶等不能食用的副产品，主要成分为碳水化合物、纤维素、半纤维素、木质素、粗蛋白、粗脂肪，并含有钾、钙、镁等微量元素。玉米秸秆是玉米收获后的副产物，主要包括玉米的茎秆、叶梢和芯，在我国分布范围很广，资源量约占我国秸秆资源总量的 1/3。玉米秸秆可用作燃料、饲料、肥料、工业原料及食用菌栽培基料等。我国作为农业大国，秸秆储量丰富，若将秸秆作为发展畜牧业和木耳、香菇等培养基的原料，不仅丰富秸秆的用途，满足人们的膳食需求，获得较高的经济效益，而且使用后的动物粪肥和食用菌培养基还可作为优质有机肥还田，实现了秸秆高效循环利用。

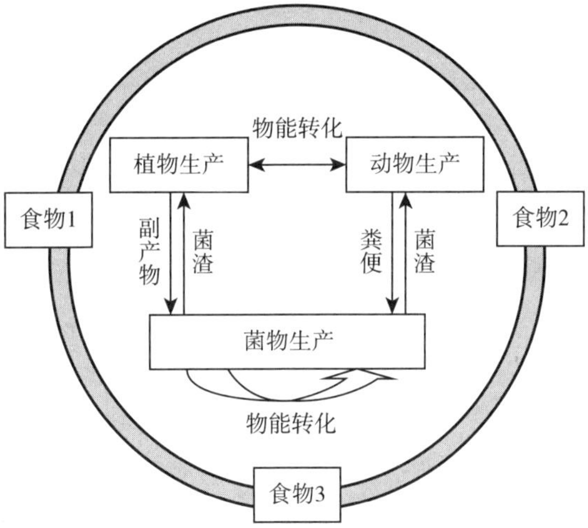

图 14－1 “三物循环”多元食物供给体系发展模式

（三）“三物循环”生态农业发展现状与问题

李玉（2023）指出，中国虽然作为菌物资源大国、生产大国、消费大国和出口大国，但还不是食用菌强国，“三物循环”农业发展仍面临一些关键问题。

一是循环面窄、循环链短。农户在循环过程中参与度低，对农业废弃物的利用度低，尤其是在秸秆利用以及食用菌菌渣的处理方面，基本上只是充当废弃物的生产者而非利用者，循环农业在农户这里并没有形成有效的闭环，在更大范围内也没有形成有效的循环。

二是集约化程度低、循环效益不高。农户各自为战，栽培规模普遍小且分散，而种植、养殖和食用菌关联数量少、规模小，循环带动能力弱，经营多停留在产品收购、销售阶段，没有健全的产业链，导致农业废弃物循环利用效率和利用效益低下。

三是菌种培育“卡脖子”问题制约着“三物循环”农业发展。目前中国食用菌产业领域多项技术仍有待突破，其中最为关键的是菌种培育技术。李玉认为，保障食用菌种源自主可控，重在加强食用菌种业源头创新，切实做好菌物种质资源普查，强化珍稀和濒危菌物资源的保藏保护、良种繁育及其生物转化研究，抓紧建立国家级食用菌种质资源库，着力打造具有国际影响力的菌物保藏保护、基础研究、菌种创制创新高地。

四、中国农业可持续发展的对策建议

农业是中国国民经济的基础，农业可持续发展是中国可持续发展的根本保证。作为农业大国，农业的可持续发展在中国有着特殊的重要意义，我们必须采取有力的措施推进农业可持续发展。

（一）大力实施科教兴农战略

农业和农村可持续发展的关键就在于转变经济增长方式，而经济增长方式转变的核心问题是提高资源利用效率和劳动生产率。这就要求增加农业生产的技术含量。“十一五”以来我国农业科技工作成效显著，科技进步对农业增长贡献率提高至60%，我国持续保持农业稳步发展的好形势，农业科技进步贡献巨大。以良种为代表的科技成果推广成效显著，主要粮食品种的良种普及率接近100%。但总体上看，我国科技对农业增长的贡献率与发达国家相比还有较大差距。目前世界种业研究已从传统的常规育种技术进入生物技术育种阶段，全世界已有6 000多项农作物方面的生物技术成果进入田间试验。西方国家已明确提出“向生物技术要产量”的口号。我国农机对粮食增产的贡献率不断增加，与世界水平的差距不断缩小。21世纪是生物技术和信息技术激烈竞争的世纪，科技是农业发展的主要推动力。因此，要认真贯彻十八大和十九大精神加快农业科技创新步伐。我们必须大力加强农业科技攻关，力争在动植物新品种选育、病虫害与疫病综合防治、农产品加工及综合利用等方面对农业发展有重大影响的关键技术领域取得重大突破，提高农业科技创新能力。要加强农业高新技术试验示范，加快应用研究成果的中试、熟化和转化，大力发展农业科技产业。要继续以“种子工程”“丰收计划”为依托，突出抓好优质良种、高效养殖、旱作节水农业、模式化栽培、机械化节本增效等技术推广，积极推广适应市场需求的优质农产品和农产品新品种。要继续加强“绿色证书”等农民技术教育，提高农民的科技素质。今后，在实施农业和农村可持续发展战略时，一定要在农业科技创新、推广应用等方面多做工作。首先，要制定和落实能够保证农村科技服务体系完善和正常运转的政策措施，扶持和稳定农业科技队伍，健全农技推广体系；其次，积极开展多种形式的农业技术培训，提高广大农业技术人员和农民的科技文化素质，增强他们接受和传授应用农业科技的能力；第三是鼓励高校和科研单位直接进入农业生产开发领域，提高成果的转化效率；第四是增加农业科技储备，即通过增加农业教育和农业科技投资的办法，稳定现有科技人才，培养未来科技精英，加强农业科研。

（二）深化农村体制改革

深化农村体制改革有利于农业可持续发展，具体要做好多方面的工作。首先，要进一步完善以家庭承包责任制为基础的现代农地制度，积极推进多种形式的土地使用权流转制度，使每一个农业生产者都以长远的眼光去经营土地，十八大报告提出，改革征地制度，提高农民在土地增值收益中的分配比例。其次，要逐步实现农业生产组织的创新，推进股份合作制企业、生产合作社、家庭农场等各种组织的发展和完善，形成规模效应，降低成本。第三，进一步完善农村收益分配制度，既要理顺工农业产品价格比例关系，也要理顺农业内部各产业间的价格比例关系，还要确保农业利润能真正落到农民的手中，逐步消除农民靠浪费资源和损害生态环境而获取利润的心理。第四，建立和完善农村社会保障制度，使每个农民都做到“老有所依，老有所养”。第五，加强对农村历史文化的传承和保护，通过建立多种形式的民间团体，移风易俗，加强农村精神文明建设，提高农民节约资源、自觉保护生态环境的思想觉悟，树立科学健康的生活方式和消费方式。第六，加强农村的法治建设，树立“以法治国”的思想，保证和规范农村各项事业的健康可持续发展。第七，调整农村产业结构，优化资源和生产要素的组合，进一步扩大生态农业和可持续农业的试点，形成结构合理的农林牧副渔全面发展的大农业格局，使各业之间相互支持，相互依存，相得益彰。发展农业产前、产后的延伸产业，形成种养加、农工贸相配套的农业产业体系，使农业综合生产能力和农业可持续发展能力得以提高，确保农业可持续发展。

随着对农业资源认识的深化，应全面审视我国现行有关农业资源的法律、法规和管理体系，提出修订和补充措施，制定相应的法律实施细则、条例和办法，把法律规定的原则具体化，增强其操作性。建立并完善农业可持续发展的资源产权制度，调整并划分各类农业资源的产权关系，从法律上支持、监督产权所有者对环境资源保护的稳定性和持久性，并以法律形式强化环境资源管理的协调机制。要树立农业可持续发展的资源整体和系统的观念，强化农业可持续发展的综合管理意识，确立市场经济条件下农业可持续发展的资源综合管理法律的地位，建立农业可持续发展的资源综合管理法律体系，实现对农业可持续发展资源的综合管理。要加强法治建设，提高全民的农业可持续发展的环境保护意识，推动农业与农村经济又好又快发展。

（三）加强农村基础设施建设

先进国家的农业成功经验表明，要实现传统自给性农业向现代商品性农业的转变，实现农业和农村的可持续发展，必须要有完善的现代农业基础设施与之配套。中国农业基础设施落后，直接影响了农业可持续发展战略的实施。鉴于农业基础设施的重要性，今后，我们在实施农业可持续发展战略时，首先，要在提高对农业基础设施认识的基础上，大力加强农业基础设施建设。其次，拓宽投资渠道，增加农业基础设施建设的投资数量，加大国家财政对农业、农村基础设施建设的投入。第三，要科学做好农村基础设施建设相关规划。因地制宜建设农村基础设施，做到合理布局，合理规划，提高产出率。第四，要加强对我国农村基础设施的管理，改变公共物品的管理方式，建立投资收益机制，做到产权清晰，收费权与使用权相对应，投资资本在循环中增值，资本型、服务型有机结合。总之，我们要从广大农民最关心、最直接、最现实的问题入手，加强农村基础设施建设，着力改善农村生产生活条件，促进农村地区经济和社会发展。

（四）加强区域分工和合作

发展农业区域分工，实行优势互补，是降低农产品生产成本，提高市场竞争力的重要条件。我国地域辽阔，地区间自然条件、资源状况、经济发展不平衡。国家在宏观上要充分考虑不同地区的特点，实施分类指导，采取有区别的政策。比如，调整结构问题，增加农民收入，发展乡镇企业等，中西部与东部地区不应采取一个模式，应提倡多种形式，鼓励采取不同的思路和具体对策。只有每一个地方、每个省都发挥了比较优势，才能形成具有区域特色的农业主导产品和支柱产业，才能在国内、国际分工中形成我国的整体优势。应做到充分发挥区域比较优势，优化农业区域布局，统筹区域发展规划，建立区域利益调整机制，构建多元化的农业可持续发展新格局。

（五）推进“三物循环”生态农业发展

政府应进一步把食用菌产业纳入大农业生态系统，从循环经济的角度制定产业中长期规划，促使食用菌产业在推进循环农业发展和提升农业的整体效益中发挥应有的作用。循环农业社会和生态效益高，是未来农业的发展方向。大力扶持种养大户、家庭农场、专业合作社和龙头企业等新型经营主体，从经济政策、科技服务、农业补贴、电商交易平台等各方面给予政策优惠，引导社会力量参与，形成市场化、社会化、多元化的投资机制，进而扩大“三物循环”农业规模，形成示范带动效应。同时，健全服务体系，逐步完善农业废弃物资源利用的信息服务体系、科技服务体系、市场服务体系等，形成以“三物循环”农业为纽带的大循环农业格局。

总之，中国的农业可持续发展之路，应走重技术、善经营，既充分依靠国内市场，又积极面向国际市场，既重视生态平衡和资源利用效率，又追求经济效益，把速度隐含于效益之中，统筹规划，综合协调，因地制宜，形式多样，精心设计，走具有中国特色的农业可持续发展之路。

第十五章

农村土地制度问题研究

“民以食为天，食以农为本，农以地为根”，土地问题是“三农”问题的根本问题。农村土地制度主要包括土地所有制、土地使用制度和土地管理制度，深化农村土地制度改革，重点是以“三权分置”改革农村土地承包经营制度和宅基地制度，积极推进农村集体经营性建设用地入市。

一、中国农村土地制度概述

（一）土地制度的内涵与特性

1. 土地制度的内涵

土地制度是土地能够被合理有效利用的重要基础和保障。土地制度是反映人与人、人与地之间关系的重要制度，它既是一种经济制度，又是一种法权制度，是土地经济关系在法律上的体现，是构成上层建筑的有机组成部分。从经济学视角来看，土地制度更倾向于一种人与土地产生和形成的经济关系。从法学视角来看，土地制度表现为人与土地产生和形成的权利关系。土地制度更细化来看是人与地产生一系列以利用为主并以合理利用为目标的行为中产生的各种规范主客体之间关系的准则。

土地是人类生存不可缺少的资源。它承载着人类最基本和最重要的生存活动以及生产发展。人的生存与发展对土地具有较强的依赖性，在此基础上产生诸多关系，人在对土地进行利用时对土地产生的占有、管理及由之产生的所有行为。这种行为关系在无法被处置时会出现低效、冲突、矛盾和混乱等问题，为解决人地关系中产生的各类土地问题，便产生了各种正式或者非正式的规则，即土地制度。

总之，土地制度是关于人在土地利用或对土地资源支配这一活动过程中包含各类人与地、人与人、地与地的关系形成的各类成文或象征的规范性或非正式准则。

2. 土地制度的特性

土地制度，根本上来说，即土地资源配置问题。土地资源配置的出发点是人与地的关系，土地资源配置是人如何对土地资源进行配置的方法、总则。土地存在有自然特性和经济特性两种。土地的自然属性是土地的本质属性，它天然存在，是客观事实，不为人的意志所更改。但土地在被动的人类行为活动的介入下，最早产生了生产关系，生产关系和生产力形成了经济关系及经济价值。人类活动介入下的土地自然属性产生价值属性并随着人类对土地利用的复杂性、关系的多样性牵扯到一个极为复杂的动态系统。

由于土地的特殊性，人的生存发展依托于土地。在生存、生产与发展之上利用土地并因此形成了特定历史情境下的人与土地的各类关系，这种关系随着历史脉络不断交互，形成特定历史时期较为正式或不正式的成文或具有象征意义的制度和规范。土地制度决定着一个国家整个的社会经济制度，土地制度的演化影响着人类社会治理体系的变化。土地制度的法权性和经济性是土地制度的特性。土地制度的法权性表现了土地制度内涵有政策的指引作用，法律的约束规范作用，也表明了一种权利关系的象征。土地制度的经济性表现出对经济权利关系的指引和约束情况，土地制度伴随着人类比较强烈、深刻和繁杂的经济性质的活动不断变动。

（二）中国农村土地制度的构成

土地制度是关于土地所有、占有、支配和使用诸方面的原则、方式、手段和界限等政策、法律规范和制度的体系。土地制度，在广义上包括一切土地问题的制度，是人们在一定的社会经济条件下，因土地归属和利用问题而产生的所有土地关系的总称，主要包括土地所有制度、土地使用制度、土地规划制度、土地保护制度、土地征用制度、土地税收制度和土地管理制度等；在狭义上主要指土地所有制、土地使用制度和土地管理制度。

1. 土地所有制

土地所有制是有关土地所有权制度的法律规定，它反映的是在土地所有权形成、交易等过程中形成的人与人之间关系的制度性规定。土地所有制是指在一定社会生产方式下，由国家确认的土地所有权归属的制度。土地所有制是生产资料所有制的重要组成部分，是土地制度的核心和基础。

中国实行土地的社会主义公有制，即全民所有制和劳动群众集体所有制。社会主义土地公有制有国家所有制和集体所有制两种具体形式。当前中国土地所有制形式包括城市土地国有制和农村土地集体所有制两种。农村集体土地制度是中国农村地区普遍存在的一种土地管理制度。根据这种制度，农村土地属于集体经济组织和农民集体所有，而不是个人所有。集体经济组织通常通过土地承包或划分的方式将土地分配给农民家庭作为承包经营的基础，并保障农民的土地权益。

2. 土地使用制度

土地使用制度是在一定土地所有制下，土地所有者、使用者和经营者在土地占有、使用、收益过程中形成的经济关系和法律关系的行为规范，是在一定土地所有制度下，人们使用土地的程序、手段、方式的规定，是人们在使用土地上所形成的经济关系。它涉及土地所有者与土地使用者之间的关系，涉及双方的权利、义务以及国家对土地使用的管理。土地使用权是土地使用制度在法律上的表现。在每一种土地所有制的条件下，都存在着相应的土地使用制及其具体表现形式，土地所有制总是力求通过恰当的土地使用制使自己得到实现、巩固和发展。就所有权与使用权两者之间的关系而言，土地使用制度可大致分为所有权与使用权相结合以及所有者与使用权相分离两大类。在土地使用权与所有权分离条件下的土地使用制，可大体分为无偿使用制和有偿使用制两大类别。就土地所有者与土地使用者之间的经济利益关系而言，土地使用权可分为土地所有者与土地使用者双方的根本利益是对立和一致的两大类。相邻土地使用制是土地使用制中的一个特殊组成部分。它是发生在土地相邻的权属单位间的土地使用关系，主要包括：通行、用水和排水、环境保护、管线设置、防险和采光等。归纳起来为两大类，一是允许邻人合理使用，二是拒绝或制止邻人的不合理使用。

农村集体土地使用制度。自 1978 年党的十一届三中全会以后，我国农村经济逐步改革，普遍实行了家庭联产承包责任制，即把集体所有的土地等生产资料承包给农民以户为单位独立经营，自负盈亏。除向集体上交提留和向国家交纳农业税以外，其余全部收入归农民个人。这种家庭联产承包制度，实际上是把土地的使用权与所有权在一定程度上分离开来，这在消除平均主义、体现按劳分配原则、调动农民生产积极性方面，发挥了巨大的作用，促进了农业生产的迅速发展。

农村集体建设用地的使用制度，基本参照城镇国有土地的划拨管理方式进行行政管理，涉及权属变更的需要进行权属变更审批和登记以及对原有土地使用者必要的经济补偿。

3. 土地管理制度

土地管理制度，是国家对全国（或某一区域）的土地权属、地籍、土地利用、土地市场和土地税费等在宏观上进行管理、监督和调控的制度、机构和手段的总称。土地管理的范围，包括全部土地资源，涉及所有土地利用单位。主要内容有地籍管理、土地权属管理和土地利用管理。中国土地管理的任务体现在六个方面：①查清土地的数量、质量与分布，并进行综合评价。②制定并贯彻执行国家的土地法规、地方行政机构的土地管理条例以及企业事业单位各项土地管理办法。③确定和保护土地的所有权和使用权，主要是确定和保护各土地利用单位的土地所有权和使用权。④掌握土地的数量和质量状况及动态变化。⑤对土地的利用、保护和改造进行经常性的监督。⑥建立健全土地管理体制及相应的管理机构。

地籍管理是指国家为取得有关地籍资料和为全面研究土地的权属、自然和经济状况而采取的以地籍调查（测量）、土地登记、土地统计和土地分等定级等为主要内容的国家措施，对象是作为自然资源和生产资料的土地，地籍管理的核心是土地的权属问题。

土地权属管理是国家保护土地所有者和使用者合法权益及调整土地所有权和使用权关系的一种管理，其中包括国家对土地所有权和使用权的必要限制。土地权属管理的中心环节是土地权属审核，就是根据申请者的申请书、权属证明材料和地籍调查成果，对土地所有者、使用者和他项权利拥有者所申请登记的土地权利进行确认的过程。审核的内容主要有：土地等级申请者的资格、土地权属来源、权属种类及性质、土地界址及范围、土地面积、用途等。要求达到“权属合法、界址清楚、面积准确”。

土地利用管理，是指国家通过一系列法律的、经济的、技术的以及必要的行政手段，确定并调整土地利用的结构、布局和方式，以保证土地资源合理利用与保护的一种管理。其主要内容有：农用地（含耕地、园地、林地、牧草地、养殖水面）、建设用地、未利用地开发、利用、保护以及对各类土地开发利用保护进行的管理。其目标是在保障土地可持续利用的前提下，不断提高土地利用的生态效益、经济效益和社会效益。土地管理的运作受到社会制度、人口状况、经济制度与政策、科技水平、法治建设等诸多因素影响。

（三）中国农村土地制度的演变

中国地理环境与人文环境较为丰富。中国农村和城市的土地制度发展路线及方针不同，导致农村土地制度从根源上决定了和城市土地制度不同的道路。伴随着不同时期的任务的完成和演进，农村土地制度形态也在不断发生变化。研究土地制度变迁的背景需深入了解各个制度发生的历史事件、背景还原其原因及目标。

建党以后，革命时期，面临以抗日救国为主线的革命任务，为了满足农民的土地要求，先后实施打土豪、分田地的政策。1931 年土地革命路线的制定调动了人民群众的革命积极性。抗日战争时期进行了地主减租减息，农民交租交息的政策方针。解放战争时期为调动广大群众革命积极性，提出《关于清算、减租及土地问题的指示》变减租减息为没收地主土地分配给农民。抗日战争胜利后，为适应建立抗日民族统一战线的减息政策已不能满足广大农民的要求，为彻底消灭封建剥削制度，中国共产党制订了《中国土地法大纲》，使得耕者有其田。

此段时期，中国共产党的目标是为了依靠群众力量进行土地革命及土地制度的界定。抗日战争胜利后，需要的是解放群众并团结群众。新中国成立后，国家需要新的发展力量。分散落后的个体经济很难满足国家工业化发展的需求，要求对农业进行社会主义改造，土地由农民私有转为集体所有。中国农村土地制度在形成之初为保护广大农民的利益，把农民的土地还给农民，形成从“农民所有制”到“集体所有制”再到家庭联产承包制主导的二元产权格局的“社会主义公有制”，并在社会发展中不断改进和完善。

中国农村土地制度的演变是一个复杂且深刻的过程，它不仅反映了中国社会经济的变迁，也是中国政治和法律制度发展的重要组成部分，自 1949 年新中国成立以来，土地制度经历了几次重大的变革。

1. 土地改革与集体所有制（1949—1978 年）

在新中国成立初期，进行了土地改革，将过去的封建地主土地分配给无地或少地的农民。随后，土地被进一步集体化，形成了以人民公社和生产大队为主体的集体所有制。这一时期的土地不属于个人，而是属于集体，农民在集体的领导下进行生产活动。

2. 家庭承包责任制（1978 年至 21 世纪初）

1978 年，中国开始实行改革开放政策，家庭承包责任制应运而生。

这一制度允许农户与集体签订合同，承包土地进行自主经营。农户有责任完成集体规定的生产任务，超出部分由农户自己享有。这一政策极大地激发了农民的生产积极性，增加了农民的收入，也促进了农业生产力的提高。

3. 土地经营权流转与法律完善（21世纪初至今）

进入21世纪，中国农村土地制度进一步改革，允许农民将土地经营权流转给他人或企业。流转形式多样，包括出租、转包、互换、入股等。这一阶段，政府通过修订相关法律法规，如《土地管理法》和《农村土地承包法》，来保障农民的土地权益，规范土地市场，促进土地的有效利用和农业现代化。

中国农村土地制度的演变是中国社会变革和发展的一个缩影。从封建时代的土地集中到新中国成立后的土地改革，再到改革开放后的家庭联产承包责任制，以及现代的土地流转和市场化，每一个阶段都与当时的社会经济状况和政策导向紧密相关。这一制度的演变不仅促进了农业生产的发展，也深刻影响了中国农村的社会结构和农民的生活方式。未来，中国农村土地制度的演化将继续在保障农民权益和促进农业可持续发展之间寻求平衡。

二、农村土地承包经营制度改革

（一）农村土地承包经营制度的主要内容

我国农村土地承包经营制度的核心是土地承包经营权制度。根据《民法典》第三百三十条，“农村集体经济组织实行家庭承包经营为基础、统分结合的双层经营体制。农民集体所有和国家所有由农民集体使用的耕地、林地、草地以及其他用于农业的土地，依法实行土地承包经营制度。”2018年修正后的《农村土地承包法》规定，“国家实行农村土地承包经营制度。农村土地承包采取农村集体经济组织内部的家庭承包方式，不宜采取家庭承包方式的荒山、荒沟、荒丘、荒滩等农村土地，可以采取招标、拍卖、公开协商等方式承包。”

我国农村土地承包经营制度经历了从重视土地分配公平到注重土地利用效率的渐进演变，是土地政治、社会和经济功能互动调试的制度表达。家庭承包责任制的确立实现了承包地所有权与承包经营权的“两权分离”，并持续进行边际调整，不断朝向土地资源配置市场化和农民重建土地财产权的方向演进[①][②]，最终催生了“三权分置”的制度框架。

根据中共中央办公厅、国务院办公厅《关于完善农村土地所有权承包权经营权分置办法的意见》，土地承包经营权“三权分置”是指“将土地承包经营权分为承包权和经营权，实行所有权、承包权、经营权分置并行”，落实集体所有权，稳定农户承包权，放活土地经营权，充分发挥“三权”的各自功能和整体效用，形成层次分明、结构合理、平等保护的格局。2021 年 3 月 1 日施行的《农村土地经营权流转管理办法》（简称《办法》）中对农村承包地“三权分置”有详细规定。

1. 落实集体所有权

《办法》第二条规定，土地经营权流转应当坚持农村土地农民集体所有、农户家庭承包经营的基本制度。第三条规定，土地经营权流转不得改变承包土地的所有权性质和农业用途，始终坚持农村土地农民集体所有是落实和稳定农村承包地集体所有权的基本前提。

改革开放以来，以生产资料公有制为基础的社会主义市场经济逐步完善，在种经济体制下，农地所有权归集体所有，农村集体经济组织是农地的所有者，其核心内容是农地的处置权，即土地集体所有权人对集体土地依法享有占有、使用、收益和处分的权利。国家要坚持农地集体所有，保证农村集体的所有权利益，明晰产权主体，让集体土地产权牢牢掌握在农村集体经济组织手中，使得其主体地位得以体现，从而有利于农村集体经济组织在利用土地的过程中充分发挥作用。

2. 稳定农户承包权

《办法》第二条规定，保持农村土地承包关系稳定并长久不变，遵循依法、自愿、有偿原则，任何组织和个人不得强迫或者阻碍承包方流转土地经营权。第三条规定，土地经营权流转不得损害农村集体经济组织和利害关系人的合法权益，不得破坏农业综合生产能力和农业生态环境。第六条规定，承包方在承包期限内有权依法自主决定土地经营权是否流转，以及流转对象、方式、期限等。第七条规定，土地经营权流转收益归承包方所有，任何组织和个人不得擅自截留、扣缴。第十五条规定，承包方依法采取出租（转包）、入股或者其他方式将土地经营权部分或者全部流转的，

---

① 钱忠好，牟燕．中国土地市场化改革：制度变迁及其特征分析［J］．农业经济问题，2013（5）．

② 程雪阳．重建财产权：我国土地制度改革的基本经验与方向［J］．学术月刊，2020（4）．

承包方与发包方的承包关系不变，双方享有的权利和承担的义务不变。这些规定，无一不体现出对农户承包权的尊重和保护。

农村集体经济组织的成员依法享有对所在集体土地的占有、使用和收益的权利，同时具有合法身份的承包权，同时其承包的土地也可以作为财产的一部分，进行再生产①，即可以通过流转土地来获得相应的收益。在经济高质量发展的时代背景下，农户市民化程度不断提高，越来越多的农村居民选择进城务工，土地的资产功能日益明显，因此，要赋予承包权更多的权能，使得承包权的权能范围更加完善，进一步稳定农户的承包权可以更好地保障农户的切身利益。

3. 放活土地经营权

《办法》第九条给出了土地经营权主体的范围，即土地经营权流转的受让方应当为具有农业经营能力或者资质的组织和个人。在同等条件下，本集体经济组织成员享有优先权。现实中，土地经营权不仅主体灵活多样，而且土地经营权流转的方式、期限、价款和具体条件，由流转双方平等协商确定（第十条），甚至受让方可将流转取得的土地经营权再流转以及向金融机构融资担保（第十二条）。

《办法》第二十条明确规定了终止、收回土地经营权的情形。承包方不得单方解除土地经营权流转合同，但受让方有下列情形之一的除外：①擅自改变土地的农业用途；②弃耕抛荒连续两年以上；③给土地造成严重损害或者严重破坏土地生态环境；④其他严重违约行为。有以上情形，承包方在合理期限内不解除土地经营权流转合同的，发包方有权要求终止土地经营权流转合同，受让方对土地和土地生态环境造成的损害应当依法予以赔偿。

在农村承包地“三权分置”的背景下，土地经营权流转更加灵活，流转的形式和途径也逐渐多样化，更有利于农户将土地转化为财产性收入，但与此同时，也要防止社会资本在农地流转中对农户产生的负面影响。因此，在农地经营权流转的过程中，政府对土地流转价格的管控有着特殊重要的意义，应积极推动农户流转权与集体决策权的有效融合，同时，可以通过设定合理的土地流转价格、合适流转期限以及严格的流转程序等，促进农地有效、有序流转与开发②。

---

① 王燕楠．农村土地“三权分置”改革的进程、问题及实现路径研究［J］．山西农经，2019（3）．

② 宋妍．现代产权理论视域下农村土地“三权分置”的改革研究［J］．佳木斯大学社会科学学报，2021（1）．

农村承包地“三权分置”是现阶段深化农村土地制度改革、顺应农民意愿、推进农业现代化的又一重大制度创新，是农村基本经营制度的自我完善，符合生产关系适应生产力发展的客观规律，展现了农村基本经营制度的持久活力。开展这项改革不仅能够进一步完善农村基本经济制度，也能够在农业现代化的背景下，为农业经营提供强有力的制度支撑，吸引更多的经营主体从事农业生产，促进农业的规模经营和转型升级。同时，落实农村土地集体所有，农户承包权保持长期稳定和土地经营权市场化流转，不仅可以增加农户的财产性收入，促进土地市场的不断完善，也能够体现社会主义制度的优越性，为城乡统筹协调发展提供理论支撑①。

农村承包地“三权分置”改革和探索主要有以下几方面意义：①有利于明晰土地产权关系，更好地维护农民集体、承包农户、经营主体的权益，落实“三权分置”制度，确保农地农用；②有利于促进土地资源合理利用，构建新型农业经营体系，发展多种形式适度规模经营，提高土地产出率、劳动生产率和资源利用率，推动现代农业发展，保障国家粮食安全；③有利于实现社会公平，促进城乡统筹发展，有利于推动新型工业化、信息化、城镇化、农业现代化同步发展，维护农村社会和谐稳定。

（二）农村土地承包经营制度存在的主要问题

中国农村土地承包经营制度是中国农村改革的一项重要内容，对农村土地承包经营制度的关注已从当初的强调土地分配公平逐渐转向土地利用效率，但由于农村土地承包经营制度关系到农民的切身利益，因此，必须重视该制度现存的各种问题，如拥有农村承包地所有权的农民集体面临着产权利用的交易成本高和土地流转制度不健全等问题，具体如下：

1. 农村土地产权归属不清晰

首先，在我国农村土地产权制度中，集体经济组织范围内依法归集体所有的土地属于集体组织成员共有且所有成员权利平等。但对于农村的现实情况而言，集体组织成员处于不断变动之中，个别农户由于进城务工等原因选择脱离集体经济组织从而放弃了集体经济组织成员的身份。在这种情况下，对所有权的归属并没有产生实际的影响，但会很大程度上影响到较为灵活的承包经营权。其次，完整的土地产权应包括占有、使用、收益和处分等权能，但因为农地产权权能的缺失，使得部分

① 崔腾飞．农村土地“三权分置”改革的难点在哪［J］．人民论坛，2018（36）．

权能不能够得以完全行使。在农村集体土地所有权的行使上，由于农地用途的严格限制，任何组织和个人都无法买卖，国家则能够以公共利益的需要通过土地征收来取得集体土地，可见，农村集体土地所有权的行使受到严格的限制①。此外，农户的土地承包经营权也尚未得到强有力的法制保障，土地的承包权和经营权可以依法进行流转，同样未能对政府处于公共利益需要的强制征用进行规范和约束，使得土地承包经营权的行使受到极大的限制。

近年来，随着越来越多的农村人口向城市转移，农村农户市民化程度不断加深，城市化水平不断提高，随之而来的是集体经济组织的衰落萎缩。一方面，许多集体经济仍存在着决策不民主、权责不清晰等问题，这不仅影响着集体经济组织功能的正常发挥，也严重阻碍着集体经济组织和新型农业经营主体的发展壮大。另一方面，集体经济组织不能够及时适应新型农业的发展，难以有效发挥统一经营以及组织、联合功能。同时，由于部分集体经济组织存在物质基础缺乏等问题，加之“空壳化”现象的加剧，这些集体经济组织不仅难以为家庭经营提供社会化服务，发挥促进农业经营的功能；其在农村公共基础设施、农田水利建设、村民福利保障等方面的支撑作用也难以为继②。

2. 农村土地流转交易机制不健全

一定程度的农业规模经营有利于现代农业的发展，非农就业造就了农村承包地流转的供给主体，土地规模经营与集约经营收益催生了需求主体，在供求双方的作用下承包地流转为土地“适度规模经营”和创造新业态提供了条件，较自由的土地流转具有边际产出拉平效应和资源配置效应③，我国农村承包地流转呈现快速增长态势。但从总体上看，我国土地流转交易机制不健全，土地流转交易市场仍然是一个“过渡性市场”，呈现不完全市场形态，具有有限性、渐进性、调适性和稳定性特征④。同时，农地“非农化”和“非粮化”现象严重，对农户而言，种植经济作物的边际效益普遍要高于粮食作物，这种情况也会导致非粮化现象的进一步

① 吴玲玲，郑兴明．乡村振兴战略下农村土地“三权分置”改革的困境与路径——基于马克思土地产权理论的视角［J］．长春理工大学学报（社会科学版），2020（1）．

② 蒋永穆，赵苏丹．坚持与完善农村基本经营制度：现实挑战与基本路径［J］．经济研究参考，2021（22）．

③ 姚洋．中国农地制度：一个分析框架［J］．中国社会科学，2000（2）．

④ 马池春，马华．农村集体产权制度改革的三重维度与秩序均衡——一个政治经济学的分析框架［J］．农业经济问题，2018（2）．

加深，使农业经营出现失衡的现象。

3. 农业社会化服务体系不健全

当前，农业社会化服务体系仍有待进一步完善。一方面，无论是各类产业化经营组织还是专业化服务组织，这些社会化服务组织大多数服务水平较低，功能难以得到充分发挥，且这些组织的发展普遍滞后于社会经济的发展，难以完全满足当前所需要的社会化服务需求，一些包括运输和加工在内的最基本的服务供给短缺，无法提供具有综合性和针对性的社会服务，不能够很好地承担提供社会化服务的责任。另一方面，各类经营主体与社会化服务组织之间的利益联结机制有待进一步稳定和完善。在农业经营的过程中，农户与一些提供农业服务的组织只是简单的利益关系，并没有更深层次的互惠互利机制，社会化服务难以覆盖农业经营的全过程，使各经营各环节难以密切联系，增加农业经营的成本，导致农户农业经营积极性降低，并不能很好地发挥。

4. 新型农业经营主体发展不足

新型农业经营主体是相对于传统小规模家庭经营农户的概念，是推进农业经营体制机制创新的动力源泉，是创新与完善我国农村基本经营制度的必然选择①。然而，新型农业经营主体发展仍存在一些问题。其一，新型农业经营主体的核心竞争力不强。现阶段新型农业经营主体由于专业技能、管理能力等个人素质的不足以及对政府政策了解的欠缺，其在农业经营中的优势仍难以发挥。其二，面向新型农业经营主体的扶持政策针对性不足。在多数土地流转程度较高的集体经济组织中，农业经营的各个环节主要由新型农业经营主体来承担，而由于现行扶持政策的针对性不足，多数新型农业经营主体难以获得对应的补贴和扶持，因此在一定程度上会影响这些新型农业经营主体的积极性，不利于其发展壮大。其三，新型农业经营主体的经营成本逐渐上升，而融资问题亟待解决。在经营成本方面，包括土地、劳动力在内的各种生产要素的成本日益上涨，农业经营成本呈现上升趋势，不仅人工成本提高，适应现代化农业的农业经营人才短缺的问题也日益严重。在融资困难方面，新型农业经营主体相较于普通农户而言，对资金的需求量更大，而在银行信贷中，这些新型农业经营主体的需求并不能够得到有效的满足。

---

① 蒋永穆，赵苏丹．坚持与完善农村基本经营制度：现实挑战与基本路径［J］．经济研究参考，2021（22）．

（三）农村土地承包经营制度改革路径

2016 年中共中央办公厅、国务院办公厅印发的《关于完善农村土地所有权承包权经营权分置办法的意见》提出“守住政策底线”：坚持和完善农村基本经营制度，坚持农村土地集体所有，坚持家庭经营基础性地位，坚持稳定土地承包关系，不能把农村土地集体所有制改垮了。

1. 夯实土地承包经营制度的产权基础

对我国农村土地而言，现阶段所推行的农村土地所有权、承包权、经营权并行的“三权分置”，是推动土地承包经营制度不断完善的又一创新。在当前农户市民化程度加深，城市化进展加快的背景下，为实现土地的集约利用，就要以“三权分置”为原则，稳定现有农村土地承包关系，探索建立多种承包地有偿退出的机制，使得土地切实得到有效经营，实现农业现代化背景下的“耕者有其田”。同时，在一些经济发达且农民向第二三产业转移程度较高的地区，可以充分发挥土地集体所有的制度优势，可以通过探索集体统一经营、股份合作等多种适应新型农业的方式，促进农业规模经营的形成。

实践证明，中国现行的农村土地集体所有、农户家庭承包经营的基本制度，不仅符合我国农业经营的特点，发挥家庭经营这一模式在农业生产中的天然优势，提高农业生产效率和效益，还能够容纳不同生产力发展水平的需要，利用集体经济组织的作用，使得土地兼并等问题得以有效解决。当前，相较于制度层面，农户层面的超小规模的分散经营方式阻碍着中国现代农业发展。因此，在完善相应的法律法规时，要坚持农村基本经营制度，既要让承包农户有一个稳定的经营环境，又要给新型农业经营主体一个稳定的经营预期，夯实集体承包经营的产权基础，在确保农民平等享有承包权的同时，引导和促进土地经营权的有序集中。

2. 加强农村土地流转监督和管理

农村承包地的“三权分置”制度一定程度上有利于农村土地的流转，不仅能够促进农村土地的规模经营，防止农地的闲置撂荒，也可以使农户通过流转自己所属的承包地获得相应的收益，增加农户的财产性收入。各级政府应准确定位“三权分置”在农地流转过程中的地位和作用，对土地流转的各个环节进行严格的监督，引导建立自愿、平等、公正和公开的农地流转市场，并建立和完善违约处罚机制，对不正当的土地流转行为进行不同程度的处罚。同时，政府可以通过补贴等方式鼓励农户让农地承包经营权在法律的范围内有序高效地流转，使农村土地流转市场更加活跃、交易机制更加健全。此外，要进一步完善农地流转相关的法律法规体系，让农地流转有法可依，也让农地流转行为更加程序化，最终让农地流转得到真正的制度保障。

3. 完善农业社会化服务体系

这里的社会化服务体系，应该是指包含了农村集体经济组织、农业产业化经营组织和专业社会化服务组织等多种载体的多元化、多层次、多形式的服务体系。要在坚持农村家庭承包经营的同时，逐步完善农业社会化服务体系，可以调动小规模经营农户的积极性，使其融入社会分工协作网络，从而建立良好的社会化服务组织的运行机制。同时，要在政府和市场的协同作用下，以不同地区的资源禀赋为依据，引导形成具有差异化的社会化服务模式。通过构建完善的社会化服务体系，实现统一经营组织化，增强经营主体抵御市场风险的能力。通过构建完善的社会化服务体系，实现统一经营社会化，形成分工合作的大农业格局，发挥各自优势，实现双赢或多赢①，从而实现家庭经营与统一经营的优势互补、共同发展。

4. 健全新型农业经营主体扶持政策

家庭承包经营具有独特的内在优势和较高的灵活性与适应性，是现阶段我国农业的基础经营形式，这一基础形式应该长期坚持并随着时代发展不断创新和完善，其基础性地位主要体现在以下两个层面。一方面，家庭仍然在农业经营中占主体地位。也就是说，从经营主体的数量和发展趋势看，在各类经营主体中，农户家庭仍占绝大部分。另一方面，新型农业经营主体都应建立在家庭经营的基础上。也就是说，各类新型农业经营主体在生产经营活动中都必须与农户家庭建立紧密联系②。同时，也要不断发展多元化经营模式，如企业经营、合作经营等，通过多元互动互补为家庭承包经营注入新的活力，让其得到进一步的完善和发展，也能够确保家庭承包经营这一基本制度在农业生产中的稳定。

尽快建立健全以实际土地经营面积为基础的农业经营主体扶持政策，调动真正种粮务农者的积极性③。要探索建立合理的土地流转机制，针对

---

① 胡进考．论加快构建新型农业经营体系的必要性及其对策［J］．求实，2014（5）．

② 蒋永穆，赵苏丹．坚持与完善农村基本经营制度：现实挑战与基本路径［J］．经济研究参考，2021（22）．

③ 赵鲲，刘磊．关于完善农村土地承包经营制度发展农业适度规模经营的认识与思考［J］．中国农村经济，2016（4）．

农村土地流转中所存在的问题，采取合理的办法，引导和鼓励农业保险公司等中介服务组织提供更多新型农业经营主体所需要的产品，同时给予其一定的财政补贴来提高其抗风险能力。要加强与农业发展相关政策的制定和宣传，让新型农业经营主体有更强的经营信心和更稳定的经营预期，如此不仅能够提高土地利用率，还能够在保障粮食安全的同时，让新型农业经营主体获得与成本相对应的收益，从而激发起农业生产的积极性，有利于土地的规模集约利用。

三、农村宅基地制度改革

（一）农村宅基地与宅基地“三权分置”

1. 农村宅基地的内涵

农村宅基地是农村居民用于建造住宅及其附属设施的集体建设用地，包括住房、附属用房和庭院等用地，不包括与宅基地相连的农业生产性用地、农户超出宅基地范围占用的空闲地等土地①。可以看出，农村宅基地是具有特定主体、类型和用途的特殊农村用地。

（1）特定主体：农村居民申请宅基地使用权要满足以下身份条件：一是农民身份，二是本集体成员身份，三是村社共同体的社会身份②，农村集体经济组织成员是取得宅基地使用权的前提。村集体成员符合条件后便可以以户为单位，向村集体申请分配宅基地。

（2）特定类型：宅基地属于农民集体建设用地中的住宅用地，建设用地是其基本属性，因此宅基地的审批和住房建设不能随意占地特别是占用耕地做宅基地使用。宅基地的建设也应遵从建设用地的相关规范，不得占用基本农田和林地，不得影响正常的农业活动和公共设施。

（3）特定用途：宅基地最主要、最核心的用途即保障村民居住权、生存权，而非商用。民法典第三百六十二条规定宅基地使用权人依法对宅基地享有占有和使用的权利，有权依法对该土地建造住宅及其附属设施。村民在村集体批准的宅基地上只能进行住房、附属用房、庭院等建设活动。宅基地的住房建设应符合当地的宅基地建房标准包括建设面积、建设高度

① 农业农村部．农村宅基地管理法律政策问答［OL］. https：//m. thepaper. cn/baijiahao_1580278.

② 桂华，贺雪峰．宅基地管理与物权法的适用限度［J］. 法学研究，2014（4）.

等；宅基地附属用房包括独立的卫生间、厨房、圈舍等，只能在规定的宅基地上进行修建，不得占用耕地和影响公共设施。随着新型城镇化的进一步发展和农村土地制度改革实践的不断探索，为应对农村“空心化”带来的宅基地闲置现象，部分宅基地开始探索用于自主合作、委托经营餐饮、民宿、旅游等项目，宅基地的用途逐渐趋向于多元化，这使得宅基地的用途从单纯的自用向着更能体现其财产价值的方向演进。

2. 农村宅基地的功能

宅基地作为农村土地中的重要组成部分，拥有土地利用的基本属性，具备多功能性①。农村宅基地功能是指宅基地对农户生存发展、农耕文化传承及精神寄托等的效用，主要包括政治稳定功能、社会保障功能、财产收益功能、文化传承功能以及资源保护功能。

（1）政治稳定功能。土地制度是我国农村各项制度的基础内容，是党领导下的农村社会根基稳固、国家长治久安的关键所在。宅基地作为农村土地的主要类型，是实现农民“住有所居”的根本，通过保障农民生存的基本需求，不断巩固了党在农村的执政根基。经过新中国成立以后七十多年的不断发展和完善，我国建立起稳定的“主体特定、福利分配、长期使用、限制流转”的宅基地制度，确保农民获得了稳定的居住条件，这对维护农村社会稳定、稳固国家政权发挥了重要作用②。

（2）社会保障功能。对于农民而言，宅基地和住宅是其家庭的基本生活资料，是实现“居者有其屋”的重要保障③。宅基地的社会保障功能是保障农民社会福利，在当前城镇化加快推进、农业转移人口市民化加快的背景下，宅基地给予了进城农民与城镇居民同等的社会保障，避免进城农民及其家庭因无法在城市获得住房而陷入贫困的境地。同时可以利用农村闲置宅基地和住宅发展符合乡村特点的新产业新业态，为促进乡村建设和产业振兴提供了土地要素保障，以多方参与、合作共赢为抓手促进了乡村振兴。所以，宅基地社会保障功能对于确保农村稳定发展、促进城镇化健康发展意义重大。

---

① 陈睿山，蔡运龙，严祥，等．土地系统功能及其可持续性评价［J］．中国土地科学，2011（1）．

② 林超，谭峻．农村宅基地制度改革研究——基于宅基地功能演变分析的视角［J］．经济体制改革，2013（5）．

③ 瞿理铜，朱道林．基于功能变迁视角的宅基地管理制度研究［J］．国家行政学院学报，2015（5）．

（3）财产收益功能。随着乡村振兴战略的实施，农村宅基地的多种功能和多重价值被人们重新审视，在农村宅基地“三权分置”背景下，通过拓宽宅基地使用权流转范围，积极引导和鼓励农村集体经济组织及其成员采取自营、出租、入股、合作等多种方式依法依规盘活闲置宅基地和闲置住宅，使农业投资提高、农业生产率上升、本地非农就业机会增加，进而促进了农民收入增长[①]，在“三权”主体协同发展中探索农民实现共同富裕的道路，如通过宅基地“三权分置”改革逐步加强宅基地权能，适度放活宅基地和农民房屋使用权，探索建立城乡统一的建设用地市场。

（4）文化传承功能。农村宅基地是传统农耕社会形成的物质财富，宅基地文化传承促使社会关注宅基地保护与维护，保持其原有的历史风貌，有利于维护当地文化遗产，成为研究当地历史与文化的资源，给后代了解和学习传统文化提供了条件。此外，宅基地也可以作为旅游资源，进而促进农村文化产业和农村教育发展。农村地区是典型的以血缘、地缘为纽带建立起来的社会，宅基地是农村社会的纽带，承载促进农民邻里间交流与互动、增强凝聚力的功能。宅基地也是农民进行日常生活的物质基础和条件，为农户提供居住场所、生存保障和归属感，农户表现出对宅基地强烈的依赖[②]，寄托亲情、邻里文化和乡情文化。

（5）资源保护功能。土地资源是实现农村经济社会可持续发展、推进美丽乡村建设的重要根基。农村宅基地制度鼓励农民在相对集中的区域内居住，避免土地过度开发和碎片化，减少对土地资源的过度压力。宅基地在规划、审批等环节规范下，可进一步实现集约节约利用、减少占用耕地建房。同时，部分宅基地通过复垦恢复成耕地，更有利于实现耕地的保护目标。此外，在保障村民居住的前提下，宅基地还可成为村内人居环境建设、公益事业发展等用地的重要来源。

（二）宅基地“三权分置”改革

1. 农村宅基地制度演变

作为中国特色土地制度的重要组成部分，农村宅基地制度伴随着经济社会发展不断完善，形成了“集体所有、成员使用，一户一宅、限定面

① 张勇，周丽．农村宅基地多元盘活利用中的农民权益实现［J］．中州学刊，2021（4）.

② 邓苏玲．民族地区农户土地依赖对宅基地退出意愿的影响——基于巴东县的实证研究［J］．湖北民族大学学报（哲学社会科学版），2020（1）.

积，无偿取得、长期占有，规划管控、内部流转”的制度安排。这一历程自新中国成立以来，以改革开放、物权法颁布、土地管理法修订为标志，分为四个阶段：

1949—1978年集体所有制逐步建立，农民宅基地所有权写入《中华人民共和国宪法》；1978—2007年，宅基地严格管理阶段，中共中央、国务院印发《关于进一步加强土地管理切实保护耕地的通知》，第一次以中央文件形式提出“一户一宅”的要求；2007—2018年，改革赋权扩能阶段，2007年3月出台的物权法，明确宅基地使用权为用益物权，在2018年颁布的《中共中央国务院关于实施乡村振兴战略的意见》中，首次以中央文件的形式提出宅基地所有权、资格权、使用权“三权分置”，该文件的颁布标志着宅基地制度改革探索进入新阶段；2019年至今，宅基地规范管理阶段，2019年中央1号文件要求“稳慎推进农村宅基地制度改革，拓展改革试点，丰富试点内容，完善制度设计①。”

在农村宅基地制度演进的过程中，国家通过政策试点进行了积极探索。2014年12月，中共中央办公厅、国务院办公厅印发了《关于农村土地征收、集体经营性建设用地入市、宅基地制度改革试点工作的意见》（中办发〔2014〕71号），在宅基地制度改革方面将“依法公平取得、节约集约使用、自愿有偿退出”作为主要目标，通过探索形成可复制、可推广的改革成果，为科学立法和修改完善相关法律法规提供支撑。在政策层面上，2020年中央1号文件要求“以探索宅基地所有权、资格权、使用权‘三权分置’为重点，进一步深化农村宅基地制度改革试点。”同年，国家开展新一轮104个县（市、区）和3个设区市的农村宅基地制度改革试点，全面探索宅基地“三权分置”的有效实现形式。

当前和今后我国农村宅基地制度改革的目标是以不断落实宅基地“三权分置”为方向，维护农村土地集体所有和保障农民基本居住权利，实现城乡土地资源优化配置，促进农村社会稳定和经济发展，为乡村振兴和共同富裕提供坚实支撑。

2. 宅基地“三权分置”的核心内容

宅基地“三权分置”改革是我国在农村土地制度领域的一项关键性改革，能有效解决农村在发展过程中的突出问题，保障农民权益。通过宅基

① 农业农村部．农村宅基地管理法律政策问答［OL］. https://m.thepaper.cn/baijiahao_1580278.

地改革可以赋予农民更加稳定的宅基地使用权。那么，何为宅基地“三权分置”？

2018年中央1号文件《中共中央国务院关于实施乡村振兴战略的意见》在“深化农村土地制度改革”中提出，探索宅基地所有权、资格权、使用权“三权分置”，落实宅基地集体所有权，保障宅基地农户资格权和农户房屋财产权，适度放活宅基地和农户房屋使用权①。其中，宅基地的集体所有权、农户资格权和使用权作为“三权”被正式确认。

（1）落实宅基地所有权。宅基地集体所有权作为一种自物权，是其他衍生权利的形成基础。宅基地所有权具有完整的占有、使用、收益、处分权能，为农民提供了生活基础和生产资料②。农民宅基地所有权是资格权的基础。落实宅基地使用权，需依法明晰宅基地所有权归属，推动健全宅基地集体管理制度，将宅基地所有权确权到不同层级的农村集体经济组织，明确集体在宅基地规划、分配、调整等方面的具体职责；完善宅基地分配制度，制定科学的宅基地分配方案，明确宅基地的分配原则、标准和方法，保障符合条件的农户能够公平地获得和使用宅基地。同时，强化宅基地登记管理，建立健全的宅基地登记制度，对农户的宅基地进行登记造册，明确其位置、面积、用途等权益信息，确保农户的宅基地权益得到有效保障。

（2）保障宅基地农户资格权。宅基地资格权的主要权能包括请求分配权、征收占用补偿权、退出权和退出补偿权能等③。宅基地资格权承载了宅基地居住福利的保障，其得益于农村集体组织成员的身份。保障宅基地农户资格权就是保障宅基地的福利功能。资格权不仅是宅基地所有权的具体表现，更是宅基地使用权的基础④。农户资格权的保障需制定农户资格权认定办法，开展宅基地资格权人认定和登记工作，探索通过货币、权证、保障性住房、养老服务等多种方式实现农户宅基地资格权和“一户一宅”。对符合条件的农户进行资格认定时，还应明确其享有的宅基地面积、位置、用途等权益；加强宅基地规划管理，结合城乡一体化规划，制定科

---

① 农业农村部．农村宅基地管理法律政策问答［OL］．https：//m.thepaper.cn/baijiahao_1580278.

② 徐忠国，卓跃飞，吴次芳，等．农村宅基地三权分置的经济解释与法理演绎［J］．中国土地科学，2018（8）．

③ 陈广华，罗亚文．乡村振兴背景下宅基地资格权研究［J］．安徽大学学报（哲学社会科学版），2019（5）．

④ 包欢乐．利益承载：宅基地资格权功能定位与法律实现［J］．江苏社会科学，2023（4）．

学的宅基地规划方案，确保宅基地布局合理、规模适宜，避免无序扩张和破坏生态环境。

（3）适度放活宅基地使用权。宅基地使用权是属于用益物权的一种，其权能主要包括占有、使用、处分的权能。适度放活宅基地使用权实质上就是要调整宅基地的配置和利用，在实现农户“户有所居”的保障功能下，实现宅基地使用权市场化利用，释放宅基地使用权的财产价值①。这就需要不断探索完善宅基地流转、抵押、使用、收益等的方法路径，例如在法律规定下引入工商资本参与宅基地盘活利用，探索出租、入股、抵押等合作方式，并以审批、监管等加以规范，形成可复制、能推广、惠民生、利修法的制度创新成果②。

（三）“三权分置”下农村宅基地制度改革的现实需求

当前，农村宅基地制度改革作为纵深推进乡村振兴战略、建设全国统一大市场的重要保障，其抓手便在于“三权分置”。农户作为农村宅基地制度改革的关键利益主体，其意愿会在一定程度上影响改革的推进。现实中，农户对于宅基地流转、盘活利用具有强烈的意愿，而宅基地“三权分置”改革通过落实宅基地所有权、保障宅基地资格权、放活宅基地的使用权，在落实国家相关法律的基础之上充分尊重农民意愿，更好地保障其合法权益并有效增加财产收益。可以说，“三权分置”下的宅基地制度改革，让广大农民吃下了又一颗“定心丸”。因此，实现宅基地“三权分置”，是解决农民对宅改现实需要的必然要求。

1. 以宅基地所有权的落实规范资源管理

长期以来，农村宅基地存在粗放利用、闲置、超占、隐形交易、私下流转等现实状况，阻碍了乡村建设、村庄规划的开展与落实，对于村集体来说更是资源的浪费和利益的减损，造成宅基地集体所有权的“虚置”。因此，通过宅基地集约利用，巩固并强化宅基地集体所有权尤为重要。有效落实宅基地所有权，在科学、规范的监督管理中强化集体所有权主体地位能够有效地解决上述问题，从而实现农村宅基地资源的合理配置。村集体在“分置”中实现村集体所有权的占有、使用、收益、处分权能，明确

---

① 杨青贵．适度放活宅基地使用权的理论逻辑与实现进路［J］．农业经济问题，2023（7）．

② 农业农村部．农村宅基地管理法律政策问答［OL］．https：//m.thepaper.cn/baijiahao_1580278．

集体所有权的具体权利义务，制定科学合理的规划，对宅基地的集约利用形成村内规范，以此保障农户的最基本的生活居住权益、宅基地权利变动的民主决策，促进集体公平收益和公共利益的实现，进而缓解用地矛盾，提升宅基地的资产价值，使宅基地所有权由“虚置”向“落实”积极转变。

2. 以宅基地资格权的界定重构权利体系

从制度改革来看，宅基地“三权分置”将宅基地所有权、资格权、使用权分开，使宅基地的相关权利细分到每一个主体，有效解决了流转过程中宅基地使用权与资格权相混淆的问题，保障了农户的基本权利。在新一轮宅改试点探索宅基地“三权分置”改革过程中，各试点地区纷纷开展资格权认定、分离宅基地成员权与身份权、鼓励闲置宅基地盘活利用等促进宅基地使用权流转、明确宅基地资格权的具体实践，充分发挥了宅基地的财产属性，并且在一定程度上保障了农户“住有所居”的身份权利。因此，宅基地“三权分置”不仅明确了宅基地的各项权利归属，充分发挥宅基地的财产属性，保留其社会保障功能，缓解村集体内部有关宅基地权利归属纠纷，还有利于促进闲置宅基地的盘活利用，吸引外部投资，从而推动农村经济的健康发展。

3. 以宅基地使用权的放活实现财产价值

“三权分置”形成的宅基地使用权，被赋予了前所未有的财产权权能。该权利是宅基地所有权之使用权能的延展以及资格权之保有资格和独占使用权能的分离。因此，宅基地使用权不再限于所有权人或资格权人，而是通过权利的再让渡拓宽了实际使用权人的范围。这不仅能够盘活闲置的宅基地，更提高了宅基地的利用率，拓宽了宅基地集约利用的渠道，在此过程中实现相应收益，凸显了宅基地的财产价值。在未进行“三权分置”改革之前，各地还有大量的闲置宅基地作为“沉睡资产”在浪费，在城乡融合的大背景下，更需要土地资源发挥居住功能和财产属性。因此，宅基地“三权分置”改革是大势所趋，是历史的必然，其对于推动宅基地财产价值的实现具有重要意义。特别是宅基地改革试点单位积极探索实践，盘活闲置资源，充分释放了农村闲置宅基地和农房的潜在价值。

（四）“三权分置”下农村宅基地制度改革的深远影响

1. 有利于充分实现宅基地资产价值

实行宅基地“三权分置”，在法律和政策上明晰“三权”权能边界、权能关系，不仅有利于坚持和巩固集体所有制，还赋予了集体经济组织对宅基地使用的监督权利，集体经济组织在宅基地使用权流转中按照一定比例分享流转收益。例如，部分宅改试点单位采取村集体＋农民合作或村集体自营方式利用宅基地，增加集体收入。同时，宅基地“三权分置”改革可以优化农村土地资源配置，促进集约用地，为产业发展提供要素载体。在坚持和强化宅基地集体所有的基础上，一定条件下允许农户将宅基地自愿、有偿退出和流转，既有利于盘活利用闲置、空闲土地，减少农民建房难和农村违法用地，有效增加农民土地财产性收入，维护集体成员权利，又有利于发挥土地资源的要素功能，助力农村经济发展。例如有试点单位探索将农民闲置的宅基地经村股份经济合作社收拢后，统一租赁给企业，“批量”建设旅游民宿，发展观光农业，合作社留存分红中的50％为集体财产，其余50％平均分配给参与民宿项目建设的村民。由此，“三权分置”为宅改带来“农民得租金、村集体增收入、企业获经营空间”的多赢成效。

2. 有利于促进乡村振兴目标实现

盘活土地资源是实现乡村振兴的关键一招，宅基地“三权分置”改革更是关键中的关键，其对实现“产业兴旺、生态宜居、乡风文明、治理有效、生活富裕”的乡村振兴总要求起着至关重要的作用。首先，宅基地“三权分置”在保障农民住有所居的前提下，基于历史、现实分类开展针对“一户多宅”、超占、闲置等问题的有偿使用、退出等处置策略，同时施以违章拆除、规划整治等基础设施建设，可以有效释放建设空间，改善农村居住环境，从而保障宅基地管理秩序。其次，在耕地红线不可碰、建设用地总量严格控制背景下，通过宅基地收回、退出、流转、整治等方式腾退闲置宅基地，可以为乡村产业引进提供充足的空间，为推动乡村新产业、新业态的发展提供土地要素保障。再次，宅基地“三权分置”丰富了宅基地产权体系，在坚持和强化宅基地集体所有、保障宅基地农户资格权的基础上，适度放活宅基地使用权，可以显化宅基地财产价值，增加农民财产性收入。例如部分试点单位探索把“沉睡”的资源盘活后以“宅票”形式还给农民，用以在本集体经济组织内部流转、在集镇建房或以优惠价购买商品房，给当地农民带来了可观收益，加速实现“生活富裕”。最后，宅基地“三权分置”基础上的闲置宅基地盘活利用在增加农民财产性收入的同时，也有利于壮大集体经济组织的实力，为提升乡村治理水平、实现“治理有效”奠定了经济基础。

3. 有利于切实保障农民根本利益

农村宅基地制度改革不能损害农民的根本利益。以最有可能导致农民丧失利益的宅基地使用权转让来说，宅基地“三权分置”改革推动宅基地流转的同时并不必然会产生转让行为，在其改革背景以及城乡要素的影响下，农民对于宅基地的价格与期待也随之走高，以转让方式为主的流转会越来越少。即使在自愿有偿永久退出宅基地并放弃资格权的情况下，农民也会获得对等的权益补偿。如农民采取其他方式退出原有宅基地，基于资格权的保留和已有居住保障，农户还可以通过参与出租、入股等过程而实现宅基地的财产收益，不会因交出宅基地权益而影响其“住有所居”。若农户在退出协议上并未放弃原地上房屋的所有权，那么就相当于将该房屋连同宅基地使用权一起租赁给村集体或者入股第三方，农户也并未彻底丧失该宅基地使用权。在宅基地规模化利用的前提下，原有宅基地性质不变，无论是出租还是入股，皆以农户自愿为前提，农户的自主选择权更大也更灵活，有利于保护农民权益。因此，在相关风险防范机制落实到位后，能够进一步实现农民主体的“住有所居”，满足其居住目的，有利于合理分担国家住房保障压力，维护社会稳定，保障民生。

宅基地“三权分置”作为农村改革的重点内容，目前还处在探索阶段，鉴于原有集体组织成员内部的流转缺乏效率，现有宅基地“三权分置”改革能帮助农民在现实追求和情感慰藉中找到平衡点，成为解决现行土地流转问题的制度性安排，有利于维护农民最关心最直接最现实的利益，高度契合了乡村振兴战略，故应当坚持保障农民基本权利的前提，稳步、有序推进，以深度实现改革红利。

（五）“三权分置”下农村宅基地制度改革的实现路径

宅基地“三权分置”是推进国家土地要素市场化配置改革的重要组成部分，是实现乡村振兴总要求的突破口，事关农村集体与成员现实权益的保障发展，具有重要的战略意义。自 2018 年中央 1 号文件发布新一轮宅改试点以来，各地在宅基地改革中进行因地制宜的探索实践，取得了阶段性的成效，但也存在宅基地所有权虚化弱化、资格权不明晰、使用权放活有障碍等问题。在改革推进的新阶段，为破除以上障碍，进一步深化宅基地制度改革，各地需在落实宅基地所有权、保障宅基地资格权、放活宅基地使用权等方面做进一步努力。

1. 落实宅基地所有权

（1）明确宅基地集体所有权主体。农民集体依法行使宅基地集体所有权，在实践探索中承担落实宅基地集体所有权的具体职责。成员集体不具有组织形态，无法作为宅基地集体所有权的行使主体，《民法典》和《土地管理法》通过法定授权，确定农村集体经济组织或村民自治组织具有行使集体所有权的资格，并代表着集体进行经营与管理。因此，集体所有权的法定行使主体自然也是落实宅基地所有权的法定主体。农村集体产权制度改革基本完成后，村股份经济合作社的全面设立使得农村集体经济组织得以重构。因此，在宅基地制度改革的实践探索中，村股份经济合作社成为宅基地所有权统一行使的主体。同时，基层政府及其相关部门是保障宅基地所有权落实的主要职责主体，其作为公法上的主体，在行政职权范围内更要推动落实宅基地集体所有权。

（2）完善宅基地集体所有权的权利体系。通过强权赋能方式落实宅基地集体所有权，是实践探索中的主要做法，契合宅基地集体所有权之权利属性。《民法典》虽未直接规定宅基地所有权的具体权能，但参考关于城镇集体所有的不动产和动产“由本集体享有占有、使用、收益和处分的权利”，以及按照无特别规定下适用一般规定的基本原理，法律实际认可宅基地集体所有权占有、使用、收益和处分权能。基于宅基地对于农户建造住宅的专用性之实际情况，集体土地所有权主体在实践中并未真正获得宅基地集体所有权的“占有、使用、收益和处分”等方面权利。在此背景下，部分地方在实践探索中提出了多个具体权利以落实宅基地集体所有权。

一是宅基地集体收益权，即农村集体经济组织代表成员集体收取宅基地有偿使用费、宅基地使用权流转收益调节金等费用。宅基地的土地收益大部分是来自宅基地所有权主体在对所有权行使处分与使用的过程中获得的，只要切实落实使用权与处分权，那么宅基地所有权中的收益权自然而然地便会得以实现。

二是宅基地集体收回权。宅基地所有权主体对于“一户多宅”“少批多占”以及非本集体经济组织成员使用等历史遗留问题，应当有效行使其享有的收回权，在自愿有偿基础上，以农民群众愿意接受、乐于参与的方式对这部分宅基地收回，或收取有偿使用费用，再遵照一定的原则，将这部分作为集体经济组织与村集体共同享有的利益处理，用于村集体内部的公共事务和公益事业。

三是宅基地集体回购权。即农民集体依据宅基地集体所有权，按照市场规则购回宅基地使用权的一项权利。宅基地集体回购后，一般用于宅基地再分配、复垦为耕地、预留发展用地等用途。

四是宅基地集体管理权。即在公正程序、自治规范等保障下，集体对宅基地的申请、利用、流转等进行全面管理监督。

2. 保障宅基地资格权

（1）厘清宅基地资格权性质内涵。宅基地资格权是一项以成员权为基础，兼具财产权要素的复合性权利。例如有试点单位探索将农户资格权界定为农村集体经济组织成员享有的农村宅基地住房申请及使用资格，资格权界定为基于农村集体经济组织成员身份而依法取得宅基地使用权的保障权利，即农户资格权是集体成员以户为单位，请求集体为其分配宅基地、设定宅基地使用权等的身份权利，自然具有成员权属性。宅基地“三权分置”的法律事实核心便体现为集体成员为了充分实现对宅基地使用权的适度放活，更需要将宅基地使用权内在的身份性权利剥离以表现为纯粹的财产权。

（2）优化宅基地资格权认定标准。宅基地资格权的内涵在于保障农户的宅基地资格，现阶段地方大都将宅基地资格权属与集体经济组织成员身份相挂钩，如多数试点单位以农村产权制度改革成员认定成果作为农户资格权认定的主要依据，但从农村历史及发展来看，应当进一步明确集体成员资格只是认定宅基地资格权主体的重要条件而非唯一标准，有成员资格不一定当然享有宅基地资格，而非集体成员也并不必然排除在外。部分试点单位以农村集体经济组织成员户为单位，结合婚姻、收养及特殊政策等因素予以综合确定农户资格权；另有以在本集体经济组织生产或生活，与该集体组织发生权利和义务关系作为拥有宅基地资格权的基本条件。故此，省级层面应确立宅基地资格权认定的基本原则及步骤程序，各地方则应根据实际情况制定具体的判定标准及规则，即结合户籍登记、经济来源情况和家庭土地承包经营权的享有，统筹考虑生存保障、家庭存续、人口繁衍等因素以科学划定宅基地资格权主体，保证宅基地资格权“权尽其用、避免滥用”。

（3）完善宅基地资格权实现路径。农户资格权实现是释放宅地改革效能的关键之举。其一，宅基地资格权作为农户所享有的“身份权利”，其核心在于实现农村“户有所居”，例如通过“按人确认，按户行使”的方式行使资格权，但这并不意味着宅基地均等分配抑或肆意取得。对此应细化分户条件及面积指标，在酌情考虑农村特殊人群权利享有的同时严格落实“一户一宅”。如有试点单位探索了“以户为基础、以人定面积”的分配方式，按照农户实有人口确定宅基地面积。其二，明晰宅基地资格权是一项系统工程，在完成宅基地资格权“电子档案”建设后，应着力探索数字化动态管理机制，推动资格权认定、登记、分配、调整、消亡等程序的规范化与科学化。其三，基于各地区自然禀赋、历史经济等因素不尽相同，应在坚持保障农户住房需求的底线思维下因地制宜地尝试构建资格权完全退出、部分退出及保留保障等多种差异化路径选择，促使宅基地资格权匹配当地发展阶段及农户生产生活，切实服务于改革目标。

3. 放活宅基地使用权

（1）丰富宅基地使用权流转形式。在“三权分置”改革的背景下，宅基地的流转范围应有所扩展，流转方式也应更加多样化。具体而言：首先，政府应在宅基地使用权的流转上发挥主导作用，在农民自愿的基础上，节约集约利用资源，将节余的宅基地复垦为耕地且保障农民的居住利益，充分发挥政府的“为民”作用。如“宅基地换房”模式，以宅基地换同等居住面积房屋，实现城镇建设用地增加与农村建设用地减少相挂钩。其次，引导农民自发将闲置的宅基地进行流转，在已有的转让、出租、入股、抵押等方式的基础上，允许赠与和继承，保障村民财产性收入。再次，尝试有条件地放开宅基地在集体经济组织之外的流转交易。例如有试点单位按照是否已经完成建设目标适用不同的宅基地使用权流转模式。若达成建设，则可以在行政区划范围内在规定的面积限制之下向其他集体组织成员进行流转；尚未达到建设目标，则需要满足相应的面积和受让主体资格条件才能流转。最后，引入社会资本共同合作、共同参与、多效盘活闲置宅基地。在保证户有所居的基础上，村集体可将闲置的宅基地或住房资源集中起来，并以入股、出资等方式打包流转给企业进行统一开发，变现农户宅基地使用权和农房财产权。还有试点单位探索建设宅基地上的“联建房”，在政府引导下引入社会资本与农民宅基地使用权进行联建，或将部分原有的宅基地使用权转变为集体经营性建设用地使用权，取得了多方主体互利共赢的成效。

（2）完善宅基地使用权流转机制。为保障农村宅基地健康有序流转，基层政府相关部门必须充分发挥其宏观调控的服务作用，做好顶层设计工作，为宅基地使用权流转提供全面完善的制度支撑。一是要设置宅基地流转条件。现阶段我国宅基地尚不能完全摆脱传统的社会保障功能，宅基地使用权也不可能作为纯粹的私权任意流转，因此有必要从流转资质、流转程序、流转期限等方面设置一定条件对流转行为进行合理规制，从而保障农民最基本的居住权。例如有流转需求的农户必须有满足基本居住需求的稳定住所，流转必须经过集体经济组织同意等。二是规范宅基地流转市场。当前农民迫切要求发挥宅基地的财产性功能，而宅基地隐形流转大量存在，因此要因地制宜制定宅基地流转相关管理办法，从立法上肯定宅基地流转的合法性，同时明确流转范围和流转规则，统一流转程序，逐步优化宅基地交易机制，提高流转效率，为宅基地流转提供公平公正的市场环境。三是完善宅基地流转收益分配机制。宅基地流转市场的良性运作，必须以农民为中心均衡各方参与主体的利益。村集体应综合考虑多方主体的参与度、付出度等因素，并通过合规程序共同决定收益分配比例。在此过程中应始终以维护农民利益为核心，深化农民在宅基地改革中的参与度，不断提高农民收益分配比例，进而实现“为农民而改”的宅基地改革目标。

四、农村集体经营性建设用地入市

（一）农村集体经营性建设用地入市的内涵

农村集体土地可分为三大类：一是农用地，是指用于农业生产的土地，包括耕地、林地、草地、养殖水面等[①]。二是农村集体建设用地，根据现行《土地管理法》，包括宅基地、公共设施用地以及农村集体经济兴办乡村（镇）企业的经营性用地。三是未利用土地和荒地等。农村集体经营性建设用地是指属于农民集体所有用于营利性的建设用地，从现状用途来看，农村集体经营性建设用地主要指乡镇企业用地以及集体经济组织为了解决就业安置、发展集体经济而用作二、三产业的用地[②]。

农村集体经营性建设用地入市是指集体土地所有者将农村集体经营性建设用地使用权在一定年期内以出让、出租等形式让与土地使用者，由土地使用者向集体土地所有者支付土地有偿使用收益的行为；以及农村集体经营性建设用地的使用权人，以转让、互换、出资、赠与或者抵押等形式处分农村集体经营性建设用地使用权的二次转让行为。《土地管理法》在

① 伍振军，林倩茹．农村集体经营性建设用地的政策演进与学术论争［J］．改革，2014（2）．

② 林少丰．集体经营性建设用地流转收益内部分配的法律制度研究［D］．广州：广东财经大学，2016．

法律层面对农村集体经营性建设用地入市的条件、用途、方式等进行了规定，以“同权同价”为准则，赋予农村集体经营性建设用地与国有建设用地同等入市同等交易的权能。

（二）农村集体经营性建设用地入市的发展历程

广东等地自20世纪90年代便开始探索农村集体建设用地的改革，2008年中共十七届三中全会通过《中共中央关于推进农村改革发展若干大重大问题的决定》，在此之前，改革重点集中于农村的集体建设用地，该文件正式开启了对集体经营性建设用地的改革。至2015年，中央发布文件授权全国33个试点地区进行集体经营性建设用地入市改革探索，开启了农村集体经营性建设用地合法入市进程[①]。“三块地”试点改革在2018年成功收官，各地区在推进试点改革中形成了丰富的理论与实践成果，为国家法律的修订提供了参考依据。2023年中央1号文件提出重点深化农村集体经营性建设用地入市试点，要探索建立兼顾国家、农村集体经济组织和农民利益的土地增值收益有效调节机制。这为进一步推进农村土地制度改革，实现城乡一体化发展提供了制度基础。

目前，我国农村集体经营性建设用地入市改革已取得了阶段性成果，基本形成了相对成熟的规则体系和基本明确的制度。试点期间，33个农村集体经营性建设用地入市试点共办理入市土地面积9万余亩，有效盘活了农村闲置土地资源。同时，试点地区通过异地调整入市、综合整治入市等方式，将分布零散的土地集中连片入市，大大提高了土地资源配置效率。与此同时，中央配套出台了一系列政策文件，对农村集体经营性建设用地入市工作予以规范和指导。农村集体经营性建设用地权能的实现，增强了用地者土地投资信心，提高了土地开发利用强度。

（三）农村集体经营性建设用地入市存在的主要问题

集体经营性建设用地入市重点在于解决“谁来入市”“怎么入市”“哪些地入市”“钱怎么分”等问题，其本质仍是人与地、人与人的关系问题[②]。根据试点研究，当前我国农村集体经营性建设用地入市存在的问题

---

① 丁琳琳，孟庆国，刘文勇．农村集体建设用地入市的发展实践与政策变迁［J］．中国土地科学，2016（10）．

② 陆剑，陈振涛．集体经营性建设用地入市改革试点的困境与出路［J］．南京农业大学学报（社会科学版），2019（2）．

主要有以下几点：

1. 配套制度建设滞后

2021 年 8 月，《土地管理法实施条例》颁布，对集体经营性建设用地管理做了重要安排，强调集体经营性建设用地出让、出租等方案需载明使用期限、交易方式、入市价格、集体收益分配安排等内容。然而，具体如何制定相应的制度，目前仍缺乏细则指引，仍需地方进行探索①。首先，入市流转主体和入市实施主体的认定存在混乱和虚位，导致实践中对农村集体经营性建设用地的归属和利用存在主体不清的问题，主要体现在农村集体经济组织和农民委员会的混用②。其次，入市客体所指涉的对象是农村集体经营性建设用地的使用权，但征收与入市的冲突以及流转目的的限制使得入市空间受到挤压。最后，交易方式不尽统一，缺乏统一的交易规则和程序，再加上确权登记与权益保障制度不明晰，导致交易风险和不确定性增加。

2. 入市范围不明确

集体经营性建设用地入市的范围本质上要回答的是：哪些集体经营性建设用地可以不经征收直接入市流转？由此带来的第一个争议是允许流转的集体经营性建设用地是否应仅限于“土地利用规划确定的城镇建设用地范围内”，也即所谓的“圈内”“圈外”之争。其理论争议的根源在于《中华人民共和国宪法》第 10 条的“城市的土地属于国家所有”。如果将流转范围限制在“圈外”便意味着“圈内”的集体经营性建设用地依旧要沿用固有的征收模式；反之“圈内”的集体经营性建设用地在保留了集体所有的基础上获得了自由流转的权能，但会造成城镇规划区内“国家所有”与“集体所有”土地并存的局面，引发与“城市的土地属于国家所有”的矛盾。

在入市改革试点中，关于集体经营性建设用地可入市交易的范围学界存在着重大分歧。集体经营性建设用地入市范围也影响着构建城乡统一建设用地使用权市场的意义与效果③。是否应当将可流转的集体经营性建设用地限定在流转之前已确定的土地上，而排除规划后“新增”的集体经营性建设用地？现有政策在这一问题上出现了分歧：十八届三中全会的决定与全国人大常委会授权试点时的表述并不一致，这也带来了现实的困境。

---

① 马翠萍．集体经营性建设用地制度探索与效果评价——以全国首批农村集体经营性建设用地入市试点为例［J］．中国农村经济，2021（11）．

② 唐威．农村集体经营性建设用地市场运行机制研究［D］．长沙：湖南师范大学，2019．

③ 方涧．修法背景下集体经营性建设用地入市改革的困境与出路［J］．河北法学，2020（3）．

3. 入市收益分配机制不健全

在集体经营性建设用地入市被《土地管理法》确定之后，随即衍生出的问题是：国家、集体、土地使用者、农民个人等主体应当如何分配土地增值收益。目前没有一个统一的分配规则，新法也并未提供完整的思路。2016年4月财政部和国土资源部印发的《农村集体经营性建设用地土地增值收益调节金征收使用管理暂行办法》中规定，调节金按入市或再转让土地增值收益的20%～50%征收。一方面，对于收益的分配也是笼统地按照比例分配，而对增值收益幅度考虑较少。同时对于农村集体中出现的人口流动情况，也在一定程度上影响着土地增值收益分配制度的科学性和合理性。另一方面，这种增值收益的获取模式与土地征收中“区片综合地价”的模式如何协调，地块区位、地块所处经济发展状况、地块的规划用途等因素也成了一个不可忽视的问题。

4. 入市改革相关部门间协同性不够

土地制度的改革是一个系统性的改革，改革会牵扯规划部门、金融部门、财政部门等各方利益。部分地区在推进改革的过程中，其主要是由土地主管部门负责，相关的改革政策等也普遍是针对土地主管部门，其他相关改革尚未推进，与农村土地制度改革相配套相衔接的法律规定和政策没有适时跟进，造成其他部门对土地改革处于“事不关己”的态度和土地主管部门的“卑微改革”的现状，致使部分改革内容只能由土地主管部门“单枪匹马”独自推进。例如金融机构对于农村集体经营性建设用地改革现状不愿意给予更多的金融支持，造成改革因为成本等金融问题而推进缓慢，而涉及其他部门也可能同样存在类似的问题，最终造成改革的不彻底性和艰难性。

5. 入市改革与宅基地改革协调推进深度不够

“三块地”制度改革以来，各试点地区土地主管部门一方面利用调整规划的方法将宅基地用途经营化以实现入市；另一方面政府将一部分宅基地通过“入市”流程增加经营性用地以外，还尝试利用“增减挂钩”指标和“占补平衡”指标将剩余的宅基地以土地整治复垦方式实现指标交易，尝试将宅基地制度改革与集体经营性建设用地制度改革融合起来统筹推进以减少征地。但是总体上两项制度的衔接融合深度还不够，一方面集体经营性建设用地入市只通过单一的就地入市模式参与入市，对于助推宅基地的退出并没有实质性的意义，因而其入市方式、入市范围和规划用途等还有探索的空间；另一方面，通过调整宅基地用途就地入市，名义上实现了集体经营性建设用地的增量，但是与此同时也会使得宅基地入市占用集体经营性建设用地的市场。宅基地制度的改革主要是对取得方式、有偿退出、有偿使用和管理的改革，因而，如何采取措施使宅基地退出与集体经营性建设用地入市制度改革在补偿方式和标准、改革程序等方面相互融合，相互推动，在实现集体经营性建设用地入市的同时也能带动宅基地退出，在实现宅基地退出的同时也能更好地带动集体经营性建设用地入市，这仍然值得深入探索。

（四）农村集体经营性建设用地入市改革建议

根据农村集体经营性建设用地直接入市的制度逻辑分析，农村集体经营性建设用地若想最终实现与国有建设用地达到“同地、同权、同价”，应当基于严格保护耕地和保护农民利益的角度，在强化保障国家粮食安全和服从国土空间规划下，不断探索入市改革的政策与制度空间。

1. 制定出台全国性实施细则

在总结提炼全国 33 个试点县市经验基础上，遵循新《土地管理法》的总要求，按照农村集体经营性建设用地与国有建设用地同权同价同责、同等进入城乡统一的建设用地市场的总方向，研究制定全国农村集体经营性建设用地入市的实施细则，厘清入市流转主体，确认农村集体对集体土地的所有权主体地位，将入市的让渡主体认定为农村集体，而非村民委员会或农村集体经济组织[①]。统一入市交易方式，为入市实践提供良好的指引，促进入市实践的顺利开展。将农村集体经营性建设用地入市的交易方式统一为出让、转让、租赁等成熟的交易方式。与此同时，完善市场交易规则，建立科学的收益分配机制等，以促进农村集体经营性建设用地入市的健康发展。

2. 适当扩大入市范围

将人口的市民化作为认定“城市”的标准之一，能够为“圈内”土地入市寻找合宪性基础。对此，宋志红教授提出了“整体转权”的方案。“整体转权”就是在城市发展进程中，当某一区域的集体土地达到了特定的城市化水平时，在不改变原土地利用状态的前提下一次性将集体土地整体转变为国有土地，其所在区域的原集体组织的农民成员也全部转变为城镇居民身份，并给予城镇居民的福利待遇。一旦这一区域农民集体组织内

---

① 岳永兵．集体经营性建设用地入市实施主体对比分析［J］．中国国土资源经济，2019（6）．

的全体成员均取得了城镇居民的身份，享受到城镇居民的福利待遇，也就意味着整个农民集体组织将不复存续，集体土地的所有权也就随着所有权主体（集体）的消灭而具备了转变为国家所有的正当性基础。因此，采用“整体转权”方案可以维护我国长期以来城乡二元所有制的土地格局。

由于可入市的集体经营性建设用地数量有限，建议纳入符合规划和用途管制的新增集体经营性建设用地，特别要允许打通宅基地与集体经营性建设用地转换的通道①，对于农民自愿退出的合规宅基地，通过相关的制度安排和政策措施，允许其转换为集体经营性建设用地并入市。但在扩大集体经营性建设用地入市范围的同时，要强化土地利用总体规划与其他规划之间的协调。同时，建议做好与农村其他改革的衔接，如配合住房制度改革，允许在超大、特大城市利用集体经营性建设用地建设租赁住房、共有产权房。

3. 细化入市收益分配制度

收益的合理征收与公平分配是推进改革的关键点，因而，要细化收益分配。第一，土地主管部门对于入市调节金的征收可以借鉴优秀试点地区经验，实行差别化土地增值收益收取和差别化比例分配，对规划用途、入市的交易方式、入市方式、地块的区位及本身的特点等因素进行综合考虑。笼统地实行无差别的按同一比例征收，一方面会造成有的地块成本过高，而有的地块收益抵不上成本。第二，对于收益的分配还应该考虑人口的流动所造成的不便，“空心化”严重的地区，“户在人不在，人在户不在”的流动人口普遍存在，可以尝试采取另外的补偿方式。如果采取建设基础设施的分配方式，这对于常年流动在外的人口并不是一个较为公平的方式。实行不同的分配制度，可以更好地推进制度改革，也能更好地维护农村集体的利益。第三，收益的分配还可以将地区产业发展与企业发展融合起来推进，实行土地入股分红的分配形式，在实现农民增收的同时，也能实现土地增值收益分配的公开和透明。

落实2020年中共中央办公厅、国务院办公厅印发的《关于调整完善土地出让收入使用范围优先支持乡村振兴的意见》，稳步提高土地出让收入用于农业农村比例，缩小征收与入市的利益差额。调整土地出让收益城乡分配格局，稳步提高土地出让收入用于农业农村比例，逐步缩小国有土地征收与集体经营性建设用地的政府收入差额②。

---

① 魏后凯．“十四五”时期中国农村发展若干重大问题［J］．中国农村经济，2020（1）.

② 成德宁．构建城乡利益共享的土地增值收益分配机制［J］．国家治理，2021（38）.

4. 充分调动各部门参与入市改革的积极性

强化农村集体经济组织的能力建设，政府和村集体组织要开展教育培训、政策讲解、法治宣传、经验交流等活动，提高农村集体经济组织的组织化水平、集体资产经营管理水平和决策水平，使村集体和村民具备较强的入市意识、入市能力和维护本集体及其成员利益的信心，增强入市主体的入市意愿。欲提高政府改革积极性，首先，各政府部门应提高思想觉悟，积极作为，反省自身，坚持以人民利益为中心，从自身与农村实际问题与现实出发，将农村改革与部门发展结合起来研究。其次，地方土地主管部门在承担起地方改革“领头羊”主体责任的同时，要积极与其他部门沟通，加大部门的协调力度，并协调推进农村金融、监管等部门相关配套政策的完善，涉及部门利益的问题，可以寻求上级部门给予法律政策支持和帮助，切实解决法律政策与农村土地制度改革不协同的困境。再次，上级政府应坚持贯彻简政放权，实行“放管服”，重点围绕不愿改、不会改、不敢改问题，结合各部门职能，打破层级、职能和利益壁垒，并给予改革试点地区更大的探索空间和更强的政策支持。最后，各级政府之间加强自我监督和群众监督，在推进改革的同时给予奖惩考核和问题考核并及时报送上级政府，上级政府应当及时沟通解决。

5. 推进入市改革与宅地基退出改革融合衔接

要推进宅基地改革与农村集体经营性建设用地入市改革相融合，最主要的是将宅基地退出与农村集体经营性建设用地的入市改革结合起来推进。第一，在入市规划用途上，在法律允许的范围内，尝试利用农村集体经营性建设用地发展公益用途和商品住宅用途的事业，例如养老院、乡村医院、农民上楼所用的商品房等；第二，在入市方式上，可以通过完善征收补偿和改变补偿方式的形式实现农民集中居住，以达到改善居住环境，也便于推行宅基地腾退制度改革。第三，在入市范围上，继续推行宅基地整治转变用途参与入市的方式，通过引入社会资本、开展退出宅基地整治复垦复绿、完善宅基地周围的基础设施和相关配套设施，允许将宅基地整治多余部分作为农村集体经营性建设用地入市，进一步扩大农村集体经营性建设用地的增量，改善存量集体经营性建设用地分散和面积小的缺点，实现宅基地的顺利退出。第四，在入市交易上，可以将集体经营性建设用地和宅基地在利于经济长久发展的前提下以某种合法合理方式实现农村集体建设用地指标跨村、跨县甚至跨省交易，以解决不同经济发展水平下土地供需不平衡的矛盾。

第十六章

农村城镇化发展问题研究

推进农村城镇化是扩大内需的最大潜力，是促进经济增长的巨大引擎。党的二十大报告提出，推进以人为核心的新型城镇化，加快农业转移人口市民化。目前，我国城镇化率为 64.7%，仍低于发达国家近 80%的平均水平。今后，要以县域为重要载体，积极稳妥地推进城镇化，重点提高城镇化质量。

一、农村城镇化概述

（一）农村城镇化概念的界定

1. 城镇化与新型城镇化的概念

对于城镇化的概念，人口学认为城镇化是农村人口转变为城市人口的过程；地理学认为城镇化是农村地域向城市地域转化和集中的过程；社会学认为城镇化是农村社区的生产、生活方式向城市社区的生产生活方式转化的过程；经济学认为城镇化是农村经济要素向城市经济要素的转化过程。综合国内众多学者的观点，我们认为城镇化是一个多维度的概念，涉及人口、社会、经济、技术等多方面的转型与变革，通常包括农业人口转变为非农业人口，农村地域转化为城市地域，以及农村生产生活方式转变为城市生产生活方式等过程，其中以农业人口转化并趋向集中为其主要标志，这个转化过程通常表现为“自上而下”的过程或“自下而上”的过程，前者主要由城市特别是大中城市的发展、规模扩张吸纳大批农村人口，由地域转移带动产业、职业的转换；后者主要由农业生产力水平提高，引起农村富余劳动力向非农产业转移，其初始阶段可能是兼业的（亦工亦农）和就地的（“离土不离乡”“进厂不进城”），进而由职业转移引发人口向城镇移居的地域转移，这就是具有明显中国特色的自下而上的农村城镇化道路。

对于新型城镇化的概念，党的二十大报告明确了推进新型城镇化的战略任务。这是我国在新发展阶段顺应经济社会发展转型而提出的重要战略。新型城镇化是在立足现阶段我国发展的基本国情，总结我国城镇化的发展实践，汲取国内外城镇化的经验教训，适应新的发展要求而提出来的。它是对传统城镇化模式的扬弃，是城镇化理论与实践的创新。新型城镇化的概念目前尚无一致的界定，但不同学者和地方有着大致相似的认识。一般来说，新型城镇化是指在新发展理念的指导下，遵循城镇化的基本规律，以人为核心、以县域为载体，着力解决城乡发展不平衡问题，以全面提高我国经济发展水平和城乡人民生活水准为要求，强调城乡统筹、社会和谐、环境友好、集约发展、规模结构合理的城镇化发展模式。与传统城镇化模式相区别，新型城镇化更加注重城乡统筹，更加注重城镇发展的集约性，更加注重城镇化的社会性，更加注重城镇化的区域性，更加注重城镇化的协调性，更加注重城镇化质量内涵的提升①。

2. 农村城镇化的概念

（1）农村城镇化概念内涵的界定。关于农村城镇化概念内涵的界定，应该是研究农村城镇化问题的基本前提，但学术界并没有将此作为一个独立问题进行深入讨论，仅仅是作为探讨农村城镇化问题的一个假定而提出。对此学术界大致有三种提法：一种看法认为，农村城镇化是指随着经济和社会的发展，人们的生活方式从农村生活向城镇生活的升级转化过程。这种转化过程，不仅是农业人口逐步向非农业人口转移，并向城镇集中的过程，同时也是农村产业结构、农业生活方式、农业生产水平发生根本性变革并获得巨大发展的空间表现。另一种看法认为，农村城镇化是全面建设农村小康型经济社会的必须经历的一种经济形式，它的基本原则是，生产要素的效益最优化、就业方式的收益最大化和生产技术的效率最高化，认为农村城镇化是农村小康型经济发展之路。第三种观点认为，农村城镇化具有五项基本内涵，包括产业结构、社会结构、城乡人口分布结构的转换，城镇空间形态的变化，价值观念和生活方式的转换以及经济要素集聚方式的变迁或创新。

上述第一、第二种观点，并没有从农村城镇化的本质出发来界定，第三种观点，虽然从各个方面说明农村城镇化的具体内容，但从社会学与经

① 王素斋．新型城镇化科学发展的内涵、目标与路径［J］．理论月刊，2013（4）．

济学的概念要求来说，并不科学。笔者认为，农村城镇化是伴随农村社会经济发展的一个过程，从这一发展过程看，农村社会经济由自给自足的传统农业，演变为农村社会经济市场化的现代农业，同时在该演变过程中，农村城镇化是世界任何国家农村社会经济发展的一般规律。该规律的核心是社会学中的社会分工规律与经济学的产业结构变动规律相互交织作用的过程。因此，我们可以将农村城镇化概念的内涵或内在的本质规定性概括为：在社会分工规律与产业结构变动规律的相互交织作用下，农村社会经济由以农业为生存部门或产业部门的帕累托最优状态向以工业制造业、服务业为生存部门或产业部门的帕累托最优状态演进的社会经济过程。也就是说，农村城镇化是农村社会经济由以农业为生存部门或产业部门向以工业制造业、服务业为生存部门或产业部门的“帕累托改进”①，从而使农村社会经济由一个均衡向另一个均衡转变。

(2) 农村城镇化概念外延的界定。农村城镇化概念的外延在于其本质的外在表现形式，有利于消除理论探讨中的混乱。对农村城镇化外延的界定学术界大致有三种提法：第一种看法将农村城镇化归结为农村小城镇化，反过来，农村小城镇化就是农村城镇化。该观点主要源于我国农村城镇化的初期阶段，但随着农村城镇化实践的发展，显然有悖于实践。第二种看法将农村城镇化等同于农村城市化，该观点囿于发达国家的农村城镇化的现实结果因而忽略了其发展过程，这不完全符合我国国情；第三种看法将农村城镇化等同于城乡融合，虽然农村城镇化的最终结果是城乡融合，但城乡融合的提出只是从城乡统筹发展的角度出发，并不能包含农村城镇化的全部。

我们认为农村城镇化的外延只是社会分工规律与产业结构变动规律对农村社会经济交互作用的外在表现。事物由其本质规定的内涵是恒定的，但随着事物的发展其外在表现形式即外延是可以变化的。随着农村城镇化的发展，其外延也将随之演变、交替与创新。因此，诸如农村小城镇化、农村城市化等，只不过是农村城镇化发展过程中的外在表现形式。

(二) 农村城镇化的特征

每个地区因经济、技术和自然资源条件不同，各地区城镇化的具体路

---

① 郭晨，张卫东．产业结构升级背景下新型城镇化建设对区域经济发展质量的影响——基于PSM－DID经验证据［J]．产业经济研究，2018（5）．

径也不相同，但是从城镇化的本质内涵即城镇化作为城乡资源和生活方式的融合过程，也有共性特征。以下着重从城镇化的共性特征进行阐述。

1. 城镇数量增加和产业聚集度提高

城镇化是依靠城镇发展带动农村现代化，一个主要特征就是城镇数量增加，城镇产业聚集，城镇聚集效应不断提高。城镇化发展的主要目的是使落后的传统农村社会转变为先进的现代化文明社会，需要在传统的农村社会形成一些新的经济聚集点，通过产业聚集发展推动城镇发展，进而促进城乡经济社会结构融合。通过资源要素聚集和产业聚集发展，推动大、中、小城市和小城镇数量增加，是农村城镇化发展的主要内容①。城镇数量增加，城镇素质提高，大中小城镇体系的完善，能够扩大对农村地区的辐射面。传统的农村社会要转换为现代化的文明社会，必须依赖于现代化城市的辐射和带动。但由于单个中心城市力量薄弱，其辐射功能受到限制，使城市的影响难以覆盖广大农村地域。随着中心城市的产业不断聚集和发展，带动次中心城市和小城镇的发展，形成区域城镇网络体系，这种网络体系又随着交通运输工具的现代化和信息网络化的发展，极大地扩大了城镇对农村的辐射影响力。城市的现代化技术不断地扩散到农村，改造农村的传统产业，尤其是生物工程技术和信息技术促进了传统农业向现代农业的转变。城市居民的现代化生活方式潜移默化地影响农村，推动农村居民生活方式现代化，促进现代农民的形成和发展，从而促使农村经济社会结构的现代化转型。

2. 城镇人口占总人口的比重不断提高

城镇化的一个根本标志就是农村人口向城镇转移。从一定意义上说，农村人口向城镇集中是城镇化发展的结果。这是因为随着大中小城市和小城镇的不断发展，城市和小城镇规模的扩大，产业的聚集和分工的细化，推动着新产业的发展和新就业岗位的不断增加，极大地增强了城镇对农村人口的吸纳能力。世界各国城镇化发展的实践也证明，城市和小城镇的兴起和成长一直与人口的空间运动相联系，城市和小城镇的各项发展无不以人口变动为标志，不管是景观的城镇化，还是文化意识的城镇化，都是以人口的城镇化为基础的。城镇人口总量及其与总人口比例的增加，从一定程度上反映了农村城镇化水平。城镇人口的增加与其比重的提高，是全世

① 冉启英，朱为利，任思雨．对外开放、产业集聚与新型城镇化质量［J］．统计与决策，2023（5）．

界城镇化发展过程中不可阻挡的趋势。并且城镇人口的增加与其比重的提高也是现代农村城镇化发展的主要特征之一，它直接反映了农村城镇化发展的趋势。作为农村城镇化发展标志的城镇人口与其比重的增加并不具有永恒性，农村城镇化是一种不断进行的过程，它将永远推动着经济社会的发展，而城镇人口的变化终归有其极限，可以设想在未来，整个世界都将城镇化了，到那时人口的集中和分散只是反映人口的空间运动状况，而并不反映农村人口与城镇人口的区别。

3. 关联度强化

城镇化作为城乡资源和生活方式融合的过程，一个显著特征是城镇间、城乡产业技术间、城乡生活方式间的关联度将不断强化。这是因为城镇化就是随着城市和小城镇的发展，在区域空间范围内形成大中小城市和小城镇有机结合的网络状结构式的城镇体系，从而不断提高城市和小城镇对农村生产要素的吸纳能力和城市的现代技术、生活方式对农村的扩散能力，促进城镇之间以及城乡之间的关联强化。这种城镇间和城乡产业、技术、生活方式间的关联强化主要是通过四种效应实现的：一是吸纳效应。人类活动是相互关联的，作为一个“经济人”，在大中小城市和小城镇之间，以及城乡之间因收益、社会福利水平等方面的差异性必然吸引人口、资金、技术、信息等各种生产要素在城市和小城镇之间、城乡之间流动，从而促使大中小城市和小城镇之间以及城乡之间的产业关联、技术关联、社会生活方式关联进一步强化①。二是分工效应。随着大中小城市和小城镇发展及其规模的扩大，城市间、城市与小城镇间、城乡间相互作用，从而促进城镇体系内部进一步分工，并进一步提升大中小城市和小城镇以及城乡间的产品、技术、生产过程、生活方式等方面的高度关联。三是扩散效应。一项经济活动的结果对其他经济活动的影响就是一种扩散效应。随着城市产业聚集和城镇规模扩大，城镇产业、社会文化聚集的能量需要寻找新的释放空间。也就是说，城镇的经济主体为了追求自身利益的最大化，必然会扩大其活动的空间，推动城市的现代技术、现代文化、现代生活方式和先进产业逐渐向广大农村区域扩散。四是开放效应。在全球经济一体化条件下，随着交通、通信的发展，尤其是网络技术的全球普及化，大中小城市和小城镇的发展依赖于全球化生产要素的流动聚集，无论是人

---

① 张红霞，江立华．农民工市民化与城镇化进程的共生与错位［J］．华南农业大学学报（社会科学版），2019（1）．

流还是物流，其流动范围都是全球性的。也就是说，在现代全球化时代，城镇化就是一种全球开放化，全球的不断开放化将有利于充分运用全球化的人才、资金、自然资源培植国际化大都市，从而有利于进一步促进农村城镇化发展。

当然，吸纳效应、分工效应、扩散效应和开放效应并不是相互分离的，而是有机结合的。通过这四种效应的有机结合和相互作用，必将促进大中小城市以及小城镇之间，国内城市和国外城市之间，城乡之间的相互关联度不断强化。这也就是说关联度强化是农村城镇化的一个基本特征。

4. 升级效应明显

城镇化发展过程，不仅仅是城市和小城镇数量的增加和规模的发展，还包括城市和小城镇素质的提高、传统农村产业的现代化改造、农业的知识化和现代化，以及农村居民生活方式和价值观念的市场化、社会化、现代化和城市文明化。这也就是说，城镇和农村的素质升级是城镇化的一个基本特征。一方面城乡收入和福利的差别性，必将促使农村生产要素向城镇集中。城镇随着生产要素的不断聚集，生产分工将不断深化，新产业尤其是服务性第三产业将不断产生和发展，技术将不断创新，从而更有利于对先进生产要素的吸引，再加上随着人口的高度聚集，进一步带动了资金流、信息流、资源流向城镇集中，推动城镇规模的扩大与城镇的产业素质、技术素质、生活水平不断提升。另一方面，城市和小城镇的产业发展和技术创新，推动着产业的生长更替速度加快。一些相对落后的产业在城镇中随着时间的推移将逐渐丧失竞争力，产业经济主体为了寻求自身利益最大化，必将把一些城市中缺乏竞争力的产业尤其是劳动密集型产业向农村转移。这是因为农村劳动力丰富和土地经济价值低廉，生产成本低。这种城镇产业向农村的梯度推移，有利于农村二、三产业技术素质升级和结构转型。同时，城镇先进技术和产业的发展，诸如信息技术、网络技术、生物技术的不断发展必将促进传统农村二、三产业以及传统农业的改造。

（三）农村城镇化的意义与作用

党的二十大和国家“十四五”规划均做出宏观指导，以完善新型城镇化战略，提升城镇化发展质量。由于城镇特有的集聚效应、辐射效应、反哺效应、连接效应及融合效应，农村城镇化不仅成为我国城镇化过程中不可或缺的一个重要组成部分，而且对于农村乃至整个国民经济的发展都具有十分重要的意义。

1. 农村城镇化是提高我国总体消费需求能力的重要途径

在新发展阶段，农村城镇化能有效地克服农民收入徘徊和停滞的局面，拉动农村居民的消费需求和投资需求，成为启动中国农村市场乃至整个国内市场，解决需求严重不足问题的切入点。第一，加快农村城镇化是增加农民收入的有效途径。农民转移到城镇成为市民后，割断了同土地的联系，耕地可以向种田能手集中，从而扩大农户的经营规模，提高生产效率，增加农民收入。第二，农村城镇化将吸引大批的农民进入城镇生产和生活，农民进入城镇生活后，不仅成为农副产品的消费者，而且其消费方式还将发生质的变化。第三，加快农村城镇化，可以促进小城镇交通、供水、供电、通信、文化教育设施的建设，引导农民进城建房买房，直接带动了建筑、建材、轻工装饰、机械、化工、家电等相关行业的发展。第四，农村城镇化过程中小城镇基础设施的建设和完善，小城镇生活的扩散效应，可以有效消除制约农民消费的障碍因素，把农民的潜在购买力转为现实的有效需求。

2. 农村城镇化是转移农村富余劳动力的根本出路

我国作为世界上农业富余劳动力最多的国家，如何能促进农村富余劳动力的有序转移，是关系到社会安定和经济持续有效发展的重大问题。近几年来，农村富余劳动力正加速跨地区流动，其根本出路在于加快城镇化进程，推动农村劳动力向非农产业转移。农村城镇化为农村富余劳动力转移提供了广阔的空间，缓解了农村人口压力与土地承载力之间的矛盾，成为吸纳农村富余劳动力的蓄水池。20 世纪 90 年代以来，由于乡镇企业有机构成的提高，乡镇企业吸纳劳动力的能力已日趋减弱，大量的农村劳动力开始涌向沿海地区和大城市。但是随着城市病问题的日趋严重，靠现有大城市来吸纳和消化农村富余劳动力是不现实的。小城镇的快速发展可以就近转移农村富余劳动力，一方面可以缓解大量农村劳动力涌入城市带给大城市的就业压力，另一方面农村富余劳动力从农村的转出，使得留在农村的人口有了更大的发展空间，缓解了农村人口压力和土地承载力之间的矛盾。

3. 农村城镇化是解决“三农”问题的必由之路

我国是一个农业人口占绝大多数的农业大国，农业人口占总人口的35%左右，农业、农村和农民问题始终是我国改革开放和现代化建设面临的根本问题。“三农”问题主要表现在：农业基础薄弱，农民收入低，农村城镇化滞后，城乡差距拉大，农村劳动力转移困难等。解决“三农”问题的根本出路在于推进城镇化，实现农村大部分人口向城镇集中、乡镇企业向城镇集中、农村土地向少部分种田能手集中。城镇化将十分有利于实现土地的规模经营、推广农业机械化、提高劳动生产率、增加农民收入，从根本上消除城乡差别。推进城镇化的一个重要出发点就是减少农民数量，加快农业劳动力向非农产业转移。在现阶段，城镇化每年可以为农村提供 1 亿多个就业岗位，每年可以为农村增加 7 000 亿元以上的非农业收入，所以，通过城镇化使农村人口向城镇集聚，分流农业人口和富余劳动力既是生产力发展的必然规律，又是解决“三农”问题的必由之路。

4. 农村城镇化是打破城乡二元结构的突破口

城乡二元经济结构一般是指以社会化生产为主要特点的城市经济和以小生产为主要特点的农村经济并存的经济结构。目前，城乡关系不顺突出表现为城乡收入差距过分悬殊。2021 年，城镇居民人均总收入 35 128 元，其中，城镇居民人均可支配收入 47 412 元，比上年名义增长 8.2%，扣除价格因素实际增长 7.1%，增速比上年加快 4.68 个百分点。农村居民人均纯收入 18 931 元，比上年名义增长 10.5%，扣除价格因素实际增长 9.7%，增速比上年加快 3.56 个百分点，农民收入不及城镇居民的 1/2。现阶段，如果不统筹考虑城乡经济社会的发展，不着手从根本上改变城乡分割的二元结构体制，不仅会对扩大内需、繁荣市场、实现国民经济良性循环和健康发展形成制约，而且对社会的稳定和国家的长治久安也带来负面影响。小城镇是改变二元经济社会结构的切入点，是大中城市联系农村的桥梁和纽带，而且小城镇比大中城市更能直接地组织农村的经济活动，推动农村经济社会协调发展。目前，农村工业化已有一定基础，二、三产业的发展使劳动力向小城镇转移成为现实。农村富余的劳动力转移出来，农村人均耕地就会发生变化，使得农业规模经营成为可能，从而提高农业比较利益。

二、中国农村城镇化的发展历程与现状

（一）中国农村城镇化的发展历程

从总体上看，中国城镇化进程呈现出不断加快发展的基本态势，大体经历了以下四个阶段：

1. 新中国成立后的缓慢起步阶段（1949—1978 年）

新中国成立初城镇化水平只有 10.64%，经历了三年恢复和“一五”

时期平稳发展、大起大落的“大跃进”与调整时期以及“文化大革命”“三线”建设的停滞发展等阶段，到1978年我国城镇化水平只提高到17.92%，设市城市由132个增至193个，仅增加61个。这与我国选择的重化工业化道路、急于求成的政策以及城镇化水平起点低等因素有关。这一时期重点建设城市，“一五”时期除北京外有工业建设重点城市如太原、包头、西安、武汉、大同、成都和洛阳等7座，重点扩建城市如鞍山、沈阳、吉林、长春、哈尔滨等20多座，局部扩建城市如南京、济南、杭州、昆明、唐山等；“三线”建设时期有十堰、成都、兰州、宝鸡、西宁、汉中等。

2. 改革开放以来的城镇化的快速发展阶段（1979—2002年）

1978年实行改革开放后，我国城镇化历程进入了一个新的发展阶段。我国的改革开放先在农村取得突破，继之推进到城市体制改革和市场经济体制的明确、深化和完善阶段。1978年党的十一届三中全会拉开了农村经济体制改革的序幕。农村家庭联产承包责任制普遍推行，农业劳动生产率大幅度提高，从根本上改变了我国农副产品严重供不应求的局面，为城镇吸收更多的人口和城市轻纺工业的发展奠定了物质基础。随后政府开始采取严格控制大城市扩张和鼓励小城市成长及发展农村集镇的新政策。与此同时，中央作出了开放14个沿海城市及全面开放海南等新的决策，极大地推进了沿海地区城镇化进程。我国农民在创造了“离土不离乡、进厂不进城”的农村工业化模式之后，又形成了“离土又离乡、进厂又进城”的小城镇化模式。1992年邓小平视察南方讲话和中共十四大的召开，中国经济体制改革正式走上了市场经济体制的轨道。从此，市场化改革成为我国城镇化发展的最强大动力。随着市场经济改革取向的明确、展开和日益深化以及对外开放的全方位、多层次、宽领域的推进和提升，新一轮的工业化、城镇化在全国全面展开。这一阶段是新中国历史上城镇化水平提高最快的阶段。2002年与1979年相比，建制市由190个增加到660个，建制镇由2173个增加到20601个，城镇化率达到39.09%。大中小城镇建设投资的扩张，成为20世纪90年代新一轮经济高速增长的主导因素。

3. 新世纪后城镇化的加速发展阶段（2003—2012年）

2003年中共十六届三中全会提出科学发展观后，我国的城镇化进程也进入了科学发展的轨道，按照“统筹城乡发展、统筹区域发展、统筹经济社会发展、统筹人与自然和谐发展、统筹国内发展和对外开放”的要求，开始追求城市与农村的经济、社会、人口、资源和环境的全面协调可持续发展。在这一时期，我国城镇化延续高速发展的势头，速度进一步加快，城镇化率平均每年提高 1 个百分点以上。建制市镇数量有所调减，但单个城镇规模迅速扩张，城镇发展开始由数量扩张向品质提升转变。2012 年 11 月 9 日，党的十八大报告明确提出“坚持走中国特色新型工业化、信息化、城镇化、农业现代化道路，推动信息化和工业化深度融合、工业化和城镇化良性互动、城镇化和农业现代化相互协调，促进工业化、信息化、城镇化、农业现代化同步发展。”这一阶段，城市面积不断扩大，城镇之间交往也变得密切，分工合作的城市群、都市圈逐步形成，比如成渝城市群、湖南长株潭城市群、武汉城市圈、皖江城市带以及环鄱阳湖城市群，等等。中国城镇人口已经进入城市化快速增长时期，第六次全国人口普查数据显示，2010 年全国常住城镇人口为 6.66 亿，城镇化率达 49.68%，比 2000 年上升了 13.46 个百分点①。

4. 新时代以来城镇化的稳步深化阶段（2013 年以来）

党的十八大以来，在新发展理念的引领下，新型城镇化把人口作为发展的核心要素。2013—2020 年，城市建成区人口密度快速下降趋势得到了有效遏制，土地扩张速度与城市人口增速之比下降至 1.61，新型城镇化有效扭转了过去“摊大饼”的粗放增长模式。2013 年，中共中央首次提出以人为核心的城镇化，把促进有能力在城镇稳定就业和生活的常住人口有序实现市民化作为首要任务。新时代以来，随着城乡分割二元体制向城乡一体化方向演进，户籍制度、社会保障制度和财税金融制度等改革持续利好市民化进程。我国逐步取消城区常住人口 300 万以下城市的落户限制，顺利实现 1 亿农业转移人口落户城镇；居住证制度的全面实施，有效保障了 1.1 亿未落户常住人口的基本公共服务。截至 2022 年底，基本医疗保险已覆盖 13.6 亿人，农民工参加工伤保险超过 9 000 万人②。

当前，新一轮新型城镇化建设正面临换挡提质，推动着我国以人为核心的新型城镇化政策进一步丰富和发展。《国家新型城镇化规划（2021—2035 年）》和《“十四五”新型城镇化实施方案》在明确以人为核心、大中小城市和小城镇协调发展的城镇化战略方针的同时，均补充提出“推进以县城为重要载体的城镇化建设”，使得县城作为就地城镇化载体的作用不断凸显。党的二十大报告进一步强调了人民在城镇化建设中的中心地

① 苏小，金彦平．中国城镇化发展历程及变革研究［J］．农村经济，2013（10）．

② 解安，林进龙．新型城镇化：十年总结与远景展望［J］．河北学刊，2023（1）．

位，其中农业转移人口市民化关系到近2亿进城务工和就地城镇化的乡村人口，城市规划、建设、治理与宜居、韧性、智慧城市建设关系到9亿城市人口的生产和生活，城市更新更是解决快速城镇化过程中普通社区居民和日益增多的老年人需求的重要方式①。

（二）中国农村城镇化发展的现状

中国城镇化率从1949年的10.64%提高到2021年的64.72%，年均提高0.75个百分点，基本适应了经济社会发展的要求。

1. 城镇化发展进程明显加快，城镇经济比重不断提高

进入21世纪以来中国城镇化进程基本保持在年均提高1个百分点的水平上，远远高于同期世界城镇化发展年均提高0.2个百分点的平均水平，也快于许多新兴工业化国家城镇化发展的速度。2021年，我国人均GDP达到80 976元，城镇化率已经达到64.72%，城乡结构发生历史性变化（表16-1）。

表16-1　我国城镇化进程

年份	全国人口（万人）	市镇人口（万人）	城市化率（%）	城市化年均增长百分点	城市总数（座）	城市年均增加数（座）	建制镇总数（座）
2001	127 627	48 064	37.66	1.44	658	−1	
2002	128 453	50 212	39.09	1.43	656	−2	20 601
2003	129 227	52 376	40.53	1.44	656	0	20 226
2004	129 988	54 283	41.76	1.23	657	1	19 883
2005	130 756	56 212	42.99	1.23	657	0	19 522
2006	131 448	58 288	44.34	1.35	652	−5	19 369
2007	132 129	60 633	45.89	1.55	651	−1	19 249
2008	132 802	62 403	46.99	1.1	651	0	19 234
2009	133 450	64512	48.34	1.35	650	−1	19 322
2010	134 091	66 978	49.95	1.61	653	3	19 410
2011	134 735	69 079	51.27	1.32	653	0	19 683
2012	135 922	72 175	53.10	1.83	691	38	19 881
2013	136 726	74 502	54.49	1.39	658	−33	20 117

① 李国平，孙瑀．以人为核心的新型城镇化建设探究［J］．改革，2022（12）．

（续）

年份	全国人口（万人）	市镇人口（万人）	城市化率（%）	城市化年均增长百分点	城市总数（座）	城市年均增加数（座）	建制镇总数（座）
2014	137 646	76 738	55.75	1.26	653	−5	20 401
2015	138 326	79 302	57.33	1.58	656	3	20 515
2016	139 232	81 924	58.84	1.51	657	1	20 883
2017	140 011	84 343	60.24	1.4	661	4	21 116
2018	140 541	86 433	61.50	1.26	673	12	21 297
2019	141 008	88 426	62.71	1.21	679	6	21 013
2020	141 212	90 220	63.89	1.18	687	8	21 157
2021	141 260	91 425	64.72	0.83	663	−24	21 322

资料来源：中国统计年鉴。

2. 城镇体系日益完善

目前我国大中小城市和小城镇体系已经基本形成，2012—2021 年建制镇从 19 881 个增至 21 322 个，已成为我国新型城镇化的重要空间载体，其发展特色产业、承载疏解城市人口、连接城乡、服务“三农”的功能不断增强。东部率先、中部崛起、西部开发、东北振兴统筹推进，京津冀协同发展、长江经济带发展、粤港澳大湾区建设、长三角一体化发展、黄河流域生态保护和高质量发展已取得诸多突破性进展，主体功能明显、优势互补、高质量发展的城镇体系正加快形成①。

3. 城镇布局持续优化

党的十八大以来，随着我国经济发展质量的提升，各级城市之间的互动逐渐增强、分工不断明确与合理化，城镇化空间布局和城镇规模结构持续优化，基本形成了城市群与都市圈蓬勃发展、大中小城市与小城镇协调发展的城镇化新格局。以大城市为依托、中小城市为骨干、小城镇为基础的多层次城镇体系持续优化。都市圈同城化建设稳步推进，中心城市辐射带动能力显著增强，“研发在中心、制造在周边”的产业分工协作不断深化②。

---

① 何立峰．党的十八大以来发展改革领域取得的历史性成就发生的历史性变革 [J]．宏观经济管理，2022（5）．

② 朱鹏华，刘学侠．以人为核心的新型城镇化：2035 年发展目标与实践方略 [J]．改革，2023（2）．

4. 城镇发展质量大幅提高

新型城镇化建设使得城市发展模式更加科学高效，城市的经济实力、基础设施、资源环境、公共服务、治理能力对人口的承载能力大幅提高，城市居民对美好生活的向往正在逐步实现。城镇建设成效明显，城市建成区面积扩大，住房条件改善，城市交通、供水、热电、绿化、环境卫生、电信等基础设施体系不断完善，城镇现代化水平大幅提升。

三、中国农村城镇化存在的问题

中国的城镇化进程取得了巨大的成就，但是也存在一些问题。

（一）农民工市民化进程滞后

中国城镇化的特点是“农民进城”，核心是实现农民工市民化。随着农村劳动力转移和城市扩张，工业化、城镇化与农民工市民化的矛盾日益突出。城乡二元分割体制仍未从根本上打破。一方面，城乡之间的要素资源流动仍以从乡到城的单向流动为主。农业基础薄弱、农村发展滞后、农民增收困难的局面尚未根本改变，城乡发展差距扩大的势头还未得到遏制。农村资源要素流失严重，农村的资金大量流向城市，土地增值收益分配明显向城市、向非农部门倾斜。另一方面，长期形成的城乡分割的治理思路、政策体系和管理体制尚未完全松动，城乡之间在经济社会发展的各个领域，还存在着制度上的不公平。尽管户籍制度改革使农村人口向城镇流动相对自由，但附着在户籍背后的社会保障、医疗、教育、就业等方面改革并未完全到位，农民长期徘徊在城市“正规”门槛之外。2021 年我国的城镇化率已达 64.72%，城镇常住人口达 9.1 亿，其中包括拥有户籍城镇居民和没有户籍但在城市居住生活或往返于城乡之间的农民工。据测算，我国的户籍城镇化率仅为 46.7%左右，也就是说有 18%的农民工被计算在城镇化的统计口径内却并未真正转化为市民，没能获得相应的公共服务。

（二）土地城镇化发展速度过快

中国正处于城镇化的快速发展时期，城镇化的快速发展意味着更多的人口进入城镇，土地用作城镇用地的比重就会增加，城镇的空间也会随之扩大。虽然土地城镇化的增长速度在中央严格的宏观调控措施下，得到了进一步的遏制，但已经形成的现实是：一方面地方政府在推进城市发展和建设中，存在着以非市场化的方式低价征用土地、高价出让获得差价收益，将农用地转为城市建设用地作为变现建设资金的重要手段，造成耕地大量被占用，城市无序扩张的现象。另一方面，农村耕地在不断丧失的过程中，农村人口向城市转移的重要战略目标并没有相应地实现。占用农用地导致出现了大量失地农民，这些农民得到的土地补偿费较低，又缺乏进入城市的就业技能，长远生计出现问题。虽然一些地方推出“土地换社保”“土地入股”等办法解决农民生计问题，但总体而言，问题并没有完全解决。

（三）城镇化发展方式不够集约

一些地方把城镇化等同于城镇化率，等同于城市建设，等同于经济增长，过于追求城市规模扩张，导致城镇化发展方式比较粗放。一是城市土地利用比较粗放。有些城市“做大”重于“做强”，城市人均建设用地超标严重，城市边缘区存在用地低密度、低效率现象。二是城市功能滞后于城市规模扩张。大城市的基础设施功能、社会保障功能存在不少问题，居民“看病难、出行难、择校热”等现象比较普遍。在小城市和小城镇，公共服务设施数量不足，分布不均，服务质量不高，影响了城市发展质量，降低了城市吸纳能力。三是资源供给与需求的矛盾日益突出。一些城市在开发建设过程中片面追求城市规模和发展速度，加剧了水土矛盾和环境恶化，使生态环境受到威胁。部分城市垃圾无害化处理能力有待提高，中国的城市化发展面临着可持续发展的严峻挑战。

（四）城镇化与工业化、农业现代化、信息化发展不同步

从结构转换看，城镇化滞后于工业化，就业结构演进滞后于产业结构演进。改革开放以来，我国农业产值比重和就业比重虽都出现下降趋势，但就业比重的下降慢于产业比重的下降。2021 年我国农业增加值占 GDP 的比重为 16.05%，农业从业人员占全部从业人员的比重约为 40%，就业结构与产业结构偏差值为 23.95 个百分点。就业结构转换滞后于产业结构转换，把大量劳动力留在农业，农业规模经营难以发展，农业现代化进程难以加快，也在一定程度上阻滞了城镇化进程。从城乡关系看，农业现代化滞后于城镇化，城乡收入消费差距持续扩大。自 20 世纪 80 年代中期以来，我国城乡收入差距总体上呈扩大趋势，2021 年，城镇居民人均可支

配收入已达农村居民人均纯收入的 2.5 倍。随着收入差距的扩大，城乡居民生活消费的差距也在不断扩大。2021 年，城乡居民人均生活消费支出差距达 1.9 倍。农村居民恩格尔系数为 32.7%，比城镇居民高出 4.1 个百分点。城乡居民消费差距扩大已成为影响我国经济增长的主要因素，农村市场需求不足严重制约着国民经济持续健康快速发展。

四、加快农村城镇化发展的基本思路

（一）农村城镇化发展的实践模式

回顾和分析我国农村城镇化发展的实践模式，可以将其分为两个阶段：其一是改革开放以来我国农村城镇化发展的典型模式，包括农村城镇化发展的苏南模式、珠江三角洲模式、温州模式以及胶东模式；其二是新时期对新型城镇化发展模式的探索。

1. 改革开放以来我国农村城镇化发展的典型模式

（1）苏南模式。所谓“苏南”就是指长江以南、地处长江三角洲，素有“金三角”之称的江苏省南部地区，其地域范围主要是指苏州、无锡、常州三个地级市及所辖的 12 个县级市为主的地域。苏南地区在改革开放前，由于计划经济的影响，城乡分离比较严重，城镇化发展长期处于停滞状态。改革开放以后其经济的快速发展造就了苏南模式的农村城镇化。主要表现在：一是制度创新。不断深化县级综合改革，先后通过发展横向经济联合，自费兴建经济技术开发区，实施外向带动战略，改革土地使用制度，深化农村体制改革，搞活流通，培育市场，建立和完善社会保障体系等一系列改革措施，使其地区经济得到了快速发展。二是政府推动。各级党委和政府及时调整经济发展战略，从单一的农村经济向农副工全面发展；从产品经济转向商品经济，从内向型经济转到外向型经济。充分发挥苏南地区邻近上海的地理优势，引进大工业和吸引大量外资，有计划地发展工业园区，使农村城镇化发展走向了“三集中”的良性发展轨道。三是保护农业。制定“政府扶农、部门支农、以工建农”的政策，建立健全农业投入制度、土地管理制度、农业岗位考核制度，完善了领导指挥体系、水利工程体系、科教兴农体系、社会化服务体系。农村城镇化的发展，并没有使农业生产受到削弱，反而增加了农业发展的后劲。

（2）珠江三角洲模式。珠江三角洲是我国改革开放的前沿地带和试验区，这里水陆交通便利，物产丰富，市场经济发展水平位于全国的前列。

地域范围北起花都、从化、增城、清远，东到惠州，西到肇庆，南部包括江门市的全部地区。改革开放前，珠江三角洲开放区只有广州一个大城市，惠州、佛山、江门、肇庆四个中小城市，其他都是农村。改革开放以后，珠江三角洲开放区取得了巨大的成就，主要得益于：一是中央对广东的特殊政策。政治环境的宽松和政策的灵活运用是珠江三角洲地区社会经济、城镇化发展的灵魂和催化剂。珠江三角洲地区最早实行计划经济向市场经济转轨，以市场机制进行资源的优化配置和流通，最早实行了财产的所有制改革。二是乡镇企业的快速发展。珠江三角洲地区农村城镇化发展的主要动力来自农村工业化，特别是乡镇企业的巨大发展，使得珠江三角洲地区产生了大批的现代化小城镇和规模较大、基础设施、公共设施齐全完善的建制镇。三是外向型经济的拉动。广东是中国著名的侨乡，加之毗邻港、澳的优势，所以珠江三角洲地区的外向型经济发展最为强劲。从 20 世纪 70 年代末开始，广东初级产品进口替代产业迅速发展，以农产品为原料的轻工业发展极快，80 年代初广东开始发展高级产品进口替代产业，在家用电器、耐用品消费等方面取得了令人瞩目的成就，相当多的产品出口海外，外向型经济已经具有相当的规模。

（3）温州模式。温州地处浙江省南部，是一个多山地区。耕地资源贫乏，人均耕地只有 0.4 亩。改革开放以后，温州人的商业、手工业才能被激发出来，一开始就形成了家庭工业、专业市场、小城镇、供销员四位一体的市场经济模式。温州的工业化战略是一种劳动替代资本投入的发展战略，资本的原始积累表现为人力资本收益的过程，由此导致了温州地区民营经济的空前活跃。温州的工业化是以家庭、联户企业等私营经济为主导，国营、集体经济相对缩减的工业结构。温州以个体经济为主体，家庭工业和联户经营为主要形式，以专业市场和小商品市场为主要内容，以农民自己集资建设的小城镇为依托，形成了具有空前活力的私营经济为主体的工业化、城镇化发展模式。温州地区城镇化的重要特点就是利用城镇与企业之间的相互推动作用，加快了农业人口非农化的转移。城镇吸收民间工业企业，通过这些企业的发展大大加快了自身的发展。同时，随着城镇的发展，规模的扩大，对外交通运输条件的改善，城镇的企业也得到了较快的发展，吸引投资和吸收劳动力的能力增加。

（4）胶东模式。胶东地区是指山东半岛胶州以东地区，包括烟台、威海两个地级市及其所管辖的 10 个县级市和莱西市。胶东属于丘陵地带，又是沿海的半岛地区，该区有得天独厚的自然条件。在改革开放以前，由于地处海防前哨，国家没有大的工业项目投资，该地区工业基础比较薄弱，除了烟台市有一些传统的轻工业之外，如葡萄酒酿制、钟表工业等，其他各市基本没有大型企业。改革开放以后，该地区的工业化、城镇化发展取得了很大的成就，最具有代表性和特色的就是“强村型”工业化和城镇化发展模式。胶东半岛交通方便、传统文化积淀深厚、资源丰富，通过强村兼并与带动型的经济发展，走出了一条社会经济综合协调发展的工业化、城镇化道路。胶东地区政府宏观调控得力，因而社会公共事业发展良好，城乡基础设施和公共设施也得到了超前发展。强村型模式表现为村企合一的大型企业集团，通过集团的灵活运作与发展，闯出了一条在计划经济向市场经济转轨过程中的城镇化发展路子。

2. 新型城镇化的基本模式

基于传统城镇化的问题以及未来城镇化面临的时代特征和国情特点，新型城镇化的基本模式应该是：以新发展理念为指导方针，坚持“全面、协调、可持续推进”的原则，以人为核心、以县域为载体，以信息化、农业现代化和新型工业化为动力，以“内涵增长”为发展方式，以“政府引导、市场运作”为机制保障，走可持续发展道路，实现城乡融合。

（1）新型城镇化的最终目标是城乡融合。新型城镇化的最终目标应该是实现城乡融合，即整个国家城市和乡村基础设施是一体的，公共服务是均等的，农民拥有与市民相当的知识、技能、素质和收入以及均等的公共服务，农村也拥有与城市相近的基础设施。具体还包括：

新型经济。以新型工业化为总体背景，拥有“科技含量高、经济效益好、资源消耗低、环境污染少、劳动力密集”的产业体系，“内需为主、消费支撑”的需求体系，“人力资本与技术创新”越来越起主导作用的要素结构体系，由大、中、小企业组成的企业结构体系，充满经济活力。

新型社会。以新型社区、新型社会组织和新型社会管理为基本要素，交往方式社会化、社会联系国际化、生活方式现代化、居民构成多元化，表现为社会阶层橄榄型的包容和谐的社会。

新型环境。城镇主导背景下的城乡，自然景色优美，生态环境良好，资源利用节约，环境保护有效，人与自然关系友好，共同塑造绿色低碳的环境。

（2）新型城镇化的主要内容是农业转移人口市民化。让所有城镇化人口获得均等的公共服务，推进“以人为本”的城镇化。人口城镇化主要有三种形式：升学城镇化、就地城镇化和异地城镇化。这三项城镇化的占比大致各为 30%，其他形式的城镇化占 10%。人口城镇化的新内容是让这三类人群尤其是农民工享受同城镇原来户籍人口均等的公共服务。对进城务工人员而言，“进城”的内涵发生着变化。从人口流动的角度看，农业转移人口市民化还蕴含着一个深刻变化，即从个体进城谋生变为家庭化迁移。这意味着，从“一人闯天下”逐渐向“拖家带口一起走”转变。伴随而来的，是农业转移人口的需求更加多样化。未来城镇化的重点和主线应当是保障 1.6 亿存量和未来增量农民工享受同城市户籍人口均等的公共服务，实现有意愿、有能力在城镇落户的农业转移人口应落尽落。

（3）新型城镇化的基本动力是信息化、新型工业化和农业现代化。在全球日益信息化、重大技术突破和第三次工业革命即将到来之际，中国新型城镇化拥有三大新动力：一是基于信息化基础的科技含量高、经济效益好、资源消耗低、环境污染少、劳动力密集的新型工业化，与基于智能化基础的第三次工业革命，形成城镇化的崭新需求拉动力。二是充分利用现代信息技术和信息技术，实现农业产供销及相关管理服务现代化，即生产工具的机械化、生产技术的科学化、生产组织的产业化、劳动者素质的提高，形成城镇化的崭新供给推动力。三是信息化作为当今科技进步的集中体现，不仅间接影响着城镇化的供求推拉力，而且直接决定城镇化的规模、速度、形态与质量。以上“三化”不仅为新型城镇化提供了比以前更加强大的动力，而且决定了城镇化以人为本、创新驱动和可持续发展的新特征。

（4）新型城镇化的发展方式是内涵集约增长。提升城市和乡村集聚区的密度。充分利用有关地上地下城市空间，在有限的城市空间布局较高密度的产业和人口，促进城市产业布局的集群化和城市土地利用的集约化。

优化城镇与乡村集聚区的布局。依托合理的城镇及乡村空间布局和便捷的联系渠道，提高资源、要素的利用效率。

完善城镇和乡村集聚区的功能。完善和配套城乡基础设施和公共服务体系，提升城乡基础设施和公共服务质量，使之更好地发挥外部经济的作用。

培育和利用高端要素。改变过去依靠物质资本投入和资源大量消耗的做法，利用人力资本和创新要素促进城镇化的发展。

（二）加快农村城镇化发展的对策建议

党的二十大报告强调，要“推进以人为核心的新型城镇化，加快农业转移人口市民化。以城市群、都市圈为依托构建大中小城市协调发展格局，推进以县城为重要载体的城镇化建设。”这一重要论述拓宽了我们对于城镇化建设的认识，坚定了我们探索城镇化道路的信心，是我们在新时期探索城镇化道路的重要指导方针。

1. 加快思想观念转变，建立新型农村城镇化发展理念

（1）树立农村城镇化是解决“三农”问题根本出路的理念。在我国，应不断加强农村城镇化建设重大意义的认识，以便统一思想，形成共同的理念和发展的合力。习近平总书记指出：“推进城镇化是扩大内需和促进产业升级的重要抓手”，即通过实施农村城镇化发展战略，促进农村富余劳动力向非农产业和城镇转移，加速工业化、信息化、农业现代化进程，逐步解决农业、农村和农民问题，实现城乡融合发展。农村城镇化滞后，使农村大量的富余劳动力转移不出去，人地矛盾激化，造成应该创造价值和财富的富余劳动力和富余劳动的严重浪费，农民收入自然就处于较低的水平。特别是我国农业发展进入新发展阶段后，在国内外市场的约束下，农产品的市场竞争力有待提高，增产不增收、产品积压时有发生，严重制约着农业和农村的发展，制约着农民收入的提高。选择农村城镇化发展战略就成为当务之急，这也是我国由农业大国变为农业强国的关键所在。

（2）农村城镇化要确立“以人为本”的思想。习近平总书记指出：“现代化的本质是人的现代化”“解决好人的问题是推进新型城镇化的关键”。因此，农村城镇化必须树立“以人为本”的思想观念，这是搞好农村城镇化的最重要指导思想和核心理念。“以人为本”就是将最广大人民的根本利益作为评价农村城镇化的最高标准，即农村城镇化要为广大农民谋利益，提高城镇居民的生活质量和水平，促进其全面成长和发展。一切为了农村广大人民群众，一切依靠农村广大人民群众，一切服务于农村广大人民群众。新型城镇化建设不能走我国传统城镇化建设片面强调眼前经济发展的思想，特别是甚至以牺牲环境和居民长远利益为代价。新型城镇化坚持“以人为本”思想，就是要追求广大人民群众的最大利益，即以人为中心，使人口、经济、社会和环境协调发展，以便确保满足当代和今后世世代代人们的需要。

2. 创新新型城镇化发展模式，促进城镇化与工业化、信息化和农业现代化同步发展

（1）探索信息化与工业化深度融合、工业化和城镇化良性互动的新型城镇化模式。信息化与工业化深度融合是中国特色新型工业化道路的核心内容，工业化和城镇化良性互动是城市可持续发展的重要途径。改革开放以来，在我国城镇化发展过程中，全国多地农村依靠发展工业企业实现了迅速的城镇化。但传统的高度依赖物质和资源的工业模式已经不能适应工业本身的发展，尚未发展起来的地区则难以找到城镇化的突破口。进一步提高城镇化的质量，要摒弃传统工业发展模式，必须走以信息化带动工业化，以工业化促进信息化，信息化与工业化深度融合、工业化和城镇化良性互动的城镇化道路。一要依靠科技和信息，推动工业发展的高效率、低消耗和可持续，通过对传统产业的信息化改造提升城镇化发展水平。二要充分发挥新型工业吸收劳动力、培养劳动力、提升劳动者素质的作用，在新型工业化的带动下促进农村人口市民化。三要着力推进城镇化的良性内生增长模式，注重产业布局优化、产业转型升级、产业发展与城镇化的内在协调联动，为城镇长期、稳定、有序、健康发展注入内生活力。

（2）探索更加注重城乡统筹、城镇化与农业现代化同步协调发展的新型城镇化模式。城镇化与农业现代化相辅相成、密不可分。只有实现了农业现代化，才能把更多的农民从土地上解放出来，使更多的人进入城市，享受城市文明，才能为城镇化的可持续发展创造条件。推进城镇化，首先必须与宜居宜业和美乡村建设紧密结合，要顺应农民群众对美好生活的向往，持续提高农村生活质量，缩小城乡发展差距。要重心向下，立足本地区的农情、村情，有效整合当地的农业自然资源和农村劳动力资源。其次必须努力加快发展现代农业，增强农业综合生产能力。要充分运用先进科学技术和现代经营管理模式，提高农业的机械化、产业化、科技化、信息化、可持续化和农村劳动者素质。最后应坚持城乡统筹的理念，构建以农促工、以工扶农的新型工农关系，形成城乡良性互动、融合发展的格局。应将城市发展与农村发展有机统一起来，推动城镇基础设施和公共服务向农村延伸，促进城乡融合发展，构建乡村为城市发展提供基础、城市为乡村发展提供动力的新型城乡关系。

3. 制定新型城镇化发展规划，构建科学合理的城镇体系

（1）促进大中小城市和小城镇协调发展。一是着力打造龙头型大城市。要增强大城市聚集和吸纳周围地区的人、财、物资源的能力，更好地发挥大城市在国民经济和区域经济中的主导作用。通过大城市的跨越发展推动中国城市体系向高端形态迈进，实现区域产业结构优化调整，培育具有强大辐射作用的区域市场，以提高大城市在交通、物流、信息等的媒介、中转和信息交流功能地位，强化对周围地区发展的中介和调节作用。

二是积极发展主体功能完善的中小城市。应积极发展一批城市主体功能完善、承载农民工市民化能力强、与城市群协调发展的中小城市。特别是在中西部地区，要将中小城市发展成为能带动地方经济、具有较强要素聚集效应的增长极。三是有重点地发展联动城乡的特色小城镇。小城镇在吸收农村富余劳动力，推进农村工业化和城镇化方面发挥着重要作用。要重点发展一批经济实力强、发展机制活、联动城乡统筹、吸纳农民就业，与大中小城市形成合理分工的特色小城镇，使之成为担负农村公共服务的载体与联动城乡统筹发展的重要节点。

（2）合理设置城市空间布局。未来中国众多城镇将以城市绵延带、城市群或城市圈等形态，呈点、线、面三种结构，通过现代化的交通网络连接在一起。

在全国空间布局上，一是支持东部地区率先发展，以面为主、点线结合，转型升级，参与国际竞争；二是鼓励人才、产业等向中部和东北地区转移，以线为主，点面结合，实现中部崛起和东北振兴，在发展中尤其注意资源节约和环境保护；三是继续实施西部大开发政策，以点为主、线面配合，收缩战线，集中发展，同时着力进行环境保护和生态恢复。

在区域空间布局上，一方面要充分利用规模经济和外部经济的优势，推动城市群的一体化发展，促进城市群区域交通同网、信息同享、市场同体、产业同布、环境同治，避免产业恶性竞争和基础设施重复，形成产业布局与分工合理、经济联系紧密、内部聚集效应与对外扩散效应明显的城市群；另一方面要关注并重点援助边缘区域。

在城乡空间布局上，一是通过建设集群化和网络化的城镇，促进城乡融合，分工合作，互利双赢。二是通过建设紧凑型城市等，减缓城市的蔓延和扩张。三是通过宜居宜业和美乡村建设、农村居民点撤并等，在改变农村面貌的同时，实现农村土地的集约利用，确保农业区域面积不缩小。

4. 积极推进体制机制改革，保障新型城镇化健康发展

（1）加快户籍制度改革，引导人口合理流动。要积极稳妥推进户籍制度改革，逐步放开特大城市和大城市的户籍制度，加快落实放宽中小城市、小城镇特别是县城和中心镇落户条件的政策，促进符合条件的农业转移人口在城镇落户并享有与当地城镇居民同等的权益，多渠道多形式改善农民工居住条件，鼓励有条件的城市将有稳定职业并在城市居住一定年限的农民工逐步纳入城镇住房和社会保障体系，解决农民工市民化问题，推进城镇化进程。逐步取消农业户口和非农业户口的登记制度和统计方法，建立城乡一体的户口登记制度，在制度上消除城乡劳动力市场的分割状况，剔除附加在户籍关系上的种种公共福利的供给差别，消除农民进城的身份障碍，真正做到城乡居民在发展机会和享受公共服务等方面地位平等，机会均等。

（2）推进农村土地制度改革，建设集约型城镇。改革和完善现行农村土地制度，维护农民在城镇化进程中的合法利益不受损害，合理协调土地城镇化与人口城镇化的进度。建设用地指标配置要与人口流动方向一致起来，在不同地区和不同功能之间实现更为灵活的配置，使得人口流入的优势地区能够获得更多的发展空间①。深入完善农村土地流转政策，通过完善相关法律制度允许对农村土地承包经营权的继承、抵押、转让，为迁入城镇的农户进行土地承包经营权有偿转让提供制度保障。改革农村宅基地制度，把宅基地的转移权、收益权、使用权、占有权归还给农民，使农村的宅基地与建筑物都能够依据法律，被有偿地继承、出租、抵押、互换、转让等，把宅基地的使用权真正转化成农民的一种看得见的财产权利。培育多层次的农村土地市场，2023 年中央 1 号文件明确提出要求，扎实搞好确权，稳步推进赋权，有序实现活权，让农民更多分享改革红利。

（3）改革现行管理体制，不断进行管理体制创新。我国农村城镇现行管理体制需要根据经济社会情况的变化作出适时的改变，亟待改革和转变职能。首先，管理体制改革的重点是实现“小政府、大社会”。每一个城镇都要建立与所辖范围相一致的、统一的、精干的专门管理中心，即小而精、小而强的政府。鼓励和支持社会组织自我服务和管理，最大限度地调动社会各方面积极性，真正发挥“大社会”的作用。其次，管理职能改革的核心是从传统管理向现代服务型管理转变。我国在管理职能改革方面，要牢牢抓住基本职能转变这个核心问题，促进农村城镇管理职能从传统管理向现代服务型管理转变，为城镇居民提供法律、经济、文化和社会等方面的服务，使他们生活和工作环境得到不断改善。第三，积极探索城镇管理体制改革，重点是探索改革“市管县”体制，实行市县分治、“省直管县”体制，扩大县级政府行政管理权限，加强对城镇建设和管理的调控力度，实现科学规划、规范管理，提高行政效率，加快县域经济和小城镇发展。

（4）加快城镇建设投融资机制改革，为新型城镇化发展提供资金支

① 陆铭．从分散到集聚：农村城镇化的理论、误区与改革［J］．农业经济问题，2021（9）．

持。按照“政府主导、市场运作、社会参与”的原则，拓展资金筹措渠道，形成多元化投资新格局。通过整合资源、盘活存量、收储土地等方式，壮大政府投融资平台实力，增加其信用等级。整合政府用于城市基础设施建设的投资，充分发挥政府投资对社会投资的引导、示范和放大作用。采用市场化方式，对城镇土地、空间等有形资产和无形资产进行市场化运作，实现城镇资产保值增值。按照市场经济规律和城镇建设发展需要，合理确定城镇市政公用设施配套费用标准，对城镇基础设施、公共服务设施、环保设施和公共交通等的建设、运营和养护，电力、通信、交通等部门要实行价格优惠，对新型城镇化予以间接支持。

（5）创新农村社会保障制度，实现城乡社会保障一体化。建立健全统一的社会保障体系，实现社会保障的城乡对接与区域统筹。在城乡对接方面，以城镇社会保障体系覆盖农民工为突破口，逐步实现传统土地保障向现代社会保障过渡，落实工伤、医疗、养老保障制度对农民工的全覆盖。当前的重点是推进养老保障的城乡对接，将具备市民化条件的农民工及其家属直接纳入城镇职工基本养老保险范畴。要逐步提高农民工社会保险的统筹层次，加快实现基本养老保险全国统筹。在区域统筹方面，要逐步解决区域之间社会保障的可接续问题，流动就业人口在变换就业区域时不需提取其缴纳的社会保障个人账户积累，可直接在新就业区域按规定的标准重新续接。

第十七章

农村公共产品供给问题研究

农村公共产品是用于满足农村公共需要，在消费上具有非竞争性与非他性的社会产品，具有较强的外溢性、高依赖性和一定的地域性。非均衡战略下的城乡二元公共产品供给体制导致农村公共产品供给严重短缺。实现乡村全面振兴，必须要从根本上改变非均衡的城乡公共产品供给体制，切实有效提高农村公共产品供给水平，促进城乡公共产品供给均等化。

一、农村公共产品理论分析

（一）农村公共产品的概念

公共产品在消费过程中其受益范围具有一定的空间性和地域性，因而，其受益群体也就具有一定的针对性。根据公共产品的地域性不同，可将公共产品划分为农村公共产品和城市公共产品。农村公共产品作为公共产品的一种特殊形式，也是解决“三农”问题的重要抓手，因此，众多学者也关注农村公共产品，主要从农村公共产品受益范围和特殊性等方面对农村公共产品内涵进行界定。例如，刘小峰（2017）从公共产品的一般性演绎出农村公共产品的特殊性，进而得出农村公共产品的内涵，即农村公共产品是在农村区域范围内，为了满足“三农”发展的公共需要，具有一定非排他性和非竞争性的社会产品[①]。仲德涛（2019）则将农村公共产品内涵概括为：在农村区域范围内，为满足农村发展的公共需要和维护广大农民公共利益，对促进农业发展、农民富裕和农村进步有重要意义的，具

① 刘小峰．异质性视角下农户公共产品需求研究——以福建为例［M］．北京：社会科学文献出版社，2017.

有非竞争性和非排他性特征的社会产品和服务①。基于上述学者关于农村公共产品的内涵界定，我们将其定义为：在农村地域内，相对于私人产品而言，用于满足公共需要，在消费上具有非竞争性与非排他性的社会产品或服务。

农村公共产品是农业农村高质量发展的前提条件和物质基础，其内容非常广泛，涉及农业生产、农民生活和农村社会发展的方方面面，既包括传统的农村水电路、农村义务教育、农村公共卫生、农村基本医疗、农村社会保障等，也包括现代的数字农田、物流基础设施网络、农业科技成果推广、病虫害防治、农业基础科学研究、农业和农村发展规划等。

（二）农村公共产品的分类

1. 按农村公共产品的非排他性与非竞争性程度进行分类

可区分为农村纯公共产品与农村混合公共产品（图 17－1）。

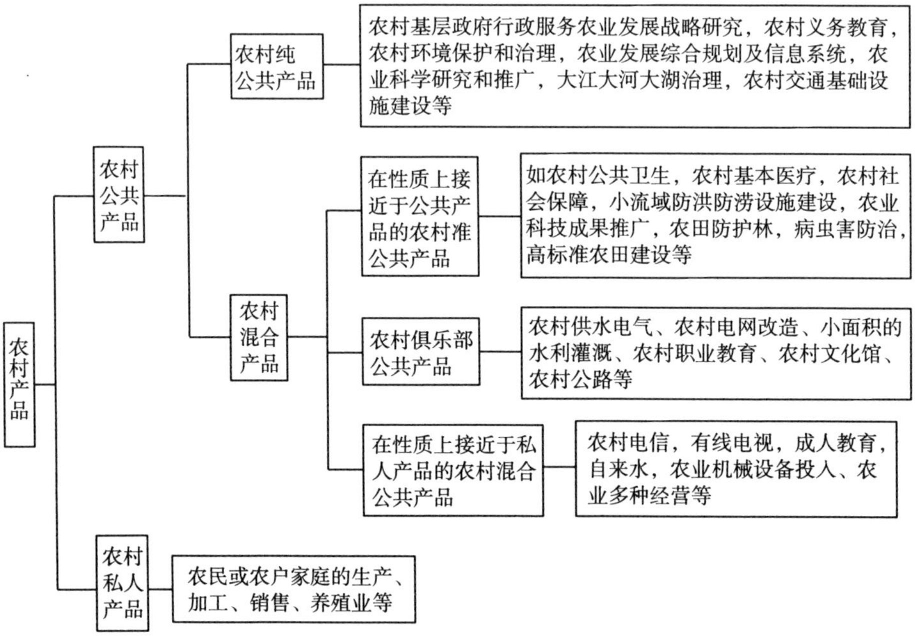

图 17－1　农村产品分类

（1）农村纯公共产品。农村纯公共产品是指在消费过程中具有完全的非竞争性与非排他性，由农村居民共同享有的社会产品。农村纯公共产品

① 仲德涛．农村公共产品供给研究［D］．北京：中共中央党校，2020.

主要包括：农村基层政府行政服务，农业发展战略研究，农村义务教育，农村环境保护和治理，农业发展综合规划及信息系统，农业科学研究和推广，大江大河大湖治理，农村交通基础设施建设等。

（2）农村混合产品。现实生活中，农村纯公共产品是屈指可数的，绝大多数农村公共产品是以混合公共产品的形式存在。混合公共产品的性质是介于纯公共产品与私人产品之间，具有不完全的非竞争性与非排他性。同样是农村混合公共产品，但在排他性、竞争性与外部性的表现上也有很大差异，农村混合公共产品的类型包括以下方面：一是农村俱乐部公共产品。其特征是消费上具有非竞争性，或不完全的非竞争性，但却具有可排他性，即不付费者可被排除在消费之外。这类产品是一种低层次的农村公共产品，其受益范围是在一个较小的群体范围内。这类产品典型的案例是乡镇政府和村级组织提供的农村公共产品，例如，农村供水电气、农村电网改造、小面积的水利灌溉、农村职业教育、农村文化馆、收费公路等。二是在性质上接近于公共产品的农村准公共产品。由于混合公共产品的效益外溢，使得非竞争性与非排他性变得不充分。有人把混合产品统称为准公共产品，但严格来讲，只有具有正外部性的混合产品才可称为准公共产品。有些产品所提供的利益的一部分由其所有者享有，是可分的，具有私人产品的特征，但其利益的另一部分可由所有者以外的人享有，是不可分的，所以又具有公共产品特征。如农村公共卫生，农村基本医疗，农村社会保障，小流域防洪防涝设施建设，农业科技成果推广，农田防护林，病虫害防治，高标准农田建设等。具体以高标准农田建设为例，它直接提升了耕地质量，促进粮食增产，使农民从中获利，这部分利益是内部利益，具有竞争性与排他性；但同时建成后的高标准农田，也会改善整个农业生态环境，推动我国农业高质量发展，使全社会受益，这部分利益是具有非竞争性和非排他性的。三是在性质上接近于私人产品的农村混合公共产品。这类产品具有强竞争性和排他性属性，主要包括农村电信、有线电视、成人教育、自来水、农业机械设备投入、农业多种经营等。

2. 按农村公共产品的功能进行分类

（1）维持农村基层政权正常运转的农村公共产品。如农村基层政府的公共管理、公共安全等。

（2）有助于农业生产和农村经济发展的公共产品。如农田水利设施、农业科学研究技术推广、农村道路和电力、病虫害防治、农业气象、农业发展战略研究、农业发展综合规划与信息系统等。

(3) 有助于农村社会经济可持续发展的公共产品。如农村环境保护、农村义务教育等。

(4) 有助于提高农民福利的公共产品。如农村社会保障、公共卫生、农村基本医疗、农村文化娱乐、农村自来水等。

3. 按农村公共产品受益的范围进行分类

(1) 全国性农村公共产品。这类公共产品受益范围广、影响范围大，其影响甚至可以遍布全国各地，如全国性的水土保持、农业基础科学研究、大江大河大湖治理、大型水利工程、农村环境保护等。

(2) 地方性农村公共产品。这类公共产品的受益范围仅局限于某一区域。在多级政府下，地方农村公共产品是由各级地方政府分别组织提供的。所以，按行政区划，又分为省级农村公共产品、县级公共产品和乡镇一级公共产品。

4. 按农村公共产品的成本来源进行分类

(1) 制度内农村公共产品。这类公共产品利用制度内财政资金建设，即在现行财政管理体制下，由预算内财政和预算外财政提供的农村公共产品，如高标准农田建设等。

(2) 制度外农村公共产品。这类公共产品利用乡镇政府各种形式的自筹资金建设而成，如乡村道路建设等。

5. 按农村公共产品表现形式不同进行分类

(1) 有形公共产品。这类公共产品主要指农村公共基础设施，主要包括农村通信网络基础设施、农村道路、农田水利工程、高标准农田建设等。

(2) 无形公共产品。这类公共产品主要指农村公共服务，主要包括农村公共医疗、社会保障、农村教育等。

(三) 农村公共产品的性质

农村公共产品本质属于公共产品范畴。因此，在特点上依旧具有公共产品的特性，只是由于我国农村的特殊性以及农村改革变化的步伐不断加快，我国农村公共产品在特点上表现出发展变化的时代特征。一般来说农村公共产品具有以下性质：

1. 强外溢性

从前述分析可以看出，现实生活中的纯公共产品是屈指可数的，绝大多数农村公共产品是以混合产品的形式存在，并且是以具有较强外溢性的准公共产品形式存在。这是因为：完善配套的农村基础设施是农业生产的前提条件。一方面，农田水利和农村道路等农村基础设施能极大改善农业生产条件，促进农业发展、农村进步和农民富裕，增强经济发展的内生动力；另一方面，公共教育、农业科技成果推广、农业科学研究等越来越被证明是现代农业的增长源，可见农村公共产品在整个国民经济发展中具有基础性地位和较大范围的效益外溢性。农村公共产品的强外溢性也反映了供给主体不能仅仅局限于农村地区，而要广泛动员全社会进行供给。

2. 高依赖性

由于农业生产的特殊性和高风险性，我国农业始终处于弱势地位，广大农村长期处于发展相对落后的状态，加之农村公共产品的正外部性，导致农村对于公共产品具有很强的行政依赖性。具体表现在两方面：一方面，农业生产天然地依赖于农业生产外部条件的供给，如农村水电的发展、农业科技的进步、病虫害的防治以及不同类型自然灾害的防护等，广大农民自身没有能力生产这类公共产品，且这类农村公共产品往往需要巨大的投资，因而农民对这类公共品的供给形成了较强的行政依赖；另一方面，农村的基础设施建设如建公路、桥梁、电网以及发展农业科技等对于农村的发展意义重大，但这类公共产品的供给具有投入大、回收成本难等问题，难以通过个人集资、慈善公益组织捐赠等方式进行，也很难吸引个人或企业主体进行投资，因而就对政府形成较强的依赖。

3. 多样性

我国农村地域辽阔，自然条件和生产方式差异巨大，社会经济条件发展不均衡，文化风俗习惯具有明显的地域特征，如在不同地区，一些农民从事种植业，一些农民从事畜牧业等。这些客观条件直接导致不同农村地区对公共产品需求的种类、内容以及需求层次存在明显不同，对公共产品提供的服务要求也存在很大差异。因此，农村公共产品供给具有多样性的特点，以满足不同地区不同条件下农村居民的需求。

4. 地域性

现实生活中，更多公共产品的受益范围是局限于有限的地理范围内。因此，农村公共产品除了一小部分为全国性公共产品外，绝大多数农村公共产品是以地方性的公共产品形式表现出来的，其受益范围具有一定的地域性。例如，水利设施、农作物种子、农村道路、农村电网改造、中低产田改造、农田防护林等仅限于本地区、本乡镇、本村。

5. 低效性

从供给效率和经济效益上来看，与其他公共产品供给相比，农村公共产品供给效率更加低下。这是因为我国农村地域广阔，农业生产和农民居住较为分散，造成农村公共产品供给缺乏规模效益，进而导致低效供给。与农村公共产品供给相比，城市人口居住相对集中，城市公共产品供给的回报率要远高于农村公共产品供给。比如，农村电力、通信网络等基础设施的供给，投入规模大，但利用率低，导致公共产品供给效率较低。由于农村公共产品具有强外溢性和高依赖性，说明农村公共产品供给对解决“三农”问题和促进整个国民经济健康发展具有关键作用，但是农村公共产品供给又具有低效性，因此，加强和改善农村公共产品供给显得尤为迫切。

（四）农村公共产品的提供方式

1. 纯公共产品的提供

公共产品具有非竞争性和非排他性特征，意味着竞争性的市场不可能达到公共产品具有的帕累托最优产量。一方面，由于公共产品具有非竞争性，其边际生产成本为零，按照市场有效配置资源所要求的边际成本定价原则，这些产品必须免费向消费者提供，这是理性的生产者难以接受的。另一方面，由于公共产品具有非排他性，消费者无论付费与否，都可以享受公共产品的好处，那么，他就不会有自愿付费的动机，而倾向于“搭便车”。如果所有的社会成员都“搭便车”，其结果是没有一个能享受到公共产品或劳务的好处，而陷入大卫·休谟（David Hume）早在 1740 年就提出的“公地的悲剧”。公共产品往往是增进社会福利所不可缺少的，因此，提供公共产品或公共服务是政府义不容辞的职责。农村公共产品作为公共产品的一个类别，如农村基层政府行政服务、耕地质量建设、农村环境保护、农业发展综合规划及信息系统、农业科技基础研究、大江大河大湖治理等应由各级政府来提供。

2. 混合产品的提供方式

现实生活中，绝大多数农村公共产品都以混合产品的形式存在，其供给方式应依据其外部效益的大小来决定。主要供给方式有政府供给模式、市场配置模式和混合供给模式三类。对于外部效益较大，性质上接近于公共产品的准公共产品，应主要由各级政府来提供。在这种供给方式下，政府提供生产公共产品的全部资金，做出所有公共产品的生产计划。对于介于公共产品与私人产品之间的一般混合公共产品，应采用政府提供与市场提供相结合的混合供给模式。在这种提供方式下，政府和私人部门共同提供资金，它是在市场失灵、政府失灵等情况下，为满足不同人群对农村公共产品日益多样化的需要、实现不同供给主体日益多样化的目标而产生的一种多元主体动态协同的混合供给模式。对于外部效益小、内部效益大，在性质上接近于私人产品的混合产品，应采用市场配置模式。在这种提供方式下，由私人部门提供农村公共产品供给所需资金，并且由私人部门按照市场交易机制组织农村公共产品生产。鉴于农村公共产品的基础性地位和在较大范围存在效益外溢性特征，农村公共产品主要以在性质上接近于公共产品的准公共产品为主，因此，在农村公共产品的提供上政府始终占主导地位。

（五）公共产品最优供给理论与农村公共产品提供

1. 公共产品最优供给理论

公共产品必须公共提供。那么政府提供公共产品的最优规模是多少？即公共产品的供给量和供给价格（税收成本）应确定在何种水平上，才能满足消费者的需求，使消费者的效用达到最大化。许多经济学家提出了相应的理论模型，形成了较为完整的公共产品最优供给理论。英国福利经济学家庇古最早对这一问题进行了探究。他运用功利主义方法，假定每个人从公共产品的消费中受益，同时又为提供公共产品承担税收成本而招致负效用。庇古把税收产生的负效用，定义为放弃私人产品消费的机会成本。在做出上述假定的前提下，庇古认为，对每个人而言，当公共产品的边际效用等于税收的边际负效用时，这时公共产品的供应便是有效的。但是庇古的分析也遇到了问题，主要是个人对公共产品和私人产品的偏好如何进行加总，如何确定集体偏好，边际效用和负效用如何在社会各成员之间进行分配？

公共产品的局部均衡理论首先回答了这个问题。它首先对私人产品进行局部均衡分析，再分析私人产品与公共产品供给的区别，推导公共产品供给的局部均衡。

对私人产品的分析可用图 17－2 来表示。曲线 D_1 和 D_2 分别代表个人 A 和 B 的需求曲线，两条需求曲线不同，表明他们的收入或偏好不同。对于私人产品而言，由于个人 A 和 B 都是市场价格的接受者，在既定的价格水平下，每个人所需求的产品数量各不相同，此时，私人产品的社会需求曲线 DD 就等于个人需求曲线 D_1 和 D_2 的横向相加，即 $DD=D_1+D_2$。假定现给定社会供给曲线为 SS，那么均衡价格 OP 就在需求和供给相等的那一点上。在均衡价格 OP 下，个人 A 的需求为 OQ_1，个人 B 的需求为 OQ_2，使得 $OQ=OQ_1+OQ_2$。因此，私人产品的有效供给的条件是 $OP_A=OP_B=MC$。即在私人产品的任意一种产出水平下，人人面临着完全一样的市场价格，当这一价格等于边际成本时，私人产品的供给达到最优状态。

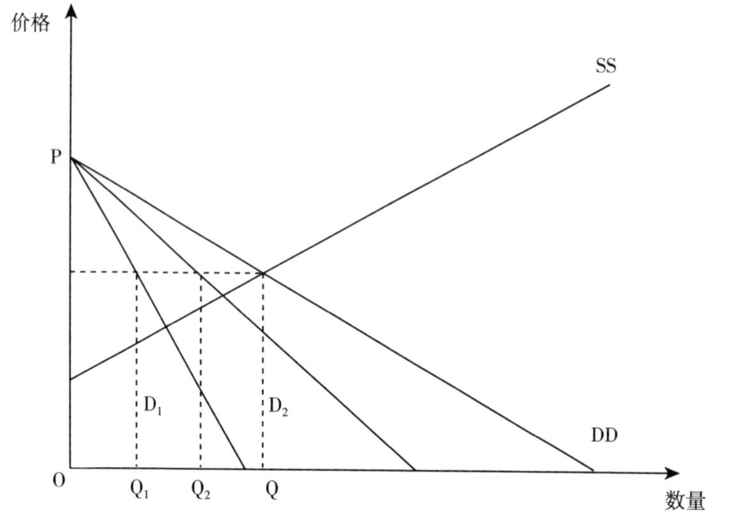

图 17－2　私人产品的供求分析

图 17－3 是公共产品局部均衡的示意图。D_1 和 D_2 是个人 A 和 B 对公共产品的需求曲线。萨缪尔森称其为"虚假的需求曲线"，因为在实际生活中，个人并不会表示他消费公共产品得到的边际效用是多少，愿意出多少的价格（税收）。由于公共产品具有非竞争性和非排斥性的特征，它一旦被提供出来，任何人都可以消费它。而不管是否处于本人的意愿，每个消费者的消费量都是一样的，但不同人对公共产品的效用评价则不同，这意味着每个人愿意支付的税收价格是不同的，这样公共产品总需求曲线是个人需求曲线的纵向相加，为 $DD=D_1+D_2$。如果假定公共产品的边际成本曲线为 SS，则 DD 与 SS 的交点决定了公共产品的均衡产量 Q，均衡价格（社会的边际效益）为 OP，它等于消费者 A 愿意支付的价格 OP_1，加上消费者 B 愿意支付的价格 OP_2。当社会边际成本等于公共产品的边际成本时，公共产品提供的数量达到了最优。

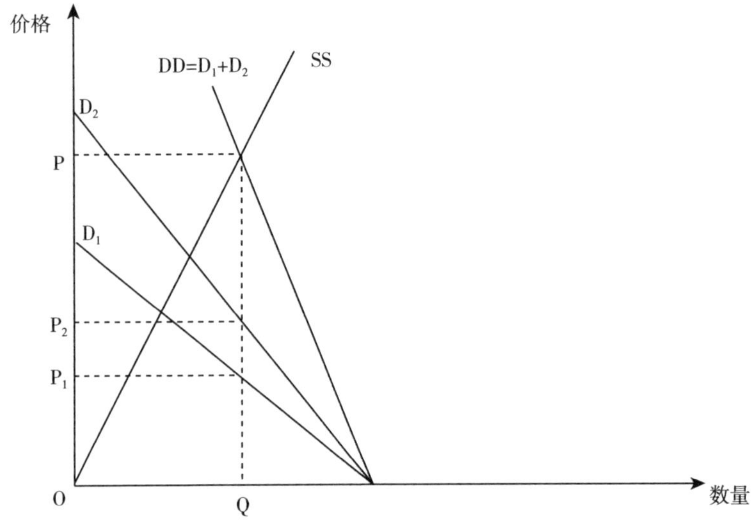

图 17－3　公共产品的供求分析

局部均衡分析只限于单个公共产品的情况，一般均衡分析放弃了保持其他条件不变的假定，并把问题扩大到若干个公共产品和私人产品同时存在的情况下，公共产品与私人产品间如何进行最优配置。萨缪尔森于1954 年在他的《公共支出的纯理论》一文中提出了其基本理论模型①。在作了若干假定之后，他利用无差异曲线分析法，得出结论：只要存在着私人产品与公共产品，则公共产品最优供给量的条件是，要求各个消费者的边际替代率之和等于产品的边际转换率。边际替代率实际上衡量的是人们对公共产品相对效用水平的评价，边际替代率之和是社会成员对于公共产品的相对效用水平的总体评价；而边际转换率实际上衡量公共产品的机会成本。为了实现帕累托最优，人们从公共产品中得到的好处应等于他的客观机会成本。其含义是，政府提供的公共产品数量在边际产量上的边际成本应等于社会上每个人愿意为这一边际公共产品支付的税金总和。实际上，萨缪尔森模型的含义是公共产品提供的成本需由受益者来支付。

相对于萨缪尔森抽象分析方法，维克塞尔-林达尔也提出了各自的公共产品最优供给模型，他们试图把分析与民主国家的实际决策过程结合起

① Paul Samuelson. The Pure Theory of Public Expenditure [M]. Review of Economics and Statistics, 1954: 36.

来考察。这一模型的思想可用图 17－4 来表示。

在图 17－4 中，假定消费者 A 和 B 是两个不同政党的代表，并且都具有相同的偏好，两人通过讨价还价来决定各自应承担的公共产品成本，公共产品成本即为税收的价格。AA 和 BB 分别代表个人 A 和 B 对公共产品的需求曲线，从 A 的角度来看，BB 相当于他面临的供给曲线，因为这条线上的各点反映，如果他承担不同比例的公共产品成本，则他可以得到相应数量的公共产品；同理，B 的情况如同 A。两人通过讨价还价，在 AA 与 BB 的交点 E 点，两人享有的公共产品最优供给量为 G，双方愿意支付的税收价格分别为 V 和 $1-h^*$，两者承担成本的比例加起来等于 1。AA 线和 BB 线的交点 E 所决定的均衡状态被称为林达尔均衡。

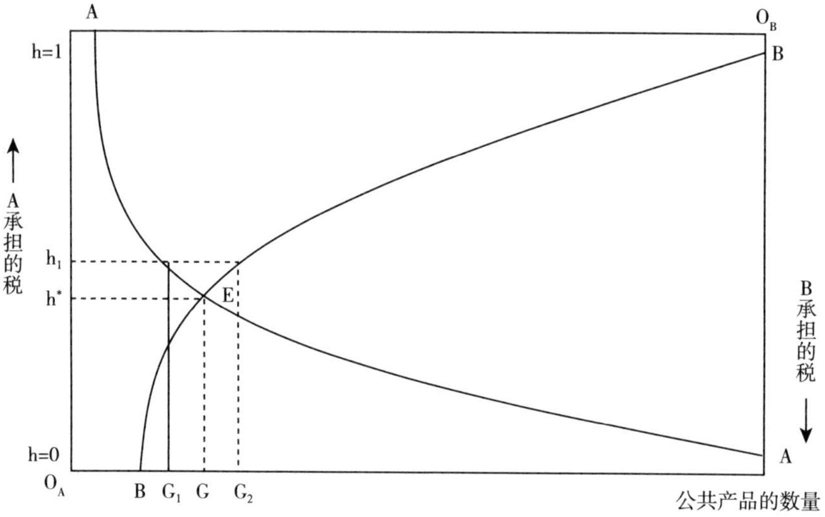

图 17－4　公共产品的最优供给

林达尔均衡过程进一步叙述如下：随便在纵轴上定下一点 h_1，代表个人 A 要负担 h_1 的税收比例，于是 A 就只愿意要 G_1 的公共产品数量，即只会同意 G_1 规模的公共开支，而在 h_1 点，B 要承担 $1-h_1$ 税金比例，这种税负使 B 愿意要 G_2 的公共产品数量，也就是会同意 G_2 规模的公共开支，A 与 B 两人没有达成一致，这时实力更强的人就会取胜。为了解决这种不确定性，维克塞尔和林达尔假定两人势均力敌，这样双方就会较量下去，直到税负分配处于 V 点，AA 与 BB 相交于 h^* 点，双方都同意公共支出规模为 G，由 AA 线、BB 线的交点 E 所决定的均衡状态被称为林达尔均衡。

从上述分析不难看出，林达尔均衡的核心问题是双方在讨价还价过程中的偏好显示问题，只有消费者能够真实地反映自己对公共产品的需求，才能够承担相应的公共产品成本。也就是说，林达尔模型揭示的是，纳税份额与公共产品的提供数量同时要被全体社会成员所接受。然而，这也是公共产品有效供给的困难所在。因为公共产品的非竞争性和非排斥性决定了消费者不愿意显示自己的真实偏好，进而公共产品的最优规模就无法确认。实践中，一种较为可行的办法是实行广泛的民主体制，让公众通过投票等方式来表达偏好，以使政府提供的公共产品数量最大限度地接近理论分析上的最优水平。

综上所述，虽然农村公共产品供给的最优规模在现实中很难找到，但其中却隐含着深刻的理论含义，可概括如下：

（1）公共产品理论是公共支出的基础理论，从纯理论角度分析公共产品最优供给模型，目的在于明确政府公共支出的效率条件和合理范围，从而对政府在经济活动中的份额或规模起到一个规范的作用。

（2）要达到公共产品的最优供应，就必须要充分考虑消费者对公共产品的需求状况。离开了对公共产品需求的考察，就无法达到公共产品最优供给的状态，即公共产品的供给数量应处于边际成本等于社会上个人愿意为边际公共产品支付的税金总和。

（3）由于公共产品的非竞争性、非排斥性，尽管每个人的消费量是一样的，但不同的个人从公共产品中获得的满意程度（边际效用）却不会相同。这意味着每个人愿意支付的税收价格是不同的。公共产品的最优供给要求消费者不隐瞒自己的需求偏好，并按照偏好来承担公共产品的成本。

（4）林达尔均衡的理想状态只能在理论上成立，它的理论假设在现实生活中也存在着很多问题，但它反映的思想却是非常深邃的。它揭示两大原则：一是税收支出的受益原则。也就是说消费者根据自己的真实需求和偏好来承担相应的税收成本，受益原则隐含了政府和纳税人是公共产品交易的双方，他们之间是一种平等交换的关系，而不是统治与被统治的关系。只有在双方利益主体的福利都能保证的情况下，交易才能够保持下去。受益原则的根本目的就是要对国家的活动和权力加以限制，保证各决策主体的利益不受侵犯。二是它反映公共产品有效提供的一致原则。林达尔均衡下的公共产品支出和税收份额，在民主国家采取一致通过就可得到。据此，只有那些得到100％选票通过的税收和支出提议才能被接受。任何人对任一组使他境况变坏的提议都有否决权。虽然一致通过原则的交易成本很高，在现实中难以实现，但是，它却包含了人人都可参与公共决策，表达自己偏好的民主决策思想。

2. 公共产品最优供给理论对我国农村公共产品供给的借鉴

毋庸置疑，公共产品最优供给理论对规范我国农村公共产品的供给具有重要的借鉴意义。

首先，农村基层政府的规模问题。公共产品最优供给目的在于明确政府活动的合理范围，从而对政府在经济活动中的规模或份额起到一定的制约作用。而在我国农村基层政府，乡镇政府的职能没有合理定位，乡镇政府对农民的微观经营干预过多，已远超过农民的承受能力，成为农民的沉重负担。乡镇政府的经营规模过于庞大，财政供养人数过多。因此，公共产品最优供给理论给我们的借鉴是，必须要加快农村基层行政体制改革，转变政府职能，合理确定农村基层政府的规模。

其次，农村公共产品的偏好显示问题。农村公共产品的供给不是市场决策的结果，而是政治决策的结果。村民对农村公共产品的需求和偏好，不是通过价格机制传导的，而是通过政治程序转化为农村集体行动的。农村公共产品最优供给的一个条件就是能否把个人真实的偏好转化为公共决策的依据。换句话说，政府的决策应当体现农民的意愿和要求。要使农村公共产品的供给、法规和政策体现农民的利益和要求，仅凭我们各级干部的良好愿望和优秀品质是不够的，必须要有一套把农民的利益和要求由下而上进行传导的机制（即偏好显示机制），必须有一套科学的制定政策的公共选择机制。

再次，农村公共产品提供的效率问题。从我国目前农村公共产品供给情况来看，存在着忽视广大农民对公共产品实际需求的现象，导致农村公共产品供给过剩和不足现象并存。一方面，一些地方有超过农民经济承受能力的建设各种公共设施的现象，农村基层政府和组织机构臃肿、管理费用过高等；另一方面，某些公共产品的供给又严重不足，如农村公共卫生、基础教育等。农村公共产品供给与需求的脱节，导致农村公共产品供给的低效率。要解决这一问题，就要从注重农民自身需求出发，建立农村公共产品的需求表达机制，给予农民充分的民主权利。

最后，农村公共产品供给的公平和公正问题。从我国农村公共产品供给的公平和公正角度来看，与林达尔均衡所体现的公正原则有着一定的差距。受益原则要求每个人缴纳的税收应当与其消费公共产品时所获得的效用成正比，是一种平等交换的关系。但是，我国现行农村公共产品供给在某些方面却有失公平，主要表现在城市和农村公共产品供给的不公平性、经济发达地区与欠发达地区农村公共产品供给的不公平性。

改革开放后，我国广大农村实行村民自治制度。村委会是基层群众性组织，对涉及村民利益的公益事业必须提交村民会议讨论通过后，方可办理。通过多年村民自治的实施，广大农民的民主意识不断增强，对乡村公共产品供给水平与其税收成本的决策权已有朦胧的要求。按照公共产品最优供给理论，乡镇政府与村级组织在提供农村公共产品时，必须以满足农民的基本需要为目标，把实现好、发展好、维护好广大农民的利益作为出发点和落脚点，不断改善农村公共产品供给，做到政务公开、村务公开，积极引导广大农民参与民主决策。对超过农民负担能力的公共项目，农民有权拒绝承担任何成本。

二、中国农村公共产品供给中存在的问题

公共产品供给是由多种关联性规则或制度所构成的一个体系，任何一个具体公共产品供给体制，都是由公共产品供给的主体、公共产品供给的决策机制、公共产品供给的资金筹措或成本分摊制度、公共产品供给的资金使用与管理制度、公共产品供给方式等组成的。

（一）城乡二元结构导致城乡公共产品供给不均衡

新中国成立以来，优先发展重工业的非均衡发展模式是我国很长一段历史时期内经济发展的主导模式。这种“二元化”的经济发展模式，使城市居民和农村居民所享受的公共产品出现了明显的二元化趋势（王彦平，2015）①。改革开放后虽然这一状况有所改变，但由于各种因素的制约，始终没有得到根本解决，公共资金的不足在很大程度上影响了农村公共产品的供给。在公共产品投资领域，只要涉及城乡关系，城市优先就成为基本的选择。因此，在农村，公共产品供给政府缺位的现象较为突出，农村急需的公共产品在很多情况下只能依靠农民自主提供。也就是说，长期以来形成的城市二元结构，使得公共财政的投入机制、公共产品的供给机制出现了很大差异。城乡二元结构造成农村供给结构不均衡突出表现如下：

① 王彦平．我国农村公共产品供给存在的问题、成因及解决对策［J］．理论探讨，2015（6）．

1. 城市与农村公共产品供给不公平

政府在城市公共产品上的财政支出超过了在农村的支出，必然造成农民所享受的公共产品和服务远低于城市居民。同时由于农村面对的自然条件可能更加恶劣，需把农村公共产品供给集中在应对各种自然灾害方面，或用于改善生产条件的基础设施方面，这和城市主要是提供居民生活所需公共产品存在很大不同。换言之，生产基础设施的提供是农村公共产品供给的主要内容，因而一些生活设施类的公共产品无法得到有效供给。在城乡公共产品供给中，人居环境的差距最为明显，而且在短期内很难实现根本性的改变（孔祥智，2020）①。以城乡污水处理率为例，2021 年城市污水处理率达到 97.89％，而乡一级污水处理率仅为 27％。农村生活污水处理率较低、治理缓慢的问题制约了农村人居环境的进一步改善。

2. 城乡公共产品供给结构的失衡

基层政府为了使地方经济迅猛发展，强制出台政策改变居民意愿，进一步激发了农村公共产品供求间的矛盾，这种现象在我国农村地区普遍存在。随着社会经济制度的不断改革，出于经济和政治利益最大化的考虑，供给结构由金字塔形向纺锤形发生偏移，倾向于选择能彰显政府及官员政绩的特定公共产品供给，导致整个供给结构失衡。与此同时，农村公共产品供给不及时、不到位、不完善现象较突出，整体供给出现了一定程度的缺失，加上经济结构转型升级压力有增无减，导致农村公共产品供给呈现高成本、低效率现象，极大地制约了现代农业的发展，影响了农民利益。

（二）农村公共产品供给主体错位

根据公共经济学的基本理论，提供公共产品是各级政府的主要职能。中央和地方各级政府应从强制性的税收中进行预算安排，提供安全保障、宏观经济调控、基础教育、公共卫生等私人部门不愿提供的公共产品。各级政府在提供农村公共产品具体的职能分工上，根据财政分权理论，凡是具有全国规模和全局性质的，应由中央政府负责提供；凡是具有地方规模和地域限制的，应当由不同的地区分头决策和提供。而我国现存在的问题是，政府“自上而下”供给决策、部门“本位主义”、过于追求显性经济增长指标而相对忽视隐性公共利益诉求，导致农村公共产品供给出现缺位与越位现象。主要表现在：

---

① 孔祥智．全面小康视域下的农村公共产品供给［J］．中国人民大学学报，2020（6）．

1. 各级地方政府的供给不力

根据便利和效率优先原则，满足地方性需要的公共产品应由地方政府提供。一般来说，全国性公共产品如国防安全、基础教育、公共卫生的供给责任归属中央政府，地方性公共产品的供给责任归属地方政府。但实际中，这一原则很难坚持，主要是由于中央政府把有些事权下放得过低，基层政府担负着相当沉重的支出责任，特别是县、乡（镇）两级，它们共同提供庞大而重要的公共服务，包括 70%的预算内教育支出和 55%、60%的医疗支出。在公共产品供给过程中一旦有交叉的事项，各级政府很难找到确切的法律依据来解决，只能依靠上级政府单方面的行政命令或者同级政府的讨价还价来解决。虽然中央对地方实行了财政转移支付制度，但多以专款拨发的形式，且省级以下的财政支付缺乏监督，致使很多专款没有用到农民急需的公共产品上。

2. 基层政府组织的行政权与村民自治组织的自治权的界限不清

基层政府组织的行政权是由国家法律、法规授予的，基层政府有责任管理和提供公共事务、公共服务以及执行国家政策，具有一定的行政管理权限。而村委会作为村民自治组织，不是国家的行政机构和政府组织，没有征税权，让其成为农村公共产品供给的主体是不合适的。《中华人民共和国村民委员会组织法》第五条也明确指出，乡、民族乡、镇的人民政府对村民委员会的工作给予指导、支持和帮助，但是不得干预依法属于村民自治范围内的事项。但事实上，乡镇政府对农村公共事务干预仍然较多，导致村级自治组织也在一定程度上被渗透，应有的村民自治功能有所弱化，不利于农民真实意愿的表达，降低了农村公共产品的供给效率（吴其阳，2021）①。且随着农村经济社会结构的巨大变迁，农村居民对公共基础设施建设、公共管理和服务事务的需求大量增长，已远远超出了村民委员会的履职范围与能力范围。

3. 村组集体供给的积极性不高

农业税费改革后，作为农村公共产品供给的组织者，村集体的财政汲取能力日益弱化，基层政府面临经费紧张的局面，严重降低了其发挥农村公共物品供给的动力和能力，从而“被动退出”农村公共物品的供给。与此同时，国家寄希望于推行“一事一议”制度来筹集农田水利设施建设、

---

① 吴其阳．农村公共产品协同供给逻辑与路径探究——基于协同治视角［J］．农村经济，2021(6).

植树造林等村级公共产品供给费用，但在缺乏政府权威的干预下，经由“一事一议”推进农村公共物品供给面临高昂的组织、决策和实施成本（王亚华等，2016）[①]。就制度本身而言，“一事一议”要想取得良好效果必须具备三个条件，即基层民主制度健全、农民真实的需求偏好表达和完整成熟的决策程序（刘彤，2015）[②]。但由于我国农村现有的政治发展水平和条件限制，“一事一议”制度的稳定性较差。就执行现状而言，本应承担“一事一议”组织角色的村干部反倒成了这一政策的“绊脚石”。由于“一事一议”不仅对集资标准作出严格规定，并且资金只能用在本村的农田水利设施建设、植树造林、修路供水等公共事业上，村干部从中“揩油”的难度大大增加，积极性不高。就农民而言，虽然“一事一议”所筹经费与农民自身利益息息相关，但因其实施机制的自愿性与农民受益的非均衡性等，农民对“一事一议”的积极性也不高，造成农村公共物品供给经常面临集体行动困境。

（三）农村公共产品决策机制不健全

我国农村公共产品供给决策机制中，农村公共产品大都是由政府和部门“自上而下”决策供给的，带有很强的行政指令性，其供给总量、供给结构和供给程序多数都是政府以政策或文件形式下达，忽视了对农民公共需求的精准回应。加之在农村地区，农民受到自身文化素质的限制和信息不对称的影响，往往难以表达真实需求。同时，在具体提供方式上，各级政府组织是以追求个人利益最大化为目标，上级政府代替乡镇政府决策、乡镇政府代替村委会决策、乡镇政府和村委会代替农民决策是较为普遍的现象。自上而下的农村公共产品决策机制由于缺乏公正性和科学性，导致农村公共产品供给与需求脱节。

1. 农民急需的公共产品供给严重不足

按规定，村委会根据本村村民的公共产品需求和上级政府给予的制度空间，对不同的公共产品进行初步筛选和收益分析，然后提请村民代表大会决定是否供给某项公共产品。村委会在对要提请表决的项目进行筛选时，往往会表现出“理性经济人”的特征，会考虑到乡镇政府的偏好，选

---

① 王亚华，高瑞，孟庆国．中国农村公共事务治理的危机与响应［J］．清华大学学报（哲学社会科学版），2016（2）．

② 刘彤．农村公共产品供给问题及解决思路——基于供给主体的分析［J］．理论探索，2015（3）．

择一些符合乡镇政府政绩需要的面子类的公共产品项目提交村民代表大会表决。村民通过村民大会或村民代表大会直接或间接表达的公共产品需求偏好，需要村委会自下而上地传递给乡镇政府。但村民的公共产品需求与乡镇政府的政绩利益有时是相悖的，村委会的利己性会使其利用信息和资源优势"理性"地选择传递那些投资少、见效快的面子类的公共产品需求，而对农民真正需要的、投资高、见效慢的基础类的公共产品需求则采取不传递或少传递的方式，从而引发一些无效供给或低端供给，无法契合农村农民农业发展的实践需求（张安毅，2020）①。

2. 农村公共服务供给仍存不足

农村的教育、医疗卫生、环境保护等农村公共服务对促进农村的可持续发展具有重大意义。但相比城市而言，我国政府对农村公共产品供给严重不足。比如，在教育资源方面，农村虽达到了义务教育普及率，但因病致贫或因残辍学农民子女的教育服务却尚未得到有效改善（尹栾玉，2016）②。又比如，在医疗卫生方面，虽然新农合在一定程度缓解了农民看病难、看病贵难题，但农民实际享有的定点医院仍较少，且承担不起持续用药治疗成本。因此，大多数农民还是会选择在乡镇卫生院、村卫生室或私人诊室看病，但乡（镇）卫生院、村卫生室数量又逐年下降。截至2021年底，镇卫生院存有34943个，村卫生室仅有599292个，且医疗设备简陋，卫生条件较差，医护人员也不充足（单琳琳，2022）③。这表明农村医疗水平仍相对有限，难以满足农村居民对医疗的需求。

3. 农民较少需求的公共产品供给过剩

政府在绩效考评的框架下注重见效快、成本低的公共服务项目，导致一些农民较少需求的公共产品供给过剩。例如，"先进文化进万家"活动中，乡镇政府倾向于选择成本较低、便于管理的艺术汇演方式。截至2022年底，艺术表演团体按剧种分，较多的是地方戏曲类38.7万场次，综合性艺术表演团体24.1万场次，以及歌舞、音乐类12万场次，这类文化服务虽有意义却并非农民急切期望的。这种传统思维和传统模式反而容易造成一些地方农村文化服务供给的相对过剩。

4. 部分公共产品的提供损害了农民利益

地方政府提供农村公共产品是一种自上而下的决策程序，普遍存在的

---

① 张安毅．我国农村公共产品供给模式转变的对策思考［J］．中州学刊，2020（9）．

② 尹栾玉．基本公共服务：理论、现状与对策分析［J］．政治学研究，2016（5）．

③ 单琳琳．优化农村公共服务供给提升基层社会治理效能［J］．宏观经济管理，2022（10）．

问题是政府未开展周密的调查分析，就草率决定，导致决策失误，给广大农民带来了沉重的负担。即使政府原本的出发点是好的，但由于农民的个性差异，政府提供的公共产品也并不一定能满足所有农民的需求。例如，很多农村交通设施工程将建设速度作为考量的首要指标，造成农村交通工程实施时为追求速度而降低施工标准，“断头路”“卡脖路”等在农村地区大量存在，严重影响了农村的通行效率。一些地方政府在提供一些基础设施的时候，为了个人利益，提供的往往是“豆腐渣”工程。还有些地方政府为了部门利益，在提供种子和化肥的时候，以次充好，侵害了农民的利益。

（四）农村公共产品供给监督机制缺位问题

对农村公共资源的使用，支撑着农村公共产品供给的形成。受信息不对称、预算不完整性和供给过程不透明等问题的影响，农村公共资源的筹措、管理、使用往往缺乏有效的监督机制。因此，在农村公共产品的生产与提供过程中，存在着以下问题：

1. 农村公共产品资金使用缺乏监督

我国广大农村地区，特别是中西部地区，在涉及农村公共产品的资金使用上存在着效率低下的问题。这主要是因为基层政府监督体制机制较为单一，资金使用流程不透明、监督机制不完善、资金流转渠道不畅通等管理不规范问题较为突出，导致资金使用协调性较差，甚至存在资金管理不善滋生腐败的现象。虽然有些地方实行了政务、村务、财务公开的机制，但公开的时机、场合和形式上缺乏统一规范，再加上社会单个成员监督非预算资金的激励不足，造成农村公共产品资金使用缺乏社会监督。由于缺少有效的监督机制，资金流转周期较长，有些基层政府缺乏动力追求高社会效益及低供给成本，有些地方甚至引发了群体性事件，影响了政府的公信力。此外，在农村公共产品供给过程中，农民参与的主动性不强，致使资金的使用缺少群众的监督，导致农村公共产品供给质量不佳、大量资源损耗。

2. 农村公共资源监督机制不完善

在生产和提供农村公共产品的过程中，出于各自的政绩和利益的考虑，政府提供农村公共产品的中间环节较多，并且地区间、部门间经常出现竞相攀比的现象，在缺乏有效监督机制的情况下，公共资金被一层一层“过滤”，公共产品被层层加价，往往导致农村公共产品供给效率的低下和增长无序，增加了对农村公共资源的筹集需求，进一步提高了农村公共产品的供给成本，农民分摊公共产品成本的负担加重。同时，在农村公共产品的招投标、资金拨付、成果验收等环节，由于政府内部监督管理机制不够完善，容易受利益引诱和人情关系的影响，导致寻租腐败问题的出现。

除此之外，地方政府未建立有效的监督反馈渠道和监督激励政策，未充分发挥互联网、区块链、人工智能等数字技术的作用，导致建设过程中出现的问题得不到及时解决，农民也缺乏参与监管的积极性与能动性（刘昊璇等，2022）①。信息的不对称导致无法形成有效的社会监督，造成了行政资源的浪费和行政效率的低下。

（五）农村公共产品供给的激励机制不健全

近年来因激励机制不健全而导致效率低下的问题，一直困扰着我国农村公共产品的有效供给，突出表现在以下方面：

1. 对供给主体的激励不足

在农村公共产品供给市场化的演进过程中，由于供给激励不足和政策支持不充足，出现了很多公共性问题。一方面，农村社会生活最为基本的公共产品本应由政府统筹规划、组织实施并通过市场化机制来实现，但由于缺乏合理的财政补贴和激励政策，基层政府积极性不足，直接影响了农村公共产品供给的数量与质量；另一方面，一些可由市场供给的农村公共产品，因政策支持不足，存在供给效率低下现象。例如，受财政收入等因素的制约，乡镇政府无力承担庞大的农村公共产品资金支出，加之未引入市场化机制，导致农田水利设施供给不能及时满足农业生产的需求，从而阻碍了农村经济发展。

2. 对参与管护的农户经济激励不足

当前，农村公共产品市场化供给正在加速推进，村规民约、舆论压力等传统社会资本治理机制日渐式微，正式治理机制尚不健全，致使对农村公共产品的管护存在诸多问题。一方面，缺少对农村居民必要的经济激励，导致其参与农村公共物品管护的主动性和积极性不强。在信息不对称的情况下，作为“理性人”的农户在参与农村公共产品供给中，具有机会主义倾向，容易表现出“搭便车”行为。由于包括农村道路等在内的农村公共产品具有非排他性，很难排除对未参与筹资筹劳农户的使用，使得农

---

① 刘昊璇，赵华甫，齐瑞．多中心治理下高标准农田建设监督管理机制研究［J］．中国农业资源与区划，2022（3）．

户的收益和付出不对等，从而挫伤了参与筹资筹劳农户的积极性，而对未参与筹资筹劳而同样可获得公共产品使用的农户行为形成了一种激励。另一方面，对农户破坏性使用农村公共产品的负激励不足，没有建立起严格的惩罚措施。比如，在某些村庄，有些农户在使用过程中不注意设施的保护性利用，存在过度使用现象，甚至因为农户间存在摩擦，出现故意破坏农田灌溉设施的现象，导致水利设施损坏严重，排灌能力大大减弱。同时，由于农户行为具有“示范”效应，部分农户的“搭便车”行为会被其他农户模仿，进而弱化了其他农户参与管护的动力。

三、改善中国农村公共产品供给的建议

（一）坚持城乡一体化的政策导向，向城乡提供均衡的公共产品与公共服务

要提升农村公共产品供给水平，真正减轻农民的负担，必须调整发展战略，从根本上改变这种非均衡的城乡公共产品供给制度，促进城乡公共产品供给均等化。

1. 促进城乡公共资源均衡配置

推动城乡公共资源均衡配置是体现城乡居民权利平等、共享发展成果的重要标志。为此，需要加强城乡社会保险制度和社会救助体系建设，完善城乡统一的公共服务体系，强化城乡教育资源均衡配置，加强乡村医疗卫生和公共文化服务体系建设，形成城乡联动、相互促进、协同发展的一体化格局，不断缩小城乡差距。同时，需要推进公共服务均等化与人口流动相结合，统筹考虑城市和农村的发展需求，调整公共资源的分布，增强公共服务的精准性，以提高基本公共服务供给的效率。需要指出的是，在推进城乡公共服务均等化过程中，涉及公共财政投入的问题，必须科学划分中央和地方政府的财权和事权，尤其是保障乡镇一级基层政府提供公共服务的财政保障能力。

2. 调整财政支农结构

（1）加大对农业基础设施的投入。为了推动农业生产发展，减少自然环境和自然灾害对农业生产的不利影响，需进一步扩大对农业基础设施的资金投入，创造优良的农业生产条件。一是加强农田水利设施建设。加快重大水利工程建设，构建国家水网骨干网络，建设中小型水库及引调水、抗旱备用水源等工程，加强田间地头渠系与灌区骨干工程的连接。同时，

支持开展地下水超采综合治理，推进黄河流域农业深度节水控水。二是支持高标准农田建设。重点补上土壤改良、农田灌排设施等短板，统筹推进高效节水灌溉，健全长效管护机制。按照“先易后难”“先优后劣”原则，让平原、连片、土壤质量高的耕地优先成为高标准农田，让增产空间大的地区优先获得资金保障，真正将“粮田”变成“良田”。三是加快农村道路基础设施建设。加强农村公路养护和安全管理，推动与沿线配套设施、产业园区、旅游景区、乡村旅游重点村一体化建设。四是支持农村生态环境保护建设，加大厕所改革、垃圾分类、污水治理力度。五是深入实施数字乡村发展行动，推动数字化应用场景研发推广，增强应用场景对新型农业经营主体的示范带动作用。

（2）提高农村公共教育方面的资金投入。一是在农村义务教育的资金上，需要强调省级政府的投入力度。通过发挥中央政府和省级政府的作用，使两者承担农村义务教育投资的主要责任，减轻基层政府组织面临的财政压力。二是合理配置义务教育资源。加强对农村义务教育软硬件设施的投入，设立基本建设款项，补齐农村义务教育在师资配备、师资能力建设、教学硬件设备完善等方面的短板，以缩小城乡教育的差距。三是大力发展农村职业教育。要结合当地农村产业发展实际，瞄准农村经济社会发展需要，设立职业教育院校，促进城乡职业教育协调发展。

（3）增加对社会医疗保障、公共卫生、农村文化设施、养老场所建设等重点领域的资金投放。一是继续发展和完善农村合作医疗制度，进一步降低新农合价格涨幅，提高市级以上医院就医综合报销比例，实施公立医院薪酬制度改革，将门诊检查费用和更多的常用药品、大病重病药品纳入报销范畴，减少审批和报销程序，让更多农村居民能看得起病。二是加强国家财政对农村公共卫生的支持，推进医疗资源县域统筹，加强乡村两级医疗卫生、医疗保障服务能力建设，平衡医疗供需，提高医疗求助和保障水平。三是深入实施农耕文化传承保护工作，加强重要农业文化遗产的保护利用，拓展新时代文明实践中心、县级融媒体中心等建设。四是加快乡镇区域养老服务中心建设，推广日间照料、互助养老、探访关爱、老年食堂等养老服务，推进农村社会养老保障制度建设。

（二）界定各级政府的事权和财权，构建农村公共产品多元化供给机制

随着乡村振兴战略的不断推进，经济社会的发展对农村公共产品供给

提出了新的要求，单一供给主体的体制和模式已经制约了农村公共产品的供给。因此，为保证农民能够享受到充足的农村公共产品，构建以政府供给为主，社会主体、农民积极参与的多元供给机制，是解决我国农村公共产品短缺的必由之路。

1. 科学划分各层次政府供给农村公共产品的职责

农村公共产品供给应采取分工合作的方式，并确保各级政府承担相应职责。中央政府应主要从跨经济协作区的水利投资、全国性农产品储备基地、大江大河大湖的治理以及重大农业基础科学研究等全国性公共产品方面提供支持。地方政府则主要从本区域内较显著的农业基础设施及社会效益项目的投资和管理入手。乡镇政府则依据奥茨的分权定理，为本辖区的农民提供适合其生产和生活需求的农村公共产品和服务，包括宣传公共安全、民事纠纷处理、土地整治等。然而，在实践中，乡镇政府的职能定位可能存在偏差，表现为承担了不应由其承担的事务，以及承担过多的财政责任。因此，对于政府提供公共产品的职能错位情况，应尽快进行调整，要使乡镇政府的事权和财权相匹配。针对农村公共产品欠账太多，而乡镇政府财政非常有限的情况，应在乡镇政府设立专门的机构，根据本地经济社会发展对农村公共产品的需求，制定农村公共产品项目建设和投资的规划，作为国家对其辖区进行拨款的依据，然后提交上级主管部门进行审核（徐放达、王增涛，2019）①。

2. 明确划分政府和村民自治组织供给农村公共产品的责任

在现实中，针对农村公共产品的供给主体问题，应强调政府承担提供公共产品的责任，而不是将责任转嫁给农村居民。因为过去中央政府对提供农村公共产品的责任下放不力，导致很多职责被转移给了村级组织，这样做不仅不利于农村公共产品的供给，还会加重农民负担。因此，政府和村民自治组织应各司其职，建立合理的供给主体机制。政府应确保自己承担提供农村公共产品的主体责任，村民自治组织只起到辅助和补充作用。同时，政府需要加强对村民自治组织的监督和管理，以确保不越权、不滥用职权，最终实现农村公共产品的全面供给。而村民自治组织只有在“村内公益事业”范围内才能提供社区公共产品，通过“一事一议”的方式向农民筹集建设资金，并积极开展需求调研、项目管理、社区监督等工作，提高村内公共产品供给的针对性和适应性。

① 徐放达，王增涛．论中国城乡公共产品供给机制的优化［J］．云南社会科学，2019（1）．

3. 实行农村公共产品多元化供给

政府在生产与提供农村公共产品的过程中，可根据“谁受益、谁负担”和“量力而行”的原则，充分调动社会民间资本和农民供给农村公共产品的积极性，缓解县、乡（镇）财政的压力，以收到事半功倍之效。一是对于农村道路、农村教育等农村纯公共产品和外部效益较大的准公共产品，应主要由各级政府部门负责提供，同时可通过构建激励机制吸引社会主体参与供给，以缓解财政压力。二是对于农村水电、农田水利、农村电网等具有营利性的准公共产品，可以由政府和私人混合供给，具体可采用特许经营、合同承包等方式。这类公共产品受益主体较为明确，也具有一定的营利性，因此可通过市场化运作方式吸引社会资本投入，具体可采用合同承包、特许经营等方式。三是对于农村通信、节水设施、中小型农业机械等具有私人性质的公共产品，可完全由私人提供。私人部门通过使用收费机制或经营产生的收益获取利润，政府部门负责规划、管理、监督和协调，以确保农村公共产品有效供给。

（三）尊重农民意愿，完善农村公共产品决策机制

缪勒曾经认为“公共产品的特性构成了集体选择存在的理由”。公共产品的供给不是一个市场决策的过程，而是一个政治决策的过程。完善农村公共产品决策机制的本质，就是要尊重农民意愿，始终将农民的利益放在第一位，建立一种把广大农民的需求和偏好转换为公共决策依据的民主机制，由广大农民“用手投票”或“用脚投票”来决定公共产品供给的水平和规模，实现农村公共产品供给决策由“自上而下”向“自下而上”转变。为此，需做好以下几方面工作。

1. 充分表达农民意见

在农村公共产品的供给过程中，发挥农民的主体性表达，可以激发农民参与的内生动力，对农村公共产品供给产生了积极的推动作用。一是定期召开村民代表大会。为了充分表达乡村绝大多数居民对农村公共产品的要求，应定期召开村民代表大会，对乡村范围内农村公共产品的需求进行投票表决，真正建立“自下而上”的民主决策机制。二是加强基层党组织的引领作用。通过基层党组织的自身建设促进乡村治理的“去行政化”，可以防止“村霸治村”“黑恶强权”“精英俘获”等对农民主体地位的弱化和剥夺。通过加强对农民的政治引领、政治吸纳和组织动员，建立协商对话机制或互动交流机制，可以重塑农民主体的自我定位，夯实其村民议

事、村务监督等政治权利，充分表达农民的意见。

2. 建立农民组织

在当前利益多元化的社会中，农民群体始终处于弱势地位，缺乏在公共事务决策中发言的机会，这不仅是农民负担加重的原因之一，也是一种极不正常的现象。因此，增加农村公共产品供给，需要切实保护农民权益，提倡建立真正代表农民利益，能在社会事务中充分表达农民意愿的农民组织，改变农民群体在农村社会公共事务供给过程中的“失语”状态。首先，需要尊重农民的意愿和创新，允许农民在不违背国家各项法律法规和政策范围内建立自己的组织，避免农民权益组织的官办色彩，因地制宜地允许形式多样的农民组织存在，并制定对农民专业合作组织的扶持政策，自下而上推动我国《农民专业合作社法》的完善。其次，乡镇基层政府应通过政策手段鼓励和支持农民协会，使之作为农民的社会组织，利用农民协会作为政府联系村民的重要纽带和渠道，并在制度层面主动维护农民协会的合法权益。最后，政府应减少对农民协会的行政干预，调动广大农民主动参与决策，确保权益最大化。

(四) 完善公共财政管理，建立有效的农村公共产品供给监督机制

完善的监督机制才能为农村公共产品供给提供有力保障，防范出现贪污、腐败现象。“监督问题不是在单个管理层次上得以解决，需要构建多层次监督机制”，所以，要建立一个严密、合理、高效的监督体系。为此，应从以下方面来考虑。

1. 改革公共财政管理体制

农村公共产品供给是否有效与公共财政体制设计密切相关，改革公共财政管理体制是实现农村公共产品有效供给的必然要求。目前农村公共产品供给存在“撒胡椒面”“摇头风扇”“烂尾”等难题，财政支农项目资金分散、条块分割、效率不高（夏午宁、岳宏志，2022）[①]。因此，要提高财政资金使用效率，需要通过整合财政资金和加强财政资金监管，促进公共财政管理体制变革，以实现农村公共产品有效供给。一是打破条块分割状态，有效整合支农资金、集中使用。需要深化财政支出体制改革，优化财政支出模式，对现有支农资金进行统筹管理和整合使用，从而发挥规模

① 夏午宁，岳宏志．农村公共产品多元主体协同供给：历史回顾、内在逻辑与机制创新［J］．经济体制改革，2022（5）．

效益。在此基础上，鼓励基层政府积极探索多层级、多形式的财政资金集中使用方式。二是加强预算管理。基层政府尤其是乡镇政府要严格按照预算管理办法的要求，编制和执行财政预算，并且按照财务公开原则对预算管理、执行及专项资金使用情况进行公开，自觉接受社会监督。三是减少涉农资金发放环节。可通过建立中央直补县乡财政的绿色通道，促使中央财政支农资金直接下拨给农村公共产品资金使用方，减少中间环节，提高财政资金使用效率。四是加强财政资金监管。严格按照文件规定提取、使用支农资金，注重使用效果的考察和跟踪，做到量入为出、专款专用，以确保支农资金的合理使用。引入互联网等新技术手段，建立农村公共资金的数字化监管平台，加强对资金的监督和管理，确保农村公共资金的使用达到透明化、规范化和科学化。同时，坚持随机检查与审计检查、内审自查三者有效配合，规范农村公共产品供给各环节的资金使用，适时推行督导督查制度，对不合规的支出进行监督和跟踪，对资金使用过程中的腐败和浪费行为进行严厉打击和整顿，促进各项支农资金的合理配置和使用，从而提高专项资金的使用效益。

2. 强化社会监督作用

完善农村公共产品听证制度，是实行政务公开的制度保证，也是完善社会监督的重要环节。对于范围涉及乡镇或县的较大型农村公共产品的决策，应建立由专家、村集体、农业企业代表、农民代表等广泛参与的听证制度，将供给全过程、全方位地置于公众监督之中，保障广大农民的知情权。同时，乡镇政府应及时向社会公开供给农村公共产品的性质、内容、规模、质量标准、行政程序和责任归属，增强农村公共产品供给的透明度，有效保证农村社会组织健康、规范、有序地参与监督过程。此外，基层政府应建立和完善社会监督机制，加强社会组织和公众对农村公共产品供给的监督力度，促进农村公共产品听证制度更好地发挥作用。

3. 加强农村公共产品供给的审计力度

要加强审计力度，为提升公共服务水平保驾护航。一是加强对农村公共产品资金使用的审计监督。对于农村公共产品项目的资金使用，需进行全程监督和审计，确保资金使用符合有关法律法规和财务管理规定，达到预期效果和目标。同时，审计部门应建立健全农村公共服务项目风险监测机制，及时发现和防范与公共服务项目有关的风险，维护公共服务项目的安全稳定。二是依据公共服务项目效益评价结果，指导政府制定更加有效的公共产品供给政策和方案，优化农村公共产品资源配置，提高公共产品的质量和效益。三是加强对农村公共基础设施标准化建设的政策审计，促进地方政府在落实国家制定的公共服务指标标准的基础上，因地制宜构建适用于本地的农村公共基础设施标准。

（五）完善考评办法，健全农村公共产品供给的激励机制

不管是营利性主体还是非营利性主体，其经济行为都是基于自身利益诉求的外在表达。在经济社会发展中，优化激励机制设计可约束和诱导经济主体行为，使得各物质利益主体间实现激励相容。农村公共产品供给主体间利益的协调和激励机制设计必须把物质激励和精神激励有效结合，针对不同供给主体设置不同的激励方式，优化激励机制和激励体系设计，促进农村公共产品供给各主体的激励相容，保障农村公共产品供给主体多元化制度安排的有效实施。具体来说：

1. 强化政策激励作用

地方政府要创新制度安排，出台一系列支农惠农财政政策。对于村级自主提供的农村公共产品，并不意味着公共财政的完全退出，财政资金的介入应与村民自主提供公共产品具体项目挂钩，这样不仅能有效激励农村居民通过集体选择的方式提供公共产品，而且能够减轻农村居民的负担（赵为民，2019）①。鼓励基层政府划拨专项财政资金用于农村公共产品激励基金，进而扩大农村公共产品的激励效应。此外，需要提升政策靶向性，加大人力资本投入，支持农民回乡创业就业，提供“一站式”创业就业服务，防止农村人口净流出，从而避免出现大量农村公共设施闲置浪费。

2. 改善基层政府绩效考核

为有效提高农村公共产品供给水平，需进一步改革现有的政府考核制度。一是改革考核依据。竞争性的地方政府是农村公共产品供给的核心主体，地方官员作为这一主体的代理者，其施政原则往往对政治晋升密切关联的经济指标具有显著偏好，长此以往，将会导致涉农业务投资不足。因此，考核指标应从以往单一的 GDP 考核转变为多指标综合评价体系，包括农村公共产品供给效率、城乡发展均衡度、公众对政府满意度、环境保护等多项因素，以更全面、客观评价政府工作绩效，纠正官员激励机制设

① 赵为民．集体行动、财政激励与村级公共产品自主供给［J］．华南农业大学学报（社会科学版），2019（5）．

计不当所导致的资源错配问题。二是改革考核主体。改革考核制度还需改变考核主体，增加基层民众的评价权重，使各级政府和官员更加关注民生需求和呼声，更好地维护人民根本利益并提供有效的农村公共产品。三是完善结果运用。改革考核制度的目的是评价各级政府和官员的行政绩效，提高各级政府执政为民的能力。因此，政府应合理有效运用考核结果，对在农村基础设施和公共服务供给等方面做出重大贡献的政府和官员进行物质与精神的奖励，真正发挥考核制度的“指挥棒”作用。

3. 优化农村公共物品供给的激励机制

第一，完善经济激励机制。一是优化税收激励机制。政府应从鼓励捐赠用于农村公共产品供给的实际出发，不断扩大捐赠资金享受税收优惠的范围。对于提供农村公共产品捐赠的企业，应确保所有捐赠资金都纳入税收优惠范围，调动其参与捐赠的积极性。二是实施产权激励。阿尔钦认为“产权是通过一种社会强制而实现的对某种经济物品的多种用途进行选择的权利”。明晰的产权能使产权所有者对产权有良好的预期，能激励产权所有者积极争取和维护个人最大利益，这有助于降低交易成本，实现资源的优化配置。在具体的农村公共产品供给实践中，可依据不同农村公共产品的性质差异，采取不同的产权激励措施。对于一些收益范围明确，接近于私人产品的项目，如农村沼气、小型灌溉设备等供给，可在政府对其进行投资补助的基础上，实行“自建、自用、自管”，项目建成后所形成的产权归农户所有。对一些受益人口较分散、产权难以分割的工程，如供水工程和节水灌溉工程等，可在明晰工程所有权的前提下，通过承包、租赁和合作等方式，将所有权与经营权分离，使经营权与工程管护责任相统一，实现“谁经营、谁管护”。对于一些具有一定收益、适合经营的基础设施，如农村水电工程和统一供水工程等，可由出资者出资修建，获得工程的所有权和经营权，并负责工程的管护，主管部门对其监督，使用者付费获得该工程的使用权。值得注意的是，在产权激励措施的实施过程中，政府应加强监管，防止出现以损害公共利益为代价谋取私人利益的现象发生。

第二，健全声誉激励机制。在农村社会中，人际关系密切，个人的声誉和面子备受注重，因此，在农村公共产品供给中，可充分发挥声誉激励的作用。一是及时公开农户筹资情况。深入开展村务公开活动，村委会可通过村广播站、村务信息公开栏等方式及时公开农户筹资情况，保证筹集资金的公开透明，动员家庭收入较高的农户，向筹集资金较多的农户看齐，增加供给筹资的金额。二是颁发奖状和旌旗。政府可对那些带头提供资金且数额较大的富裕农户颁发奖状，授予“捐赠先进户”和“可敬村民”等荣誉称号，以表彰他们的贡献。同时，还可颁发“修路架桥、功德无量”和“捐资办学、造福后代”等旌旗，使出资农户获得精神上的激励。

第三，强化负激励机制。一是通过道德习俗约束，实现负激励。乡村是一个具有“差序格局”特征与熟人社会网络的集合体，要重视运用村庄道德力量来构建人情关系（罗必良、耿鹏鹏，2022）[①]。因此，可通过道德负激励，来促成村民进行农村公共产品合作供给。通过村规民俗和舆论的力量逐渐将不合作者边缘化，使不合作者被本村其他村民所排斥和孤立。同时，对不合作者的边缘化也对村里的其他合作村民起警示作用，使其他村民从不合作者所受的惩罚中感受到震慑而不敢违规。二是从降低收益的角度，实施负激励。对于不愿合作的村民，可通过减少补贴、限制资源利用、加大管理力度等措施降低其使用农村公共产品的收益，让其意识到不合作，会在以后的供给中造成更大的利益损失，从而促使他们加入合作。

① 罗必良，耿鹏鹏．乡村治理及其转型：基于人情关系维度的考察［J］．农业经济问题，2022（10）．

第十八章

农民合作社发展问题研究

合作社是一种国际化运动，至今已有180年的历史。在WTO框架和市场经济体制下，在全面推进乡村振兴、实现农业农村现代化、加快建设农业强国过程中，规模狭小、经营分散的农户迫切需要联合起来，遵循国际通行的合作社基本原则和价值，结合中国国情，建立农民所有、农民控制、农民受益的真正意义的农民合作社。

一、合作社的内涵、原则与价值

（一）合作社的内涵

合作社产生于19世纪经济发达的资本主义国家。随着其他地区和国家经济的发展，合作社逐渐扩散到世界各地。目前，世界各国都建立了不同类型的合作社，合作社运动已成为一种国际性运动。但是，在不同时期不同国家，人们对合作社的认识都有所不同。

美国合作经济学家巴克尔（J・Baker）认为："合作社是社员自有自享的团体。全体社员有平等的分配权，并以社员对合作社的利用额为依据分配其盈余。合作是与私人企业、公有制企业不相同的一种事业。"① 美国的经济学家罗吉斯和伯德格认为："合作社是个人参加的自愿联合会。会员按成本价格获得所需要的货物和服务。"② 这两个定义是从微观的角度提出来的，主要描述了合作社的基本特点。

德国经济学家李弗曼（R・Liefmann）认为："合作是以共同经营业务的方法并以促进或改善社员家计经济或生产经济为目的的经济制度。"另一位德国经济学家龙费尔（E・Grunfeld）认为："合作是中小经营者基

①② 李秉龙，薛兴利．农业经济学［M］．北京：中国农业大学出版社，2015.

于自己意志的结合。由于共同对私有经济利益的追求，以实现社会政策的目的。这种制度在其活动的范围内，排斥自由市场的经济。”[①] 这两种说法是把合作社定义为一种经济制度，包括的范围很广。

国际劳工局把合作社定义为：“合作社是不同数额的人的结合，他们为了解决相同的经济困难，在权利与业务平等的基础上，依其自由意志相结合，自身负担风险，以经营他们共同需要的一种或数种业务；并为了相互间物质的与精神的利益，共同利用此业务，以解决他们自身的经济困难。”[②] 这个定义包含的内容很多，有些说法似乎不太准确。

国际合作社联盟于1995年9月在英国曼彻斯特举行的成立100周年代表大会上提出：“合作社是人们自愿联合，通过共同所有和民主管理的企业，来满足共同的经济和社会需求的自治组织。”[③] 这个定义是当前世界上的普遍看法。

在我国，无论是学术界还是实际工作部门，对合作社的理解一直有很大差别，对合作社的定义也提出了多种看法。政治经济学辞典提出：“合作社经济是劳动群众为改变生活条件和生产条件而联合建立的一种经济组织。”[④] 有的学者把合作社等同于合作企业，认为合作企业是合作经济的基础，“是劳动群众联合起来，自愿结合，使用共同占有的生产资料，共同进行劳动、生产的劳动集体、经济组织。”[⑤] 有些学者主张：“凡是劳动者为着一个共同的经济目标，在自愿互利的基础上联合起来的经济实体都是合作经济。”[⑥] 还有些学者认为：“合作经济是一种社会经济制度”，“合作经济是服务体系的一种”，“合作经济就是集体经济”[⑦]，等等。这些定义或解释是分别从不同角度提出的，但有一个共同特点，即对合作社的内涵理解过宽。

综上认为，合作社是劳动者为了维护自身的社会经济利益，按照合作社的特定原则和价值，通过自愿联合而建立起来的群众性经济组织。

首先，合作社是一个群众性经济组织。合作社是一个经济组织，它以

① 来源于联合国国际劳工组织．《合作社促进建议书》，2002.

② 来源于国际合作社联盟．《关于合作社特征的声明》，1995.

③ 许涤新．政治经济学辞典［M］．北京：人民出版社，1980.

④ 苏昕，于仁竹，孙小燕．中国农民专业合作经济组织研究述评［J］．经济学动态，2012（3）.

⑤ 韩元钦．中国农村的合作经济［M］．长春：东北师范大学出版社，1991.

⑥ 潘劲．合作经济的实质分析［J］．中国农村经济，1990（7）.

⑦ 杨坚白．关于商业合作化的理论和实践问题［J］．财贸经济，1984（6）.

经营企业的形式从事生产、加工、供销、运输、消费、技术服务等经济活动。因此，不从事经济活动的组织，不是合作社。但是，合作社又不是一般性的企业，而是属于社员共同所有并由社员民主管理的企业，即合作社的所有权是在民主的基础上归全体社员，它是一个群众性的自治经济组织。

其次，合作社在本质上是劳动者的联合组织，是人的联合，而不是资本的联合。在合作社里，劳动者是联合的主体，是合作社的主人；资本是劳动的手段。这是合作社区别于股份制企业的主要标志。

再次，合作社作为劳动者的联合是自愿的，社员入社自愿、退社自由，不能用行政命令手段强制性地“联合”。合作社在开始出现的时候，往往是个自发的发展过程。

最后，合作社的目的是改善社员的生产条件和生活条件，维护社员自身的社会经济利益。合作社是由其社员组织起来的，它着眼于社员，代表社员的利益，为社员服务，满足社员的社会和经济需求。社员的需要，不管是单一的还多样的，不管是社会的还是纯经济的，都是合作社存在的主要目的。

（二）合作社原则

合作社原则是表现合作社本质特征、区分合作社与其他经济组织的要素，是合作社管理内部事务的基本准绳。它是在合作社生产和发展过程中逐渐形成的。目前世界公认，并被大多数国家普遍采用的合作社原则是在罗虚代尔原则的基础上经国际合作社联盟代表大会多次修订而确定的。

罗虚代尔公平先锋社在成立之初，根据当时的社会环境和条件制定了合作社的基本原则，主要内容有：自愿入社原则、一人一票的民主管理原则、按市价现金交易原则、按社员与合作社的交易额分配盈余原则、公平交易原则、对社员和职工进行教育原则、对政治与宗教保持中立原则。1895 年国际合作社联盟成立后，罗虚代尔原则被列入国际合作社联盟章程，并成为各成员国共同遵守的原则。

随着合作社运动的发展，合作社原则也在实践中不断充实和完善。1934 年国际合作社联盟第 14 届代表大会把公平交易这条已被普遍公认、无需强调的内容去掉，增加了如果对股份资金支付利息，利率应严格加以限制的原则。1966 年，国际合作社联盟第 23 届代表大会又去掉了实际上已无意义的现金交易和对政治宗教中立的内容，增加了合作社之间应进行积极合作的原则，从而把合作社原则的基本内容概括为六条，世称合作社的“六大原则”。

1995年9月，在英国曼彻斯特举行的国际合作社联盟成立100周年代表大会上，进一步修订了合作社原则，确立了七项原则：

1. 自愿和开放的社员原则

合作社是自愿的组织，对所有能够利用合作社服务和愿意承担社员义务的人开放，无性别、社会、种族、政治和宗教的歧视。

首先，“合作社是自愿的组织”，不能强迫人们成为一个合作社社员，必须让人们得到机会学习和了解合作社现有的价值，允许他们自由自愿地加入和退出。

其次，“对所有能够利用合作社服务和愿意承担社员义务的人开放”，一方面承认合作社是为了某种特殊需要组织起来的，在很多方面，合作社只能为某类社员或有限的社员提供服务；另一方面提醒社员要对合作社尽义务，包括履行投票权，参加会议，利用合作社的服务以及公平地提出自己的要求。

再次，合作社对待社员应尽力做到“无性别、社会、种族、政治和宗教的歧视”，即对不同性别、不同社会等级或阶层、不同种族、不同政治信念和意识形态、不同宗教信仰的人开放，并给予其同样的权力。

2. 社员民主管理原则

首先，“合作社是由社员管理的民主的组织，合作社的方针和重大事项由社员积极参与决定。”这句话强调了合作社完全是由其社员管理，突出了管理的民主形式，肯定了社员在积极参与制定方针、作出重大决策中的权力。在大多数合作社里，这一权力是通过社员大会体现出来的。在有些合作社里，如供销合作社则主要是通过参与合作社日常业务体现出来的。

其次，在所有的合作社里，经“选举产生的代表，无论男女，都要对社员负责”。他们在其职位上必须考虑社员目前的利益和长远的利益。合作社不属于经选举产生的管理人员，更不属于雇员，合作社属于社员。经选举的管理人员，在其任期内要对社员负责。

再次，“在基层合作社里，社员有平等的选举权”，即实行“一人一票”，这是合作社投票的通常的规定；“其他层次的合作社组织也要实行民主管理”，但投票没有具体规定，主要考虑到合作社运动在其给定的环境里，其民主的含义最好是由各合作社自己确定。在许多第二级、第三级合作社里，采取的是按比例投票的制度，以反映不同的利益、合作社社员的规模和各参与的合作社的承诺。

3. 社员经济参与的原则

首先，“社员要公平地入股并民主管理合作社的资金”，一方面社员必须向他们的合作社投资，另一方面投资必须是公平的方式。实际上，社员对合作社的投资有三种方式：一是在大多数合作社里要求社员入股——一股或多股，以取得社员的资格并取得社员的优惠。这种社员股金一般不支付红利。二是为促进合作社发展，社员可以从合作社盈余中提取公积金。这部分盈余全部或绝大部分归集体所有，代表着社员扶持他们合作社的集体成果。三是由于许多合作社对资金的需要远远大于他们可能在经济活动中所产生的利润，合作社可以适当地要求社员在退休前或按某种周转的基数定期地向合作社投入他们红利中的一部分。在这种情况下，合作社不支付利息，社员主要是从继续参与合作社的活动和未来的分红中受益。然而，合作社也可能不得不特别要求社员扩大投资。在这种情况下，就要适当对投资按公平的利率付息。另外，社员有管理资金的权力。在管理过程中，有两个关键问题：一是不管合作社为其业务发展如何筹集资金，所有决定的最终决策权必须属于社员；二是社员至少拥有集体积累的那部分所有权，这是他们取得集体成果的反映。还需说明的是，社员“入股只是作为社员身份的一个条件，若分红要受到限制”。

其次，当合作社的经营产生盈余时，社员有权力和义务决定其如何分配。“合作社盈余按以下某项或多项目进行分配：用于不可分割的公积金，以进一步发展合作社；按社员与合作社的交易量分红；用于社员（代表）大会通过的其他活动。”

4. 自主和自立的原则

世界上所有的合作社都受到其与政府关系的深深影响。政府通过立法，使合作社依法行使职能；政府的税收、经济和社会政策，使其在与合作社发生关系时，可能会促进合作社的发展。因此所有的合作社都必须积极发展与政府公平的和明晰的关系。但是，“合作社是由社员管理的自主互助组织。合作社若与其他组织包括政府达成协议，或从其他渠道募集资金，必须做到保证社员民主管理并保持合作社的自主性和独立性。”

5. 教育、培训和信息的原则

一方面，“合作社要为社员、选举的代表、经理和雇员提供教育和培训，以更好地推动合作社的发展”。教育意味着增长知识和鼓励惠顾，意味着丰富社员、选举的代表、经理和雇员的思想，使之全面了解合作社思想和行动的丰富内含。培训意味着保证所有与合作社合作的人拥有合作社所需求的技能，以更有效地履行其责任。教育和培训还可以为合作社领导人提供一个了解其社员需要的极好的机会，按照这种途径帮助他们进一步估计合作社的活动，提出改进或提供新服务的方法，鼓励合作社的社员与领导人之间双向有效地沟通。按照这一有效形式开展业务，合作社就不会失败。

另一方面，“合作社要向公众特别是青年人和舆论名流宣传有关合作的性质和益处。”合作社向青年人和舆论名流，如政治家、公务员、新闻媒体界和教育界宣传关于合作社性质和益处有特殊的责任。合作社如要发挥他们应有的作用，就需要很好地履行这一职责。因为人们不会感激也不会支持他们不了解的事情。

6. 合作社间的合作原则

“合作社通过地方的、全国的、区域和国际的合作社间的合作，为社员提供最有效的服务，并促进合作社的发展。”这一原则自 19 世纪 50 年代以来就一直得到合作社不同程度地遵循。如果合作社要充分发挥他们的优势，必须加强合作社间的合作。

7. 关心社区的原则

“合作社在满足社员需求的同时，要推动所在社区的持续发展。”合作社作为组织主要是为其社员利益而存在的，由于在一个特定的区域内与社员的这种密切关系，使得合作社与其所在的社区也有着密切的关系。合作社有一种特殊的责任，即保证促进所在地区经济、社会和文化的发展，它们有责任保护社区的环境。

上述七项原则不是孤立的，而是有机的整体。这些原则是由合作社价值派生出来的，自合作社运动一开始就贯穿于合作社的日常活动之中。它们是合作社运动生命的血液、力量的源泉。

（三）合作社的价值

在世界合作社发展历史上，特别是自 1895 年国际合作社联盟成立以来，坚持合作社的价值观念一直受到各国的普遍重视。人们认为，是否坚持和发扬合作社的价值观念，关系到国际合作社运动的兴衰。原国际合作社联盟主席马卡斯曾在第 29 届代表大会的报告中指出：“经验告诉我们，合作社经常失败在初期可能归结于无知和经验不足；而现在许多失败，都是由于对合作社思想的背叛。国际合作社联盟代表大会是全世界合作社领导人的大集合。在这里我们的职责就是提醒大家注意，当前我们面临的挑战，仍然是一个忠于合作社思想的问题。”“在合作社发展中，坚持合作社原则和价值是必不可少的，失去了它，我们就会在现行的经济气候中迷失方向。”这些精彩的论述是一百多年来国际合作社运动的经验总结，对世界合作社运动的健康发展和我国合作社的深化改革具有重要指导作用。

合作社的价值是从合作社这种特定的社会组织形式中产生的。合作社是人类在社会经济生活中通过自助、互助合作的运动，克服个人难以解决的困难或少数人难以达到的社会经济目标而成立的社会组织。人类在社会经济生活中，时常会遇到各种自然风险和社会风险，会遇到各种必须实现的社会经济目标。但是，人们逐渐发现，面对这些风险和目标，完全依靠个人力量往往是无能为力的，只有组织、联合起来，通过自助、互助合作，才能获得成功。合作社的这种特殊本质，使其在实践中产生三个方面的基本功能：一是经济功能。合作社能改善劳动者的劳动条件和生活条件；能促进社会经济事业的发展，特别是推动自然经济、小商品经济向发达的商品经济、市场经济过渡；有利于市场经济的顺利发展。二是社会功能。合作社有助于社会稳定，促进社会的进步繁荣；有利于某些社会目标的实现。三是思想功能。合作社有助于发扬群众的团结互助精神，促进集体主义思想的形成和发展。正是合作社的这些功能，使其在一个半多世纪中，几乎遍布于世界所有国家。世界合作社运动的发展史证明，合作社是促进社会、经济、文化发展和人类进步的重要手段。

合作社的这些功能，皆来自合作社是自助、互助合作本质所具有的价值。根据国际合作社运动的经验，可将合作社的基本思想和价值具体化为自助、民主、平等、公平和团结五个方面。自助是建立在所有的人可以、也应该掌握他们自己的命运这样一个信念基础上。然而合作社认为，完全的个人发展，离不开其他人的协作，作为个人所能努力做到的及所能取得的成果毕竟是有限的，通过联合的行动和相互担责，就能取得更大的成绩，特别是能不断提高其市场竞争力和在政府中的地位。发挥“民主”是社员参与合作社活动的前提条件。群众活动越民主，就越具有活力。合作社是建立在“平等”基础上的。合作社的基本单位是社员，在合作社里，社员有权参与，有权了解合作社的情况，有权获取信息，有权参与作出决定，社员按照尽可能平等的形式进行合作。在合作社内要实现“公平”，即要公平地对待每一个社员，社员应该公平地享受他们参与合作社的利益。“团结”在国际合作社运动中有着悠久的历史。这一价值，保证合作社行为不仅仅局限于个人自我利益，合作社更是社员的联合，它还是一个集体，社员有责任保证所有社员都尽可能得到公平的待遇，在社员的脑海里要始终树立共同利益的观念，要始终尽可能公平地对待雇员以及与合作社合作的非社员。更确切地说，“团结”意味着合作者和合作社是不可分的。合作者要求产生联合的合作社运动，地方性的、全国性的、区域性的和国际性的，他们在各方面进行合作为社员提供质优价廉的商品和服务，他们共同努力为公众和政府提供一个共同的形象，他们承认在合作社间，不管其目的怎样，内容如何，有一个共同的特点。

同时，合作社社员信奉忠诚、公开、社会责任和关心他人的道德价值观。合作社的性质要求合作社的工作人员具备忠诚和高尚的品质，否则就不能为社员提供优质服务。文明合作社事业是一项志愿者的事业，因而文明合作社工作者必须是忠诚于合作社事业的活动家。正如国际合作社联盟第 30 届代表大会所达成的一条共识：“合作社是社员自愿联合的组织，因此对其成员要诚实、关心、公平。”这是合作社雇员所必须做到的，也可以说这是合作社特有的合作精神或合作社文化。同时合作社坚持开放的观点。合作社是公共组织，要定期地向社员、公众和政府提供有关业务信息，并对所在社区的成员开放，承诺扶持个人的发展。

在一个或多个社区内，合作社是其存在的集体机构之一，合作社有历史的传统关心社区内成员的健康。有义务在其所有活动中强化社会责任。关心他人更是合作社作为合作互助组织的题中应有之义。合作社通过“关心他人”的活动，把社员同整个社会联结起来，促进社会的进步和繁荣。马卡斯曾指出：“关心别人作为合作社的一个基本价值，这是从我们自助组织的本质中生长出来的，是合作社与唯利是图的区别。”

二、国外农民合作社发展比较与借鉴

（一）发达国家农民合作社的共同特征

美国、日本和西欧等西方发达市场经济国家，在农业生产和流通过程中都建立有代表农民利益、为农民服务的农民合作社。通过农业生产领域的互助合作和流通、信贷等领域合作社的综合性服务，提高了农民的组织化程度，保护了农民的利益，增加了农民的收入，又促进了农业生产的发展，加速了农业现代化的进程。综观西方发达国家农民合作社的建立与发展，可以归纳出如下一些共同特征。

1. 农民合作社是建立在家庭农场基础之上的

在西方发达国家，农民合作社都是建立在家庭农场基础之上的，所建立的农民合作社均保留着农户对家庭农场的私有权和完全自主、充分自由的生产经营决策权。家庭农场加入农业合作社之后，仍然是一个自负盈亏的独立经济单位，土地及其他生产资料仍归农场所有，不改变财产所有制关系；在生产经营上，家庭农场仍拥有完全独立自主的决策权，不受合作社的任何干预，只是在需要的活动领域内，家庭农场才进行农业合作，或者是在生产领域进行互助合作，或者是在流通、信贷以及技术指导等方面接受服务。从家庭农场与农业合作社之间的关系来看，二者在法律上和经济上都是平等的。合作社只是通过自己的业务活动对社员农场进行指导和服务，而不具有任何领导和管制的职能。

2. 农业合作社是群众性的服务组织

一方面，西方发达国家所建立的各种形式的农业合作社不是政府部门的职能管理机构，而是由广大农民在自愿的基础上通过联合而建立起来的群众性经济组织。这种组织只有农民才能成为其正式会员。不过有的国家允许非农民参加农业合作社，但只能作为非正式会员，即他们可以利用农业合作社提供的服务，而在组织机构中没有选举权和被选举权。有时，政府的农业政策也通过农业合作社来推行，使其成为贯彻农业政策的一个助手。另一方面，农业合作社不是直接的农业生产经营组织，而是一些供销、信贷以及各种产前、产中、产后服务性组织。虽然农业合作社有时也直接经营一些专业化生产项目，如建立作物育苗设施、建立育成牲畜的畜牧场等，但其主要目的不像一般企业那样追求利润最大化，而是为了更好地为农民进行综合化、社会化服务，使农户的生产更加专业化、集中化和现代化。

3. 以流通领域合作社为主，以生产领域合作社为辅

西方发达国家农业合作的内容广泛，其业务范围几乎延伸到农村生产和生活的各个方面，合作的形式也是多种多样，但一般说来，均是以流通领域的合作社为主体。在美国，流通领域的供销合作社是主要的合作社形式，它的业务包括农用物资的制造和供应、农产品的收购、储存、加工、包装和销售。日本的主要农民合作社是“农协”，其经营的业务包括农村生产和生活资料的供应，农产品收购、农业信贷、指导和组织农户生产和农村社会生活等多方面。在法国整个农民合作社中，生产性合作社只占少数，其主体也是流通领域合作社，包括农业产前部门合作社、产后部门合作社和涉及产前、产中及产后阶段的农业合作社。据统计，1984 年法国有 91%的农场主参加了流通领域的合作社。

4. 坚持民主管理原则和为农民服务的宗旨

由于农业合作社是农民自主、自治、自助的群众性经济组织，因此在其建立和发展过程中均贯彻民主原则，坚持农户入社自愿、退社自由。合作社的领导成员由全体会员大会或代表大会选举产生，并按他们的决议进行工作。在宗旨上，农业合作社不同于一般性企业，它不是以获得最大限度利润为唯一目的，而是以为农民服务为宗旨。即通过自身的业务活动，为会员的生产和生活提供综合化、社会化的服务，以保护农户的利益，增加农户的收入，提高其社会和经济地位。所以，农民合作社所从事的各种业务，都是根据农民的特点和要求进行的，只要是对农户有利的事，不管亏本还是盈利，它们都去经营，以此来保护会员的利益。农民合作社的这种原则和宗旨，正是其在不同国家得以不断发展壮大的重要原因。

5. 各国政府均采取资助与支持农业合作的政策

从发展历史来看，各国的农业合作社一开始是由农民自发组织起来的，早期的农民合作社及其活动，均具有分散性、临时性、非正式性和非规范性等弱点，发展比较缓慢，作用也很有限。后来，在政府的积极支持下，农业合作得到了进一步的发展，合作领域不断扩大。政府支持主要表现在三个方面：一是建立、健全有关法律、法规，为农民合作社的健康发展创造前提条件。如美国为了支持合作社的发展，于 1926 年制订了合作社销售法，规定在美国农业部之下设农业合作社管理局，作为研究合作社和为合作社服务的部门。二是政府实施优惠的经济政策，对农民合作社的发展给予财政、金融等经济援助和其他政策支持。例如，法国在各种农业合作社创办时，政府给予投资津贴，平时免去其应交的工商利润税、营业税和地产税，还给予低息贷款。三是注重对合作社的教育与研究。例如，美国政府曾资助出版了《农村合作社》杂志，并积极展开合作社理论研究，为合作社的实践和政府工作奠定基础。日本设有农协中央学院、农协大学及各种研修中心，定期对农协成员进行精神教育及技能培训，从而保证了合作社的人才供给。

（二）发展中国家农民合作社发展的共同特征

在实现农业现代化过程中，发展新的真正代表农民利益、以为农民服务为宗旨的合作社，不仅要总结西方发达资本主义国家和原苏联东欧等社会主义国家的经验，而且要吸取和借鉴发展中国家，特别是亚太国家的经验。因为，在发展农民合作社方面，亚太各国面临着许多共同的问题，总结亚太其他国家农民合作社发展的共同特征对我国农民合作社的发展与改革更具有借鉴意义。

1. 合作社发展依赖于政府支持与引导

一般来说，发展中国家的封建势力和小农经济大量存在，农业生产的一体化程度较低，农村和城市的经济发展、基础设施等条件差距较大，农民获取信息、资金、技术等渠道较少。因此，政府会给予合作社相关支持与引导以保证合作社的健康发展。1987 年国际合作社联盟一份报告指出："发展中国家合作社的发展和成功的基本障碍，是合作社过分依赖政府，而政府对合作社又控制得过多，对合作社事务干预过多，合作社缺乏内部发展的动力。"在发展中国家，政府往往是合作社的真正组织者与领导者，这就导致合作社是被纳入社会的整体发展规划中的，不同于发达国家使用法律等工具对合作社进行间接干预的方式，发展中国家更多选择指派合作社官员等方式对合作社进行直接干预，将合作社的组织运营、生产经营等日常活动置于政府部门的管控之下，以此来确保合作社功能的发挥。处于政府绝对控制下的合作社，已经偏离了合作社成立的基本原则，缺乏发展的自我性和民主性，一旦出现政府对合作社发展方向的错误指导，那么合作社将面临破产。

2. 合作社发展水平具有不平衡性

与发达国家相比，发展中国家合作社的发展呈现出水平上的不平衡性与种类上的多样性。从发展中国家合作社发展的历程上看，欧美等发达国家的合作思想与理念对其影响较大，如亚洲西南部、非洲东北部的合作经济受德国合作思想影响很大；印度和东非国家的农业合作社，大部分是按照英国的合作社模式创立的。这既给发展中国家的合作社提供了借鉴与参考，为其提供了成长壮大的可能性，又给其发展带去了脱离实际、固化僵硬的挑战，导致其在发展水平上出现了严重分化，可以做到因地制宜、灵活发展的合作社不仅存活可能性更高，在后续发展水平与能力上也会有更多可能性。

3. 合作社组织方式呈现多样化

发展中国家合作社的组织方式大致分为三种。第一种为农民自下而上自发成立的合作社，这类合作社很好地遵循了合作社成立的原则，可以切实地维护农民的利益，但在市场竞争中，合作社受到的风险更大，更加需要政府的引导、鼓励与政策支持，一旦走上正确发展的轨道，合作社的发展稳定性更强。第二种是由农村传统势力领办的合作社，这类合作社的发展水平高低不等，很大程度上取决于领导人的能力与素质，且在规范化程度上有待进一步提高，内部的官僚主义与社员边缘化问题成为其发展的阻碍。第三种为政府自上而下引导成立的合作社，这类合作社由政府提供资金、技术、人才等支持，在初期更容易成长壮大，但受政府影响较大，一旦出现政府的错误决策，将成为有名无实的“空壳”。

（三）国外农民合作社发展的启示与借鉴

1. 专业合作是合作经济的基本形式

专业合作社不受行政区域和所有制限制，既有利于特色农业的专业化、规模化、产业化经营、培育农业主导产品和支柱产业，又有利于增强服务的深度，结成贸工农一体化的服务链，也有利于集中服务对象与内容，建立适应市场经济的运作机制，形成集约化的竞争优势。从我国情况看，农民的专业合作是最缺少、最薄弱的环节。随着市场经济体制的逐步确立，应当把适应农业产业化发展要求，围绕某个或某几个相关农产品的生产经营，大力发展农民专业合作社。就农民专业合作社合作的领域而言，应主要是流通领域和农产品加工领域的合作。当农民专业合作社发展到一定条件时，可进一步推进跨行政区域同类专业合作社的联合，形成纵向与横向各类专业合作社之间的合作与联合，形成多层次、多功能、网络状的农民合作社组织体系，从而大幅度提高农业产业化经营和农民组织化水平。

2. 政府的正确引导和积极支持是农民合作社健康、顺利发展的保证

国外合作社的实践证明：农民合作社的健康、顺利发展离不开政府的鼓励和支持。目前，在我国的某些合作社还很不完善、不健全。在发展过程中具有很大的盲目性和局限性，存在很多的问题。总的看来，农业合作离农业现代化的要求还有相当大的距离，远没有发挥出它应当发挥的作用和功能。因此，为了使我国的农业合作事业有一个比较快的健康发展，从而促进农业现代化和农村市场经济转变的进程，需要政府对农业合作进行正确引导和积极有效的支持。

3. 坚持合作社原则和宗旨是合作社规范发展的前提

借鉴国外经验，吸取我国社会主义改造时期农村合作化运动的教训，

我们在市场经济条件下建立与发展合作社应按照独立自主、平等自愿的原则进行。农户参加不同形式的农业合作社之后仍保留自己独立的生产经营自主权，与合作社相互独立，二者保持平等互利的关系。农户参加或退出农业合作社应完全自由自愿，各级政府不能搞强制性行政干预，而只能着眼于宣传、引导、指导和服务。同时，农民合作社尤其是流通领域的合作社的建立要真正代表农民自己的利益，坚持为农民服务的宗旨。我国农村现行的某些农民合作社，由于各种原因均发生了性质的改变，如农村供销社已变成了集体所有的纯商业企业，农民合作基金会也变成了高利率贷款的金融企业。另外，农村的农业技术、农机、水利等部门为农民服务的功能严重弱化。因此，应通过改革和制度创新增强现有合作社和服务部门的功能，切实保护农民利益。同时，探索能真正代表农民利益的新的农业合作社。

4. 合作社的发展需要有合作社法的规范和保护

良好的法律环境是合作社健康发展的前提条件。印度政府于1904年颁布了信贷合作社法，以此来推动建立合作社，让农业生产者获得低息贷款，摆脱高利贷的剥削。1912年又颁布了合作社法，把合作社范围扩展到非信贷合作社领域，允许发展其他方面的合作社，并建立了联邦合作社总社。尼泊尔现行的合作社法是1992年颁布的，它更明确地规范了政府在发展农业合作社方面的作用，保证了合作社的经营自主权。日本于1900年颁布了亚洲的第一部合作经济法——《产业组合法》，极大地推动了日本农村合作经济的发展。1947年，日本通过了《农业协同组合法》，促进了农协的建立与发展。1961年3月，日本政府颁布了《农业协同组合合并助成法》，对全国各地的农协基层组织进行了大规模的合并和调整。

5. 合作社之间的联合是实现合作社持续发展的外部保障

虽然各国合作社的组织结构和各自职能不同，但都具有相对完善的纵向组织结构，各层次之间保持着较为紧密的社务和业务上的联系，这样有利于合作社之间的资源共享及实行规模经营，同时也有利于合作社正常经营业务的开展和拓展。除此之外，一些国家还注重加强同层次合作社之间的联合，这样有利于降低农业合作社市场风险。我国应加强政策引导，实现农业合作社经营方向的引导和资源共享，促进合作社之间的交流与合作，更好地为农户服务。

三、中国农民合作社发展历程、现状与问题

（一）农业合作化运动

农业合作化是指新中国成立后中国共产党将马克思主义农业合作化理论与中国农村实际情况相结合，通过各种互助合作的形式，把以生产资料私有制为基础的个体农业经济，改造为以生产资料公有制为基础的农业合作经济的过程。这一社会变革过程，也被称为农业集体化。农业合作化运动改变了中国两千多年的小农经营生产方式，实现了从家庭经营到集体经营的历史性转变，不仅促进了农业社会主义改造的顺利完成，更为社会主义工业化的实现做出了不可磨灭的贡献。我国的农业合作化运动经历了以下三个阶段。

第一阶段：1949 年 10 月至 1953 年，以办互助组为主，同时试办初级形式的农业合作社。互助组是指农民在个体经济基础上组成的带有社会主义性质的集体劳动组织，是一种较为简单的互助合作组织。1951 年 9 月，中共中央召开了第一次互助合作会议，会议通过了《关于农业生产互助合作的决议（草案）》，肯定了农民对个体经济和劳动互助的“两种积极性”，要求根据生产发展的需要和可能，大量发展劳动互助组，在条件比较成熟的地区，有重点地发展土地入股的初级农业生产合作社①。该决议的下发使农业互助合作运动取得了极大的发展，到 1952 年，互助组发展达到 802.6 万个，参加农户占农户总数的 39.9%，比上年增加一倍多，其中，各地还试办了农业生产合作社（初级社）3 600 余个。1953 年 12 月，党中央通过《中共中央关于发展农业生产合作社的决议》，强调要逐步实行农业的社会主义改造，把注意力更多地转向兴办初级农业生产合作社，此后，农业合作社从试办进入发展时期。

第二阶段：1954 年至 1955 年上半年，主要建立初级农业生产合作社。初级农业生产合作社是在互助组的基础之上建立的，具有半社会主义性质的集体经济组织。初级社的特点是土地入股、统一经营、统一分配，并实行集体劳动。1954 年春，农业生产合作社发展到 9.5 万个，参加农户达 170 万户，此后，初级社数量迅猛增长，由于发展速度过快，中共中

① 中共中央党史研究室．中国共产党的九十年社会主义革命和建设时期［M］．北京：中共党史出版社，2016.

央于 1955 年 1 月 10 日发布《关于整顿和巩固农业合作社的通知》，要求各地停止发展，集中力量进行巩固，在少数地区进行收缩。“停、缩、发”的三字方针使初级社得以健康稳步发展，到 1955 年 7 月，全国初级社数量达到 65 万个，并且 80%以上的合作社都实现了增产增收。

第三阶段：1955 年下半年至 1956 年底，主要发展高级社，农业合作化运动进入迅猛发展时期。高级农业生产合作社是以主要生产资料集体所有制为基础的农民合作经济组织，实行土地、主要生产资料集体所有，产品按劳分配。经过 1955 年春季的合作社整顿活动，我国农业生产合作社基本上保持了健康发展的势头和加快发展的步伐，1955 年春至 1956 年春，全国农业合作社由原有的 65 万个发展到 100 万个。1955 年 7 月 31 日，《关于农业合作化问题》的报告肯定了我国农业合作化运动的必要性，并明确了指导合作化运动的基本方针，到 10 月，全国农业合作社总数接近 130 万个，基本实现了翻一番。1955 年 10 月通过的《关于农业合作化问题的决议》则进一步将农业合作化运动推向了高潮，到 1956 年底，加入合作社的农户达全国农户总数的 96.3%，其中参加高级社的农户占总农户的 87.8%，基本上实现了完全的社会主义改造，完成了由农民个体所有制到社会主义集体所有制的转变。

（二）农民专业合作社的发展

20 世纪 80 年代初，以家庭承包经营为基础的双层经营体制的确立，解放了我国农村生产力，促进了农村经济社会的快速发展。此后，以建立社会主义市场经济体制为取向的改革开放进程，使中国农民作为独立的市场主体直接面对市场经济的挑战。小规模的农户经营如何实现与国内、国际大市场的对接，是亿万农民和广大农村工作者面临的重要课题。然而，以其非凡的创造力，中国农民很快就提供了现实的答案。自 20 世纪 90 年代初以来，一种崭新的农业经营组织形式——农民专业合作社在中国大地悄然兴起，并以各种不同的形式蓬勃发展起来。这种新型农民合作社，以家庭承包经营和农民自愿为基础，按照“民办、民管、民受益”的原则，组织农民共同从事农产品的生产、加工、储藏和销售，为农民提供产前、产中和产后的各种服务，对于提高农业的经济效益，增加农民收入，促进农村产业结构调整发挥了积极作用。但与此同时，由于受农民的文化素质、资金实力，以及外部制度环境等因素的制约，农民合作社在发展中也遇到了一些难以克服的障碍，产生了许多问题，影响了其健康发展和作用的充分发挥。

1. 农民合作社发展历程

（1）起步阶段（20 世纪 80 年代初—90 年代初）。随着农业生产力水平的不断提高，农产品供给的不断增加，农产品“卖难”和生产资料“买难”的问题日益突出。为突破这一约束，农民对合作有了新的要求，由过去以家庭为单位独立从事农产品销售和生产资料购买，转向借鉴国外合作社的经验，以联合的方式共同购买生产资料、销售农产品。农民建立的合作经济组织，大多制定了章程，明确了成员的权利、义务，并逐步完善了内部管理制度，使成员与合作经济组织之间形成了相对稳定的利益关系。从农民合作社兴办方式看，呈现多样化的特征，即除能人或专业大户牵头兴办外，农业产业化龙头企业、农村集体经济组织、农技、畜牧、水产、农机等政府经济技术部门以及供销合作社等也开始利用其在资金、人才、技术和设备等方面优势，兴办各种形式的合作经济组织。从农民合作范围看，有的逐步跨越社区界限，出现了一些跨村、跨乡、跨县经营的合作经济组织。

（2）深化与加速发展阶段（20 世纪 90 年代中期—2007 年）。1993 年中央 11 号文件《关于当前农业和农村经济发展的若干政策措施》（中发〔1993〕11 号）明确提出：“在原定的耕地承包期到期之后，再延长三十年不变”，“提倡在承包期内实行‘增人不增地，减人不减地’”，这极大地调动了农民生产的积极性，农业生产效率得到了快速提升。加之 1988 年开始实施“菜篮子”工程，我国肉、蛋、奶、果、菜各类农产品从过去长期短缺到总量基本平衡、丰年有余，开始出现了部分农产品结构性过剩，农产品“卖难”和农民收入增加缓慢等问题。为了解决这一问题，各级政府和有关部门开始引导农民自愿建立专业合作社和专业协会，农民专业合作组织建设由此进入深化与加速发展阶段。据统计，1998 年，拥有加工业务的农民合作经济组织已占 2.4%。“农民专业合作社”名称在这一阶段开始出现，浙江等发达地区政府对合作社的发展起到了重要推动的作用。当时，部分合作社在民政部门注册，部分合作社在工商部门注册。据农业部门的统计数据显示，截至 2007 年，全国共有比较规范的农民专业合作社达 15 万家。进入 21 世纪，中国加入 WTO 以后，农民专业合作社的服务领域不断拓展，其对农民收入增长、农业生产效率提升、农村经济发展等促进效应更加明显。为此，继在山西和安徽等省率先开展农民专业合作经济组织试点之后，2002 年，农业部又根据形势发展的需要，在全国选择 100 个专业合作组织、6 个地市以及浙江省作为综合试点单位，支持农民专业合作社开展信息、技术、培训等服务。在此之后，2004 年中央 1 号文件《中共中央国务院关于促进农民增收若干政策的意见》指出："从 2004 年起，中央和地方要安排专门资金，支持农民专业合作组织开展信息、技术、培训、质量标准与认证、市场营销等服务。有关金融机构支持农民专业合作组织建设标准化生产基地、兴办仓储设施和加工企业、购置农产品运销设备，财政可适当给予贴息。深化供销社改革，发挥其带动农民进入市场的作用。"这进一步推动了合作社的发展。

（3）规范发展阶段（2007 年至今）。在农民合作社快速发展的过程中，农民合作社的法律地位、组织构架、成员权利与义务、经营内容、政策优惠等方面遇到的问题也显现出来，人们对出台专门法律，规范农民合作社发展的呼声也日益高涨。从 2000 年到 2002 年的三年内，先后有 200 多位全国人大代表提交议案，要求全国人大常委会制定专门法律，赋予农民合作社应有的法律地位。经过多次修改和完善，我国第一部农民合作社法——《农民专业合作社法》于 2006 年 10 月 31 日正式颁布，并于 2007 年 7 月 1 日起实施，从此，我国农民合作社发展纳入法制化的轨道。2008 年 10 月，党的十七届三中全会通过的《关于推进农村改革发展若干重大问题的决定》提出："赋予农民更加充分而有保障的土地承包经营权，现有土地承包关系要保持稳定并长久不变"，这促进了土地流转市场的进一步发展，各类的农民专业合作社开始迅速发展。党的十八大以后，随着社会经济发展转型，农民专业合作社出现了新的问题。针对一系列新问题，2018 年 7 月 1 日，新修订的《农民专业合作社法》开始实施，新法中明确了合作社市场主体地位，对合作社出资形式、盈余分配、经营范围等方面进一步进行完善；同时新增了"农民专业合作社联合社"一章，为合作社的再联合提供了法律保障。为进一步促进合作社规范发展和质量提升，2020 年 3 月 3 日，农业农村部印发《新型农业经营主体和服务主体高质量发展规划（2020—2022 年）》，为包括农民专业合作社在内的各类新型农业经营主体和服务主体培育发展指明了路径和方向。

2. 农民合作社发展现状

（1）农民专业合作社总数持续增加，增速开始减缓。根据浙大卡特—企研涉农研究数据库（CCAD）数据显示，截至 2022 年年底，我国存续农民专业合作社数量达到 224.36 家，较 2013 年增加了 122.2 万家，其中，2022 年全年新增农民专业合作社 12.15 万家，消亡农民专业合作社达到10.71万家。从2013年至2018年，农民专业合作社总数逐年递增，增速较快；从2018年至2022年，农民专业合作社增速减缓，数量基本维持在220万家左右，其中2021年合作社数量较2020年有所下降，下降1.44万家。

(2) 农民专业合作社发展区域异质性明显，中西部省份平均增长率整体上大于东部省份。截至2022年底，我国存续的农民专业合作社主要分布在山东、河南、湖南、安徽等粮食主产区省份；山东和河南两省份的农民专业合作社数量超过20万家，其中，山东省的农民专业合作社数量达到24.36万家，位居全国第一。从2012年至2021年近十年各省（自治区、直辖市）的合作社平均增长率来看，西藏平均增长速度最快，为42.40%，江苏平均增长率最慢，为3.07%；西部地区的平均增长率最高，达到21.34%，其次为中部地区，为18.42%，东北地区和东部地区的平均增长率较低，分别为15.84%和11.48%（表18-1）。

表18-1　2012—2021年各省（自治区、直辖市）平均增长率

地区	省份（平均增长率）	总平均增长率
东部地区	北京（4.24%）、天津（17.97%）、河北（18.69%）、上海（7.30%）、江苏（3.07%）、浙江（3.41%）、福建（14.80%）、山东（16.19%）、广东（18.23%）、海南（10.89%）	11.48%
东北地区	辽宁（14.99%）、吉林（15.17%）、黑龙江（17.37）	15.84%
中部地区	山西（8.91%）、安徽（18.66%）、江西（17.75%）、河南（19.55%）、湖北（19.30%）、湖南（26.37%）	18.42%
西部地区	内蒙古（19.94%）、广西（20.34%）、重庆（10.61%）、四川（17.87%）、贵州（22.67%）、云南（18.94%）、西藏（42.40%）、陕西（18.03%）、甘肃（28.71%）、青海（16.62%）、宁夏（16.40%）、新疆（23.53%）	21.34%

(3) 农民专业合作社成员出资总额不断增加，增速放缓。成员出资额与合作社数量相比，更能有效反映农民专业合作社的经营状况和成员加入合作社的意愿。从农民专业合作社出资总额来看，2007年合作社出资总额仅为0.03亿元，2012年合作社出资总额首次突破亿元大关，是2007年底的36.67倍，2016年合作社出资总额达到4.1万亿元，比2007年底增加了3.97万亿元。从社均出资总额来看，2008年年底社均出资总额81.15万元，比2007年年底下降了34.23万元，其余年份总量上都实现

了增长，但增速放缓，2015 年年底社均出资总额为 219.96 万元，仅比 2014 年增长 3.84%。

（4）农民专业合作社类型日益多样化，服务功能不断拓展。据相关数据显示，农民专业合作社类型日益多样化，包括农产品类、农业生产资料类、综合服务类等多种类型，其中，80%以上从事种养业，农机作业等服务业合作社增长明显，占比 7.7%。同时，合作社服务功能不断拓展，越来越多的合作社开始注重开发农业多功能性，向休闲农业、乡村旅游、民间工艺和农村电商等新产业新业态迈进。其中，有 2 万家农民合作社发展农村电子商务、7 300 多家合作社进军休闲农业和乡村旅游。加工服务型合作社增速较快，3.5 万家合作社创办加工企业等经济实体，8.7 万家拥有注册商标，4.6 万家通过农产品质量认证。

（5）农民专业合作社经营态势良好，规范化水平进一步提升。农业农村部公布的农村经营管理统计年报数据显示，2011 年全国农民专业合作社为成员提供的经营服务总值为 0.62 万元，2018 年达到 1.12 万元，较 2011 年增长 80.65%。其中，2011 年和 2018 年合作社统一销售农产品总值分别达到 4 615 亿元和 8 183 亿元，统一购买生产投入品达到 1 568 亿元和 3 021 亿元，均实现了不同程度的增长。在农业标准化生产、品牌化经营等方面，农民专业合作社成为实现农业现代化的中坚力量。2018 年注册产品商标的合作社达到 8.7 万家，比 2017 年增长 2%，示范社数量达到 16 万家，较 2017 年增长了 7.4%，而通过产品质量认证的合作社达到 4.6 万家，较 2017 年减少 2%。见表 18－2。

表 18－2　农民专业合作社规范经营情况

年份	向社员提供经营服务总值（万亿元）	统一销售农产品总值（亿元）	统一购买生产投入品（亿元）	注册产品商标的合作社（万个）	通过产品质量认证的合作社（万个）	示范社个数（万个）
2011	0.62	4 615	1 568	3.96	2.1	6.5
2012	0.72	5 290	1 938.3	4.73	2.8	7.0
2013	0.91	6 730	2 405	6.0	3.2	9.1
2014	1.01	7 529	2 581	7.0	3.7	10.7
2015	1.06	7 866	2 754	7.5	4.0	12.7
2016	1.10	8 276	2 768	8.1	4.3	14.0
2017	1.17	8 703	2 980	8.5	4.7	14.9
2018	1.12	8 183	3 021	8.7	4.6	16.0

3. 农民合作社发展存在的主要问题

农民合作社是中国乡村经济中的一种重要组织形式，它在完善农村基本经营制度、促进小农户与现代农业有机衔接、提高农业生产效率、增加农民收入、推动乡村产业发展等方面具有重要作用。然而，随着农民合作社数量井喷式的增长，许多农民合作社在发展过程中面临着服务带动能力有限、内部管理不规范、专业性人才缺乏等一系列问题。这些问题严重影响了农民合作社经营绩效的提升，也制约了其长久稳定的发展。

（1）服务带动能力有限。合作社服务带动能力有限主要表现在经营规模小、发展层次低和盈利能力弱三个方面。在经营规模方面，规模化的市场经营有利于降低生产成本和提高生产效率，更容易在市场竞争中保持竞争力，抢占市场份额，进而提高投资回报率。然而，合作社相对于企业而言，规模通常比较小，这会导致其在市场竞争中处于劣势地位。由于缺乏规模优势，合作社往往无法获得更好的采购价格或成本效益。同时，在销售产品方面，由于规模相对较小，合作社可能无法与农业企业竞争价格，也难以获得更广泛的市场渠道和品牌知名度。在发展层次方面，目前，我国农民合作社发展层次较低。一方面，农民合作社作为提供农业社会化服务的重要主体，很多合作社提供的农业社会化服务仅限于农业生产资料的统一购买和农机作业服务等层面，对于市场信息获取、高层次的技术培训、资金提供等层面并未深入涉及，有些合作社甚至只提供单层次的社会化服务。另一方面，合作社的产品大多是层次较低的初级产品，农业产业链整合水平较低，导致农产品的附加值难以提升，与发达国家的合作社产业化发展水平存在较大的差距。在营利能力方面，由于经营规模小，缺乏市场竞争力，发展层次低等原因，合作社的经营绩效不尽如人意，如成员收益增加、生产效率提高、风险分担等积极效应并未充分发挥。

（2）管理运行机制不健全。在决策机制方面：①决策权过于集中，有些合作社的决策权过于集中在少数人手中，导致其他成员无法参与决策，容易引起成员不满和矛盾；②决策流程不透明，一些合作社的决策流程不透明，导致成员对决策结果的理解和认同度不高，也容易引发矛盾；③成员参与意愿不足，有些成员可能对合作社的决策过程和结果缺乏兴趣，缺乏积极参与的意愿和动力，这也会影响决策质量和效率。在监督机制方面：①内部监督不到位，合作社成员之间的内部监督可能存在疏漏或者不够严格，导致一些违规行为得不到及时发现和纠正；②外部监管缺失，监管机构可能没有足够的资源和能力来对所有的合作社进行有效监管，导致一些合作社存在违规行为但得不到惩罚。在盈余分配机制方面：①分配不公，由于合作社成员的贡献和收益不同，可能会产生分配不公的情况。同时，合作社干部可能利用其职权进行个人谋利或者操控盈余分配，导致不公平分配。②盈余分配处理不恰当。一方面，如果合作社为了保证盈余分配而牺牲了长期投资，则可能影响到合作社的可持续发展；另一方面，合作社需要在盈余分配和留存之间寻找平衡点，以保证业务的正常运转和未来发展。

（3）专业性人才匮乏。目前，由于农民合作社成员要求的限制，绝大多数是由当地的农民和乡村能人组成，整体文化水平普遍不高。具体而言，①农民合作社缺乏专业技术人员的参与或指导，很难将合作社做大做强。例如，在种植、养殖等方面需要专业人才的指导和技术支持，以确保产品质量和产量的稳定增长。但现实情况是，大多数农民合作社缺乏这方面人才，导致产品质量和产量无法达到预期目标。②大多数农民合作社还缺少专业的管理人才，面对繁杂的市场需求，难以找准市场定位和销路。例如，一些合作社生产的产品没有明确的市场定位，导致销售不畅，影响了合作社的发展。在这种情况下，拥有专业的管理人才，可以帮助合作社寻找市场需求，制定切实可行的销售策略，从而提高销售额和经济效益。除此之外，合作社需要不断创新来适应市场需求和环境变化，但缺乏“企业家精神”的人才可能会限制其创新能力，进而影响合作社经营效率的提高。

（4）利益联结较为松散。合作社是一种以共同经营和共享经济利益为主要目的的组织形式。与传统的企业不同，合作社成员之间通常存在着更为松散的关系，并未形成紧密的“风险共担、利益共享”的联结机制。这种联系的松散性表现在以下两个方面：①分散的所有权和控制权，在合作社中，所有权和控制权通常分散在众多成员中，而非集中于一个或少数几个人手中。这样会导致决策速度较慢，难以协调各成员之间的利益。②自发的参与意愿，由于合作社成员之间关系松散，很难通过权力机制来强制管理成员行为，合作社必须依赖于自发的参与意愿，以确保成员积极参与并承担责任。然而，在实际发展过程中，大部分合作社与成员之间只存在简单的农产品购销关系，农户对合作社事务经常采取漠不关心的态度，对民主议事、民主监督等方面参与度十分有限。大部分社员不愿意采取行动实现集体利益，而选择“搭便车”，使得合作社发展陷入了集体行动的困境，这必然影响合作社积极效应的有效发挥。

（5）发展资金短缺、融资难。在现代市场经济条件下，资金问题是农民合作社面临最突出的问题之一。合作社资金来源主要有两种：成员内部投入和外部融资。其中，成员投入的资金是合作社的主要资金来源，通过成员的积极参与和投入，合作社才能够正常运作。不过，由于合作社的规模普遍偏小，成员自身的财力相对较弱，往往无法满足合作社的资金需求。因此，合作社需要寻找外部融资途径来满足发展需要。这一点尤其在进入市场化运作后变得更加突出。然而，由于缺乏担保条件、信誉不高等因素，合作社难以获得银行等金融机构的融资支持，资金需求往往难以得到满足，导致其发展受到限制。一方面，合作社在金融机构眼中常常被视为高风险的借款人。由于大部分合作社都是小规模的组织形态，其核心成员往往缺乏稳定的收入来源，同时也没有大量的资产可以充当担保物或者抵押品，容易被视为高风险的借款人。而对于银行等金融机构来说，风险控制是其运营的重点之一，所以对合作社的融资申请必然持谨慎态度。另一方面，由于合作社并非企业，其盈利能力和经营状况比起企业来说往往更难以预测和评估。而对于金融机构来说，根据申请人的盈利能力和经营状况来判断其还款能力和还款意愿，是评估贷款风险的重要依据。但由于合作社的特殊性质，其盈利模式和经营风险较为特殊，很难用传统的方法进行评估，从而进一步影响了融资的可行性。除此之外，部分金融机构对于非营利组织的认知和了解程度不够，在与合作社的接触中可能会存在一些固有偏见。由于合作社往往缺乏专业的财务管理人员和风险管理人员，其融资申请材料可能存在不完善和不规范的情况，这同样影响金融机构对其投资价值的判断。

四、中国农民合作社发展思路与对策

在实施乡村振兴战略和实现农业现代化的时代背景下，我国农民合作社的发展拥有着难得的历史机遇，同时也必须清醒地认识到，农民合作社发展仍面临诸多困难和挑战，其快速、有序、规范发展需要政府、社会、合作经济组织自身、农民等的共同参与和努力。

（一）引导合作社多元融合发展，提高合作社盈利能力

合作社盈利能力是合作社经营绩效的直接表征，其不仅是合作社未来发展的重要资金来源，也是吸引成员加入的主要因素。因此，通过引导合

作社多元融合发展，提升其盈利能力对于合作社长久稳定发展是至关重要的。

一是要推进多层次、多形式的合作社再组织化。合作社再组织化是解决合作社经营规模小、发展层次低和经营能力弱的现实选择。政府要通过政策举措引导合作社根据自身发展需要，与家庭农场、农业企业、科研院所、其他合作社等主体有效对接，优势互补，进而推进合作社多种模式的再组织化。同时，合作社自办企业作为以合作社为核心的纵向一体化组织模式之一，对提升合作社经营绩效、带动农民增产增收同样具有重要作用。在合作社申请自办企业时，政府应对合作社自办企业的资质进行严格审查，规范合作社注册企业程序，完善合作社自办企业的激励与监督措施，切实保障成员权益不受侵犯。

二是要发展农业全产业链，健全合作社带动功能。农业产业链是指从农业生产到销售的全过程，包括农业生产、加工、流通、市场营销等各个环节，涵盖了农业生产要素、农产品流通、农产品处理和加工、农产品销售等多个领域。合作社在发展主营业务的基础上，应根据自身要素禀赋和地区经济发展水平等条件，积极探索延长农业产业链的有效方式，拓展合作社业务种类，从而实现产品附加值的增长。同时鼓励合作社采取品牌化战略，根据“一村一品、一品一社、一社一牌”的创造理念，发展地方特色农副产品，从而形成具有比较优势的优质品牌。

三是要立足市场需求，推进绿色生产。农业绿色生产是指在农业生产过程中，采用环保、可持续的方法和技术，最大限度地减少对生态环境的影响，保障食品安全和农产品质量，同时提高农业生产效益和社会经济效益的一种生产方式。政府应该加强对合作社绿色和可持续发展的宣传教育，提高其绿色意识。同时为合作社提供相关技术支持，如节能减排、清洁生产等，提升其绿色发展能力。此外，合作社自身应制定绿色发展规划，明确目标和任务，引导成员树立绿色生产理念，加强对成员生产环节的有效监督，从而保证产品质量，继而提高经营效益。

（二）完善合作社管理运行机制，提升合作社规范化水平

在决策机制方面，首先，加强合作社内部沟通，建立畅通的信息渠道和沟通机制，加强管理层与成员之间、各部门之间的沟通交流，确保决策基于全面、准确的信息。其次，引进专业人才，招聘具备相关专业知识和经验的管理人才，进而提升合作社整体决策水平和执行力度，同时建立完

善的培训机制，提高合作社内部成员的素质能力。最后，合作社应制定规范的决策程序，包括文件起草、审批程序、会议记录和执行跟踪等，确保决策合法、透明、严谨。

在监督机制方面，首先，依法依规建立健全合作社完善的内部管理体系，包括制度建设、组织架构、人员配备、信息系统等，提高合作社的自我管理和监督能力。同时，强化外部监督和评估，建立独立的监督机构或委员会并加以落实，从而加强对合作社的监督和评估，及时发现和解决问题，并建立投诉处理机制。其次，提高成员参与度，通过开展民主管理、透明运营、信息公开等方式，增强成员的知情权、表决权和监督权，促进成员监督。最后，鼓励社会各界积极参与合作社的监督工作，建立举报奖励制度，同时加强媒体监督和舆论监督，形成多元化的监督机制。

在盈余分配制度方面，首先，明确盈余分配原则，在合作社法允许的范围内，按照“公平、合理、稳定、可持续”的原则，遵循市场规律和经济效益，进而制定科学合理的盈余分配制度，包括按劳分配、按投资比例分配或者按业务贡献分配等多种形式，根据实际情况选择最适合的方式。其次，提高合作社成员参与度，鼓励成员积极参与盈余分配决策，通过民主决策程序，使大家都能够对分配结果达成共识。同时，加强对成员的信息披露，公布合作社的财务状况、运营情况、盈余分配情况等，让成员了解合作社的经营状况。最后，建立符合市场价值的激励机制，激发成员积极性和创造性，进一步提高盈余水平。同时，也要防范利益冲突和不公正行为的出现。

（三）建立健全人才激励与引进制度，补齐合作社人才短板

人力资本作为一种重要的生产要素，是个人在教育、培训和工作实践等方面所具备的知识、技能、经验和能力等。人力资本的提高有助于提高劳动生产率和创新能力，对于合作社未来的发展起到至关重要的作用。一是制定明确的人才激励政策。为了吸引和留住优秀人才，合作社需要制定一套明确的人才激励政策，例如采取“基本工资＋绩效奖励＋社保支出”的方式，在符合民主决策的程序下，从合作社经营利润中提取一定比例为相关人才进行资金激励。在激励方案设计过程中应针对合作社的特点和需求，设计符合实际情况的多样化激励措施。二是建立完善的人才引进渠道。除了自主招聘外，还可以通过高校合作、人才市场、专业网站等方式，拓展人才引进渠道。三是落实人才培养计划。要想培养出合适的人

才，就必须制定科学合理的人才培养计划，包括为每个成员量身定制的培训课程和计划，并且定期进行评估和调整，以促进成员的职业成长和发展。

（四）完善利益联结机制，增强合作社内生发展动力

一是提高成员合作参与意识。首先，合作社可以定期为社员组织一些与合作社运营相关的培训活动，包括合作社的法律知识、会计知识、市场情况等，提高社员对合作社的认知和理解，并增强社员合作的意愿。同时，合作社应该加强与成员之间的沟通，了解成员的需求和想法，及时回应成员的问题和反馈，进而增强成员的归属感和参与感。其次，合作社可以制定一些鼓励成员积极参与合作的政策，如给予成果分红、提供优质服务等各种奖励机制，鼓励成员发挥自己的优势，促进成员之间的相互配合和合作。再次，合作社要培养成员之间的团队精神，激发成员的集体荣誉感和归属感，让成员感受到在合作中的价值和意义，从而增强成员的合作意识。最后，合作社应该建立和倡导分享文化，让成员之间充分了解和信任彼此，通过分享资源、技术和信息等方式加强成员之间的互动和合作。

二是创新收益分配方式。首先，根据成员对于合作社的贡献程度、风险承担能力和参与程度等因素，对收益分配进行差别化。例如，高贡献成员可以获得更高的分红比例或者额外的福利待遇。同时，除了直接的现金分红外，合作社也可以考虑通过其他方式回报成员，例如提供优惠商品、服务和培训机会等。其次，合作社可以将一部分收益用于投资或扩大业务规模，并根据不同的投资额度给予不同的分配比例，也可以鼓励成员进行内部投资，从而实现长期持续的回报。总之，合作社在制定收益分配方案时需考虑到成员的贡献程度、风险承担能力和参与程度等因素，并采取灵活多样的方式来创新分配机制，从而形成“收益共享，风险共担”的紧密利益联结机制。

（五）创新合作社金融普惠措施，促进合作社长远发展

从合作社自身来看，首先，合作社可以通过加强内部管理来提高自身信用度。清晰的成员权益、责任分工和财务透明度等措施均有助于提升合作社在金融市场上的认可度和借款申请成功率。其次，合作社可以积极开拓多元化的融资渠道。除了传统的银行贷款外，还可以考虑加入信托计划、发行债券、吸引社会资本等方式来筹集资金。最后，合作社可以通过

提高自身核心竞争力来吸引更多的投资者。例如，通过提高产品质量、降低生产成本、扩大销售市场等方式来提升盈利能力，从而更好地吸引投资者的关注和支持。

从外部环境来看，合作社可以通过与政府部门建立联系来寻求支持。政府在促进农村经济发展方面具有重要作用，可以为合作社提供财政补贴或低息贷款等优惠政策，以帮助其获得资金。具体而言，首先，加大对合作社的扶持力度，制定相关的优惠政策和金融政策，降低融资成本，鼓励金融机构向合作社提供贷款。其次，建立健全信用评估体系，对合作社进行信用评估和信用等级划分，并将其纳入征信系统，提高其融资信用度。最后，拓宽合作社融资渠道，包括银行、信托、基金等，通过多元化融资方式降低融资风险。

（六）把握互联网发展机会，推动合作社数字化建设

合作社数字化建设对合作社发展具有重要意义。一方面，数字化技术可以提高合作社的信息化水平，优化业务流程和管理模式，减少人工干预和错误率，从而提高运营效率。同时能够扩大合作社的业务范围，通过互联网和移动端等渠道与客户进行交互，增加销售渠道和销售额。另一方面，数字化建设可以提供更加便捷、快速、高效的服务，为成员和客户带来更好的体验和感受，还可以降低合作社的人力、物力和财力等各方面的成本，提高效益水平，为合作社的可持续发展提供有力保障。要推动合作社数字化建设，可以从以下几个方面入手：一是打造数字化平台。合作社通过构建数字化平台，包括网站、APP 等，为成员和客户提供便捷的交易渠道和咨询服务，提高合作社的市场竞争力。二是积极推广电子商务，加强对线上交易的管理和监督，扩大销售渠道和业务范围，实现产、供、销一体化。三是推进人工智能、大数据、物联网等前沿技术，优化和改善合作社的产品和服务，提升整体运营效率。四是加强对合作社信息的安全保护，包括隐私保护和数据安全保障等，防止信息泄露和网络风险。五是提高合作社成员的数字素养，通过开展培训、研讨等活动，加强成员数字化意识和技能。

（七）发挥优秀合作社示范效应，抓好合作社示范社建设

由于我国农民合作社的发展尚处于起步阶段，关于合作经济组织发展的许多理论与实践问题有待进一步探索，所以，合作经济组织的发展不能

盲目追求数量和规模，而应该首先选择一批有代表性，且基础较好的合作经济组织进行试点试验、业务指导与跟踪服务，了解和帮助它们解决发展过程中存在的问题，使它们少走弯路，在服务农民、增加农民收入等方面取得实效，充分展示农民合作社的制度优势和功能。在此基础上，总结它们的经验，树立典型，通过这些典型，用“看得见，摸得着”的先进经验，帮助农民认识合作经济，带动农民发展合作经济组织。从现实看，农民是非常理性的，只有当农民亲眼看见身边成功合作社给农民带来的经济社会利益时，才会产生加入或成立合作社的愿望和热情。当前大多数农民专业合作社示范社运营的低效率，未能对农民产生足够的利益诱惑，农民在加入或者不加入合作社的选择中，处于两难的境地，甚至大多数农民专业合作社示范社运营的不规范、低效率，败坏了合作社的声誉，并使农民对合作社产生心理排斥。通过合作社示范社建设，以好的典型影响带动其他合作社的发展，可起到四两拨千斤的作用。

第十九章

农村贫困及其治理问题研究

贫困是人类社会的顽疾，是全世界面临的共同挑战。中国是拥有14亿人口、世界上最大的发展中国家，发展不平衡，长期饱受贫困问题困扰。中国共产党成立100年来，团结带领人民，以坚定不移、顽强不屈的信念和意志与贫困作斗争，脱贫攻坚战取得了全面胜利，完成了消除绝对贫困的艰巨任务。在全面推进乡村振兴过程中，要建立治理相对贫困的长效机制。

一、贫困理论

（一）贫困的定义

贫困的定义因国家、地区和文化背景而异，因此不同实体对“贫困”的定义也有所不同。在全球范围内，多数国家根据其国情和现实情况来确定贫困的标准和测量方法。广义的贫困包括了生活条件、教育水平、健康状况、社会交往等多个方面，而狭义的贫困仅是指经济上的贫困，通常以收入或消费水平低于贫困线为标准。一般而言，贫困可以被定义为一种低收入、低消费或低生活水平的状态。贫困还可能与资产负债表不平衡、缺乏基本设施、限制社会机会和政治权利等诸多因素相关。

英国社会主义者汤普森将贫困定义为“生活在没有基本人权的环境中并且没有能力改变现状的人群”。他强调贫困不仅仅是物质贫困，还包括教育和健康方面的贫困。世界银行将贫困定义为每日生活费用低于1.9美元的人群。此外，世界银行还提出了“绝对贫困”和“相对贫困”这两种贫困类型。绝对贫困是指生活中每天收入低于1.9美元的人口，而相对贫困则是指那些生活在一个社会中相对较低收入且无法满足基本需求的人群。欧盟将贫困定义为“无法享受生活的基本要素，如足够的食物、衣服、健康护理和住房等”。欧盟还提出了“绝对贫困”和“相对贫困”两种贫困类型，与世界银行的定义相似。中国的贫困定义是“现金收入低于当地政府确定的最低生活保障水平”。此外，中国还使用了一个名为“多维贫困测度”的指标来考虑教育、健康、就业和住房等因素对贫困程度的影响①。

总体而言，虽然不同实体对贫困的定义存在一些差异，但它们都将收入、生活条件和社会权利等因素作为贫困的主要标准。

（二）贫困的标准与测度

贫困一直是全球社会面临的重大挑战之一。目前，全球有超过 1 亿人口生活在极度贫困中，这不仅对这些人的自身生活和健康状况造成了巨大影响，也造成了极大的社会和经济损失。为了更好地评估和解决贫困问题，人们需要选择符合实际情况的贫困标准和测度方法。

1. 贫困标准

贫困标准一般包括绝对贫困标准和相对贫困标准两种类型。

（1）绝对贫困标准。绝对贫困标准是指以获取基本生活必需品或最低收入水平为基础来定义贫困。根据绝对贫困标准，一个人如果不能满足其基本的食品、饮用水、医疗保健、住房和其他必要物品，就被认为生活在贫困中。绝对贫困标准适用于那些生活条件极端恶劣的贫困地区，例如非洲落后国家，遭受战争和灾害的国家。

（2）相对贫困标准。相对贫困标准是指以一个国家或地区的平均收入水平为基础来定义贫困。通常，相对贫困指的是收入低于该地区平均收入的一定比例的人口（例如 10%或 20%），这些人在经济和社会参与方面面临着不同程度的困难。相对贫困标准适用于那些经济发达的国家和地区，因为这些地区的生活水平和收入分配比较均衡。

2. 贫困测度

除了贫困标准，人们还需要选择适当的贫困测度方法，这些方法通常使用一组指标来确定一个个体或家庭是否处于贫困状态。常见的贫困测度方法有：

（1）收入和消费测度。收入和消费水平是许多贫困测度方法的重要组成部分。这些方法通常以一个国家或地区的平均收入水平为基础来确定贫

---

① 王晓毅，张洁，等．贫困影响评价：概念与应用［M］．北京：中国社会科学出版社，2020.

困线，然后衡量每个个体或家庭的实际收入和消费水平是否超过贫困线。收入和消费测度在许多国家和地区得到广泛应用，因为它们相对简单、易于理解和测算。

（2）经济资产测度。经济资产测度是一种衡量个体或家庭拥有的经济资源、房地产、股票等财产规模和价值的方法。这些测度方法通常被用于那些收入和消费水平并不反映真实贫困状况的人群，例如那些生活在贫困地区的股份合作社成员。

（3）生活条件测度。生活条件测度是一种依据个体或家庭获取基本生活必需品的能力来衡量其贫困状况的方法。这些必需品包括食品、饮用水、医疗保健、住房和其他必要生活物品。生活条件测度适用于特定的人口群体，例如儿童、老年人和残疾人等。

（4）社会参与测度。社会参与测度是一种衡量个体或家庭是否能够参与社会经济活动的方法。这些活动包括就业、教育、文化和政治参与等。社会参与测度考虑了贫困问题的多个方面，它们可以帮助设计有针对性的政策和措施，使贫困人口更好地参与到社会经济活动中。

选择合适的贫困标准和测度方法有助于更好地评估和解决贫困问题。对于不同的国家和地区，应根据其实际情况和需求来选择适合的贫困标准和测度方法，以制定有针对性的政策和措施，最终实现减少贫困、促进社会发展目标的实现。

（三）贫困理论的发展

1. 马尔萨斯的贫困理论

马尔萨斯的贫困理论是关于人口和资源之间关系的经典理论，其核心观点认为，人口总量增长会超过资源供给能力的增长速度，从而导致社会贫困和资源匮乏的问题。马尔萨斯贫困理论主要集中在以下三个方面：

（1）人口增长的自然趋势。马尔萨斯认为，人口的自然增长率是一个渐进的、不可避免的过程。由于性欲是人类本能和愉悦的一部分，所以人们通常会有更多的子女，这种趋势在人类历史上一直存在。而且，由于医学和技术的发展，新生儿和年幼儿童的死亡率逐渐下降，也支撑了这种趋势。

（2）资源的有限性。马尔萨斯强调了资源的有限性，包括食品、水、土地等物质资源，以及教育、医疗等非物质资源。他指出，只要人口增长远远超过资源提供能力的增长，就必然会出现资源短缺和贫困。马尔萨斯相信，如果不限制人口的增长，那么贫困和饥荒将成为克服资源不足的唯一途径。

（3）限制人口增长的措施。马尔萨斯提出了几种控制人口增长的方法。首先是性行为控制，他主张节制性行为以减少子女数目。其次是文化变革，包括教育、妇女权益和科技进步等。马尔萨斯认为，这些方法可以使人们把注意力放在其他方面，而不是过度关注生育问题。

总而言之，马尔萨斯的贫困理论认为，如果不采取有效的措施，社会将面临资源短缺、饥荒和贫困等问题。他认为，对于一个国家或地区来说，必须限制人口增长，避免过度开发资源，同时促进文化和科技进步，以实现社会的可持续发展。

2. 马克思的贫困理论

马克思的贫困理论主要集中在他的资本主义批判之中，认为贫困是资本主义制度下不可避免的产物。他关注的焦点是资本主义经济体系内的生产和分配机制，认为这些机制导致了工人阶级的贫困和剥削。马克思的贫困理论主要包括以下几个方面：

（1）剩余价值理论。马克思最为著名的贡献是提出了“剩余价值”理论，认为资本家利用劳动力创造了价值，而工人只得到劳动力的使用费用。这使得工人无法享受到其所创造的全部价值，从而导致了工人阶级的贫困和剥削。

（2）生产过程中的贫困。马克思认为，资本主义经济模式下，生产过程本身就具有贫困成分。他指出，资本家为了追求利润最大化，通常会降低生产成本，例如通过压榨工人和采用低价原材料等方式。这些做法会导致工人阶级的生活条件恶化，从而进一步加剧贫困问题。

（3）社会分配中的贫困。马克思认为，资本主义社会中的贫富差距和不公正的分配机制也是导致贫困的重要原因。他认为，资本主义社会中，少数人拥有大量财富和资源，而多数人则只能依靠劳动力赚取生活费用，这种分配方式必然会导致社会不平等和贫困问题。

（4）革命解决贫困。马克思认为，只有通过革命推翻资产阶级统治、建立社会主义制度，才能真正解决贫困和社会不平等问题。他认为，在社会主义制度下，生产和分配过程将进行彻底的重构，工人阶级将掌控自己的命运，享受到更多的权利和自由。

综上，马克思的贫困理论认为，资本主义制度下的生产和分配机制是导致贫困和社会不平等的根源。他认为，只有通过社会主义改革和革命，才能真正解决这些问题。虽然他的贫困理论和思想引起了广泛的争议，但仍然对社会发展和贫困问题的研究产生了深远的影响。

3. 斯科纳的贫困恶性循环理论

斯科纳的贫困恶性循环理论是一种关于贫困问题的理论，旨在解释贫困是如何形成并得以持续存在的。该理论由美国社会学家斯科纳于1966年提出，其核心观点是，贫困会导致一系列不利因素，这些因素将进一步加剧贫困问题，形成恶性循环。并据此提出了以下四个因素构成的贫困恶性循环。

（1）资源匮乏。贫困家庭缺乏必要资本和资源，包括教育、技能、社会网络、资金等，无法获得更好的工作机会和收入来源，从而陷入更深的贫困。

（2）人际关系的破裂。贫困家庭通常缺乏稳定的人际关系和支持网络，包括家庭、朋友和社会组织等，这使得他们更容易受到孤立和失去希望。

（3）行为和态度的变化。贫困环境下，个体的行为和态度可能发生变化，例如社会排斥、自我怀疑、沮丧等，这会影响改善个人处境的能力和意愿。

（4）机会缺乏。贫困家庭由于资源匮乏、人际关系问题和行为态度的改变，面临较少的机会，例如获得教育、工作、住房等，这会导致他们无法摆脱贫困循环。

斯科纳认为，这些因素相互作用，形成了一个恶性循环，使得贫困问题在一些家庭和社区中持续存在。因此，打破这个恶性循环，需要对贫困家庭提供全面的支持和帮助，包括经济援助、教育培训、心理咨询、社会支持等措施，以期改善他们的处境。

4. 纳尔逊低水平贫困陷阱

纳尔逊低水平贫困陷阱是发展经济学中的一个概念，指存在于某些国家和地区的一种经济陷阱，它意味着这些国家或地区经济增长缓慢，而且难以从贫困陷阱中走出来，使低收入和低生产能力持续存在。该概念最初是由英国经济学家肯尼斯·纳尔逊在20世纪60年代提出的。在纳尔逊低水平贫困陷阱中，社会的贫困和低生产率之间形成了一个恶性循环，并且这种循环很难被打破。穷人没有足够的金钱和资源去投资于有益的项目，加上他们普遍接受的低水平教育和技能培训，难以从事高技术和高附加值的工作。因此，他们陷入了一种无法脱离的贫穷状态。此外，纳尔逊低水平贫困陷阱还与社会制度和政治环境有关。例如，缺乏公正和透明的政治制度、缺乏自由和开放的经济政策，可能会抑制经济增长和增加贫困。为了打破纳尔逊低水平贫困陷阱，需要采取一系列的措施。首先需要提高教育水平和技能培训，以促进人们从事高技术和高附加值的工作。其次，需要改善社会保障体系，促进贫困人口获得基本社会服务和医疗保障。此外，采取一些针对性的政策措施，如加大对基础设施建设和公共事业的投资，扶持小微企业和农村经济发展等，可以有效地推动经济增长和减轻贫困。

5. 贫困最小努力理论

贫困最小努力理论是一种经济学理论，它认为在缺乏资本的情况下，穷人在谋求改善生计时采取了最小的努力，以达到最小的满足。这一理论最初是由美国经济学家乔纳森·门德尔森和比安卡利·阿德利在 2009 年提出的。该理论认为，由于贫困所带来的限制和压力，穷人往往采取最小的努力来谋求改善生计。他们可能只会从事简单的、低能力的、低回报的工作，以获得最低限度的收入，而不是去冒险追求更高的利润。此外，在经济活动方面，穷人还可能表现出缺乏效率的行为，因为他们很难承担风险和不确定性。贫困最小努力理论意味着穷人正在面临一系列的挑战，其中包括缺乏教育、医疗保健、住房和金融机会等方面的挑战。然而，该理论也强调，尽管穷人的努力可能很小，但他们仍在不断地努力工作和尝试，以应对贫困带来的挑战。为了帮助穷人摆脱贫困，需要采取一系列的政策措施。首先需要提供教育、医疗保健、住房和金融机会，以提高穷人的人力资本和能力水平。其次，需要改善就业机会和促进经济增长，以为穷人创造更多的工作机会和收入来源。此外，还需要提供社会保障和福利，为穷人提供基本生活保障。

总而言之，贫困最小努力理论认为，在缺乏资本的情况下，穷人采取最小的努力来谋求改善生计。要解决贫困问题，需要提供教育、医疗保健、住房和金融机会等方面的支持，同时改善就业机会和促进经济增长，为穷人创造更多的工作机会和收入来源，以及提供必要的社会保障和福利。

6. 贫困循环积累理论

贫困循环积累理论是一种经济学理论，指出在穷困落后的地区，贫困将会不断重复并难以打破。该理论认为，穷人面临着各种挑战和限制，如缺乏教育、医疗保健、住房和金融机会等，这些问题相互作用形成了一个恶性循环，使得穷困落后的地区难以摆脱贫困。贫困循环积累理论强调了贫困带来的负面效应，这些效应包括劳动力和资本市场的失灵、社会排斥和分离、文化传承和心理压力等。这些效应导致贫困家庭难以脱离贫困状态，整个社区也被困在低收入、低教育水平和低人力资本的状态中。贫困循环积累理论指出，要打破贫困循环积累，需要综合考虑经济、社会、文化和政治方面的因素。需要采取一系列的政策措施，如提供教育、医疗保健、住房和金融机会、改善基础设施、促进经济增长和创造就业机会等。同时，还需要提高社区的凝聚力和自我发展能力，鼓励社区居民积极参与社会和政治生活。此外，贫困循环积累理论还强调了贫困问题的持续性和复杂性。因此，为了有效地解决贫困问题，需要采用长期战略和全面的方法，并注重不同层面和领域的协同作用。

总而言之，贫困循环积累理论指出了贫困问题的复杂性和持续性，认为要打破贫困循环积累，需要采取一系列的政策措施，并注重不同领域和层次的协同作用。

7. 阿马蒂亚·森的权利贫困观

阿马蒂亚·森是一位印度经济学家和哲学家，他的一项贡献就是提出了“权利贫困”这个概念。他认为，贫困不仅仅是指人们缺乏物质上的资源，更重要的是缺乏基本的权利。权利贫困指的是人们无法实现或享有自己应该具备的基本权利，比如生存权、健康权、教育权、言论自由等。这些权利不仅是对个人的基本保障，同时也是推动经济发展的重要因素。如果人们无法享有这些基本权利，将会影响其个人的发展和社会的进步。阿马蒂亚·森强调了权利贫困与经济增长之间的关系。他认为经济增长和贫困缩减并不一定能够解决权利贫困问题。只有在保障人们基本权利的前提下，经济才能实现可持续的增长，而这种增长可以使人们更好地享受其基本权利，从而不断扩大贫困群体的幸福感和发展机会。为了解决权利贫困问题，阿马蒂亚·森指出需要采取一系列的政策措施，如加强基础设施建设，促进教育和医疗保健等公共服务的普及，加强社会保障体系建设等。同时，还需要采用全面的方法，包括经济、社会、文化和政治等多个方面的协作，以确保人们能够享有基本权利。

总而言之，阿马蒂亚·森提出的权利贫困概念强调了贫困与基本权利的关系，认为只有在保障人们基本权利的前提下，经济发展才能更好地实现可持续性和公平性。同时，解决权利贫困也需要采用全面的方法和政策措施。

8. 舒尔茨的贫困经济学

舒尔茨是 20 世纪著名的经济学家，曾因“有关农业发展与人类资本”的研究而获得 1979 年诺贝尔经济学奖，他提出了“贫困经济学”这一概念。贫困经济学强调了在发展中国家减少贫困问题中投资教育的重要性。舒尔茨认为，人类资本既是教育投资的结果，也是教育和培训后的能力、技能和健康等方面的积累所产生的效果。人们的知识和技能是贫困地区的一种资源，通过加强对教育、技能和培训的投资，可以增加经济增长和减少贫困的机会。贫困经济学指出，只有提高人力资本的水平，才能促进经济的发展和减少贫困。此外，舒尔茨还指出，传统的贫困陷阱模型中存在着过度依赖外部援助和反应迟钝的问题，需要通过投资人力资本来解决贫困问题，同时还需要采取适当的政策措施，如改善基础设施、增加就业机会等，以提高人民的素质和生活水平。

总而言之，舒尔茨的贫困经济学理论强调了教育和人力资本在减少贫困和促进经济增长过程中的重要性。他的理论为解决发展中国家贫困问题提供了一个全新的视角，也为全球减贫事业做出了重要贡献。

9. 刘易斯贫的贫困文化理论

刘易斯是 20 世纪著名的美国人类学家，他提出了“贫困文化理论”。他认为，贫困并不只是缺乏经济资源，更是一种文化现象。贫困家庭的生活方式和价值观念会影响其后代的教育、就业和生活。贫困文化理论强调了贫困家庭的生活方式和传统观念如何影响个人发展，并指出这些传统观念是持续贫困的主要原因之一。刘易斯认为，在贫困家庭中，父母通常将自己的价值观念和行为模式传递给下一代，这些价值观念和行为模式可能导致子女也陷入贫困。贫困文化理论也强调了贫困家庭的特殊性。贫困家庭由于缺乏基本资源，对孩子的教育和发展缺乏充分关注和投入。为了生存，孩子可能需要帮助家里完成家务或者工作，从而导致他们无法专注于学习和发展。贫困文化理论提出，为了解决持续贫困问题，需要改变贫困家庭内部的价值观念和行为模式。需要通过提供更多的教育和机会来打破贫困家庭的惯性，帮助其子女获得更好的教育和发展机会。同时，政策制定者也应该采用富有弹性的综合措施，如加强基础设施建设、提高教育水平、提供就业机会等，以消除贫困家庭中存在的文化障碍。

总而言之，刘易斯的贫困文化理论揭示了贫困与文化之间的关系，认为传统价值观念和行为模式是贫困持续的主要原因之一。解决持续贫困问题需要通过改变贫困家庭内部的文化现象，同时也需要采用多种综合措施，从多个角度入手解决贫困问题。

二、精准扶贫与脱贫攻坚

（一）精准扶贫的概念和特点

中国的大规模减贫是一个历史过程。新中国成立特别是改革开放以来，中国贫困人口大幅度减少，扶贫开发成就举世瞩目，走出了一条中国特色扶贫开发道路。中国政府在不同的历史阶段根据贫困特征的变化，不断调整扶贫开发战略，完善扶贫开发政策体系。计划经济体制下主要是救济扶贫（1949—1977 年），改革开放以来经过社会救助与区域性扶贫试点相结合时期（1978—1985 年）、区域开发式扶贫时期（1986—1993 年）、综合性扶贫攻坚时期（1994—2000 年）、参与式扶贫时期（2001—2012 年）四个阶段扶贫工作的推进，扶贫政策的瞄准对象逐步聚焦，瞄准单元不断下沉，瞄准精度不断提高。党的十八大以来，以习近平同志为核心的党中央把扶贫开发摆在治国理政的突出位置，纳入“五位一体”总体布局、“四个全面”战略布局进行部署，明确目标任务，全面实施精准扶贫精准脱贫方略，经过全党全国各族人民共同努力，在迎来中国共产党成立一百周年的重要时刻，我国脱贫攻坚战取得了全面胜利，现行标准下 9899 万农村贫困人口全部脱贫，832 个贫困县全部摘帽，12.8 万个贫困村全部出列，区域性整体贫困得到解决，完成了消除绝对贫困的艰巨任务①。

“精准扶贫”概念首次被提出是在 2013 年中央经济工作会议上。会议强调，建立精准扶贫的工作机制，强化县级和乡镇政府的扶贫责任。此后，习近平总书记多次强调“精准扶贫”的重要性，并提出了更加深刻的理解和更具体的要求，如要求坚持因地制宜，精准发力，强化分类指导，在保障民生改善中不断扩大发展红利等。

精准扶贫之精准主要涉及以下几个方面：

（1）精准识别贫困人口。通过建立信息系统，运用大数据、智能化技术等手段，全面梳理和分析贫困人口的情况，将其分为不同的类别，并制定相应的扶贫政策和措施。

（2）精准制定扶贫政策和措施。根据贫困人口的特点和需要，制定出

---

① 汪三贵，等．消除贫困：中国的承诺［M］．北京：中国人民大学出版社，2021.

符合实际情况的扶贫计划和具体的扶贫项目，如开展劳动力培训、发展产业、改善基础设施等。

（3）精准投入扶贫资金。对于每一个扶贫项目，要明确扶贫资金的来源和用途，并根据任务的不同性质，在不同层级的政府、企业和社会力量中进行协调和整合，以最大限度地利用各种扶贫资源。

（4）精准落实扶贫措施。落实精准扶贫要求的关键在于贯彻执行阶段，通过加强对扶贫项目的监督和评估，及时跟踪扶贫措施的实际效果，确保贫困人口真正受益。

（二）精准扶贫模式

扶贫原因是多种多样的，扶贫形式是多维度的。中国的贫困地区，有这些主要特征：第一，面积广。2011 年，国家确定的 14 个集中连片特殊困难地区，覆盖我国 680 个县，覆盖的面积占我国国土面积的 42%左右，覆盖 2 亿多人口。第二，在贫困地区中，革命老区、少数民族地区、生态脆弱地区、边疆地区占主体，这些地区在国家整体发展当中相对脆弱。第三，贫困地区往往人口贫困与生态脆弱相交织。沿用传统的以开发为主的方式发展，可能会影响我国的整体生态结构。针对贫困地区，既要有救济扶贫和移民扶贫，但产业扶贫仍是推动这些区域脱贫致富和实现可持续发展的重要途径。

1. 政府主导的扶贫模式

改革开放以来，我国政府主导下实施大规模扶贫开发取得了举世瞩目的巨大成效，形成了财政扶贫、以工代赈扶贫、产业开发、对口帮扶、旅游扶贫、生态建设、移民搬迁等多种扶贫模式，并呈现出显著的区域适宜性。对于贫困地区，区域发展最大的制约因素在于基础设施落后、公共设施欠缺、产业结构单一、农民素质低下。因此，政府以建设贫困村基础设施、社会公益事业、改善贫困群众生产生活条件及医疗卫生环境为重点，确定建设项目并直接投入扶贫资金，以具体建设项目的成效消除以往扶贫开发资金投入分散、整体效益不明显的弊端。在实践中，各地勇于探索，形成了多种多样的政府主导下的扶贫模式：

（1）财政支持的整域推进模式。整域推进就是以扶贫开发工作重点村、镇为对象，通过整合资源、科学规划、集中投入、规范运作、分批实施，带动整个村镇集体脱贫的工作模式。整域推进既是一个扶贫开发项目，又是一个农村综合发展项目，其主要原则有目标瞄准、群众参与、因地制宜、综合治理和可持续发展。整域推进模式强调扶贫工作的整体性、计划性、针对性，集中体现了我国政府集中力量办大事的优越性。整域推进扶贫模式围绕改善贫困村的生产生活条件，把民生工程和生态建设作为重点目标。重点实施以下几个建设：基础设施建设、产业扶贫建设、生态建设和社会事业建设。整村推进扶贫资金采取砍块到县，由县一级组织贫困村和贫困群众自主确定扶贫项目的方式，将项目审批权下放到了县一级政府。各县按照要求，认真落实专项和行业部门扶贫责任，积极开展扶贫项目选定、公示、论证、审批及上报备案工作。各地都实施了整村推进的项目，以专项扶贫资金为引导，整合资源，着力解决贫困村农田水利、饮水、电力、道路、危房、产业、文化卫生等制约发展的瓶颈问题。随着精准扶贫形势的不断变化，财政支持下的整域推进模式也发生了相应的转变。在扶贫方式上，由分散救济型向集中开发型过渡。在资金的使用上，变无偿使用为无偿和有偿并用，并把各方面的资金捆绑起来按项目投放。在投放领域上，由单纯的经济领域向科技、文化、社会、生态等领域发展。从政府角度看，这一模式是一定条件下各级政府最容易实施的。扶贫项目资金由零星分散投入转向集中投入、重点扶持，集中资金办大事的观念逐步成为人们的共识。

（2）提质增效的土地整治模式。土地整治模式就是针对耕地质量低下、农业基础设施落后、抵御自然灾害能力差、地块零散、机械化水平低等问题，依靠政府投资，通过开展土地平整、农田水利、农田防护、交通道路和其他工程措施，对田、水、路、林、村进行综合整治，从而提升耕地质量、增加有效耕地面积、改善生态环境，进而促进现代农业发展、提升农业效益、增加农民收入的扶贫模式。土地整治是当前改变农业发展方式、提高耕地产能、促进农民增产增收最为有效的手段，近年来在促进贫困地区扶贫开发方面发挥了不可替代的重要作用。土地整治可以促进耕地增量提质，推进种植结构调整，改善农村生产生活条件，改善生态环境，促进生态文明建设，增加农民收入。更重要的是，以土地整治为平台，引导涉地涉农资金集中投入，整合各项资金，最大限度发挥资金的集聚作用和放大效应，培育了稳定的农村经济增长点，形成工业反哺农业、城市支持农村的城乡统筹发展格局。

（3）增智扶能的文化教育模式。我国正处于社会大变动时期，农业也正在由传统农业向现代化农业转变，在这一过程中最大的“瓶颈”就是农村贫困人口的素质与时代的要求差距甚远。调查发现，贫困地区的贫困人口文化水平普遍很低，多为半文盲，年龄稍大的甚至是文盲。农村义务教育资源明显匮乏，贫困家庭的孩子上学负担压力大，甚至出现了小学毕业就主动辍学的情况，贫困的代际传递隐患仍然存在。增智扶能的文化教育模式就是政府组织对没有技术和经营能力的农民进行培训，提升其生产和经营能力，以提升收入水平；支持贫困户子女接受基础教育甚至高等教育，避免贫困的代际传递。

（4）集资减负的医疗扶贫模式。近年来，我国因病致贫、因病返贫家庭在贫困户中所占比重居高不下，不少边远地区贫困家庭由于因病丧失劳动力，从而失去家庭收入，陷入恶性循环。不但父母这一代贫困不堪，还因全部财力物力用于治病而无力供养子女读书，耽误下一代的前程，毁掉子女实现命运转变的希望，导致代际贫困。集资减负的医疗扶贫模式旨在加大农村医疗保障特别是大病医疗保障力度，在贫困地区形成合力，集中解决群众看病贵、看病难、看病远问题。将加强县医院能力建设、“县乡一体、乡村一体”机制建设、乡村医疗卫生机构标准化建设作为主攻方向，强化资金投入、项目建设、人才培养，补短板、强弱项，全面改善贫困地区医疗卫生机构设施条件，提升服务能力。开展三级医院对口帮扶，通过上级医疗卫生机构选派医生到乡村巡诊、派驻等方式，远程医疗覆盖所有贫困县并向乡镇卫生院逐步延伸，推动优质医疗资源向贫困地区倾斜并逐级下沉，全面消除贫困地区乡村医疗卫生机构和人员“空白点”，实现每个乡镇和每个行政村都有一个卫生院和卫生室并配备了合格医生，贫困地区县医院收治病种中位数已达到全国县级医院整体水平的90%，服务能力得到跨越式提升。

2. 企业主导的扶贫模式

随着农业经营企业对农村资源的利用、市场的不断开发，以工商资本投入为主导，企业与农产品生产基地和农户结成紧密的农、工、商生产体系已经出现。企业主导下的精准扶贫呈现出多种途径和模式，例如企业可以与生产基地、村或农户签订产销合同，提供全过程服务，设立产品最低保护价并优先收购；在企业化的经营中，贫困农户将土地流转给企业集中经营，并在具有劳动能力的条件下受雇于企业进行农业经营。另外，金融机构向有一定生产经营能力但没有启动资金的贫困户，或者暂时受灾等原因导致的贫困户，提供贷款，使得他们能够开展适于自身的生产经营，从而走出贫困甚至发家致富。

（1）企业主导的产业扶贫模式。产业扶贫是一种内生发展机制，目的在于促进贫困个体（家庭）与贫困区域协同发展，根植发展基因，激活发展动力，阻断贫困发生的动因。其发展内容为：在县域范围，培育主导产业，发展县域经济，增加资本积累能力；在村镇范围，增加公共投资，改善基础设施，培育产业环境；在贫困户层面，提供就业岗位，提升人力资本，积极参与产业价值链的各个环节。产业扶贫涉及特色农业、旅游业、加工制造业、现代服务业、文化产业等多个领域，最终以实现产业生产规模化、专业化及现代化的生产模式为目标，提升贫困村发展竞争力。农业产业化龙头企业作为推动传统农业向现代农业转变的中坚力量，在带动周边农村发展和农民增收以及引导农业增长方式转变方面承担着历史性的社会责任，开辟了农业产业化可持续发展的新道路。农业产业化龙头企业的发展，不仅能优化传统农业产业结构、因地制宜、适销生产，而且龙头企业在生产中推行标准化生产，实行规范化管理，增强了农业企业在市场中的竞争力，从而开创了企业主导下的农户脱贫和企业发展合作共赢的产业扶贫模式。

（2）盘活济困的金融信贷模式。贫困户不单缺乏生活资金，更缺乏生产资金。盘活济困的金融信贷模式，是以各类金融机构、公司为主体，通过向贫困户直接贷款发展生产，或以贷款的形式让贫困户投资入股企业、合作社等，进而通过逐年分红来脱贫解困的模式。2007 年以来，贫困地区逐步开始在农村建立新型农村小额信贷机构，包括村镇银行、小额信贷公司、资金互助社等，使得原来单一的小额信贷主体得到增加，扩大了资金来源，缓解了农村信用社、农业银行开展小额信贷业务的支农压力。对于有劳动能力、有农业经营意愿但因缺乏资金、暂时受灾等原因导致的贫困户来说，能够获得贷款无疑是脱贫的最有力支持。金融扶贫的共同点在于根据当地情况，通过争取政策，对贫困户形成适合的金融产品，在利息上利用政策贴息，为贫困户提供信贷支持。但金融扶贫同样具有一定的市场风险，如经营不善可能使得贷款贫困户陷入外债累累的深度贫困，如何使借贷方规避市场风险、提高经营能力是金融扶贫的关键。

3. 个体主导的合作扶贫模式

帮助贫困户脱贫致富，关键要对农户有所了解，能赢得其信任、带动实干。事实上，最了解农民的，就是农民本身，特别是村庄里已经发家致富的“能人”。这些人已经具有较好的经济基础，具有浓厚的乡土情结，一般具有扩大再生产、带动更多父老乡亲发家致富的意愿。因此，由这些“能人”利用其自身优势组建各类合作社，就成为当地脱贫致富的有效手段。另外，农民工作最大的问题在于组织性差，对于不愿接受“管束”的农户，必须动员社会力量采取更为灵活的扶贫方式。

（1）“能人”组织的新型主体带动模式。在农业产业化经营中，农民专业合作社的作用越发明显。由“能人”牵头组建的专业合作社联结着农业生产的产前、产中、产后环节，使得分散的农户小生产转变为社会化大生产。通过“农户＋合作社”模式，具有劳动能力的单个贫困户被吸收进来，由合作社组织有序生产、进行农资购买和农产品的加工销售，提高农业综合效益和增加农民收入。贫困农户加入合作社，解决其土地规模小、经营能力弱、抵抗自然灾害能力弱造成的生产力水平低下问题，与其他经济主体之间的交易关系内化为与合作社的交易。合作社的组织者多为当地的“能人”，他们有头脑、熟悉村内情况，依托合作社的经营更能对贫困户形成带动。这些合作社在带动贫困人口脱贫方面的积极作用更容易得到了政府的肯定和重视，从而得到了政府的扶贫资金支持。农业产业化是产业化扶贫开发工作的重点，是立足中国国情的一种规模经营和集约经营的好形式，是在稳定家庭承包经营制度基础上实现我国农业现代化的有效途径。农业产业化是以国内外市场需求为导向，以提高经济效益为中心，以资源优势和加工流通企业为依托，以农副产品生产基地为基础，对农业的支柱产业和优势产品，实行区域化布局，专业化生产，企业化管理，社会化服务，产加销、贸工农一体化经营，所形成的一种较为完整的产业系统。农业产业化是一种社会化大生产的组织形式，是农业、农村经济经营方式和组织机制的创新，同时又是一种建立在各参与主体共同利益基础上的运行机制。

（2）灵活多样的定购直销模式。农户从事农业生产最大的弱点是生产规模小，在市场化水平高度发达的今天，农户参与市场竞争的能力不足。通过农资购置、产品销售等多个环节，农户生产的利润被大幅压缩。面对波动的农产品市场，农户农业生产还经常面临亏损的风险。然而面对苏丹红鸭蛋、镉大米、瘦肉精、过期肉、地沟油等接踵而来的食品安全事件，人们对企业化农产品的质量问题心存质疑；面对生活水平的不断提升，人们对绿色甚至有机食品提出了的更多期望。而我国当前绿色及有机食品产业发展还不够规范和成熟，特别是生产及销售环节众多的规模化、工厂化农产品，往往因中间环节多、监管难度大而受到广大消费者的质疑。这恰恰为农户农产品订购直销提供了契机。灵活多样的定购直销模式就是以城镇中的中高端消费者为甲方，他们通过参与精准扶贫与贫困农户（乙方）

对接，向农户提供种子、化肥等农业物资，或是部分提供农户种植养殖需要的成本，并要求农户按照一定的规范和标准进行生产，待农产品成熟后进行收购。这一方面使得贫困农户有效避免了市场风险、减轻了生产投入、稳定并增加了收入，另一方面也使得城镇中的中高端消费者可以得到较为放心的农产品，并获得较高的精神回报。

（三）脱贫攻坚的目标和全面胜利

1. 脱贫攻坚的目标

脱贫攻坚是国家重点工作之一，旨在通过政府和社会各界的共同努力，实施一系列针对贫困人口的扶贫政策和措施，推动贫困地区和贫困人口实现全面小康。作为一个拥有 14 亿人口的发展中国家，脱贫攻坚不仅是中国政府施政的核心任务，更是促进社会公平正义、增进人民福祉的必由之路①。脱贫攻坚的目标如下：

（1）目标总体要求。实现贫困人口“两不愁、三保障”，即“不愁吃、不愁穿”，“有基本医疗保障、有安全住房保障、有基本生活保障”；确保“十三五”期间贫困人口稳定脱贫，到 2020 年全国农村贫困人口实现脱贫，贫困县全部摘帽；到 2022 年如期实现脱贫攻坚目标任务；推进全面小康目标全面实现。对于已经脱贫的地区和人口，要加强后续扶持和服务，促进其实现全面小康。

（2）目标任务分解。继续推进“精准扶贫”，实施分类施策，因地制宜。根据各个贫困地区的实际情况，分别制定相应的扶贫政策和措施；发挥市场机制作用，加强产业扶贫。通过拓展种植业、畜牧业、渔业、林业等产业链，培育新的经济增长点，提高贫困人口的收入和生活水平；提高基础设施水平，特别是交通、电力、通信等方面的基础设施建设应加大投入力度，使贫困地区的交通、通信等条件逐步与发达地区接轨；加强教育、健康、人文等方面的扶贫工作。要加大对贫困地区的教育、医疗、文化等方面的投入，努力提高这些领域的服务水平和覆盖面，从根本上改善贫困地区的人民生活；完善社会保障体系，确保贫困人口有稳定的收入来源和保障，尽快建立覆盖农村贫困人口的社会养老保险制度和重大疾病保险制度，帮助解决贫困地区农村老年人口和患重疾人口缺乏养老和医疗保

① 杜为公，杜康．我国贫困治理效果评估理论与实证研究［M］．武汉：武汉大学出版社，2021.

障问题；健全脱贫攻坚工作机制，创新开展脱贫攻坚工作，寻找新的脱贫攻坚模式和经验，促进各级政府及相关部门之间相互合作，协同推动脱贫攻坚工作；加强对脱贫攻坚工作的监督和评估，确保贫困地区的职责和任务不断落实，将贫困户纳入到全面小康的大家庭中。

（3）目标实现方法。创新扶贫融资模式，加快公共服务设施、小额信贷、基础设施等扶贫项目的资金投入。发挥市场机制的优势，鼓励企业和社会力量参与脱贫攻坚工作，鼓励开展流转土地、租赁房屋、发展扶贫产业等措施。引入先进管理理念和先进的技术手段，创新贫困人口信息化管理方法，全面提升信息的管理效率。采取多种形式，鼓励有关部门和社会力量参与到脱贫攻坚工作中来。改善政府服务质量和效率，政府要更加注重公共资源的合理配置，尽量减少资源的浪费。同时，要加强与民众的沟通，切实解决群众反映的问题，提高服务质量和效率。

2. 脱贫攻坚的伟大成果

自 2015 年开展脱贫攻坚以来，中国政府采取了一系列针对性的扶贫政策和措施，通过实施"精准扶贫"，加大投入力度，促进产业发展，提高基础设施水平等多方面的工作，取得了显著的成效[①]。

（1）消除绝对贫困。2020 年脱贫攻坚战取得了全面胜利，现行标准下 9899 万农村贫困人口全部脱贫，832 个贫困县全部摘帽，12.8 万个贫困村全部出列，区域性整体贫困得到解决，完成了消除绝对贫困的艰巨任务。

（2）提高贫困地区基础设施水平。中国政府在扶贫工作中注重基础设施建设，通过加强电力、交通、通信等方面的投入，大力改善农村基础设施，特别是贫困地区的基础设施，不断提高贫困地区的生产生活条件。

（3）扶持贫困户发展产业。为了提高贫困户的收入和生活水平，中国政府加大产业扶贫力度，通过开展特色产业、优势产业培育、增设农民合作社等多种方式，帮助贫困地区发展经济，提高居民收入水平。

（4）提高贫困地区教育、医疗、文化等方面服务水平。针对贫困地区教育、医疗、文化等方面的困难，中国政府不断加大投入，加快基础设施建设，加强人才培训和队伍建设，推出全方位的扶贫措施，为贫困地区提供更好的教育、医疗、文化等方面的服务。

---

① 陈宗胜，张小鹿，黄云．中国精准扶贫实践与总体效果及方向［M］．北京：经济科学出版社，2021.

(5) 加强社会保障体系建设。中国政府在扶贫工作中注重建立健全社会保障体系，通过建立农村社会养老保险制度、边远地区住房保障制度等项目，解决农村老年人口和患重疾人口缺乏养老和医疗保障的问题，让贫困地区的居民过上更加有尊严的生活。

(6) 增强贫困地区自我发展能力。中国政府将“扶贫”和“扶志”有机结合起来，通过鼓励贫困地区的居民自我发展、自我致富、自我管理等多方面的工作，培育贫困地区的自我发展能力，让扶贫工作更具可持续性。

三、巩固脱贫攻坚成果

随着中国经济的不断发展和人民生活水平的不断提高，脱贫攻坚成为中国社会主义现代化建设的重要内容之一。自 2015 年开展脱贫攻坚以来，中国政府采取了种类繁多、措施有力、扶贫精准的扶贫政策和举措，取得了显著的成效。2020 年，中国全面建成小康社会，贫困发生率下降到 0.6%以下，标志着中国脱贫攻坚胜利完成。然而，脱贫攻坚工作仍然任重道远。巩固脱贫攻坚成果对于实现“两个一百年”奋斗目标、实现中华民族伟大复兴的中国梦具有非常重要的意义。

（一）消除绝对贫困是人民群众的共同心愿

在中国改革开放之前，尤其是 20 世纪 50—70 年代，中国的贫困人口数量众多，人民生活水平极度落后，农村饱受贫困困扰，是中国发展史上的一个尴尬时期。改革开放以来，中国经济不断发展，人民生活水平不断提高，但是贫困问题依然存在。因此，脱贫攻坚工作受到了中央的高度重视。通过多年努力，中国政府已经成功消除绝对贫困。如今的中国，农村饮水安全基本实现，基础设施建设和社会保障制度完善，贫困问题得到了根本解决，人民的幸福感和获得感稳步提升。巩固脱贫攻坚成果，意味着持续满足人民群众对美好生活的向往，推进全面建设社会主义现代化国家取得更好的效果。

（二）巩固脱贫攻坚成果可以有效避免“回潮”

贫困问题是一个长期存在的问题，如果不巩固脱贫攻坚成果，可能会再次陷入困境和贫困周期的漩涡，从而让农村居民再次陷入贫困。通过巩固脱贫攻坚成果，可以确保贫困地区的发展不会受到消极影响，从而实现贫困地区的可持续发展。

（三）巩固脱贫攻坚成果可以有效缩小城乡差距

巩固脱贫攻坚成果可以有效缩小城乡差距，消除贫困地区和发达地区之间的差距。在中国，城市和农村之间存在着明显的发展差距。通过巩固脱贫攻坚成果，可以推动贫困地区实现可持续发展，提高贫困地区居民的自我发展能力和创造力，从而实现贫富差距的缩小。

（四）巩固脱贫攻坚成果有利于提升国家形象和实力

巩固脱贫攻坚成果可以提升国家形象和实力。全世界都在关注中国脱贫攻坚，中国作为一个关注全球公共事务的主要国家，在减贫方面发挥了积极的作用，成功地将数亿人民从贫困中解救出来，使世界看到了中国减贫的成就。这不仅是中国人民的自豪和喜悦，也是全球范围内的重要减贫成果。

综上，巩固脱贫攻坚成果对于实现“两个一百年”奋斗目标、实现中华民族伟大复兴的中国梦具有非常重要的意义。通过巩固脱贫攻坚成果，可以满足人民群众对美好生活的向往，避免贫困地区再次陷入贫困周期，消除城乡差距，推动社会主义现代化国家建设进程，提升国家形象和实力，推动中国向更加美好的未来发展。同时，巩固脱贫攻坚成果也需要政府和社会各界的共同努力，坚定不移地推进脱贫攻坚工作，切实保障贫困群众的生活和发展权益，让中国的人民过上更加美好、幸福的生活。

四、相对贫困与多维贫困治理

（一）在经济发展中治理相对贫困，缩小收入差距，实现共同富裕

1. 要实现共同富裕，首先必须在“富裕”两字上做足文章

切实提升富裕水平，继续抓住科学发展是硬道理这个根本，坚持高质量发展是解决我国一切问题的基础和关键，使我国经济真正进入富裕阶段，加入富裕行列，成为一个富裕的发达国家。“贫穷不是社会主义”。我们通过 40 多年的改革开放，把中国经济从低收入水平经济体提升到中等水平经济体，经济总量上升到世界第二，这是使我国从站起来、富起到强起来，对世界经济增长贡献率超过 30％的物质基础。按照“三步走”的

战略规划，解决人民温饱问题、人民生活总体上达到小康水平这两个目标已提前实现，人民获得感显著增强；6000 多万贫困人口稳定脱贫，贫困发生率从 10.2%下降到趋近于 0，脱贫攻坚战已经取得决定性胜利；中西部地区和农村地区教育明显加强，城镇新增就业年均 1300 万人以上。城乡居民收入增速超过经济增速，覆盖城乡居民的社会保障体系基本建立。①

2. 要实现共同富裕，还必须在“共同”两字上做足文章

在消除绝对贫困后持续治理相对贫困，切实缩小收入差别及各种差别，要使全体人民“一个都不能少”地共同迈向富裕水平，共同进入富裕社会。改革开放之后，按照邓小平同志“允许一部分人一部分地区先富起来，带动全体人民逐步实现共同富裕”的思想，伴随着我国经济的快速发展，居民收入差别、城乡差别和区域差别都先后不同程度地逐步扩大，从而也带来了一系列社会矛盾，并在一定程度上影响了社会安定。党和政府在发现问题后遵循公有制度中有关收入分配差别的经济规律，及时将发展策略从“效率优先兼顾公平”调整为“兼顾公平与效率”。经过多年的持续努力，城乡区域收入分配差别已经缩小，基尼系数开始下降，中等收入群体持续扩大，人民健康和医疗卫生水平大幅提高，保障性住房建设稳步推进。

（二）持续推动经济增长并提高城乡居民收入水平

（1）贯彻按劳分配，加强城镇企业职工工资分配指导。充分发挥工资指导线对企业收入分配的引导和调节作用，引导各类企业严格执行政府公布的工资指导线标准。加大劳动保障执法力度，强化工资支付劳动监察执法，畅通和拓展投诉举报渠道，健全企业欠薪报告制度，严厉打击企业经营者恶意欠薪行为，依法追究相关人员法律责任。完善工资支付保证金制度，逐步扩大保证金制度适用对象。全面构建工资支付应急保障机制，切实保护职工取得相应劳动报酬。把工资纠纷作为劳动争议处理工作的重点，构筑劳动报酬争议快速处理绿色通道，切实保障劳动者的合法利益。

（2）全面推行工资集体协商制度。大力推动企业依法普遍建立工会组织，充分发挥工会在维护职工合法权益中的重要作用。出台推进工资集体协商的政策文件，引导和激励所有企业依法建立工资集体协商制度，建立

---

① 胡乐明．贫困治理理论和中国经验［M］．北京：社会科学文献出版社，2020．

和完善工资集体协商指导员队伍。探索成立由政府有关部门、企业和职工代表组成的工资协调工作委员会，研究制定工资指导价位，定期向社会公布，让用人单位参照执行。

（3）提升居民就业能力。第一，实施积极的就业政策。完善经济发展与扩大就业的良性互动机制，在经济转型升级过程中，突出增加就业容量，优化就业结构。第二，继续落实促进就业的岗位和社保补贴等制度，多渠道增加就业岗位。第三，加大就业再就业培训力度，全面提高劳动者职业素质和技能水平。第四，加强对困难群体的就业援助。大力开发公益性岗位，解决困难人员就业，按照不低于当地最低工资标准的1.2倍给付工资，财政按一定比例予以补贴。第五，鼓励和扶持发展福利企业，集中安置残疾人就业。第六，鼓励企事业单位吸收本地劳动力就业，对安置本地困难人员就业达到一定比例的企事业单位，给予政策扶持。

（4）拓宽城镇居民收入渠道。研究表明，城镇居民收入中工资性收入和转移性收入仍占主导地位，财产性、经营性收入占比仍然较低，因此必须采取相应措施切实拓宽城镇居民获得财产性收入和经营性收入的渠道。第一，增加城镇居民经营性净收入。政府应加大减税力度，实行结构性减税措施，鼓励个人创业，降低企业税负，增加居民就业机会，尤其是进一步做好低收入居民家庭就业。第二，增加城镇居民财产性收入，完善投资入股、房屋租赁、产权交易等制度性建设，保护和促进居民取得合法的财产性收入。第三，加大对民生领域的直接投入，提高城镇居民的转移性收入。

（5）加大创业帮扶力度。建设创业型国家，全面整合各类创业政策、资金和信息资源，推进创业带动就业体系建设，实现各级创业指导机构和扶持政策全覆盖，打造一流创业公共服务综合基地。充分发挥创业投资、小额担保贷款和创业孵化基地的作用，有效提升创业成功率。

（6）大力实施乡村振兴战略，提高农民收入，使得农村居民的收入比城市居民的收入以更快的速度增长，从而缩小城乡差别。要优化农业生产结构，推动农业产业化，提高农业劳动生产率；实施科教兴农，普及推广农业科技知识，提高农民知识水平和对农业科技的重视程度；鼓励农户开展非种植业的多种经营，发展家庭牧场、养鱼场等；政府要增加对农村地区的基础教育投资，提高农村地区的人力资本存量，为缩小贫富差别打下基础；各级政府有责任通过财政措施，在农村地区稳步推进公路、桥梁、铁路、电力、水利等基础设施的建设，以此来推动农村经济发展。

(7) 鼓励与大城市附近类似的都市农村地区，依据自身资源特点，率先加快非农业的发展，吸引更多劳动转移，同时加快都市型农业投入，促进传统农业向现代农业转型。

(8) 支持全国特别是中西部地区持续发展非农产业，特别鼓励东部发达地区及外资进入当地，建立与农业生产关系密切、成熟度相对较高、形式多样的现代农村非农经济部门，将外出打工农村居民吸引回本地，并吸纳农村富余劳动力，在本地获得非农收入。

(9) 打破城乡壁垒，进一步促进农村人口向城镇流动，加速我国的城市化进程；同时鼓励城镇资金、技术、人才流向农村地区。具体包括：逐步废除城乡分割的二元户籍制度，取消限制劳动力流动的制度障碍；切实落实农村土地流转的有关政策，向规模化、联合化、集约化方向推进；大力发展农村的非农产业，推进农村城镇化，促进农村富余劳动力的转移；推进城乡一体化，推动农村新型国有集体混合型经济的试验与发展等。

(三) 着力治理相对贫困和多维贫困以缩小低收入群体

由中国社会科学院和国务院扶贫办联合编辑出版的《中国扶贫开发报告(2016)》[①] 就总结中国扶贫的经验为五条：其一，坚持通过发展减贫。其二，坚持把提升贫困地区和贫困人口自我发展能力，摆在扶贫开发的中心位置。其三，坚持精准扶贫，不断探索精准扶贫有效实现的制度和形式。其四，坚持“政府领导、群众主体、社会参与”的扶贫运行机制。其五，坚持扶贫创新。贫困治理的这些经验主要集中在贫困治理的责任分担机制上面，主要包括市场调节、政府责任、个体意识、社会组织等多个方面。正是这些经验做法保证了“十三五”扶贫开发目标到 2020 年成功完成，即稳定实现了农村贫困人口不愁吃、不愁穿，义务教育、基本医疗和住房安全有保障。实现了贫困地区农民人均可支配收入增长幅度高于全国平均水平，基本公共服务主要领域指标接近全国平均水平。我国实行的社会主义制度的本质要求就是消除贫困，实现共同富裕。我国的反贫困工作之所以能够长期坚持，持续推进，并取得如此巨大的成就，最根本的一条是，在中国共产党的领导下，有社会主义制度的保证。

---

① 李培林，王萍萍，等．扶贫蓝皮书：中国扶贫开发报告(2016)[M]．北京：社会科学文献出版社，2016.

（四）扩大中等阶层，加快社会结构转型

社会学家认为，中等收入阶层的扩大以至成为主体，相应地处于相对贫困的低收入阶层减少，则社会的收入分配差距就会相应缩小，这是扩大中等收入阶层的结果之一。在推动中等收入阶层扩大的过程中，中等收入者的增多还会对经济稳定发挥很大的作用。因为中等收入阶层（或称中产阶级、中产阶层），具有相近的自我评价、价值取向、生活方式和心理特征，也是有消费能力的社会阶层和群体，因此，这个阶层的扩大在社会秩序稳定方面，是社会贫富矛盾的“缓冲器”和社会秩序的“稳定器”，也是经济与社会发展的“助推器”和“加速器”。因为，贫富两极分化的金字塔形结构社会，低收入者占了社会的大多数，而获取的国民收入和拥有的社会财富比例却很低；“葫芦型”社会中低收入者减少了，高收入者增加了，唯独中等收入者还不是众数组，这样的社会结构长期存在，既不利于社会稳定，也不利于经济和社会的发展。而中产阶层占主体的“橄榄型”结构社会，中等收入者占了社会的大多数、获取的国民收入和拥有的社会财富也占全社会的大部分，这样的社会结构、收入结构和财富结构就是社会稳定的基础。同时，中等收入者稳定的收入和稳定的财富，也是引导消费、市场、金融等经济领域稳定的基础，所以中等收入者占主体有利于经济和社会的发展。这可以从以下几方面来进一步加深认识。

（1）经济政策的有效实施，有赖于其与中等收入者群体行为方向是否一致，是否具有契合性。无论是从宏观统计意义上来说，还是从整个社会的从众性而言，中等收入者的群体行为取向代表整个社会一般的行为方向。低收入群体，是整个社会应着力扶持的阶层，其行为方向不可能也不应该是整个社会的代表性方向；高收入群体的行为方向，在某种意义上可能对整个社会未来的发展方向起到一定的引领作用，但不在当前阶段。因此，当中等收入者比重越大，整个社会的发展目标越趋于一致，以中等收入群体为主要对象的政策也就越能够有效实施。

（2）经济的稳定运行和稳定增长，依赖于中等收入群体的稳定需求。中等收入群体，由于其收入水平及其增长水平较为稳定，会形成较为稳定的消费结构，从而形成较为稳定的需求结构，进而对宏观经济以及产业经济的增长起到稳定的作用。而高收入群体的需求，对于经济增长的确有明显的刺激作用，但其需求并不稳定。由于其需求并不是必需品，所以经济景气时可能带来大量的需求而形成需求旺盛的态势，而一旦经济不景气，

其需求会迅速减少甚至还会卖出其既有固定消费品，从而造成市场低迷态势。高收入群体的需求，容易加剧宏观经济和产业经济的大起大落。部分高收入群体，往往需要从宏观经济的大起大落过程中获取短期性收益，如金融衍生品产业的收益、奢侈性消费品产业的收益、投机性股票、投机性房地产交易、收藏品炒作获利等，都寄生于宏观经济的波动和相关产业的波动。所以，如果把经济发展寄托于高收入群体，势必会加剧整体经济的不稳定性和高风险性。

（3）培育和壮大中等收入阶层、提高中等收入者比重，有利于稳定国家财政收入的来源，从而才能保障和改善民生，保障低收入群体。中等收入群体，构成了整个国民经济中的纳税主体，虽然单一个体的税收贡献较小，但加总起来的税收贡献是全社会中最大的，也是最稳定的。而高收入群体的税收相对可能贡献较大，但通常并不稳定。

（4）中等收入群体的扩大，有利于宏观经济及金融的稳定。中等阶层通常有稳定的收入水平和稳定的消费结构，从而有助于形成稳定的存款水平和消费信贷水平，具有风险规避性，有利于金融市场的稳定。中等收入群体的消费行为受通货膨胀的影响相对较小。高收入群体由于其消费产品多为需求价格弹性较大的产品，所以当市场价格波动较大时其需求会出现较明显的反应；低收入群体由于受制于其收入水平，伴随着食品等基本需求品的价格上涨，对于市场价格的反应也极其敏感。因此，只有提高中等收入者比重，才能提高全社会分担通货膨胀等宏观经济波动的能力。

（五）完善收入分配及再分配制度

当前，我国收入分配差距虽然开始下降但不平等程度仍然很大，这是一个共识。从我国改革开放以来的政策实践看，我国前期强调以经济建设为中心、强调发展、强调 GDP、强调收入分配的贡献原则，重视政府财政的资源配置职能（经济发展职能）和宏观调控职能，而公平长期处于所谓“兼顾”的位置，财政再分配职能并不大，这必然导致日益扩大的初次分配收入差距不能得到更大力度的调节。但 21 世纪以来我国政策已经开始转变，开始重视再分配政策的力度，因此导致最终收入分配差距由扩大转向缩小，但是，力度还不够大、步伐还不够快。因此，从现在起，以公平为目标的政府财政再分配职能，应当纠正市场机制实现的收入分配差别拉大问题。我国在最近几年出台的关于深化收入分配制度改革的一系列措施，除了提出收入分配制度改革的目标和工作部署之外，着重提出了收入分配制度改革的四个领域，即继续完善初次分配机制，加快健全再分配调节机制，建立健全农民收入较快增长的长效机制，推动建立公开透明、公正合理的收入分配秩序。同时提出再分配、政府干预、社会福利是收入分配制度（主要是再分配制度）建立、发展和改革的主线，政府再分配是重要环节，加大再分配调节力度是重要举措。

我国处于社会主义初级阶段，除了在公有制主体经济中实行按劳分配为主的分配体制外，在非公有经济的范围内，还要长期实行“按要素贡献分配”的辅助原则，因此收入分配制度改革的确比西方发达国家复杂，其中初次分配制度也需要进一步改革，初次分配关系需要进一步理顺，要真正体现贡献原则、同工同酬、促进就业，完善最低工资制度和工资集体协商制度。但是，初次分配不能解决困难家庭、老年人福利问题、医疗问题以及没有工作的人的收入问题。这些问题本质是再分配问题，其基本要求就是强化再分配调节力度。我国个人所得税制度调节的实际效果是有的，但很弱，一方面受个人所得税规模的客观制约；另一方面也与个人所得税制度缺乏调节收入分配的政策机制有关。个人所得税作为税收调节收入分配的主力手段，迫切需要以提高收入分配调节能力、以公平为导向的税制改革。

总之，从建立共同富裕的大目标来看，我国必须对社会中的相对贫困群体即低收入阶层，遵循公正原则，给予其特别关照，同时支持其中有能力者逐步上升到中等收入阶层。在此基础上，再稳定和壮大中等收入阶层。而对中等收入阶层特别是潜在的中等阶层，税收负担压力较轻、收入稳定、社会保障完善，维持“中等生活需求”，应成为其基本特征。只有这样，才能使之成为促进社会稳定的力量。因此，在各项政策制定过程中，对相对贫困阶层予以充分保障，维护中等收入阶层，都应当作为政策的重要目标。

（1）对相对贫困群体、低收入阶层及中等收入边缘群体实行免税机制。中等收入阶层之中的中等偏下及低收入阶层成员应承受较少的税收负担，以保障其中下等稳定收入，保障其维持中产生活水平的“中等生活需求”，或由低收入上升到中等收入水平。建议中等收入边缘群体，应为个人所得税免征群体。以家庭收入作为考察对象，以各地价格水平来估算，凡当地人均食物消费支出低于家庭成员人均可支配收入30%的家庭，可确定为当地的个人所得税起征点。在计算征收个人所得税的过程中，家庭所担负的基本教育支出、基本医疗支出，应不计入家庭可支配收入。否则，中下等收入阶层可能在担负沉重的教育支出和医疗支出的状况下，依然不合理地承受税负。

（2）更好地发挥社会保障制度在收入分配调节中的作用。我国的社会保障制度在不同地区、不同人群之间不统一、不统筹、不衔接，导致了虽然在城镇内部、农村内部缩小了收入差距，但是却扩大了城乡差距、扩大了不同社会群体之间的收入差距，总体上扩大了居民收入差距。因此，必须重点改革和完善社会保障制度，通过再分配缩小初次分配差距应是重中之重。

（3）养老保险等社会保障制度应有利于农村居民等相对贫困阶层，即有利于减少低收入阶层，有利于稳定中等收入阶层。以养老保险为例，养老保险社会保障制度，应保障农村居民低收入群体老有所养，中等收入阶层在退休之后，其收入水平不至于明显下降。国家在确定养老金投入和调整各阶层的养老金水平时，应把稳定中等收入阶层作为重要的目标。

（4）应当保障低收入群体有足够的廉租房居住，其他各种保障性住房均应以中等收入阶层边缘群体为保障对象，而中等偏上收入群体及高收入群体不应享受保障性住房。在保障性住房配置过程中，由于与商品房存在价格差，最容易形成寻租，使得中高收入者有可能通过不正当手段获得保障性住房，而使真正应该获得保障的人群无法获得保障。最重要的手段就是要通过有效的机制消除保障性住房与商品房的价格差。可行的方法是：保障性住房为非完全产权，即保障性住房的补贴部分转为国家产权，使用权由购买者享有，受益权和处置权由产权拥有者（购买者产权与国家产权）共同享有。保障性住房的总价值采用可比商品房价格核算，购买者实际支付房款部分界定为购买者产权，与可比商品房的差价部分界定为国家产权。实施这一政策，可更好地保障中等收入阶层边缘群体获得住房保障，使之更为稳固地处于中等收入阶层。

（5）未来设计和开征物业税（房产税）、赠与税和遗产税的过程中，应当有利于低收入阶层，有利于稳定和培育中等收入阶层，同时限制高收入阶层。物业税（房产税）设计中，应综合考虑房产物业所有人家庭成员收入状况。按房产物业价值折算为该家庭的年度收入。如果某家庭成员可支配收入加上房产物业折算的年度收入，低于前述的个人所得税起征点，则该房产物业免征物业税（房产税）。赠与税和遗产税设计中，应综合考虑赠与物、遗产物受益人家庭成员收入状况。按受让赠与物、遗产物价值折算为该家庭的年度收入。如果某家庭成员可支配收入加上受让物折算的年度收入，低于前述的个人所得税起征点，则针对该家庭免征该项受让物的赠与税、遗产税。这同时就意味着，对高收入阶层可能要提高物业税、赠与税以及遗产税等，以体现限高扶低的政策作用。

第二十章

城乡融合发展问题研究

我国城乡关系经历了二元结构——统筹发展与一体化发展——融合发展三个阶段。党的十九大进一步深化新型城乡关系建构，提出城乡融合发展理念，这标志着我国城乡关系进入了新时代。城乡融合发展的提出与实施为城乡关系进一步向“全面融合、共同繁荣”转化奠定了基础。厘清城乡融合发展的内涵与目标，构建合理的体制机制与政策支持体系是推进城乡融合发展的关键。

一、城乡关系演变历程

（一）城乡二元结构形成与固化阶段（1949—1978年）

新中国成立初期，在国内外双重压力下，为保障新生的人民政权，快速实现经济恢复和发展，加快提高国防力量和现代化水平，实现由落后的农业国向发达的工业国的转变，我国通过借鉴苏联模式提出了以重工业为主的工业优先发展战略。重工业是典型的资本密集型产业，作为以农业为基础的发展中国家，依靠国内工业自身的积累根本无法满足资金需求。为了使工业快速地发展起来，集中农村与农业剩余成为唯一的选择。政府通过工农产品价格“剪刀差”的形式，用相对较低的价格把农业剩余转移到城市和工业当中。相关学者研究表明，通过工农产品价格“剪刀差”，农业在改革前向工业贡献了6 000亿～8 000亿元人民币。仅1952—1957年的五年间，通过工农产品“剪刀差”从农业部门聚集的净积累为475亿元，占同期财政收入的30.9%。这为新中国工业快速发展提供了有效的支持，但同时也推动了我国城乡二元结构的逐步形成。相较于1952年，1978年全国工业总产值增加15倍，而农业总产值仅增加1.3倍。虽然重工业得到优先发展，但由于农业发展的基础条件严重被削弱，城乡协调发展的关系遭到破坏。

在优先发展重工业的同时，我国开始实施计划经济体制，包括统购统销制度以及人民公社制度等。一是统购统销制度。面对粮食供需矛盾，中央为了保障粮食的安全重新调整了粮食监管政策，国家对粮食市场的收购和供应实施强制的市场管理与中央统一管理的粮食购销体制。在这种体制下，国家对农产品占有了绝对的垄断地位，市场对农产品的作用几乎消失，城市与农村之间商品流通的渠道受到了限制，工业与农业的产品不能进行平等的市场交换，这种以全面扭曲产品和要素价格为内容的计划经济体制造成城乡的分离发展。二是人民公社制度。1958 年伴随着“大跃进”，我国农村开始大力实施政社合一。人民公社制度根据各个地方的情况，将人民公社组织分为两级，即公社和生产队，也可以分为三级，即公社、生产大队和生产队。其实际是政府通过集体化把农民纳入组织当中，并对农村有限的资源进行严格的控制。农民人均纯收入从 1957 年的 72.95 元发展到 1978 年的 133.57 元，年均增长 2.88 元，农民生产的积极性和主动性被严重抑制。

为了保障城乡二元经济结构的运行，政府在社会领域也建立起城乡二元社会结构。在新中国成立初期，城乡之间的人口迁移没有受到过多的限制，1954 年我国第一部宪法中对户籍制度的规定是“公民可以享有迁徙和居住的自由”，我国人口流动呈现城乡双向流动的状态。1952 年与 1949 年相比，我国城市人口增加 1398 万人，占全国人口的 1.82%。但是到 1958 年《中华人民共和国户口登记条例》的出台，对城乡人口的自由流动实施了严格的限制和管制。以出生地为基础，将城市居民与乡村居民明确分割开来，从制度层面分为“农业户口”和“非农业户口”这两种不同的户籍，严格控制了城市与乡村之间户籍的转换。农民基本失去了自由流动的权利，与农村和农业紧紧地捆绑在一起，与此同时，城市也以户籍制度为基础，建立起由政府统一安排的就业制度和商品粮供应制度等，最终形成了城乡社会二元结构。

1949—1978 年间，通过工农业产品价格剪刀差、统购统销制度、人民公社制度以及户籍管理制度，逐步形成和固化了我国的城乡经济和城乡社会双重二元结构。

（二）城乡二元结构松动与调整阶段（1978—2002 年）

党的十一届三中全会提出中国开始实施对内改革、对外开放的方针政策，通过一系列城乡经济体制改革，促使城乡关系由封闭向开放、由隔离向互动转变，城乡二元结构进入了松动调整的新阶段。1978 年，党的十一届三中全会通过了《中共中央关于加快农业发展若干问题的决定（草案)》，就城乡农产品收购等内容进行了调整，标志着我国进入以农村改革激发经济活力的城乡发展阶段。首先，废除人民公社体制，确立和推行家庭联产承包责任制。通过土地改革，将土地产权划分为所有权和经营权两种，所有权归为集体所有，经营权归农民所有，逐步形成一种有统有分、统分结合的双层经营模式。家庭联产承包责任制的实施，有效地提高了农民对农业生产的积极性，更好地发挥劳动者与土地的潜力。其次，推进商品流通体制改革。为进一步推动农业生产，调动农民的生产积极性，国家开始提高农产品价格。自 1979 年夏粮上市以来，国家大幅度提高农副产品收购价格，减少了农业价值向工业的流出，进一步调整农民和国家的利益分配关系。1985 年中央 1 号文件《关于进一步活跃农村经济的十项政策》规定，“除个别品种外，国家不再向农民下达农产品统购派购任务，按照不同情况，分别实行合同订购和市场收购”，这标志着推行了 32 年的统购统销制度的瓦解。

随着家庭承包制和农产品市场改革的推进，大大提高了农民的自主性，为城乡劳动力市场发育创造了条件。1984 年中央 1 号文件指出，要开展“务工、经商、办服务业的农业自理口粮到集镇落户”的试点工作；同年，国务院先后发布《关于农村个体工商业的若干规定》和《关于农民进入集镇落户问题的通知》，明确允许农民外出务工和经商。乡镇企业的蓬勃发展，也为吸纳农民就业、充实农村经济实力、推动农村工业化、缩小城乡差距创造条件。1983—1988 年，乡镇企业共吸纳农村劳动力 6 300 万人，农民收入也因此得以持续增长，城乡收入差距不断缩小，1988 年城乡居民收入比降至改革开放以后的最低点。进入 20 世纪 90 年代以后，乡镇企业由于自身发展原因，吸收农民就业的作用逐渐弱化，城市国有企业改革为城乡关系继续调整提供了新的动力。1993 年，中共十四届三中全会明确允许农民进入小城镇务工经商、发展农村第三产业，促进农村富余劳动力转移。1994 年，国家开始以居住地和职业作为农业人口和非农业人口的划分标准，并建立以常住人口、暂住人口、寄住人口三种管理形式为基础的户口登记制度。与此同时，国家还把户籍管理的权限下放给地方，鼓励地方采取更为灵活的措施吸纳农村富余劳动力有序转移。

随着农村改革的持续推进，城乡之间的体制性机制性障碍进一步被打破，劳动力、土地、资金等生产要素在城乡之间加快流动，农业、农村、农民获得了较大发展，农业农村经济水平快速提升，农民收入显著提高。1978—1985年，农业总产值增加到3619亿元，年均增长7.1%；农业增加值达到2 541.5亿元，年均增长6.5%；农村居民人均纯收入由133.57元增加到355.33元，其增速远高于同期城镇居民家庭人均支配收入增速；城乡居民收入比由1978年的2.57∶1下降到1984年的1.84∶1。

总的来说，1978—2002年间，虽然城市和乡村的鸿沟仍然存在，但城乡关系由"封闭"向"开放"转变，农民权利和发展机会日益提升，工农产品市场化交易机制基本确立，农村富余劳动力城乡转移的障碍被逐步打破，在一定程度上缓解了僵化的城乡二元结构。但是，粮食市场化改革依然没有完成，户籍制度改革相当缓慢，流动人口在城市面临诸多制度制约和歧视，土地和资本市场化进程更为滞后。

（三）统筹城乡发展与城乡一体化阶段（2002—2012年）

进入21世纪以后，中国经济持续快速增长，综合国力不断增强，初步具备了工业反哺农业的条件。基于中国城乡发展现实，中央着手对城乡关系做出重大调整。2002年，党的十六大报告明确将"统筹城乡经济社会发展"作为解决城乡二元结构问题的基本方针。2003年，党的十六届三中全会提出"五个统筹"的要求，并将"统筹城乡发展"列为五个统筹之首。2004年政府全面放开粮食市场，打破了各种形式的粮食区域性封锁，并允许各类主体参与粮食购销，全国统一的粮食市场正式建立，这标志着农产品市场体制机制完全建立。2005年，党的十六届五中全会确定"建设社会主义新农村"的重大历史任务。经过几年的探索，政府对于破解城乡二元结构的思路更加明晰，推进"城乡发展一体化"成为构建新型城乡关系的新目标。2005年11月，农业部颁布《农村土地承包经营权流转管理办法》，对土地承包经营权流转的原则、方式、管理等进行了具体规定。2007年，党的十七大提出"城乡经济社会一体化格局"发展思路，并建立"以工促农，以城带乡"的长效机制。2008年，党的十七届三中全会通过的《中共中央关于推进农村改革发展若干重大问题的决定》进一步明确提出，"加强土地承包经营权流转管理和服务，建立健全土地承包经营权流转市场，按照依法自愿有偿原则，允许农民以转包、出租、互换、转让、股份合作等形式流转土地承包经营权，发展多种形式的适度规模经营"。2009年，中共中央、国务院发布《关于促进农业稳定发展农民持续增收的若干意见》针对农地流转方面进一步加强规范，强调要落实和保障农民的土地权益，重点做好两方面工作：即对集体所有土地的所有权进一步界定清楚，保障其权益；对承包地地块实施确权、登记和颁证工作。

在统筹城乡发展战略和城乡发展一体化目标的指导下，党和国家采取了一系列强农富农惠农的重大举措。①2006 年我国正式取消农业税，大幅减轻了农民的负担，标志着农民与国家间的分配关系发生根本性转变。税费改革前，基层政府和村委会通过农业税、牧业税、农业特产税和“三提”“五统”及摊派每年从农民那里收取 1 500 亿～1 600 亿元。农业税的取消，符合“工业反哺农业”的趋势，铲除了“搭车”收费的根基和平台，为消除城乡二元结构、调整国民收入分配结构、转换基层政府和村民自治组织的职能、精简乡镇机构和减少财政供养人员创造了条件。②2002 年起政府陆续试点并出台了“四项补贴”政策（包括种粮直补、良种补贴、农机具购置补贴和农资综合补贴），加大了对农业的支持，补贴范围和规模持续增加。“四项补贴”资金规模从 2002 年的 1 亿元提高到 2012 年的 1 653 亿元，补贴资金累计达到 7 631 亿元。十年间中央财政用于“三农”支出保持 21.5%的年均增长率。③一系列强化公共财政对农村公共服务供给的政策陆续出台。2003 年，政府在部分县（市）开展新型农村合作医疗制度试点，2008 年覆盖到所有县（市），2012 年全国参加新型农村合作医疗的人口达到 8.05 亿人，参合率为 98.3%。2006 年，政府开始实施农村义务教育经费保障机制改革，农村义务教育被逐步纳入公共财政保障的范围，九年义务教育得到全面普及，县域内义务教育均衡发展水平明显提高。2007 年，政府开始在全国范围内建立农村最低生活保障制度，当年年底就基本覆盖到所有的县。2009 年，政府又开展了新型农村社会养老保险试点，到 2012 年基本实现了地域全覆盖。

2002—2012 年间，统筹城乡发展战略思想得以确立，农业农村政策实现了由“取”到“予”的转变，在城乡公共服务逐步向均等化转变的同时，城乡收入差距由持续扩大向逐步减缓转变，即由 2003 年的 3.26∶1 扩大到 2009 年的 3.33∶1，然后逐渐回落到 2012 年的 3.1∶1。可见，这一时期，统筹城乡发展的政策思路与实践举措，有助于在有效缓解社会矛盾的基础上进一步推进和谐城乡关系的实现。

（四）城乡融合思想形成与深化阶段（2012 年至今）

党的十八大以来，推动城乡发展一体化成为党和国家工作的重心之一，全面开启了构建城乡融合发展体制机制的新阶段。2012 年党的十八大明确提出："解决好农业农村农民问题是全党工作重中之重，城乡发展一体化是解决'三农'问题的根本途径"，"加快完善城乡关系发展过程中的体制机制"，尤其是要推进城乡之间公共服务、基础设施等方面均衡发展，促进城乡之间要素自由平等的流动，将城乡的公共资源进行均衡配置，构建一种良好健康的新型城乡关系。城乡融合发展为新时代解决城乡发展不平衡、农村发展不充分问题指明了战略方向。2013 年，党的十八届三中全会进一步指出："城乡二元结构是制约城乡发展一体化的主要障碍。必须健全体制机制，形成以工促农、以城带乡、工农互惠、城乡一体的新型工农城乡关系，让广大农民平等参与现代化进程、共同分享现代化成果。"这是中央首次明确提出新型城乡关系的概念，并且将"城乡一体"作为新型城乡关系的最终目标。2017 年，党的十九大明确提出"建立健全城乡融合发展的体制机制和政策体系"。2018 年中央农村工作会议和 2018 年中央 1 号文件进一步提出，加快形成工农互促、城乡互补、全面融合、共同繁荣的新型工农城乡关系，走城乡融合的发展道路。2019 年中共中央、国务院发布《关于建立健全城乡融合发展体制机制和政策体系的意见》，围绕建立健全有利于城乡要素合理配置的体制机制，建立健全有利于城乡基本公共服务普惠共享的体制机制，建立健全有利于城乡基础设施一体化发展的体制机制，建立健全有利于乡村经济多元化发展的体制机制，建立健全有利于农民收入持续增长的体制机制等关键内容提出了具体要求，为今后相当长一个时期城乡融合发展提供了政策指导和实践指南。从统筹城乡发展到城乡发展一体化，再到城乡融合发展，虽然表述不同，但是城乡关系思想一脉相承、层层递进。

新一轮户籍制度改革为城乡融合发展提供了制度条件。2014 年，国务院颁布的《关于进一步推进户籍制度改革的意见》明确提出："进一步调整户口迁移政策，统一城乡户口登记制度，全面实施居住证制度，加快建设和共享国家人口基础信息库，稳步推进义务教育、就业服务、基本养老、基本医疗卫生、住房保障等城镇基本公共服务覆盖全部常住人口。"就此开启了新一轮户籍制度改革。此次改革取消了农业户口和非农业户口的区分，统一登记为居民户口（刘金伟，2018），消除了城乡居民自由迁移的制度障碍，户籍人口城镇化率从 2012 年的 35.3％迅速增长到 2016 年的 41.2％。随着新一轮户籍制度改革的推进，农村流动人口在城市享受公共服务的范围和程度也都显著提高。

政府继续加大对农业农村投入的规模，农业农村发展环境得到显著改善。城乡基本公共服务并轨在十八大以来取得实质进展。十八大报告明确提出“全面建成覆盖城乡居民的社会保障体系”，“整合城乡居民基本养老保险和基本医疗保险制度”，“大力促进教育公平，合理配置教育资源”等。2014 年，国务院发布《关于建立统一的城乡居民基本养老保险制度的意见》，开始“将新农保和城居保两项制度合并实施，在全国范围内建立统一的城乡居民基本养老保险制度”。2016 年，国务院发布了《关于整合城乡居民基本医疗保险制度的意见》，要求“推进城镇居民医保和新农合制度整合，逐步在全国范围内建立起统一的城乡居民医保制度”。截至目前，所有省份基本建立起统一的城乡居民医疗保障制度。2015 年，国务院发布了《关于进一步完善城乡义务教育经费保障机制的通知》，要求在整合农村义务教育经费保障机制和城市义务教育奖补政策的基础上，建立城乡统一、重在农村的义务教育经费保障机制。2017 年，通过义务教育均衡发展国家督导评估的县已经达到 2379 个，占全国总数的 81%。

综上所述，2012 年至今城乡融合发展理念的提出具有里程碑意义，这是克服当前社会主要矛盾、解决发展不平衡不充分问题的破解之道，也是中国城乡关系发展的高级阶段，其根本目标就是将城市和乡村的优点结合起来，同时规避各自的不足，最终使得全体人民能够共享全人类的优秀文明成果。在乡村振兴战略下推进中国城乡融合发展，是我国全面建成小康社会、实现高质量发展的理性抉择和必然要求，亦是新时代中国新型城乡关系的奋斗目标与演进方向。

二、城乡融合发展的科学内涵与主要目标

（一）城乡融合发展的科学内涵

城乡融合发展是党的十九大正式提出的战略部署，是党中央为破除城乡分割的二元体制，推动形成城乡协调发展、共同繁荣的新格局，因此，城乡融合发展是将城市与乡村置于平等地位，强调城乡双向融合互动和体制机制创新，注重发挥市场机制在城乡资源配置中的决定性作用。城乡融合发展是一个多层面、多维度、全方位的概念①，城乡融合发展内涵界定如下：城乡融合发展是指以城乡生产要素双向自由流动和公共资源合理配

① 魏后凯．深刻把握城乡融合发展的本质内涵［J］．中国农村经济，2020（6）．

置为重点，以工补农、以城带乡，统筹推进城乡基本公共服务普惠共享、城乡基础设施一体发展、城乡产业协同发展、农民收入持续增长，形成工农互促、城乡互补、协调发展、共同繁荣的新型工农城乡关系。需要指出的是，城乡融合发展不是城乡一样发展，强调的是城乡之间的制度一体、市场统一、互联互通、机会均等。即使实现了城乡高度融合，城乡之间的差距、不同乡村之间的差距仍然存在，但这种差距主要是基于区位条件、人力资本等因素导致的客观差距，而不是由于城乡身份、所有制身份导致的制度性差距。

城乡融合发展是对统筹城乡发展和城乡发展一体化思想的继承和升华，也是实现城乡双向融合互动的重要途径，其核心要义就是要正确处理好工农关系、城乡关系、农民与市民的关系以及农村市场与城市市场的关系。首先，将工农关系、城乡关系作为城乡融合发展的核心。工业与农业的互相支持和互相带动是促进社会和谐稳定和健康发展的基础，加快由"以工促农"向新时代的"工农互促"的转变，要求城市与乡村形成一个有机互补的关系，实现城乡生产要素的双向自由流动，是畅通经济循环的关键。推动城乡资源互补、协调发展，促进社会公平正义，是解决城乡发展不平衡不充分问题的重要途径。其次，将农民与市民的关系、农村市场与城市市场的关系作为城乡融合发展的补充。人的全面发展作为城乡融合发展最终目的，需要充分遵循人口流动的自然规律，充分发挥农民主体的作用，保障农民权利平等化与农民市民化。城乡融合发展需充分发挥市场机制的主导作用，通过要素流动、产业链重构、功能互补将城市与乡村、中心与边缘连接起来、将城乡经济发展与市场的现实需求紧密衔接，打破城乡经济融合发展中的体制机制障碍，构建一体化城乡市场，进一步激发城乡经济可持续增长的潜力。

城乡融合发展是通过城乡开放和融合，解决当前中国城乡之间不平衡发展和农业农村不充分发展的问题，因此新时代城乡融合发展的本质要求就是要实现工农城乡的共享发展和高质量发展。首先，共享发展以解决社会公平正义问题为核心，要求城乡融合发展坚持全民共享、全面共享、共建共享与渐进共享，不断推进全体人民实现共同富裕。一是要坚持城乡融合发展成果由全民共享，推动建立普惠共享的资源分配体制，保障农民能够平等地享受城乡发展红利；二是要坚持城乡融合发展成果全面共享，从经济、社会与生态等各个方面出发，打造产业融合典型项目、城乡居民全覆盖的公共服务与基础设施体系、现代环境治理体系，确保人民群众的权益与利益；三是推动城乡居民共建共享，城乡融合过程中应充分调动城乡居民的积极性，推动建立普惠共享与全民覆盖的共享机制；四是促进城乡融合发展渐进共享，当前我国的城乡融合共享发展还处于不均衡阶段，应以渐进共享的新发展理念为指导，准确把握现阶段城乡发展特征，根据不同地区城乡之间的发展条件，有针对性地设计共享政策，做出强有力的制度安排，推动实现我国城乡融合边建边享，最终推动实现城乡高度融合发展。其次，高质量发展是我国经济长期可持续发展的必然要求，在着力构建以内循环为主，实现对内搞活、对外开放的双循环新发展格局过程中，高质量发展应将满足当地人口美好生活需要和对高品质幸福生活追求作为出发点和落脚点，同时对县域、城镇和乡村空间进行科学规划和调整基础上，依据人口和城镇分布进行生产力的优化布局。城乡融合发展是缩小城乡发展差距、实现农业农村高质量发展的重要保障；反过来，高质量发展也是城乡融合发展的本质要求。

（二）城乡融合发展的主要目标

在我国城乡关系的现状基础上，习近平总书记强调要抓紧工作、加大投入，努力在破解城乡二元结构、推进城乡融合发展上取得重大突破，并提出“逐步实现城乡产业发展融合化、城乡要素配置合理化、城乡居民基本权益平等化、城乡公共服务均等化以及城乡居民收入均衡化”①。

1. 城乡产业发展融合化

城乡产业发展融合化是实现农民就业增收、乡村振兴发展的有效途径。需打破城强乡弱、链条分割的城乡产业结构，以乡村特色资源为基础，围绕发展现代农业，培育新产业新业态，发展农业多功能性，挖掘乡村价值多元性，以发展农产品精深加工业为重点，推动农产品及加工副产物综合利用，提升农业经营效益，大力发展农村金融、保险、物流、休闲旅游、电子商务等涉农服务业，推动一二三产业融合发展。需细化落实产业帮扶政策，促进城镇工业和制造业向农业农村辐射与渗透，大力发展农业生产性服务业，完善农企利益紧密联结机制，实现乡村产业全链条升级发展，建立健全城乡一体的现代农业生产体系。

2. 城乡要素配置合理化

城乡要素配置合理化是发挥市场基础作用、推动城乡互补发展的客观

① 习近平．论“三农”工作［M］．北京：中央文献出版社，2022．

需求。需消除城乡要素自由流动、平等交换的制度壁垒，充分发挥市场对资源配置的决定性作用，实现乡村劳动力、土地等要素在城乡之间双向流动，要素价值得到充分体现和平等对待。需完善多元投入保障机制，吸引聚集在大城市的人才、技术、金融、农资等先进生产要素流向农村，辐射带动农村快速发展。需打破农资市场与农产品市场的双重垄断，消除工农产品价格差，建设农产品供求信息交流平台，畅通城乡物流通道，推动农资供需、农产品产销直接对接，减少流通环节以实现降本增效，促进各地区实现产业结构和环境承载力、常住人口规模和经济规模的匹配，提高城乡资源要素配置效率，促进城乡要素良性循环。

3. 城乡居民基本权益平等化

城乡居民基本权益平等化是城乡同向发力、融合发展的根本前提。需继续完善户籍和土地的改革配套措施，在调整增量和优化存量的前提下，按照常住人口人均占有量的标准，向农村地区进行适当的政策倾斜，保障城乡居民基本权益公平性。同时，促进在城镇稳定就业和生活的农业转移人口进城落户，并与城镇居民享有同等权利、履行同等义务。依法维护进城农民在农村的合法权益，支持引导其依法自愿有偿转让农村权益，逐步解决城乡居民在财产权、户籍附属权益等方面的不平等问题，实现农民在城乡之间自主选择居住地和登记户籍所在地。

4. 城乡公共服务均等化

城乡公共服务均等化是促进城乡居民共享改革成果、增进民生福祉的内在要求。基本公共服务均等化追求“全体公民都能公平可及地获得大致均等的公共服务”。需坚持以人为本的原则，着力补齐乡村公共服务短板、增加乡村公共服务供给质量和使用便利程度，持续完善城乡基本公共服务均等化体制机制。聚焦乡村的公共服务投入，促进养老、医疗、教育、公共设施以及环境卫生等公共服务惠及农民并覆盖乡村，加大普惠性、兜底性、基础性民生建设，特别是要加强对乡村留守儿童、老人、妇女的关爱服务。社会保障的覆盖面不断向乡村延伸的同时，其相应的服务质量也随之提高，采取服务公开制度，避免服务质量的隐蔽性和难测度性问题，使农民与市民同样享有良好的公共服务，推动城乡公共服务标准统一、制度并轨，逐步建立健全全民覆盖、普惠共享、城乡一体的公共服务体系。

5. 城乡居民收入均衡化

城乡居民收入均衡化是实现城乡共同繁荣、促进共同富裕的核心要义。需结合城乡社会形态、城乡生产与生活方式、城乡居民就业等客观的差异因素，全方位认清城乡收入差距的现状，构建高效、公平的收入分配机制，实现城乡居民收入分配合理、社会公平正义。持续拓宽农民增收渠道，为农村低收入群体营造良好的就业环境，鼓励农村劳动力转移就业或就近就地就业，推动农业规模化、集约化种植经营，提高劳动生产率，做好农村集体资源资产的权利分置和权能完善，完善落实种粮农民直接补贴政策，多途径提升农民工资性、经营性、财产性、政策性和转移性收入，不断缩小城乡居民收入差距。

三、城乡融合发展的体制机制

（一）建立健全有利于城乡要素合理配置的体制机制

1. 健全农业转移人口市民化机制

深化户籍制度改革，切实放开放宽非户籍人口落户城镇的准入条件，探索区域差别化落户政策。以城市群为主体，构建在空间布局和发展内容上相互关联、互相补充的新型城镇化格局，增强中小城市人口承载力和吸引力，特别注重发挥小城镇在城乡之间的桥梁与纽带作用。加快城镇基本公共服务制度改革，实现城镇基本公共服务常住人口全覆盖。建立健全中央与地方政府，企业、个人多方参与的农业转移人口市民化成本分担机制，支持财政转移支付、土地政策与吸纳农业转移人口数量和公共服务供给情况挂钩，激发社会资本参与成本分担的积极性，降低农民市民化的成本。打通农村农用地、宅基地和集体经营性建设用地的转化渠道，并支持引导农民依法自愿有偿转让上述权益。为务工农民营造更具包容性的就业体系与更为健康的就业环境，提高农业转移人口落户积极性。

2. 建立城市人才入乡激励机制

制定财政、金融、社会保障等激励政策，吸引各类人才返乡入乡创业。鼓励高校毕业生、创业能人、社会贤达返乡创业就业，实现城市发展要素与农村资源互利共享。财政支持政策要向返乡下乡人员创业创新延伸覆盖，同时，把返乡下乡人员开展农业适度规模经营所需贷款纳入全国农业信贷担保体系。应加快培育乡村治理人才，通过大学生村官培育计划、基础乡镇事业编制人员选拔等多种渠道加强农村基层社会工作的人才队伍建设。建立城乡人才合作交流机制，推动城市人才适度编岗分离，积极推进城乡双向联体建设，推进城市教科文卫体等工作人员定期服务乡村。支持市民下乡，依托农村集体经济组织探索人才加入机制，提升城市人才入乡建设的积极性。

3. 改革完善农村承包地制度与农村宅基地制度

坚持稳定农村土地承包关系，切实保护好承包户对集体所有土地依法享有的占有、使用、收益权利，落实第二轮土地承包到期后再延长30年政策，并同步加快完成农村承包地确权登记颁证工作。推进实施农村土地承包信息化管理，建立农村承包土地经营权流转网络交易平台，探索承包合同网签机制，以及时了解农户农地流转意向，降低承包双方之间的信息搜寻成本，提升土地流转市场资源配置效率。完善农村承包地“三权分置”制度与土地经营权流转管理办法，鼓励新型经营主体开展适度规模经营，通过优化生产结构、采纳推广先进技术、延伸产业链条，激发乡村内生发展活力。审慎推进宅基地制度改革，加快完成房地一体的宅基地使用权确权登记颁证工作。探索宅基地所有权、资格权、使用权“三权分置”，落实宅基地集体所有权，保障宅基地农户资格权和农民房屋财产权，适度放活宅基地和农民房屋使用权。在符合国土空间、村庄发展规划与农民切身利益等要求的基础上，优化农村宅基地布局规划，统一整合后实现乡村建设用地高效开发利用。鼓励城市工商资本、集体经济组织探索利用农村闲置宅基地和住宅发展乡村现代化新兴产业。明晰国家、村集体和农户间以及社会资本、市场主体参与宅基地开发获益后的利益分配机制，确保农村闲置宅基地流转与交易市场的公平、公正、有序运行。

4. 建立集体经营性建设用地入市制度

加快完成农村集体建设用地使用权确权登记颁证工作。落实市场配置城乡土地资源的机制，推动建立健全城乡统一建设用地市场，在符合规划和用途管制前提下，完善县域农村建设用地总量控制制度，以乡镇或村为单位开展全域土地综合整治、工矿废弃地复垦、碎片化建设用地整治，优化农村集体建设用地布局；允许农村集体经营性建设用地通过出让、出租等有偿使用方式入市，允许就地入市或异地调整入市；探索农村集体经营性建设用地村社一体化、合作经营等新模式，推动资源、资金要素的有效聚合。完善农村土地征收制度，保证被征地农民的知情权、参与权，缩小征地范围，进一步细化土地征收程序，完善对被征地农民合理、规范、多元化保障机制。

5. 健全财政金融投入保障机制

以财政收支稳健协调运行为中心，进一步优化财政支出结构，充分发挥公共财政支持城乡融合发展的职能，鼓励各级财政支持城乡融合发展及相关平台和载体建设，撬动更多社会资金投入。稳步提高土地出让收入用于农业农村的比例，集中支持乡村振兴重点任务，为实施乡村振兴战略提供有力支撑。加强信用乡、信用村、信用户创建，完善农村信用体系。构建地方政府主导、当地人民银行推动、金融机构落实、社会各方参与的协调联动合作机制，推动农村信用社、中小银行等优化业务结构，提升金融产品对农业产业链的适应性，加大开发性和政策性金融支持力度。鼓励地方政府发行项目融资专项债券，支持乡村振兴项目融资。完善农业信贷担保体系，以新型农业经营主体需求为导向，积极探索建立政府、银行、担保联动合作运营机制。着重提升农业保险的覆盖面与普惠程度，扩大综合性农业保险的比重，降低农户生产经营风险。

6. 建立工商资本入乡促进机制

深化“放管服”改革，打造法治化、便利化基层营商环境，稳定市场主体预期，引导工商资本为乡村输入现代生产要素和新型经营管理模式，带动城乡融合发展。完善融资贷款相关政策，农村金融机构应优化对工商资本下乡的信贷服务，创新服务于工商资本项目的金融产品，简化贷款手续，适当放宽贷款条件。完善工商资本投资农业农村相关政策指引，支持其依法依规拓展业务，探索在政府引导下工商资本与村集体合作共赢模式。支持其采用股份合作、保底分红等多种模式，实现产业链增值收益主体共享。建立严格的工商资本准入制度和风险防范机制，严守耕地保护红线，防止可能出现的耕地“非农化”“非粮化”倾向。

7. 建立科技成果入乡转化机制

健全涉农技术创新市场导向机制和强化产学研协同攻关机制，提升农业科技创新整体效能，鼓励创建技术转移机构和技术服务网络，引导科技人员进一步向县、乡、村下沉，带动技术、信息、理念及各类创新要素向农村集聚，强化创新成果同产业对接、创新项目同现实生产力对接。建立健全农业科研成果产权制度，赋予科研人员科技成果所有权。通过政府购买服务的方式，鼓励城镇技术力量与农村产业发展相结合，推动技术下乡，加强科技成果落地转化。探索公益性和经营性农技推广融合发展机制，允许农技人员通过提供增值服务合理取酬。优化完善科技特派员制度，夯实乡村振兴的人才队伍，更好促进新兴技术和农村发展有机结合。

（二）建立健全有利于城乡基本公共服务普惠共享的体制机制

1. 建立城乡教育资源均衡配置机制

构建以乡村为出发点的新型城镇村义务教育一体化模式，通过定点帮扶学校的建设，联通校际交流机制，实现区域内教育资源互联互通，合理配置教育资源，缩小城乡二元对立带来的教育差异。建立起城乡教师交流机制，完善教师轮岗制度，鼓励乡村教师参与城镇学校的专业技能培训工作，定期选派城镇优秀教师下乡开展教学研讨活动。建立完善的薪酬保障机制、补全绩效激励机制、健全社会保障机制，增强乡村教师岗位吸引力。推行城乡义务教育学校标准化建设，加强小规模学校和寄宿制学校建设，通过优化办学理念和布局，提升教育资源的普惠性。

2. 健全乡村医疗卫生服务体系

加大对农村医疗基础设施的资金投入，推进卫生服务项目建设，改善乡村卫生院和卫生室基本设施条件，从而为农村医疗卫生事业的发展奠定良好的基础。建立和完善相关政策制度，统筹县域内医疗卫生人才资源，建立健全定期向乡村派驻医务人员工作机制。完善城乡协同、以城带乡帮扶机制，健全网络化服务运行机制，加快构建紧密型县域医共体，鼓励城市大医院与县医院建立对口帮扶、巡回医疗和远程医疗机制，引导优质医疗资源下沉农村地区。全面推进分级诊疗制度建设，完善差异化医保支付政策，通过提高基层医疗机构看病报销比例、将远程诊疗费纳入医保支付，切实降低就医负担。

3. 健全城乡公共文化服务体系

对城乡公共文化设施的布局、服务提供、队伍建设进行统筹，推动文化资源重点向乡村倾斜，提高服务的覆盖面和适用性。以文化需求引导文化供给，实行政府向社会购买公共文化服务，推行按需制单服务模式，引导居民参与公共文化服务项目规划、建设与管理，同时完善相应的供给动态监测机制、反馈和纠偏机制。鼓励群众自创内容，以文化能人和文艺骨干为核心，结合传统节日、民俗节庆开展文体活动，鼓励形式和内容创新。促进传统村落物质和非物质传统文化的活态传承，增强对传统村落的保护并提高其内生发展动力，有效助力乡村振兴。提升乡村文化治理能力，充分发挥村规民约在倡导文明新风中的重要作用。

4. 完善城乡统一的社会保障救助制度

巩固和完善城乡统一的居民基本医疗保险、大病保险和基本养老保险制度。提高基本医疗保险的统筹水平，健全重大疾病医疗保险制度，提高新农村医疗合作保险财政补贴比例，推行低收入群体医疗补充制度性保险，完善兜底救助体系。推进跨省异地就医费用直接结算，简化异地就医备案流程。提升养老服务供给的多元性，发展机构养老、社会互助养老新模式，提高社会保障能力。加强社会救助制度城乡统筹，巩固边境县区城乡低保一体化成果，加强社会救助政策与乡村振兴战略衔接，顺应农业转移人口市民化进程，及时将农业转移人口中的困难群众纳入救助帮扶范围。将福利服务对象延伸到老年人、儿童、残疾人等社会弱势群体和边缘群体，提升社会福利机构和设施的服务质量和水平。

5. 建立健全乡村治理机制

建立了以村党组织为领导，村民自治组织和村务监督组织为基础、村集体经济组织为纽带、其他配套组织为补充的村级组织架构体系。全面推行村党组织书记通过合法程序担任乡村集体经济合作组织、经济组织负责人，坚持以党建引领乡村治理，并鼓励村民以土地、资金等方式入股合作，发挥群众参与治理主体作用，增强乡村治理能力。集体经济组织要发挥在管理集体资产、合理开发集体资源、服务集体成员等方面的作用。不断提高基层政务公开标准化水平，完善村务相关信息的公开机制，加强群众对村级权力有效监督。强化村级综合服务平台建设和管理，完善网格化管理体系和乡村便民服务体系。

（三）建立健全有利于城乡基础设施一体化发展的体制机制

1. 建立城乡基础设施一体化规划机制

以市县域为单元进行基础规划，推动各类规划在村域层面上“多规合一”，统筹布局道路、供水、供电、信息、广播电视、防洪和垃圾污水处理等设施。建立从设计标准、规划、建设至管理养护体系的城乡道路一体化机制，加强城乡交通运输网络的有效衔接，实现县乡村道路联通，强化交通运输行业监管，完善道路安全防范措施。统筹规划公共基础设施，推动市政公用设施向郊区乡村和规模较大的中心镇延伸。统筹规划城乡生活垃圾收运处置体系、再生资源回收利用体系，加强污染物排放和环境治理在线实时监测监控，全面提升生产生活垃圾减量化、资源化、无害化处置水平，建立绿色生态环境保护长效机制。

2. 健全城乡基础设施一体化建设机制

明确乡村基础设施的公共产品定位，构建事权清晰、权责一致、中央支持、省级统筹、县级负责的农村基础设施投入体系。健全分级分类投入机制，对乡村道路、水利及邮政等公益性强、经济性较低的设施，建设投入以政府为主；对乡村供电、电信和物流等经营性为主的设施，支持通过公私合营模式开展农村电网业务，支持民间资本以资本入股、业务代理等形式与基础电信企业开展合作。支持地方政府将农村基础设施项目整体打包，提高收益能力，并建立运营补偿机制，保障社会资本获得合理投资回报。

3. 建立城乡基础设施一体化管护机制

健全城乡公共基础设施管护机制，明确管护主体、管护责任、管护方式、管护经费来源等，推进公共基础设施城乡一体化管护。建立农村公共基础设施管护评价体系，明确乡村基础设施产权归属，由产权所有者建立管护制度，落实管护责任。增强农民主动参与设施管护的意识，自觉缴纳有偿服务和产品的费用。以政府购买服务等方式引入专业化企业，提高管护市场化程度。探索开展乡村基础设施综合保险改革，不断拓展乡村基础设施管护经费来源渠道。

（四）建立健全有利于乡村经济多元化发展的体制机制

1. 健全农业支持保护制度

提高农业支持保护的制度效能，构建高质量的农业供给体系，实现农业生产与市场需求对接。落实最严格的耕地保护制度，科学划定永久基本农田和粮食生产功能区，严格落实耕地用途管制与耕地占补平衡制度要求。提高补贴政策指向性和精准性，加大改善生产条件、生态环境、助农增收政策支持力度，加快构建新型农业补贴政策体系。完善种粮补贴制度，探索农业补贴同粮食生产“挂钩”机制。加快发展土地流转型、服务带动型等多种形式适度规模经营，统筹安排涉农财政资金支持新型经营主体开展农业产业化经营，通过以奖代补方式，对带动成效显著的龙头企业、农民专业合作社等予以奖励。强化资源保护与节约利用，建立健全耕地轮作休耕制度、高效节约的农业用水制度以及农业生物资源保护与利用制度体系。

2. 建立新产业新业态培育机制

产业振兴是乡村振兴的重中之重，构建农村一二三产业融合发展体系，探索农业内部融合、产业延伸融合、功能拓展融合等融合模式，延长产业链，推动农业与旅游、文化、电子商务等产业深度融合。大力发展农业产业化联合体、农业产业园、休闲农庄等各类新兴产业载体，促进各类农业经营主体衔接融合、优势互补，提升产业发展质量与效率。加强对产业发展的方向性引导，优化特色优势产业要素投入结构和投入方式，推进产业链横向纵向的扩张，通过集聚资源提升产品竞争力，打造辐射带动力强、示范效应显著的区域产业增长极。搭建产销对接平台，适应居民消费升级趋势，制定便利市场准入、加强事中事后监管的政策，利用大数据信息技术引导乡村产业改善服务质量。进一步放宽休闲农业用地政策，探索实施针对乡村产业的“点供”用地政策，提高用于乡村新产业新业态发展的建设用地指标。

3. 探索生态产品价值实现机制

牢固树立“绿水青山就是金山银山”的理念，推进生态产业高质量发展，实现生态保护与产业升级协同发展。逐步完善政府主导、企业和社会各界参与、市场化运作的城乡生态产品价值实现机制。明确生态资产产权，核算生态产品价值，鼓励社会资本采取自主投资、与政府合作、公益参与等模式参与生态建设，加快推进生态产品价值实现。注重运用市场机制促进环境保护，加快完善生态环保的价格和收费机制，灵活有效发挥价格杠杆的激励约束和利益调节作用。实现生态资源的市场化交易和可持续运营，推动各地搭建生态资源规模化收储、生态产品交易平台，实现生态产品供给方与需求方、资源方与投资方的高效对接。

4. 建立乡村文化保护利用机制

立足乡村文明，吸取城市文明及外来文化优秀成果，在保护传承的基础上，不断赋予其新的时代内涵，丰富其表现形式。以尊重和保护乡村文化为前提，主动对接和融入城市文化体系，以产业化和市场化方式整合各种地方特色文化资源，有针对性地开发相关文化产品与服务，因地制宜地促进乡村文化遗产的传承与利用。积极推动传统村落、遗产保护利用机制，深入挖掘其历史价值与文化价值。乡土人才是乡村文化振兴的重要支撑，发掘和培育乡土优秀文化人才，建立相关人才定期服务乡村机制，同时引导社会各界投身乡村文化建设，为乡村传统文化的传承和发展提供可持续的动力支持。

5. 健全城乡统筹发展规划制度

搭建资源共享、链条共建的城乡产业协同发展平台，推动城乡要素跨界配置和产业有机融合。建设一批高质量特色小镇、重点中心镇，提升小城镇联结城乡的功能，促进农村经济繁荣发展。培育城乡融合有效载体，支持龙头企业创建一批城乡融合典型项目，优化提升各类农业园区，在突出产业功能的同时，增强休闲、娱乐、康养等功能，更好地服务城乡居民生活。在新型城镇化的规划和发展中充分考虑乡村的发展需求，以市县为中心科学编制发展规划，强化城乡一体设计，统筹安排市县产业发展、生态涵养、城镇建设、村落分布等空间布局，强化城乡设施的衔接，形成城乡产业功能优势互补、发展互促的格局，着力提升地区的空间功能和综合承载力。协调布局村庄住房、基础及公共服务设施，依法依规进行历史文化传承保护，因地制宜开展村庄规划编制。

（五）建立健全有利于农民收入持续增长的体制机制

1. 完善促进农民工资性收入增长环境

建设平等竞争、规范有序、城乡统一的劳动力市场和公共就业服务体系，延伸就业创业服务覆盖面。支持农民工通过临时性、非全日制、季节性、弹性工作等多种形式实现灵活就业，健全劳务输出对接机制，完善岗位收集、精准匹配、高效输出全流程服务，帮助农民工有序外出务工。规范招工用人制度，逐步消除性别、户籍、身份等影响平等就业的不合理限制或就业歧视，健全农民工劳动权益保护机制，放宽灵活就业人员养老和医疗保险参保条件。要实施新生代农民工职业技能提升计划，大力开展适合农民工就业的技能培训和新职业新业态培训，不断提升工资收入水平。

2. 健全农民经营性收入增长机制

构建多元化的农业社会化服务体系，培育发展新型农业经营主体，通过提供农资供应、技术信息指导及金融服务等，整合农业生产、销售、运输、加工各个环节，降低农户农业生产成本，提高农产品产量与销售价格。探索现代化合作经营模式，完善企业与农民利益联结机制，引导农户自愿以土地经营权等入股新型农业经营主体，通过利润返还、保底分红、股份合作等多种形式，与农户建立相对稳定的购销关系，结成利益共享、风险共担的共同体。建立农产品优质优价正向激励机制，鼓励支持新型经营主体立足区域特色资源禀赋，以优势产业链为基础，打造区域公用品牌，提高产品的附加值与竞争优势，助力农民增收。

3. 建立农民财产性收入增长机制

以市场化改革为导向，深化农村集体产权制度改革，加快推进集体经营性资产股份合作制改革，将农村集体经营性资产以股份或者份额形式量化到本集体成员，推动资源变资产、资金变股金、农民变股东。健全社企合作长效机制，鼓励农村集体经济组织以集体资产资源参股经营稳健的工商企业，或与工商企业组建混合所有制产业经营实体，发展混合所有制经济，盘活乡村闲置资产，实现集体资产保值增值。深化农村土地要素改革，提高农民从土地征收、土地租赁等方面获得的财产性收入。不断健全农村金融服务体系，强化金融产品和服务方式创新，拓宽农村居民投资理财渠道，促进农民财产性收入多元化。

4. 强化农民转移性收入保障机制

健全以税收、社会保障、转移支付等为主要手段的再分配调节机制，加大对农民的直接补贴力度，完善重要农产品生产者补贴制度，加大对粮食生产功能区以及重要农产品生产区转移支付、补贴力度。多渠道整合、统筹使用涉农资金，探索建立普惠性农民补贴长效机制。健全统筹城乡、可持续的基本养老保险制度、基本医疗保险制度，完善最低生活保障制度，不断完善多层次的农村社会保障体系。

四、城乡融合发展的制度保障与政策体系

（一）深化土地制度改革

土地是联结城乡的重要纽带和关键要素，土地制度改革是城乡融合发展的突破口。深化土地制度改革，有利于强化城乡功能联结，形成工农互促、城乡互补、全面融合、共同繁荣的城乡融合新局面。首先，在土地资源有效配置方面，以县域为单元开展全域土地综合整治，强化土地用途管制制度，合理划定允许建设区的管制边界，规范和完善现行土地占补平衡、城乡建设性用地统筹和指标增减挂钩政策，加强农村土地利用供给的精细化管理，严守耕地保护红线，节约集约利用城乡土地；稳慎推进农村宅基地制度改革，逐步扩大宅基地使用权的受让主体，赋予农民更充分的财产权益；构建入市决议规则完整、用途明确的集体经营性建设用地制度，鼓励通过异地指标流转等形式，为农户和村集体创造收益，同时缓解城乡建设用地紧缺的情况；完善城乡低效用地再开发政策，探索农产品加工产业园区、产业融合等城乡土地综合开发利用模式，统筹安排各项土地利用活动，提高城乡土地利用效率；规范农村集体建设用地土地增值收益管理，将土地增值收益更多留在农村、留给农民；建立农村土地的抵押担保制度，制定相关政策鼓励金融机构适当扩大农村抵质押物的范围，探索利用农民宅基地使用权、农房所有权、集体经营性建设用地使用权和农用地承包经营权等进行抵押贷款的融资担保新途径。

（二）健全财政支农政策

农村可持续发展是城乡融合发展的坚实保障，通过增加财政支农投入

弥补乡村发展的短板，能够缩小城乡差距，夯实城乡融合发展的现实基础。建立健全涉农资金统筹整合的长效机制，对于资金性质相同、用途相近的资金应坚持集中投放，在财政支持对象的选择上提高精准性和指向性，切实提高财政资金的使用效率；利用财政转移支付支持高标准农田建设，确保国家粮食安全和重要农产品稳产保供，接续完善粮食补贴、农机购置补贴政策体系，保障种粮农民收益；统筹财政资金向农村集体经济发展倾斜，进一步加大对农村公共基础设施管护支持力度，完善落实税费政策，对村集体经济组织符合增值税免征政策的有关经营项目，免征增值税；整合财政资金支持现代农业产业发展，完善产业发展的支撑保障，加快打造现代农业产业园、优势特色产业集群和农业产业强镇，提升全产业链发展水平，带动群众增收致富；提高农业科技研发和成果转化运用的资金支持力度，支持农业领域科技创新研究、创新平台和科技引领示范基地的建设，支持建立技术研发与采纳的双向畅通交流机制；积极发挥政府债券稳定投资、促进经济增长的作用，根据各地财力状况、项目收益等因素，灵活安排政府债券资金支持乡村振兴领域项目建设。

（三）完善金融支持政策

加强城乡、区域间的金融合作，促进城乡间金融资源的合理分配，提高金融服务供给质量与服务于城乡经济发展的能力，有利于推动城乡之间要素的流动和合理配置，实现城乡一体化均衡发展。统筹推进城乡金融服务一体化，发挥发达地区的金融辐射带动作用，破除城乡二元金融结构，通过发展普惠金融、数字金融等新兴金融模式，让农村金融客户享有与城市客户平等的融资身份，从而有效化解城乡金融服务结构性矛盾；通过运用财政奖补、贴息等政策措施，降低农村金融机构的经营成本和信贷风险，引导金融机构发放贷款，鼓励金融机构网点下沉，鼓励各类金融机构在农村设立营业网点，适度降低农村信贷服务门槛，积极服务农民生产经营活动；建立健全农村信用体系，充分发挥金融科技的工具作用，全面开展信用户、信用村信息采集和主动评级授信，构建农户信用信息大数据平台，实现线上信息采集、系统自动评分、信用分级和预授信等，扩大农村信用体系建设覆盖面；健全农业信贷担保体系，充分发挥政府性融资担保机构的调节作用，统筹配置担保资源，创新开发针对农村产权抵质押贷款专属金融服务和产品，推动建立“政银担保投”联动支农机制；建立多渠道资金筹措机制，加大中长期贷款投放比重，支持重大城乡融合发展项目建设，鼓励和引导社会资本投入，引导银行机构依据重点项目资金使用特性及周期，创新金融产品，满足项目融资需求，同时建立信贷资金支持城乡融合发展评价机制；鼓励和支持金融机构开展农业供应链金融服务，以农业产业链核心企业的资产质量、资本实力、信用水平等条件为基础，以农业产业链各经营主体的经营状况和信用水平为补充，推动形成核心企业和上下游各参与主体之间的信用联结机制，通过城乡企业对接促进城乡融合发展。

（四）加强公共服务体系建设

深化城乡公共服务供给侧改革，实现城乡基本公共服务均等化、标准化、普惠化发展是实现城乡融合与共同富裕的必然要求。建立健全基本公共服务需求表达机制和决策监督机制，保证城乡居民的表达权和切身利益，坚持需求精准化识别，设计构建便于群众反馈真实需求的一体化平台、通道或机制，继而提升服务供给精准性；坚持公共服务供给主体多元化改革，支持企业和非营利组织参与公共服务，探索购买服务、引导扶持、共同负担等多种政府与社会资本合作模式，适当引入市场竞争机制，以服务内容和运营绩效作为重要的考核指标，以绩效考核来实现公共资源配置的优化，提高城乡公共服务的供给效能；充分发挥技术对公共服务体系的创新推动作用，运用信息化手段缓解公共服务中的供需信息不对称问题，通过数据共享平台进行资源整合和分配，同时促进数字技术与公共服务新业态融合；建立均等化的公共服务体系，均衡城乡要素的投入配置比例，加快城乡之间义务教育、社会保障、公共卫生、劳动就业等制度的一体化设计与实施，推动城乡基本公共服务内容和标准统一衔接，逐步缩小省域间、县域间、地市间的服务差距。

主要参考文献

REFERENCES

埃里克·弗鲁博顿，鲁道夫·芮切特．新制度经济学——一个交易费用分析范式［M］．上海：上海人民出版社，2006.
白永秀．城乡二元结构的中国视角：形成、拓展、路径［J］．学术月刊，2012（5）.
白志刚．解读发展合作经济须面对的几个基本问题［J］．中国合作经济，2012（7）.
毕国华，杨庆媛，张晶渝，等．改革开放40年：中国农村土地制度改革变迁与未来重点方向思考［J］．中国土地科学，2018（10）.
蔡海龙，等．全面准确把握大食物观科学内涵［N］．经济日报，2022-09-06.
曾福生，史芳．农业社会化服务如何促进小农户与现代农业发展有机衔接——一个理论分析框架［J］．吉首大学学报（社会科学版），2021（5）.
陈建伟．我国农业科技创新效率研究［D］．保定：河北农业大学，2010.
陈剑平，万忠，刘艳．农业科技创新驱动发展战略研究［M］．北京：科学出版社，2021.
陈明．农业农村现代化的世界进程与国际比较［J］．经济体制改革，2022（4）.
陈锡文，赵阳，罗丹，等．中国农村改革30年回顾与展望［M］．北京：人民出版社，2008.
陈锡文．坚持走中国特色农业现代化道路——学习习近平总书记相关论述的几点认识［J］．中国农村经济，2016（10）.
陈锡文．农村改革四十年的突破、成就和启示［J］．中国农业文摘，2019（2）.
陈锡文．中国农村改革40年［M］．北京：人民出版社，2018.
陈锡文．中国农村改革研究文集［M］．北京：中国言实出版社，2019.
陈佑启，陶陶．论可持续农业的评估指标［J］．农业现代化研究，2000（5）.
陈宗胜，张小鹿，黄云．中国精准扶贫实践与总体效果及方向［M］．北京：经济科学出版社，2021.
崔凯，冯献．我国农业农村信息化的阶段性特征与趋势研判［J］．改革，2020（6）.
崔宁波，董晋．主产区粮食生产安全：地位、挑战与保障路径［J］．农业经济问题，2021（7）.
单琳琳．优化农村公共服务供给提升基层社会治理效能［J］．宏观经济管理，2022（10）.

邓灿辉，马巧云，魏莉丽．我国农业科技创新效率的区域差异及其影响因素研究［J］．中国农业资源与区划，2020（5）．
丁俊华．发展中国家农业合作社发展及其启示［J］．特区经济，2018（10）．
丁声俊．大食物观提出的客观依据、深远意义及落实举措［J］．中州学刊，2023（5）．
董云云．加强农村基础设施建设促进农村经济发展［J］．经济研究导刊，2011（24）．
杜为公，杜康．我国贫困治理效果评估理论与实证研究［M］．武汉：武汉大学出版社，2021．
杜鹰．中国的粮食安全战略（下）［J］．农村工作通讯，2020（22）．
杜志雄，肖卫东．全方位夯实粮食安全根基：意义、内涵及重点任务［J］．中州学刊，2022（12）．
杜志雄．农业农村现代化：内涵辨析、问题挑战与实现路径［J］．南京农业大学学报（社会科学版），2021（5）．
樊胜根．大食物观引领农食系统转型全方位夯实粮食安全根基［J］．中国农村经济，2022（12）．
冯文丽，苏晓鹏．农业保险助推乡村振兴战略实施的制度约束与改革［M］．农业经济问题，2020（4）．
高帆．乡村振兴战略中的产业兴旺：提出逻辑与政策选择［J］．南京社会科学，2019（2）．
高杰，苏艺，付娆．中国式农业农村现代化：科学解析、生成逻辑与推进战略［J］．农村经济，2023（3）．
高启杰．农业推广学［M］．北京：中国农业大学出版社，2008．
高强，曾恒源．“十四五”时期农业农村现代化的战略重点与政策取向［J］．中州学刊，2020（12）．
高强，薛洲．以县域城乡融合发展引领乡村振兴：战略举措和路径选择［J］．经济纵横，2022（12）．
高芸，蒋和平．我国农业现代化发展水平评价研究综述［J］．农业现代化研究，2016（3）．
耿鹏鹏，罗必良．在中国式现代化新征程中建设农业强国——从产品生产到社会福利的发展模式转换［J］．南方经济，2023（1）．
龚道广．农业社会化服务的一般理论及其对农户选择的应用分析［J］．中国农村观察，2000（6）．
龚明远，周京奎，张朕．要素禀赋、配置结构与城乡收入差距［J］．农业技术经济，2019（6）．
苟文峰，等．乡村振兴的理论、政策与实践研究——中国“三农”发展迈入新时代［M］．北京：中国经济出版社，2019．
顾焕章，王培志．论农业现代化的涵义及其发展［J］．江苏社会科学，1997（1）．

顾仲阳，常钦，王浩，等．全方位夯实粮食安全根基［N］．人民日报，2022-11-09.
郭晨，张卫东．产业结构升级背景下新型城镇化建设对区域经济发展质量的影响——基于 PSM-DID 经验证据［J］．产业经济研究，2018（5）.
郭卫军，张衔春．中国共同富裕水平的测度与区域时空差异研究［J］．经济问题探索，2023（4）.
郭翔宇，胡月．乡村振兴战略的鲜明特征［N］．中国社会科学报，2018-11-04.
郭翔宇．实施乡村振兴战略 加快推进农业农村现代化［J］．农业经济与管理，2017（5）.
郭翔宇．推进农业高质量发展 以农业强省支撑农业强国建设［J］．农业经济与管理，2022（6）.
郭晓鸣，骆希．农民合作社：发展逻辑、现实挑战及优化路径［J］．社会科学战线，2023（2）.
郭扬华．美国农村、农业发展及启示——美国农业金融考察［J］．中国农业银行武汉培训学院学报，2011（1）.
国务院发展研究中心农村部课题组．从城乡二元到城乡一体——中国城乡二元体制的突出矛盾与未来走向［J］．管理世界，2014（9）.
国务院发展研究中心农村经济研究部课题组．新发展阶段农业农村现代化的内涵特征和评价体系［J］．改革，2021（9）.
韩俊．中国农村改革（2002—2012）［M］．上海：上海远东出版社，2012.
韩磊．大食物观下我国重要农产品稳产保供的现实困境与政策思路［J］．当代经济管理，2023（4）.
韩文龙，吴丰华．新时代城乡融合发展的理论内涵与实现路径［J］．马克思主义与现实，2020（2）.
韩晓增，邹文秀．我国东北黑土地保护与肥力提升的成效与建议［J］．中国科学院院刊，2018（2）.
韩杨．加快建设农业强国［J］．红旗文稿，2023（4）.
韩元钦．中国农村的合作经济［M］．长春：东北师范大学出版社，1991.
韩长赋．加强东北黑土地保护 推进农业绿色发展［N］．人民日报，2018-02-05.
韩长赋：四十年农业农村改革发展的成就经验［J］．农村科学实验，2019（2）.
韩正清．农村经济增长中的农村金融资源供给及效应［D］．重庆：西南大学，2006.
何黎明．中国智慧物流发展趋势［J］．中国流通经济，2017（6）.
何立峰．党的十八大以来发展改革领域取得的历史性成就发生的历史性变革［J］．宏观经济管理，2022（5）.
何忠伟．中国农业政策与法规［M］．北京：中国农业出版社，2009.
胡鞍钢，鄢一龙．迈向现代农业强国［J］．当代贵州，2017（48）.
胡冰川．改革开放四十年农业支持保护制度：脉络与发展［J］．江淮论坛，2019（2）.
胡桂芳，李长田．来一场“三物农业”观念大变革［J］．农村工作通讯，2022（9）.

胡乐明．贫困治理理论和中国经验［M］．北京：社会科学文献出版社，2020.
胡璐，于文静．助力夯实“三农”压舱石［N］．新华每日电讯，2022-08-25.
胡新艳，陈卓，罗必良．建设农业强国：战略导向、目标定位与路径选择［J］．广东社会科学，2023（2）.
黄国勤．绿色农业及其若干特征探讨［J］．中国食物与营养，2010（1）.
黄季焜，解伟．中国未来食物供需展望与政策取向［J］．工程管理科技前沿，2022（1）.
黄青禾．农业社会化服务体系研究［M］．北京：北京农业大学出版社，1994.
黄少安．改革开放40年中国农村发展战略的阶段性演变及其理论总结［J］．经济研究，2018（12）.
江美芳．农村的金融发展与经济增长——基于江苏省农户的调查分析［D］．苏州：苏州大学，2011.
姜长云，李俊茹，巩慧臻．全球农业强国的共同特征和经验启示［J］．学术界，2022（8）.
姜长云，李俊茹．关于农业农村现代化内涵、外延的思考［J］．学术界，2021（5）.
姜长云．农业强国［M］．北京：东方出版社，2023.
姜长云．我国推进农业强国建设的战略思路和现实举措［J］．社会科学辑刊，2022（6）.
蒋和平．健全种粮农民收益保障机制和主产区利益补偿机制，调动维护粮食安全的“两个积极性”［J］．农业经济与管理，2022（6）.
蒋永穆，卢洋，张晓磊．新中国成立70年来中国特色农业现代化内涵演进特征探析［J］．当代经济研究，2019（8）.
解安，林进龙．新型城镇化：十年总结与远景展望［J］．河北学刊，2023（1）.
金三林，曹丹丘，林晓莉．从城乡二元到城乡融合——新中国成立70年来城乡关系的演进及启示［J］．经济纵横，2019（8）.
柯炳生．我国粮食需求增长趋势持续增加［J］．农村工作通讯，2018（17）.
孔祥智，等．新型农业社会化服务体系建设：供给侧视角（第一卷）［M］．北京：经济管理出版社，2020
孔祥智，赵昶．农村现代化的内涵及实现路径［J］．中国国情国力，2021（4）.
孔祥智．全面小康视域下的农村公共产品供给［J］．中国人民大学学报，2020（6）.
孔祥智．中国农民合作社的发展与创新（1978—2018）［J］．南京农业大学学报（社会科学版），2018（6）.
冷志杰．农产品物流与供应链管理［M］．北京：高等教育出版社，2019.
黎东升．论农业可持续发展及其评价指标体系的建立［J］．湖北农学院学报，2000（8）.
黎红梅，周冲．全面推进乡村振兴背景下农村高效物流体系构建分析［J］．理论探讨，2021（3）.
李道亮．中国农业农村信息化发展报告（2021）［M］．北京：机械工业出版社，2022.
李刚，李双元．青海省农业农村现代化发展水平研究［J］．农业现代化研究，2020（1）.

李国平，孙瑀．以人为核心的新型城镇化建设探究［J］．改革，2022（12）．
李国英．乡村振兴战略视角下现代乡村产业体系构建路径［J］．当代经济管理，2019（10）．
李丽颖．科技自强是攥牢良种的根本路径［N］．农民日报，2023-01-31．
李明贤．中国新型农村资金互助社发展成效与问题评析［J］．湖南农业大学学报（社会科学版），2011（5）．
李明星，覃玥．农业农村现代化：历史回溯、时代内涵、目标定位与实现路径［J］．当代经济研究，2022（11）．
李培林，王萍萍，等．扶贫蓝皮书：中国扶贫开发报告（2016）［M］．北京：社会科学文献出版社，2016．
李俏，王建华．农业社会化服务中的政府角色：转型与优化［J］．贵州社会科学，2013（1）．
李维生．构建我国多元化农业技术推广体系研究［M］．北京：中国农业科学技术出版社，2007．
李艳．新时期我国农业信息化建设中存在的问题及优化策略［J］．农业经济，2022（8）．
李长洋．互联网＋背景下农业信息化发展路径研究［D］．武汉：华中师范大学，2017．
梁波．加快推进基本公共服务均等化的改革举措［J］．理论探讨，2018（4）．
廖菁，邹宝玲．国外乡村产业发展经验及对中国乡村产业振兴的启示［J］．世界农业，2022（5）．
林毅夫．制度：技术与中国农业发展［M］．上海：上海人民出版社，2008．
刘成玉．论中国农产品流通体系建设［M］．成都：西南财经大学出版社，1999．
刘东明．农业产业化与农产品流通［M］．北京：中国审计出版社，2001．
刘国斌，车宇彤．农业信息化与农业现代化融合发展研究［J］．情报科学，2019（1）．
刘娟．中国农村扶贫开发的沿革、经验与趋向［J］．理论学刊，2009（8）．
刘科，黄博琛．大食物观：超越粮食安全战略的时代价值与实践方案［J］．中州学刊，2023（5）．
刘丽伟．中国农业可持续发展障碍因素分析［J］．社会科学辑刊，2006（2）．
刘彤．农村公共产品供给问题及解决思路——基于供给主体的分析［J］．理论探索，2015（3）．
刘雯丽．构建中国农村金融体系研究［D］．西安：西北大学，2007．
刘小峰．异质性视角下农户公共产品需求研究——以福建为例［M］．北京：社会科学文献出版社，2017．
刘艳．"一带一路"倡议下中国绿色食品产业供应链发展路径研究［J］．云南社会科学，2022（4）．
刘振中．乡村振兴战略背景下优化农村现代供应链与扩大农村内需研究［J］．贵州社会科学，2022（6）．

卢文祥．中国农村金融服务体系研究［D］．武汉：武汉理工大学，2011.
鲁奇，任国柱．农业资源态势分析与优化配置［M］．北京：科学出版社，2002.
陆剑，陈振涛．集体经营性建设用地入市改革试点的困境与出路［J］．南京农业大学学报（社会科学版），2019（2）.
陆铭．从分散到集聚：农村城镇化的理论、误区与改革［J］．农业经济问题，2021（9）.
陆益龙．乡村振兴中的农业农村现代化问题［J］．中国农业大学学报（社会科学版），2018（3）.
罗必良，耿鹏鹏．乡村治理及其转型：基于人情关系维度的考察［J］．农业经济问题，2022（10）.
罗吉文，许蕾．论低碳农业的产生、发展与发展对策［J］．农业现代化研究．2010（11）.
罗明忠．人力资本视角下中国农业强国建设的基本路径［J］．求索，2023（1）.
罗千峰，罗增海．合作社再组织化的实现路径与增效机制——基于青海省三家生态畜牧业合作社的案例分析［J］．中国农村观察，2022（1）.
吕莉克．我国小额信贷可持续发展问题研究［D］．成都：西南财经大学，2007.
马佳丽，蔡翼飞．我国新型城镇化过程中的农村土地制度改革：权利安排与路径设计［J］．思想战线，2017（6）.
马萌．乡村振兴战略下农村智慧物流建设研究［J］．农业经济，2022（3）.
毛健，潘鸿，刘国斌．科技创新与经济可持续发展［M］．北京：经济科学出版社，2012.
苗宁．我国农村金融发展中存在的问题与对策研究［J］．安徽农业科学，2012（7）.
农业部农村经济研究中心．中国农村改革：过去与未来［M］．北京：中国农业出版社，2008.
农业农村部信息中心．中国数字乡村发展报告（2022年）［R］．2023.
潘劲．合作经济的实质分析［J］．中国农村经济，1990（7）.
彭超，刘合光．“十四五”时期的农业农村现代化：形势、问题与对策［J］．改革，2020（2）.
彭澎，周月书．新世纪以来农村金融改革的政策轨迹、理论逻辑与实践效果——基于2004—2022年中央“一号文件”的文本分析［J］．中国农村经济，2022（9）.
钱佰慧，等．农村现代化水平评价指标体系构建与测度分析［J］．农业经济与管理，2021（6）.
钱佰慧，郭翔宇，张翔玮，等．省域农村现代化水平评价与区域差异分析［J］．农业现代化研究，2022（5）.
钱静斐，陈秧分．典型发达国家农业信息化建设对我国农业“新基建”的启示［J］．科技管理研究，2021（23）.
乔艳芳．我国农业可持续发展的理论与实现措施［J］．农机化研究．2005（3）.
秦健．农业科技创新助推乡村振兴［N］．光明日报，2023-01-18.
冉启英，朱为利，任思雨．对外开放、产业集聚与新型城镇化质量［J］．统计与决策，

2023（5）.
任大鹏，李玉梅，李梅．农业法学［M］．北京：法律出版社，2018.
石霞，芦千文．如何理解“实现小农户和现代农业发展有机衔接”［N］．学习时报，2018-10-30.
史新杰，李实，陈天之，等．机会公平视角的共同富裕——来自低收入群体的实证研究［J］．经济研究，2022（9）.
宋洪远．农村改革三十年［M］．中国农业出版社，2012.
宋洪远．着力推进重点领域和关键环节的农村改革——中国农村改革40年回顾与思考［J］．农村工作通讯，2018（6-8）.
苏小，金彦平．中国城镇化发展历程及变革研究［J］．农村经济，2013（10）.
苏昕，于仁竹，孙小燕．中国农民专业合作经济组织研究述评［J］．经济学动态，2012（3）.
孙健．金融支持、新型农村金融机构创新与三农发展［D］．济南：山东大学，2012.
孙天琦．产业组织结构研究——寡头主导大中小共生［M］．北京：经济科学出版社，2001.
孙艳英．我国农村经济发展的金融支持研究［D］．哈尔滨：哈尔滨工程大学，2007.
索国勇．探索建设甘肃农业新型公益性服务体系［J］．发展，2010（12）.
覃诚，等．中国分地区农业农村现代化发展水平评价［J］．中国农业资源与区划，2022（4）.
谭永强，田帅，刘蓉蓉．浅论农业高新技术发展趋势及应用前景［J］．农业科技管理，2020（4）.
田俊丽．中国农村信贷配给及农村金融体系重构［D］．成都：西南财经大学，2006.
涂圣伟．面向共同富裕的农民增收长效机制构建［J］．改革，2023（4）.
涂亦聪．我国农业信息化发展现状及策略研究［D］．武汉：华中师范大学，2021.
庹国柱，李军．农业保险［M］．北京：中国人民大学出版社，2005.
庹国柱．我国农业保险发展的政策脉络——基于20年来中央“一号文件”中有关指导意见的学习［J］．保险理论与实践，2023（3）.
万广华．不平等的度量与分解［J］．经济学（季刊），2009（1）.
汪三贵，等．消除贫困：中国的承诺［M］．北京：中国人民大学出版社，2021.
王宾．共同富裕视角下乡村生态产品价值实现：基本逻辑与路径选择［J］．中国农村经济，2022（6）.
王昉，燕洪．财政转移支付政策与贫困治理：基本逻辑与思想转型［J］．财经研究，2022（8）.
王峰．20世纪50年代农业合作化运动再认识［J］．长白学刊，2010（4）.
王海鹰．制度创新：我国农业可持续发展的关键［J］．广西社会科学，2005（1）.
王军，朱杰，罗茜．中国共同富裕发展水平测度及时空演变特征研究［J］．当代经济管理，2023（6）.
王千六．基于城乡经济二元结构背景下的城乡金融二元结构研究［D］．重庆：西南大学，2009.
王素斋．新型城镇化科学发展的内涵、目标与路径［J］．理论月刊，2013（4）.
王向阳，谭静，申学锋．城乡资源要素双向流动的理论框架与政策思考［J］．农业经济问题，2020（10）.
王小华，杨玉琪，程露．新发展阶段农村金融服务乡村振兴战略：问题与解决方案［J］．西南大学学报（社会科学版），2021（11）.
王晓兵．推动农业机械化智能化，强化粮食安全装备支撑［J］．农业经济与管理，2023（1）.
王晓毅，张洁，等．贫困影响评价：概念与应用［M］．北京：中国社会科学出版社，2020.
王新利，赵海霞．论我国粮食物流共同化体系构建［J］．农业经济问题，2012（10）.
王亚华，高瑞，孟庆国．中国农村公共事务治理的危机与响应［J］．清华大学学报（哲学社会科学版），2016（2）.
王彦平．我国农村公共产品供给存在的问题、成因及解决对策［J］．理论探讨，2015（6）.
王宜峰．社会主义新农村建设中的金融支持问题研究——以山东省肥城市为例［D］．泰安：山东农业大学，2008.
魏后凯，崔凯．建设农业强国的中国道路：基本逻辑、进程研判与战略支撑［J］．中国农村经济，2022（1）.
魏后凯，崔凯．农业强国的内涵特征、建设基础与推进策略［J］．改革，2022（12）.
魏后凯，谭秋成，罗万福，等．中国农村发展 70 年［M］．北京：经济科学出版社，2019.
魏政，陈佳瑛，刘涛，等．加快农业科技创新步伐　实现高水平自立自强［J］．农业农村部管理干部学院学报，2022（1）.
温涛，何茜．全面推进乡村振兴与深化农村金融改革创新：逻辑转换、难点突破与路径选择［J］．中国农村经济，2023（1）.
温铁军．八次危机［M］．北京：东方出版社，2013.
吴传钧．中国农业与农村经济可持续发展问题：不同类型地区实证研究［M］．北京：中国环境科学出版社，2001.
吴敌．中国农村信贷发展与改革研究［D］．成都：西南财经大学，2005.
吴孔明．以农业科技自立自强支撑引领农业强国建设［J］．红旗文稿，2023（6）.
吴其阳．农村公共产品协同供给逻辑与路径探究——基于协同治理视角［J］．农村经济，2021（6）.
吴忠福，王晓艳．农业政策与法律法规［M］．北京：中国农业科学技术出版社，2015.

习近平．加快建设农业强国 推进农业农村现代化［J］．求是，2023（3）．
习近平．论“三农”工作［M］．北京：中央文献出版社，2022．．
夏午宁，岳宏志．农村公共产品多元主体协同供给：历史回顾、内在逻辑与机制创新［J］．经济体制改革，2022（5）．
肖冬连．中国二元社会结构形成的历史考察［J］．中共党史研究，2005（1）．
谢玲红，魏国学．共同富裕视野下缩小农村内部收入差距的现实挑战与路径选择［J］．经济学家，2022（9）．
辛岭，郝汉．我国农业现代化发展水平评价方法研究［J］．农业现代化研究，2022（5）．
辛岭，刘衡，胡志全．我国农业农村现代化的区域差异及影响因素分析［J］．经济纵横，2021（12）．
徐放达，王增涛．论中国城乡公共产品供给机制的优化［J］．云南社会科学，2019（1）．
徐应红．农村金融多元化改革探索［D］．杭州：浙江师范大学，2006．
徐振英．环境资源与农业可持续发展［J］．河南农业科学，2005（7）．
徐志刚，宁可，朱哲毅，等．市场化改革、要素流动与我国农村内部收入差距变化［J］．中国软科学，2017（9）．
许彩玲，李建建．城乡融合发展的科学内涵与实现路径——基于马克思主义城乡关系理论的思考［J］．经济学家，2019（1）．
宣杏云，徐更生．国外农业社会化服务［M］．北京：中国人民大学出版社，1993．
亚当•斯密．国民财富的性质和原因的研究［M］．北京：商务印书馆，2015．
杨坚白．关于商业合作化的理论和实践问题［J］．财贸经济，1984（6）．
杨建光．统筹城乡发展金融推动力研究［D］．成都：四川大学，2009．
杨兰举，刘宝仁，解立新．中国农业可持续发展面临的问题及对策［J］．经济论坛，2005（10）．
杨艺，朱翠明，王霞．我国农业信息化建设存在的问题、成因与发展对策研究［J］．情报科学，2019（5）．
姚毓春，张嘉实．构建基于全国统一大市场的城乡融合发展路径研究［J］．求是学刊，2022（6）．
叶兴庆．新时代中国乡村振兴战略论纲［J］．改革，2018（1）．
叶贞琴．加快转型升级 建设农业强国［J］．农村工作通讯，2017（14）．
佚名．保护好黑土地这一“耕地中的大熊猫”［N］．吉林日报，2020-07-25．
尹栾玉．基本公共服务：理论、现状与对策分析［J］．政治学研究，2016（5）．
于法稳，代明慧，林珊．基于粮食安全底线思维的耕地保护：现状、困境及对策［J］．经济纵横，2022（12）．
于凡，郭庆海．发挥农民合作组织的主体作用，促进农业服务业发展——以吉林省农民专业合作组织为例［J］．农业经济，2012（2）．
张安毅．我国农村公共产品供给模式转变的对策思考［J］．中州学刊，2020（9）．

张薄洋．中国农村金融供给问题研究［D］．天津：南开大学，2009.
张波．中国农村金融资源开发机理与模式研究［D］．重庆：西南大学，2009.
张崇尚，施海波，吕开宇．补齐四大短板 推动农业保险高质量发展［N］．农民日报，2023-01-18.
张广胜，李忠旭，梁山．农业政策学［M］．北京：高等教育出版社，2016.
张海鹏．中国城乡关系演变70年：从分割到融合［J］．中国农村经济，2019（3）.
张红杰，张旭．中国式农业农村现代化的探索历程、基本逻辑和发展趋势［J］．经济纵横，2023（2）.
张红霞，江立华．农民工市民化与城镇化进程的共生与错位［J］．华南农业大学学报（社会科学版），2019（1）.
张红宇，张海阳，李伟毅，等．中国特色农业现代化：目标定位与改革创新［J］．中国农村经济，2015（1）.
张晖．乡村振兴战略的政治经济学阐释［J］．求索，2020（1）.
张克俊，杜婵．从城乡统筹、城乡一体化到城乡融合发展：继承与升华［J］．农村经济，2019（11）.
张林，李海央，梁义娟．农村金融高质量发展：水平测度与时空演变［J］．中国农村经济，2023（1）.
张林，温涛．农村金融发展的现实困境、模式创新与政策协同——基于产业融合视角［J］．财经问题研究，2019（2）.
张婷婷．我国乡村振兴的金融支持问题研究［D］．长春：吉林大学，2021.
张晓山．中国农村改革与发展概论［M］．北京：中国社会科学出版社，2010.
张晓辛，傅锡敏．我国农业可持续发展的生态环境现状与对策研究［J］．农业环境与发展，2006（5）.
张应武，欧阳子怡．我国农业农村现代化发展水平动态演进及比较［J］．统计与决策，2019（20）.
张滢，苑鹏．共同富裕目标下农民合作社能力提升的内在机理与现实观照［J］．农村经济，2023（3）.
张振国，孟战表．农业社会化服务与财政支农［M］．北京：企业管理出版社，1997.
张忠根，应风其．农业可持续发展评估：理论、方法与应用［M］．北京：中国农业出版社，2003.
赵景阳，郭艳红，米庆华．广义农业现代化的内涵与评价研究——以山东省为例［J］．农业现代化研究，2007（1）.
赵磊，王金媛．发达国家金融支持农业对黑龙江省的启示［J］．农场经济管理，2008（2）.
赵敏．农产品物流［M］．北京：中国物资出版社，2007.
赵人伟，李实．中国居民收入差距的扩大及其原因［J］．经济研究，1997（9）.

赵为民．集体行动、财政激励与村级公共产品自主供给［J］．华南农业大学学报（社会科学版），2019（5）．
赵晓飞，鲁楠，李明．农产品供应链数字化转型：理论框架与实现路径［J］．云南社会科学，2022（6）．
赵颖文，吕火明．四川省农业农村现代化发展水平评价及障碍因素研究［J］．农业经济与管理，2018（4）．
赵祖波．河南省农村信用社发展问题研究［D］．西安：西安理工大学，2011．
郑风田，王若男，刘爽，等．合作社自办企业能否更好地带动农户增收？——基于纵向外部性与不完全契约理论［J］．中国农村经济，2021（8）．
郑辉．完善我国农村电商物流体系［J］．宏观经济管理，2022（9）．
郑有贵，李成贵．一号文件与中国农村改革［M］．合肥：安徽人民出版社，2008．
郑兆峰，宋洪远．健全粮食主产区利益补偿机制：现实基础、困难挑战与政策优化［J］．农业现代化研究，2023（2）．
中共中央党史和文献研究院．习近平关于“三农”工作论述摘编［M］．北京：中央文献出版社，2019．
中共中央党史研究室．中国共产党的九十年社会主义革命和建设时期［M］．北京：中共党史出版社，2016．
中国法制出版社．中华人民共和国农业农村法律法规全书（2023年版）［M］．北京：中国法制出版社，2023．
中国互联网络信息中心．第51次中国互联网络发展状况统计报告［R］．2023．
钟甫宁．农业政策学（第二版［M］）．北京：中国农业出版社，2011．
钟秋波．数字乡村战略下农业信息化与家庭经营融合发展的路径研究［J］．四川师范大学学报（社会科学版），2021（4）．
钟真．社会化服务：新时代中国特色农业现代化的关键——基于理论与政策的梳理［J］．政治经济学评论，2019（2）．
仲德涛．农村公共产品供给研究［D］．北京：中共中央党校，2020．
周建松．三农问题的金融政策支持机理和经验［J］．浙江金融，2010（2）．
周立，罗建章，方平．21世纪中国的食物安全与食物主权［J］．中国农村经济，2022（10）．
周丕娟．我国农业可持续发展的系统思考［J］．安徽农业科学，2006（12）．
周小萍．中国农业资源可持续利用模式［M］．北京：中国经济出版社，2007．
周章跃，陈良彪．从“保量放价”到“提价定购”——1994年中国粮食收购制度改革的进程与评价［J］．改革，1995（5）．
朱道华．略论农业现代化、农村现代化和农民现代化［J］．沈阳农业大学学报（社会科学版），2002（3）．
朱晶，王容博，徐亮，等．大食物观下的农产品贸易与中国粮食安全［J］．农业经济问题，2023（5）.
朱晶，臧星月，李天祥．新发展格局下中国粮食安全风险及其防范［J］．中国农村经济，2021（9）.
朱晶．树立大食物观，构建多元食物供给体系［J］．农业经济与管理，2022（6）.
朱鹏华，刘学侠．以人为核心的新型城镇化：2035年发展目标与实践方略［J］．改革，2023（2）.
朱志萍．城乡二元结构的制度变迁与城乡一体化［J］．软科学，2008（6）.
左停．发展与保护：促进农民增收的行动逻辑和政策取向［J］．人民论坛，2022（24）.
Paul Samuelson. The Pure Theory of Public Expenditure［J］. Review of Economics and Statistics，1954（36）.

图书在版编目（CIP）数据

农业经济管理前沿问题研究 / 郭翔宇等主编. —北京：中国农业出版社，2024.3
ISBN 978-7-109-31798-7

Ⅰ.①农…　Ⅱ.①郭…　Ⅲ.①农业经济管理—研究—中国　Ⅳ.①F322

中国国家版本馆 CIP 数据核字（2024）第 053749 号

中国农业出版社出版
地址：北京市朝阳区麦子店街 18 号楼
邮编：100125
责任编辑：赵　刚
版式设计：小荷博睿　　责任校对：吴丽婷
印刷：北京中兴印刷有限公司
版次：2024 年 3 月第 1 版
印次：2024 年 3 月北京第 1 次印刷
发行：新华书店北京发行所
开本：700mm×1000mm　1/16
印张：34.25
字数：580 千字
定价：128.00 元
